新改革 新农科

北京林业大学教育教学改革优秀论文选编

U0911925

2019

黄国华／主编

中国林业出版社
CFPH China Forestry Publishing House

图书在版编目(CIP)数据

新改革　新农科：北京林业大学教育教学改革优秀论文选编：2019 / 黄国华主编. —北京：中国林业出版社，2019.12
ISBN 978-7-5219-0643-1

Ⅰ.①新…　Ⅱ.①黄…　Ⅲ.①高等学校-教学改革-中国-文集　Ⅳ.①G642.0-53

中国版本图书馆 CIP 数据核字(2020)第 112442 号

策划编辑：杜　娟　杨长峰　　　　**责任编辑**：杜　娟　赵旖旎
电话：(010)83143553

出版发行　中国林业出版社(100009　北京市西城区德内大街刘海胡同 7 号)
　　　　　　http：//lycb.forestry.gov.cn
经　　销　新华书店
印　　刷　北京中科印刷有限公司
版　　次　2019 年 12 月第 1 版
印　　次　2019 年 12 月第 1 次印刷
开　　本　787mm×1092mm　1/16
印　　张　23.5
字　　数　631 千字
定　　价　80.00 元

编委会

主　任： 骆有庆

副主任： 黄国华

编　委：（按姓氏笔画排序）

于　斌	王云琦	王毅力	尹大伟	冯　强
兰　超	母　军	刘　松	刘笑非	孙　楠
杜艳秋	杨智辉	张秀芹	张柏林	陈来荣
郑　曦	宗世祥	胡明形	姜志明	徐基良
董世魁				

编写组

主　编： 黄国华

编　者：

杜艳秋	李蒙慧	高　瑜	赵宇辉	向　燕
徐桂娟	李研豪	张　颖	邓志敏	赵红梅
马晓亮	田　慧	郅茜文	金　蓉	张　正
崔　璨	宋昭颐	刘文敬	丁安邦	安　然
杨国超				

前　言

2019 年是深入贯彻落实全国教育大会精神的开局之年，更是教育系统深入实施“奋进之笔”，攻坚克难、狠抓落实的重要一年。《中国教育现代化 2035》《加快推进教育现代化实施方案(2018—2022 年)》等重要文件陆续发布，对教育改革与发展的大事做出安排部署。同时，还发布了《关于加强网络学习空间建设与应用的指导意见》《关于实施一流本科专业建设“双万计划”的通知》等文件，对有关具体工作提出明确要求，特别是明确提出，在 2019—2021 年，建设 10000 个左右国家级一流本科专业点和 10000 个左右省级一流本科专业点。

2019 年，北京林业大学积极响应国家和教育部要求，积极落实推进《深化本科教育教学改革总体方案》，在教育现代化、信息化方面持续发力，持续改进教学手段和技术，教学改革持续向好；紧抓专业内涵建设，为“双万计划”提前谋划、布局，突出特色，突出优势；深度融入新农科建设，参与起草“安吉宣言”“北大仓行动”和“北京指南”相关文件，承办“北京指南”新农科建设文件起草研讨会，充分展示了我校在新农科建设方面的前瞻性、积极性和主动性。

各教学单位和教师充分意识到教学改革在本科教育中的重要意义，认识到教学改革是促进专业建设、提高人才培养能力的重要环节，积极持续参与各类教改项目。2019 年，1 个重大项目、3 个一般项目获批北京高等教育“本科教学改革创新项目”；8 个项目获批北京市优质本科课程和优质教材(课件)；24 个重点项目、120 个一般项目获得学校常规教改立项，121 门课程获得课程思政专项教改立项，28 个项目获得科教融合专项教改立项。广大教师在教学改革中坚持以思政教育为引领，利用信息技术、人工智能等现代科学技术改造现有涉农专业，探索新的人才培养方式、课程考核方式、教学设计方式，就培养新时代农林人才展开了一系列主动实践。

在教学改革实践的同时，广大教师通过调整、优化、升级、新建等多种方式加强专业建设，以推进本科专业供给侧改革与学生家国情怀培养、知林爱林为林素养培育相结合，不断激发学生学习的使命感和责任感，提高专业志趣。与此同时，他们及时总结凝练改革经验、心得和体会，参加我校 2019 年教育教学改革论文的评选。获奖的优秀论文成为本次论文集的主要来源，展现了我校教师在教育教学改革，尤其是围绕新农科建设积极探索而取得的卓越成就。

近年来，我国本科教育进入了黄金发展期，我校本科教学工作持续向着良好的势头推进，各项工作均取得了可喜的成绩。这些成绩的取得离不开各教学单位和广大教师的辛劳付出，离不开学校领导的真切关怀，离不开相关部门的紧密支持。我们将继续推进各项改革，为教师提供更好的教学服务，为学生提供更优的学习体验，为社会贡献更靓的北林力量。

黄国华
2019 年 12 月

目 录

教育教学改革

专业建设

2013

机械工程专业本硕博一体化专业建设思路探讨

闫　磊　吴　健　李研豪　徐学锋　陈来荣

（北京林业大学工学院，北京　100083）

摘要：本文以北京林业大学工学院机械工程专业本硕博一体化建设为切入点，论述了本硕博课程贯通的必要性，分析了建设过程中的难点和瓶颈，确定了其在高端人才培养中所起到的作用。以学生为中心，探讨了学生团队建设在本硕博一体化中的作用和思路。通过对机械工程专业本硕博一体化课程体系的总体分析，说明其所体现的系统性、深入性及其与相关学科的交叉性，为本硕博课程体系的建设与实施提供了有益的参考。

关键词：本硕博一体化；机械工程；人才培养；专业建设

一、引言

本硕博一体化创新人才培养模式作为现今高等教育的一个新型发展模式，主要是指以培养高素质专业技术人才和拔尖创新人才为目标，培养过程贯通本科、硕士、博士三个阶段，培养目的是为了使优质的教育资源得到整合，人才培养体系得到进一步优化，并最终探索出一条有效衔接本科教育和研究生教育的一体化培养模式。

针对传统教学模式的改革需求，本文从发展瓶颈、学生团队和核心专业课程三个方面，全面阐述北京林业大学工学院在本硕博一体化建设方面的经验和做法。工学院依托教师的科研成果资源，结合林业行业特色，本硕博专业课程交叉的相关内容，从基础课程建设、科研反哺教学和能力提升三方面对学院的机械工程专业课程资源建设进行探索，旨在提高本科生的专业课教学质量，培养本科生和硕士研究生的科研创新意识，引导高年级优秀本科生和低年级硕士研究生进行研究性学习，从而将学生培养成为适应社会发展需求的高精尖创新型人才。

二、本硕博一体化发展瓶颈分析

本硕博一体化培养在培养高端人才上有着独特的优势，但其在协同培养的难度和与其他学科的交叉建设方面也存在一些典型问题。

（一）协同培养建设难度

本硕博一体化的教学模式的管理机制和培养机制均存在问题。以北京林业大学为例，学校的本科生和研究生的培养分属不同部门的职责，分别由教务处和研究生院两个机构分别管理。针对学生培养环节中，负责本科生和研究生的机构工作人员也是基本不同的。机

作者简介：闫　磊，北京市海淀区清华东路35号北京林业大学，教授，mark_yanlei@bjfu.edu.cn；
吴　健，北京市海淀区清华东路35号北京林业大学，实验师，wujian@bjfu.edu.cn；
李研豪，北京市海淀区清华东路35号北京林业大学，助理研究员，liyanhao@bjfu.edu.cn；
徐学锋，北京市海淀区清华东路35号北京林业大学，教授，xuxuefeng@bjfu.edu.cn；
陈来荣，北京市海淀区清华东路35号北京林业大学，副教授，clrong@bjfu.edu.cn。

资助项目：北京林业大学教育教学改革重点项目“面向新工科的自动化专业电子系统综合设计课程实践教学改革与探索”（BJFU2019JYZD009）。

械专业本科教学大纲与机械工程硕博培养大纲的过度和衔接问题，如何确保协同培养中学生的利益最大化，这都是急需解决的问题。

（二）学科交叉建设难度

北京林业大学工学院现有机械、车辆工程、自动化和电气四个专业，却只有机械工程一个一级博士点。本硕博一体化建设不能只顾及机械和车辆工程这两个专业，更需要在专业一体化建设中解决如何将自动化和电气工程专业与机械工程学科的深入交叉融合。在机械工程学科导师的课题中也涉及机器视觉、人工智能、林区微电网等研究内容，应发挥这些学科交叉课题在人才培养中的作用。

三、 本硕博一体化学生团队建设

学生团队建设是本硕博一体化建设的关键内容之一，团队建设可以从项目团队、导师制团队和科技竞赛团队等多方面入手。

（一）学生项目团队建设

项目制教学是一种以学生为中心的教学模式，其最显著的特点就是“以项目为主线、教师为主导、学生为主体”，改变了以往“教师讲，学生听”的教学模式，创造了学生主动参与、自主协作、探索创新的新型教学模式。现今，北京林业大学工学院每年本科生立项国家级、北京市级和校级大创将近60项，这些项目大多来源于硕博导师研究生所在研究的课题，利用这个项目支持，发挥博士、硕士和本科学生团队的结合，做好传帮带，促进学生自我学习、自主管理和自主创新。

（二）本科导师制建设探索

本科教育是以培养学生扎实掌握专门知识和基本技能，并具有从事科学研究工作或担负专门技术工作初步能力的高级人才为目的，是培养学生的科学思维能力、创造能力、创新精神和创业精神的重要环节。北京林业大学工学院在教学改革过重中为每个硕博导师都配有本科生科研助理，是加强师生交流促进教学相长的有效途径，其最大特点是师生关系密切。

（三）科技竞赛体系团队建设

针对现有科技竞赛情况和取得的成绩，工学院建设有专门的学生科技竞赛团队，并配有专门的竞赛指导老师。利用导师在科研上的经验指导学生科技竞赛，可使得学生尽快融入竞赛中，并在实践中不断提升自我。现有的科技竞赛团队有物联网团队、机器人团队、互联网+团队等，辐射学院各个专业本科生400余名。

四、 本硕博一体化核心课程建设

北京林业大学机械工程本硕博一体化核心课程结合科技创新竞赛、硕士博士研究方向等方面形成良心更新循环，其结构如图1所示。

（一）基础核心课程建设

基础核心课程包括通用基础核心课程和专业基础核心课程。通用基础包括文、理、力，由通识课程、数理基础课程和力学课程组成；而学科基础则包括机械设计、机械原理、机械制造原理、单片机、智能制造等系列课程组成。通识课程、数理基础课程、力学课程以及专业三大系列课程很好地支撑了学生的专业基础。学好了这些课程，学生就具有了非常好的机械工程的基础，可以选择本专业与相关专业方向课程进行深入学习。

（二）科研反哺教学课程

人才教学与科学科研一直以来是高等院校两大使命，两者相辅相成，互相促进，缺一不可。科研成果是当前专业最新发展方向，是课本内没有的知识，作为课上或课外最有效

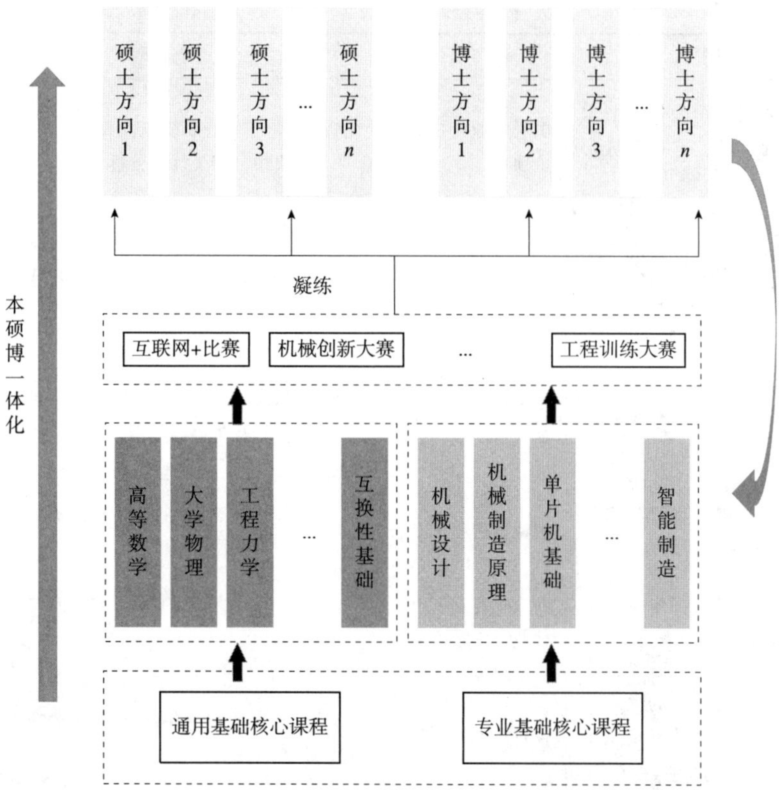

图 1　本硕博一体化课程方向框图

的补充，可以大大提升学生的科研和实践能力。北京林业大学工学院机械专业在建设过程中一直注重科研项目转化实验项目，转化科研成果 10 余项。

表 1　代表性科研成果转化实验项目

序号	科研项目	项目级别	实验项目	转化状态
1	多功能林木采育作业关键技术装备研究与开发	国家科技支撑	林木联合采伐作业实验	已完成
2	自主作业型林业机器人关键技术研究	校科技创新项目	林用车辆变幅底盘运动仿真实验	已完成
3	树木联合采育机作业轨迹规划仿真实验	国家自然科学基金	林木联合采育机的时间—能量综合最优轨迹规划与控制方法研究	已完成
4	生物质成型燃料高压致密成型技术引进	国家林业局引进国际先进林业科学技术项目	生物质成型机快速设计实验	已完成
5	沙生灌木林平茬收割技术研究与开发	国家科技支撑	灌木平茬机通过性仿真实验	已完成
6	足尺人造板力学性能无损检测技术研究与示范	国家林业公益性项目	人造板弹性模量无损检测	已完成
7	足尺人造板力学性能无损检测技术研究与示范	国家林业公益性项目	人造板储能模量无损检测	已完成

（续）

序号	科研项目	项目级别	实验项目	转化状态
8	基于物联网架构的精准节水灌溉控制设备、技术改进与转化	国家农业科技成果转化资金项目	林区生态系统土壤信息和气象信息的统计与分析	已完成
9	基于物联网架构的精准节水灌溉控制设备、技术改进与转化	国家农业科技成果转化资金项目	林区巡检覆盖面积统计分析	已完成
10	基于物联网架构的精准节水灌溉控制设备、技术改进与转化	国家农业科技成果转化资金项目	林区发生火灾的面积、等级分析及防火隔离带计算	已完成
11	基于激光与机器视觉技术的立木胸径检测方法研究	国家自然科学基金	基于激光与机器视觉技术的立木胸径检测	转化中
12	野生动物无线远程实时智能监测技术引进	国家林业局引进国际先进林业科学技术项目	野生动物保护的图像监控与识别	转化中
13	基于光学三角形法的立木胸径测量算法研究及测量系统研制	校科技创新项目	基于光学三角形法的立木胸径测量	转化中
14	风蚀监测关键传感技术研究及监测系统研制	校科技创新项目	风蚀监测实验	转化中

（三）能力提升课程建设

学院注重学生在已有课程学习之外的能力提升，定期举办工学讲坛，邀请机械工程领域知名专家学者为学生提升知识水平的高度和广度，激发学生对知识的兴趣，提前满足本科学生对于硕士博士深造的研究方向需求。

五、结语

本文探讨了机械专业本硕博一体化的途径和方法，为有深造发展需求的优秀本科生和需要补充本科专业知识学习的硕士生，以及进一步发展一批“科研成果转化”的本硕博一体化专业方向选修课程新资源提供了依据，也为建立完整的本硕博一体化创新实践机制提供了借鉴。它为实现对本硕工程实践、学术研究和科技开发创新能力的一体化协调培养，进一步开发完善可操作性强、以本为本的本硕博一体化创新实践新机制提供了实践依据。

参考文献

[1]张海龙，王恩荣，颜伟，等．基于科研反哺的“本、硕一体化”课程教学探索[J]．教育教学论坛，2018，(42)：131-132.

[2]杨绍明，易小梅，查文玲，等．导师制与项目制融合协同育人模式的探索[J]．教育教学论坛，2018，(40)：181-182.

[3]曾空，胡银银．“协同教育”视域下“本硕博”贯通式创新人才培养模式探析[J]．黑龙江省政法管理干部学院学报，2018，(1)：147-150.

[4]吴静怡，奚立峰，杜朋林，等．本硕博课程贯通与交叉人才培养[J]．高等工程教育研究，2015，(3)：

94-101，107.
[5]李宁，范勤，王志刚，等．机械设备故障监测与诊断本硕博系列课程教学改革[J]．中国冶金教育，2014，(3)：28-30.

Discussion on the integration construction of undergraduate, master and PhD degree of the Mechanical Engineering profession

Yan Lei　Wu Jian　Li Yanhao　Xu Xuefeng　Chen Lairong
(School of Technology, Beijing Forestry University, Beijing　100083)

Abstract　This paper takes the integration construction of undergraduate, master and PhD of the Mechanical Engineering profession of the School of Technology, Beijing Forestry University as the point of penetration, and discusses the necessity of the thoroughness of this course, and analysis the difficulties and bottlenecks in the construction process, and determines it's role in the cultivation of high-level talents. This article focuses on students, and discusses the role and thinking of student team building in the integration of undergraduate, master and PhD. Through the overall analysis of the integration, this paper explains the systematical, depth, and interdisciplinarity of related disciplines, provides a useful reference for the construction and implementation of the integration construction of undergraduate, master and PhD degree course system.

Keywords　integration construction of undergraduate, master and PhD degree, Mechanical Engineering, talent training, professional construction

规划体系变革下城乡规划专业教育适应性研究

达 婷 李 翅

（北京林业大学园林学院，北京 100083）

摘要：适应性是城乡规划专业教育社会属性的重要表现。本文通过梳理我国城乡规划学科发展不同阶段的任务与要求，并结合北京林业大学城乡规划专业发展，探讨在新时期国土空间规划体系框架下的城乡规划教学模式革新。论文提出突出城乡绿色空间统筹课程教学特色、构建框架清晰的国土空间规划教育课程体系、夯实美丽中国的城乡人居环境规划建设理论基础和加强满足人民需求的规划教育以及服务社会的实践能力的课程体系调整思路，以期为城乡规划课程教学调整和创新提供有益思路。

关键词：城乡规划；国土空间规划；教育适应性；课程体系

一、 我国城乡规划学科发展的不同阶段

（一）新中国成立后计划经济时期城乡规划的发展（1949—1978 年）

新中国成立初期，百废待兴，尤其是工业的发展面临巨大的挑战。规划的建设功能占据主导地位，主要任务是支持国家重工业战略，以“156 项重点工程”布局为重点，快速推动生产力合理布局。同时应对国际政治局势重大变化，备战备荒，规划的另外一个重要任务就是支持作为“三线”建设下的城市选址和功能布局。

规划学科的发展顺应国家战略的要求，以工业城市选址、工业布局、建筑工程项目的规划建设为核心，在学科的支持上体现了建筑学、工程地质、土木工程学以及工业地理等学科的融合。城乡规划院校的专业设置，教材和教学计划也都参照当时的苏联模式，苏联的城市规划思想对中国计划经济时期的城乡规划教育产生了深远的影响[1]。

（二）改革开放时期市场经济导向下的城乡规划（1978—2012 年）

1978 年改革开放以来，建设中国特色的社会主义市场经济成为时代的旋律，市场化改革的宏观背景要求城乡规划的发展重点支撑国家经济建设，主要任务是顺应市场经济发展、全球化进程，强调竞争思维，以扩张型规划为重点，支撑城市和城市群地区快速发展；同时作为应对快速建设中的“市场失灵”问题，发挥规划的管控作用，强调公共政策的工具特征。这个时期涌现出大量的新城建设，中国的城市化水平得到显著提升。发展经济学、发展规划理论、全球化理论、新经济地理学和管制理论等成为支撑城乡规划专业发展的学科基础。与此同时，为了适应中国城市快速扩张对城市专业人才的需求，大量的高等院校开设了城乡专业。在此背景下，1999 年北京林业大学设立了城乡规划专业。

（三）新常态下城乡规划作为国土空间管制的统筹手段（2012 年以后）

2012 年以来，中国的整体社会发展进入新常态，这个时期城乡规划是发挥综合统筹作

作者简介：达 婷，北京市海淀区清华东路 35 号北京林业大学园林学院，副教授，dtingseunj@126.com；

李 翅，通讯作者，北京市海淀区清华东路 35 号北京林业大学园林学院，教授，lichi@bjfu.edu.cn。

资助项目：北京林业大学 2019 年教育教学研究重点项目“城乡规划体系变革下规划专业教育适应性研究”（BJFU2019JYZD001）。

用的公共政策工具，主要任务是落实生态文明要求、优化国土空间格局，成为促进城市发展方式转变的重要工具；从增量走向存量时代，成为以人民为中心的城市品质提升、环境营造的重要工具；应对国际新形势，成为支持国家区域政策落实、促进区域空间协同发展的重要工具。生态学、社会学、公共政策、土地管理、海洋科学、国际政治、经济贸易和区域空间治理等成为新时期支撑城乡规划发展的学科基础。伴随城乡规划学科的转型，城乡规划专业的课程体系也随之做出调整。

二、 新时期国土空间规划体系的建立

2013 年 12 月中央城镇化工作会议召开，提出当前城镇化的核心是“人的城镇化”，推进“人的城镇化”的主要任务包括：推进农业转移人口市民化、提高城镇建设用地利用效率、建立多元可持续的资金保障机制、优化城镇化布局和形态、提高城镇建设水平、加强对城镇化的管理。推进“人的城镇化”的具体举措最重要的是两个方面，一是让城市融入大自然，保护和弘扬传统优秀文化；二是建立空间规划体系，推进规划体制改革。

2015 年 12 月召开的“中央城市工作会议”[2]，提出城市工作的核心是“认识、尊重、顺应城市发展规律”，城市是一个复杂、开放的社会巨系统，必须从系统的角度认识和改造城市，做好五个统筹，这是在全国城镇化水平达到 50%后，符合这一城市发展规律的规划政策。这也体现了城市工作的五个转型：从投资驱动转向创新驱动、从形象工程转向民生工程、从生态破坏转向生态修复、从崇尚“大洋怪”转向突显地域特色、从“重建轻管”转向建管并重。

2018 年国家出台《中共中央 国务院关于统一规划体系更好发挥国家发展规划战略导向作用的意见》①提出：要建立以国家发展规划为统领，以空间规划为基础，以专项规划、区域规划为支撑，由国家、省、市、县各级规划共同组成，定位准确、边界清晰、功能互补、统一衔接的国家规划体系②。目的是强化国家发展规划的统领作用，战略引领和空间约束的规划体系相互协同构成“一张蓝图”。

新的国土空间规划体系是国家空间发展的指南、可持续发展的空间蓝图，是各类开发保护建设活动的基本依据，是加快形成绿色生产方式和生活方式、推进生态文明建设、建设美丽中国的关键举措③。国土空间规划体系建立的核心是强化国土空间规划对各专项规划的指导约束作用。这也体现了规划本质上是一项重要的公共政策，是治国理政的重要方式，要引领经济社会发展，发挥好战略引领、刚性管控的作用。2019 年 11 月，自然资源部正式发布《市县国土空间总体规划编制指南》，以提高规划的科学性和可操作性，全面开展国土空间规划工作④。

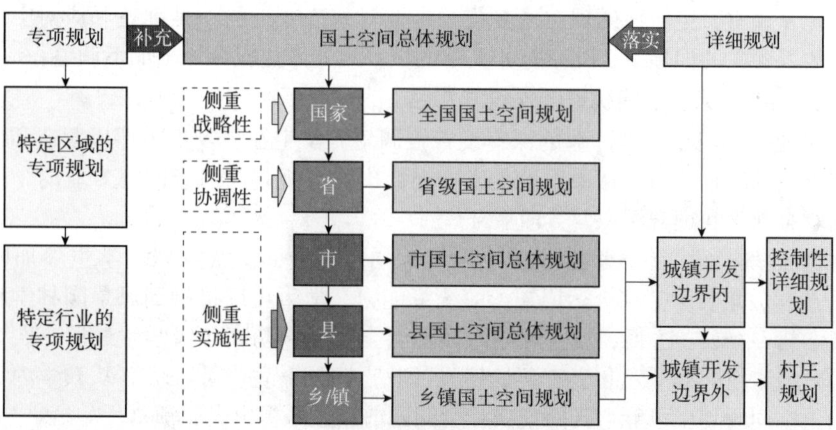

图 1　国土空间规划体系框架

总之，新时期国家关于城市工作“人的城镇化”的政策、城市发展“一张蓝图”的思路，以及“国土空间规划体系”的建立，充分说明了新时代对于城乡规划学科发展提出了更新、更高的要求：必须以人民为中心，践行生态文明，治理“城市病”，促进城市高质量发展。

三、 北京林业大学城乡规划专业的发展历程

（一）城乡规划专业学科发展基础

北京林业大学城乡规划系成立于1999年成立的北京林业大学城市规划教研室。当时风景园林专业是隶属于城市规划专业下的二级学科。虽然城市规划教研室是以城市规划为学科名称，但教学工作以城市绿地系统规划和居住区绿化、公园规划教学为主，以营造绿色宜居的城市开放空间为主要教学任务，与传统城市规划专业以城市中心区、居住区等建成环境规划有本质区别。2007年北京林业大学园林学院正式设立城市规划专业，成立城市规划系，开始了依托风景园林教学平台的城乡规划教育历程。

（二）教学课程体系沿革

1999年北京林业大学城市规划专业依托风景园林专业的教学计划制定了以规划和设计公园、绿地和开放空间为主的规划教学体系，主要涵盖城市风景区规划、绿地系统规划、城市景观设计和景观建筑设计等课程。2002年，城市规划专业教学课程体系中增加了城市规划原理、城市规划理论与空间形态、城市设计等城市规划核心课程，完善了物质空间形态教育的课程系统。2007年，城市规划专业教学体系中增加了社会经济等课程，课程体系开始注重多学科交叉和融合。2011年，开设城市系统工程规划等专业课程，课程设置日趋全面。2015年根据“教育评估标准”调整教学计划，并在2018年最终形成涵盖67个核心知识单元“七大方面”的教学体系。除了传统的城市规划原理、城市规划设计、中外城市建设与规划史等城乡规划核心课程外，城市道路与交通规划、城乡生态环境与绿地系统规划、城乡社会综合调查等教学和实践课程被纳入到课程体系中，形成了以城市生态与风景园林融合发展为特色的北京林业大学城乡规划人才培养体系。

四、 北京林业大学城乡规划专业教育的适应性探讨

适应性是城乡规划专业教育社会属性的重要表现[3]，需要转变城乡规划教育的理念和方法来提高城乡规划专业教育的适应性[4]。北京林业大学的城乡规划专业教育发展不仅体现在教师和招生人数的逐年增长，还体现在课程结构设置、教学质量和教学计划特色的不断更新。城乡规划专业教育的适应性不仅体现要适应不同阶段城乡规划发展阶段的需求做出的教育体系调整，更应该体现在城乡规划专业对未来变迁的一种准备和应对[5]。在国土空间规划体系建立的倡导下，北京林业大学的城乡规划专业教育做出如下调整：

（一）突出城乡绿色空间统筹课程教学特色

北京林业大学城乡规划专业的课程设置强调培养学生在城乡生态环境营造和城乡绿色空间发展方面的综合能力。在课程教学安排上突出城乡规划与风景园林专业的学科交叉和融合，从联合教学和配合授课两方面展开。

在联合教学方面，园林学院开设专用设计周。一方面，城乡规划学生参加园林综合Workshop课程，培养学生综合运用知识的统筹能力，学生可以接触到风景园林学科各方面的综合教学指导；另一方面，城乡规划系还负责全园林学院高年级学生最后一次Workshop课程，结合城市空间再开发和生态环境建设的热点问题布置设计任务，从教学内容安排上对未来国土空间规划中可能遇到的现实社会问题前瞻性地提出大胆预测。

在配合授课方面，为城乡规划专业学生开设众多生态和风景园林方向必修和选修课程。在必修课方面包括“园林设计”“园林综合Workshop”，在专业选修课方面专门开设风景园林

选修模块，具体包括“风景园林艺术原理”“中国园林史”“西方园林史”“风景区规划”“园林植物景观规划设计”“园林植物基础”“园林植物基础实验”。“城乡生态环境与绿地系统规划”作为城乡规划系的特色课程衔接和补充。

（二）构建框架清晰的国土空间规划教育课程体系

北京林业大学城乡规划专业现行本科培养方案历经 2011 版，2015 版和 2018 版不断优化。课程体系优化除了遵循学科发展需要，采用削枝强干的方式、强化专业核心课程，还调整了核心课程属性和学时，按照国土空间总体规划体系设置必修和选修课程。专业核心课从 2015 版的 13 门调整为 2018 年的 10 门，将城乡规划综合社会实践、城乡社会综合调查和城市认识实习由专业必修课调整到学科基础教育平台（必修课）。从教学内容上保证了城乡规划的专业核心课程与国土空间总体规划体系在规划实施各阶段的契合（图 2）。

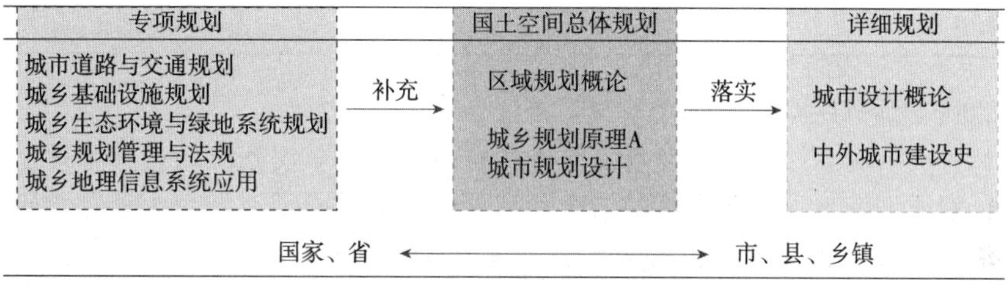

图 2　城乡规划专业核心课程体系

（三）夯实美丽中国的城乡人居环境规划建设理论基础

北京林业大学城乡规划专业除了专业核心课程之外，还通过专业基础类课程群和生态园林类课程群的建设来夯实美丽中国的城市人居环境规划建设理论基础（表 1）。专业基础课包括美术与建筑模块和社会经济与规划模块。美术与建筑模块包括设计表现技法、中外建筑史、钢笔风景画等课程，从美学和专业通识教育的角度为人居环境建设教育打下基础。社会经济与规划模块包括专业概论、专业英语、城市地理学和城市经济学等，从城乡规划知识的引入，到城市问题和城市空间发展分析，再到城市住宅、土地、交通、环境保护、就业问题等讨论，从知识体系上全面揭示城市发展的内在规律，夯实人居环境规划的理论基础。生态园林类课程包括风景区规划、风景园林艺术原理、园林植物景观规划设计、生态旅游导论和世界遗产保护与利用等。生态园林类课程涉及以城市绿色空间美化和优化城市建成环境，通过对历史环境的保护延续城市文化脉络，实现城市人居环境生产生活空间的优化。

表 1　城乡人居环境规划建设理论课程群

教育阶段		专业基础类课程群		生态园林类课程群	
		美术与建筑模块	社会经济与规划模块	风景园林模块	
专业教育阶段	五年级		专业竞赛		人居环境综合实践
	四年级		城市系统工程学 城市经济学 世界遗产的保护与利用 城市地理学 专业英语	园林植物景观规划设计 风景区规划	人居环境系统建构
	三年级	现代景观 建筑评价	旅游规划 生态旅游导论 名师讲堂	中国园林史 西方园林史	

（续）

教育阶段		专业基础类课程群		生态园林类课程群	
		美术与建筑模块	社会经济与规划模块	风景园林模块	
基础教育阶段	二年级	钢笔风景画 水彩风景画 外国建筑史 中国建筑史 中外美术概论 建筑技术概论		风景园林艺术原理	人居环境认知
	一年级			园林植物基础	

（四）加强满足人民需求的规划教育服务社会的实践能力

北京林业大学城乡规划系高度重视促进高校教育与社会实践的联系，将学生社会实践与学生综合素质训练与专业素质培养结合起来。近年来形成了以城乡规划专业研究生和本科生为主体的具有长期延续性和品牌社会效应的特色学生社会实践团队，例如，“乡愁北京”“古城意象”“后地时代”和“乡见”等。学生们自主策划调查主要以北京历史城市的文化发掘、老城公共空间的公众认知与行为调查、城市更新和文化创新的新媒体传播探索、乡村空心化与旅游调查以及联合各类社会组织推动绿色更新实践等。各实践团队的学生自发地把自己从“调研者”变成“宣讲者”及“参与者”，再成为城市保护和更新发展中的“协调者”和“推动者”。在规划实践中了解人民对规划的需求，社会实践远远超出了传统高校教学中规划设计专业技能培养的范畴，体现了城乡规划专业满足人民需求的技能培养方向。

五、结语

新时期国土空间规划体系的建立给城乡规划教育的发展带来了革新要求。以人为中心、践行生态文明，促进城市高质量发展是城乡规划教育适应新时期、新事物而树立的新教育目标。北京林业大学城乡规划教育的适应性不仅体现在对现有规划教学体系的调整和修正，更体现在通过规划教育培养的人才要具有一定适应性，来准备和应对新规划体系带来的规划实践变革。

注 释

①《中共中央 国务院关于统一规划体系更好发挥国家发展规划战略导向作用的意见》（中发〔2018〕44号）。

②国家发展规划是社会主义现代化战略在规划期内的阶段性部署和安排，主要是阐明国家战略意图、明确政府工作重点、引导规范市场主体行为，是经济社会发展的宏伟蓝图，是全国各族人民共同的行动纲领，是政府履行经济调节、市场监管、社会管理、公共服务、生态环境保护职能的重要依据。

国家级专项规划是指导特定领域发展、布局重大工程项目、合理配置公共资源、引导社会资本投向、制定相关政策的重要依据。

国家级区域规划是指导特定区域发展和制定相关政策的重要依据。

国家级空间规划以空间治理和空间结构优化为主要内容，是实施国土空间用途管制和生态保护修复的重要依据。

③《中共中央 国务院关于建立国土空间规划体系并监督实施的若干意见》（中发〔2019〕18号）。

④《自然资源部关于全面开展国土空间规划工作的通知》（自然资发〔2019〕87号）。

参考文献

[1]刘婕．中国现代城市规划科学研究的历史研究（1949—1977）[D]．武汉：武汉理工大学，2013.

[2]新华网. 中央城市工作会议[EB/OL]. (2015-12-23)[2019-12-5]. http: //www.xinhuanet.com//video/sjxw/2015csgz/.
[3]黄彬. 从"适应性"到"创新性": 高等教育质量评价的转换[J]. 当代教育科学, 2016, (1): 49-52.
[4]李爱萍. 论高等教育适应性的内涵与价值[J]. 山东高等教育, 2017, 5(5): 75-81.
[5]马歆静. 教育之适应与超越: 一种生态学分析[J]. 青岛大学师范学院学报, 2002, (3): 57-62.

Study on the adaptability of Planning Education based on the reform of curriculum system

Da Ting　Li Chi
(School of Landscape Architecture, Beijing Forestry University, Beijing　100083)

Abstract　Adaptability is an important expression of social attribute of Urban and Rural Planning education. By sorting out the tasks and requirements in different stages of the development of the disciplines of urban and rural planning in China, and combining with the professional development of urban and rural planning in Beijing Forestry University, we discuss the reform of the teaching model of urban and rural planning under the framework of the territorial space planning system. In order to provide useful teaching adjustment and innovation thinking for urban and rural planning, it is supposed that highlighting the teaching characteristics of urban and rural green space as a whole, building a clear framework of educational curriculum system of territorial space planning, consolidating the foundation of urban and rural human settlements planning and construction under the beautifying China theory and strengthening the curriculum system to meet the needs of the people and the practical ability of planning education to serve the society are the main ideas of educational reform of Urban and Rural Planning education.

Keywords　Urban and Rural Planning, territorial space planning, educational adaptation, curriculum system

课程建设

2013

“三题一课”模式在培育马克思主义观中的应用

——以马克思主义基本原理导论专题为例

杨　哲

（北京林业大学马克思主义学院，北京　100083）

摘要：为学生培育正确的马克思主义观是当前高校育人工作和思政教学的重要目标。本文探索了“话题-问题-专题”三题一课教学模式在培育马克思主义观中的必要性、可能性与可行性。首先分析了当前高校马克思主义观培育工作，呈现的特点和面临的困境。其次立足“马克思主义基本原理”课程，概括了该模式如何服务于马克思主义观培育的三条实施原则。最后以导论专题为例，通过呈现该模式具体设计路径，探讨如何上好“第一堂课”，更好地发挥导论，在培育马克思主义观中的先导、主导和引导作用。

关键词：马克思主义观培育；“三题一课”教学模式；导学专题；实施原则；设计应用

学习马克思主义基本理论是共产党人的必修课，也是社会主义建设者和接班人的必修课。在高校育人工作和思政教育中，教师教好、学生学好马克思主义的基本原理、方法和立场，事关社会主义办学的根本宗旨，事关新时代的青年一代能否扣好人生“第一粒扣子”。其中，引导和帮助学生树立正确的马克思主义观，是具有基础性、前提性、全局性的教育目标。本文旨在探讨如何通过“三题一课”教学模式，用有限的“马克思主义基本原理概论”（以下简称原理）专题教学时间，搭建起理论联系实际、理论联系学生的高效学习路径，进而为学生培育出正确的马克思主义观。

一、 马克思主义观培育的特点与困境

所谓马克思主义观，是指对“什么是马克思主义，怎样对待马克思主义”这一核心问题的根本看法。马克思主义观不是一个高居政治庙堂或者学术象牙塔的抽象观念，自1899年《万国公报》中《大同学》一文首次将马克思和恩格斯的名字带到国人面前，马克思主义在中国的传播和发展就与马克思主义观的塑造、培育紧密相连。马克思主义中国化的历史，就是先进的中国人不断思考、锤炼马克思主义观的历史。在经济全球化、政治多极化、文化多元化、信息网络化的今天，高校面向青年学生培育正确的马克思主义观，具有新特点，同时面临新挑战。

（一）高校开展马克思主义观培育的特点

1. 培育形式多样化，但缺乏协同

高校普遍重视多渠道、多平台开展马克思主义理论传播和教育工作，在课堂教学、社团活动、文体活动、通识讲座、校际院际交流等学生工作领域，注重发挥马克思主义思想引领、指导和监督作用，各学科专业课也在课程思政格局下努力探索思政元素进课堂的设计与实施，学生得以在线上线上、课内课外等多样化形式中接收马克思主义世界观和方法论的教育。而

作者简介：杨　哲，北京市海淀区清华东路35号北京林业大学马克思主义学院，讲师，ruc_yz@163.com。

资助项目：北京林业大学2018年马克思主义学院马克思主义理论基本问题研究首批资助项目“现代性语境下历史虚无主义批判的方法论研究”（BLMY201801）。

当前，学生在不同时空、情境和主题中感受到的马克思主义情感冲击，还停留在隐隐约约、似有似无的程度，尚未融和、强化为明确、清晰的马克思主义观念认同和理论自觉，上述多种培育形式的协同共建有待加强，以发挥多种培育形式 1+1 大于 2 的育人合力。

2. 培育内容模块化，但缺乏聚焦

目前高校开展马克思主义观培育的主阵地和主渠道是思政理论课。五门思政课协同形成马克思主义理论通识教育氛围，其中“原理”课发挥马克思主义理论的基础性批判作用，提供学生理论自信；“概论”课依托马克思主义中国化的最新成果，提供学生制度自信；“纲要”课通过浓厚的历史思维和历史知识教学展开历史观教育，提供学生道路自信；“思修”课借助传统文化和法律常识唤起学生明德向善之心，提供学生文化自信；“形策”课则通过具体生动的案例和时事引导学生用圣贤书辨窗外事，提供学生现实自信。然而五门思政课现有教材体系具有不同的编写逻辑和叙述结构，多是将马克思主义观的具体问题放置于不同的章节或专题中，对“马克思主义是什么、有什么用”等问题缺乏直接论述，例如，“马克思主义观”这一概念在教材中几乎没有提及，仅有《原理》教材导论第四部分以“自觉学习和运用马克思主义”为题，涉及马克思主义观的核心问题，但只有寥寥 855 字。学生从教材中难以直接获取明确的培育内容。

（二）学生接受马克思主义观培育的困境

1. 知识特点上熟知遮蔽真知

学生在先前生活经验中或多或少听闻过马克思、马克思主义，也有可能在大学教育前初步学习过马克思主义的部分知识，但学生对马克思主义的知识性获取多为熟知而非真知，倾向于从政治思想、意识形态等某个维度去理解马克思主义，对马克思主义的基本原理、概念更是始终停留在似懂非懂的程度上，容易导致庸俗化的马克思主义观。

2. 学习态度上被动接受多于主动认知

教材对马克思主义是什么、有何价值、如何学习等问题进行了正面、权威的论述，多以结论呈现。学生对于马克思主义的先见甚至偏见，无法在教材的文字叙述中得到循循善诱、环环相扣的解答，因而容易在学习课程之初便产生灌输、“洗脑”的抵触情绪和误解，甚至产生把马克思主义约等于政治或者谈意识形态色变的学习态度，容易导致片面化的马克思主义观。

3. 思维方式上碎片感受代替系统化认知

我校学生的专业背景以理工为主，相当数量的学生在高中时代接受的是理科基础教育，进入大学阶段相对缺乏对人文社会科学的方法论学习，习惯于用科学化或者实证主义的眼光去证实或证伪马克思主义的具体结论。对陌生理论的学习希望借助与自身相关的趣味性故事、案例，并期待看到立竿见影的实用性效果。对马克思主义理论中的历史性知识、思辨性概念、整体性推演过程缺乏兴趣和重视，容易导致碎片化的马克思主义观。

二、“三题一课”教学模式在马克思主义观培育中的实施原则

“三题一课”教学模式是深化专题教学的一种探索，针对上文提及的马克思主义观培育中存在的问题，旨在通过把热点话题、理论问题、教材专题三题融合，用一堂课的有限时空，设置明确的思考情境和思考边界，聚焦一个主题，形成一个答案，帮助学生想学、真学、学透、学活。以培育马克思主义观为目标将该模式应用于马克思主义基本原理课程，应关注以下三点实施原则。

（一）形成一种风格

针对学生对马克思主义理论及其课程具有的先入之见，一是教师树立明确的主角意识，注重课程设计整体的连贯性和统一性，尤其注重发挥课程第一堂课的导入作用，起到先声

夺人的教学效果。二是教师教学风格应与教学内容形成正向强化关系。马克思主义理论具有科学性、革命性、实践性、人民性、发展性的鲜明特征，这是马克思主义的精髓所在，也是最应该提供给学生的养料，马克思主义理论教学也应该体现马克思主义理论本身的特征，例如，重视环环相扣的逻辑论证，不省略、不回避显而易见或者习以为常的结论。三是课堂语言风格应和学生心理形成反向冲突关系。教材语言相对平实、严肃，学生在阅读过程中容易形成厌倦心理，从而对课堂上的教学语言形成了固定看法或者不抱期待。教师在教材语言向教学语言的转化过程中，要注重用靓词、新词吸引学生注意，用关键词、缩略词帮助学生记忆，用流行语和青春化的表达方式冲淡学生的先见，帮助理论入耳入眼，才有可能实现理论入脑入心。

（二）聚焦一个主题

马克思主义观的核心问题是马克思主义是什么以及如何对待马克思主义，这是理论层面的根本问题。马克思主义对不对、行不行，这是现实层面的实践议题。马克思主义有没有用、与我有什么关系，这才是学生从其思想层次和实际生活出发真正关切的问题。这是马克思主义观在不同层次上的表述，并不是彼此割裂开来的三个问题。在教学实践中，教师应通过一堂课的讲述，带领学生一起思考一个他们日常关心热议的现实话题（显性教学逻辑），指导学生掌握一个教材特定章节的核心概念或基本原理（隐性教学逻辑），帮助学生了解马克思主义形成、发展、运用中的基本理论问题（根本教学目的），形成以三题合一、贯穿全课程的教学格局（表1）。

表1　按照“三题一课”教学模式的基本原则设置“马克思主义基本原理概论”教学主题

学生话题	课堂主题	理论问题	教材专题
思维误区类	马克思主义在今天是否过时了？	辩驳马克思主义过时论	马克思主义当代价值
	辩证法是不是万金油？	辩驳马克思主义庸俗论	物质观和辩证法
	宗教是精神鸦片还是生活必需？	辩驳校园地下传教活动	马克思主义宗教观
思潮纷争类	价值多元的时代能否形成价值共识？	辩驳价值相对主义思潮	马克思主义认识论
	历史人物是不是任人打扮的小姑娘？	辩驳历史虚无主义思潮	马克思主义历史观
	当我们在谈自由时我们在谈什么？	辩驳新自由主义思潮	马克思主义自由观
现实困惑类	资本主义制度为什么至今存在又必然灭亡？	辨析资本主义的命运	剩余价值论
	社会主义思想靠什么从空想飞跃到科学？	辨析社会主义的优势	科学社会主义学说
	共产主义社会是不是虚无缥缈？	辨析人类发展的趋势	共产主义信仰

（三）留下一点回味

通过聚焦主题，教材体系中的章节设置得以打破重组，弥补了《原理》教科书体系将马克思主义理论划分为马克思主义哲学、马克思主义政治经济学、科学社会主义三板块的模块化局限性，体现了马克思主义理论的整体性。通过一堂课的学习，学生能够形成一个观点。课堂结束时，学生能够带走一个答案。课堂结束后，学生能够有意愿思考当堂课延伸出的下次课的问题。一个观点、一个答案、一个意愿，帮助学生在课堂学习之后能够主动回味马克思主义的余韵，教学持续的吸引力得以形成，学生自我反思甚至自行研究的学习热情，才能获得超越课堂之上的时间和空间。

三、“三题一课”教学模式在导学专题中的设计应用

基于上述三个实施原则，“三题一课”教学模式在“马克思主义基本原理”课程中的具体应用，应高度重视导论部分的教学。一般而言，导论在任何教学体系和教材体系中都具有概括、统领后续教学的意义。就“原理”课程而言，导论除了具有一般性意义之外，对培育学生正确

的马克思主义观具有十分重要的导学意义。一是在内容上介绍了马克思主义的内涵、产生、发展、特征、价值、学习方法等，是正式章节中完全没有的教学内容，这也是期末考试必考内容；二是在逻辑上帮助学生奠定了学习本课程的前提，即帮助学生形成对马克思主义的历史性、整体性理解，树立学习本课程的前提性思维和方法；三是在教学顺序上对后续章节起到介绍、串联、提炼和总括的作用，帮助学生了解马克思主义的生成语境、学术品格、历史变迁等，从而更好地理解马克思主义哲学、马克思主义政治经济学和科学社会主义理论三部分内容的内在联系。“三题一课”教学模式在导学专题中的具体设计，要凸显导论部分的导学意义，教师设计教学时要紧紧围绕如何让学生听，要给学生导什么，用什么逻辑导下去。

（一）提取凝练主题

1. 教学内容

导论部分在教材开篇，包括四部分内容：马克思主义的创立与发展；马克思主义的鲜明特征；马克思主义的当代价值；自觉学习和运用马克思主义。作为该课程的第一堂课，导论专题预计利用3节课的教学时间，迅速帮助学生搭建起他们和马克思主义的情感关联，希望向学生传达马克思主义对我而言有意思且有意义的教学信号，吸引他们听下去。服务于马克思主义观培育的目的，教材章节可转化为三个基本问题：马克思给当代留下什么？马克思主义如何来到当代？马克思主义在当代是否过时？实质上是要回答马克思主义的当代价值，即理论与时代的关系问题。

2. 教学目标

设置层次性的教学目标，在显性逻辑层面希望学生：总体掌握马克思主义的“人格遗产”与“思想遗产”；基本了解“马克思主义的理论旅行”；深刻辨析“马克思主义过时论”。在隐性逻辑层面希望学生：自觉反思关于马克思主义的简单化、庸俗化、教条化思维方式；明确辨析马克思主义“失败论”“过时论”“洗脑论”等错误思潮。

3. 教学突破

一是采用问题式教学方法，带领学生一起发现问题、解决问题，同时在问题的解决过程中补充完善教材欠缺的逻辑环节，弥补教材有限篇幅中结论为主、缺乏论证的特点。二是采用青春化教学风格，采用“马克思的朋友圈”“马克思的毒舌”等流行话语提炼教学内容，吸引学生兴趣，拉近学生距离。三是贯穿科学化授课逻辑。无论如何对教材进行重组、扩充，都要随时帮助学生勾勒关于马克思主义的整体性理解，帮助学生树立后续教学内容的根本联系。

（二）搭建逻辑框架（图1）

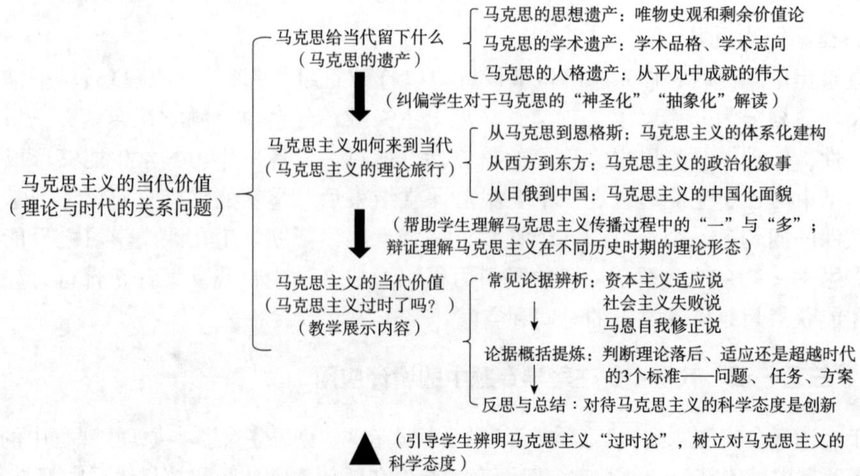

图1 基于教学主题搭建的教学逻辑

（三）设计问题链条

正如上述逻辑框架显示，导学专题的整体设计具有明确的结构性和递进性，主题由三个子问题构成，三个子问题之间构成逻辑递进；每个子问题又有三点论证构成，三点论证之间亦构成逻辑递进。问题链条的设计实质上是按照逻辑框架的逆向展开。

针对问题一：马克思给当代留下什么。首先以“马克思在你心目中最鲜明突出、印象深刻的标签是什么”的讨论导入；其次以马克思的身后评价——推上神坛的马克思、马克思的生前轶事——走下神坛的马克思两个角度切入一个有血有肉、平凡又伟大的马克思；最后采用两个延伸案例“青年马克思的努力”和“中年马克思的困窘”，带给学生一个观点——马克思的伟大不是天生成就的，时代的选择、个人的选择等一系列必然和偶然、客观与主观要素，使得马克思从和同学们年纪相仿、热爱写诗的浪漫青年，成长为千万人铭记、敬仰、怀念的千年思想家。他的思想、他的品格、他的故事本身，都是值得今天回味、学习、运用的宝贵遗产。

针对问题二：马克思主义如何来到当代。首先问题导入，马克思主义经过近 200 年的全球传播，形成多种不同的理论面貌和实践形式，在这些形形色色的继承者中，谁是龙种谁是跳蚤？其次用问题逻辑引领马克思主义发展史的历史逻辑。最后延伸出导学专题的教学重点，即面对马克思主义由“一”到“多”、有所变有所不变的历史过程，有人提出“回到马克思”，有人提出“超越马克思”，有人提出“重建马克思”，用马克思主义在今天遭遇的多元化境遇，引发学生思考：今天的马克思主义还能给予我们什么，我们应该用什么样的态度面对马克思主义？

针对问题三：马克思主义在当代是否过时。首先聚拢学生思维，直面学生关心的三个论点，即马恩自我修正说、社会主义失败说、资本主义永恒说。其次针对学生常见 ，结合《共产党宣言》序言和正文的撰写、伯恩施坦和列宁的理论、苏联解体、资本主义的新变化等案例展开辨析与驳误。最后给学生提炼出今天面对马克思主义的正确打开方式，进而提炼出马克思主义在当代的价值与鲜明特征，作为可以从课堂中带走的结论。

“三题一课”教学模式指导下的问题链条设计，旨在解答学生的一个常见困惑即马克思主义在当今时代有何价值。在逻辑上，采用了案例导入和问题推进的方式，带领学生层层深入、剖析马克思主义过时论的社会思潮和学术观点，同时进行自我反思，发掘自身先前形成的对马克思主义的看法甚至误解，从而让导论专题真正起到“先导”——为学生学习这门课提前铺垫马克思主义创立背景、传播过程的基础性知识，“主导”——为学生聚拢并树立学习马克思主义的正确态度和科学思维，“引导”——为学生激发并延展对马克思主义理论的强烈学习意愿。将学生热议话题、基本理论问题、重点教材专题融汇于一堂课的教学中，让学生从有限的学习过程中体验到有趣、有用、解渴、解惑的学习效果，让思政理论课堂成为理论联系实际、理论掌握学生的有效路径，进而切实推进新时代高校马克思主义观培育，帮助更多青年人真懂、真信、真爱马克思主义。

参考文献

[1]恩格斯．马克思恩格斯文集：第 3 卷[M]．北京：人民出版社，2009.

[2]列宁．列宁专题文集．论马克思主义[M]．北京：人民出版社，2009.

[3]习近平．习近平谈治国理政：第 2 卷[M]．北京：外文出版社，2017.

[4][英]乔纳森·沃尔夫．当今为什么还要研读马克思[M]．北京：高等教育出版社，2006.

[5][英]埃里克·霍布斯鲍姆．如何改变世界：马克思和马克思主义的传奇[M]．北京：中央编译出版社，2014.

[6]龚平．“原理”课专题式教学的教学环节建设研究[J]．思想理论教育导刊，2013，(9)：94-96.

The application of Topic-Issue-Subject in One Lesson teaching mode in cultivating the correct view of Marxism: Take the Introduction to Basic Principles of Marxism for example

Yang Zhe

(School of Marxism, Beijing Forestry University, Beijing 100083)

Abstract Cultivating correct view of Marxism is an important target for universities in fostering students in the new period. This thesis pays attention to the Topic-Issue-Subject in One Lesson teaching mode(TIS mode for short)—— its necessity, possibility and practicability in cultivating the correct view of Marxism. Starting from the characteristics and dilemmas in cultivating the correct view of Marxism, this thesis summarizes three implementing principles of TIS mode in *Basic Principles of Marxism*. Furtherly, taking the Introduction subject as an example, this thesis shows the specific and detailed design path to make the 1st lesson a good start. Finally, this thesis aims to study how the implication of TIS mode in the Introduction subject plays the guiding and leading role in cultivating the correct view of Marxism.

Keywords cultivating the correct view of Marxism, Topic-Issue-Subject in One Lesson teaching mode, introduction subject, implementing principles, design application

“风沙物理学”课程思政方法探索

赵媛媛　丁国栋　赖宗锐　高广磊

（北京林业大学水土保持学院，北京　100083）

摘要：课程思政是落实立德树人根本任务的重要抓手。本论文在分析“风沙物理学”课程思政重要难点的基础上，探索了该课程的思政教育途径。风沙物理学理论专业性强，思政素材提取困难，同时，课程思政对教师政治意识和思政教育技能等方面要求较高，学生经过两年本科学习已经初步形成思维定势，这些都是课程开展课程思政的重大挑战。为提升“风沙物理学”课程思政效果，论文提出了课程思政实施框架，建议从三个方面入手：提升教师政治素养和课程思政认知、以学科文化为载体挖掘思政元素、优化课程设计让课程思政贯穿教学始终。风沙物理学课程思政能够培养学生吃苦耐劳精神、提升学生专业认可度和民族自豪感。

关键词：课程思政；政治素养；全程育人；理工专业

为中国特色社会主义事业培养优秀的建设者和接班人是新时代高等教育的重要使命。习近平同志在全国高校思想政治工作会议上的重要讲话中深刻指出：“要坚持把立德树人作为中心环节，把思想政治工作贯穿教育教学全过程，实现全程育人、全方位育人。”高等教育阶段，学生70%以上的时间用于专业课教学，必须坚持和发挥专业课程在立德树人的阵地作用，由“思政课程”转变到全程育人的课程思政上来。因此，在新时代的背景下，“课程思政”建设对高校坚持社会主义办学方向，落实立德树人根本任务，确保育人工作贯穿教育教学全过程具有重要意义[1]。

“风沙物理学”是水土保持与荒漠化防治专业的核心基础课程。该课程是人类在与风沙灾害抗争实践过程中将传统的地学、生态学和空气动力学相结合形成的一门新兴交叉科学，研究核心为风沙运动的规律、形成机制及其利用与控制原理[2]。根据课程性质和教学计划，“风沙物理学”的授课时间为大学第四学期或第五学期，授课对象为大二或大三的学生。该时期的大学生基础知识结构不断丰富，学习能力强，好奇心和求知欲旺盛，是开展思政教育的最佳时期；同时，随着接触外界社会多元化信息的日益增加，该阶段的学生也存在着理想信念动摇、对本民族思想文化认同感不稳定等趋势。

因此，在全程育人理念的指导下，以新时代大学生社会主义核心价值观培育为目标，开展积极有效的课程思政探索，对于塑造大学生形成成熟的人生观价值观，强化对共产主义远大理想和中国特色社会主义共同理想的认同和坚持具有重要意义。

一、风沙物理学课程思政面临的挑战

（一）课程专业性和理论性较强

“风沙物理学”核心授课内容是基于空气动力学理论探讨风沙运动规律。课程以风沙颗

作者简介：赵媛媛，北京市海淀区清华东路35号北京林业大学水土保持学院，副教授，yuanyuan0402@bjfu.edu.cn；
丁国栋，北京市海淀区清华东路35号北京林业大学水土保持学院，教授，dch1999@263.net；
赖宗锐，北京市海淀区清华东路35号北京林业大学水土保持学院，讲师，laizongrui@bjfu.edu.cn；
高广磊，北京市海淀区清华东路35号北京林业大学水土保持学院，副教授，gaoguanglei@bjfu.edu.cn。
资助项目：北京林业大学2019年课程思政教研教改专项课题“荒漠化防治工程学”（2019KCSZ017）。

粒运动学、风沙流、风沙地貌动力、土壤风蚀和防沙原理等为主要授课内容，专业性较强。授课过程中，教师主要结合高等数学、流体力学、土壤学、气象学和生态学等知识，对风沙运动相关规律进行基础推导，例如，沙粒启动风速的理论公式、输沙量的理论公式、空气动力学地表粗糙度的理论计算，理论性较强。在专业性和理论性较强的各个知识点教学中，如何选择思政素材、采用何种方式开展课程思政是一个挑战。

(二)学生的思维定势已初步形成

学生一般从本科二年级开始逐步接触专业课，此时已基本完成思想政治课程的学习。学生对相关专业课程的认识往往容易存在错误倾向：认为接受教育的重点在技术和知识层面，往往强调“工具理性”[3]，缺乏对知识背后蕴藏的思想、文化等方面的深刻认识和思考，特别是价值上的引领和启示。长此以往，大学生核心价值观的培育与专业知识教育之间出现了“脱节”现象[4]。

(三)教师的思想政治素养参差不齐

课程思政的重要条件之一是教师具有较高的政治素养，但当前大学教师存在专业素质较高但政治意识不强等问题。不少教师注重教育水平和理论修养的提高，却欠缺思想政治学习；部分教师政治意识淡薄，有的甚至缺乏应有的政治敏感度和政治鉴别力；不积极参加学校组织的各项政治活动，理想信念、组织观念比较淡化；还有的教师对我国基本国情和党的政策缺乏深入了解，容易受到错误思潮的影响，造成思想上的困惑与迷茫。这些都在一定程度上影响课程思政的有效实施，不能有效建立专业知识和思政内容之间的有效联系，开展思政教育时很难做到“以理服人”。

(四)缺少“润物无声”的教育方法

专业课程中的思政元素的重要性好比微量元素对人体健康的重要性一样，微量元素固然重要，但也不能直接吃，最好的方式是通过食物来摄入，以便更好地吸收和利用。课程思政要跟上时代步伐，不能生搬硬套，简单灌输；不能与专业课脱节，变成“课程”和“思政”两张皮。否则，会导致学生厌学，作用适得其反。对于专业课教师，思政方式得当，则事半功倍；方法不当，则适得其反。当前，理论空洞枯燥、考评方式机械死板等问题，易导致教师对于思政教育表现出无兴趣、无动力、无目标的“三无”状态；同时，不恰当的多媒体技术运用还容易导致课堂教学“娱乐化”“庸俗化”，进而使课程思政低效化[5]。因此，挖掘适当的思政素材、探索“润物无声”的教育方法十分重要，也是一个难点。

二、 风沙物理学课程思政的思考

针对“风沙物理学”课程思政中存在的问题，我们认为课程思政应该从教师提升、教学实践、课程设计三个方面着手。教师政治素养的提升是基础，贯穿教学始终的课程设计是保障，挖掘思政要素开展教学实践进而塑造学生正确的世界观、人生观和价值观，是我们的教育目标。

(一)以教师政治素养提升为基础，提升课程思政认知

学高为师，身正为范。发挥课程思政“立德树人”的重要作用，关键在教师。教师个人的思想政治素养，决定着课程思政的高度、深度和效度。一是提升对课程思政的认知，消除思想误区。课程思政，不同于思政课程。课程思政坚持学科专业的性质不变，需要挖掘其学理、价值、伦理等。二是要强化党性修养，要深入学习习近平新时代中国特色社会主义思想，深入把握蕴藏其中的马克思主义立场观点方法，真正把马克思主义中国化的最新成果与课程内容紧密结合。三是掌握思想政治教育的特征、规律和话语，主动结合专业课的设计与教学活动的实施，深度开发教材。

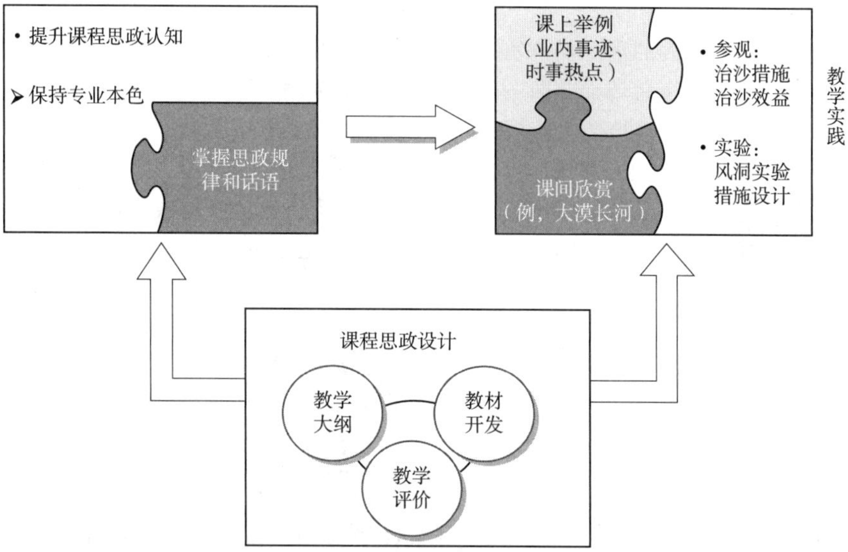

图 1 课程思政实施框架

（二）以科学精神和学科文化为载体，挖掘思政元素开展教学实践

"风沙物理学"以自然知识为基本对象，反映风沙活动的自然规律和运行机理，具有客观性，并超越意识形态，具有通约性和普遍性，所谓"科学无国界"，可以说，自然不变，其道理不变。与人文社科类课程不同，他不关乎思想政治立场。"科学无国界，但是科学家有祖国"，要通过挖掘专业历史的重要人物、重要事件和重要发现，深入挖掘蕴藏在背后的课程思政价值。

在风沙物理学课程思政过程中，要理论和实践相配合，课上课下同时抓。在理论授课过程中，引入典型案例，例如"甘肃古浪县八步沙六老汉三代人治沙造林使沙漠变绿洲""塞罕坝林场三代人在高寒荒漠筑起京津阻沙涵水绿色长城""我国第一条穿沙铁路——包兰铁路的防沙措施使得通车 60 年无沙埋事故的国际奇迹"，抓住实事热点，如"习近平参与草方格压沙劳动""习近平主席为库布其国际沙漠论坛召开致贺信"等；在实践实习过程中，参观典型治沙措施，直观感受治沙事业在国民生产中发挥的巨大作用。课上进行课程思政，课间自主欣赏科普宣传片，例如"大漠长河"。多种手段相结合，引导学生传承艰苦奋斗的优良品质，激发学生学习荒漠化防治专业的自信和我国防沙治沙国际领先的民族自豪感，从而坚定努力学习专业基础知识的信念。

（三）以优化课程设计为保障，贯穿教学始终

注重课程的系统设计，即教学内容与评价制度（标准）、教材开发、教师培训等方面要周详考虑，并保持同步性和一致性。基于学生身心发展特点、学科课程特点，进行内容体系设计、教学的具体设计和规划。以教学大纲为依据，从平时成绩、平时作业布置以及期末考试试卷中都要涉及核心价值观与专业课程知识融合的开放式题目，作为学生专业课程最终考核的依据。

教师全过程评价学生的思想政治素质的发展，并引导学生进行自我评价。让学生学会自我思考"为谁在学习？""如何去学习？""学习对象是什么？""职业生涯如何规划？""人生理想是什么"这几个关键问题。让学生学会自我思考，教会学生专业知识的同时，引导学生树立正确的价值取向。同时，鼓励学生对教师课堂教学过程进行思政反馈评价，以提高教师教学质量，促进专业教师核心价值观在课程教学全过程中的融合。

三、结语

以风沙物理学为代表的理工类课程的思政教育作用，并不等于理工课程思政化，也不是理工课程或者课堂结束后转而进行思政上的引申和靠拢，而是全域、全面化地融入思想教育的理念、目的、手段、技巧，应该是“润思政”而细无声。水乳交融、自然融合，也就是坚持学科专业的性质不变、本位不改，需要挖掘其学理、价值、伦理等，作用于学生，让其学会以专业为基础，从专业中引发和专业相连的问题，从而达成思政教育，也就是经过科学学习和训练达到学生修养的全面提高，这显然就是课程思政的重要意义所在。

参考文献

[1]邱伟光．课程思政的价值意蕴与生成路径[J]．思想理论教育，2017，(7)：10-14.

[2]赵媛媛，丁国栋，高广磊．梁希实验班“风沙物理学”课程教学改革的探索[J]．中国林业教育，2014，32(5)：45-47.

[3]余江涛，王文起，徐晏清．专业教师实践“课程思政”的逻辑及其要领——以理工科课程为例[J]．学校党建与思想教育，2018，(1)：64-66.

[4]赵志峰，赵炜书，陈昌禄，等．土建类全课程核心价值观建设的教改模式探究[J]．教育教学论坛，2019，1(5)：91-92.

[5]辛艳伟．大学生思政教育的时代性与切入点[J]．大学教育，2018，(5)：146-148.

[6]江胜尧．做到“三个讲清楚”上好高校思政课[N]．中国社会科学报，2016-04-19(008).

Exploration of Ideological and Political Education in the curriculum of *Aeolian Physics*

Zhao Yuanyuan　Ding Guodong　Lai Zongrui　Gao Guanglei
(School of Soil and Water Conservation, Beijing Forestry University, Beijing　100083)

Abstract　Conducting Ideological and Political Theories teaching in All Course is an important path for implementing the task of cultivating talents by moral education. This paper firstly analyzed challenges of ideological and political education in the course of *Aeolian Physics*, and then discussed the framework and idea of this work. The course of *Aeolian physics* is highly specialized, and it is difficult to extract ideological and political materials. Moreover, ideological and political education in the professional curriculum has a high requirement on teachers' political awareness and ideological education skills. In order to improve the ideological and political effects of the *Aeolian Physics*, we proposed a framework for the implementation of ideological and political education. We recommended to conduct from three aspects: (1) to improve teachers' political literacy and the understanding on ideological and political education in professional courses, (2) to explore the ideological and political materials in cultures of the discipline, and (3) to optimize curriculum design through the whole teaching processes. The ideology and politics education in the course of *Aeolian Physics* can train students to endure hardships in the work and life, and improve students' professional recognition and national pride.

Keywords　Ideological and Political Education, political literacy, *Aeolian Physics*; bachelor students

“风景园林工程”数字—现实—循证联动教学模式研究

戈晓宇　卢奕芸

（北京林业大学园林学院，北京　100083）

摘要：本文从“风景园林工程”课程的教学目标出发，基于风景园林工程材料、工法认知的重要性以及现阶段教学模式存在的问题，明确了在教学过程中构建工程材料工法数字—现实—循证设计完整教学体系的重要性，并且提出了相应的教学模式。从教学积累中梳理了教学模式改革的实施基础、目标以及必要性，并从工程材料展柜和建设案例库的构建、实习案例库及数字案例库的建立、课程设计的循证和表现、虚拟循证教学平台体系等方面阐述了该教学模式的主要内容。

关键词：风景园林；园林工程；材料与工法；数字模拟；循证设计；教学改革

一、研究缘起

“风景园林工程”作为风景园林学科的重要组成部分是在新中国成立以后为了适应我国城市园林和技术的需要逐步发展起来的，也是国内高等院校风景园林相关专业所开设的一门核心课程。其课程教学的主旨和目标是精神文明与物质文明的协调统一，即工程技术与园林艺术的完美融合[1]。“风景园林工程”教学既要强调学生全面综合的专业素养，又要根据当前的社会建设需求，将教学理论、方案设计和项目建设相结合，使学生兼具理性思维与艺术创意，培养学生以技彰艺，在项目实践中自主发现问题和解决问题的能力。但是，在当今这样一个科技迅猛发展的时代，风景园林工程课程仅依靠理论文字、静态图片的教学方式逐渐显现出诸多弊端。作为为社会输送人才的一流学科建设高校，当前的教学模式很难培养出将工程理论与设计方案融合并熟练应用于实际建造过程中的专业人才，难以满足新时代社会建设与发展的需求[2]。

二、风景园林工程课程存在的问题与对策

（一）风景园林工程课程现状问题

从近些年教学成果来看，现阶段“风景园林工程”课程教学模式存在诸多缺陷，总结如下：

1. 教学方法不够体系化

风景园林工程的教学涵盖了多个方面，从实地调研分析到建成项目效果的考察与认知，从材料的确定到工法的完成再到建成效果的控制，是一个综合性高、实践性强的过程，风景园林工程的教学不应该仅局限于认知阶段的讲授，应该在完成理论学习的基础上，建立包涵实际建造的完整的知识与方法体系。

作者简介：戈晓宇，北京市海淀区清华东路 35 号北京林业大学园林学院，副教授，datou86604@163.com；
卢奕芸，北京市海淀区清华东路 35 号北京林业大学园林学院，硕士研究生，luyiyun1995@163.com。

资助项目：北京林业大学 2019 年教育教学研究一般项目“风景园林工程材料数字—现实—循证联动教学模式研究”（BJFU2019JY011）。

2. 材料认知与工法学习缺乏综合性

园林工程材料是风景园林项目建设的物质基础，园林工法是风景园林项目建设的必要手段，对工程材料的认知与园林工法的掌握是风景园林教育中不可或缺的组成部分，是风景园林工程课程的重要内容，它直接决定了工程知识的学习和工程体系的建立。从专业课程来看，虽然本科阶段涵盖了建筑结构与构造、园林设计、建筑设计等多门设计课程的学习，但普遍缺乏对于实际项目材料认知与工法掌握的综合性，缺乏园林工程知识体系的整体架构。

3. 实践应用缺乏针对性

一方面，综合性与体系化是风景园林工程教学的前提，也是培养学生综合运用专业知识的基础；另一方面，风景园林的工程教育与项目实践的关系紧密，是学生将来从事规划设计和课题研究的一个基础阶段。然而，风景园林工程材料的特殊性、建造环境的匮乏以及课程设置和课时的限制，决定了在风景园林工程教学中不可能让学生参与到实践的每一个环节。因此，在强调知识综合与教学体系的前提下，应加强学生对于方案设计与实际建造密切联系的认知，加强风景园林工程的针对性训练。

综上所述，当前风景园林工程课程的教学模式存在诸多问题，教学效果不甚理想，学生通过这门课程的学习，难以建立完善的风景园林工程知识体系与理论架构，进而熟练的应用于实际建造。因此，风景园林工程课程的教学模式亟待改革。

(二)风景园林工程课程改革对策

风景园林工程材料是构成园林项目的物质基础，而园林工法是将设计方案与基础材料转变为实际项目的必要手段，“风景园林工程”课程作为讲述园林设计的基本原理和实际建造理论与方法的课程，寻找正确的教学方法，引导学生认知园林材料、掌握园林工法、了解实际建成效果是十分重要的(图1)。

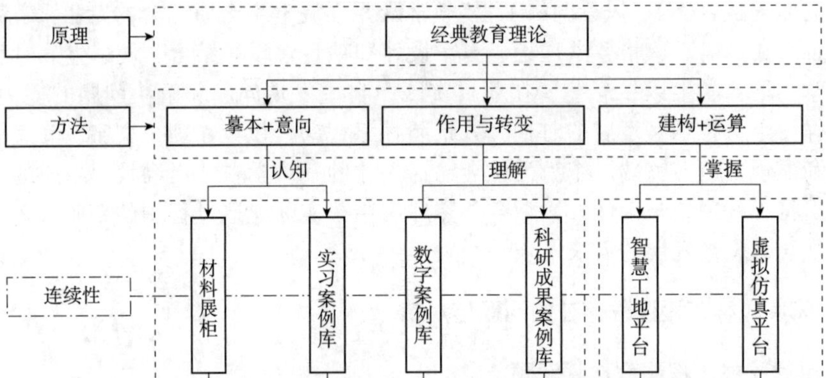

图1 风景园林工程课程改革对策

1. 逐本溯源：方法科学化

皮亚杰在《发展与学习》一文中所论述的关于认知本质的运算观念：“知识不是现实的摹本。知道一个物体或一件事情，不是简单的看着它，而是把它构成心里的摹本或意向。知道一个物体就要作用于该物体。了解就是更改、转变该物体，并了解这一转变的全过程，其结果是理解该物体被建构的方式。运算即是内化了的动作，改变着运算的客体。”[3]根据运算概念，对于风景园林工程材料的认知以及园林工法的学习，应该使学生们通过直接接触、实际参与了解园林材料到实际项目的转变过程，进而掌握园林工法。

2. 以研促教：借助一流学科建设平台

借助城乡生态环境北京实验室科研平台、住房和城乡住建部课题：低影响开发的园林绿地应用研究；国家自然科学基金青年基金项目：基于 SWMM 情景模拟的绿色基础设施集雨功能优化研究等一流学科建设平台的研究成果，进而有效支撑风景园林工程本科教学建设。

3. 虚实结合：建立虚拟实践平台

由于园林工程建设材料价格昂贵，运输成本高，在教学过程中不易获得、建造环境匮乏，不能满足大量学生见习与实习的需求等因素，无法给学生提供直接接触园林材料、参与建设过程、了解园林建造工法的机会，使得风景园林工程课程的教学存在一定的滞后性，导致了实际建造与方案设计极大程度的脱节。

然而，随着时代的迅猛发展，数字和信息化时代的到来，“虚拟数字”“虚拟现实”等计算机技术的日臻完善，得以弥补由于风景园林工程课程特殊性导致的实践应用环节的缺失，解决现实专业化风景园林工程人才培养的瓶颈。计算机技术可以帮助我们构建循证设计的平台，打破传统教学中风景园林项目建造过程的不可逆性，为风景园林工程课程教学模式的改革提供便利。

三、 数字—现实—循证联动模式的风景园林工程课程教学改革

杜威基于探究教学与反思思维所提出的教学五步强调学生需要在真实的情景中思考问题，根据掌握的知识材料，通过必要的观察与实践，寻找解决问题的方法，并结合后续必要的验证对学习过程进行反馈[4]。风景园林工程材料认知与工法的学习也需要构建工程材料—工法—效果—循证设计的完整教学体系。

（一）风景园林工程课程教学模式改革基础

笔者近年来参与了全国多项园林规划设计项目，在施工现场指导过程中积累了超过500G 的建设过程图像及影像资料，可以为园林工程材料教学模式的改革提供强有力的实践资料支撑。此外，笔者承担了国家自然科学基金青年基金项目：基于 SWMM 情景模拟的半湿润地区绿色基础设施集雨功能优化研究——以迁安市为例的建设，研究过程中所应用的 SWMM 情景模拟的方法可以对风景园林工程课程循证设计的教学提供借鉴，通过产教融合的方式向学生传播科研的思维与方法。

（二）风景园林工程数字-现实-循证联动教学模式改革的必要性

1. 教学方式的互补性

数字案例库与现实案例库共同辅助教学，数字案例库重点支撑理论讲述，实习实践侧重于实践感知。通过计算机虚拟平台，将学生所学所见全过程化，形成工程材料—工法—效果—循证设计的系统教学模式[5]。

2. 教学过程的连续性

风景园林工程的教学内容存在一定的片段式破碎化的问题，工程材料—工法—效果—循证设计的教学模式有助于形成连续的教学过程，利于学生对于知识的掌握和理解。

3. 教学科研的示范性

在课程作业中运用情景认知的学习方法将所学习的工程材料应用于课程设计中，并进行情景模拟，形成具有科研思维的教学模式，也是教研合一模式的重要示范。

（三）风景园林工程教学模式改革目标

1. 近期目标

立足行业当前现状，以园林和风景园林专业的人才培养为先期基础，充分整合现有的教学和实践资源，加强与不同地区、不同学科背景下的兄弟院校之间的合作与交流，不断更新教学理论和改善教学方法，以园林工程材料与工法为切入点建立起具有鲜明特色的教学模式。

①通过材料展柜、建设案例库的建立强化园林工程材料与工法的认知，补充本科教学短板，提高人才培养质量。

②通过数字案例库与实习案例库的结合提升教学内容吸引力，提高课堂教学质量。

2. 远期目标

立足行业远期发展，发挥学校和学院在国内外广泛的教学科研和实践优势，积极倡导各类教学资源和科研成果的共享，形成常态化的、持续性的教学科研促进体系，探索适应社会需求的开放性和示范性的人才培养模式，为学科和行业长远发展做出应有的贡献。

①通过工程材料—工法—效果—循证教学步骤的构建，完善风景园林工程教学体系。

②通过材料应用与工法实践的循证设计提升学生的科学思维，提高学生的科研素养。

(四)风景园林工程数字—现实—循证联动教学模式改革内容

教学模式改革坚持“学生中心、问题导向、学科融合、创新实践”的教学理念，利用现代信息化技术手段，大力推进教学模式改革，结合学校实际教学情况，以数字模拟情景体验为依托，以案例与问题为教学内容，以互动研讨为教学方式，开展自主式、合作式、探究式的学习方式，致力于培养学生的问题意识、创新精神、自主学习能力和自我反思能力。

笔者将从工程材料展柜和建设案例库的构建、虚拟数据库与实习案例库的建立、课程设计的循证和表现、教学效果反馈优化等方面探讨新的教学模式下的教学理论与方法(图2)。

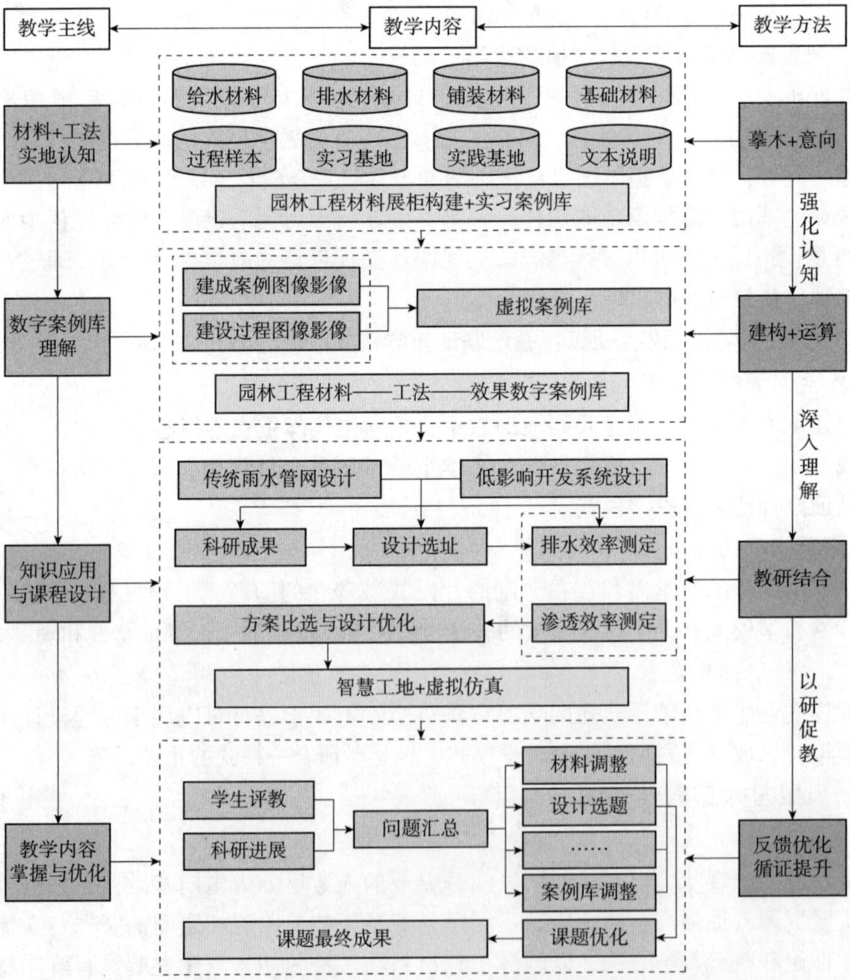

图2　风景园林工程数字—现实—循证联动教学模式改革技术路线

1. 工程材料展柜和建设案例库的构建

工程材料的选择是整个风景园林工程教学体系中的初始环节，它直接决定了后续教学活动的开展和教学内容的导向。在 2014 年 9 月，园林学院工程材料展柜(图 3)开始建构，现存材料 50 余种，但展柜的建立缺乏系统性思路，对课程教学的支撑比较有限。因此工程材料在采购前须根据课程内容和多方专家建议提出方案，最终由教研室各位老师商讨制定。材料的选定须覆盖常规材料和新型材料，包括给水材料、排水材料、铺装材料、基础材料；材料的选定也要包含建设过程中的未完成样本，这样能够帮助学生理解实际的建造过程。

图 3　园林工程材料展柜

建设案例库旨在将教师从事研究过程中所参与的实际项目与园林工程课程的教学相结合，主要依靠项目团队在施工现场指导的过程中对材料以及建设过程的记录来建构，让学生直观的了解园林项目的实际建造情况。

2. 数字案例库与实习+科研成果案例库的建立与信息归纳

数字案例库的建立应包含工程材料—工法—实景效果的全过程信息，并与材料的展示一一对应，旨在记录风景园林工程的全过程和全信息，让学生建立起实际的空间关系并发现场地存在的问题，实现纯粹的主观思维向客观分析层面的转化。

实习实践目标的选择应力求涵盖所有展示的工程材料结合建设案例库授课内容，并且尽量在北京市内，距离相近，并加入最新优秀科研成果，方便学生实习考察。

信息的归纳不仅包含材料与工法本身，也包含项目的场地特点和方案的主题立意，以便学生更好地理解场地信息，对于问题的分析和总结同样不能局限于表面现象，场地信息的归纳要分类分项，做到横纵向的综合分析与对比，将设计地块与区域环境相结合，将近期现状与远期需求相结合。

3. 课程设计的循证和表现

以风景园林循证设计理论为指导，以工程材料与园林工法为依托，构建循证设计教学体系，让学生能够综合运用计算机技术，通过三维设计平台，将无法在实际空间中参与的建造实验开展起来，将课堂所学的理论知识与实践紧密结合：

智慧工地平台——虚拟仿真建造过程：学生们通过对设计方案进行精确的施工模拟，将构筑及铺装场地的原材料、施工工法通过智慧工地平台进行实体展现，从多角度、全方位直观观察各部分的结构做法和联结方式，了解园林工程施工的全过程(图 4)。

虚拟仿真平台——提供建成效果模拟：学生们可以通过虚拟仿真平台，了解各类型建造材料和工程做法所产生的不同效果，根据设计方案的不同需求，对施工材料、装饰风格进行选择，优化施工方案表现，直观的观察建成效果(图 5)。

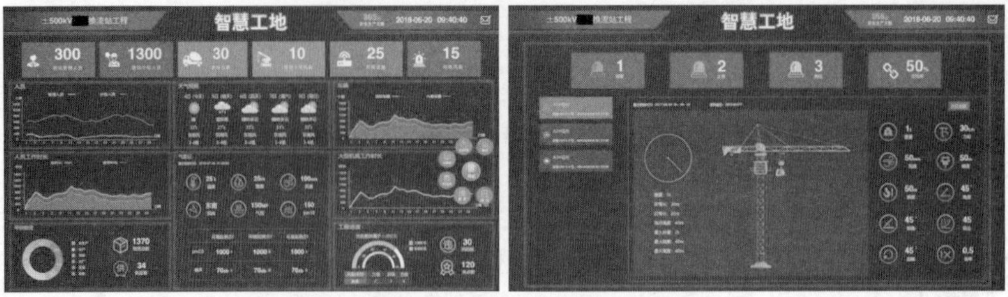

图 4　智慧工地平台界面

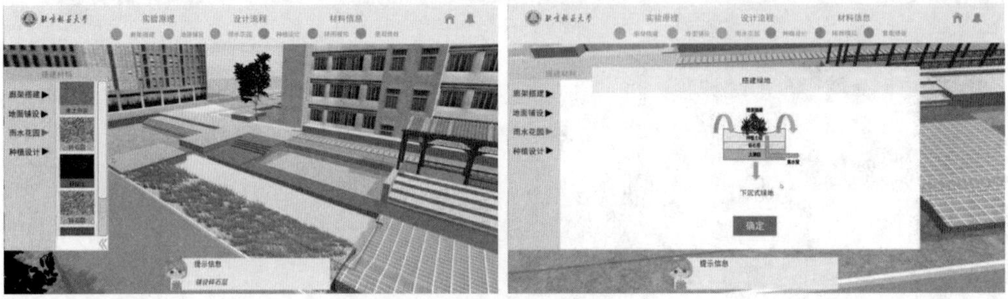

图 5　虚拟仿真平台界面

景观评价网站——提供循证设计依据：根据不同园林材料及工法之间的差异，构建景观绩效量化评价素材库，素材库内置各类园林材料及建造工法所对应的效益评价数据，形成建造成果生成生态效益、社会效益及经济效益的评价结果，作为循证设计的依据，进而根据循证结果对设计方案进行优化和提升[6]（图 6）。

图 6　景观评价界面

为保证课程成果的可视化，学生以团队形式完成设计成果，每组学生原则上不超过五人，并且可以根据团队的想法进行差异化设计和个性化图纸表达。

四、结语

数字—现实—循证联动教学模式改革是在“一流学科”建设和“一流本科专业”建设的背景下探寻数字化教学模式应用的一次尝试，该教学模式的建立，解决了传统风景园林工程教学中难以开展实际建构活动的困难，弥补了风景园林工程课程体系与设计课程之间的空白区域，该教学模式正在课堂教学应用的过程中，也会根据学生的反馈不断调整和优化。

参考文献

[1]王沛永. 北林园林学院风景园林工程课程回顾与展望[J]. 风景园林，2012，(4)：72-74.
[2]石坚韧. 建筑与城市设计专业的虚拟仿真教学模式探索[J]. 高等建筑教育，2009，18(1)：123-125.

[3]皮亚杰．皮亚杰教育论著选[M]．卢濬译．北京：人民教育出版社，2016.
[4]周成海．课堂教学原理与方法[M]．北京：中国轻工业出版社，2017.
[5]洪泉，李胜，张敏霞．"风景园林工程"课程校园实景教学的探索——以浙江农林大学为例[J]．中国林业教育，2016，34(4)：44-47.
[6]李建中，王骝．历史建筑保护工程循证设计方法探讨[J]．住宅科技，2019，39(7)：12-15.

The research of the digital-reality-evidence-based teaching model of *Landscape Architecture Engineering*

Ge Xiaoyu　Lu Yiyun
(School of Landscape Architecture, Beijing Forestry University, Beijing　100083)

Abstract　This article starts from the teaching goals of the *Landscape Architecture Engineering*, based on the importance of cognition of landscape engineering materials, construction methods, present problems of teaching mode, has been clear about the importance of building digital-reality-evidence-based design system in the teaching process, and puts forward the corresponding teaching mode.From the teaching accumulation, this paper sorts out the implementation basis, objective and necessity of the teaching mode reform, and expounds the main contents of the teaching mode from the construction of engineering material display cabinet, construction case database, the establishment of practice case database, digital case database, the evidence-based and performance of curriculum design, and the virtual evidence-based teaching platform system.

Keywords　Landscape architecture, *Landscape Architecture Engineering*, materials and engineering, digital analogy, evidence-based design, teaching reform

“时空数据分析”课程教学改革初探

——以林业院校地理信息系统专业为例

黄季夏　　岳德鹏

（北京林业大学林学院，北京　100083）

摘要：“时空数据分析”是地理信息系统专业学生的一门专业主干课，该课程内容具有模型抽象性、技术性和实用性相结合的特点。以前的教学内容多集中在理论教学方面，讲授的内容中以经典的统计模型所占篇幅较多，涉及时空统计的内容较少，并且在实践教学方面的课时非常缺乏。针对“时空数据分析”教学过程中存在的理论知识陈旧、实践教学课时偏少以及实践教学方法和手段单一等问题，本文提出了若干教学改革的措施。改革措施包括：在教学内容上，引进较新的空间统计和时空分析模型，建立层次性的教学内容体系；在实践教学方面，实施多样化实践教学形式，增加新颖的教学案例，组建兴趣小组，提升实践教学效果。

关键词：时空数据分析；时空统计；地理信息系统；林业院校

地理信息科学主要包括地理信息系统（GIS）、遥感（RS）与全球定位系统（GPS）。随着地理信息科学理论的不断完善，以及计算机、互联网技术、大数据与人工智能技术的突飞猛进，地理信息科学的应用越来越广泛。GIS、RS、GPS 三者各司其职，RS 与 GPS 负责时空数据的采集与整理，GIS 更多地进行智能分析。近年来，地理信息科学技术广泛应用于林业管理中，例如，森林灾害监测与预警、森林精准经营、森林生态系统服务价值评估、森林生态系统与气候变化研究等。地理信息技术的引入，使得林业时空数据的管理、分析和显示更见便捷有效[1]。

随着摄影测量学、遥感技术、卫星定位技术等数据获取手段的日益多样化，时空数据的来源日益广泛，数据格式日益复杂，数据量呈现海量爆炸式增长。如何从海量的时空数据中挖掘潜在的规律，探测其异常情况，以及预测事物未来走势，是当前地理信息系统面临的重要问题。时空数据挖掘的基础在于有效的分析模型，而当前“时空数据分析”课程有较多的不足之处，因此，有必要对“时空数据分析”这门课程进行教学和实践内容重新进行规划设计。

一、“时空数据分析”课程教学存在的问题

（一）教学内容缺乏研究性和创新性

传统的地理数学模型主要集中在经典统计模型方面，对于空间和时空方面的研究很少。而通过遥感或者卫星定位技术获取的数据一般都是空间甚至是时空方面的。时空数据的特性有两点：时空相关性和时空异质性。时空相关性和异质性导致时空数据的分布不满足随机独立分布的特征。而大部分经典的统计模型都没有考虑到这两方面的特性，导致分析的结果存在着偏差。因此，有必要对现有的教学内容进行改革，与时俱进，增加其创新性和研究性，以适应当前所面临的新问题。

作者简介：黄季夏，北京市海淀区清华东路 35 号北京林业大学林学院，副教授，huangjx@ bjfu. edu. cn；

岳德鹏，北京市海淀区清华东路 35 号北京林业大学林学院，教授，yuedepeng@ 126. com。

资助项目：北京林业大学 2019 年教育教学研究项目“基于大数据理念的空间数据分析教学模式研究”（BJFU2019JY009）。

（二）实践教学的课时偏少、内容陈旧

目前，时空数据分析的教学主要在理论方面，而在实践教学方面的课时非常少。时空分析是一门理论与实践相结合的课程，学生通过理论学习后，需要将其应用于解决实际问题。通过实践教学，可以进一步加深学生对理论的理解。有些数学模型非常抽象，单纯靠课堂教学和课外习题的练习，还不能深入地掌握。因此，增加实践教学课时，丰富实践教学形式，是"时空数据分析"教学内容改革的当务之急[2]。

对于林业院校而言，实践教学的内容，可以和林业、生态、环境以及水土保持紧密结合，例如森林材积蓄积量抽样估计、生态环境影响评估等，充分发挥林业院校在数据和研究方面积累的优势。

（三）实践教学的方法和手段单一、死板

传统的"时空数据分析"课程实践教学一般采用"实验指导+上机操作"的方式。由老师提供实验内容，在机房进行演示，然后再指导学生进行上机操作练习。这使得学生容易养成"依葫芦画瓢"的习惯，不利于他们思考与总结。因此，需要对实践教学的方法和手段进行改革，增加他们主动采集数据、整理数据、分析数据、撰写实习报告的流程。通过一整套的实践活动，加深对"时空数据分析"课程的深入理解。

二、"时空数据分析"课程教学内容的改革

（一）课程特点及人才培养目标

当今社会随着物联网、大数据的快速发展，新的问题层出不穷。"时空数据分析"一方面致力于理论知识的探索与发展；另一方面，更重要的是将理论与实际问题相结合，理论知识如果与实际相脱节，不能解决实际问题，理论的真实性与正确性则不能得到验证。

由于"时空数据分析"课程较强的实践性，因此在人才培养目标方面，需要根据学生的特点来进行。可以分成如下三类情况。

第一层次（技术应用人才）：有些学生对抽象的数学理论兴趣较低，而是更愿意解决实际问题，这需要对行业领域的背景知识深入了解。对于林业院校的学生，林学、生态、环境、园林、水土保持等专业，都有其特定的领域知识，本课程培养能够胜任林业和生态环境建设领域有关空间信息获取、管理与分析等工作。

第二层次（算法设计人才）：在第一层次的基础上，培养在计算机、信息科学等方面具有较为扎实的知识和技术，面向企业、科研单位、教学行业的时空数据分析人才。

第三层次（科学研究人才）：培养掌握时空数据分析前沿理论和技术，具有进一步培养潜力的高层次后备人才。要求学生具备多学科交叉知识的背景，掌握人工智能、时空统计学等基础理论，能够利用时空数据分析技术在资源环境领域从事科学研究工作。

（二）实践与理论并举，优化教学内容

时空数据分析目前在课时设置方面主要集中在理论教学，而在实践教学方面的课时比较少，这不利于研究生的培养。并且，实践教学内容比较陈旧，与当前空间信息科学的发展相脱节。因此，一方面需要增加实践教学的课时，另一方面，需要对实践教学的课时内容进行优化，与当今面临的实际问题紧密结合[1]。

笔者根据目前地理信息分析中面临的问题，将传统的教学内容进行了优化。时空数据分析的课程内容按照层次关系，大致可以分成如下几部分：空间抽样、时空数据完备化、时空数据探索性分析、时空点模式分析、时空格数据分析、时空插值、时空回归，针对每部分，安排一定的理论和对应的实践教学内容。在空间抽样中，主要讲解空间异质性分层抽样，包括 Sandwich 抽样、MSN 抽样等；时空数据完备化，主要针对时空数据的预处理，进行缺值补充和数据完备化处理；时空数据探索性分析，运用可视化的方法对数据进行定

性描述，包括多维度可视化、时空可视化、流可视化等；时空点模式分析，针对时空点数据，从基于密度和基于距离两种角度进行点模式分析；时空格数据分析，针对多边形数据，讲解全局时空自相关性、局部自相关性等，包括 Global Moran's I，LISA，Getis' C 等方法；时空插值，主要针对时空点数据，运用时空 Kriging 模型进行插值；时空回归，包括时空滞后回归、时空误差回归、杜宾模型以及时空地理加权回归模型，预测数据在时间和空间维度的演变等。

三、 教学方法和手段的改革

除了在教学内容方面进行革新外，为了提高学生的互动性，在教学方法和教学手段上也需要进一步改革。教学方法的改革主要包括教学形式的改进以及现代教育技术的充分利用，其最终目的是使学生与教师之间进行紧密地互动，提高学生的学习效率。

(一)充分利用现代教育技术，改革教学手段

在教学手段方面，充分利用新兴的现代教育技术，尤其是多媒体技术。在理论教学环节，采用多媒体与板书相结合的方式。对于时空数据分析模型的概述、发展史、重要公式的介绍以及应用分析，采用多媒体的形式来表达，包括 PowerPoint、视频等。多媒体课件力求精简，在图片上丰富，尽量避免大量的文字。在具体公式的推导方面，采用板书的形式，通过公式推导的过程，可以让学生加深了解。在实践教学方面，针对每个分析模型，都对应了实验教学课程。除了数据、模型等文档资料以外，还录制了操作视频，这样可以让学生课后进行重复性地学习。传媒技术的发展很快，在某些环节，笔者也采用了 MOOC 教学。在分析软件方面，除了传统的分析软件如 SPSS、ArcGis、Matlab、R 外，还增加了很多新的时空数据分析软件，如 SatScan、GeoDa、WinBUGS、CrimeStat 等。通过这些软件的学习，更进一步加深学生对于知识的掌握[4]。

(二)丰富教学形式，优化教学方法

为了提高学生掌握知识的效率，笔者在教学方法方面也进行了优化，并进一步丰富教学形式。

(1)提问式教学

笔者调整过去"填鸭"式的教学方式，促使学生在理论课环节多思考，在每个教学环节中都准备了很多问题。一方面，笔者向学生提问，提高学生的思考能力，加深他们对分析模型的认识；另一方面，鼓励学生多提问，并在平时成绩上增加提问分数。每个教学环节结束后，留出一定的时间回答学生的提问。

(2)案例式教学

由于数学模型具有高度的抽象性与复杂性，往往是学生在开始阶段具有较高的积极性，但是随着数学理论的深入，复杂度增加，学生可能产生畏难情绪，进而对理论学习积极性不高，导致教学的效果打折。因此需要在教学中增加实际案例的分析。笔者针对每个教学模块，都增加了大量的案例分析。例如，在探索性可视化分析方面，采用了美国白蛾时空传播扩散的案例；在时间序列方面，采用了近二十年松材线虫病的变化情况作为案例；在空间分析方面，采用了某种流行病在中国的空间分布，并分析该疾病与环境因素的关系；在时空分析方面，使用空间面板模型分析了近十年来我国碳排放的时空变化格局。

(3)引导研究式教学

教师根据教学进度的安排，针对每个教学环节，让学生大量阅读相关的研究文献，并让学生在课堂讲授。一方面能够增强学生的理论知识；另一方面，培养他们科研的基本方法，为以后的研究打下基础[3]。

四、 实践教学环节的改革

（一）实践教学内容的设置

在实践教学方面，进行如下方面的设置（表1）：首先，考虑到近年来R语言在统计领域的快速发展，以及其开放性，因此本课程在实践教学的主要编程语言为R语言。在第一部分实践内容中，介绍R语言的操作与实践，指导学生了解R语言的基本语法，了解其编译RStudio和时空分析方面的核心R包，如TimeSeries、Spatial、Spatio-Temporal等。在第二部分中，介绍空间抽样方面的内容，主要讲述空间分层异质性抽样模型。在第三部分中，介绍时空数据探索性可视化分析。使用可视化分析（例如时空立方体、平行坐标系、星图等），对林业、生态等方面的问题进行可视化显示。在第四部分，介绍时空点模式和格数据分析模型，针对传统林业的树木生长模型、空气污染、碳排放等领域问题，选择有代表性的问题，使用时空点模式模型分析其时空格局。最后一部分，学习时空回归模型，包括地理加权回归和空间滞后回归、空间误差回归等。在空间回归模型中，主要考虑到空间相关性和空间异质性，将空间模型有效应用于空气污染、景观生态等方面。通过这些实践教学环节的设置，让学生明白从最低层的地学模型的工具，逐步过渡到时空统计方面。

表1 "时空数据分析"实践教学内容及学时安排

实验内容	课时	实验要求	重点问题
R语言操作与实践	2	熟悉R语言语法，了解R Studio界面及编译过程，运行简单的R程序	R语言的数据类型、R包的安装及编译
空间抽样	2	熟悉R语言分析空间异质性分层抽样、估计方法、结果解读	空间抽样模型选择、参数估计方法
时空探索性分析	2	使用时空可视化分析的方法分析林业、生态问题等	可视化分析软件选择、可视化结果表达
时空点模式分析	2	使用时空点模式分析模型研究林木生长、空气污染等问题	时空点模式模型的选择、参数调整
时空格数据分析	2	包括Moran's I，Getis'C等格数据统计模型	时空格数据模型选择、参数优化
时空插值	2	主要讲授使用时空地统计插值对林业病虫害环境因子进行时空插值	时空半变异函数的确定
时空回归	2	使用时空地理加权回归、时空滞后回归等模型分析森林病虫害、空气污染、景观生态等问题	时空相关性、异质性问题的考虑以及不同模型的优劣选择

（二）实践教学方法实施多样化

实践教学的形式对于教学的效果有非常大的影响。笔者近年来一直在"时空数据分析"课程实践教学过程中探索多样化的教学方法。

1. 讲解实际案例，增强学生学习兴趣

在教学过程中，针对不同时空数据分析模型的特点以及对数据的需求，例如，数据类型包括栅格数据、矢量数据以及地统计数据，选择针对性的案例对学生进行讲解。案例的选择上，既要有实际意义，又要有趣味性。考虑到林业大学的背景，在案例选择方面，更多选择森林生态、森林保护和森林经营方面的案例。这一方面能够增强学生的学习兴趣，另一方面可以让学生加强对于林业方面知识的理解。大多数案例是笔者的项目经历，从数据的整合，模型选择、数据分析以及结果的整理等方面，都亲身经历，因此对其中的问题认识更为深刻。

2. 组建兴趣小组，锻炼学生科研基本功

为了保证实践教学效果，将学生分成4~6人的学习小组，每个小组指定一名组长。每完成一个大的教学模块，根据教学内容，给每个小组分配适量的任务。通常是先确定一个或多个命题，让各个小组选择，帮助其制定研究目标，确定研究问题和内容。教授学生采集数据的渠道，督促学生收集数据、整理数据、分析数据、撰写实习报告。定期地与学生交流，讨论研究进展情况。开展研讨会，通过“头脑风暴法”等形式的探讨，解决实际问题。实践的主要目的是通过一系列的训练，培养学生的科研基本功。

3. 与科研企业应用相结合，培养学生行业意识

在实践教学过程中，定期地邀请一些时空数据分析领域的青年学者，给学生做研究方面的主题报告。报告的主题包括空间分析、时空数据挖掘、时空统计及其应用于环境、生态、林业等相关领域的研究。由于青年学者工作在科研第一线，他们的科研工作能够让本科生更容易理解时空数据分析模型的应用。另外，也要使学生认知时空分析在企业生产中的应用。目前地理信息系统行业的企业在很多领域例如森林健康预警、气象因子时空插值、公共健康预警、城市规划等都需要时空数据分析模型来辅助解决。因此，不定期地邀请企业人员给学生讲解本行业面临的问题，对于学生的成长是非常有益的。

参考文献

[1]陈华根，李嘉媇，许惠平，等．“3S技术综合应用”教学与实习方法探讨[J]．中国地质教育，2011，22(1)：71-74.

[2]陈飞翔．“空间信息系统”课程实践教学的改革[J]．中国林业教育，2013，(6)：57-60.

[3]闫海冰．“林业遥感技术”课程教学及改革初探[J]．中国林业教育，2009，27(4)：58-60.

[4]张晓丽．林业院校GIS专业人才培养模式及课程体系建设[J]．中国林业教育，2008，(3)：13-16.

Construction andteaching practice of *Spatio-Temporal Data Analysis:* Taking the specialty of GIS in colleges of forestry as an example

Huang Jixia　Yue Depeng

(College of Forestry, Beijing Forestry University, Beijing　100083)

Abstract　As a core professional GIS course major, *Spatio-Temporal Data Analysis* (STDA) mostly focused on theoretical teaching before. The content of the lecture covered a large amount of space in the traditional classical geography model, while the introduction of STDA in the field of forestry was weak and the teaching hours in practice were also very scarce. In view of the obsolete theoretical knowledge in the process of STDA teaching and the shortage of practical teaching hours, this research puts forward some measures for teaching reform. The reform measures include: in theoretical knowledge, introducing new spatio-temporal data models to the teaching contents, and establishing a hierarchical teaching content system; in practice teaching, implementing diversified practice teaching forms and adding novel forestry and ecology aspects cases, the formation of interest groups, enhance the effectiveness of practical teaching.

Keywords　*Spatio-Temporal Data Analysis*, spatio-temporal statistics, geography information system, forestry college

“国际贸易实务”本科课程 SPOC 混合式教学设计与实施策略

缪东玲　万　璐　吴红梅　付亦重

（北京林业大学经济管理学院，北京　100083）

摘要：小规模限制性在线课程(SPOC)是一种在实体课堂中融入在线课程的新型混合教学模式。针对“国际贸易实务”本科课程 SPOC 混合式教学问题，本文首先分析它的现实条件与拟解决的问题，讨论其必要性。其次分析它的设计思路与重点。最后，分析它的实施策略。

关键词：小规模限制性在线课程(SPOC)；混合式教学；国际贸易实务本科课程；教学设计；实施策略

现阶段的混合式教学有哪些新的规律和方法？哪些理论有助于理解和研究混合式教学？李逢庆[1]和孙洁[2]尝试用学习理论、人本主义理论解释混合式学习。混合式学习的概念演变可划分为技术应用、技术整合、互联网+教育三个阶段[3]。“互联网+”时代的混合式学习是一种颠覆性创新，促使教师由学科专家、知识传授者转变为学习设计者和促进者，适宜用建构主义理论解释个性化知识的习得，用联通主义理论解释创造性知识的生成，而探究社区模型和混合式教学动态支架模型则共同为混合式学习提供教法学基础[4]。如何开展混合式教学？“互联网+”阶段的混合式学习，是基于移动通信设备、网络学习环境与课堂讨论相结合的教学情境。唐国强等人[5]从教学资源构建、教学模式设计、教学模式实施方面，探讨如何开展数学课程混合式教学。陶洪峰[6]基于江南大学自动控制原理课程建设，将 MOOC 在线课程资源建设与课堂教学融合，开展“线上—线下”信息融合的混合式教学模式研究与实践探索。如何评价混合式教学？刘威童等[7]基于学习者视角，提出混合式教学满意度影响因素假设模型，在清华大学针对 48 门混合式课程进行问卷调查，构建混合式教学满意度影响因素结构方程模型，结果表明：交互程度、学习成就对满意度有直接的正向影响；个体特征、学习环境有间接的正向影响；交互程度、个体特征、学习环境和学习成就的总影响效应由强到弱。

在实体课堂中融入在线课程的 SPOC(小规模限制性在线课程)，是近年来兴起的一种更适合高校采用的新型混合教学模式。现有研究涉及解析 SPOC[11]，分析基于翻转课堂的高校 SPOC 模式构建[12]，探讨“大学英语”[8]“网店美工”[9]“高职计算机文化基础”[10]课程 SPOC 模式。针对北京林业大学“国际贸易实务”本科课程，开展 SPOC 混合式教学有何必要性，其现实条件与拟解决的问题是什么，如何设计并有效开展？本文对此进行探讨。

作者简介：缪东玲，北京市海淀区清华东路 35 号北京林业大学经济管理学院，副教授，donglingm@ bjfu. edu. cn；
万　璐，北京市海淀区清华东路 35 号北京林业大学经济管理学院，副教授，dufexiaolu@ 163. com；
吴红梅，北京市海淀区清华东路 35 号北京林业大学经济管理学院，副教授，13661168562@ 163. com；
付亦重，北京市海淀区清华东路 35 号北京林业大学经济管理学院，教授，fuyizhong@ bjfu. edu. cn。
资助项目：北京林业大学第二批精品在线开放课程建设项目“国际贸易实务”(BJFU2019JPZXKFKC016)。

一、"国际贸易实务"本科课程 SPOC 混合式教学的现实条件与拟解决的问题

(一)现实条件

1. 课程的历史沿革

随着中国改革开放的深化，拥有进出口经营权的企业越来越多，对外贸专业人员的需求更大，要求更高。那么，如何商定和履行外贸合同？如何把握进出口交易条件、防控风险？许多问题需要我们去探究。

北京林业大学从 1995 年起开设"国际贸易实务"本科生课程。目前每年有 2 个班约 60 人的教学任务。该课程 2010 年被列入北京林业大学校级精品课程建设之列，2014 年被列入校级本科视频公开课建设之列，2015 年突出学生为主体的案例教学法改造，2018 年探索"翻转课堂"，2019 年被列入校级精品在线开放课程建设之列，录制了每个时长约 15 分钟共 49 个的慕课视频，在中国大学 MOOC 上线。针对北京林业大学在校本科生，"国际贸易实务"课程将从 2020 春季学期开展混合式教学。

2. 课程定位与内容、目标

"国际贸易实务"是国际经济与贸易专业的必修课，在国贸专业教学体系中处于基础中心位置。课程以理论经济学、外贸部门经济学为基础，选修课包括微观经济学、宏观经济学、国际经济学、专业外语，后续课包括国际商法、国际结算、海关理论与实务、国际经营学、国际贸易实务模拟实习、国际商务谈判与礼仪等。

课程的核心内容是货物进出口的交易条件和过程，包括贸易术语、品名、品质、数量、包装、国际货运及保险、商品价格、国际货款支付、贸易争议及解决、外贸合同商定和履行、国际贸易单证。教学重点是国际贸易的交易条件及其应用，难点是贸易术语、国际运输与保险、国际货款支付、国际贸易单证。

课程主要面向国际经济与贸易专业低年级本科生开设，旨在帮助学生初步学会商定和履行外贸合同；能够紧密联系实际探讨国贸实务的发展规律与趋势；能够结合专业知识、法律规范、实务现状，评析无纸化、跨境电商等问题；树立以小见大、从中国看世界的全球观，培养浓厚的专业兴趣、创新意识和开放思维，为后续专业课程的学习、外贸实习和工作奠定基础。

3. 课程建设与特色

针对课程定位与现代教学手段等问题，经过 20 多年的不断研究与建设，教学团队重塑课程教学方案，形成讲课、研讨、案例分析、模拟业务等互为服务的教学环节；配置了 Sim Trade 模拟实习软件，积累了丰富的案例、单证、业务图片，并逐步向双语课过渡；强化案例教学法、模拟教学法、差异教学法。2007-2019 年主讲教师先后出版了课程核心内容的配套教材《国际贸易实务》《国际贸易理论与实务》《国际贸易单证实务与实验》和业务参考书《国际贸易单证操作与解析》。课程教学成果获得 2012 年校级优秀奖，教案获得 2017 年校级一等奖，两篇教改论文分别获得 2017 年校级优秀奖和 2019 年校级一等奖。目前课程目标明确，内容日臻完善，呈现能力培养层次化、课堂资源丰富化、教学方法多样化、评价体系多重化等特点。

(二)现有教学设计

借助案例、单证、业务图片和模拟软件，课程从进出口贸易商的视角，解读外贸合同条款，阐明核心业务环节，剖析典型国际惯例，归纳国际贸易实践中行之有效的基本做法、普遍原则和业务规范，明晰国际贸易实务的基本概念、规律、原理和方法。课程重视外贸业务同法律及国际惯例、普遍原则和习惯做法的联系，重视案例、实例分析和操作练习。例如，以北京蓝天贸易公司向阿拉伯联合酋长国星星贸易公司出口 5000 件男童夹克的出口

合同为情境和线索，展开主要章节的教学。在信用证审核教学环节，课前发布信用证、外贸单证、UCP600、ISBP745、URR725、ISP98等阅读材料，学生提前熟悉基本知识点，解读相关国际惯例与规则，初步形成自己的观点。在“国际贸易合同的商定与履行”章节，教师布置任务，引导学生利用模拟软件，熟悉关键业务，体会互动关系。

（三）待解决的问题

课程以往都是以课堂教学为主，目前迫切需要继续解决如下问题，进一步探索和打磨，努力将该课程建设为“金课”。第一，课程涉外性与政策性强，国际惯例不断修订且比较抽象，政策实务适时变化且知识点庞杂，但是课时有限，必须辅之以有效的课外预习和复习，否则课堂难以精讲精练。例如，《国际贸易术语解释通则》于1936年第1次公布，历经8次修订，《2020通则》于2020年1月1日生效。2018年中国关检融合。如何与时俱进，突出课程内容的思想性、科学性与时代性？第二，课程实践性强，业务操作繁琐，而实践条件有限。如何将理论与实践、政策与业务有机结合，协调理论环节与实践环节教学的关系，强化课堂设计，创新教学方法，提高效率，提升效果？第三，课程应用性强，能力培养要求较高，而课程采用中班模式，难以有效进行课堂互动，难以因材施教开展个性化、差异化教学，学生的能力锻炼机会不足，能力考评比较困难。课程授课对象已具备一定的经济学基础知识，但是普遍缺乏国际贸易实务基础；思维活跃，从死记硬背、正确再现教学内容，逐渐向汇集众家之长、确立个人见解的方向转变；有较强的独立意识和话语权要求，敢于质疑。如何坚持以学生为中心，学用结合，能力为重，培养创新性、批判性思维？如何全面监控，客观考评，激发学习动力和专业志趣？

综上，结合北京林业大学“国际贸易实务”的教学目标和要求，基于课程基础与现有条件，设计并实施“国际贸易实务”本科课程SPOC混合式教学模式十分必要。

二、“国际贸易实务”本科课程SPOC混合式教学模式的设计思路与重点

（一）设计思路

“国际贸易实务”课程开展SPOC混合式教学，将以国际货物贸易合同为核心，形成合同条款各个“点”、贯穿合同商订与履行程序这条“线”、服务于整个“国际贸易实务”课程知识体系这个“面”。课程需要始终坚持以学生为中心，培养能力为重，学用结合，以“国际贸易实务知识的理解式掌握与联系实际的扩展运用”为能力根本，奠定学生学习与创新能力提升的基础；以“问题解决式的案例模拟与翻转式的主动学习”为能力铸造，加强学生实践技能的使用及培养；以“国际贸易实务研究前沿与实践变革的思考与应用”为能力延伸，提升学生对前沿领域的理解及知识应用能力。重视培养学生的学习能力、实践能力、创新能力，积极引导学生预习“是什么”，主动探究“为什么”和“怎么做”。具体思路：第一，升级培养目标，深化革新教学理念，强调能力培养导向，全方位实施以学生为中心的教学改革。第二，整合教学资源，序化教学内容，优化课程体系，提高教学节奏。第三，磨砺教学方法，创新案例教学方法，深化模拟教学法，扩展实践教学方法，调动学生积极性，提升教学效果。第四，精细考核办法，改进质量监控手段，增加过程性评价，强化教学动态管理。

（二）设计重点

混合式教学需要重新定位教师角色，抓住关键要素，“混合”学习资源和教学方法。

1. 明晰混合式教学中教师的定位

在“互联网+”时代，学生既需要共性标准化知识的习得，更追求个性化、创造性知识的生成。开展SPOC混合式教学，在线学习平台可以更加高效而灵活地发挥国际贸易实务基本概念、方法等知识的传授功能，教师则需发挥学习活动设计者、组织者与学生学习引

导者、促进者、激励者等职能；学习空间增加，在线学习环境承载了知识传递功能，甚至成为学生社会化交互的主要场所与途径，课堂则变为学生集中交流、探究国际贸易实务规律、原理和解决问题的场所。教师将向导学者转变，由“传授学科知识为主”转变为“发展学生能力为主”。

2. 理清混合式教学的关键要素

行为主义、认知主义、建构主义、联通主义分别适用于布鲁姆目标分类中由低到高的认知目标[13]。访问课程和学习动机的激发、在线的社会化交互、信息交流、知识建构、自我发展是网络学习过程循序渐进的五个阶段[4]。“国际贸易实务”本科课程 SPOC 混合式教学需要培养学生的高阶思维能力，更关注学生的视角，为学生创造高度参与的个性化学习体验与创新性知识的生成，更适合采用基于建构主义甚至联通主义的混合式学习。情境、协作、会话和意义建构是建构主义学习的四个关键要素；交互、联通和网络形成是实现联通主义学习的三个关键要素[4]。

3. 明确混合式教学的阶段重点

在众多的教法学理论中，探究社区模型[14]明确了混合式学习的关键要素，发展了教学临场感、社会临场感和认知临场感的二级维度与支持策略，并回答：需要哪些支架，支持什么，如何支持？混合式教学动态支架模型则尝试回答：何时提供支架，何时撤除支架[4]。依据这两个模型，“国际贸易实务”本科课程 SPOC 混合式教学各阶段的重点如下。

(1)教学初期重点是形成较高水平的社会临场感和教学临场感

该阶段支架强度从高到低依次为：社会临场感、教学临场感、认知临场感[4]。教师可以开展面对面破冰、动机激发、小组建设等线下教学活动，建立师生的信任关系；设计在线自我介绍、打招呼、组内分工等线上交互活动，延续和巩固关系与归属感。

(2)教学中期重点是建设较高水平的教学临场感

该阶段支架强度从高到低依次为：教学临场感、认知临场感、社会临场感[4]。班级整体已形成高水平的社会临场感，学生侧重知识探索和整合，但易倦怠，尤其是线上学习，教师可以逐步减弱社会临场感的支架强度[15]，转而注重设计和组织线下活动：反馈激励，总结答疑。

(3)教学后期的重点建设高强度的认知临场感

该阶段支架强度从高到低依次为：认知临场感、教学临场感、社会临场感[4]。学生加速进入知识应用和创新阶段，知识获得和建构的欲望最为强烈，教师要及时解决学生面临的实践应用、复杂问题解决、知识应用与创新等困难[4,15]。具体方法：强化“促进会话”，避免“直接指导”，设计个人或小组的反思、总结、作品展示、实际问题解决、组内/组间互评等线上活动，支持学生的自我知识建构和协作知识建构；设计和组织线下评价、反馈和总结活动，帮助学生完成最后的知识建构。

三、“国际贸易实务”本科课程 SPOC 混合教学模式的实施策略

(一)资源整合与内容优化

如何创设情境，解决关键问题，展示操作要领，延伸知识，拓展思维？这些都以资源整合与内容优化为基础，需要进一步完成教学内容筛选、知识体系架构、教学资源整合，更需要协调线上与线下比例，突破实践性教学环节的条件限制，进一步升级学生能力培养方法。

1. 整合教学资源

第一，重视外贸业务同法律及国际惯例、普遍原则和习惯做法的联系，从实践和法律层面优化教学内容与课程体系，精心设计，突出重点、产出导向。例如，补充《1990 年美

国对外贸易定义修订本》并与《通则》对比，剖析惯例特点与发展规律；结合最新政策，解读出口退税原理与程序；反映一体化通关、关检合一等新近实务知识。第二，系统呈现进出口业务操作、风险防控业务要点，坚持学用结合、理论联系实际，将理论与实践、政策与业务有机结合。

2. 优化教学内容

任务驱动，线上学习重点引导学生预习"是什么"，初步理解贸易术语、品名、品质、数量、包装、国际货运及保险、商品价格、国际货款支付、贸易争议等的基本概念，了解进出口业务大致流程，对主要国际贸易单证有感性认识。慕课视频在 SPOC 教学过程中起着极其重要的作用。"国际贸易实务"课程团队制作了 10 章共计 49 小节的慕课视频，每小节时长约 15 分钟，核心知识点和技能以任务式进行讲解、总结、创新。线下课堂重点引导学生探究"为什么"和"怎么做"，侧重主要国际惯例的规律、拘束力与应用研讨，进出口关键环节的业务原理阐述与操作要点演示，国际贸易单证制、审、交的要旨与典型错误剖析，内化知识。

（二）线上线下 SPOC 混合教学

1. 线上自主学习

在线课程平台提供丰富教学视频、课件和课程拓展学习资料，学生可以依托多种资源充分预习与自主学习，在较短时间内掌握进出口贸易相关知识与业务操作技能。在线平台设有"讨论区"，学生可以和老师"零距离"交流，共享知识，共同进步。学生首先通过平台观看"国际贸易实务"教学视频，学习非视频资源，尝试独立解决问题或通过讨论板块寻求教师或同学的帮助；其次在线完成并提交单元测验和作业，分享笔记，教师评分及学生互评，检验学习效果；最后，教师视情况进行网络版问卷调查，了解学习情况，并为 SPOC 混合课堂教学活动提供参考。

2. 线下课堂教学

课堂可以分为回顾热身、难点拓展、小组讨论、分享点评等模块。与 MOOC 相比，SPOC 课堂具有小众化特点。第一，设计个性化和互助性教学方案，"精讲"。抓住中心，以讲促思，以讲解惑，讲清知识的纵横联系、发生和发展，思维方法和学习方法；引导分析、讲评提问、模拟练习、直观演示，突出重点。例如，"贸易术语与国际惯例"部分十分抽象，学生通过视频和非视频资源的在线学习，已经了解贸易术语的含义与作用，产生与发展，相关国际惯例，则线下课内就可以只解析和研讨重点和难点问题：例如，FCA 术语"交货地点选择直接决定卖方的交货方式，直接影响买卖方的风险和费用界限"，FAS 术语的以港口习惯方式交到"船边"的问题，FOB 术语的以港口习惯方式交到"船上"的问题，"船舷视同海关"等贸易习惯及其为什么被逐步抛弃问题，讨论链式销售中的始端与中端卖方如何履行交货义务和安检通关义务，终端买方如何判断卖方以"取得"方式交货的具体形式及其风险。第二，重视小组协作学习，"精练"。针对 60 人的授课对象，以 5 人为一组，教师将学生分组，由小组协作完成难度不同的具体任务、技能演示，教师及时点评；向学生提供的练习，要有目的性、层次性、递进性、探究性、典型性和综合性，练习方法要多样化，提高学生练习的成功率，使学生在"精练"中提升学习效果，避免过量练习，过度加大教师和学生的负担。第三，布置拓展性作业并组织 1~2 次检测，以巩固知识和技能，增加学生的自信心和创新能力。

3. 课后能力提升

深化问题，有利于激发学生的潜能。具体做法：学生们阅读老师推荐的相关文献书籍；借助 Sim-trade 模拟教学软件，教师根据单元教学目标，设置业务模拟练习，定期查看学习模拟记录，引导学生解决问题。防止产生“技术现代化”而“感情淡漠化”的不良倾向。

（三）课程支持、反馈、调控与引导

在“国际贸易实务”课程SPOC混合教学模式下，学生能够自主、灵活、高效学习，教师的支持必不可少。

1. 策略与方法支持

课程知识点庞杂，尤其在学习初期，学生容易混淆、遗忘知识点与业务操作要点。教师要及时提供帮助，助其选择恰当的学习方式和策略，寻找、收集和利用学习资源，解决学习需要的工具，评价与反思学习过程和结果，发现潜能。

2. 反馈、调控与引导

反馈包括当堂反馈和课后反馈，可以通过提问、观察、质疑、训练等方法进行，注意与学习内容、进程等“同步反馈”。单元作业与测验、同伴互评、课程讨论构成课程总绩的一部分；针对线上互动和线下课堂表现等，设置成绩评定标准和方式，重视过程性评价，既确保课程质量，也要考虑师生精力和学生学习习惯；调查问卷强调匿名，促进学生说真话；如果借助雨课堂，要注意互动才开启弹幕，其余时间关闭。调控：考察目标的贯彻度和达标度；控制思维的密度，内容的深广度，教案的进度，训练的程度。尤其注意对问题行为的调控，例如，当学生精神不佳时，使其振作；当学生过度兴奋时，使其归于平静；当学生茫无头绪时，及时为其指明方向；当学生没有信心时，调动其积极性；当学生有差错时，让其明白错误。引导：在学生思维受阻时，理解肤浅时，观点错误时，思路偏离时，思维局限时，分层递进，因势利导，但要注意含而不露，把表达权、判断权、想象空间、创新机会让给学生。

参考文献

[1]李逢庆．混合式教学的理论基础与教学设计[J]．现代教育技术，2016，26(9)：18-24.

[2]孙洁．论混合式教学的多元智能及人本主义理论基础[J]．科学大众(科学教育)，2013，(8)：128-128.

[3]冯晓英，王瑞雪，吴怡君．国内外混合式教学研究现状述评——基于混合式教学的分析框架[J]．远程教育杂志，2018，(3)：13-24.

[4]冯晓英，孙雨薇，曹洁婷．“互联网+”时代的混合式学习：学习理论与教法学基础[J]．中国远程教育，2019，(2)：7-16，92.

[5]唐国强，刘淑芹，郭又铭．“高等数学”课程实施混合式教学模式的研究[J]．高教学刊，2019，(3)：89-91.

[6]陶洪峰．自动控制原理课程的混合式教学模式探索[J]．大学教育，2019，(3)：62-64.

[7]刘威童，汪潇潇．混合式教学满意度影响因素研究[J]．现代教育技术，2019，29(1)：107-113.

[8]康叶钦．在线教育的“后MOOC时代”——SPOC解析[J]．清华大学教育研究，2014，35(1)：85-93.

[9]王盛．基于翻转课堂的高校SPOC模式构建[J]．现代教育技术，2016，26(10)：100-106.

[10]赵海龙．基于SPOC的大学英语混合式教学研究与实践[J]．黑龙江教育学院学报，2019，38(2)：145-147.

[11]吴文雅．基于线上线下混合式教学的高职院校SPOC模式构建[J]．高教学刊，2019，(9)：179-180，183.

[12]郭洋．基于混合式学习和翻转课堂的SPOC模式设计研究[J]．亚太教育，2016，(1)：105-106，102.

[13]陈丽，冯晓英．学习理论的发展与网络课程教学策略创新[J]．开放学习研究，2015，(1)：1-8.

[14]Garrison D R，Anderson T，Archer W. Critical inquiry in a Text-Based Environment：Computer conferencing in higher education[J]. The Internet and Higher Education，2000，2 (2)：87-105.

[15]Feng X，Xie J，Liu Y. Using the community of inquiry framework to scaffold online tutoring[J]. International Review of Research in Open and Distributed Learning，2017，18 (2)：162-188.

SPOC blended teaching design and implementation strategy for the undergraduate course of *International Trade Tractice*

Miao Dongling　Wan Lu　Wu Hongmei　Fu Yizhong
(School of Economics & Management, Beijing Forestry University, Beijing　100083)

Abstract　SPOC (small private online course) is a new blended teaching mode that integrates online courses in the physical classroom. In view of the problem of SPOC blended teaching in the undergraduate course of *International Trade Practice* in Beijing Forestry University, this paper first analyzes its practical conditions and problems to be solved, and discusses its necessity. Secondly, it analyzes its design ideas and key points. Finally, it analyzes its implementation strategy.

Keywords　SPOC (small private online course), blended teaching, the undergraduate course of *International Trade Practice*, teaching design, implementation strategy

“信号获取与信息处理基础”教学改革探索

董蕊芳　阚江明　黄　晨

（北京林业大学工学院，北京　100083）

摘要：“信号获取与信息处理基础”是高等学校自动化专业的核心课程。当前该课程的教学存在以“教师讲、学生听”为主的填鸭式教学、教学内容不够合理、实验环节单调等不足。在当前工程教育专业认证的背景下，迫切需要探索新型授课方式和教学模式。本文在剖析该课程教学所存在问题的成因的基础上，提出了基于“互联网+”的教学方式、以项目为导向的“案例式”教学内容优化方案以及加强综合性实验的方案来对课程进行教学改革。实践表明，上述改革举措能够充分激发学生的学习兴趣和积极主动性，有利于培养学生的创新意识，达到良好的教学目的。

关键词：信号获取与信息处理基础；工程教育专业认证；“互联网+”；“案例式”教学；教学改革

一、引言

“信号获取与信息处理基础”是高等学校自动化专业的核心课程，它以信号获取、传感器原理、信息的放大和转换、测量数据处理为主要教学内容。当前与该课程相关的传感器技术与计算机技术、通信技术一起，成为信息技术的三大支柱学科，是科技及工程应用领域的研究热点，为生产发展和科技进步作出了重要贡献。课程的开设对培养传感器测试领域人才的创新能力具有重要作用[1]。该课程涉及众多电工参量、热工参量、机械参量等的检测原理，而且包含多学科交叉内容，例如，电学、磁学、光学、化学等，各章节的内容相对独立、知识量大、知识面广、技术更新快、实践性要求高，学生必须在模拟电子技术、数字电子技术、信号与系统、大学物理、高等数学等基础课程上有深厚的基础[2]。这些特点导致这门课程的教学出现教师难教、学生难学的现象。笔者对学生的上课表现进行了观察，同时对近年来该课程的期末考核情况进行了统计，发现很大一部分学生并没有深刻地理解传感器的工作原理和信号的转换处理原理。此外，经过近几年对毕业生工作情况的调查统计，发现大部分毕业生在传感器的应用工作中可以完成一些简单的任务，却不擅长应对那些对实践和创新能力要求较高的工程项目。因此，该课程的教学过程有必要进行优化，提升学生的实践创新能力，为社会培养合格的专业人才。目前，已经有一些学者针对如何提高该课程的教学质量开展了有意义的研究工作[2-3]。此次研究基于当前工程教育专业认证的背景，从“互联网+”的角度出发，结合北京林业大学自动化专业的实际情况，对“信号获取与信息处理基础”课程的教学方法改革进行探讨。

作者简介：董蕊芳，北京市海淀区清华东路 35 号北京林业大学，讲师，ruifang_ dong@ bjfu. edu. cn；
阚江明，北京市海淀区清华东路 35 号北京林业大学，教授，kanjm@ bjfu. edu. cn；
黄　晨，北京市海淀区清华东路 35 号北京林业大学，高级实验师，huangchen620@ 163. com。

资助项目：北京林业大学教育教学研究重点项目“面向工程教育认证的自动化专业课程体系建设与实践”（BJFU2017JYZD008）。

二、课程教学现状

我校自动化专业开设的核心课程“信号获取与信息处理基础”共有48学时，其中，理论教学40学时，实验教学8学时。近年来，我校一直在努力寻求如何从本质上提高该课程的教学质量和学生的创新能力。当前虽然取得了一定的效果，但仍有许多问题需要改进，基于工程教育专业认证背景下对学生综合能力的培养要求，主要问题包括以下几点：

（一）以“教师讲、学生听”为主的传统教学方式

目前的教学过程仍然是“教师讲、学生听”的“填鸭式”教学方式，教师作为主体进行讲解，学生被动地接受知识，使学生感觉理论教学枯燥无味，因此主动思维活动较少，不利于培养学生的独立思考能力和创新能力，无法实现工程教育专业认证以学生为中心的理念。此外，学生课后仅仅以作业的形式对课上所学知识进行巩固，未进行深入拓展，导致专业水平和学习能力的提高受限。

（二）教学内容不够合理

工程教育专业认证要求以实际工程项目为例，将理论教学内容渗透其中，使学生在学习知识时有一定的对象，而不是空洞的理论[4-5]。而当前的教学内容偏重理论，存在大量复杂的数学物理公式，十分枯燥。而且当今科技飞速发展，信号处理、传感器技术日新月异，但授课内容仍然使用老式传感器进行讲解，未及时引用新技术、紧跟科技的步伐。此外，缺少与林业相关的有针对性的教学内容，未能结合我校林业背景，凸显传感器及检测技术在林业生产中的应用。

（三）实验环节单调

实验环节旨在培养学生进行原理验证、开展科学研究和实践动手的能力，是培养学生将所学理论知识向专业实践应用升华的重要过程[6]。目前的实验教学仅仅是在现有的实验台上进行一些验证性操作，即学生只是掌握了授课中的传感器原理、测量电路、信号处理等理论知识，在进行实验操作时，仅按照实验说明书中的内容进行连线、读取数据、处理数据等单调操作，缺少思考及探索，将理论知识与实际工程间的联系斩断，无法激发学生的兴趣，导致学生难以系统地学习和理解知识。

针对以上教学问题，笔者从教学方式、课程内容、实验环节等三个方面入手改善当前“信号获取与信息处理基础”课程的教学模式，使它更加适用于北京林业大学本科自动化专业学生，提升学生的实践能力及创新能力。

三、课程教学改革方法

（一）基于“互联网+”的教学方式改革

“互联网+”是以互联网为主的新一代信息技术（包括移动互联网、云计算、物联网、大数据等）在传统行业及各部门的扩散、应用与深度融合，通过“互联网+”能够大力推动模式创新、新应用拓展、新技术突破、新服务创造和新资源开发，推动建设感知互联的智慧社会[7]。

随着通信技术和现代教育技术的发展，“互联网+教育”推进教育资源共享，将学习由被动接受转为主动学习，将教学模式由单向灌输转为双向互动[8]。笔者结合“互联网+”技术改进“信号获取与信息处理基础”课程的传统教学方式，优化整合教学资源，教学过程中教师作为主导，引导同学发现问题、分析问题、解决问题，形成以教师为主导，学生为主体的教学模式。

首先，要充分利用互联网资源，改变传统的学习方式。慕课（MOOC）是应用最为广泛的互联网优质教学共享资源，具有开放性、实时性、个性化等特征，使学生能够根据自己的时间安排与基础确定各自学习的进度。教师将每次的教学过程分为课前预习、课堂授课、

课后巩固等几个部分。课前预习部分，教师可以利用慕课让学生对先修课程的相关章节和知识点进行复习，例如，在学习光电式传感器时，其原理为光电效应，涉及选修课程大学物理及模电中的相关知识点；在学习霍尔传感器时，其原理为霍尔效应，涉及大学物理中的电场与磁场的相关知识点，可让学生视个人的不同基础翻看慕课平台上相关的教学视频内容。再以提问、讨论的方式对所复习的相关先修课程知识点进行考核，激励学生参加网上学习；同时也可以将其作为引入新内容的方法，从而达到温故知新的效果。如此，有助于提升课堂授课的效率和质量。课堂授课部分，在学生做好预习的基础上，教师加入讨论环节，让学生分享对重要知识点的理解，以及学习中的难点问题，让教师扮演引导者的角色并把课堂的主人交给同学。通过这种方式，教师不仅能够了解学生对各知识点的掌握情况，也可以针对学生提出的难点问题进行回顾性地强调。在课后巩固部分，可以利用慕课平台上的问答模块，或者在互联网上创建“信号获取与信息处理基础”课程学习论坛，邀请学生和其他传感器爱好者加入，使教师和学生能够方便地进行线下交流，共同探讨问题，教师可以随时随地为学生答疑解惑。

其次，要充分利用多媒体技术，采用多媒体技术与板书相结合的方式。多媒体教学具有图、文、声并茂，形象直观，信息量大等优点，教师应该学习现有的多媒体动画制作软件，如 GIF Construction Set、Photoshop、NeuralStyler 以及 Ulead GIF animator 等，通过这些软件能够制作出形象生动的动画效果，从而丰富 PPT 内容，让各种传感器的原理讲解和工作过程的演示更加清晰明了(如：霍尔效应、变间距和变面积式的电容式传感器的工作原理等)，加深学生理解。而传统的板书教学方式具有其固有的优势。基于多媒体技术和板书教学方法的结合，能够充分调动学生的主观能动性，集中学生学习注意力。如：对于传感器的一些工作原理、应用过程等采用多媒体的图片和动画展示，增加学生的感性认识，而对于传感器的基本测量电路、公式的推导等，则采用传统的板书方式更加有利于学生理解和掌握。

(二)优化教学内容

针对当前的教学内容偏重理论，工程项目实例少，且缺少与林业相关的针对性教学内容，未突显传感器技术在林业生产中的应用等问题，对“信号获取与信息处理基础”课程的教学内容进行如下优化。

首先，工程教育专业认证需要以实际工程项目为例，贴近生产和生活，因此在教学内容中添加实际案例分析，引入以项目为导向的“案例式”教学。以一个案例为中心，发散式引出多个知识点，让学生经历从问题分析、方案设计、传感器类型选择、测量电路设计、理论计算与参数优化，直到系统集成与调试等一个完整的传感器设计、信号获取与信息处理的过程，把课程所学知识连接起来，从而形成对整个知识环节全面而深入的认识。

其次，增加林业生产过程中传感器的应用案例，突显我校的林业特色，同时加深学生对林业生产过程的了解。此外，现代传感器技术发展迅速，应该及时更新案例，紧跟时代步伐。例如，在电容式传感器授课章节中，增加电容式植物叶片水分监测传感器的应用案例，图 1 为叶片电容测定装置[9]。采用电容式传感器对树叶进行精确、实时的含水情况监测，能够评价植物的抗旱性能。通过该项目案例的导入，让学生利用已有的知识和背景思考是利用哪一类电容式传感器进行测量、测量中应该注意什么问题等？如此激发学生的学习积极性和思维主动性。在热电偶传感器的授课内容中，增加基于热电偶的树干液流检测系统，图 2 为树干液流检测系统的组成和电路连接[10]。树干液流检测系统旨在计算植物的蒸腾速率，进而估算出植物对环境水分的利用情况。通过该项目案例的导入，让学生思考项目中利用双热电偶来检测热耗散的原理是什么？如何通过检测热耗散来求得树木的液流通量，实现准确地测定树木的整树水分蒸腾？

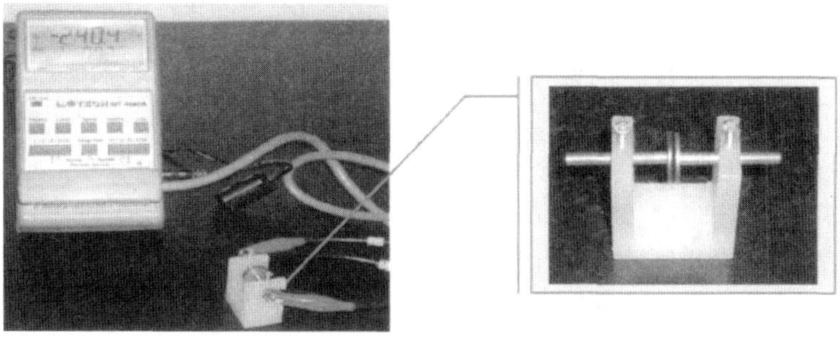

图1　叶片电容测定装置

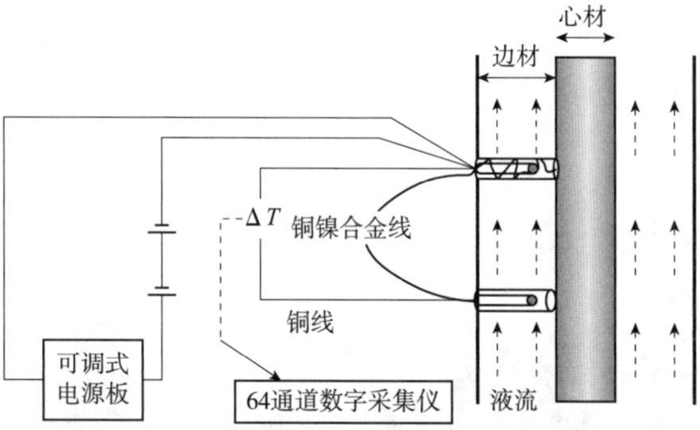

图2　树干液流检测系统的组成和电路连接

通过借助如上所述的项目案例，使理论和实践紧密结合，形成知识的立体性和跳跃性，最终达到培养学生解决实际问题能力，以及探索、创新能力的目的。

（三）加强实验教学

当前“信号获取与信息处理基础”课程的实验内容都设为验证性实验，理论只是和实际应用割裂严重，难以实现相互促进和推动，未能激发学生的兴趣和主观能动性。基于此原因，应加强课程的实验环节，进行如下改革：

首先，实验教学中除了让学生基于课程所学理论知识，巩固相关传感器原理、测量电路、放大电路等相关知识外，还要添加综合工程应用案例，进行精心设计和选题，选择一些学生日常生活中常见的、能够引起学生兴趣的综合性项目，例如扫地机器人的定位与导航系统、服务机器人的视觉抓取系统、智能空调系统、$PM_{2.5}$污染监测系统、智能大棚温湿度监控系统等，对学生进行分组和分工，完成仿真电路设计、单片机控制程序编写等任务，然后使用实验室所提供的传感器、信号采集电路进行数据采集、数据处理，最后进行验证，判定所设计的传感器系统采集和处理的数据是否正确。

其次，要提升教师和学生对实验装置的认知水平。通过对课程配置的实验设备进行分析和拆解，绘制每一个模块的内部电路原理图，并制作相应的电路原理说明书，以便学生参考和理解。从而加深学生对电路内部结构和电气特性的认识与了解，进而掌握信号放大与转换等相关知识，建立起与其他课程之间的知识连接脉络，为提升学生的创新能力打下坚实的基础。

通过以上方式，使学生不仅掌握了各种传感器的工作原理，还能将相关的课程知识进行融合，进而应用到实际工程项目中。使学生在理论课堂上不再感觉枯燥，激发了学生的学习兴趣，提高了学生的主观能动性。

四、结语

在当前工程教育专业认证的背景下，本文结合北京林业大学自动化专业的实际情况，对当前“信号获取与信息处理基础”课程教学中存在的不足进行了分析和总结，在此基础上从“互联网+”的角度出发，从教学方式、课程内容、实验环节等三个方面提出了教学改革方案。第一，提出基于“互联网+”的教学方式，充分利用慕课等互联网资源，使学生在课堂时间外，充分利用碎片化时间进行学习和实践，同时善于利用多媒体技术结合板书进行教学，通过深入浅出、生动形象的讲解加深学生对知识点的理解。第二，优化课程内容，加入丰富的实际工程案例，引入以项目为导向的“案例式”教学，同时加入林业生产中的传感器应用案例，突显我校林业特色，加深学生对林业生产过程的了解。第三，加强实验教学，增加综合实验案例，提升教师和学生对实验装置的认知水平。实践表明，通过上述改革举措，能够有效地激发学生的学习兴趣与积极性，巩固学生的理论基础知识，提升学生的工程设计能力和解决问题的能力，培养学生的创新意识。

参考文献

[1]刘涛．传感器与检测技术课程“以学生为中心”的教学方法改革探索[J]．黑龙江科学，2019，10(17)：14-17.

[2]郭鹤．传感器与测试技术课程教学改革的研究[J]．课程教育研究，2017，(10)：253-254.

[3]郑春娇，赵越岭．“传感器与检测技术”实验教学项目设计[J]．实验室科学，2019，22(1)：37-40.

[4]张阳，舒中宾，王曦，等．工程教育专业认证背景下电力电子技术的教改探索与实践研究[J]．教育现代化，2019，6(74)：60-62.

[5]聂玲，辜小花，郭利霞．《传感器与自动检测技术》课程教学改革探讨[J]．智库时代，2019，(24)：144-145.

[6]王亚姣，李丽宏，彭宏丽，等．新工科背景下“传感器原理与检测技术”课程实验教学探究[J]．科技创新与生产力，2019，(5)：89-91，6.

[7]梁海波，陈宁立，杨海．“互联网+慕课”在《传感器原理》课程中的应用研究[J]．中国多媒体与网络教学学报(上旬刊)，2019，(10)：67-68.

[8]谈玲珑，陈业慧，汪青，等．基于“互联网+教育”理念下的信号处理课程群的教学改革[J]．韶关学院学报，2017，38(5)：90-93.

[9]宣奇丹．毛白杨等植物叶片的水分状况与生理电特性关系探究[D]．北京：北京林业大学，2010.

[10]蔡锡安，赵平，陆平，等．Granier树干液流测定系统在树木蒸腾研究中常见问题的解决方案[J]．热带亚热带植物学报，2010，18(3)：326-334.

Exploration on teaching reform of *Fundamentals of Signal acquisition and Information Processing*

Dong Ruifang　Kan Jiangming　Huang chen

(School of Technology, Beijing Forestry University, Beijing　100083)

Abstract　*Fundamentals of Signal Acquisition and Information Processing* is a key curriculum of automation major in college. At present, the teaching of this course has a lot deficiencies which include crumming teaching with “teachers speaking & students listening”, unreasonable teaching content, and monotonous experiment. Currently, in the context of engineering education accreditation, it is urgent to explore new teaching methods and models. This paper analyses the causes of the aforementioned problems, and proposes an “Internet +”-based teaching method, a project-oriented based teaching content optimization program, and a plan of strengthening comprehensive experiments to perform the teaching reform for this course. The practices indicate that the above reform measures can fully stimulate students' learning interest and initiative, and help to cultivate students' innovative consciousness, in further to achieve good teaching purposes.

Keywords *Fundamentals of Signal Acquisition and Information Processing*, engineering education accreditation, Internet +, “Case-Teaching”method, teaching reform

“新工科+智能制造”背景下机电一体化系统课程教学方法研究

田　野

（北京林业大学工学院，北京　100083）

摘要：“新工科”和“中国智能制造 2025”对人才培养提出了创新力与智能应用的时代要求。机电一体化系统设计是机械类专业核心课程，面对新形势下的培养要求，本文提出基于“低硬件成本+系统建模与应用”的机电一体化系统课程实践建设，以适应发展需求。

关键词：新工科+智能制造；机电一体化系统；教育教学改革；实践教学改革；

高等教育发展水平是一个国家发展水平和发展潜力的重要标志。习近平总书记指出，“我们对高等教育的需要比以往任何时候都更加迫切，对科学知识和卓越人才的渴求比以往任何时候都更加强烈”。当前世界范围内新一轮科技革命和产业变革加速进行，综合国力竞争愈加激烈。工程教育与产业发展紧密联系、相互支撑。国家正在实施创新驱动发展、“中国制造 2025”“互联网+”“网络强国”“一带一路”等重大战略，为响应国家战略需求，支撑服务以新技术、新业态、新产业、新模式为特点的新经济蓬勃发展，突破核心关键技术，构筑先发优势，在未来全球创新生态系统中占据战略制高点，迫切需要培养大批新兴工程科技人才。通过优化学科专业布局，促进现有工科的交叉复合、工科与其他学科的交叉融合，积极发展新兴工科[1]。

2013 年以来，习近平总书记曾先后指出，“国家强大要靠实体经济，不能泡沫化”“深入实施创新驱动发展战略，增强工业核心竞争力”“推动中国制造向中国创造转变、中国速度向中国质量转变、中国产品向中国品牌转变。”2015 年 3 月 5 日，李克强总理在政府工作报告中指出，要实施“中国制造 2025”，加快从制造大国转向制造强国。对此，国内工业界倍感振奋，国际经济界高度关注。5 月 8 日，国务院印发“中国制造 2025”，部署全面推进实施制造强国战略。“中国制造 2025”的指导思想是：坚持走中国特色新型工业化道路，以促进制造业创新发展为主题，以提质增效为中心，以加快新一代信息技术与制造业深度融合为主线，以推进智能制造为主攻方向，以满足经济社会发展和国防建设对重大技术装备的需求为目标，强化工业基础能力，提高综合集成水平，完善多层次多类型人才培养体系，促进产业转型升级，培育有中国特色的制造文化，实现制造业由大变强的历史跨越[2]。

不论是“新工科”还是“中国制造 2025”都对传统的机械类专业的人才培养模式产生了颠覆性的影响。机电一体化系统设计作为机械类专业核心课程，其本身就是多学科交叉融合的产物。因此为应对新兴产业发展，教学的方法和形式必然要进行改革和调整，以满足“新工科”和“中国制造 2025”人才培养目标的要求。

一、“新工科+智能制造”形式下人才培养的特点

（一）创新驱动

创新是各行业发展的灵魂，是企业转型升级的动力，因此在整个企业的发展全局中具

作者简介：田　野，北京市海淀区清华东路 35 号北京林业大学工学院，副教授，tytoemail@ sina. com。

有至关重要的作用，属于企业发展的核心。必须摆在制造业发展全局的核心位置，要坚持走创新驱动的发展道路，实现从要素驱动向创新驱动的根本转变。企业在实施创新升级过程中迫切需要具有“新工科+智能制造”的人才，因此，必须从机电一体化系统设计课程教学上加大加深创新能力的培养，在夯实课程理论的基础上，提高学生的创新思维与创新意识。

（二）信息与技术的融合

在“中国制造2025”中新一代信息技术与制造技术融合发展，把智能制造作为主攻方向，着力发展智能产品和智能装备，推进生产过程数字化、网络化、智能化。培育新型生产方式和产业模式，全面提升企业研发、生产、管理和服务的智能化水平[2]。对于机电一体化系统设计课程而言其本身就是机械技术与微电子技术的有机结合，涉及机械、计算机、信息技术、微电子技术。课程本身就是多学科融合的结果，其与新一代信息的融合具有天生的优势。因此，在原有教学方法和手段的基础上，增强对新一代信息技术的应用与训练，将大大提高原有系统的性能和智能，非常符合“新工科”和“中国制造2025”人才培养目标。

二、“新工科+智能制造”机电一体化课程特点

（一）“新工科”机电一体化系统设计课程环节

“新工科”机电一体化系统设计课程教学主要分为：理论教学、实验教学、实践教学三个环节。其实践教学方式按照课程设计实施，实践项目主要以经典的“二自由度运动平台”为设计课题，其课题设计中知识面不够广泛，没有考虑“人”“机器”“环境”“应用目标”等生产要素在里面。仅通过独立的实践课程，学生很难了解知识的连贯性和课程与课程的衔接性，教学效果不佳。而课程大纲包含了“机械系统”“控制系统”“检测系统”“伺服驱动系统”等理论知识，而这些知识属于不同的学科，学生学习中很难一下建立系统融合的概念，觉得东西很多很杂，如果单以“二自由度运动平台”作为课程设计题目，其与“新工科+智能制造”新时代要求有了一定的差距，不能满足当前“新工科+智能制造”的培养要求。

（二）“智能制造”对机电一体化系统设计课程的实践要求

“智能制造”对新时代工程师的要求是：人的角色将由传统制造业中的服务者、操作者转变为规划者、协调者、评估者、决策者，企业需要的是能够掌握与运用现代信息技术和智能化设备技术如工业软件、传感器技术、互联网+制造、机器人技术等能独立完成智能化目标和任务的高素质技能人才[3]。

而目前机电一体化系统设计课程的实验环节一般都是通过实验箱和实验台等形式完成。实验箱和实验台从实验室管理上很方便，基本没有消耗，利于设备采购。实验内容、实验的性质多年来没有根本性的变化。但在企业中从产品的设想、构思到系统的设计、调试和验证所采用的方法、流程以及工具都发生了巨大的变化。造成在校所学与职场所用之间的巨大沟壑，进而一方面使得刚刚毕业的学生无法很快地把所学的理论知识应用到工作实践中去，另一方面使得用人单位、公司与企业不得不花费大量的时间和精力对刚走上工作岗位的毕业生进行长时间的培训[4]。目前的实验环境无法鼓励学生进行创新思维与能力培养，所有的实验过程已经被固化，从安全性、保护性各方面都具有完备的防护。学生进行思考并实践的可能性基本为零。实验的器材与市场上新产品的推出相脱节。使得学生对实验与设计没有积极性，丧失了创新思维的动力与动手能力的培养。

三、 自主独立低成本硬件在机电一体化系统设计课程中的应用

传统的实验设备已经无法满足“新工科”背景下对创新思维，创新能力的培养要求，但实验室的管理特点，其不可能为学生的兴趣爱好提供自由度灵活的实验装置。受到成本的影响，学生很多时候是多人使用，无法人手一套，这样学生失去了学习的兴趣。所以学生的创新思维与实施应该依托低成本但应用广泛的装置，以满足不断变化的思维过程与创新历程。这种低成本装置应该成为实验室设备的补充，实验室设备满足学生对课程内容的掌握，但低成本设备满足学生的创新思维训练与动手能力培养，从费用上学生可以接受。因此，在机电一体化系统设计课程中在实验室设备之外，提出了利用低硬件成本构建机电一体化系统设计教学实践的装置。其结构功能示意图如图 1 所示。

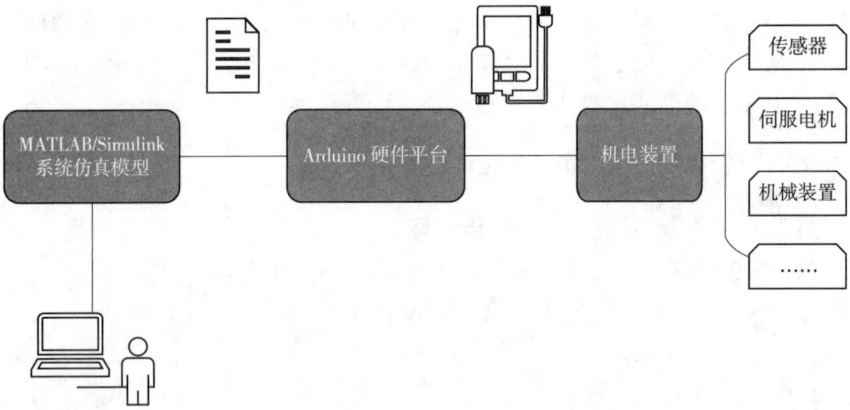

图 1 低硬件成本+系统建模与应用示意图

(一)低成本硬件平台 Arduino

Arduino 是一个低成本(仅 100 元左右)、基于微控制器的设计开发平台(图 2)。它可以与各种各样的传感器以及其他器件，如发光器件、电机等相连，搭建成一个交互式的显示器或者一个移动机器人。该控制器已经被全世界艺术家、业余爱好者广泛使用，更重要的是众多工程技术人员也采用它作为“原型设计”的首选平台。学生通过以 Arduino 作为平台进行创新思维与动手能力的培养将适应今后企业的设计需要。为适应新一代信息技术的应用，利用谷歌公司开发套件，可以通过手机实现和电机、传感器及其他器件产生交互作用的平台。使用手机的摄像头、运动传感器、触摸显示屏、互联网连接功能来控制个显示屏或者一个机器人。这将大大吸引学生的兴趣与点燃创新思维的火花，主动积极的思考与动手实践。由于成本低廉，方便实用，硬件平台可使许多学生进行实际操作，以动手设计的实验教学项目为主；学生通过这些实际动手、接触硬件的教学项目训练，将获得进行工程设计的经验，更深入理解了所涉及的物理、工程方面的理论，从而为他们在课程上奠定了坚实的理论和实践基础。此外，因为是低成本，所以允许学生出现错误，而排除错误、分析错误从某种程度上正是创新思维的灵感。

图 2 Arduino 硬件图

(二)模型的建立与分析能力

机电一体化系统设计强调的是机械、计算机、检测、伺服驱动系统的融合。因此要求学生有模型的创建与分析能力，从而培养学生解决真实工程问题的能力。但在实施时，学生需要在实际硬件上实现他们的工程设计，要与很多器件甚至是很复杂的硬件、器件进行通信、数据传输，对其进行操作、控制等；另一方面，大多数硬件、器件都是通过低层次的语言(如C语言、器件汇编语言)进行编程和控制的。为了实现创新想法就要花费大量的时间和精力了解与这些硬件、器件有关的细节[3]。这些工作往往会耗费学生大部分的精力，分散学生对项目进行系统设计、项目的核心算法、项目所阐述的工程理论和原理的关注。因此，在低成本硬件系统之外，必须考虑到能否进行高效率发明创造及能否快速把设想变成实物的方法。

目前全球研究人员已经广泛使用 MATLAB 和 Simulink 作为系统仿真、设计、测试和验证的软件平台。其丰富的系统功能，涵盖众多技术领域，为多学科的融合提供了很好的平台应用。其特别适合进行系统模型的工程设计，通过高层语言进行设计、仿真和系统实现。使用这些设计工具，工程技术人员可以大幅度地提高工作效率，缩短设计时间，减少出错，缩短产品开发周期，实现高效、低成本、高质量、灵活性更大的设计。而且针对 MATLAB 和 Simulink 也先期开设了相关的课程，学生具有一定的应用基础。如果再加以创新应用，不仅是对已学习内容的巩固，更是进一步的深入掌握。同时即使再 MATLAB 和 Simulink 环境中进行了仿真分析，但其只是虚拟中的结果，如图3所示，在 Simulink 环境中仅是一个脉冲信号，但是在硬件环境中可以是用于控制 LED 亮度的信号，也可以是用于控制电机转速的信号。通过这些硬件环境，学生将进一步加深对系统建模、系统分析的感性认知，从而激发思考与想象。

Arduino 广泛应用的另一个原因是大量支持的机电元件，如各种传感器(编码器、陀螺仪、加速度计、数字罗盘)、电机等。这些机电元件为学生提供了控制算法的对象，使得学生动手实践提高工程应用能力。此外通过对机电元件的选择与购买，紧跟技术的发展趋势，使得所学与实际相结合。而各种机械传动元件如同步带、滚珠丝杠、电动导杆为学生机械系统的选型与装配提供了动手能力和实践环节的训练(图4)。因此，学生可以充分发挥想象力，在较短的时间内实现想法和进行创新训练，激发学习热情，在训练的过程中穿插这工程设计的概念与能力培养。

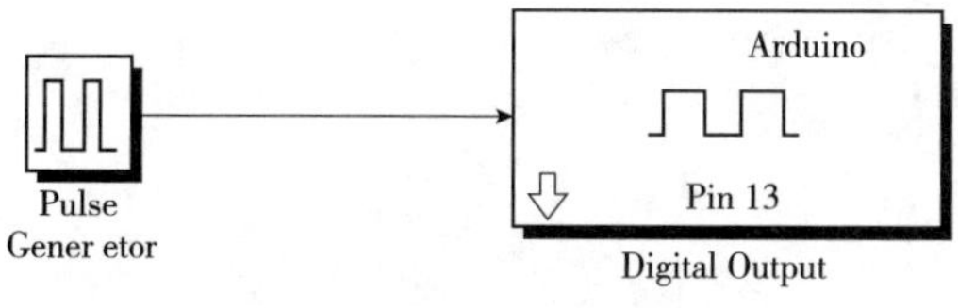

图3　Simulink 仿真示意图

图4　Arduino 控制的轮式行走系统模型

通过这些动手训练，学生自然会将创新的思想应用在日常生活中，养成积极思考、主动观察、动手实践的工程素质。

四、结语

国家的发展要求与发展战略对高等教育教学提出了新的要求，因此要实现教育教学的真正提升，培养“应用型高级人才”，机电一体化系统设计课程朝创新能力、智能化方向进行改革。通过教学实践，不断探索人才培养的新方式和新特点是时代赋予我们的使命。

参考文献

[1]“新工科”建设复旦共识［J］. 高等教育研究，2017，(1)：10-11.

[2]周济．智能制造——“中国制造 2025”的主攻方向[J]. 2015，(17)：2273-2284.

[3]王芳，等．智能制造背景下技术技能人才需求变化的调研与分析[J]. 中国职业技术教育，2017，(11)：18-22，27.

[4]丁亦农，Joshua L H. Simlink 与低成本硬件及机电一体化[M]. 北京：清华大学出版社，2017.

[5]钟登华．新工科建设的内涵与行动[J]. 高等工程教育研究，2017，(6)：2.

Research on the teaching method of Mechatronics System course under the background of Emerging Engineering + Intelligent Manufacturing

Tian Ye

(School of Technology, Beijing Forestry University, Beijing 100083)

Abstract Emerging Engineering and China Intelligent Manufacturing 2025 have put forward the era requirements for innovative power and intelligent application for talent development. Mechatronics System design is a core course for mechanical majors. Facing the talent development requirements in the new form, this article proposes the practical construction of a mechatronics system course based on “low hardware cost + system modeling and application” to meet development needs.

Keywords Emerging Engineering + Intelligent Manufacturing, Mechatronics System, education and teaching reform, practice teaching reform

“三维一体”的“普通动物学”教学模式及其在育人中的作用

隋金玲　张　东　丁长青　李建强　叶元兴

（北京林业大学生态与自然保护学院，北京　100083）

摘要：教学内容的整合、教学模式的构建和教学手段的有效实施是目前高等教育教学改革中的关注点，也是教学过程中的基本构建思路。本文以“三维一体”教学法在“普通动物学”教学过程中的应用为例，探讨了在“普通动物学”教学过程中如何科学合理地将教学内容、教学模式和教学手段有机的融合为一体，从而更好地体现现代教育理念，以适应快速发展的生物学研究进展，为培养符合现代生态文明建设需要的专业人才奠定基础。

关键词：三维一体；普通动物学；课程体系；自媒体

作为讲授大学一年级相关专业基础课的“普通动物学”教学团队，在教学过程中始终在探索如何充分发挥学生个人学习的能动性，并培养学生的发散思维、创造性思维。为此，教研室持续开展了“普通动物学”课程的改革[1-4]，包括教学团队的建设、课程体系的构建、教学内容的整合以及教学方法创新等多个方面。为了更好地培养符合现代生态文明建设需要的专业人才，针对“普通动物学”课程特点和人才培养的教学目标，基于“普通动物学”课程的基础性、广泛性、复杂性和在相关领域人才培养的需要，本课程在以往“普通动物学”教学研究改革的基础上，进一步构建“普通动物学”三维教学体系，以主要动物类群的三维形态为基础，将“普通动物学”理论知识与实验实践、科学研究有机结合，搭建理论知识体系的自主学习与基本技能训练的基础平台，使学生在基本技能、过程方法和价值观诸方面得到培养。通过对本科生的回访以及其后续发展趋势来看，“三维一体”的教学体系能够较好地提升“普通动物学”教学效果。

一、　教学改革思路和过程的三维一体

在“普通动物学”教学改革过程中，作为我校“肩负着为我国自然保护事业培养高水平专业人才的重任”的高等学校特色专业建设点，课程组提出了“以团队建设为基础，以课程体系建设为主体，以人才分类培养为特色的动物学教学改革新模式”的教改思路，以探索“具有林业院校特色的自然保护人才分类培养新模式”。包括以下几个方面。

（一）注重教学效果和学生反馈

本课程首次设计并推出“动物学教学质量网上调查问卷”，便于本科生和往届生积极评

作者简介：隋金玲，北京市海淀区清华东路35号北京林业大学生态与自然保护学院，副教授，jlsui@126.com；
张　东，北京市海淀区清华东路35号北京林业大学生态与自然保护学院，教授，ernest8445@163.com；
丁长青，北京市海淀区清华东路35号北京林业大学生态与自然保护学院，教授，cqding@bjfu.edu.cn；
李建强，北京市海淀区清华东路35号北京林业大学生态与自然保护学院，副教授，lijianqiang@bjfu.edu.cn；
叶元兴，北京市海淀区清华东路35号北京林业大学生态与自然保护学院，实验员，yeyuanxing110@163.com。

资助项目：北京林业大学2017年教育教学研究重点项目“动物学‘三维’课程体系建设”（BJFU2017JYZD014）。

教，并结合教务系统的教学评价得分，及时发现教学中存在的问题；通过对学生评教反馈意见的分析，发现"因材施教"的不足，以便课程组开展针对性研讨，调查、摸清实际问题，进而提出整改方案。

（二）关注学生的学习兴趣

利用课程组成员本科生"成长导师"的身份，提前摸底调查学生的学习兴趣和职业规划目标，如有的对科研感兴趣，有的对保护实践感兴趣。为此针对不同的"群体"，在兼顾课程体系的前提下，提出不同的教学模式，并进行适时引导，以便学生能正确对待和理顺兴趣与专业之间的关系。

（三）关注后续发展动态

教改研讨中，结合教师承担的科研项目，以我校在野生动物与自然保护区管理相关领域的优势教育资源为依托，以因材施教的改革思路为主线，逐步摸索科学创新型人才和自然保护实践型人才的培养特点和方法，以总结经验。结合学院专业思想的教育，以探索"人才分类培养"新模式。

二、 教学内容的三维一体

教学内容是教师"教"与学生"学"的相互作用过程中有意传递或建构生成的信息。教学内容来自教师的口头表述、教材与图书资源，以及目前广泛存在的网络资源和多媒体课件等，信息量和载体处于不断变化中。如何使学生在学习过程中更有效地获取、加工这些信息而生成为自己的知识和能力，是当前大学教师必须重视与思考内容之一。作为教学活动的主导者，教师应该对所承担课程的教学内容的特点和属性有清晰的理解。为此，针对"普通动物学"为基础课的特点和学生的专业特点，我们在教学内容上进行了"三维一体"教学安排，以构建完善的"普通动物学"课程体系，具体措施如下。

（一）理论课

以"普通动物学"[5]教学大纲为基础，以动物进化和形态结构与生理功能的关系为轴心，在系统讲授课程基本知识的基础上，教学团队成员结合各自的科研领域，将不同研究团队的最新研究成果整合到教学内容中，并将该领域的最新研究进展进行简要介绍。如以研究无脊椎动物的老师在原腔动物一章中，会将其研究的林麝（*Moschus berezovskii*）、普氏野马（*Equus ferus*）等动物野生动物的肠道线虫相关的研究成果呈现到课程上；而研究脊椎动物的老师会以其研究的朱鹮（*Nipponia nippon*）、银喉长尾山雀（*Aegithalos caudatus*）等鸟类繁殖中的相关成果来丰富鸟类繁殖生态的相关内容。这一方面丰富了课堂内容，使课堂学习生动多彩，提高学习效率，另一方面引起了学生浓厚的探索兴趣，使之加入到动物的研究的行列。

（二）实验课

以"普通动物学实验指导"[6]为导向，在传统实验课教学方式的基础上，给学生布置探究性实验内容。通过多种动物的解剖比较，加深学生对动物共性和差异的了解。探究性实验材料的选取，主要基于实验对象或材料的可获得性为依据，引导学生学习主动积极思考。实验材料或来源于校园中同学自己收集实验材料如蚯蚓（*Pheretima tschiliensis*），或来源于上一年的实习采集到各种昆虫标本，或来自于团队的研究基地如新疆卡拉麦里保护区的马副蛔虫（*Parascaris equorum*）、马胃蝇（*Gastrophilus intestinalis*）等。利用不同来源的实验材料，同学们不仅能进行一般的形态和解剖结构的认知，而且能将形态结构与其栖息环境或寄生环境相关联，对其生活史进行进一步探究。这不仅加深了对"形态—结构—环境"关系的理解，而且培养了学生的参与意识。

（三）实习课

以“动物野外实习指导”为最低要求，在进行必要的动物认知的基础上进行探究式实习教学。即引导学生在野外观察的同时提出科学问题，探讨研究方法，对研究结果进行分析讨论，得出研究结果和结论，最后将研究内容写成研究论文，并以模拟论文答辩的方式进行小组交流。研究内容会涉及动物种类、繁殖行为、生态分布、动物与动物、动物与植物的关系等个体、群体、生态多个层面。这不仅丰富了实习内容，而且成为培养学生发现问题、提出问题、分析问题和解决问题能力的有效措施。如有的将野外实习的研究内容与研究成果进行整理后撰写了研究论文，相继发表在《四川动物》《中国媒介生物学及控制杂志》等中文核心期刊上。有的则继续进行后续研究或作为“大学生创新项目”的内容进一步进行系统研究，研究结果发表在 *Scientific Reports*、*Parasitology Research* 等 SCI 收录的国际期刊上。

（四）充分利用自媒体，对课程知识进行延伸学习

在上述三个环节学习的基础上，除鼓励学生充分利用网络等媒体进行相关学习外，还充分利用便捷而具有时效性的自媒体进行适时交流。如本课程团队建立了“动物学有意思”“动物学实习”等微信群、QQ 群等，课下可以随时获得相关的动物学知识，并就热点问题在师生间进行转播与适时讨论（图 1）。即便本课程已经结课的往届生，仍然能够随时关注本课程的学习热点。

图 1　自媒体（微信群）知识交流示意图

三、 教学方法的三维一体

每位教师对学生都有思想教导、学习指导、科研训导和成才向导的职责。具体到“普通动物学”课程授课中，这一职责体现在理论教学和实践教学的各个环节。教研团队注重结合农林院校的专业特点，在合理设计、筛选、整合教学内容的基础上，着重探讨能够引导学生学习并掌握动物学的基础研究与应用知识的教学方法。在“普通动物学”课程教学改革中，立足于“引导式”课堂学习、“探究式”实验课程及“专题式”野外实习的教学体系，注重行业特色，引导学生发现并解决科学问题，对学生进行检索文献、设计并完成实验、撰写论文等全方位的科研创新训练；规范并提升学生的实验操作能力、对野生动物研究和自然保护的实践能力。具体体现在以下几个方面：

（一）“引导及启发式” 课堂教学

1. “引导式”教学方法

在课堂教学过程中，打破以教师为中心的传统教学方法。借助新闻热点或发表在国际顶级刊物的相关科学论文为切入点，合理设计课堂问题，引导学生思考，鼓励学生大胆发言，增强师生互动并介绍相关背景知识。作业已改过去书本知识的简单重复，代之以查阅

某动物或某领域的研究文献、进行文献综述的训练，使同学以探究带动基本知识的学习。

2.“启发式”教学方法

课程学习的意义不仅在于打下一定的知识基础，更重要的是教会学生学习的能力。让学生自由思考，提高思维能力；活跃课堂气氛，激发学生的求知欲，增强学生的学习兴趣，即实现“授人以鱼不如授人以渔”的教学理念。通过进入博物馆授课等方式，提高课程的吸引力及生动性，形成良好的课程文化氛围，引导学生进入科学领域，拓宽视野。

3.“过程式”教案设计

教案设计包括教学目标、教学内容、教学手段、教学活动描述、教学重点与难点、板书设计等内容，合理设计课堂教学各个环节，明确各章节讲授重点，调整教学内容，使其与农林院校专业特点一致，立足于适应农林院校专业不断发展的需要，使学生获得相关知识，引导其建立正确规范化、标准化科学观。

（二）“开放及探究性”实验课程教学

“普通动物学”是一门以观察和实验为基本研究方法的实验科学，注重对学生实际操作能力、获得知识能力、整理分析能力、解决问题能力的培养。为了使学生能够熟悉动物学不断出现的新名词、新术语、新技术和新的研究方法，必须在研究性和创新性人才培养教学理念的指导下对动物学实验的课程体系、教学内容、教学思想、方法和手段进行适时改革。

1. 开设“探究性”实验

采用灵活的探究式教学方法，在传统实验课教学方式的基础上，给学生布置探究性实验内容。通过多种动物的解剖，加深学生对动物共性和差异的了解。探究性实验材料的选取，主要基于实验对象资料易获得性，如从课本上或研究团队的课题中得到，以引导学生学习主动积极思考。

2. 开展“开放性”实验

以培养学生的创新意识和综合能力为目的，以学生为主体，进行自主实验设计与实践，提供学生独立学习好解决问题的时空条件。探索并建立以问题和课题为核心的教学模式，培养学生寻找、分析并解决问题的能力，使学生学会正确运用实验数据分析和评价实验结果。例如，学生自主选择进行的蛙、鲤鱼骨骼标本制作实验，有助于提高学生对“普通动物学”的理解和动手操作能力。

（三）“专题式”野外实习课教学

动物学野外实习是“普通动物学”教学过程中重要的一环，如何在课时少、内容多、经费有限的条件下保证好的野外实习效果，将野外实习改革为综合型、研究型、探索型的教学是课题组一直在探讨的课题。为充分调动学生的主动性，激发学生的创造性思维，训练学生观察事物的敏锐性，培养学生严谨的科学作风、组织能力、团队意识和环境保护意识，通过几年的努力，我们形成了一支结构合理、经验丰富的教学团队和一套完整的“普通动物学”课程野外实习方案。具体如下：

1. 对实习地进行预查和踏查

实习前3~5天由相关教师带领3~5名研究生对实习地进行预先调查，对实习可能涉及的地域环境状态及动物分布情况进行摸底调查，做到心中有数，避免学生实习的盲目性。在实习进行过程中，将学生分成几大组，每组15~20人，分别由指导教师带队对实习地进行踏查，对环境条件进行现场讲解，使学生现场了解实习地的现状，确定研究内容。

2. 提出研究方向并开展专题研究

在理论课上向学生介绍野外实习的相关事宜，使之在学习过程中提前思考如何对动物进行研究。要求学生以研究小组为研究团队，提出相关的问题并在教师指导下进行相关的探究，研究结果在实习总结会上进行模拟交流，以培养学生发现问题、提出问题、分析问题和解决问题的能力。同时鼓励学生将野外实习内容再进行系统的后续研究，并撰写成研究论文发表。这些科研训练，不仅促进了动物学基础知识与实际的结合，也培养了学生的科研能力和团队协作精神，坚定了他们进行科学研究的信念，为日后的工作学习奠定了扎实的基础。

3. 将环保理念融入野外实习的全过程

教师应充分利用野外实习的机会对学生进行环境保护和科普方面的教育。如对进入实习地的游人进行动物观察知识的科普与环境保护的宣传等，参与保护区内人工巢箱的悬挂活动、保护区内动植物科学调查活动、鸟类环志活动等。通过这些活动，同学们会将"普通动物学"野外实习过程上升到动植物保护的高度，并提出自己的观点，利用所学知识反过来影响社会，达到保护动植物和环境的目的。同时，学生也更好地理解了动植物保护与适当开发与利用的辩证关系。

4. 及时总结与反馈

实习后，除了以小组为单位对研究内容进行交流并按要求写出论文之外，还要求学生进行个人实习总结，包括专业知识的收获、能力的培养、对实习过程的意见与建议等。将学生实习过程中可能存在的问题及解决办法等制成问卷，发到每位参与实习的同学手中，通过问卷调查，可以将实习过程的不足与遗憾进行记录，及时反馈，以便下次实习时进行改进或预防，使"普通动物学"野外实习的后续安排更加科学、合理，以保证更好的实习效果。

四、 结语

为了上好"普通动物学"这门专业基础课，在理论课、实验课和野外实习各个教学环节教学过程中，均体现了以满足我国生态文明建设和自然保护事业的人才需求为指导，以培养新形势下"具有创新意识的实践型和研究型人才"为目标的教学理念。教学团队以我校在野生动物保护与自然保护区管理方面的优势教育资源、教学基地和教师承担的科研项目为依托，通过提高授课质量激发学生的学习热情和创新潜质；严格规范本科生科研训练和自然保护实践训练；对学生科研创新和保护实践能力进行综合评价和分流调转，逐步探索并形成具有本校特色的"以动物学教学为基础的林业院校自然保护人才分类培养新模式"。

参考文献

[1]隋金玲，赵欣茹．高等林业院校生物专业动物学教学改革初探[J].《中国林业教育》，1999，(3)：46-47.

[2]隋金玲，张东，丁长青，等．如何提高"动物学"课程野外实习的效果[J]．中国林业教育，2015，33(2)：49-51.

[3]丁长青，隋金玲，张香，等．研究性和创新性人才培养的尝试——动物学实验教学改革初探[C]//高校生命科学基础课程报告论坛组委会，高校生命科学基础课程报告论坛论文集．2008：565-570.

[4]雷光春，王艳青．自然保护专业创新型人才培养研究[M]．北京：中国林业出版社，2014.

[5]刘凌云，郑光美．普通动物学[M].4版．北京：高等教育出版社，2009.

[6]刘凌云，郑光美．普通动物学实验指导[M].3版．北京：高等教育出版社，2010.

The teaching mode of Three-Dimensional Integration in *General Zoology* and its role in education

Sui Jinling　Zhang Dong　Ding Changqing　Li Jianqiang　Ye Yuanxing
(School of Ecology and Nature Conservation, Beijing Forestry University, Beijing　100083)

Abstract　The integration of teaching content, the construction of teaching mode, and the effective implementation of teaching means are the concerns in the current higher education teaching reform, as well as the basic construction ideas in the teaching process. Taking the application of Three-Dimensional Integration teaching method in the teaching process of *General Zoology* as an example, this paper discussed how to integrate teaching content, teaching mode and teaching means organically in the teaching process of the *General Zoology*, so as to better reflect the modern education concept, adapt to the rapid development of biological research progress, and lay the foundation for training professional talents in line with the needs of modern ecological civilization construction.

Keywords　Three-Dimensional integration, *General Zoology*, curriculum system, self-media

以设计能力培养为导向的“空间构成Ⅲ”课程教学模式改革研究

魏　方

（北京林业大学园林学院，北京　100083）

摘要：本文针对“空间构成Ⅲ”的课程内容与开展方式进行探讨，围绕教学具体情况、现状问题与改革方向，借鉴西方同类课程的教学思路，对现有教学模式进行创新、调整和完善。通过引入在地式的空间认知方式、建立与园林设计课程的关联、增加课程内容之间的关联性等方式，同时建构理论讲授与实践操作的合理体系，将培养空间认知与塑造能力与设计能力作为核心，加强课程开展的有效性。本文提出可借由空间体验感知（在地认知与虚拟再现）—动手操作建构（空间形体与材质）—空间意蕴呈现三个阶段，培养学生在设计学习初期阶段的专业兴趣，使其循序渐进的形成风景园林设计的基本知识体系。

关键词：设计能力；风景园林空间；空间认知；空间塑造

一、引言

作为风景园林专业课程改革过程中的先行者，空间构成Ⅲ是风景园林专业学生在专业学习初期最主要的基础学习与素质培养教学内容。这门课程安排在风景园林专业本科生一年级下学期（春季学期）以及园林专业本科生二年级上学期（秋季学期），主要包含三部分训练，包括对自然地貌山水、区域与城市山水、传统山水园进行二维分析与三维再现。目前，由于课程教学处于课程改革过渡期，因此需要在专业训练初期培养风景园林专业本科一年级学生的空间认知与动手操作能力，建立初步的设计思维。

二、课程开展的现状问题和改革契机

（一）专业学习初期设计思维培养是本课程的难点

该门课程属于风景园林学科的专业基础课，是风景园林学科围绕“双万计划”，结合现有优势和特色专业领域，持续深化教育教学改革的新增课程。设计课下沉的举措使空间构成Ⅲ的教学重要性不断上升，在课程开展初期的课程教学内容与教学模式研究具有极强的紧迫性。与此同时，如何培养学生在专业学习初期的设计思维，解决设计课下沉与本科一年级学生设计思维尚未形成的矛盾，建立与高年级园林设计课程的关联，是本课程关注的重点。

（二）空间认知能力培养与园林设计知识体系易产生脱节

构成是提高设计师设计能力、审美能力和创造能力的有效手段，风景园林专业教育中的教学实践通常将构成类课程分为平面构成、色彩构成和立体构成三大类，利用组合法、变形类、空间类的方式，使学生了解了抽象的形以及形的构成规律。而目前构成类课程容易形成纯粹艺术构成的偏向，缺少三类构成训练之间的过渡，易忽略与园林设计应用性思

作者简介：魏　方，北京林业大学园林学院，讲师，weif13@bjfu.edu.cn。

资助项目：北京林业大学2019年教育教学研究一般项目“以培养设计能力为导向的空间构成Ⅲ课程教学方法研究”（BJFU2019JY020）；

北京林业大学2019年课程思政教研教改专项课题“空间构成Ⅲ”（2019KCSZ005）。

维训练的关联，使设计训练过程容易出现“重表现轻功能”“重形式轻文化”的问题。

（三）传统的构成类课程教学模式单一

同时，传统的构成类课程主要结合了相关视觉原理讲授与平面绘图、模型操作训练，与实际空间与实际设计问题的解决关联较弱，“空间构成Ⅲ”的教学内容以三个尺度的山水空间摹拟与再现为教学基本内容，为了平衡个人设计思维形成与专业理论教育，尽快建立与实际空间塑造能力的联系，目前的教学组织模式仍需被完善。

三、 课程教学模式的探索与反馈

空间构成教学课程的改革以基础课程体系的完善入手，坚实人才培养的根基，以创新能力培养为目标，不断完善培养学生专业学习初期设计能力的教学组织模式。课程开展通过提升课程内容的丰富性、针对性和实践性，增强学生的动手操作能力、材料认知能力和空间想象能力，在专业学习初期培养学生的创新精神、设计思维、工程思维、批判性思维和数字化思维。目前课程已开展一年，借由课程的评价与反馈机制，在改革初期实现课程调整的不断完善。为了承接“空间构成Ⅰ”与“空间构成Ⅱ”，本门课程围绕风景园林的地形主题展开，以三个尺度的山水空间认知与重塑作为研究与表达对象，并且引入新的课程组织方式进行探索。

（一）利用在地方式培养学生专业学习初期的空间感知能力

为了训练学生在地的空间认识与解析能力，课程已经开始采用模型体验与再现空间的方式：课程内容改革后着重培养学生对风景园林不同环境与不同尺度空间的感受、认识与分析能力，同时将课程教学过程与中国传统文化、名山文化紧密融合，增强学生对中国山水文化的认知。利用模型训练学生动手操作以及进行空间再现的能力：学生选择具有人文历史特征的传统山水案例，利用不同的表现材料载体，通过直接塑形，提升自身对造型、空间和结构的掌控能力。

为了使学生能在实际场地中体会到山水结构对空间的塑造作用，课程选择圆明园九州清晏景区作为山水地形塑造的在地培养案例（图 1）。课程在前期组织学生在圆明园进行空间感知、认知与抽象的提炼与再现，使其逐步形成对不同类空间的直观体验与空间认知的敏感性。例如，要求学生在实地对旷远、幽深见长、深远、疏朗、紧密、开阔蜿蜒、曲折、深邃藏幽、引人入胜、疏密开合、虚实开合、向心内聚、辽阔浩渺等不同的空间意向进行感知，并且对其客观构成形式进行认知。

图 1　圆明园九州清晏景区的地形认知训练

（二）以培养设计能力为导向，建立空构课程与园林设计课程的有机关联

空间构成Ⅲ是一门承上启下，对接基础课和专业课的重要课程，其中最大的重点和难点是培养学生的空间想象能力，以及从二维到三维的形态把握能力。借此训练过程，课程尝试建立与自然山水园的园林设计课程内容的联系。帮助学生在学习初期对中国传统山水文化产生直接的认知，提升空间感知敏感性，同时使学生建立和完善设计专业基础知识体系。

为了在专业学习初期培养学生的设计能力，教学组织过程强调了三方面内容的创新集成，以建立与园林设计课程的联系。

①山水文化知识体系的理论构建：课程通过讲授内容与实地感知，使学生体会“看山如看画，游山如读史”。利用具体的案例与在地认知方式，提升学生对空间的感知能力，从三种尺度构建山水地形要素的知识体系，增强落地性。

②山水要素的分析方法：学生通过将感性认识借由图面再现与拼贴实现主体思维的表达，理解山水要素分析与再现过程中理性呈现与主观认知的关联，从而使学生在学习中建立空间构成的若干原型，进一步构成园林设计要素的来源。

③山水地形实际模型的动手操作建构：学生通过动手接触材料，构建不同的空间单元，夯实建构知识的空间认知基础，使学生逐步了解材质、色彩在实际园林空间中的作用形成概念对接。

（三）引入创新教学模式，全面调动学生的学习自主性与开放性设计思维

1. 理论授课

理论讲授以目前课程所包括的三大部分为基础，形成自然山水、山水城市、山水造园三个尺度的渐进式的理论讲授内容，通过控制内容的难易程度与可理解度，调动学生的学习积极性。课程讲授的显性专业内容包括名山文化等方面，如道教名山、佛教名山、江河文化、桂林山水等，并以千岛湖、富春江、钱塘潮、桂林奇峰、洞庭湖等山水景观为例，概述中国的地域文化，如潇湘文化、岭南文化等内容；从山水文化看待不同的环境保护价值与山水文化的多重审美价值；最后以寄畅园、拙政园等传统园林案例为切入点，讲授中国传统园林的传统审美与基础理法。教学中强调山水审美活动与人格道德修养的契合，强调山水文化价值的多元化。学生可根据自身的认知与学习体会，形成与文化价值结合的设计思维雏形（图2）。

图2 学生作业：山水结构认知与平面拼贴再现

2. 三维模型制作作业与二维平面感知拼贴的结合

以三种尺度的山水文化主题为题材进行模型创作，利用不同的材料与制作方法，使学生对山水空间的理解得到多元维度的支撑。在模型点评时，注重介绍山水与中国美学的交接，探寻山水自然世界对中国美学理论产生的重要影响及诱因，与学生讨论中国传统美学的重要范畴：如崇尚自然、意境、气韵生动、诗画一律。利用模型制作使学生直接感受中国山水文化中对自然山水的观感方式、艺术观念，以及审美过程中主客体关系的建立。

3. 虚拟场地地形的建构

在课程中后期利用小尺度虚拟场地构建的作业方式，强化学生将感知能力转化为设计能力的训练过程。

（四）不同教学板块的创新路径

在教学内容的组织上，强化三个层次与尺度的山水空间感知能力及关联，建立学生基本的尺度概念、空间塑造与设计逻辑。

1. 对自然山水的描摹

学生在作业训练中选择我国具有明确地域特征山水空间进行分析、摹写与空间模型再现（图3），例如，具有地域文化特征的文化名山、具有重要文化符号作用的泰山，或其他佛教名山、道教名山、风景名山，以及长江、黄河、大运河、钱塘江、洞庭湖、太湖、西湖等河湖区域，以此为例呈现古代人类活动的足迹。

图3　学生作业：自然山体摹写

2. 对山水与城市关系的摹写

课程第二个阶段尝试要求学生根据区域景观中真实的自然山水和城市，将城市作为一个整体，去分析城市与区域山水的关系，解释城市的发展过程，通过区域的视角将城市的发展与城市发展与其所处自然环境统一考虑，并将此关系特征以三维模型方式加以表达。课程尝试从理论层面教授山水城市的目的是建立人工环境与自然环境相融合的人类聚居环境，使学生理解“因天才、就地利”的规划思想与“寄情山水”的审美意境；了解人类在利用改造自然的过程中使自身的需求、智慧、能力凝聚在山水之中，去构建适宜的人居环境，在人与自然的交互作用中，衍生出了独特的地域文化，丰富了山水环境的内涵（图4）。通过学生主动研究特定城市与自然、山水的互动关系，及其地域文化不断沉淀、积累和传承的脉络，对其设计思维产生潜移默化的影响。

3. 对中国传统园林中山水理法的感知与摹写

作为园林设计作业中自然山水园的基础，低年级的空间构成设计更为抽象。课程训练强调了中国园林设计独特的造园手法与艺术风格，以及其中蕴含的中国优秀的传统文化元素，学生在这一过程中进一步了解了山水审美，解释老子、庄子哲学与自然山水审美思想

图4　学生作业：山水与城市关系的摹写

的发生、发展关系。其中课程有意引入中国画与古典园林在传统美学与哲学语境中的一致性与渗透影响，说明两者审美特征的空间结构共性与亲缘关系。通过介绍一些造园的基本手法以及所能形成的相应的空间感，使学生形成基于人初度的空间体验视角，如“高远、深远、平远”的营建，适度夸张的表现疏密虚实，利用留白强化主次虚实等关系；曲折尽致显现深邃幽美的境界等内容(图5)。

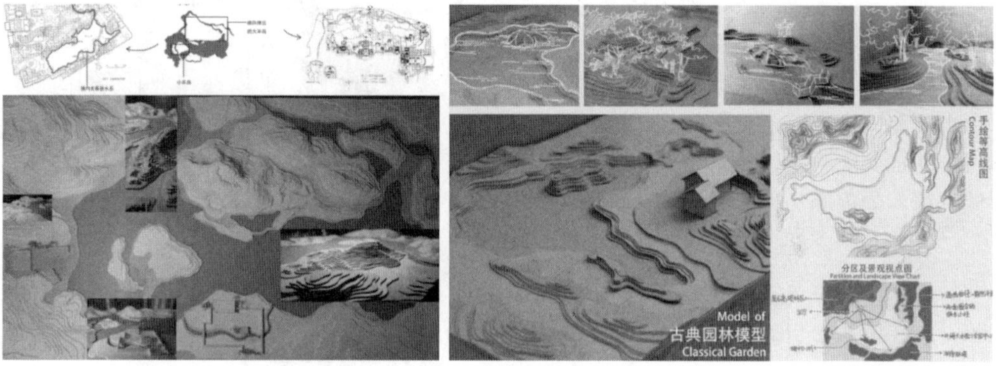

图5　学生作业：山水造园的创作与分析

四、 课程教学组织的难点与改革方向反思

(一)中西教学模式与知识体系的融合

“空间构成Ⅲ”的教学过程力图实现国际化视野与中国传统文化视角的结合。在实际教学过程中，空间模型的解构式分析与再现表达建构在大建筑学科中形成于西方，如鲍扎建筑教育体系。而本课程的核心研究内容基于地域文化，并尝试结合山水文化精神的复归策略，以泥塑、山体切片、山水等高线等不同形式，再现传统山水文化与山水精神，形成独特的山水审美。这一视角在学生作业中得到了较好的反馈，激发了学生们对不同空间与平面表现形式的热情与兴趣，在课程改革过程中，应该更为强调课程内容与教学方法与国际视野的融合，侧重内容综合、专业与通识教育的结合，提升学生的空间直接感知能力，能够对空间进行描述、再现、摹写，为园林设计课程打下坚实基础。针对中国传统文化、西方文化等丰富广泛的内容，以一种跨时间、跨空间的维度，培养学生的空间认知能力与知识体系框架。

(二)拓展空间感知方法

教学以空间感知能力与设计思维培养为先导，力图使学生在潜移默化中建立与后续设计课程的关联，其中直观的空间感知途径目前也得到了较好的教学反馈。在地认知方式与虚拟感知方法的介入，会使学生获得直观的空间体验，构建设计思维的认知基础。同时，在目前的圆明园地形认知与绘画长卷表达中，试图将山水画的解读融入山水文化精神的理解与地形空间塑造的学习过程中，增加了学生从客观到主观再到客观的思维过程，强化了思考中的物质空间(实际形体)—意识空间(平面再现与表达)—物质空间(等高线呈现)的对照关系。未来可进一步利用拼贴、蒙太奇式的感知表达方法或其他三维方式，再现山水文化的内涵，使学生思考绘画、音乐、文学、哲学、宗教与诗歌等方面如何影响中国传统文化。此外，课堂考核形式还可进一步结合图面感知再现、三维模型摹写、山水文化精神传承的汇报与互评方式，锻炼学生的方案表达能力。

(三)与设计思维与实践方法的对接

空间构成中对形态要素的关注以及形体创造规律和空间构成教学的训练是园林设计的前导，通过利用特定的空间限定方式与山水要素组织方式，进行不同空间编排，可以培养学生设计能力和空间思维能力，理解园林设计中如何限定空间、围合空间，以及进一步叠加具体功能。因此，在课程后期可尝试建立虚拟场地，例如，一定尺寸模数建立的空地，建立空间构成要素与山体地形，让学生更为主动的研究基本设计形体与山水地形的结构关系定位，研究空间序列与节奏、空间尺度与形态，最终利用模型推敲与图纸绘制的同步进行，使学生深入理解地形本身的生成与山水要素与意蕴构建的具体路径(图6)。在此过程中有机地将空间构成与设计能力提升有机地结合起来，推敲空间单元之间的联系，通过空间单元认知—形体组合动手操作—空间意蕴呈现三个阶段实现设计思维培养与能力提升。

同时，为了培养学生的设计思维，提高学生主动学习能力，可以在作业任务中增加选取山水原型、空间要素分析、选取材料摹写过程的灵活性，利用模型互评的方式培养学生学习中的批判能力，提高学生的创新能力和应用意识。尝试利用不同教学方式丰富和拓展了课程内容的内涵和外延，使教育吸引力和感染力得以提升。

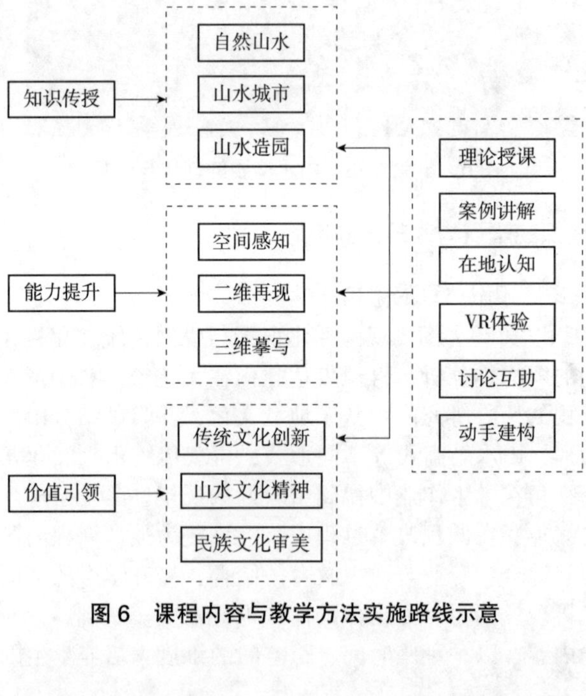

图6 课程内容与教学方法实施路线示意

五、结语

空间构成Ⅲ为风景园林专业本科学生必修的专业课程，在其改革过程中，需要通过教学组织的创新路径进一步加强同类课程之间的联系与本课程不同板块内容的顺接关系，使学生在学习过程中可以循序渐进地获取不同的空间认知方式与设计思维。在这一过程中，设计能力的提升经由空间体验感知(在地认知与虚拟再现)—动手操作建构(空间形体与材质)—空间意蕴呈现三个阶段形成，同时提升学生的社会责任感，突出“空间塑造”显性教育和“山水文化精神”隐性教育的互相融通，实现创造性转化，结合通识教育和专业课程的育人功能，构建园林设计文化认识的基础。

参考文献

[1]Sharky B G. Landscape site grading principles: Grading with design in mind[M]. Hoboken: John Wiley & Sons, 2014.

[2]Petschek P, Walker P. Grading for landscape architects and architects[M]. Boston: Birkhäuser, 2008.

[3]Booth N K. Basic elements of landscape architectural design[M]. Waveland press, 1989.

[4]Girot G. The course of landscape architecture: A history of our designs on the natural world, from prehistory to the present[M]. London: Thames & Hudson, 2016.

[5]周维权. 中国古典园林史[M]. 北京：清华大学出版社，1992.

[6]王向荣，林菁. 西方现代景观设计的理论与实践[M]. 北京：中国建筑工业出版社，2001.

[7]彭一刚. 中国古典园林分析[M]. 北京：中国建筑工业出版社，1986.

[8]朱利安(法). 山水之间——生活与理性的未思[M]. 上海：华东师范大学出版社，2017.

[9]郭黛姮. 远逝的辉煌：圆明园建筑园林研究与保护[M]. 上海：上海科学技术出版社，2009.

Research on the design ability oriented reform of the teaching mode for Spatial Composition Ⅲ

Wei Fang

(School of Landscape Architecture, Beijing Forestry University, Beijing 100083)

Abstract The content and development mode of *Spatial Composition Ⅲ* are discussed first in this paper. Based on the specific situation, current problems and reform direction of teaching, the existing teaching mode is innovated, adjusted and improved with reference to the teaching ideas of similar courses in the West. Combined with the introduction of local spatial cognition, the establishment of connection with landscape design courses, and the increase of connection between course contents, and through the construction of a reasonable system of theoretical teaching and practical operation, the cultivation of spatial cognition and shaping ability and design ability are taken as the core to strengthen the effectiveness of course development and cultivate students' professional interest in the early stage of design learning. The basic knowledge of landscape architecture design would be grasped gradually.

Keywords design ability, landscape space, space cognition, space shaping

电子仿真技术在“计算机接口技术”教学中应用

张祥雪　赵　睿　张　黔　张　立

（北京林业大学理学院，北京　100083）

摘要：计算机接口是一种高度复杂，运行速度超快，发展迅速，应用极其广泛的特殊电路。传统的课本板书加PPT的教学模式以及专用实验仪的实验系统，存在着课程无主线、重灌输、轻导入、CAI手段落后、实践环节严重不足、理论和实验严重分离的等诸多问题，越来越无法满足“计算机接口技术”课程的教学需要。利用电子电路EDA技术的仿真功能，借鉴CDIO工程教育模式，从构思、设计、实现和运作等方面，建立了以项目驱动的模块化教学系统，学生自主完成的课程大作业是目标和愿景，每个单元是分解的模块，都有理论有实验有成功。这样就克服了课程刻板啰唆的灌输模式，使学生的理论联系实践，增强了学生的动手能力，团队协作能力以及学习兴趣。

关键词：计算机接口技术；电子设计自动化；计算机仿真；CDIO 工程教育模式

随着集成电路的诞生和发展，电子技术成为本世纪发展最迅速，应用最广泛的新兴技术。电子设备智能化已经成为趋势，现在已经很难找到没有智能核心的电子系统的。计算机接口技术作为电子设备智能化的核心内容发展非常快，“计算机接口技术”的传统教学模式和实验模式已经跟不上技术的发展，课程实践训练不足和理论脱离实践的问题越来越突出[1]。而新出现的电子电路EDA技术不仅深刻的改变了电子技术，也为“计算机接口技术”的教学难题带来了契机。

由于科学技术的日新月异和工业的迅速发展，工程教育的方法，理念和模式也在不断发展。21世纪初由美国麻省理工学院等几所大学提出的CDIO工程教育模式得到世界很多国家的很多学校的认可和推广，其很多教学理念对解决“计算机接口技术”的教学困境也很有启发[2]。

一、 传统“计算机接口技术”教学中的问题

计算机接口技术课程的理论教学采用板书+PPT模式，实验采用专门设计的计算机接口实验仪。这种比较传统的教学模式并不适应计算机接口技术的特点和日新月异的发展。

（一）无法形成目标驱动的教学模式

计算机接口技术是学生首次接触到软硬件紧密结合的课程，既不同于计算机程序语言类，过程和结果只要看计算机终端显示，和电路硬件无关。也不同于模电数电，用开关和电位器等控制，用电压电流检测仪器测量，和程序无关。计算机接口运行软件，翻译成机器语言，操纵硬件电路动作。是一个技术细节非常繁琐的，而且“变化多端的”教学内容的

作者简介：张祥雪，北京市海淀区清华东路35号北京林业大学理学院，教授，zxx@ bjfu. edu. cn；

赵　睿，北京市海淀区清华东路35号北京林业大学理学院，副教授，nzzr@ tom. com；

张　黔，北京市海淀区清华东路35号北京林业大学理学院，高级实验师，hzh_qian@ sina. com；

张　立，北京市海淀区清华东路35号北京林业大学理学院，副教授，zlbeil@ 163. com。

资助项目：北京林业大学教育教学改革一般项目“计算机接口技术仿真实验研究”（BJFU2019JY089）。

课程。书本难于呈现这样的内容，学生很难自学。教师如果注重总体把握，不讲细节，就很容易流于形式，成为科普课程。而教师如果按部就班讲软硬件细节，这些细节和最终的应用电路之间的内容过于庞大，学生学习一时无法一窥全貌，而这些软硬件细节知识烦琐琐碎，获得感比较差。往往造成课程啰唆刻板，形成学生反感的重灌输，轻导入的教学模式。

如果课程伊始就引入应用项目，然后将教学分成模块，在项目驱动下，分模块教学。使学生知道目标、要求和最后成果，每个模块有成功的激励，这样整个教学目标明确，层次清楚，易于消除学生抵触情绪。但现有的教学中使用的软硬件设备无法支撑学生进行应用项目开发，无法形成目标驱动的教学模式[3]。

（二）基于PPT的CAI+板书教学手段难以满足教学需要

计算机接口由CPU，总线，各种接口芯片等电路组成，内部逻辑，电路连接非常复杂。实际电路板采用多层板设计，印刷电路板电路连接几乎无法观察测量。而软件驱动下，硬件的一系列复杂变化，使用传统PPT无论从分辨率，灵活性等各方面难以表现。教学中使用的书本板书也尽显呆板和落后。这就需要专业的CAI（Computer Aided Instruction）教学软件来改变。

（三）实践性教学环节严重不足

传统的计算机接口技术课程采用接口实验仪，完成课程实验。尽管该教学仪器已经升级换代几次，但具体的硬件电路，固定的芯片连接模块的模式没变。使得课程实验主要是验证实验，缺乏设计性探究性实验，实验仪也很难完成应用项目设计。由于接口电路信号速度快，线路复杂，所以从可靠性、频率响应等考虑，实验仪不可能采用手动飞线插接，仪器观测信号的方式。而芯片固定连接的实验仪，使得实验主要是设计软件，查看结果。中间软硬件变化过程无法观察，所以实际上连实验验证都不完全。造成接口实验重软件设计，漠视硬件设计的后果。即使有了实验仪，学生也是知其然，不知其所以然。这样的知识结构，无法迸发灵感，无法进行开创性设计。在电子设备几乎完全智能化的时代，无法让学生通晓电子智能设备的底层结构，就无法达到一流的教学水平和目的。

（四）考核形式单一理论和实践相脱节

学生用实验仪进行实验，按实验手册，编写软件，记录实验结果，提交实验报告即可。并不能验证观察理论教学中接口电路的运行规律。实验课的刻板，内容结果雷同，缺乏设计性探究性内容，很难考查学生动手能力，这部分考核成绩差异小，总成绩占比不可能高。学生成绩还主要是需要命题答卷方式来决定。据我们自己和其他高校咨询，一般是理论闭卷考试占70%，上课情况，作业和实验占30%。这种考核方式和一个应用设计性课程不相符的[4]。

二、 在计算机接口技术教学中引入仿真技术

在20世纪60年代中期之前，电子设计人员凭经验手工完成电路甚至集成电路的设计，布线，光绘，制造等工作的。随着电子技术的发展，电路应用数量和复杂程度都呈几何倍数的增长，纯人工已经难以完成这些复杂重复的任务了。陆续出现了计算机辅助设计（CAD）、计算机辅助制造（CAM）、计算机过程规划（CAPP）、计算机辅助测试（CAT）和计算机辅助工程（CAE）的技术，最后发展成为现在的电子设计自动化EDA（Electronics Design Automation）。

EDA技术分为系统级、电路级和物理实现级。电子EDA可分别应用于集成电路和应用电路设计。集成电路EDA技术用HDL语言完成设计文件，然后自动完成编译、化简、分割、综合、优化、布局、布线和仿真，然后用可编程逻辑器件实现甚至产生IC版图然后流

片生产专用芯片。应用电路EDA从电路设计，性能分析仿真到设计PCB版图都可以在计算机上自动完成。美国的斯坦福大学和我国清华大学，微机原理与计算机接口课程都曾采用基于集成电路EDA技术的教学，整个CPU和接口电路都从最基础的与非门电路开始设计仿真，从最底层开始学习计算机及其接口电路，从而对计算机及其接口的运行了如指掌。但这要求专业院校极大重视而且教与学都达到极高的水准和大量的业余时间，其他的学府都很难仿效的。而应用电路EDA设计，现在主要有Altium Designer、PSPICE、multisim，matlab，proteus等软件系统，可以实现芯片级设计，仿真，线路板制作等工作。其中Proteus内建多种cpu，接口电路在内的27000种Pspice元器件模型，可以实现原理图绘制，互动的软硬件仿真，PCB布线和输出等工作，即可以很好的演示软硬件的设计，运行的每一步动作，每一个环节。同时作为一个经典的工业自动化软件，当然又可以将仿真过的产品进行工业自动化制作，制作出线路板，焊接出最终的应用电路产品。引入电子EDA软件proteus，可以比较好地解决计算机接口技术现有教学的困境[5]。

三、引入电子EDA的计算机接口技术CDIO教学模式的改革实践

CDIO即构思(Conceive)、设计(Design)、实现(Implement)和运作(Operate)。公元2000年，麻省理工学院和瑞典皇家工学院等四所大学获得Knut and Alice Wallenberg基金会近2000万美元资助，创立的CDIO工程教育模式。2008年，我国教育部高教司成立“CDIO工程教育模式研究与实践课题组”；2016年，在教育部成立“CDIO工程教育联盟”，国内有100多所高校加入这个联盟。CDIO是一个以项目驱动的教学模式，一般包括1个愿景、1个大纲和12条标准。在此我们将这一理念引入计算机接口技术课程的教学中[6-7]图(1)。

课程伊始的绪论课上，就给学生演示之前的优秀设计成果，让学生知道通过学习可以自行完成有趣实用的电子应用设计，并且告知每位学生都要自主完成类似的大作业，并且要统一答辩。

教学中采用模块化教学，每一模块都有配套的仿真例题习题以及配套实验。并且在教学中使用proteus来讲解软硬件过程，形象，具体，逻辑性强，有些很难用语言来描述的，通过软件显示过程，清晰明白，此时无声胜有声，而且学生课下可重复。很好地找到了适合课程需要的CAI工具。通过模块化教学，可以得到并熟悉相应接口的功能模块的仿真模块和实物模块。

模块课程教授完成，引导学生完成综合性的仿真实验。实际上示范如何用已有的模块，完成一个实用接口电路设计。这个过程也是先完成并测试仿真电路，同学在实验仪上完成综合性实验。并且点明，仿真电路输出PCB图制板，焊上元器件(工厂加工部分)就和实验仪功能是一样的。

课程大作业的选题既可以在老师给的题目中选择，也鼓励同学自行选题。事实上大部分同学都是自主选题。为了鼓励同学团队协作能力，允许同学2~3人组队选题，但在考核答辩中要明确每个人做了什么，并分别给出成绩。通过模块化学习和较为充足的时间酝酿，有些同学的课程作业无论是想法还是效果都很好，通过推荐作为大学生创新计划，毕业论文，物理实验竞赛等方式来运作，把仿真变为实物电路，进而完成论文、软著和专利的申请。

课程作业采用班级答辩的方式，每位同学包括老师都要给其他同学打分，加权平均后占总成绩20%。成绩其他部分包括平时20%和期末闭卷考试60%。为了使这一教学改革稳步推进，目前闭卷考试占比还是比较高，但闭卷考试内容有些是和学生课程大作业相关的，死记课本，不参与实际项目设计是答不好的。

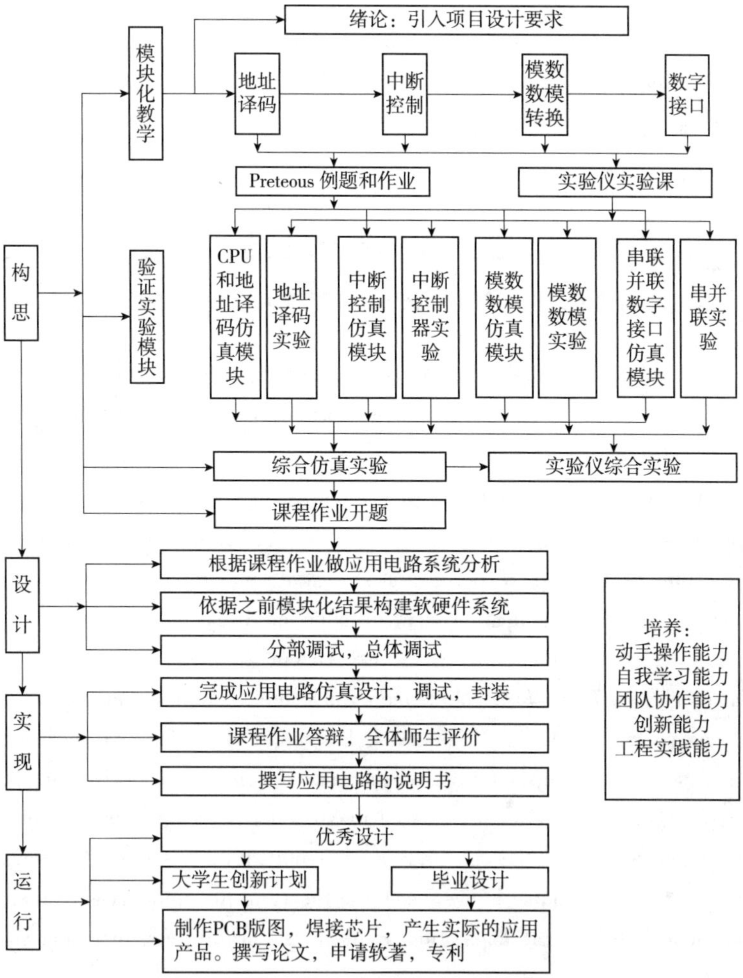

图 1　引入电子 EDA 和 CDIO 教学模式的计算机接口技术的改革实践

总之，通过引入电子 EDA 软件 proteus，并且参考 CDIO 教学模式，我们就可以使每个学生自主的完成一个综合应用的接口电路，这就相当于一个小项目，贯穿课程始终，使得课程有了项目驱动模式。proteus 是精准的工程软件也可以很好的用于课堂教学，使该课程 CAI 教学上了一个新台阶。另外最大的改变就是实验贯穿教学始终，贯穿每节课每个单元，使得传统教学中实践性教学环节不足的弊病彻底改观，理论和实践相统一，考核形式也得以改进。学生上课积极性提高，实践能力加强，成本很小，却能使几乎完全灌输的课程变成变成一个学生主动探究的课程。缺点是占用学生时间比以往多了，作业多了。这在今后的课程中，准备尝试改动考核方法来减轻学生的负担。

参考文献

[1]吴琼，周昕，王洪鹏．计算机接口技术课程教学存在的问题及对策[J]．西部素质教育，2018，4(8)：165.

[2]高美蓉．基于 CDIO 模式的微机原理与接口技术课程实验教学改革与实践[J]．电子世界，2018，(22)：29-30.

[3]田萍果，毕雪芹．项目驱动式微机原理及接口技术教学方法[J]．电子制作，2017，(7)：68-69.

[4]王志军，杨延军，王道宪．微机原理实验课程内容的层次化设计[J]．实验室研究与探索，2012，31(1)：105-107.

[5]朱敏玲，张伟，侯凌燕．基于 Proteus 的微机原理与接口技术教学改革[J]．实验室研究与探索，2016，

35(1)：155-160.

[6]王刚．CDIO工程教育模式的解读与思考[J]．中国高教研究，2009，(5)：92-93.

[7]魏建宇，卢爱臣，马文彬．基于CDIO模式的《微机原理与接口技术》课程教学改革研究[J]．软件导刊(教育技术)，2019，18(4)：75-77.

The application of electronic simulation technology in the teaching of *Computer Interface Technology*

Zhang Xiangxue　Zhao Rui　Zhang Qian　Zhang Li

(College of Science，Beijing Forestry University，Beijing　100083)

Abstract　Computer interface is a kind of special circuit with high complexity, running speed, rapid development and wide application. There are many problems in the traditional teaching mode of blackboard writing plus PPT and the experimental system of special experimental instrument, such as course without main line, heavy inculcation, light introduction, backward CAI means, serious shortage of practice links, serious separation of theory and experiment, etc. , which can not meet the teaching needs of *Computer Interface Technology* course more and more. Using the simulation function of electronic EDA technology and the CDIO Engineering Education Mode for reference, a project driven modular teaching system is established from the aspects of conception, design, implementation and operation. The major task of the course completed by students is the goal and vision, each unit is a decomposed module, and there are theories and experiments with success. In this way, the rigid and wordy inculcation mode of the course is overcome, the theory of the students is connected with practice, and the practical ability, team cooperation ability and learning interest of the students are enhanced.

Keywords　*Computer Interface Technology*, electronic design automation, computer simulation, CDIO engineering education mode

即兴案例教学模式中组织学习的应用探究

——以“战略管理”课程为例

刘雯雯[1]　张　洁[1]　侯　娜[1]　关明珠[2]

（1. 北京林业大学经济管理学院，北京　100083；2. 北京关雎饮食文化有限公司，北京　100080）

摘要：在案例教学过程中，拉近案例与学生的距离、提升学生的学习兴趣并减少课外案例阅读时间是提高课程质量的必要手段。本文采用即兴案例教学法，基于组织学习视角，强调教师、学生以及企业家的自发性能力、资源利用能力以及创造性能力等即兴能力的发挥，进而完成即兴教学。此外，本文以本科“战略管理”课程为例，探索组织学习在即兴案例教学模式中的应用。本文发现基于组织学习的即兴案例教学模式有助于优化课程教学质量，锻炼学生应变能力和学习素养，促进企业创新发展。

关键词：组织学习；即兴能力；案例教学模式；案例研究

一、 引言

案例教学是一种启发型教学模式，其通过管理案例将企业在动态环境中的经营决策过程情景再现，使学生在案例情境中感知并学习特定的理论知识，逐步提升其分析逻辑及解决管理问题的能力，成为管理学科最重要的教学方法之一且颇受推崇[1]。然而，课堂选取企业商业环境复杂性与不确定性有加无已，这与管理案例的静态陈述形成鲜明的对比，遏制教师和学生即兴能力，形成制约案例教学发展的瓶颈[2]。

如何增强企业情境感知，提升学生参与意愿和教学效率，成为案例教学改革亟待解决的难题。基于此，本文将组织学习这一理论引入即兴案例教学，通过教师、学生、企业之间组织学习的过程，克服案例时效低以及案例真实性差等问题。本文的研究具体包括以下内容：第一对即兴案例教学模式以及组织学习进行文献综述；第二对即兴案例教学模式中组织学习过程进行剖析，包括即兴能力在组织学习过程中的表现描述、具体操作两方面；第三总结研究结论及未来的研究方向。

二、 文献回顾

（一）即兴案例教学

即兴教学（Improvisational Teaching）缘起于音乐或戏剧的即兴演奏或即兴表演，“即兴”是教学的核心[3]。即兴是一种过程性行为，Weick 将即兴视为集创作与执行、设计与生产、创作者与解释者为有机整体之间的有机连接[4]。Moorman 和 Miner 继承并发展这一观点，认

作者简介：刘雯雯，北京市海淀区北京林业大学经济管理学院，副教授，wenwensummer@ 163. com；
　　　　张　洁，北京市海淀区北京林业大学经济管理学院，在读研究生，1571294578@ qq. com；
　　　　侯　娜，北京市海淀区北京林业大学经济管理学院，在读研究生，1145679427@ qq. com；
　　　　关明珠，北京关雎饮食文化有限公司，关茶创始人，CEO。

资助项目：2017 年“企业委托横向课题企业战略变革与转型研究”（2018ZXJGXY007）。

为组织即是“创作”和“执行”在时点上的高度统一[5]。Seharn 通过戏剧上的即兴表演细化即兴能力为立即反应(Letting-go)与意图创造(Making-do)的统一整体[6]。张小林等补充资源在即兴发挥中的不可缺失性，将即兴能力分为自发性能力、资源利用能力和创造性能力三个方面[7]。在此基础上，有学者提出了即兴案例教学法和其三种模式丰富案例教学的应用场景，指出在案例教学过程中，即兴能力能够促进课堂的理论汲取和创新[8]。

(二)组织学习

组织学习即对新事物的见解(Discovery)及以新方式执行方案(Action)两种能力的结合，组织学习力一定程度上决定企业在复杂环境中自我与改造的行径以及组织核心竞争力的程度[9]。因此，Batra 提到，组织学习相对于个体学习而言更能促进学习者观念与行为的改变，形成快速且持续的优势[10]。一方面，组织学习是组织获得新知识的过程，促进知识创造与传播，增加组织记忆的知识存量[11]。另一方面，March 将组织学习划分为探索式学习与利用式学习[12]。利用式学习包括利用典型的案例或企业过去积累的经验进行低成本的组织学习，以改进当前的思想与方法。而与之相比，探索式学习强调灵活性的发现与新的想法，探索外部环境新知识和技术的学习能力。

三、 案例教学创新模式

(一)基于组织学习的即兴案例教学

案例教学旨在理论学习过程中辅助教师教学引入，增强学生求知黏性，然而好的案例教学亟需在教师、学生双元学习上融合企业家的即兴参与。以往的案例教学，多以教师前期的材料和理论准备为主，教学材料相对静态且局限于某些典型行业，且在教学过程中很少给学生结合案例分享自身经验的时间。大学生思想活跃可塑性强，但与企业家面对面得机会甚少，因此更需要亲身接触其感兴趣的管理案例。因此，在案例课堂中邀请企业家加入，增加即兴发挥场景，形成共同学习型组织，如图 1 所示。

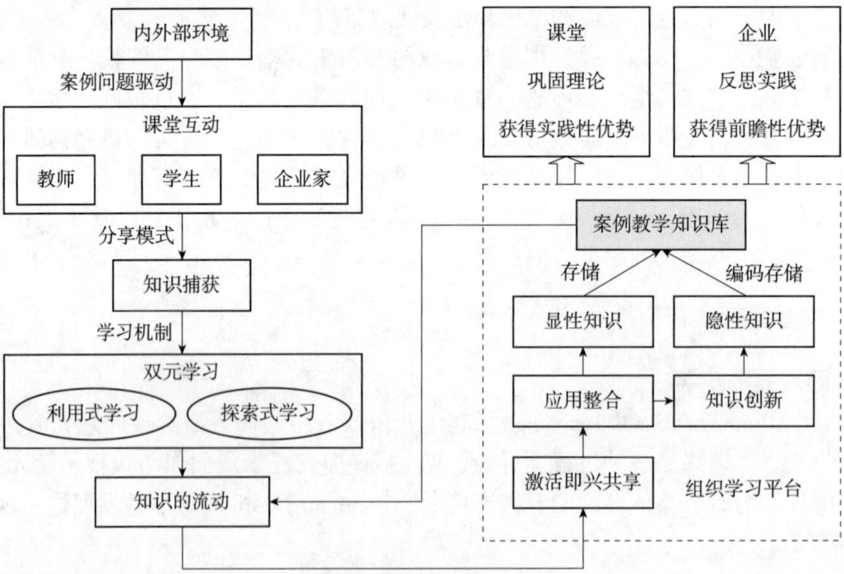

图 1　组织学习过程

(二)即兴案例教学过程更迭

为提升案例教学的学生参与意愿，减轻教师课前繁重的备课任务同时盘活案例教学的灵活即兴，重新编排以组织学习为核心的即兴案例教学更新并细化了教学步骤，给教学注入新的活力与随机应变机制，将整个案例教学过程设计成由企业家管理实践分享、课堂多元即兴互动、案例整理与编写、案例后续跟踪探讨四个主要部分构成的即兴案例教学体系，如图 2 所示。

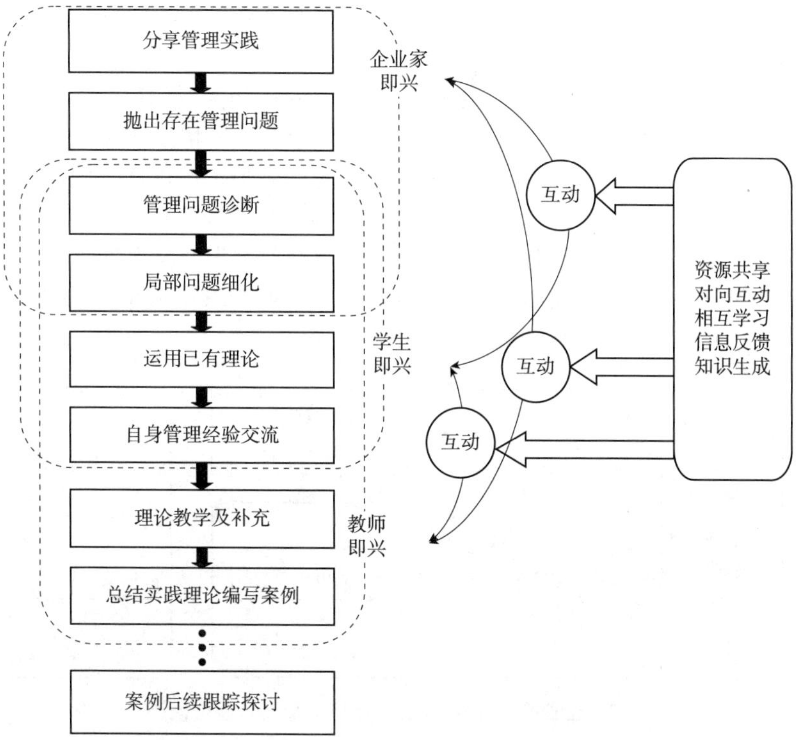

图 2　基于组织学习的即兴案例教学过程

1. 企业家管理实践分享

在组织学习过程中，企业故事作为即兴起点，因此选取与大学生需求匹配的企业故事是即兴案例教学成功施行的重中之重。教师可根据课堂教学设计选取热点中小新兴企业，这类企业的管理者相对思想活跃、即兴程度高，且愿意走进课堂分享企业故事。另外，教师应与企业管理者充分沟通，包括课堂授课人群及形式，为企业管理者现场宣讲并呈现案例探讨氛围奠定基础。

2. 课堂多元即兴互动

企业家分享经营管理实践后，由企业实际提出企业管理中的困惑及难题，作为课堂互动的出发点。围绕企业家提出的管理问题，大学生、教师、企业家共同讨论。此时教师需要运用即兴能力引导学生和企业家将问题细化，期间企业家补充实践分享中忽略的细节。此间，教师自发利用企业资源灵活运用相关理论，提炼出学生可应对的结构性问题；学生在步步指引下，运用已有理论尝试解决目标问题，并辅以自身管理经验支撑案例情节抽象出管理学知识，与企业家形成管理共鸣；企业家因问题的分解，需要及时与学生和教师互动用细节填充管理情节，帮助更好的探索出适合企业生存与发展的战略。

3. 案例整理与编写

管理案例的高质量是案例教学的保证，考虑到案例文本呈现出的管理情境影响案例使用者与传播者的学习效果，案例撰写由教师选拔的对案例企业有研究兴趣的大学生完成。在案例教学课堂中，他们不只是作为学习者感知企业，另外还需要实时记录课程节奏。课后针对研究企业进行案例撰写，积极参与并提交中国管理案例共享中心，争取入库后推动进一步案例教学进程。

4. 案例后续跟踪探讨

案例撰写结束并非即兴案例教学的终点，教师与学生仍需与企业保持良性互动，追踪企业后续发展。在以后的案例教学课堂中，以案例相关性定夺将此前探讨的管理案例再提并补充近期管理情况，提升学生的企业感知并判断探讨课堂中所探索出的发展战略是否有效。

(三)效果与评价

组织学习不仅仅是企业获取竞争力的一种手段，它也能为案例教学课堂中教授主体获取学习能力与决策能力提供通道。即兴作为贯穿组织学习中的特殊形式[13]，成为即兴案例教学的有机组成(图3)。因参与主体的过去经验与理论掌握程度不同，主体表现出来的即兴能力各有差异。利用式学习作为对现有流程和经验的精练和升华，能够在组织学习过程中产生隐形的过程性知识[14-15]，促进提升学习组织再面对突发情况得反应能力[16]。在探索式学习中，鼓励创造出解决问题的新知识、新方式，帮助组织在实践中打破思维定式，不断提出、尝试并采纳新方法[14-15,17](图4)。

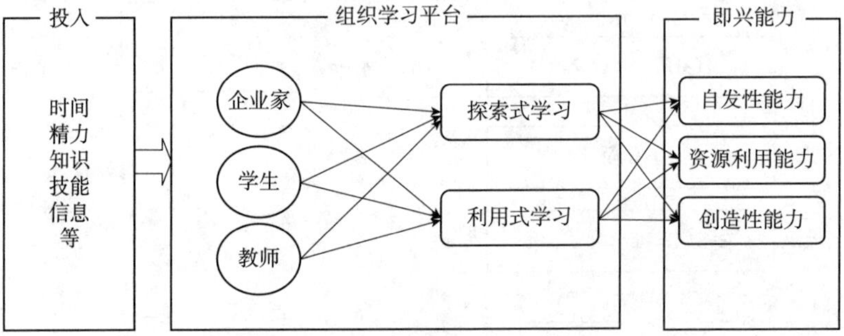

图3　企业家、学生和教师组织学习具体过程模型

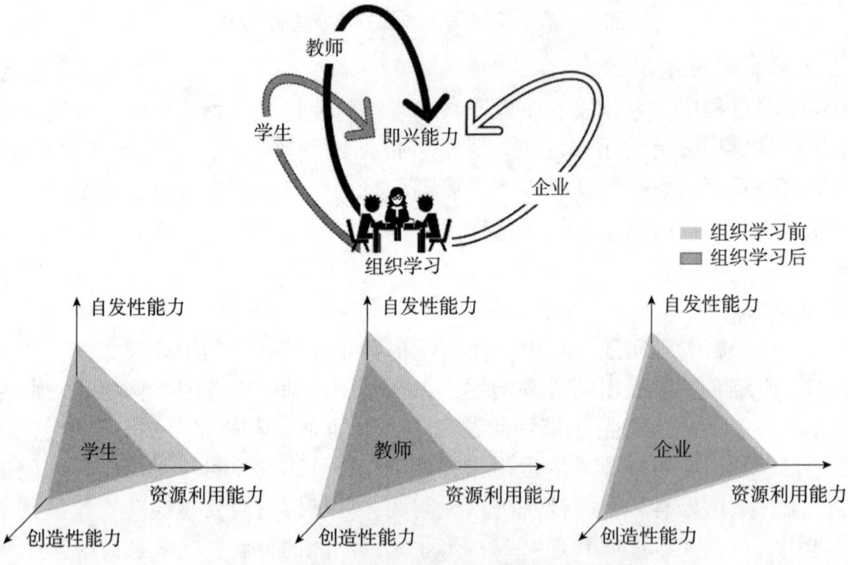

图4　组织学习前后参与主体即兴能力评估

四、具体应用

(一)企业家管理实践分享

企业家作为管理活动的亲身经历者，其对管理情景的陈述远比脚本资料的描述引起学生的管理参与及即兴表现意愿。因此，经过课前教师积极准备，多次沟通，邀请到关茶创始人关明珠。关明珠走进课堂与学生分享关茶的成长历程，阐述关茶如何集产品研发、生产、销售于一体并重新定义青年一代对茶的感知。由此进一步与学生和老师共同探讨企业未来的发展方向与战略选择问题。

关茶，成立于2015年9月，是一家以抹茶为IP打造抹茶周边产品，治愈生活疲乏的品牌。2015年年初，微信公众号仍处于红利期，关茶凭借公众号“清华女的巴黎学厨日记”完成第一批种子用户的积累，使关茶完成从0到1的过程。关茶打破了以产品划分品类的传统，在以抹茶为主原料的基础上，摒弃了传统营销领域的“货架逻辑”，而是充分体现出互联网新零售的营销思维，进行品牌整体IP的搭建与营销，成为关茶崛起的第一步。此后，关茶背靠新零售，关联多类产品的产品模式投入到各种多元的渠道中，开发出50多个SKU，满足了消费者的不同需求。

（二）课堂多元即兴互动

关明珠首先抛出自身管理情境中的问题：

国内抹茶市场整体依然面临良莠不齐，劣币逐良币，关茶如何面对山寨猖獗、同质化严重以及行业无标准定义的问题？组织共同对管理问题进行诊断并细化问题：

①在当今消费升级的背景下，中国消费市场发生了哪些变化，关茶为首的抹茶行业又是如何迎合这样的变化的？

②作为一个年轻的女性创业者，在创立关茶的过程中，企业家所具备的优势。

③创业者是怎样让关茶从默默无名到拥有一大批粉丝的？这与品牌IP营销有何关系？

④在互联网已经打开局面的情况下，关茶为什么要坚持开不以盈利为目的的线下体验店？

⑤结合案例和身边的互联网营销的“网红”现象，对于整个中国抹茶行业的未来进行展望。

结合以上1个企业家提出的品牌全局性问题和5个讨论得出的局部细化问题，将教学过程分为3个模块。一是，重点分析关茶营销战略；二是，追溯创业者特质，体会匠心精神在创业中的运用；三是，通过对宏观环境的具体分析，点出行业内存在的机会和问题。

（三）案例整理与编写

经过前期的两个阶段，可整理出如图5的思维导图，案例编写的学生可根据思维导图将理论知识和关茶的发展脉络故事糅合在一起，汇编成案例正文。

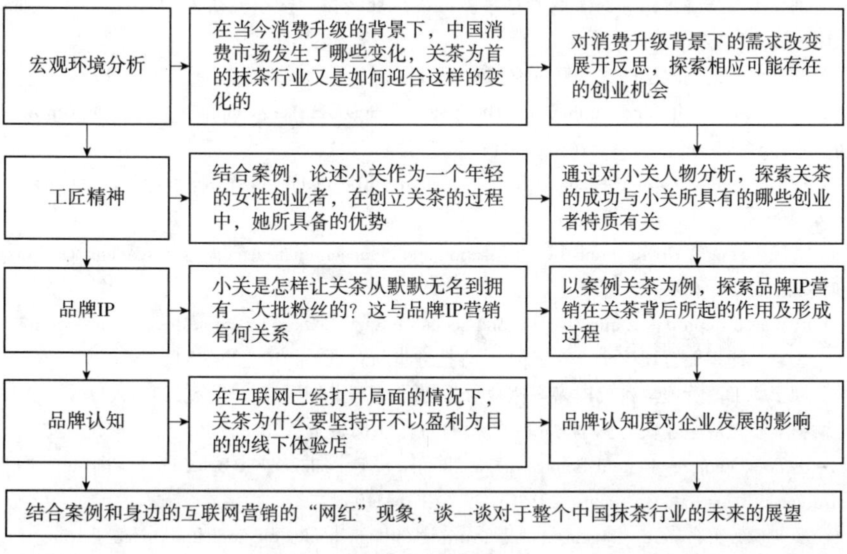

图5 思维导图

编写的案例正文重要决策点展示："我们就是要让人们一想到抹茶类的预包装零食，就想起关茶。"小关丝毫不掩饰自己的野心。这从另外一个角度来说，打破了抹茶行业的"低天花板"，在探索的是一种新的可能。"新零售业的创始人太多将更多的精力投入到营销层面，而恰恰忽略了产品本身才是公司可持续发展的动力。"对于小关来说，营销，包装，外观，装饰、服务等都是基于产品足够好的情况下，没有受欢迎的产品作为"1"，其他的全部都是"0"。随着互联网手段渗透到各行各业，一部分企业开始"走捷径"，甚至曝出网红店为了营销雇人排队的黑料，而关茶却看到了其中的本质网络只是手段，而产品才是它最关注的东西。

当理想遇上现实难题，小关并未畏惧，而是选择去跨越鸿沟。正如小关说的："我想沉下心来做一个真正有价值的好产品和好品牌，向前一步，就不再怕了"。走过弯路后，小关重振旗鼓调整方向，走上了接地气的路。

(四)案例后续跟踪探讨

2019 年 7 月，关茶登陆十点读书第一家书店，紧靠消费群体拓展新零售场景。同年中秋佳节之际，历经 8 个月的时间，被关茶团队软磨硬泡，细抠每一个包装细节，调整了不下百次的配方和烘烤工艺，呈现给粉丝这款中秋茶立方月饼食盒。

五、 研究结论

长期以来，案例教学课堂的即兴失效性、案例情境与大学生实际需求不对等等问题严重阻碍了案例教学价值的体现。本文基于组织学习，更迭出即兴案例教学过程，增强课堂与企业的多元互动。这种案例教学模式，让企业管理者进入课堂教学，缓解管理案例文本信息静态滞后的窘境，提供给课堂给鲜活的案例材料，激发教学即兴能力。但研究也存在一定的局限性，一是教师的资源利用能力的强弱影响企业是否进入课堂活动；二是企业在分享管理实践时可能较为分散，需要教师课前进行严谨的沟通最终呈现出良好的课堂效果；三是课堂质量与案例撰写与学生自身素质密不可分，组织学习过程需考虑个体差异性以减弱案例后期传播中的消极影响。

参考文献

[1]吕一博，刘泉山，马晓蕾，等．工商管理案例开发现状及撰写规范性研究[J]．管理案例研究与评论，2017，10(2)：209-224.

[2]王娜．市场营销学案例教学的失效性分析与对策[J]．现代企业，2018，(9)：104-105.

[3]Barrett F J. Coda-creativity and improvisation in jazz and organizations：Implications for organizational learning[J]. Organization Science，1998，9(5)：605-622.

[4]Weick K E. The collapse of sensemaking in organizations：The mann gulch disaster[J]. Administrative Science Quarterly，1993，38(4)：628-652.

[5]Moorman C，Miner A S. Organizational improvisation and organizational memory[J]. Academy of Management Review，1998，23(4)：698-723.

[6]Seham A E. Whose improv is it anyway? Beyond second city[M]. Oxford：Univ. Press of Mississippi，2001.

[7]张小林，裘颖．即兴能力理论研究综述[J]．科技进步与对策，2010，27(23)：156-160.

[8]黄劲松，周宁．工商管理学科的即兴案例教学法[J]．管理案例研究与评论，2018，11(6)：612-622.

[9]乐群．组织学习力对企业核心竞争力形成的影响[J]．上海商业，2016，(6)：39-41.

[10]Batra S. Do New Ventures Benefit from Strategic Change or Persistence? A Behavioral perspective[J]. Journal of Organizational Change Management，2016，(29)：310-319.

[11]Park S Y，Kim E J. Fostering organizational learning through leadership and knowledge sharing[J]. Journal of Knowledge Management，2018，22(6)：1408-1423.

[12]March J G. Exploration and exploitation in organizational learning[J]. Organization Science，1991，2(1)：

71-87.

[13]Miner A S, Bassof P, Moorman C. Organizational improvisation and learning: A field study[J]. Administrative Science Quarterly, 2001, 46(2): 304-337.

[14]蒲明. 组织即兴，组织学习和组织记忆三者关系的研究[J]. 科学学与科学技术管理, 2007, 28(9): 154-157.

[15]March J G. Exploration and exploitation in organizational learning[J]. Organization Science, 1991, 2(1): 71-87.

[16]曹光明，陈启杰，武文珍. 组织即兴的概念内涵，研究视角及理论演进探析[J]. 外国经济与管理, 2012, 34(8): 35-42.

[17]Moorman C, Miner A S. The convergence of planning and execution: Improvisation in new product development [J]. Journal of Marketing, 1998, 62(3): 1-20.

Application research of organizational learning in impromptu case teaching mode: Taking the *Strategic Management* course as an example

Liu Wenwen[1] Zhang Jie[1] Hou Na[1] Guan Mingzhu[2]

(1. School of Economics & Management, Beijing Forestry University, Beijing 100083;
2. Beijing Guanju Food Culture Co., LTD., Beijing 100080)

Abstract In the process of case teaching, it is necessary to shorten the distance between cases and students, promote students' interest in learning and reduce the time spent on extracurricular case reading. Based on the perspective of organizational learning, this paper adopts the improvisational case teaching method and emphasizes the spontaneous ability, resource utilization ability and creative ability of teachers, students and entrepreneurs, so as to complete the improvisational teaching. In addition, this paper takes the undergraduate course *Strategic Management* as an example to explore the application of organizational learning in the impromptu case teaching mode. This paper finds that the impromptu case teaching mode based on organizational learning is conducive to optimizing the teaching quality, training students' strain capacity and learning quality, and promoting the innovative development of enterprises.

Keywords organizational learning, Improvisation, Case Teaching Model, A case study

林产化工专业课程信息化教学探索与实践

——以北京林业大学“精细化学品生产工艺学”为例

韩春蕊　刘六军　宋先亮　蒋建新

（北京林业大学材料科学与技术学院，北京　100083）

摘要：随着林产化工行业的迅速发展，对创新应用复合型人才需求日益旺盛。基于创新应用复合型人才培养的目标，北京林业大学林产化工专业课程“精细化学品生产工艺学”进行信息化教学探索与实践。课程理念为以学生为主导，以教师为导向；采用沉浸式、科研项目式和团队合作参与式等多维度教学模式，通过对教学内容、教学团队、教学形式、思政教育、科教融合和考核方式等多方面进行教学设计，建设了“精细化学品生产工艺学”MOOC课程资源和讨论区等。MOOC课程平台运营和校内混合式教学均取得良好的教学效果，提高了学生学习兴趣，培养了其创新应用综合能力。

关键词：林产化工；MOOC；信息化教学；实践

在国民经济持续发展、林业资源综合利用和环境保护意识不断增强的背景下，我国已成为世界林化产品主要生产国之一。林产化工行业营收总额从2004年的50.32亿元增长至2017年的1050.4亿元(图1)，年增长率约26%。根据前几年增长速率，预计2025年将超过1500亿元。林产化工行业的发展迅速对产品更新、技术创新提出了更高要求，相应的对创新应用复合型人才的需求也日益旺盛。

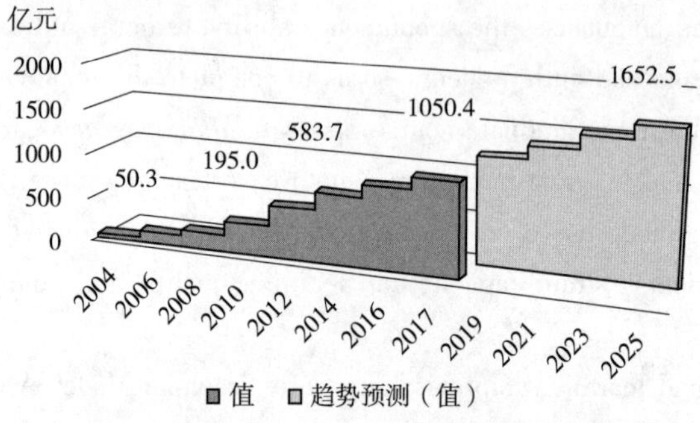

图1　我国林产化工行业营收额及预测图

“精细化学品生产工艺学”课程是北京林业大学林产化工专业的专业核心课，开设于2004年。课程的人才培养目标定位为培养创新应用复合型人才，具体包括两个层面，一是在知识层面，使学生掌握林产精细化学品生产原理、工艺和技术应用，具有将理论知识应

作者简介：韩春蕊，北京市海淀区清华东路35号北京林业大学材料科学与技术学院，副教授，hanchunrui@bjfu.edu.cn；

刘六军，北京市海淀区清华东路35号北京林业大学材料科学与技术学院，讲师，lux@bjfu.edu.cn；

宋先亮，北京市海淀区清华东路35号北京林业大学材料科学与技术学院，教授，sxlswd@bjfu.edu.cn；

蒋建新，北京市海淀区清华东路35号北京林业大学材料科学与技术学院，教授，jiangjx@bjfu.edu.cn。

资助项目：基于创新应用复合型人才培养的“精细化学品生产工艺学”科教融合课程建设(BJFU2019KJRHKC001)；

“精细化学品生产工艺学”课程思政教研教改(2019KCSZ060)。

用在专业领域内的能力；二是在素质层面，培养学生的创新能力、逻辑思维和核心价值观等综合素质。

为了推动现代教育技术与教育教学的深度融合，促进优质教育资源应用与共享，全面提高教育教学质量，根据教育信息化十三五规划、教育信息化2.0行动计划和一流课程“双万计划”等精神，北京林业大学开展了精品在线开放课程建设。“精细化学品生产工艺学”大规模开放在线课程(massive open online course，MOOC)便是北京林业大学第一批精品在线开放课程，于2018年在“学堂在线”上线运行，用于本校林产化工专业和其他高等院校精细化工、应用化学等专业的混合式教学，同时向社会学习者开放使用。MOOC是基于创新应用复合型人才培养的目标，在分析课程特点和面向人群情况的基础上，提出课程教学理念和设计思路，通过对教学多方面设计而建设起来的。经过三期线上平台运营和一期校内线上线下混合式教学实践，取得了良好的教学效果。

一、“精细化学品生产工艺学”MOOC设计

(一)课程特点和面向人群分析

“精细化学品生产工艺学”课程具有理论和实践性强、林业特色突出、内容具有独立性的特点。“精细化学品生产工艺学”课程具有工科课程的特点，即理论和实践性强。课程中产品合成原理等基础知识，内容抽象、理论性强。而具体的精细化学品如食品添加剂、胶黏剂和医药制剂，与生活息息相关，应用实践性强。同时，作为林产化工专业的核心课程，课程内容林业特色突出，精细化学品基本为以林产资源为原料生产的产品，林产资源包括树木分泌物(松香、松节油)、植物单宁、银杏叶提取物等。此外，课程部分章节之间具有独立性，在具体精细化学品章节均为对应产品知识，产品之间没有上下承接关系，内容具有一定独立性[2]。

“精细化学品生产工艺学”MOOC课程面向人群主要有三类：一是高校采用混合式教学的化工类专业本科生，一般为大三工科学生，他们具有较好的化学基础，思维活跃，逻辑性强，易于进行主动学习思维的引导，而且具有创新和独立意识，需要多给话语权，适宜于采用鼓励学生主动学习的教学模式。二是企业人员，他们目的性强，需求实用理论技术。第三类是兴趣人群，对于该类人员，需要持续激发其学习兴趣。

(二)课程教学理念和设计思路

根据课程特点和面向人群分析，针对MOOC开放、自主特点，“精细化学品生产工艺学”MOOC课程的教学理念定位为以学生为主体、以教师为导向。要激励学生持续主动学习，课程整体设计和教学模式非常重要。由于课程既具有理论性强又具有应用实践性强的特点，将理论知识部分的教学模式设计为案例与理论紧密结合的沉浸式教学模式，也就是以应用案例激发学生兴趣，使学生主动思考学习并掌握基础理论知识。以表面活性剂概念授课单元为案例展示沉浸式教学模式，授课过程如图2所示。课程的授课知识点分别为相、表面、表面张力和表面活性剂，由于知识点相对抽象，教学中引出多个案例，包括溶液A、长岛冰茶鸡尾酒、荷叶上的水滴和铁环上的肥皂膜实验。首先，通过问题(如同一液态可否含有多个相)产生任务驱动，使学生思考，再通过案例之间的衔接(例如，案例1即瓶中三层不种颜色的溶液A，容易让人联想到鸡尾酒，引出案例2长岛冰茶鸡尾酒)强化知识点，并引出下一个知识点，依次通过提问或案例间的衔接进行整个教学过程中的案例与知识点的串联，使学生进行自发学习和深入学习，最终完成课堂知识点学习。在课程MOOC所采用的沉浸式教学模式也就是如上述的教学案例中，通过教师的问题层层引导和案例的升级，将课程多个知识点串起来，使学生主动思考，沉浸在课堂学习中。

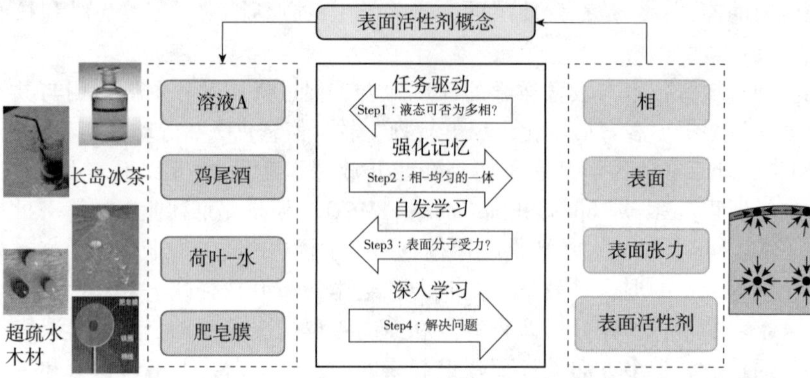

图 2 沉浸式教学模式案例

课程整体教学思路设计如图 3 所示，首先采用沉浸式课堂教学模式讲授理论知识，以多种实验强化理论知识点；再结合科学前沿、生产技术、行业发展和思政教育等提高学生创新、应用能力和综合素质；实验和科学前沿等采用科研项目式教学模式或团队合作参与式教学模式。最后，采用多角度考核进行评价和完善，达到培养创新应用复合型人才的目标。设置单人授课、实验、双人访谈等多种方式完成教学任务，同时辅助信息化手段雨课堂的资料推送和随堂测试等功能优化授课过程。

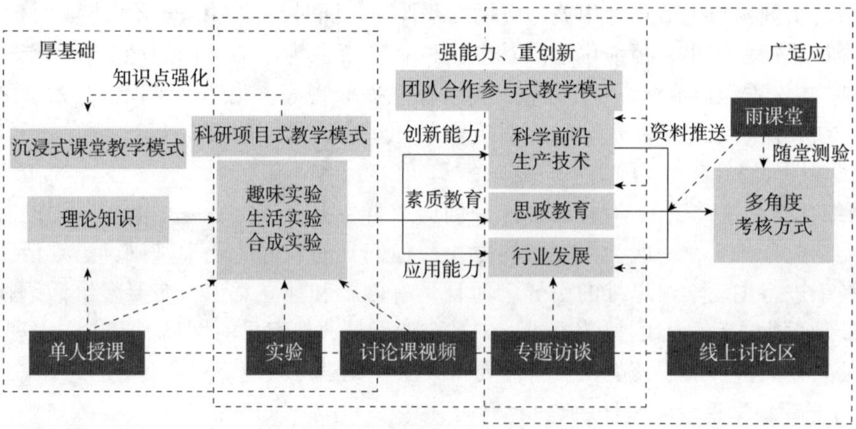

图 3 MOOC 课程思路设计图

（三）MOOC 课程设计

1. 教学内容设计

根据课程特点，将课程内容设计为十章，绪论和单元反应是学习具体精细化学品的前期基础，分别作为课程第一、二章。在学生掌握了各类精细化学品化学结构和生产工艺等知识后，更容易理解产品的分析检测，产品分析检测作为第十章。从第三到九章为具体的精细化学品，包括表面活性剂、胶黏剂、食品添加剂、医药制剂、造纸助剂、涂料、油墨和活性炭纤维，章节之间具有一定独立性。第一类精细化学品教学内容设计为表面活性剂，因为它在其余精细化学品生产中具有相对较多的应用，例如可作为合成造纸施胶剂乳液的乳化剂。表面活性剂章节，便设计了较多教学知识点，尤其基础理论知识部分，内容翔实，为其他精细化学品的学习奠定基础。为突出课程的林业特色，精细化学品生产案例基本均设计为林产精细化学品。例如，表面活性剂章节，讲授以松香为原料生产松香基表面活性剂；在医药制剂章节，设计以银杏叶为原料提取银杏叶黄酮药物；以松节油为原料合成医药冰片。

2. 教学团队设计

针对课程章节间具有一定独立性的特点，课程教学团队设计为具有十年以上丰富教学工作经验的多名相关领域教师，包括六名北京林业大学教师和三名其他单位人员。其中四名为北京林业大学林产化工专业教师，科研方向均为林产化工特色资源(松香、松节油、植物单宁、植物多糖等)研究，具有林产资源的代表性，与教学内容中林产特色匹配度高。另外，针对精细化学品中造纸助剂和食品添加剂教学内容，教学团队设计了两名北京林业大学造纸和食品专业教师；此外，为保持课程内容实用实践性和生产技术前沿性，教师团队还包括一名律师和两名企业高级工程师。

根据授课教师的教学科研工作方向，设计团队教师的授课内容，多数授课教师间具有一定独立性，如医药企业和胶黏剂企业教师分别讲授医药制剂和胶黏剂内容。同时，同一章节也由多名教师共同完成授课，例如，胶黏剂章节，授课内容涉及植物单宁胶黏剂、松香胶黏剂和软包装胶黏剂，便由三名教师共同完成。医药制剂、造纸助剂、食品添加剂等多个章节，均是结合教师特长，安排多名教师共同配合完成授课，以充分利用教学团队资源，突出课程特色和强化教学深度。

3. 教学形式设计

设计单人授课、双人访谈、实验授课、科研项目式教学等多种线上线下相结合的教学形式。基础理论强的授课单元主要采用单人授课；而技术前沿、行业现状和热点问题等则采用双人访谈形式。对于实践性强的内容，设计学生和教师共同参与的实验授课。MOOC中的实验授课内容也具有丰富多彩性，包括生活实例实验(糖尿病患者如何选择甜味剂)、趣味实验(一滴洗洁精的魅力)、产品合成实验(天然苯甲醛的合成)以及科学前沿报道实验等。线上线下混合式教学的线下翻转课堂秉承学生主导的教学理念，部分章节将学生主持的大学生创新项目与课程内容相结合，采用科研项目式教学模式，例如由开展松香基磷脂表面活性剂合成和应用研究的学生团队进行该章节的授课延伸，包括实验原理、生产过程、课堂产品展示和性能演示(起泡性能——“泡泡液”)等。食品添加剂的教学内容则采用调研(如辣条中的食品添加剂)、分组讨论、课堂品尝或辩论(食品添加剂的利大于弊或弊大于利)等形式进行。

4. 思政教育设计

线上线下课程均进行了思政教育。线上课程的思政教育包括职业素养教育、辩证思维分析科学问题等。由从事精细化工 ESH(环境、安全、健康评价)管理的律师教师讲授精细化工中的法律知识，对学生进行职业道德和素养教育。在食品添加剂章节安排访谈-食品添加剂的安全问题，引导学生用辩证思维分析食品添加剂安全问题，教育学生形成正确的科学价值观。同时通过线上讨论区主题帖——思政教育专题，进行“梁希精神”“日用化学品品牌看世界日化发展”等讨论，多角度对学生进行思政教育。校内线上线下混合式教学的思政教育则结合了线上线下，具体设计思路如图 4 所示。通过线上德育平台使学生自生情感，在教师的组织引导下，升华学生情感，并通过线下参与(如通过观看学校自编话剧演出“梁希”，谈林产精细化工与“梁希”精神)，使学生体验、感受和感动，提升学生创新求实、家国情怀和责任感等核心价值观，提高学生学习内动力。结合课堂内外和线上线下，使学生的德育教育达到固化于制、内化于心、外化于行。

5. 科教融合设计

根据课程人才培养目标中对学生创新能力的培养，进行科教融合设计，主要通过在相关课程内容中设置科研和生产技术前沿来完成[3]。首先在教学理论中引入科研案例，如图2中的沉浸式教学模式中引入的仿生超疏水木材科学前沿案例。再如在松香基表面活性剂授课内容中，引入本课题组最新研究成果功能性和智能响应性松香基表面活性剂。其次，在

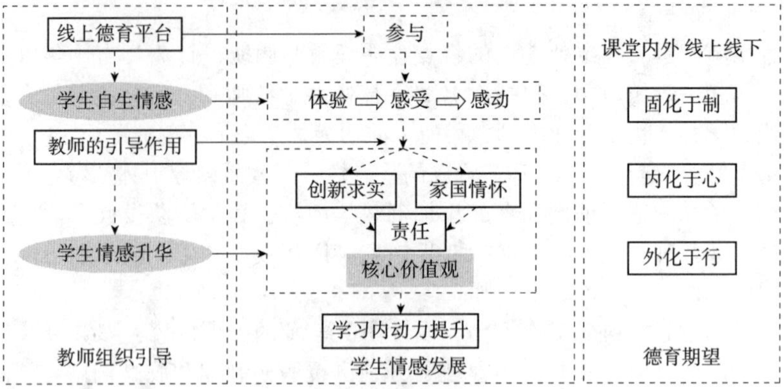

图 4　思政教育设计图

MOOC 中设计企业高级工程师讲授企业生产技术现状和行业技术发展等。另外，在讨论区专门设置行业科研发展等主题帖。对于校内线上线下混合式教学，采用大学生创新项目等进行翻转课堂教学，鼓励学生自行根据文献在实验室合成精细化学品，并在课堂展开讨论。

6. 考核方式设计

在已开展的三期 MOOC 课程中，考核方式由第一期的单一作业考核逐步升级到平时作业考核、期末考核、讨论考核，视频考核以及图文考核等多种形式，重视学习过程中的考核。混合式教学的考核包括平时考核和期末考试考核两部分，分别占 40%和 60%比例；其中平时考核包含考勤(2%)、课堂表现(3%)、线下讨论课(7%)、平时作业(10%)、线上考试(10%)和线上讨论区发帖(8%)，考勤和课堂习题采用雨课堂辅助完成。

二、“精细化学品生产工艺学”MOOC 建设

(一)整体课程资源

根据学生的认知特点和学习规律，MOOC 的时长设计为 10~15 分钟，57 个授课单元，约 150 个教学案例，200 个知识点。在线课程建设视频 64 个，762 分钟，非视频资源 149 个。同时，MOOC 中还将课程多年线下讨论课的优质视频进行分享，包括大学生创业宣传片、实验室生产精细化学品过程和产品性能特点讨论等视频，形式多样，穿插舞蹈、宫廷剧等，融合了当年的流行元素，如舌尖上的中国、小苹果、骑马舞等，呈现了大学生丰富的创新能力，为 MOOC 教学注入活力。

(二)讨论区建设

针对 MOOC 缺少教师与学生当面交流，对线上讨论区进行了全面建设。在讨论区发布多类主题帖，如课程知识点解析、课程拓展、行业发展和热点事件等，对课程内容进行拓展和强化，鼓励和引导学生利用线上讨论区形成真正的线上交流。在 2019 秋季课程中，增加讨论考核，即针对某一教学内容展开讨论主题，学生进行讨论答题，讨论试题呈现在讨论区版块。在讨论考核中，如同讨论区其他发帖一样，学生可看到其他同学答题(发帖)情况，避免了传统教学作业中讨论点重复的现象，学生可借鉴其他同学观点，进行延伸讨论。

三、 信息化教学效果

“精细化学品生产工艺学”课程信息化教学主要为 MOOC 和线上线下混合式教学两种形式，均取得较好成果，在 2019 年全国生态文明信息化教学成果遴选中获评 A 类课程。

(一)MOOC 教学

“精细化学品生产工艺学”MOOC 以随堂模式在“学堂在线”已开设 2018 年秋、2019 年

春和2019年秋三期，运行效果优异，选课人数超过2万人。在2019年春一期中，通过课程考核人数166人，讨论区发帖2600人次，并有两家企业进行了线上培训，获得良好的培训效果。两家企业均认为本MOOC课程是进行员工专业知识培训的优良网络资源。通过员工在讨论区的发帖也可看出，培训人员对MOOC培训的授课内容、形式和效果都非常满意。

（二）线上线下混合式教学

在MOOC建设的基础上，对2019年春季课程进行了校内线上线下混合式教学探索，设置30学时线下授课，18学时线上学习。由于首次试行线上学习，为保证教学效果，对教学过程进行了严格管理。线上学习的教学内容，要求学生提供学习笔记。同时，利用雨课堂习题和点名测试等功能，辅助监督线上学习；并通过微信群同学生及时沟通，完善教学过程。通过一学期的混合式教学实践，学生普遍认为混合式教学将强大的MOOC功能和传统教学相结合，课程形式新颖多样，动手机会增多，课程趣味性提强，极大激发了学习主动性，收获到传统课堂教学所不同的学习效果，学生对课堂知识尤其实践应用和科学前沿发展掌握扎实，记忆深刻，整体对混合式教学认可度非常高。由图5中近三学年课程的成绩图可发现，采用混合式教学的2019学年，课程平均成绩达到84.1分，比往年的77~79分提高5分以上。其中，论述题得分提高约20%，说明学生创新应用等综合能力增强。90分以上高分学生比例大幅增加，由20%提高到39.3%，表明混合式教学激发了学生主动学习的积极性，取得优异教学效果。

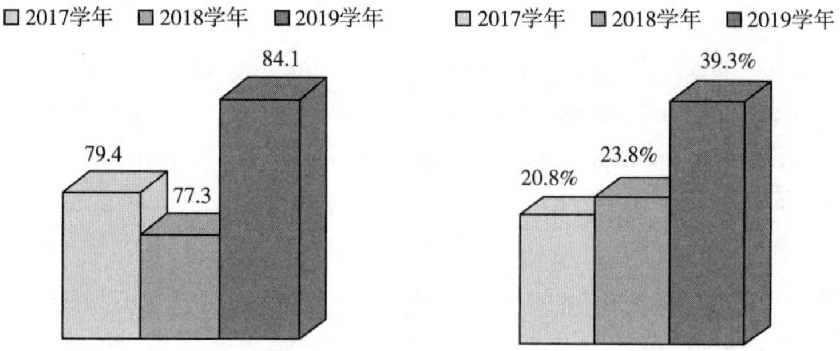

（a）学生平均成绩　　（b）90分以上学生比例

图5　近三学年课程成绩图

四、结语

北京林业大学林产化工专业课程“精细化学品生产工艺学”开展了基于MOOC建设的信息化教学探索和实践，并用于线上线下混合式教学，取得较好成果，但同时也发现存在一些问题[4]。对于习惯了简单的课堂“灌输式”传统教学的学生来说，混合式教学的课下任务相对繁重，线上理论知识自学不透彻，掌握不够扎实，直接影响翻转课堂效果。因此，在混合式教学实施中，教师不仅需要对教学进行周密设计，还需有效监督学生的线上学习，将在线课程与课堂教学任务有机结合，起到协同增效作用。另外，在相同的线上学习资源条件下，如何针对不同层次的学生开展不同的线下翻转课堂教学模式(科研项目式、调研式或实验展示等)，也是今后教学中应着重探索的问题。相信通过信息化教学的不断探索和实践，可以逐步改进和完善专业课程的教学效果，全面提升本科教学水平和创新人才培养模式[5]。

参考文献

[1]姜文凤，于丽梅，刘迪，等．有机化学精品在线开放课程的建设与应用[J]．化工高等教育，2019，167(3)：43-46.

[2]韩春蕊，朱莉伟，宋先亮，等."精细化学品生产工艺学"教学改革与实践[J]. 中国林业教育，2010，28(2)：74-76.
[3]韩春蕊，宋先亮，段久芳."高等有机化学"研究生课程教学改革的探讨——以北京林业大学为例[J]. 中国林业教育，2018，36(2)：33-36.
[4]杨方琦. 我国高校精品在线课程发展沿革及存在的问题[J]. 数字教育，2018，(3)：38-43.
[5]刘丽珍，宋巍，施智平，等. 面向混合式教学的精品在线开放课程建设及应用[J]. 计算机教育，2018，(10)：12-15，21.

The exploration and practice of informatization teaching in the professional curriculum of Forest Chemical Industry: Take *Fine Chemical Production Technology* of Beijing Forestry University for example

Han Chunrui　Liu Liujun　Song Xianliang　Jiang Jianxin
(College of Materials Science and Technology, Beijing Forestry University, Beijing　100083)

Abstract　With the rapid development of Forest Chemical Industry, there is a growing demand for innovative and applied talents. Based on the goal of cultivating innovative and applied talents, the exploration and practice of *Fine Chemical Production Technology* in Beijing Forestry University were carried out. The curriculum concept is student-directed instruction. The multi-dimensional teaching modes of immersion, scientific research project and team participation were used. The teaching content, teacher team, teaching form, ideological and political education, science and technology innovation integration teaching and assessment methods were designed. MOOC curriculum resources and discussion area module were built. In this way, the effect of MOOC curriculum operation and mixed teaching in our school were both improved. Students have increased their studying passion, and improved their ability of innovation and practice.

Keywords　Forest Chemical Industry, MOOC, informatization teaching, practice

服务于一流学科优秀人才培养的“动物学”课程体系建设

李 凯　张 东　隋金玲　孙浩然　付雅君

（北京林业大学生态与自然保护学院，北京　100083）

摘要：“动物学”是一门研究动物生命现象及其规律的科学，为自然保护拔尖人才培养的主要课程。随着我国对于创新型人才的需求日益增大和“双一流”学科建设的推进，传统的“动物学”教学模式已经不再适用于当前的教育教学情况，新的“动物学”教学及课程体系建设刻不容缓。作者以“动物学”教学为例，围绕立德树人、促进学生创新能力和实践能力提升目标，建立了包括思政教育、引导式理论课教学、探究式实验课教学、专题式野外实习及配套课程考核评价标准的多元化动物学教学创新模式，在学生综合素质、创新意识和创新能力的培养上效果显著，为学生进一步发展奠定了扎实基础。

关键词：动物学；创新型人才；课程体系建设；创新性建设；实践教学

近年来，随着我国经济和科技日新月异的发展，国家对于创新型人才的需求也日益增大。与此同时，二十一世纪生命科学的迅猛发展同样给高校的学生培养模式提出了新的要求和挑战，注重实践训练、因材施教、培养具备创新能力和实践能力的高素质人才成为国内高校的共识。2015 年国务院印发了《统筹推进世界一流大学和一流学科建设总体方案》、2018 年教育部印发了《教育部关于加快建设高水平本科教育全面提高人才培养能力的意见》，其中明确指出：高等教育是国家发展水平和发展潜力的重要标志，本科教育是提高高等教育质量的最重要基础。建设高等教育强国必须坚持“以本为本”，加快建设高水平本科教育，培养大批有理想、有本领、有担当的高素质专门人才。对于本科教学我们要注重学生的综合素质、创新思维以及实践能力的培养[1]。北京林业大学秉承“知山知水、树木树人”的办学理念，以树德立人为根本、“双一流”（一流学校和一流学科）建设为契机，加强师德师风建设，走开拓特色和巩固优势并举的内涵式发展道路，努力建设扎根中国大地的世界一流林业大学，为服务国家生态文明和美丽中国战略提供有力支撑。

北京林业大学生态与自然保护学院（前身为自然保护区学院）野生动物与自然保护区管理专业于 2006 年开始招生，2009 年入选教育部高等学校特色专业建设点，2014 年入选卓越农林人才培养改革试点项目。“动物学”为本专业重要基础课程，是一门研究动物生命现

作者简介：李　凯，北京市海淀区清华东路 35 号北京林业大学生态与自然保护学院，教授，likai_ sino@ sina. com；
张　东，北京市海淀区清华东路 35 号北京林业大学生态与自然保护学院，教授，ernest8445@ 163. com；
隋金玲，北京市海淀区清华东路 35 号北京林业大学生态与自然保护学院，副教授，jlsui@ 126. com；
孙浩然，北京市海淀区清华东路 35 号北京林业大学生态与自然保护学院，博士研究生，1002854786@ qq. com；
付雅君，北京市海淀区清华东路 35 号北京林业大学生态与自然保护学院，博士研究生，798715431@ qq. com。

资助项目：北京林业大学第四届教学名师项目“基于一流学科建设的动物学课程体系建设——以无脊椎动物教学体系建设为例”（LDMS2017001）；
北京林业大学本科精品课程建设项目“动物学实验”（BJFU2018JPK014）；
北京林业大学教育教学研究重点项目“动物学‘三维’课程体系建设”（BJFU2017JYZD014）。

象及其规律的科学[2-3]。通过强化"动物学"教学体系建设为野生动物与自然保护区管理专业乃至我国自然保护研究领域理论和实践的优秀人才培养夯实专业基础。

一、 传统"动物学"课程教学的挑战

"动物学"课程一直以来作为自然科学类本科生的重要专业基础课程，在长期教学实践中已经形成一套完整的知识结构与教学方法，但随着国家对自然保护领域优秀人才的需求和生命科学前沿理论的不断更新与技术的迅猛发展，传统的教学内容和教学方案已不能完全满足当今社会对优越人才的要求，"动物学"课程教学调整势在必行：

（一）思政教育的有机融入

在以往的"动物学"教学中，通常以知识技术的传授为主，思想道德教育及理想目标的树立往往被忽视，学生刚刚脱离高中"手把手"教学的模式，完成了"考上大学"的目标，处于理想目标不明确的迷茫期，加之多数学生报考大学之前对专业并不完全了解，因此存在对本学科专业认可度不高，学习兴趣不足，生态文明理念及自然保护意识不强，缺乏文化自信等问题。

（二）早期教学模式亟待调整

在大部分高校的"动物学"理论教学中，由于"动物学"理论课程综合性强、内容量大、知识体系庞杂，且教师只采用传统教学方法进行大量知识点灌输，导致学生在较短的时间内接触了大量的"动物学"知识，但由于系统学习能力不足，容易进入片段化、短时记忆的死胡同。

在传统的实验课教学中，授课所用教材较为单一，实验方案被提前设计好，学生在课堂上只需要照实验步骤按部就班地完成实验，极大地降低了学生在实验课中的参与程度以及学生的课堂积极性，导致学生综合实践能力的培养受到桎梏。另一方面，传统实验课程多按照"预习—讲解—实验—报告"模式设置，进行"验证性"实验，学生在发现问题、自主选择课题、设计实验环节训练不足，不利于学生创新、独立思考及解决问题的能力的培养。

野外实习缺乏一定的设备和平台资源，面临形式单一、环节缺失、评价机制不完善等诸多问题[4]，易造成"观光式"实习。此外，随着相关课程的增加和实习班级的增多，大量的实习课程也对实习基地的环境造成了越来越大的压力。

（三）教学内容的推陈出新

"动物学"为经典课程，随着科技的发展，认识的深化，科教结合为课程内容的丰富和支撑奠定了基础。早期作为基础课程教学与科研资源相分离，学生仅学习基础知识，很少接触真正的前沿科学研究内容，无法接受相应的科研训练，不利于培养学生科研创新能力及选拔优秀科研后备人才。

（四）考核评价体系进一步完善

以往课程考核以课堂出勤、期末论文和考试成绩为主，评价学生的学习效果的标准比较单一，学习与实践过程、课外阅读、专题研究、科研训练等各环节质量评估并未纳入其中，不利于调动学生课堂内外自主学习积极性。

二、 课程体系建设

世界一流学科建设最终仍要落实到人才培养上，以培养拥有民族荣誉感，能肩负中华民族伟大复兴的国家重任，具备高水平国际竞争实力的高端学科后备人才或行业领袖为目标，因此大学课程建设目标必须是精细且多维度的，横向以基础知识的掌握为经、纵向以实践能力的培养为纬，创新能力、国际视野及文化自信的启蒙则是贯穿其中的生命线，从而提高学生的综合素质和科研素养。具体到课程体系构建上，则要建立高水平的人才培养平台，通过各种方式将庞大复杂的知识体系进行整合与浓缩，紧贴学科发展前沿，以保持

课程的弹性和活力(图 1)。对于“动物学”这门生物学领域经典的宏观基础课程更是如此，针对当前挑战，本团队在课程建设中采取了如下措施：

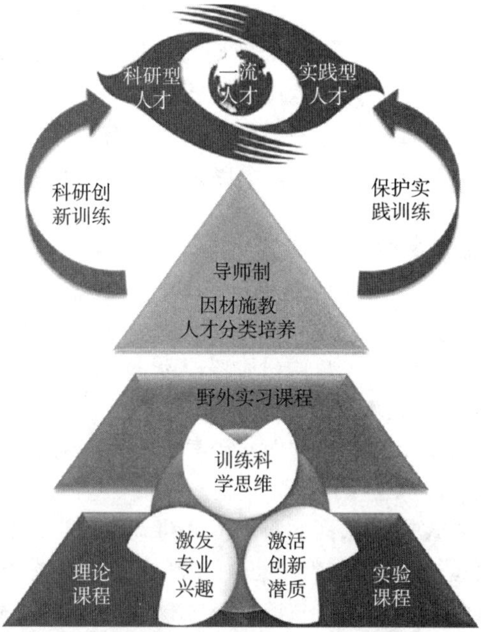

图 1　一流学科拔尖人才培养模式

(一)坚持以立德树人为根本，将思政教育融入课堂中

党的十九大报告指出，教育的首要目标即“立德树人”。在培养一流专业知识人才的同时，加强思想教育，培养具有民族荣誉感、担当民族复兴大任的社会主义建设者和接班人。在一流人才培养的教学体系中，以专业知识为载体，以立德树人为根本，充分挖掘专业知识背景中所蕴涵的德育元素，寓思政教育于专业课程教学之中，引导学生热爱祖国，热爱人民，努力学习，刻苦钻研，使用科学知识建设社会主义强国，实现中国梦。

在授课过程中向同学们介绍生物学领域杰出的中国本土科学家事迹十余例，贯穿各个章节，增强文化自信，增强民族荣誉感，坚定学生信念，激励学生努力进行专业知识学习，报效祖国。例如，在讲到原生动物门孢子纲代表动物间日疟原虫时，介绍了第一位获得诺贝尔科学奖项的中国本土科学家屠呦呦，利用青蒿素治疗疟疾，其成果挽救了全球特别是发展中国家的数百万人的生命；在鱼纲理论教学中，展示著名动物学家、中国科学院院士秉志绘制的鲤鱼骨骼肌；讲到动物进化基本原理时，从 1996 年在英国出生的克隆羊“多利”掀起的动物克隆热潮，追寻到 1981 年中国科学家童弟周培育出了第一条克隆鱼，是世界上首次报道的体细胞克隆动物，他被誉为“中国克隆第一人”，将人类对生物进化与细胞遗传变异的研究推上了新的高峰。

(二)运用多元化教学方法，促进学生创新能力和实践能力的提升

多元化的教学方法是指根据不同的教学内容和教学目标对各种现代化的多媒体设备及多种教学方法进行优化组合与运用，帮助学生充分调动视觉、听觉、触觉等多种感觉器官，进而提高他们接收信息和传出信息的效率，提高课堂教学效果[5-6]。在无脊椎“动物学”教学中，通过近年来作者对课程进行改革探索与实践，发现针对不同的授课内容，不能以同样的教学方法和手段进行授课，应根据不同的授课内容选择不同的教学方法。在经过对多种教学方法的研究后，作者根据教学内容和教学目标的不同，结合前沿教学内容以及现代化的教学手段，对引导式教学法和探究式教学法进行了探索与实践，并创新性地开发了专题式野外实习课程，具体如下：

1. 以前沿教学内容及现代化教学手段为基础的引导式理论课教学

授人以鱼不如授人以渔，理论课程学习不仅是对基础知识的学习，更重要的是对学生自主学习能力的引导与培养。在“动物学”的理论课教学中，作者以前沿的教学内容、现代化的教学手段为基础，以学生为主体，运用引导式的教学方法，通过设置情境、提出问题等教学手段激发学生的学习兴趣和自主学习的主观能动性，引导学生在活跃的氛围中进行思考，进而发现问题、提出问题、分析问题、解决问题，从而培养学生独立思考和自主学习的能力[7,8]。

在教学过程中，不拘泥于单一的教材，我们结合了大量国内外最新优秀教材，如 *General Zoology*（*6th edition*），*Invertebrate Zoology*：*A Functional Evolutionary Approach*（*7th edition*），*Zoology*（*5th edition*）等，并及时更新教案及课件内容，各个章节跟踪前沿进展，尤其是与国计民生相关的重大科研突破，调整相应授课内容；以近期新闻或发表在国际顶级刊物的相关专业论文为切入点，介绍相关背景知识，活跃课堂气氛，激发学生的求知欲，增强学生的学习兴趣；通过合理设计课堂问题来引导学生进行独立思考，并鼓励学生大胆发言，增强师生间互动，从而锻炼学生的学习能力，提高学生的逻辑思维能力；组织学生进入标本馆进行实物观察等方式提高课程的吸引力和生动性，形成良好的课程文化氛围，引导学生进入科学领域，拓宽视野；要求学生进行拓展阅读并在线上交互平台记录阅读笔记，定期开展前沿讨论课；每个学期邀请本领域的国际权威教授来学院开展讲座，让世界级专家与学生进行面对面交流。

在授课过程中，作者充分使用多媒体设备进行授课。以授课内容为切入点对相关的科学问题进行延伸，通过可视化的图文、动画和一些精美的纪录片，如英国广播公司（BBC）自然系列纪录片，探索频道（Discovery Channel）等，化单调的课本知识为生动的对象实体，进一步增加学生的学习兴趣及课程参与的积极性；利用数码相机及 DV 等摄像设备，通过生态微距摄影等来引导学生对昆虫的习性、栖息地等进行观察及记录；讲述往届学生的优秀成果案例，运用新兴的自媒体传播方式，如微信公众号，鼓励学生撰写文章进行成果推广及宣传；建设课堂学习和资源共享平台，便于课程大纲、教学计划、课程安排等的及时发布与更新，方便教师进行课程管理、学生获取课程相关信息。

改变传统动物学理论教学中教师单向线性教学和学生“听、写、记”的刻板学习方式，优化为以学生为主的交互发散映射性课堂讨论模式，形成“对话-质询”式语境，如在讲述节肢动物章节时，首先向学生抛出问题：什么是节肢动物？刺激学生思考节肢动物特征，教师在学生思考的过程中进行适当引导，分析比较节肢动物的外部形态结构和内部特征与其他动物类群的异同，学生能够更深入的了解对节肢动物门种类多样性产生的原因及其进化过程；进一步提问节肢动物乃至整个动物界中多样性最高的类群——昆虫是否都是六条足，开始学生通常未经思考便给出了是或否的答案，却无法说出原因或举出例证，使学生意识到看似显而易见的现象却可能蕴含着难以解答的科学问题，激发学生的探索精神，培养严谨的科学思维。改革课上教师教学、课后学生复习的固化课程安排，开展新兴的课堂模式，如基于课前自主学习的翻转课堂，释放出课堂时间用于学生进行交流、研讨，发掘课程知识的科研涵义及其应用拓展，如在一节课堂上留 5~10 分钟，鼓励学生作与动物学课程相关的 PPT 展示，学生就当下野生动物保护面临的问题同教师进行探讨，有助于培养学生自我思考问题，分析问题的能力。

2. 探究式实验课教学

在传统的实验课教学中，教师会提前设计好实验方案，准备好各种实验材料，实验试剂，学生在课堂上不需要进行过多的思考，只需要按照实验步骤按部就班地完成实验，而

“动物学”是一门以观察和实验为基本研究方法的实验科学，相比于顺利完成实验过程，更重视的是对学生实际操作能力、获得知识能力、整合分析能力、问题解决能力的培养。在这样的要求下，我们必须在创新型人才培养的教学理念指导下对“动物学”实验的课程体系、教学内容、教学思想、教学方法和教学手段进行适时改革。

探究式实验教学是一种在教学过程中以学生为主体，教师为主导的教学模式。在探究式实验教学中，教师着重组织学生开展“开放—探究性”实验，引导学生针对科学问题进行探究，激发学生对知识的学习兴趣以及探索欲望，充分发挥学生学习的主观能动性，引导学生发现科学问题，探究并掌握课程相关知识的原理和结构体系，从而培养学生独立思考、自主学习和解决问题的能力[9]。

调整实验内容，设计探究性和开放性实验。在改进后的实验课教学中，作者以多种国内外最新实验类书籍为授课教材，参考国内外的经典及最新的研究手段，开展探究性实验和开放性实验教学，并开放实验室，帮助学生利用课余时间进行实验技术的复习和巩固。在探究性实验中，我们采用灵活的教学方法，在传统实验课教学方式的基础上，给学生布置探究性实验内容，例如，①在原生动物的观察试验中，为学生提供不同的染色试剂，准备不同生活阶段的活体原生动物，引导学生观察比较不同染色剂的染色效果、观察不同生活史的草履虫等；②购置活体涡虫，引导学生通过实际操作观察涡虫的各个部位、运动方式、再生能力等。同时，选择合适的内容设计开放性创新实验，引导学生自主设计实验内容，锻炼学生发现解决科学问题关键步骤的能力，例如，在节肢动物——虾的解剖实验中，由于实验指导中的材料日本沼虾 *Macrobrachium nipponensis*（De Haan，1844）在北方市场中并不常见，因此在以往是实验课程中常以中国明对虾 *Fennerpopenaeus chinensis*（Osbeck，1765）代替，但是由于不同物种间的形态差异，与日本沼虾相比，中国明对虾的部分结构无法清晰观察或与教材中的描述具有一定的差异，易导致学生困惑，影响实验效果。因此，我们鼓励学生对不同的实验材料进行尝试，最后择优选择出一种最佳的实验处理方法，将克氏原螯虾 *Procambarus clarkii*（Girard，1852）、中国明对虾 *Fennerpopenaeus chinensis*（Osbeck，1765）以及刀额新对虾 *Metapenaeus ensis*（De Haan，1844）三种实验材料相结合，可帮助学生观察到虾的所有结构。其中克氏原螯虾触角腺十分明显（图 2a），解决了在前期以中国明对虾为实验材料时触角腺难以发现的问题；刀额新对虾的最大优势在于，输精管较明显（图 2b），这是其他几种实验材料所不具备。由学生寻找最适宜的实验材料及解剖方案，不仅锻炼了学生创新实践能力和解决科学问题的能力，还为“动物学”实验设计提供了新的方案，可应用于今后的教学中。

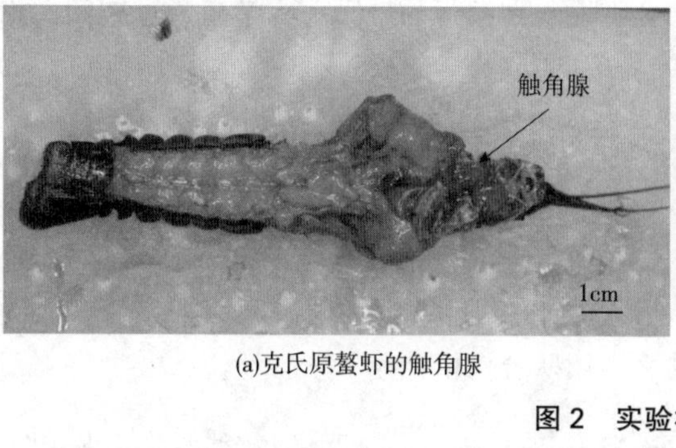

(a)克氏原螯虾的触角腺

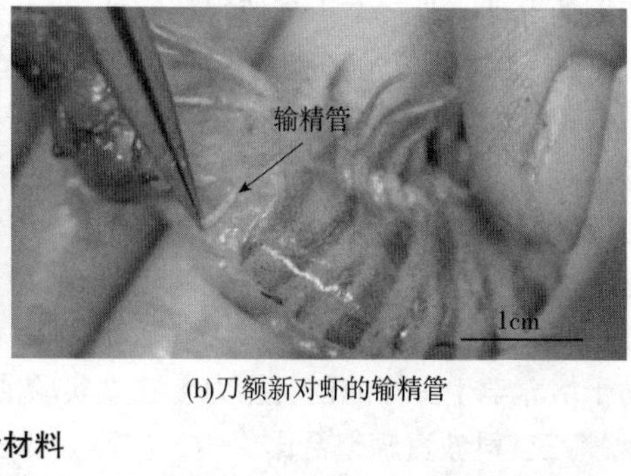

(b)刀额新对虾的输精管

图 2 实验材料

为激发学生兴趣及求知欲，在无脊椎动物实验课程中，特别使用了大量活体实验材料，涵盖了原生动物门（大草履虫 *Paramecium caudatum*、绿眼虫 *Euglena viridis*）、腔肠动物门（水螅 *Hydra* sp.）、扁形动物门（三角真涡虫 *Dugesia gonocephala*）、环节动物门（环毛蚓 *Pheretima* sp.）、软体动物门（河蚌 *Anodonta* sp.、毛蚶 *Arcidae* sp.、花蛤 *Ruditapes* sp.）及节肢动物门（克氏原螯虾 *Procambarus clarkii*、东方对虾 *Penaeus orientalis*、刀额新对虾 *Metapenaeus ensis* 以及口虾蛄 *Oratosquilla oratoria*），新鲜的实验材料形态结构鲜活完整，还可以进行动物行为的观察，使得课堂氛围更加活跃，实验效果得到了显著提升；另外，在原腔动物与环节动物的比较解剖中，为学生介绍野生动植物保护与利用学科重点研究方向之一——大型濒危动物寄生虫研究的进展及其重要性，并提供世界唯一现生野马——普氏野马体内寄生的马副蛔虫 *Parascaris equorum*，供学生进行解剖，贴合学科主题，提升学生兴趣，吸引有志于此的学生投身科研与野保事业。

3. 专题式野外实习

无脊椎“动物学”的野外实习是“动物学”教学过程中重要的一环，具有一定的综合性、研究性以及探索性[10]。高质量的野外实习可以充分调动学生的主动性，激发学生的创造性思维，训练学生观察事物的敏锐性，以及培养学生严谨的科学作风、组织能力、团队意识和环境保护意识等。

经过几年的努力探索，我们已经形成了一支结构合理、讲演丰富的教学团队和一套完整的无脊椎动物学课程野外实习方案：①实习前3~5天由相关教师带领3~5名研究生到实习地区进行预先调查，对实习可能涉及的地域环境状态及动物分布情况进行摸底调查，避免盲目性实习。②结合课程内容、学生兴趣特点等因素，提供实践课程选题的可选思路及方向，要求学生查阅资料，自由组合，每组8~10人，以研究小组的形式提出感兴趣的课题，并在教师的指导下确定其可行性并设计研究方案。研究内容涉及动物种类、动物繁殖行为、生态分布、动物与动物、动物与植物的关系等个体、群体、生态层面的研究。学生可将野外实习内容作为后续研究或创新项目内容，在教师的指导下完成立题、文献查阅、研究方案设计、项目实施等系统研究并撰写研究论文。③实习前期由不同的教师分组带队对实习地进行踏查以及现场讲解，使学生现场了解实习地现状，对学生进行环境保护和科普方面的教育，引导学生更好地理解动植物保护与适当开发与利用的辩证关系，鼓励学生主动观察，深入思考。④实习中后期学生在教师指导下开始进行课题研究，教师利用晚间时间组织学生针对专题研究进展及遇到问题进行交流，开展汇报讲座或小组讨论，并引导学生完善课题研究。⑤实习后，要求学生以个人和小组为单位分别进行实习总结和研究内容交流。⑥通过学生的总结与反馈将实习中的问题记录下来，以便教师在下次实习时进行改进，使无脊椎“动物学”野外实习的安排更加科学、合理。

例如，在实习中有的学生发现有两种昆虫幼虫习性极其相似，均在沙地做穴捕食蚂蚁，经鉴定二者分别为双翅目的穴虻和脉翅目的蚁狮，两种亲缘关系并不近的物种却进化出了相同的习性，是一个十分值得研究的趋同演化课题，在教师的鼓励下，学生通过查阅文献，决定进行蚁狮与穴虻生物学习性的比较观察，并设计了相关的实验方案，与教师进行交流后，教师鼓励他们小组内进行讨论，并引导其考虑具体实践中可能遇到的问题及实验设计的不足之处，结合理论与实践考虑实验的可实施性，并进一步提出两种习性相同的物种为何能在同一空间共存的问题，建议他们可以观察二者生境、生态位、捕食对象等方面是否有所差异，通过教师与学生之间反复沟通，不断完善实验设计方案，使学生能够较好地处理一些实验中的紧急情况。实践效果表明，这类实验设计能够发掘优秀本科生的潜能，有助于培养学生良好的创新能力、独立实验能力、团队合作精神等。

（三）科教资源整合化

发挥以因材施教为原则的导师制精英化培养优势，形成多元指导体系和个性化培养方案，依据学生意愿、学习能力、科研潜力等因素进行人才分类培养，形成拔尖创新人才及复合型人才两种培养模式；依托无脊椎“动物学”课程，将实践课程、教师科研资源和大学生项目资源统筹服务于科研拔尖人才的培养，构建包括课题选择、实验设计、论文检索及写作等环节的科研训练平台，使学生在理论学习—实践操作—实习专题—科研立项等阶段能得到连贯指导；建立课题组内部学术讲座、学术沙龙及跨校学术交流机制，拓宽学生赴海内外名校的交流渠道，加大对学生参与国际交流的支持力度，提升学生跨文化交流、合作和竞争的能力，指导学生将所得成果撰写成文并发表。

（四）改革课程考核评价体系

改变以课堂出勤、期末论文和考试成绩为主的评价倾向，增加平时任务量，包括布置足量的课外阅读、专题研究等任务，加大平时积分权重，建立过程管理式绩效评价体系，将科研训练各环节质量评估纳入其中，从多方面综合评价学生的学习效果，并通过集体报告和指导、阶段性验收的方式来进行质量控制。

例如，在动物学实验课中，选用综合实验能力、实验报告、考试三项来进行考试考核，其中综合实验能力包括实验预习情况、态度与纪律、实验操作能力三方面，百分制，占总成绩的50%左右；实验报告：百分制，占总成绩的35%左右；考试：百分制，占总成绩的15%左右。改革实验过程的评分体系后，大大提高了学生课前预习及课堂上动手的积极性。

三、 课程体系建设成果

（一）教学效果显著提升

通过动物学课程的系列改革，学生的学习兴趣和能力均得到显著提高，激发了学生对科学问题的探索与思考，尤其在探究式实验课中，许多学生在实验报告中会写出自己对课堂提问的思考和本次实验中遇到问题的总结与探索，并且主动列表比较不同动物类群的异同，实验报告内容量也从之前的2~4页增加到了4~10页，认真程度与质量均有了极大的提升。课程结束时学生均可掌握进化为线索的动物学学习技巧，熟悉各动物类群的主要特征，并了解其进化意义；能够对野外常见昆虫类群进行初级分类、检索并鉴定，掌握不同昆虫类群的标本制作技术；习得生态及微距摄影、影音编辑等拓展技巧。

（二）促进了本科生科研型及实践型人才的培养

人才分类培养模式促进了野生动物与自然保护区管理专业本科生培养质量的提升。

团队教师已指导本科生发表SCI论文20余篇，累计影响因子达40以上，发表中文核心期刊论文十几篇，十数人参加国内外学术会议，多名本科生获得多项与动物教学和创新实践有关的奖项；多名学生保送至国内外知名高等学府攻读硕士或博士学位，例如，英国曼彻斯特大学、澳大利亚墨尔本大学、美国西北大学、哥伦比亚大学、加州大学戴维斯分校、清华大学、北京大学和北京师范大学等。

通过扎实的基础知识学习、实践操作能力培养及多次高质量的野外实习，充分锻炼了学生的综合能力，参与工作的本科生凭着过硬的专业知识与技能获得了工作单位的高度认可。除此之外，团队教师还引导学生养成了自然保护意识、树立生态文明理念，越来越多的学生选择从事野生动物保护与自然保护区管理相关的工作，更有多名学生选择扎根基层、在保护区就业，如国家林业和草原局规划设计院、北京百花山国家级自然保护区、北京市林业勘察设计院、大理白族自治州生物多样性保护与研究中心等。

（三）教学研究成果丰富

教师和实验技术人员积极参与课程体系的建设。近2年来，建成精品视频公开课1门，教学团队成员先后获2017年度“北京市高等教育教学成果奖二等奖”“北京林业大学第四届教学名师奖”“北京林业大学2017年优秀教学成果奖一等奖”“北京林业大学2017届本科生毕业论文优秀指导教师”、2017年度“北京林业大学科技之星”和第七届“梁希青年论文奖”一等奖等，课堂考核成绩和评价彰显了学生认知、技能和科研素养的明显提高。

经过多届本科学生实践证明，我们的“动物学”课程体系在科学创新和自然保护实践型人才培养方面效果显著，对自然保护、环境保护等艰苦行业的专业人才培养具有重要的现实意义和借鉴价值。

参考文献

[1]中华人民共和国教育部．教育部关于加快建设高水平本科教育全面提高人才培养能力的意见[Z]. 2018-10-08.

[2]刘凌云，郑广美．普通动物学[M]. 4版．北京：高等教育出版社，2009.

[3]龚大洁，马纲．现代教育技术在“动物学”教学中的实践与探索[J]. 电化教育研究，2005，(6)：49-53.

[4]熊洪林，陈嶙，吴卫东，等．动物学野外实习课程建设及教学探讨[J]. 西南师范大学学报(自然科学版)，2013，38(8)：164-168.

[5]尹海国，朱陆莉，叶磊，等．陕西某高校课堂教学中多元化教学方法应用模式探究[J]. 新课程研究(中旬刊)，2017，(12)：58-60.

[6]南小宁，贺虹，常丽萍．“森林动植物检疫学”课程多元化教学方法的探索——以西北农林科技大学为例[J]. 中国林业教育，2018，36(6)：66-70.

[7]陈世财，夏彬彬．“引导式教学”在临床药理学教学中的应用[J]. 中国临床药理学杂志，2015，(16)：1674-1676.

[8]贺颖，石聪聪，李涛，等．引导式教学结合多媒体技术在细胞生物学实验教学中的应用[J]. 吉林省教育学院学报(下旬)，2012，28(7)：49-50.

[9]李丹丹，鞠志宇，谢智宇，等．探究式教学法在本科应用型人才培养中的应用研究[J]. 山东化工，2018，47(12)：166-167.

[10]金龙如，王海涛．动物学野外实习改革与实践[J]. 长春师范大学学报，2018，37(4)：145-147.

The construction of *Zoology* curriculum system serving for cultivation of excellent talents in first-class discipline

Li kai　Zhang Dong　Sui jinling　Sun Haoran　Fu Yajun

(School of Ecology and Nature Conservation, Beijing Forestry University, Beijing　100083)

Abstract　*Zoology* is a science that studies the phenomenon and rules of animal life, working as a major course to train top-notch talents for nature conservation. The increasing demand for innovative talents and the advance of Double First-Class discipline construction in China caused the traditional zoology teaching pattern is no longer applicable to current education and teaching situation, so the construction of a new *Zoology* teaching pattern and curriculum system is in urgent need. We set up diversified *Zoology* teaching innovation mode following the goal of cultivating morality and improve the innovation and practical ability of students, including ideological and political education, guided theory teaching, inquiry experiment teaching, special field practice, and evaluation criteria for supporting courses. Remarkably, our results have been achieved in the cultivation of students' comprehensive quality, creative consciousness, and innovative ability. All of them would lay a solid foundation for further development of students.

Keywords　*Zoology*, innovative talents, curriculum system construction, innovative construction, practical teaching

浅析“自然辩证法概论”课程的守正与创新

——以北京林业大学为例

徐保军　韩静怡

（北京林业大学马克思主义学院，北京　100083）

摘要：“自然辩证法概论”课程新形势下面临“学时减少”与“内容增多”的矛盾，任课教师需要在坚守教学大纲前提下，打造学校特色的教学内容体系。问卷与访谈调查结果显示，北京林业大学的理工科研究生对“自然辩证法概论”课程存在普遍价值认同，倾向于具象化的时事、案例教学模式，且期待专业相关的教学内容。基于此，北林特色的“自然辩证法概论”课程应坚守历史语境中的经典解读，积极将生态、博物元素融入课程教学，打造北林特色的“自然辩证法概论”课程。

关键词：自然辩证法概论；守正；创新；生态；博物

一、 研究缘起与问题溯源

自然辩证法是马克思主义理论的重要组成部分，改革开放后，“自然辩证法概论”开始成为我国高校硕士研究生的思想政治理论课，该课程着眼于帮助学生掌握马克思主义的自然观、科学观技术观、科学技术方法论、科学技术社会论，为学生理解人、自然、科技与社会关系提供重要的理论基础和方法论手段[1]。经过一系列的课程调整，“自然辩证法概论”课程的课时不断压缩，尤其是2010年8月6日中共中央宣传部、教育部《关于高等学校研究生思想政治理论课课程设置调整的意见》下发之后，“自然辩证法概论”课时量自2012年秋季学期开始缩减为1学分18学时，但与此相对应的却是教学内容的增加，除开传统的自然观、科技观、方法论、科学技术与社会外，新增添了“中国马克思主义科学技术观”的内容。“学时减少”与“内容增多”成为新常态下自然辩证法教师面临的一大难题[2]。在具体的应对策略上，尽管不同高校在上课形式、内容、考核方式等方面存在较大差异，但专题式教学与案例式教学成为“自然辩证法概论”课程的主流。

涉及具体高校，在坚守“自然辩证法概论”教学大纲前提下，在守正的基础上，根据学校的具体特色以及学生的具体需求，打造适合自己学校的“自然辩证法概论”教学内容体系，成为一件必要且迫切的事情。基于此，本文试图通过问卷调查、焦点小组等方式了解学生学科背景及具体需求，将生态、博物元素融入“自然辩证法概论”课程，打造适合北京林业大学专业特色的教学体系，以期增进“自然辩证法概论”的课程实效性。

二、 问卷与访谈结果

本文采用问卷调查与访谈调查相结合的调查方法，问卷与访谈均在2019年12月6日前

作者简介：徐保军，北京市海淀区清华东路35号北京林业大学马克思主义学院，副教授，xubaojun@bjfu.edu.cn；

韩静怡，北京市海淀区清华东路35号北京林业大学马克思主义学院，硕士研究生，joycehan96@163.com。

资助项目：北京林业大学科教融合项目“自然、博物学理念与马克思主义自然观”（BJFU2019KJRHJY013）。

完成。问卷调查和访谈对象均为北京林业大学2019年秋季学期"自然辩证法概论"选课学生，共3个规模在200人左右的班级，调查对象几乎覆盖了北京林业大学所有理工科专业，包括生态学、草学、植物学、动物学、微生物学、遗传学、细胞生物学、林学、风景园林学、土壤学、森林培育、森林保护学、森林经理学等专业。问卷调查的目标在于了解高校思想政治理论课对理工科学生的吸引力要素，问卷问题涉及课程认知、课程内容、教学方式、教学期待等方面，共回收有效问卷409份。访谈调查采用了"焦点小组"调查方法，即在学期初从每个选课班级随机抽选4至5名选课学生，组成一个焦点小组，在学期中进行对话讨论，了解学生听课效果和课程期待。

(一)"迫于无奈"的选课要求与课程的普遍价值认同

调查结果和访谈结果显示，学生选课选择上的"迫于无奈"与选课后的课程价值认同形成了鲜明有趣的对比。问卷结果表明，尽管学生选择"自然辩证法概论"课程的主要原因在于"学院选课要求"(86.06%)，但却普遍认同自然辩证法的现实价值和意义，例如，认为"现代科学技术需要人文精神支持"的学生占比为97.13%，认为"科学技术的哲学层面的研究是否应该落在对科技的指导上"的学生占比为90.22%，且大多数同学认为"自然辩证法概论"对本专业的学习是有帮助的(82.64%)。也有同学表示对于"自然辩证法概论"课的内容，"之前不太了解，了解之后很感兴趣"。"焦点小组"的访谈结果同问卷数据基本一致，研究生普遍更重视专业课的学习和深化，对于非专业课有时会出现不了解而排斥的现象，但在课程进行过程中，这种观点会得到改观，进而认同"自然辩证法概论"的课程价值和意义。

(二)学习偏好上轻抽象、系统的理论，重具象化的时事、案例

调查结果和访谈结果均显示学生普遍喜欢能拥有更快乐而不失启发的课程体验，在具体形式上希望老师多讲些有趣的案例、时事和历史事件，少讲些抽象的哲学理论。比如在"您最想在课堂上收获什么"选项上，多数同学在选择"对自然辩证法的系统认识"(64.55%)的同时，也选择了"欢乐的课堂体验"(60.39%)。参加"焦点小组"访谈的同学普遍建议老师增加案例的讲解，减少抽象理论的阐述。问卷调查结果与访谈结果一致，如在"课上老师讲解的哪部分内容作为课堂的延伸能吸引您的注意力"这个问题上，同学们倾向于选择"与个人生活密切相关的问题"(65.04%)、"时事问题"(74.33%)、"典型历史人物、事件问题"(80.68%)，而非"课本知识补充问题"(23.96%)；而在"如果您是本门课程的教师，将会采取什么手段增强课程的吸引力"这个问题上，学生的反应也比较一致，"结合时事或历史案例，通过视频讲解"(75.55%)、"加强课堂内容与学生思想需求的实际联系"(64.55%)，与前面的期待保持一致。令人奇怪的是，近年来普遍被任课教师倡导且认为可以提高课堂抬头率的"翻转课堂"在问卷调查方面并未获得学生普遍认可，得票率仅为14.18%，这也是一个值得思考的问题。

(三)"北林特色"是师生对"自然辩证法概论"课程的共同追求

在具体的课程设计上，任课教师和学生都期待打造"北林特色"的"自然辩证法概论"课程。在"焦点小组"访谈中，学生普遍期望课程所学能够紧密结合学生的学科背景，甚至提供方法论的指导。比如在"您最想在课堂上收获什么"选项上，55.5%的同学希望收获"和学科有关的哲学认识"，47.92%的同学希望收获"和学科研究有关的科研伦理道德认识"。而事实上，学校特色也是目前北京各高校"自然辩证法概论"课程普遍追求的目标，且有些学校也有了相对成熟的经验，如北京航空航天大学会更多地结合工科尤其是"航天精神"特色打造相应地教学体系，也取得了不错效果，值得借鉴。

三、理论守正与特色创新

"立德树人"是我国高等教育的根本任务，也是"自然辩证法概论"课程的根本任务。在

现实的教学中，在坚持理论守正的同时，也要兼顾学校特色和学生需求，进行特色创新，是“自然辩证法概论”课程的必要之举。这要求任课教师既然进行理论溯源，在历史语境中解读自然辩证法相关理论的产生与发展，保证学说的正统性，同时也要立足学校特色，结合专业研究凸显其当代意义与价值。

（一）守正：经典与历史研究并重

经典与历史研究并重是“自然辩证法概论”授课必要且必需的选择。把握经典才能正本清源，但问题均产生于特定语境之中，历史研究使得我们能够对特定理论有一个宏观具象的把握，避免陷入纯粹概念上的泛泛而谈。因此，在特定历史语境中进行经典解读，能够使学生更深入地进行历史思考、价值考量、社会分析，免于人云亦云的肤浅盲从。

正如习近平总书记在《在党的十九届一中全会上的讲话》中提到“一种理论的产生，源泉只能是丰富生活的现实生活，动力只能是解决社会矛盾和问题的现实要求”[3]。只有在特定的历史语境中才能真正理解自然辩证法理论自身的意义。比如对于马克思主义自然观的理解为例，生态学的创始人海克尔对马克思、恩格斯、列宁、毛泽东等人均有直接、巨大的影响，且历史上马克思、恩格斯、列宁、毛泽东、鲁迅、马君武等人均对海克尔有极高评价，但如果不深入当时的历史语境，不了解海克尔在唯物、唯心之争中的重要地位，自然不能理解海克尔思想对历史唯物主义的巨大贡献，也无法理解列宁对海克尔的评价：“恩·海克尔的《宇宙之谜》这本书在一切文明国家中掀起了一场大风波，这一方面一场突出地说明了现代社会中哲学的党性，另一方面也说明了唯物主义同唯心主义和不可知论的斗争的真正社会意义……这本通俗的小册子成了阶级斗争的武器。”[4-5]同样，如果不了解16世纪地心说对于宗教神学的意义，也就无法理解恩格斯缘何会对哥白尼的日心说有高度的评价，并称其为自然科学向宗教神学递交的绝交书。

在特定历史语境之下，经典解读搭配历史案例无疑是解读自然辩证法自身魅力的一条正道。

（二）创新：生态、博物元素融入教学，打造北林特色“自然辩证法概论”

“自然辩证法概论”课程的“学时减少”与“内容增多”的现状客观决定了专题式教学与案例式教学的流行，而在专题与案例的斟酌与选择上，则需要考虑北林绿色、生态等学科特征，打造北林特色的“自然辩证法概论”课程。

1. 学术优势转化为教学特色。

精选博物学史、博物学文化、生态文明建设等领域的合适内容，用于课程教学，打造林大特色教学体系。授课教师目前为中国自然辩证法研究会博物学文化专业委员会主任，兼任《中国博物学评论》的执行主编，同时也有丰富的生态文明建设项目经验，结合授课教师的平台优势和学术研究优势，将博物学史（History of Natural History）、博物学文化、生态文明等研究成果融入到日常的专题、案例教学，在完成教学任务的同时，也可以为北京林业大学的理工类研究生提供相关学科的历史、文化知识教育。以博物学（Natural History）为例，博物学的研究在学科属性上同生态学、动植物学天然联系，博物学领域中林奈、达尔文、海克尔等均是林大学科背景下的学生熟知却非真知的博物学家，博物学史领域中帝国博物学与殖民扩张的关系密不可分等等，这些内容既与北京林业大学很多专业的学科史与学科背景密切相关，又是理解马克思主义自然观、科技观、科学技术与社会等自然辩证法内容的合适题材，将这些研究成果融入相关专业学生“自然辩证法概论”课程的专题、案例教学，可谓一举多得。

2. 研究史料和成果进课堂，增强课堂吸引力，促进教研互补。

授课教师在科研过程中，积累了大量原始史料、书籍，可以借助史料优势讲好“自然辩证法概论”的故事；同时，也可以利用林大研究生的专业学术优势，反哺任课教师科研。以本学期的一次课堂教学为例，授课教师将1777年《伦敦植物志》的一幅铜版画“欧白英”带入课堂，可以迅速引起学生关注，据此示范解读博物学在18世纪的社会属性，版画技术进步对于知识传播的影响。在这个教学过程中，任课教师在讲述马克思主义自然观的背景渊源的同时，也是对生物学科背景的研究生学科史、学科文化教育教化的一个过程。相应地，课下同相关学科专业的研究生的交流对任课教师也是一种知识习得深化的过程，与此同时，彼此互补的交流也可以强化学生的参与感、获得感。调查问卷现实，有学生主动明确表示类似史料、古籍进课堂增强了课程吸引力和获得感。

四、结语

研究生思想政治理论课是“自然辩证法概论”的课程属性，也是其立德树人的根本方向和保证，在今天“学时减少”与“内容增多”语境下，如何基于学校特色、学生需求，打造别具学校特色的“自然辩证法概论”课程教学体系，同时保证授课内容的系统性，避免专题、案例潜在的碎片化危险，这是一个必要且任重而道远的使命。此外，“自然辩证法概论”很大程度上承担了理工类研究生科学精神与人文精神融合的教化功能，关乎理工科研究生科学史、科学哲学以及逻辑思维能力等多方面的训练，就国际来讲，虽无“自然辩证法概论”课程，但其实也有明确相关的课程体系和内容，包括哈佛、耶鲁、牛津、剑桥、杜伦等在内的国际名校均有科史哲(History and Philosophy of Science)的通识课程，这些课程对学生逻辑思维能力的训练和历史文化格局的拓展有着积极的帮助作用，吸收和借鉴国外此类课程的经验教训，也有助于我们打造更好的适合自身的“自然辩证法概论”课程教研体系。

参考文献

[1]《自然辩证法概论》教学大纲编写组.《自然辩证法概论》教学大纲的总体思路、基本框架及主要特点和教学重点[J]. 思想理论教学导刊，2013，(11)：63-68.

[2]李全喜，张明国.2012年以来“自然辩证法概论”课教学现状实证分析[J]. 自然辩证法研究，2018，(3)：89-95.

[3]习近平. 在党的十九届一中全会上的讲话[J]. 求是，2018，(1)：1-10.

[4]刘仁胜. 历史唯物主义的生态思想背景[J]. 鄱阳湖学刊，2016，(4)：61-69.

[5]列宁全集(第18卷)[M]. 北京：人民出版社，1988.

Tradition and innovation on the teaching of *Introduction of Dialectics of Nature:* Take Beijing Forestry University for example

Xu Baojun Han Jingyi

(School of Marxism, Beijing Forestry University, Beijing 100083)

Abstract Teachers of *Introduction of Dialectics of Nature* have to construct teaching system with U-niversity characteristics under the national teaching programme requirement, facing the contradiction between the reduced teaching time and more teaching content. Based on the questionnaire survey and interview survey on the science and engineering graduate students at Beijing Froestry University, this paper has concluded that the students prefer to project and case teaching rather than theoretical

teaching, and they expect specialized related teaching content. Elements of ecology and Natural History should be introduced into the teaching of *Introduction of Dialectics of Nature* to satisfy Beijing Forestry University' s students' academic requirement, along with the classical texts.
Keywords *Introduction of Dialectics of Nature*, tration, innovation, ecology, Natural History

林学专业城市林业方向本科专业课程调查与分析

——基于北京林业大学林学城市林业方向专业课程问卷调查

张新娜　徐程扬　李国雷

（北京林业大学林学院，北京　100083）

摘要： 在总结北京林业大学林学城市林业方向本科生课程实际开设情况的基础上，介绍了专业课程体系及课程内容；针对城市林业专业相关教学科研人员及学生进行了专业课程的调查，总结分析了现行专业必修课和专业选修课的课程设置必要性，并对拟新开设课程的课程内容、课程设置必要性进行了调查分析，进而提出了促进城市林业专业本科课程体系完善的建议，包括考虑人才培养需求重点打造专业特色核心课程，合理增减专业选修课程，优化专业课的课程体系，课程设置方面不断思考，逐步完善课程体系建设。

关键词： 本科教学；城市林业专业；课程体系；调查报告

一、引言

在新时代中国特色社会主义发展背景下，党的十九大报告为我国高等教育的发展指明了方向，报告指出，要加快一流大学和一流学科建设[1-2]，高校应回归初心，努力培养出全面发展、适应社会需要的人才[3]。课程设置即教学计划，是课程的总体规划。它依据一定的培养目标选择课程内容，确定学科门类及活动，确定教学时数，编排学年及学期顺序，形成合理的课程体系[4]。

城市林业是林学、风景园林学、生态学等学科的相互交叉形成的二级学科，是研究林木与城市环境关系，合理配置、培育、经营和管理城区及城近郊的森林、树木和植物，服务城市生态，调节城市气候，活化城市景观的一门以生态服务功能为主旨，融生态、经济、社会效益为一体的特殊形态林业[5]。北京林业大学的城市林业学科于2012年通过认证成为国家林业局设置的二级学科，实施林学大类培养，本科生在第四学期划分出林学城市林业方向，以培养我国林业关键技术研究领域和行业需要的基础宽厚、视野开阔、思维独到、发展潜力大、创新能力强、综合素质高、德才兼备的高层次研究型拔尖创新专业人才为培养目标。

目前，北京林业大学城市林业方向专业课程体系是按照学科知识的逻辑、需求技能的训练及各技能先后关系设置的，但现行的课程体系是否能够有效地满足学生能力和素质培养的需求，是一个亟待我们关注的研究课题。关于城市林业专业课程体系建设方面的实证研究，罕有报道。笔者一直从事城市林业课程体系建设工作，承担多门城市林业专业本科

作者简介：张新娜，北京市海淀区清华东路35号北京林业大学林学院，讲师，zhangxinna@ bjfu. edu. cn；
徐程扬，北京市海淀区清华东路35号北京林业大学林学院，教授，cyxu@ bjfu. edu. cn；
李国雷，北京市海淀区清华东路35号北京林业大学林学院，教授，glli226@ 163. com。

资助项目：北京林业大学教育教学研究项目“城市树木栽培学生产实践环节网络平台建设”（BJFU2018JY009）；
国家自然科学基金青年基金项目“梣属不同性系统植物繁育系统特征及其对资源分配的影响”（31901277）。

生课程，本文以城市林业相关科研人员、任课教师、本科生及研究生为调查对象，采用问卷调查法和访谈法等，针对北京林业大学林学专业城市林业方向本科生课程体系建设开展调查研究，基于对调查结果的实证统计分析，提出相应的对策和建议，以期为提高高等农林院校相关专业本科生的人才培养质量提供参考。

二、 调查方法与问卷设计

本研究主要采用问卷调查的方法，旨在了解城市林业专业相关人员对专业课程体系建设的看法和建议。调查对象为我国城市林业领域科研人员（仅限具有研究生招生资格的研究员、副研究员）、我国农林高等院校中承担城市林业专业相关教学科研任务的教师、北京林业大学林学专业城市林业方向本科生、研究生等，调查时间截止到 2019 年 10 月，共发出 73 份，成功收回有效问卷 63 份，问卷有效率为 86%。其中高等院校教师、科研人员占 42%，城市林业专业本科生、研究生占 58%。

调查问卷总卷共包括问卷说明及问卷问答两大部分。其中问卷说明内容包括：①专业及课程设置背景；②国外城市林业专业本科生课程特点；③城市林业专业课程设置、问卷填写说明。问卷问答内容包括：①专业必修课课程设置必要性调查；②专业选修课课程设置必要性调查；③建议新增课程名称及课程内容简介；④被调查人基本信息。为深入开展专业课程体系建设调查，除了现行教学大纲中包含的 7 门专业必修课和 17 门专业选修课外，在本研究的问卷调查中，还加入了 2 门拟开设的专业必修课和 12 门拟开设的专业选修课，并针对每一门课程的教学内容进行了介绍，具体调查课程，见表 1、表 2。

表 1 专业必修课问卷调查课程及课程内容

序号	课程名称	课程内容简介
1	城市生态学（含实习）	生态系统基础理论，城市生态系统结构与功能，城市生态系统的人群
2	城市林业基础	城市森林与人居环境，景观格局及驱动机制、森林承载力及影响因素、城市森林健康
3	城市种苗学（含实习）	在传统种苗培育学基础上，强化移植苗培育、观赏植物促成培育、苗木修剪造型
4	城市树木栽培学（含实习）	树木的栽培过程与管理管护技术，含部分造林学内容
5	城市森林医学（含实习）	森林疾病的病原、树木疾病病原诊断、林木的抗逆性、森林疾病防控
6	城市森林经营与管理（含实习）	侧重于城市森林的培育与管理，含部分传统森林经营学内容，城市林业管理内容
7	城市森林规划与管理（含实习）	规划的基础、森林城市建设总体规划、城市绿地规划
8	林业规划与设计（含实习）	林业相关的规划设计，林业各类发展总体规划设计、森林公园及湿地公园等设计
9	城市林业综合实习	对应于城市生态、栽培学和培育学的综合实习，对应于林学的综合实习

表 2 专业选修课问卷调查课程及课程内容

序号	课程名称	课程内容简介
1	科研训练	如何开展科学研究活动（概论性内容）
2	园林概论	园林的发展历史和流派等简介
3	林业试验设计	常见田间试验设计及其数据处理

（续）

序号	课程名称	课程内容简介
4	植物配置与造景	植物景观规划设计的审美与基本原则、植物景观的效益、环境与植物配置、景观效果
5	环境与生态心理学	涉及环境与生态心理学的理论与研究方法、评估自然环境对人的影响、生态疗法
6	城市森林保健学	森林环境评价、森林环境对人类健康的影响、世界各国森林保健产业发展特色
7	城市草坪与地被	草坪植物的种类及草坪质量评价、草坪建植、草坪管理技术、草坪与地被植物园林应用
8	城市绿地灌溉技术	城市绿地植物耗水量及土壤水分状况、灌溉设备与材料、滴灌系统规划设计
9	林火生态管理(含实验)	林火基础理论、林火生态、森林火灾的预防、森林火灾的扑救、用火理论与技术
10	城镇规划	城镇总体规划、城镇森林文化等
11	城市规划原理	城市规划的工作内容和编制程序、总体布局、交通与道路系统等
12	保护生物学	生物多样性、遗传多样性、生物多样性起源及维持机制、人类文明与生物多样性保护
13	植被恢复工程学(含实习)	植被恢复工程理论基础、种植设计、植被护坡技术、客土材料的选择与设计、实例分析
14	城市林业图形制作(含实习)	含 AutoCAD、Photoshop 等使用技术，重点是工程图、效果图制作
15	城市森林资源调查与监测	侧重于城市森林的资源调查与管理，林学《森林调查设计》的外延
16	森林游憩	森林景观资源及其赏析、森林游憩类型及组织、承载评价、规划与设计、游憩区的管理
17	生态旅游学	生态旅游一般理论，生态旅游文化，生态旅游开发与规划，生态旅游和生态设计、市场
18	经济林栽培学	水果与干果的栽培、修剪、水肥等管理
19	野生动植物资源开发与利用	经济动植物的价值及常见物种的种/养殖技术，产品加工技术
20	林木遗传育种学(含实验)	林木遗传学，林木育种学
21	规划设计	园林专业课程，含工程施工规划
22	城市森林水文学	森林水文过程，城市森林水文及其与城市生态环境
23	环境学概论	环境专业的课程
24	环境影响评价	环境影响评价原理、技术以及评价流程等
25	景观生态学	景观结构和功能、景观动态变化、研究景观的美化格局、优化结构等
26	森林文化与森林美学	森林与文化、森林与文明、森林文化史、森林文化与森林经营管理、森林美学
27	生态工程项目管理	与监理相关的工程管理内容、流程、管理方法等

（续）

序号	课程名称	课程内容简介
28	林木组织培养(含实验)	组织培养环境与设备，组织培养技术体系
29	科技论文写作	科技论文的结构，科技论文写作技巧，写作训练

三、 结果分析

(一)专业必修课必要性调查

问卷统计结果如图1所示，被调查的9门专业必修课中，城市林业基础、城市生态学(含实习)、城市森林规划与管理(含实习)、城市森林经营与管理(含实习)、城市林业综合实习等5门课程被60%以上的人认为是非常必要设置的课程。被认为必要性一般的课程为城市种苗学(含实习)和林业规划与设计(含实习)，分别有42%和44%的人在课程必要性中选择"C 一般必要"，有少数人认为林业规划与设计(含实习)是可有可无的课程。

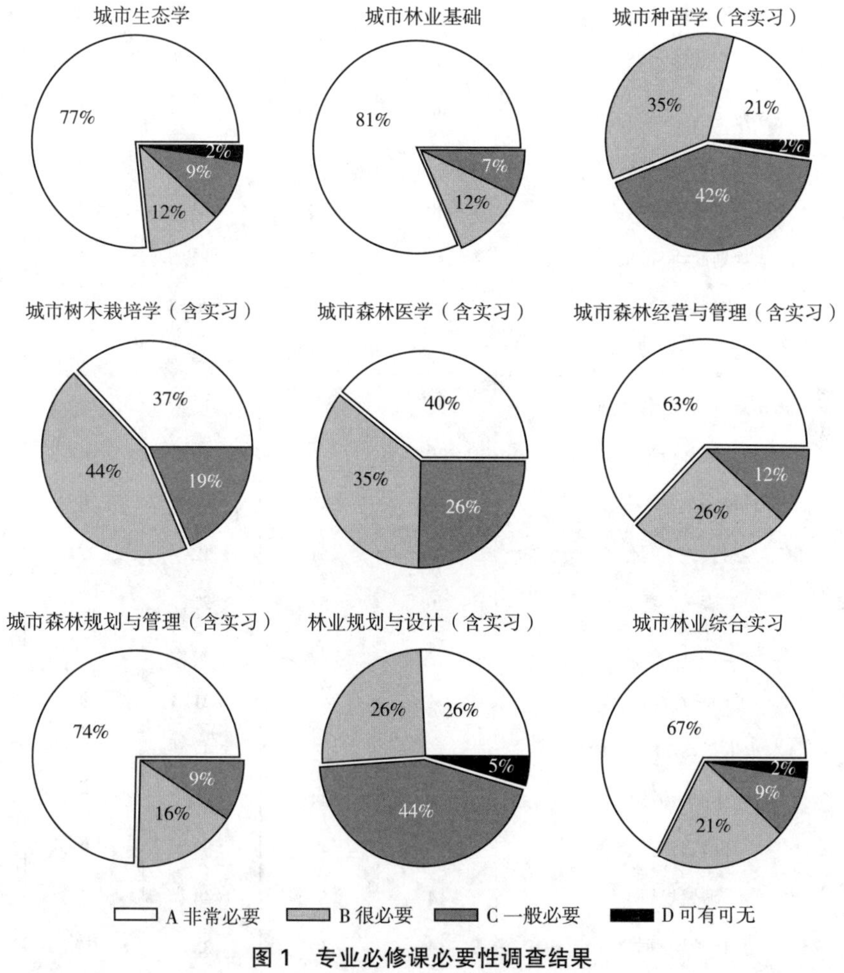

图1　专业必修课必要性调查结果

对于北京林业大学城市林业专业必修课的调查结果显示，绝大多数人认为城市林业基础的必要性最高，有81%的人认为这门课程非常有必要，林业规划与设计(含实习)的必要性最低，仅有26%的人认为非常有必要，且有5%的人认为该课程可有可无。其中城市林业基础课程主要介绍城市森林与人居环境及景观格局及驱动机制、城市森林承载力及影响因素、城市森林健康、城市林业信息管理等。

(二)专业选修课必要性调查

对专业选修课必要性调查结果见表3，在参与调查的29门课程中，植物配置与造景课程、科研训练和城市林业图形制作(含实习)的必要性最高，分别有67%、56%和53%的人认为该课程非常有必要设置，均超过问卷调查人数的一半以上。植物配置与造景课程为现行教学大纲中重点打造的城市林业专业本科生核心选修课，讲授内容偏重于植物景观规划设计的审美与基本原则、植物景观的效益、环境与植物配置的关系及景观效果等。而科研训练为北京林业大学规定的不可删减和改变的核心必修课，主要针对如何开展科学研究活动进行概论性讲授。

表3　对专业选修课必要性调查结果(%)

序号	课程名称	非常有必要	很有必要	一般必要	可有可无	没必要
1	植物配置与造景	67	26	5	2	0
2	科研训练	56	16	23	2	2
3	城市林业图形制作(含实习)	53	37	7	2	0
4	景观生态学	47	35	14	5	0
5	森林文化与森林美学	44	26	28	2	0
6	林业试验设计	42	35	14	9	0
7	城市森林保健学	40	30	23	7	0
8	规划设计 Studio#	40	40	12	7	2
9	城市绿地灌溉技术	33	19	40	9	0
10	城市规划原理	33	33	28	7	0
11	城市森林资源调查与监测	33	44	16	7	0
12	园林概论	30	30	30	9	0
13	环境与生态心理学	28	47	16	9	0
14	科技论文写作	28	51	12	7	2
15	森林游憩	26	51	21	2	0
16	植被恢复工程学(含实习)	23	33	33	12	0
17	城市草坪与地被	21	49	21	9	0
18	林火生态管理(含实验)	16	7	47	23	7
19	生态旅游学	16	44	33	7	0
20	环境影响评价	16	42	33	9	0
21	城镇规划	14	33	44	7	2
22	保护生物学	14	30	35	19	2
23	生态工程项目管理	12	47	28	12	2
24	城市森林水文学	9	40	35	16	0
25	环境学概论	9	40	35	16	0
26	经济林栽培学	7	16	26	44	7

（续）

序号	课程名称	非常有必要	很有必要	一般必要	可有可无	没必要
27	林木遗传育种学(含实验)	5	30	30	28	7
28	野生动植物资源开发与利用	2	19	30	30	19
29	林木组织培养(含实验)	2	30	30	28	9

在现有课程中，城镇规划和保护生物学必要性被认为“一般必要”，并且19%的人认为保护生物学课程“可有可无”。在原有课程中，林火生态管理(含实验)被7%的人认为没有必要设置，被23%的人认为该课程“可有可无”。林火生态管理课程主要讲授林火基础理论、林火生态、森林火灾的预防、森林火灾的扑救、用火理论与技术等方面内容，大家普遍认为课程内容与培养目标需求关系不大。

(三)新增课程调查

在专业必修课方面，拟新增城市森林经营与管理(含实习)和林业规划与设计(含实习)2门课程。在本研究中，63%的人认为森林经营与管理(含实习)为非常有必要新增的课程，该课程内容主要侧重于城市森林的培育与管理，含部分传统森林经营学内容，并加入了城市林业管理方面内容。而44%的人认为新增林业规划与设计(含实习)课程并不是很必要，这门课程拟区别于城市森林规划与管理(含实习)课程，重点介绍林业相关的规划设计，含林业各类发展总体规划设计、森林公园及湿地公园等总体设计。

在专业选修课方面，共计拟新增12门课程，其必要性调查结果由高至低分别如图2所示，图2(a)至图2(l)分别代表城市林业图形制作(含实习)、景观生态学、规划设计Studio、城市森林资源调查与监测、环境影响评价、生态工程项目管理、城市森林水文学、环境学概论、经济林栽培学、林木遗传育种学(含实验)、野生动植物资源开发与利用及林木组织培养(含实验)。普遍认为城市林业图形制作(含实习)和景观生态学课程设置非常有必要，分别占53%和46%。同时，有19%和9%的人认为野生动植物资源开发与利用及林木组织培养(含实验)两门课程完全没有必要新增。

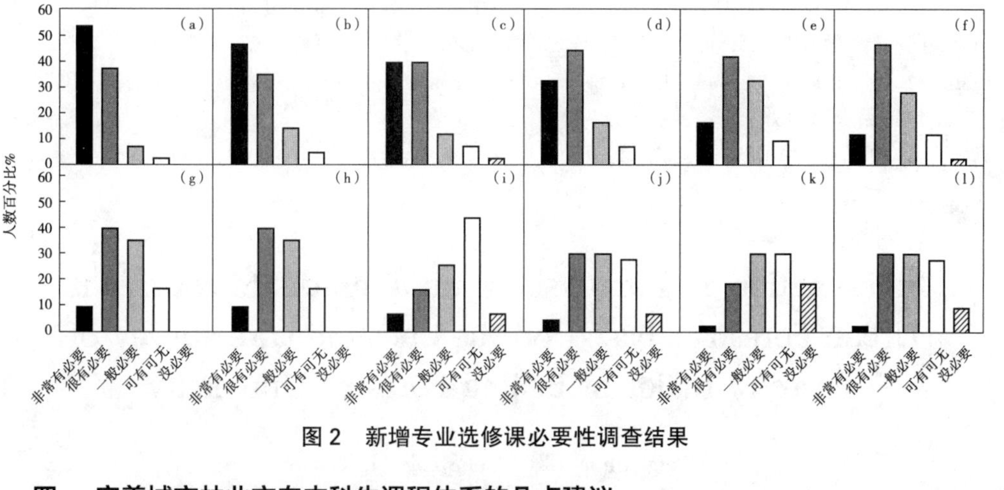

图2　新增专业选修课必要性调查结果

四、完善城市林业方向本科生课程体系的几点建议

通过本次调查与分析发现，现行教学大纲中林学城市林业方向本科课程体系与专业相关人员见解存在一定相似之处，但仍有很多人对课程设置的看法和需求与实际开设课程存在不一致性。因此，笔者建议从以下几个方面入手，完善农林高等院校中城市林业相关专业的课程建设，优化本科生课程体系，满足人才培养目标需求。

（一）考虑人才培养需求，重点打造专业特色核心课程

高等院校在人才培养上，不能照抄照搬重点院校的类似专业，应突出特色，避免同质化竞争[6]。本研究调查结果表明，目前实际开设的课程中，城市林业基础、城市生态学（含实习）、城市森林规划与管理（含实习）、城市森经营与管理（含实习）、城市林业综合实习等5门专业必修课被60%以上的人认为是非常必要设置的课程。植物配置与造景、科研训练、森林文化与森林美学等多门必修课，也是被高度认可的专业课。在课程体系建设中，除了继续开设相关课程，更应针对这一类课程，不断调查、分析、总结、完善，重点打造专业核心课程、特色课程，进而打造特色专业、特色人才。

（二）合理增减专业选修课程，优化专业课的课程体系

通过调查与分析发现，63%的人认为森林经营与管理（含实习）为非常有必要新增的专业必修课程，且课程内容应侧重于城市森林的培育与管理及城市林业管理。而林业规划与设计（含实习）则被少数人认为是可有可无的课程。专业选修课方面，城市林业图形制作（含实习）、景观生态学、规划设计 Studio、城市森林资源调查与监测等多门课程被认为是必要性较高的课程，其中城市林业图形制作及规划设计 Studio 均为设计类课程。因此，城市林业本科课程应增设部分实践应用课程，删减不必要的选修课，突出学科特色，优化课程体系，与人才培养目标紧密结合。

（三）在课程设置方面，不断思考，逐步完善课程体系建设

城市林业专业作为特色专业，随着专业相关领域教学科研人员的增加，城市林业专业本科生研究生培养数量的增加，应当在本研究的基础上，与时俱进，不断深入思考。有针对性地开展课程开发、升级工作，逐步完善城市林业专业本科生课程体系建设，致力于打造特色专业，培养特色人才，以提高本科生专业人才培养水平。

参考文献

[1]眭依凡．引领高等教育内涵式发展：高等教育研究适逢其时的责任[J]．中国高教研究，2018，(8)：6-10，22.

[2]张炜．高等教育内涵式发展的概念演进与实践探索[J]．中国高教研究，2018，(1)：4-9.

[3]孙玉清．“四个回归”彰显大学之道的时代内涵[J]．中国高等教育，2016，(21)：1.

[4]袁振国．当代教育学[M]．北京：教育科学出版社，1999.

[5]Miller R W，Hauer R J，Werner L P. Urban forestry：Planning and managing urban greenspaces[M]. Illinois：Waveland press，2015.

[6]柯伟林，谢喆平．中国世纪——高等教育的挑战[J]．清华大学教育研究，2014，(3)：1-8.

Investigation and analysis of undergraduate courses in Urban Forestry: Based on the questionnaire survey of Forestry major of Beijing Forestry University

Zhang Xinna　Xu Chengyang　Li Guolei

(College of Forestry，Beijing Forestry University，Beijing　100083)

Abstract　On the basis of summing up the actual situation of the undergraduate courses in Urban Forestry of Beijing Forestry University, this paper introduces the professional course system and contents, investigates the relevant teaching and scientific research personnel and students of urban forestry, summarizes and analyzes the necessity of the current professional compulsory courses and professional elective courses, and proposes the new courses Based on the investigation and analysis of the contents and the necessity of curriculum setting, this paper puts forward some suggestions to promote the improvement of the undergraduate curriculum system of Urban Forestry major, including focusing on building core courses with professional characteristics, reasonably increasing and decreasing professional elective courses, optimizing the curriculum system of professional courses, and constantly thinking about the curriculum setting, and gradually improving the construction of the curriculum system.

Keywords undergraduate teaching, Urban Forestry, curriculum system, investigation report

基于 Barrows 模型的 TBL+PBL 模式在外贸英语与函电中的应用

万　璐　　付亦重

（北京林业大学经济管理学院，北京　100083）

摘要：20 世纪 60 年代诞生于医学教育的 PBL 教学模式在我国正处于从理论研究向实践应用不断丰富的阶段，由于其实施过程中容易产生自主学习程度低下、个体参与不足、小组学习无效等问题，有必要嵌合多种教学方法进行优化设计。“外贸英语与函电”课程基于 Barrows 模型运用 TBL+PBL 教学模式对单一 PBL 进行拓展应用，在对比了 PBL 与 TBL 的关键要素后，提出了七步模型，探索了任务目标、评价机制、教师作用等的应用策略，取了较好的现实应用效果。

关键词：TBL；PBL；Barrows 模型；教学模式应用

PBL(problem based learning)作为一种教与学的方法于 20 世纪 60 年代首先在加拿大麦克马斯特大学(McMaster University)应用于医学项目，该方法的创始者是一个由医生及科学家组成的反传统团队，他们均持有对自己本科经历的否定态度，认为该类教育可以做得更好[1]。PBL 一经问世即快速传播，在其构想建立的头几年里，荷兰、澳大利亚、美国等大学都开设了使用 PBL 的课程，目前世界范围内已经有数百所大学形成了基于问题学习的教育方式。与传统以教师为中心的教育不同，PBL 是以学生为中心、以案例情境为背景的[2-3]，其下的学习是由有挑战性的、开放性的问题驱动的，学生以小组的形式参与，并需要教师提供指导和推动。中国高等教育领域从 20 世纪 80 年代开始引入 PBL，已对 PBL 的本质、特征、教学流程等形成了较深厚的研究积淀，当前正处于从理论研究向更多学科、课程应用的实践丰富阶段。从这些应用来看，较多集中在医学、化学、物理等理工类学科，在人文社科领域的应用相当有限，特别是在专业英语的教学中。此外，由于 PBL 实施过程中容易产生学生自主学习程度低下、个体有效参与不足、小组学习名存实亡等问题，有必要嵌合多种教学方法进行优化设计。

一、 TBL 在 PBL 实践中发挥重要的辅助功能

（一）PBL 的核心要素与基本步骤

PBL 在麦克马斯特大学提出是为了打破传统的讲授式大班教学，建立将基础医学知识与临床病例紧密相连的全新教学方式。提出者 Howard Barrows 教授将其教学模型分解为五个步骤(图 1)[4]，即组成学习小组、开始一个新问题、小组学习及个人学习、活动汇报、问题后反思。其中问题情境设置，依托小组的探究与学习，及时总结、评价和反馈是影响 PBL 实施效果的关键环节。外贸英语与函电课程在问题情境基础方面具备使用 PBL 教学法

作者简介：万　璐，北京市海淀区清华东路 35 号北京林业大学经济管理学院，副教授，Email：wanlu@bjfu.edu.cn；
付亦重，通讯作者，北京市海淀区清华东路 35 号北京林业大学经济管理学院，教授，Email：fuyizhong@bjfu.edu.cn。

资助项目：北京林业大学 2019 年教育教学研究项目“运用 PBL 建立《外贸英语与函电》‘主动式学习’课堂的研究”(BJFU2019JY039)。

的先决条件，该课程作为国际经济与贸易专业的核心必修课，紧紧围绕国际贸易实务实践中的业务环节学习经贸英语正式沟通以及关键英文合同及单据的缮制，因此基于不同国别、不同产品、不同企业能够形成具有真实性、开放性、劣构性(ill-structed，意味着不局限于一种解决方案)的具体情境问题。而除了问题情境设置以外，另两个关键环节都与小组学习有效实施相关。

图 1　经典的 Barrows 五步模型

(二)TBL 对于 PBL 的支撑与辅助作用

TBL(team based learning)是以团队协作为基础、教师知识引导与小组团队讨论相结合的国际上广泛采用的一种教学模式。20 世纪 70 年代在美国俄克拉荷马大学(University of Oklahom)由 Larry Michaelsen 提出并应用于医学教育之中。TBL 借助小组协作与讨论促进学生自主探究问题、合作学习，并提升语言表达及沟通能力，具有师生互动性好、课堂气氛活跃等优点，恰好可用于弥补 PBL 实践容易产生的自主学习程度低下、个体有效参与不足、小组学习名存实亡等问题，还特别地适合人文社科类专业英语课程对沟通和表达目标实现的要求。因此，在外贸英语与函电课程的 PBL 教学模式下嵌合 TBL 教学，一方面能够更好地避免 PBL 实施不当可能产生的问题，与此同时，更贴合专业英语的教学培养目标，大大提升学生的英语表达应用能力及沟通能力。PBL 与 TBL 双重机制同时发挥作用，促进问题解决、自主学习、合作学习、沟通协作有机融合、相互支撑。

二、 TBL+PBL 在外贸英语与函电中应用的步骤设计

(一)TBL 与 PBL 在单一模式下的主要特点及区别

TBL 与 PBL 均是区别于传统讲授式(lecture based learning，LBL)的新兴教与学方法。二者在教学实践方法、教师作用、学生作用、学生规模等方面各有不同特点(表 1)[5]。从教学方法上来看，TBL 的根本基础是团队协作，而 PBL 的根本基础是问题探究，因此前者并不需要学生自主确定可能涉及哪些知识点并进行学习，只需围绕教师给予的学习资料学习指定知识；但 PBL 强调学生应该根据问题所需调动、判断、整合需要的概念及知识，通过自主学习掌握这些知识后再对问题进行研讨解决，对学生主动学习和小组合作学习的要求较高，需要教师密切指导、即时给出反馈，进而只适合学生人数较少的情况。相比之下，TBL 可以容纳更高的生师比，一名教师可以引导更多的学生及小组，并且该方法能够兼顾促进学生自主学习、解决应用性任务的优点，同时，为在自主发现需要用哪些知识来解决问题方面经验不足的学生，提供一个过渡空间，能够依托教师给定的知识内容及资料进行自主学习，避免了 PBL 下问题过于分散可能使学生学习目标不明确的缺点，大大提升了可操作性；另外，TBL 紧密依靠小组讨论实施教学，可以充分锻炼学生的表达、沟通、协同等综合能力。

表 1　PBL 与 TBL 的主要事项对比

	PBL	TBL
教学方法	教师负责提供问题案例，学生通过讨论确定解决案例所需的概念及知识，自主学习、建构新知识，汇报问题解决	教师负责确定教学内容及要点，学生进行课前学习，能够完成个人和小组知识考察，以及应用性任务

（续）

	PBL	TBL
教师作用	提供问题案例或拟解决的任务，推动小组研讨及自主学习，给予指导及反馈	确定教学内容及要点，提供学习资料，设置考察个人和小组知识的测试，设定团队应用性任务，进行引导
学生作用	确定自主学习的要点，进行小组及个人自主学习，参与小组讨论、解决问题	根据教师指定内容进行自主学习，参与小组讨论、完成团队应用性任务
学生规模	学生规模较小，生师比通常 8：1~10：1	学生规模可以较大，生师比可达 100：1 或更高

（二）在外贸英语与函电中运用 TBL+PBL 拓展 Barrows 标准模型

外贸英语与函电在性质上属于本科国际经济与贸易专业的主干专业英语课程，其目标是系统学习和掌握外贸英语函电及国际贸易文书的格式、专业词汇、行文方法、文体特点，提高学生在外贸业务活动中正确使用专业英语的能力以及对外进行各项业务联系、磋商的能力。由于传统教材下课程内容主要依赖英文书面信函及书面合同，涉及的专业英语词汇含有很多经济、法律类术语，学习和掌握难度较大，容易让学生对知识产生枯燥乏味感，学习积极性难以调动。在经过几轮教学改革后，首先引入了 TBL 方法，学生以小组为单位从最初轮的国际经济热点的英文分享发展到外贸业务流程下的专业英语对话展示，再到小组虚拟公司的英文展示等，逐步实践了教师指定知识要点—团队讨论学习—团队完成应用性任务的 TBL 教学模式，积累了较丰富的 TBL 课堂组织经验，显著提高了学生学习和运用专业英语的积极性。

在此基础上，为了进一步推进主动式学习课堂的建立，本课程紧扣国际贸易业务流程，围绕建立业务关系、询盘、报盘、还盘、接受、签订合同及确认书、货款收付、国际货物包装、国际货物运输、国际货物运输保险等环节，建立了符合现实的问题情境，在不同情境下设置了待解决的问题，在传统讲授式教学以外，应用经典的 Barrows 五步模型实施 PBL 教学。通过贴合国际贸易实务过程的 PBL 教学，较好地弥补了本专业学生难以直接体验英文环境国际贸易业务的弊端，为抽象、枯燥的专业英语学习赋予了更广的知识性内涵以及更高的学习效用，还起到了加深国际贸易实务先修课程知识理解和自主应用的良好作用。与此同时，我们也关注到对于必修该课程的大二本科生来说，PBL 对学生自学能力的高要求与实际存有差距；个别学生因为英语基础薄弱，对 PBL 情境问题解决的畏难情绪较高；小组学习中存在“搭便车成员”或“集权分子”，阻碍小组建立积极合作学习氛围。因此，为了解决这些在使用 PBL 过程中产生的新问题，又考虑到 TBL 在知识任务由教师指定、充分调动小组成员积极性及协作讨论完成应用性任务等的优势特点，课程团队进一步对教学模式进行优化，在 PBL 下嵌合 TBL，将 Barrows 五步模型拓展为 TBL+PBL 七步模型如图 2 所示，即从 TBL 的指定知识内容、布置任务目标作为起始，再进入 PBL 的分析问题—确定已知—确定所需，最终应用已获及新获资源解决任务问题并以小组为基本单位展示汇报成果，教师在以上任务完成后作出总结评价及反馈（图 2）。

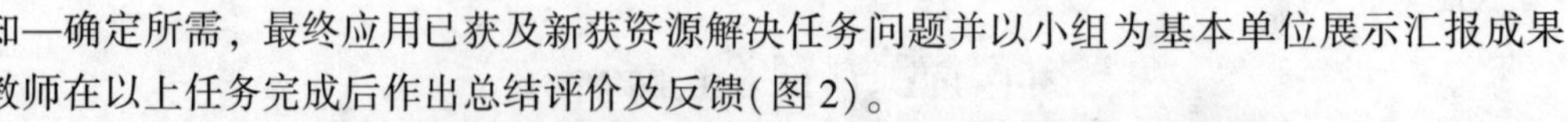

图 2　运用 TBL+PBL 拓展 Barrows 标准模型

三、 TBL+PBL 在外贸英语与函电课程中的应用策略

(一)设计合理、 可行的任务目标

任务目标是 TBL+PBL 教学模式的核心，创设合理、可行的任务目标是决定整个教学活动能否成功的关键。恰当的任务能激发学生的学习动机，激励学生以完成任务为基础去探索和学习。在设施中应考虑到学生的认知水平、英语能力、沟通能力，选择学生经过努力能够较好完成的问题作为目标。解决这个目标是具有较大程度开放性的，不存在唯一正确答案，可以有多种解决方案或解决途径。任务目标是基于现实情境的，能进一步引发学生在现实世界的经验共鸣，利于培养学生的策略性思维。此外，应注意确保该目标的完成能够帮助学生掌握主要概念、用语规范、专业词汇、写作要点等，任务有一定难度、深度、需综合交叉知识，以保证学生既获取新知识又整合已有知识，同时进一步发展综合能力。因此，课程团队在外贸英语与函电课程中按业务环节即章节顺序，基于以上策略，设置了 6 个章节的具体任务目标，包括“设立你的公司并展示公司主营产品/主营业务、公司特色优势”“制定你公司的进口采购计划并对外进行询盘”“回复已收到的询盘并正式报盘”“根据收到的报盘进行还盘”“制定并展示你方的国际货款收付要求”“制定并展示你方的包装及国际货物运输要求”。

(二)设计激发小组活力和主动性的评价机制

无论 TBL、PBL 还是 TBL+PBL，它们都只是教学模式工具，虽然可以促进并加强个人、小组的自主学习，但是学生的学习行为很大程度还要受到评价方式的影响。如果评价机制只是要求学生零散记忆某项知识点，那么这种教学就不能算是成功的。TBL+PBL 下问题解决的开放性使得评价难以以标准化的、统一的方式体现，需要综合实践过程评价、书面考试评价等多种方式。该课程除了设置期末试卷形式考试外，为了确保 TBL+PBL 任务教学活动由学生积极参与、共同推动，在 TBL+PBL 任务教学环节设计了“三级评价+加分机制”的考核体系，即组内评价、组间评价、教师评价、临场问答加分机制。小组内根据任务完成的贡献度给组内各成员评分；汇报/展示成果的小组受到其他所有小组的打分，打分维度包括内容与任务要求匹配度、准备充分度、组织有效性、语言表达、展示内容吸引力、展示技巧、组员配合、热情投入度、问题回答有效性、多媒体可视化应用等十个方面。为了进一步保证对小组任务评价的客观性和恰当尺度，教师也对小组从任务准备到展示汇报的全过程表现进行打分评价。此外，为了避免出现小组汇报展示中，其他小组不认真听取、不主动参与互动的情况，在汇报展示机制的设计中，每次要同时有 2~3 个小组同时展示，以增加对比竞争性，调动学生为了荣誉感而积极完成任务目标，同时也为其他小组评价时通过看到明确的小组展示对比，及时通过比较客观打分。为保证小组汇报不是仅靠记忆既有准备内容、可以自由应用，并激发其他小组积极参与互动，也设置了其他小组有效提问、汇报小组有效回答提问的加分机制。

(三)教师发挥适度引导指导作用

PBL 提出者在医学教育中应用该模式时特别强调了教师的重要作用，应既是学科专家，又是指导专家。同样地，教师在 TBL 下也需承担不可或缺的引导作用。这就要求 TBL+PBL 教学模式下，教师需要具备两方面基本技能：学科能力及指导能力。教师要对课程目标与内容充分把握，清晰地阐明任务目标、任务活动流程，提供优质学习资料，在学生对解决问题茫然困惑时给予引导性建议，对课堂小组展示多环节高效组织，给出即时评价与反馈，总结要点并纠正典型错误。需要指出的是，TBL+PBL 任务活动教学环节是以调用和培养学生的自主学习能力为主的，所以在前 1~2 个小组展示成果完成后，活动环节已经在全班中获得了相对成熟的认知度，教师通过提前双向选择出的多位课代表的分工协作，以及各小

组的逐渐成熟的自主学习行为，已经能够使课堂在学生的主要推动下自行有序运转，教师更多地是在小组课下讨论解决任务目标、应用知识完成任务、在汇报展示准备中起到引导和指导作用，并且需要注意适度性，避免灌输性、控制性太强而丧失了 TBL+PBL 下赋予学生的自主学习的充分空间。

四、 TBL+PBL 在外贸英语与函电课程中的应用成果

TBL+PBL 教学模式在北京林业大学外贸英语与函电课程中尝试性地开展了两轮教学，七步拓展模型的应用，以及任务目标设计、评价机制配置、教师引导指导等策略的使用日渐成熟，但是还需要更多地打磨和积累经验。从最近一轮的教学效果来看，课堂氛围方面，原有专业英语学习的沉闷、枯燥课堂已经转变为学生积极参与、应用各门课程整合专业知识、英文沟通自信大大提高的课堂。在期末闭卷笔试的表现方面，对提升难度和题量的试卷有较好的完成情况，专业英语使用更为流畅、规范。学生对小组协作推进、成果汇报技巧、现场英文回复专业问题等方面有了更深程度的思考和理解，在撰写英文简历、自荐信进行国外高校深造申请中，英文写作质量明显提高，敢于申请的大学的层次显著提升。在课程评价中，学生对“这门课程激发了我的学习兴趣和热情”“通过课程学习，我理解并掌握了重要知识点，有收获”等的满意度达到 95. 6%，对“老师对这门课教学认真负责、讲课很投入”“教师注重课堂管理，善于维持课堂秩序”等的满意度达到 96. 5%，与通常情况下外贸英语与函电课程的不受学生关注、不能对学生形成吸引力形成了对比鲜明的结果。

参考文献

[1]Norman G. Problem-based learning makes a difference, but why? [J]. Canadian Medical Association Journal, 2008, 178(1): 61.

[2]Saarinen-Rahiika H, Binkley J M. Problem-based learning in physical therapy: A review of the literature and overview of the McMaster University experience [J]. Physical Therapy, 1998, 78(2): 195-207.

[3]Solomon P. Problem-based learning: A review of current issues relevant to physiotherapy education[J]. Physiotherapy Theory and Practice, 2005, 21(1): 37-49.

[4]肖良，马超群，邓宇晨，等. Barrows 标准 PBL 模型在医学教育中的应用[J]. 中国高等医学教育，2017, (1): 109-110.

[5]孙皎，张扬，张欢欢，等. PBL 和 TBL 模式在教学中的可行性探析[J]. 长春师范大学学报，2016, 35 (8): 119-120.

Application of TBL+PBL mode in *Foreign Trade English and Correspondence* for international trade: based on Barrows model

Wan Lu Fu Yizhong

(School of Economics & Management, Beijing Forestry University, Beijing 100083)

Abstract PBL teaching mode, born in the 1960s in medical education, is in a stage of continuous enrichment from theoretical research to practical application in China. During the implementation, it is prone to problems such as low levels of autonomous learning, insufficient individual participation, and ineffective group learning. Thus, it is necessary to incorporate multiple teaching methods for optimal design. The *English and Correspondence for International Trade* uses TBL+PBL teaching mode to expand Barrows model and single PBL mode. After comparing the key elements of PBL and TBL, a seven-step model is proposed. Then it explores task objectives, evaluation mechanism, teacher role, etc. The application strategy has taken a better practical application effect.

Keywords TBL, PBL, Barrows model, teaching mode application

基于 BOPPPS 教学模型的参与式教学环节设计

——以“国际商务谈判”课程为例

付亦重　万　璐　吴红梅

（北京林业大学经济管理学院，北京　100083）

摘要：根据《教育部关于加快建设高水平本科教育全面提高人才培养能力的意见》中提出的“坚持以学生为中心”指导思想，教学组分析了“国际商务谈判”课程的特点和培养目标，认为 BOPPPS 教学模型适用于该课程。特别是参与式教学环节，有助于实现以学生为中心的教学组织。本文从探讨 BOPPPS 教学模型的内涵与特点出发，进一步梳理了适合不同教学目标的学生参与式教学活动，并结合“谈判目标的确定”这一教学内容重新进行了教学设计。改造后的参与式教学时间占到课时的 84%。试用结果表明，学生的参与程度更高，反馈良好。教学组根据反馈进一步提出了几点反思。

关键词：BOPPPS；参与式教学；国际商务谈判

“国际商务谈判”是一门知识点繁多、应用性强的实用性课程。该课程的培养目标是：通过课程的学习，使学生能够独立或合作开展国际商务谈判的前期准备和谈判队伍构建工作，能够准备谈判方案，正确使用谈判的策略与技巧，能够进行谈判复盘分析。可见，该课程高度强调学生应用知识能力的形成。教学组进一步结合《教育部关于加快建设高水平本科教育全面提高人才培养能力的意见》（教高〔2018〕2 号）中提出的要求，坚持以学生为中心，激发学生学习兴趣和潜能，激励学生爱国、励志、求真、力行，增强学生的社会责任感、创新精神和实践能力，结合该课程培养目标，针对学情和知识点特征，教学组基于 BOPPPS 教学模型并针对参与式学习环节阶段进行课程设计重塑。

一、 BOPPPS 教学模型的内涵与特点

大卫·库伯（David Kolb）1984 年在其著作中了提出“体验式学习理论”（Experiential Learning Theory，ELT）。该理论提出了一个体验学习圈（Experiential Learning Cycle），指出人们通过具体经验、反思性观察、抽象概念化、主动实践来进行学习[1]。BOPPPS 教学模型依据体验式学习理论进行构建。围绕教学目标的达成，BOPPPS 将教学过程分为 6 个阶段，即导入（Bridge in）、目标（Objective）、前测（Pre-assessment）、参与式学习（Participatory Learning）、后测（Post-assessment）、总结（Summary）。可以看到 BOPPPS 教学模式，有以下几方面特点。

（一）教学目标明确清晰，所有教学环节高度服务于教学目标

Ramsden（2003）年的著作中提出高等教育教学提升必须强调的五大问题[2]，其中包括了

作者简介：付亦重，北京市海淀区清华东路 35 号北京林业大学经济管理学院，教授，fuyizhong@ bjfu. edu. cn；
万　璐，通讯作者，北京市海淀区清华东路 35 号北京林业大学经济管理学院，副教授，wanlu@ bjfu. edu. cn；
吴红梅，北京市海淀区清华东路 35 号北京林业大学经济管理学院，副教授，wuhongmei@ bjfu. edu. cn。

资助项目：北京林业大学 2019 年教育教学研究项目“运用 PBL 建立《外贸英语与函电》‘主动式学习’课堂的研究”（BJFU2019JY039）；
北京林业大学“国际商务谈判”（双语）硕士生高水平课程升级建设项目（YWKC18002）。

设定"清晰的教学目标与教学结构"。在传统课堂上，教学目标通常是由老师于教案中载明、并不明确在课堂上指出的；而大部分将教学目标展现在 PPT 里的老师，往往容易将教学目标与教学内容混淆。BOPPPS 要求教师向学生明确提出教学目标，并根据认知主义代表人物布鲁姆提出的认知、技能、情意三个维度设计目标，并做到"清晰、有效、可达到"。所有的其他教学环节都将紧紧围绕着"教学目标达成"这一总体目标进行设计。不过，教学目标在课堂教学过程中所处的位置，并不一定严格遵循 BOPPPS 的这几个步骤的顺序，可以根据教师实际需要来进行调整。

(二)各教学过程根据 U 形注意力曲线的特征进行设计

美国心理学家帕拉迪诺曾提出注意力曲线，即刺激与注意力之间存在山形或倒山形的曲线关系，过度的信息刺激导致注意力难以集中[3]。国际上公认的课堂学生注意力集中的时间为 10~15 分钟，随着年龄的增长，这一时间会逐渐变长。BOPPPS 课堂结构充分考虑了学生注意力下滑的可能性，利用环环相扣的教学环节，在注意力曲线出现下滑的阶段，用教学环节的变化以及课堂参与方式的革新去刺激学生反复出现注意力的峰值，达到更好的学习效果。

(三)参与式学习环节高度强调以学生为中心

BOPPPS 教学结构中最重要的两项内容分别是明确的教学目标与参与式教学。参与式教学强调学生参与到学习过程中，使用授课的知识开始做事，并思考他们正在进行的活动。参与式学习从活动设计出发点、学生参与程度、教师职能转变、活动设计目标方面，均不同于传统的简单互动式教学，如课堂提问举手回答等。其核心要义就是让学生成为课堂教学的中心，唤起学生的注意力，通过一系列的活动达成最佳的学习效果，完成知识内化过程。

(四)知识点内化助力应用能力提升，学习效果由后验变成即时检验

BOPPPS 的几大环节，从前测学生关于知识点的基本认识开始，到知识点的传授，再到学生动手实际操作或亲自模仿等各种参与式学习过程的知识点内化，再到对知识点掌握情况的后测以及下一个知识点的导出，构成了一个完整的学习圈。这符合学生的学习特点，并将知识点全面内化为学生的能力提升，学习的效果可以通过随堂检测进行及时检验。而且教师可以根据学生的学习效果进行现场查缺补漏，并对学生学习中存在的问题进行有效的点评、反馈。

从 BOPPPS 结构的内涵与特征来看，该结构符合本课程教学的总体培养目标与要求。由于参与式教学环节是 BOPPPS 结构的重点环节，接下来探讨一下参与式教学法的类型与选择。

二、 参与式教学法的类型与应用

参与式教学指的是教师在教学过程中通过营造一种民主、宽松、和谐的课堂教学环境，激发学生积极主动参与到教学过程中来，与教师共同实现预期目标的一种教学组织和教学方式[3]。广义上看，师生之间的简单互动(比如教师讲授并提问，学生回答)也属于参与式教学的范畴。狭义上看，参与式教学需要教师采用更多参与方式，激发学习者主动参与课堂的动机，甚至是以学习者为中心开展课堂。

巴克利[4]针对广义的学习目标，将参与式学习归为两大类。第一大类，是为了使学习课程相关的知识与技能而使用的学习者参与技巧，更多侧重的是知识和技能的传授、回顾、理解等等。另一大类，是启发态度、创造价值、自我觉醒相关的学习者参与技巧。与本杰明·布鲁姆提出的三维度教育目标分类体系中的教学目标相结合，可以将参与式教学方法的各类技巧对应起来(表 1)。

表 1　学习者参与技巧与布鲁姆三维度教学目标实现的对应表

参与式教学技巧的类别	布鲁姆三维度教育目标
第一大类学生参与式技巧	
侧重知识的传授、复习；	认知目标：知识、理论、观念等。
分析与批判思维；解决问题；	技能目标：能力表现、创造、技术等；
综合性、创造性思维与应用；	知识联结与应用
第二大类学生参与式技巧	情意目标：情绪、态度、价值、信念等

来源：教学组梳理。

教学组进一步梳理了参与式教学中根据教学目标划分的学生活动的类别以及所需时间(图 1)。发现以下几个方面的问题：首先，按照一堂课 45 分钟时间来看，根据不同层次教学目标的实现以及活动耗时的不同，教师可在课程中灵活选择若干学生活动开展参与式学习。而且，大部分的个体活动或群体活动，可以通过对活动过程进行控制来缩短和延长时间。复杂的教学参与活动需要进行调整或者根据教学难点设立专题来控制所耗时间。

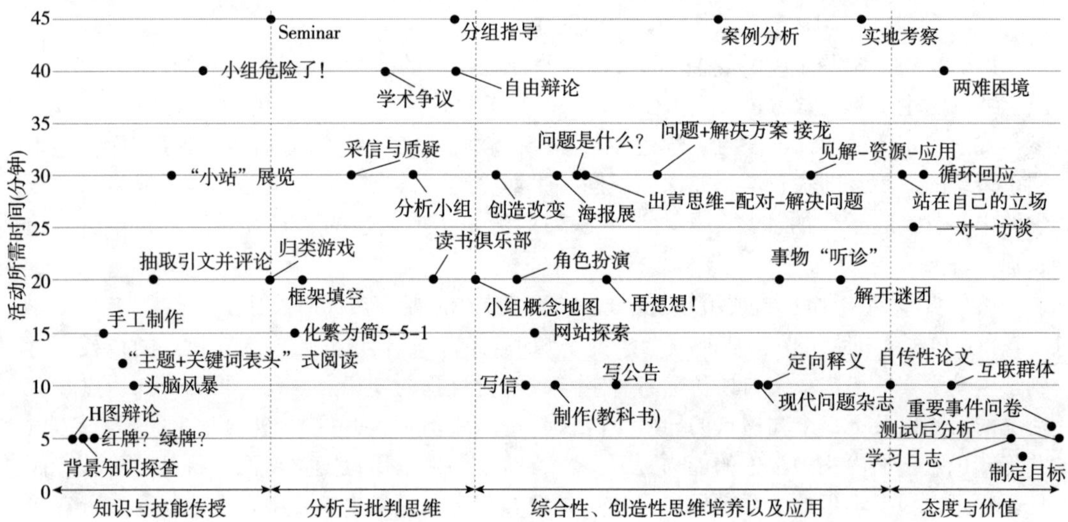

图 1　参与式教学中根据教学目标划分的学生活动的类别以及所需时间

(来源：教学组梳理)

其次，很多参与式教学活动没有明显的界线，比如说，研讨式教学(Seminar)既可以服务于浅层的知识传授、知识复习层面的学习目标，也适用于实现“分析与批判式思维”的学习目标。所以，教师也可以针对参与式教学活动的特点，为其注入不同的教学内容，灵活实现多种教学目标。

更重要的是，大部分活动可以将学生的个体活动与群体活动相结合，这符合高等教学当中学生进行“同伴”学习更有助于学习效果的提升这一特点。教师也可以选择活动的叠加来丰富学生在活动当中的体验。

此外，研究表明，图 1 中大部分的参与技巧能够凭借目前的互联网技术条件转化为在线活动，也就是说，参与式课程改造之后，延展能力依然很强，在未来向线上教育的可移植性非常强。

三、“国际商务谈判”课程基于 BOPPPS 模型的参与式教学环节的重塑

基于 BOPPPS 模型，教学组对“国际商务谈判”课程第二部分内容“谈判目标的确定”进

行了重塑。在 45 分钟的课堂时间中，参与式学习为 38 分钟，占整个课程的 84%。学生已经成为教学活动的主体，因此知识并不是由教师直接抛给学生，而是学生同构自己的经验结合的自己思考总结出来，在同伴学习的过程当中产生的冲突和分歧反而更有利于学生进行知识建构。教学环节的安排重新进行了如下设计。

(一)课程导入

教学方式：演示 PPT，教师讲授。

教学内容：总结上节课相关内容，并使用“跑道和终点”图像，导入教学内容“谈判目标”的重要性。

教学时间：1 分钟。

(二)教学目标

教学方式：演示 PPT，教师讲授。

教学内容：谈判目标，具体为以下几点：①能够陈述谈判目标的几个层次；②能够正确计算出一个谈判的 BATNA(难点)；③能够正确找到谈判的起点和破裂点，找到谈判的可达成协议的范围(ZOPA)；④能够根据某个谈判的特征，制定出谈判目标。

教学时间：1 分钟。

(三)前测环节

教学方式：参与式教学：红牌？绿牌？Think-Pair-Share(TPS)

教学内容：考查学生对谈判目标的认识。

教学组织过程：①举牌子。谈判目标是不是一个确定的数字？(PPT 打出问题和选择，是；红色；否：绿色)，学生举红牌或绿牌，教师观察，时间 1 分钟。②关键词写作。学生可以想，可以在纸上写一些关键词，如你觉得谈判时，目标可以有几个层次？如果作为不同的买方和卖方，目标会不会有什么差别？时间 1 分钟。③结对采访。采访附近的 2~3 名同学，交换观点，对比自己的观点与对方的观点有什么不同？时间 3 分钟。④分享。将教室划分为 6 个区，每个区域请同学自愿分享他得到的观点。教师在黑板上列出学生们得到的不同结论。在学生们的不同观点当中，教师提炼出谈判中目标可以有的几个层次，时间：3 分钟。

教学时间：8 分钟。

(四)参与式教学环节

教学方式：参与式教学法：归类游戏、TPS、观点接龙。教师总结性讲授。

教学内容：最高目标、最低目标、实际需求目标、BATNA、锚点、ZOPA。

教学组织过程：①参与式教学。教师在 PPT 上打出散乱的一些小短句子(可以描述某个谈判目标层次的作用，可以描述怎样找到这个目标层次)，学生自己在 1 分钟之内把他们归到某个谈判目标层次下(1 分钟，归类游戏)。在刚才划分的 6 块区域内，同学交换观点，看大家归类是否一致(3 分钟，归类游戏)。邀请各个小组进行分享，在某个小组的基础之上进一步讨论，某一个谈判目标的层次什么用，为什么会有这样一个层次，怎么找到这个层次。不同小组可以增加新的关键词，来解释自己的观点。时间 11 分钟，TPS+观点接龙。②教师演示并讲解。教师演示 PPT，讲解谈判目标的层次的作用、如何找到(2 分钟)这个环节对于 BATNA 这一难点内容，教师可以看学生的理解程度，追加一个例子(3 分钟)，测试学生的理解情况，并用不同颜色的粉笔在黑板上进行强调。

教学时间：20 分钟。

(五)后测环节

教学方式：参与式教学法：海报展。

教学内容：测试学生对几个层次目标的掌握情况。

教学组织：教师在PPT上打出房屋买卖的一个小案例，让学生们5~6人随机建组，制作海报，海报上画出谈判的各个层次的目标(4分钟)。把海报挂起来，让同学们观察海报，并且提问和总结(5分钟)。教师在某个海报上进行总结(1分钟)。

教学时间：10分钟。

(六)总结

教学方式：PPT演示讲述。

教学内容：总结谈判目标的几个层次，强调若干关键词。

教学时间：5分钟。

四、 课程重塑的效果与结论

该教学内容重塑之后，在2019年的春季教学中试用了一次，学生反响很好，也反馈了一些感受和建议。该教学内容可以进一步考虑未来进行线上和线下教学的结合，扩大知识容量，增进参与式教学的效果。此外，可以考虑增加情意目标，进一步结合现实、并引导学生开展自我反思。教学组经过讨论之后，具体提出了以下结论和建议：

(一)教学目标设定应具体，不宜过泛、 过大

教学目标应明确而具体，能够在课堂的过程中和后测环节依照教学目标是否达成来检验教学的效果。如果教学目标设定过大，教学内容的组织安排压力较大，对精细化管理参与式教学活动的能力要求就越强，否则无法完成教学目标。

(二)注意活动之后的总结与时间控制

参与式教学活动由于形式新颖，而且学生参与到知识点的推演过程，非常积极主动，但是他们往往会失去焦点，对教学内容的总体把握和判断就比较差，所以教师在每个参与式教学环节都要有一个结论性的总结，帮助学生重新聚焦教学内容。此外，学生由于参加活动比较兴奋，可能会忘记时间的控制，教师一定要及时做好提醒，把握上课节奏，以免影响各个环节的进度。

(三)充分考虑班型特征及教学环境的特殊性

这次教学活动的安排，考虑的是40~50人的小班，可以划分出7~8个小组来进行活动。如果是更大的班型，可以使用的参与式教学方式需要进一步做出调整，比如说TPS环节，在小班的时候，可以直接组成小组，如果是人数较多的大班，可以像课程设计中那样就近分组。而且教学环境应提前进行安排，比如说安排活动的桌椅板凳，方便学生移动，此外准备彩色笔、大白纸等等，方便学生开展活动。

(四)教师为学生活动提供足够支撑

学生在开展活动的时候，有时候需要支撑信息，辅助做出更好的判断，因此教师和助教应该随时准备给学生提供支撑的信息。必要的时候，还要提供一些参考性的材料，帮助学生开展活动。并不是以学生为主体，就把教学活动全盘交给学生。教师始终是课堂中的“指挥者”“支持者”。

参考文献

[1]Smith M K. David A. Kolb on experiential learning. Encyclopedia of informal education [DB/OL]. http://infed. org/mobi/david-a-kolb-on-experiential-learning/. Retrieved：2019，(12)：6.

[2]Ramsden P. Learning to teach in higher education[M]. 2nd edition. Rontledge：Taylor & Francis，2002.

[3]帕拉迪诺. 注意力曲线：打败分心与焦虑[M]. 北京：中国人民大学出版社，2016.

[4]Barkley E F. Student engagement techniques：A handbook for college faculty [M]. San Francisco：Jossey-Bas，2010.

The designing of participatory teaching under BOPPPS: A case on *International Business Negotiation*

Fu Yizhong Wan Lu Wu Hongmei
(School of Economics & Management, Beijing Forestry University, Beijing 100083)

Abstract According to the ideology of student-centered put forward in *Opinions of the Ministry of Education on Accelerating the Construction of High-level Undergraduate Education and Improving the Ability of Talent Cultivation*, the teaching group furtherly analyzed the characteristics and teaching objectives of the course *International Business Negotiation*, and thought that the teaching model of BOPPPS was suitable for the course. In particular, the participatory teaching process was conducive to the realization of student-centered teaching organization. Starting from the discussion of the connotation and characteristics of the teaching model of BOPPPS, this paper further combed the students' participatory teaching activities for different teaching objectives, and redesigned the teaching with the teaching content of "determination of negotiation objectives". After the changing, the participation teaching time accounted for 84 percent of the class hours. The results showed that the participation of students was better and the feedback was good. According to the feedbacks, the teaching group further put forward some reflections.

Keywords BOPPPS, participatory teaching, *International Business Negotiation*.

基于 CDIO 理念的“旅行社经营管理”课程教学模式探索

丛 丽

（北京林业大学园林学院，北京 100083）

摘要：本文以“旅行社经营管理”课程为例，引入了 CDIO 理念教学模式，对该课程的教学内容、教学方法和课堂活动进行设计和研究，试图探索出一种适合应用型本科院校旅游专业课程的教学新模式。教学中结合课程内容和学生能力培养要求划分四个阶段：基础能力培养阶段、综合能力培养阶段、应用能力培养阶段和创新能力培养阶段；在操作中，分别对应四种情境任务：旅行社经营管理现状分析、模拟旅行社注册成立、实践旅行社计调操作、旅行社产品设计及旅行社营销运行等环节实践训练。通过“设计—实施—运行”等情境任务训练，提升学生的实践能力和素质水平，真正实现“知识—能力—素质”的提升，实现学校教育与社会需求的理想对接。

关键词：CDIO；旅行社经营管理；情境模拟；任务驱动

随着现代科技和旅游的飞速发展，在线旅行社（Online Travel Agency，OTA）在激烈的市场中脱颖而出并迅速占领市场，对传统门店旅行社带来强烈的冲击。市场消费环境的快速变化对旅游专业人才也提出新的素质要求。“旅行社经营管理”是旅游管理的三大核心专业课程之一，是直接面向社会实践需求培养对接人才的课程，强调理论与实践相结合[1]。过去北京林业大学“旅行社经营管理”课程虽然经历过多次教学改革和探讨，但仍然以传统的课堂讲授、案例讨论等研究型教学方式为主，学生实践应用能力没有得到很好锻炼和提升，与工作岗位实践需求有脱节现象。本项目拟借助 CDIO（Conceiving-Designing-Implementing-Operation，即构思—设计—实现—运行）理念和具体教学目标[2]，对课程进行教学模式改革，努力培养更多符合市场需求的创新型应用型人才。

一、 CDIO 理念基本概况

CDIO（Conceiving-Designing-Implementing-Operation，即构思—设计—实现—运行）是由美国麻省理工学院、瑞典查尔斯技术学院、瑞典皇家工学院和瑞典林克平大学四所国际知名高校，经过四年的探索研究创立而形成的一种新型的国际工程教育模式[3]。其中，“构思”包括主要是对顾客企业发展战略和规章制度熟悉和设计、对市场需求分析，进而对企业发展理念、技术程序和商业计划等进行构思设计和制订；“设计 ”主要指对工程项目进行具体规划和设计、图纸表达以及实施方案设计等；“实施 ”指将前期工程设计方案进行落实，投入市场，转化为产品的过程，包括制造及设计方案的确认等；“运行”则主要是指通过各种落实设计方案，包括对设计方案的修订、改进和淘汰等过程[4]。CDIO 理念不仅继承和发展了欧美 20 多年来工程教育改革的理念，更重要的是系统地提出了具有可操作性的能力培养，相较于传统教学模式，CDIO 理念更加注重对学生能力的培养，其能力评价指标包括基础能力、综合能力、应用能力和创新能力[5]。

近年来，教育界逐渐认识到高校培养学生存在与社会实践相脱节的现象，学校理论学

作者简介：丛 丽，北京市海淀区清华东路 35 号北京林业大学园林学院，副教授，congli1980@163.com。

习与社会实践结合的程度不尽理想[5]。虽然 CDIO 的理念源于工程教育理念，研究经验证明 CDIO 的理念和方法对旅游管理等管理学科的教育教学也有重要的应用价值[6]。首先，CDIO 理念注重“知识—能力”循环提升的人才培养模式，教学中注重启发式、互动式、交流式、全方位的教学方法；其次，CDIO 理念强调小组成员合作，有效培养学生的团队沟通和协作能力。最后，CDIO 模式强调在教师指导下，学生的深度参与及主导，通过“设计—实施—运行”等情境任务训练，提升学生的实践能力和素质水平，真正实现“知识—能力—素质”的提升，实现学校教育与社会需求的理想对接[7]。

本文运用 CDIO 教育理念，从本质上来说，这是一种以实践为导向，建立一体化课程体系的教育模式，对该课程的教学内容、教学方法和课堂活动进行设计和研究，试图探索出一种适合应用型本科院校旅游专业课程的教学新模式，为旅游管理专业本科阶段的教学提供一种新的选择和思路。目前已有很多学者把 CDIO 工程教育模式应用到了旅游管理专业课程改革中，因此其教育理念也可以应用于“旅行社经营管理”课程研究上[8]。

二、 基于 CDIO 理念“旅行社经营管理”课程教学模式探索

“旅行社经营管理”课程开设在大三的第一学期，学生已经完成了旅游学概论、导游业务等专业课程的学习，了解了旅行社行业的基础知识和基本技能，因而该课程的主要目标是借助 CDIO 理念和具体教学目标，将教学内容分解为四个阶段：基础能力培养阶段、综合能力培养阶段、应用能力培养阶段和创新能力培养阶段，这四阶段是连续的、一体的，缺一不可。在课程理论学习中贯穿旅行社经营管理现状掌握、旅行社注册成立、旅行社计调操作、旅行社产品设计及旅行社营销等情境专业技能的训练。因此，将学生分成若干小组，每个小组通过抽签形式选定一个主题，小组成员和指导教师之间进行论和沟通，制订计划后小组成员进行分工，从市场调研、模拟成立旅行社、计调操作线路设计、营销方案制定等环节进行系统锻炼。

（一）构思：基础能力培养阶段——旅行社现状调查

在具体教学中，要想获得良好的教学效果，必须结合专业特点采取重点讲解的方式。按照 CDIO 的能力分析，该阶段主要培养学生的专业基础能力，基本能力培养通过旅行社企业现状调研考察，找出旅行社经营管理的问题及建议。主要任务：每小组在讨论的基础上选择一家旅行社，可以是实体旅行社门店或在线 OTA。以实体店为例，需要学生寻访北京某家旅行社门市，评价其位置、设施、服务项目、业务范围、经营状况、人员要求、操作程序；熟悉该旅行社产品制订销售方案；调查了解其广告设计、定价依据、渠道选择、渠道的管理、售后服务及国际旅行社业务交接流程等方面。在线 OTA，学生需要浏览国内外旅行社网站的展示内容和服务内容，了解旅行社龙头电子商务平台的运作，例如：携程、e 龙、同程、驴妈妈、蜂窝网等，选择一家旅行社的网页写出网站建设与管理的建议。通过对门店旅行社或线上旅行社的考察，培养学生对于整个行业的商业敏感性和对旅行社业经营和管理的自我构思能力。

（二）设计：应用能力培养阶段——旅游线路制定

由于旅游产品个性化需求的增强，旅游高端定制市场的壮大，要求旅行社经营者提供特色化、专业化的旅游产品，因而旅游产品的设计能力是决定着旅行社市场竞争力的最重要因素。该阶段的实施可采用面向工作过程的方法，通过给定产品功能要求，按照产品的研发和设计需要，面向产品的开发目标招募和组织学生团队，形成灵活的目标—团队模式，每个成员参与到整个产品开发的各个环节中，不断在设计、实施、测试、再设计的多次迭代中优化设计方案。

在前期考察旅行社市场的基础上，第二个情境模拟的任务是设计一条特色旅游线路，而该特色旅游线路未来将作为模拟成立的旅行社最重要的旅游产品。例如，选题为爱琴海 7

日婚纱摄影游，要求给出线路设计的主题与口号；线路当中的所有服务要素供给及具体报价，包括住宿(酒店具体名称)、交通(方式、时间)、餐饮(饭店名称、餐标)、景区、购物场所等；最后完成线路设计与汇报。同时，以爱琴海7日婚纱摄影游为目标市场，发放调查问卷，分析游客对主题、设计线路、报价的感知与反馈 。根据市场调查结果对主题定位和线路设计环节进行修改。此阶段主要模拟旅行社计调工作人员进行旅游线路产品设计的环节，培养学生设计和应用能力。

(三)实施：综合能力培养阶段——旅行社注册成立

对于旅行社经营管理对应三种就业方向：旅行社计调、旅行社销售和和旅行社创业。其中创业的前提是成立一家旅行社，因而，模拟成立一家旅行社是第三个阶段的训练，旨在培养学生综合能力。具体任务是要求小组同学在前期两个阶段的基础之上熟悉旅行社申报条件和流程、模拟准备旅行社申报的各项材料和文件、设计旅行社名称、企业文化和选址、明确主要经营范围与业务、撰写旅行社申报材料、注册旅行社。在其中要特别进行说明的还包括旅行社部门划分：明确旅行社组织结构和部门设置和旅行社人员分工和职责；设计旅行社经营场所功能布局，旅行社的选址、办公面积、办公空间利用说明等。在该过程中，以学生创意设计为导向，鼓励学生结合兴趣、旅游线路设计和市场发展趋势，利用所学的专业知识和建模方法，努力尝试注册一家新旅行社，不仅要熟悉注册条件流程，还包括企业文化建设和员工招聘及管理，最后还包括办公空间设计等实操层面的具体问题，可以说整个过程是非常复杂，需要学生具备良好的综合能力。

(四)运行：创新能力培养阶段——营销方案制定

旅行社作为旅游企业，实现经济盈利是其最重要的市场行为。旅行社营销是旅行社产品销售重要途径和实现手段。旅行社营销工作人员需要熟悉旅行社企业文化、旅游产品性价比优势等。因此，结合实践工作中营销岗位对于旅行社的重要作用，第四个情境是要求每组同学制定该组的营销战略，实现产品的模拟销售。具体任务要求如下：首先，要根据前期旅游产品特色而进行产品定价；进而制定旅行社产品促销计划和旅行社产品销售战略，采用各种营销手段进行产品宣传，之后利用问卷调查访客的购买意愿，并且在旅游产品促销过程中小组成员全部参与进来，直接和模拟客户及协作单位交流，锻炼学生的团队合作能力和沟通能力[2]。最后，所有小组设计完成的旅行社、旅游线路和营销方案，通过采取小组汇报，小组之间互评、老师评价的方式，进行综合打分，评选出“最佳创意旅行社奖”、“最佳旅游线路奖”和“最佳旅游营销方案奖”。

大多获奖的作品都具有比较新颖的想法和创意思想，这是激发学生创新能力的最有效手段。因此，在教学中引入比赛，在课堂上通过对比赛的解读，引导学生根据比赛要求进行方案创新设计，并进行旅行社产品和营销方案的训练，不仅能推动学生对旅行社经营管理课程的学习和探索，同时对于学生的创新能力也起到较大的促进作用。综上，基于CDIO理念的旅行社经营管理课程教学模式内涵，见表1。

表1 基于CDIO理念的旅行社经营管理课程教学模式内涵

CDIO	能力培养	情境主题	内 涵
构思	基础能力	旅行社现状调查	包括线上和线下旅行社相关企业的现状分析、旅行社发展战略、发展理念、商业运行和相关产品的市场需求等
设计	综合能力	旅游线路制定	包括旅行社线路的制定，包括在设计、测试、再设计的多次迭代中优化线路设计方案等
实施	应用能力	旅行社注册成立	特指准备旅行社成立的各种文件和方案，人员分工和选址、办公场所规划等，最终完成旅行社注册完成

（续）

CDIO	能力培养	情境主题	内　涵
运行	创新能力	营销方案制定	指制定适合旅行社产品和企业文化的营销战略和促销方案、市场测试和销售反馈、修订营销方案，最终实现旅游产品销售

三、 结论

基于 CDIO 理念教学法，将学生能力素质主要划分为基础专业能力、综合能力、应用能力和创新能力等四个不同层面的内容。为了使这些层面达到应有的水准，该教学体系要求采取综合系统性的培养框架，促使学生按照预定目标不断发展。通过该课程的学习，不仅要求学生能掌握旅行社相关理论基础知识，还要求学生熟悉旅行社工作流程以及熟练掌握实践技能。该课程的实践教学能够使学生更为直观地认识旅行社经营的运行模式，提高学生的动手操作能力，帮助学生尽快地进入职业角色，缩短学生由学校进入旅行社后适应工作岗位的时间，使学生增加对旅行社行业的认知度，会增强学生的综合业务能力，可加强学生对实践问题的应对，最终满足旅行社相关企业对旅游专业人才的需求状况。

参考文献

[1]吴素吟，刘宏兵，盛颐 . FPA 在旅行社经营管理课程项目教学中的应用[J]. 大学教育，2019，24(10)：1-7.

[2]张百菊 . 基于 CDIO 模式《旅行社产品设计》课程的创新研究[J]. 吉林化工学院学报，2016，33(10)：48-50.

[3]杨艳红，钟相强，张海敏 . CDIO 模式下的工业设计人才综合能力实践[J]. 赤峰学院学报(自然科学版)，2014，30(10)：252-254.

[4]The CDIO TM Standards：2 [EB/OL]. (2008-06-30) [2009-04-13]. http：//www. cdio. org/tools/cdio standards. html.

[5]王硕旺，洪成文 . CDIO：美国麻省理工学院工程教育的经典模式——基于对 CDIO 课程大纲的解读[J]. 理工高教研究，2009，28(4)：116-119.

[6]周晓梅 . 基于 CDIO 的《旅游线路设计》课程教学模式研究[J]. 武汉船舶职业技术学院学报，2013，12(3)：136-139.

[7]原志华，刘宇峰 . CDIO 教育理念下旅游管理专业双创能力培养研究[J]. 创新创业理论研究与实践，2019，2(11)：77-78.

[8]陈亦仁，郭星，马强 . CDIO 模式下工业设计专业人机工程学教学改革的实践性探索[J]. 河北工程大学学报(社会科学版)，2013，30(3)：113-116.

Exploring the teaching mode of *Travel Agency Management* course based on CDIO concept

Cong Li

(School of Landscape Architecture, Beijing Forestry University, Beijing 100083)

Abstract This article introduces the CDIO (Conceiving-Designing-Implementing-Operation) concept and analyzes the feasibility of introducing CDIO concept into the management of travel agencies. The teaching content is divided into four stages: Basic ability training stage, comprehensive ability training stage, application ability training stage and innovation ability training stage; corresponding to four situation tasks: Mastering the current status of *Travel Agency Management*, registration of the travel agency, and travel agency planning operation. Travel agency product design and travel agency marketing and other professional practice training. Enriched traditional teaching methods and models, with a view to providing inspiration for the cultivation of innovative talents in tourism majors in research universities.

Keywords CDIO, *Travel Agency Management*, situation simulation, task-driven

基于 OBE 的“木结构”课程教学方法与评估体系的构建与应用

刘　问　孟鑫淼　李　珺　黄建坤

（北京林业大学水土保持学院，北京　100083）

摘要：成果导向教育(OBE)是以学生学习成果为导向的教育理念，目前已成为国际教育改革的主流理念，被认为是追求卓越教育的正确方法。本项目在“木结构”课程教学中分五部分应用基于 OBE 的教学方法：课堂教学、课堂表现、作业、三级项目、期终考试，并针对 OBE 教学方法构建评估体系。对“木结构”教学成果的评估表明 OBE 教学方法效果明显。此外，本项目就教学过程中的不足之处进行反思，以期进一步改善教学方法。

关键词：OBE；木结构；教学方法；评估体系

成果导向教育(Outcome s-based Education，OBE)是一种以学生的学习成果为导向的教育理念，认为教学设计和教学实施的目标是学生通过教育过程最后所取得的学习成果。OBE 理念在 1981 年率先由美国提出[1]，随后以惊人速度获得了广泛重视和应用，经过此后 10 年左右的发展，形成了比较完整的理论体系，已成为美国、英国、加拿大等国家教育改革的主流理念，被认为是追求卓越教育的正确方法[2]。美国工程教育认证协会全面接受了 OBE 的理念，并将其贯穿于工程教育认证标准的始终[3]。2013 年 6 月，我国被纳为“华盛顿协议”签约成员，2016 年 6 月，我国正式成为“华盛顿协议成员”，自此，我国高等工程教育认证工作全面正式开始。可见，我校实施以成果为导向的课程体系改革迫在眉睫，构建并实施基于 OBE 理念引导的教学方法改革亟待进行。

OBE 关注 5 个问题[4]：①我们想让学生取得的学习成果是什么？②我们为什么要让学生取得这样的学习成果？③我们如何有效地帮助学生取得这些学习成果？④我们如何知道学生已经取得了这些学习成果？⑤我们如何保障让学生能够取得这些学习成果？如何在课程教学中解决这 5 个问题，是体现 OBE 教学理念的关键。本项目以土木工程专业课“木结构”为例，在课程教学中强调基于学习成果的培养，据此制定课程学习的课程大纲，设计多模块的教学方法及多层次的评估标准，并在课程的整个教学过程中实施该教学方法，应用评估标准量化教学方法的效果，根据该量化值总结经验找出问题，优进一步优化 OBE 的课程教学方法。

一、基于 OBE 的“木结构”教学方法

OBE 教学方法强调基于学习成果的培养。与以往传统教学方法相比，在近两年的“木结构”课程教学中，授课者实施了以教学成果为导向的课程教学方法。该方法的最大改进是确

作者简介：刘　问，北京市海淀区清华东路 35 号北京林业大学水土保持学院，副教授，liuwen@ bjfu. edu. cn；
孟鑫淼，北京市海淀区清华东路 35 号北京林业大学水土保持学院，讲师，mengxinmiao@ bjfu. edu. cn；
李　珺，北京市海淀区清华东路 35 号北京林业大学水土保持学院，讲师，lijun0728@ bjfu. edu. cn；
黄建坤，北京市海淀区清华东路 35 号北京林业大学水土保持学院，副教授，kun310@ 126. com。

资助项目：北京林业大学教育教学改革项目“基于 OBE 的专业课程教学方法的构建与实施”(BJFU2018JY028)。

定课程的学习目标，明确课程对专业培养目标、培养成果的贡献，所有的教学活动围绕学习目标、学习成果进行，教学框架如图 1 所示。本项目实施的 OBE 教学方法强调以课堂教学为主，以适当的研讨时间培养学生认识问题和解决问题的能力；以习题练习与案例分析加深学生对木结构设计原理的理解及应用；以三级项目让学生掌握木结构设计的基本步骤和分析方法，加深学生对知识点的理解、强化学生结构分析与计算能力。

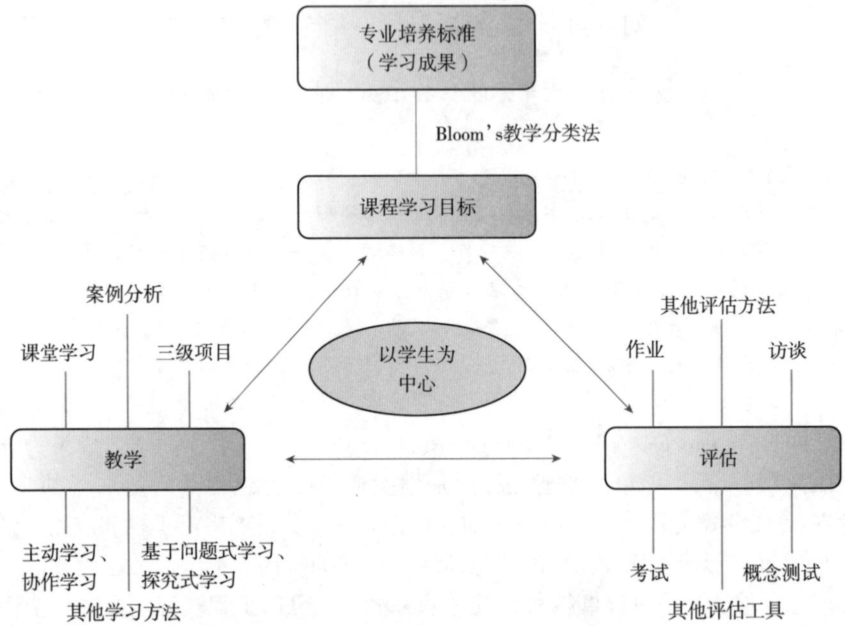

图 1　课程教学框架图

基于 OBE 的“木结构”教学内容主要包括五部分：课堂教学、课堂表现、作业、三级项目、期终考试。课堂教学是以木结构各部分构件、节点的原理与设计为主线，分解每节课的学习目标，讲课—讨论—作业、测试交叉结合，达到学习效果。课堂表现由课堂出勤率、案例分析讨论表现、知识点讨论表现、作业讨论表现等体现。围绕课程学习目标，布置一定量的作业，并根据课程类型、性质，作业类型以简单概念题，分析题，计算题为主，更好地训练、考查学生对知识的深度理解与应用，以及课程设计的三级项目——梯形木屋架设计，即通过木结构设计原理课程设计，掌握屋盖系统结构布置和设计的方法。运用有关力学和木结构课程所学知识对木屋架进行内力分析、杆件截面设计和节点设计，培养学生解决实际问题的能力。期终考试围绕课程学习目标，根据课程性质，考试以填空、选择、问答和计算题为主。

二、 基于 OBE 的“木结构”评估体系

在“木结构”教学中实施了 OBE 教学方法后，本项目也构建了针对 OBE 教学方法的评估方法。该评估方法是一个综合、协调一致和持续不断的系统评估体系，贯穿于“木结构”整个课程学习的活动中，其工作框架如图 2 所示。评估体系包括三个部分：①细化可测评的课程学习目标，即预期学习成果；②基于预期学习成果设计和实施各种的学习任务、学习活动，体现学习成果的培养，采用多种形式收集学习活动中各种学习成果的具体表现，如分析和解决问题能力、交流能力以及思维能力等；③分析和评估实际的学习成果，做出正确的判断。在教学过程中的具体评估方法如图 3 所示，具体评估过程如下。

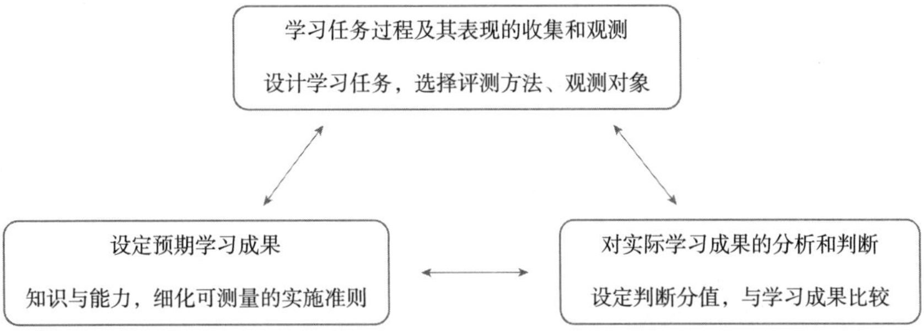

图 2　基于学习成果的评估框图

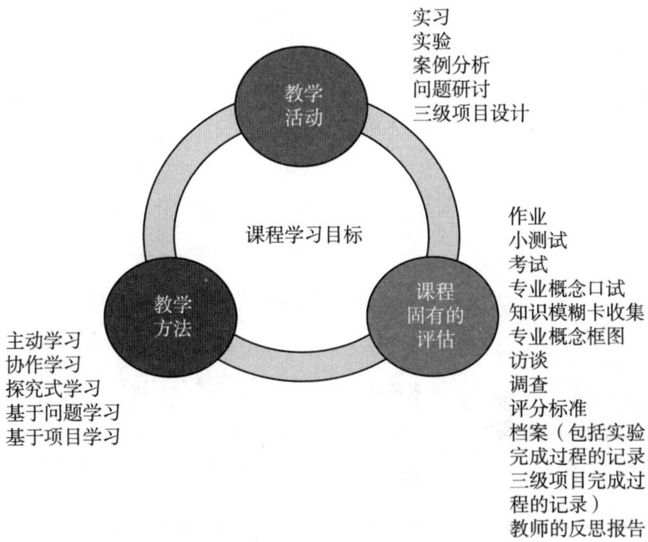

图 3　基于学习成果的评估方法

（一）细化可评测的课程学习目标

针对“木结构”课程内容构建相应知识目标，例如，针对木结构的连接内容，只是目标可设定为：应用木结构连接的知识进行木结构连接的受力分析和连接设计，包括：掌握木结构对连接的要求及连接类型；掌握齿连接的构造和计算；掌握销连接的失效模式与工作原理；掌握螺栓连接的构造和计算；掌握钉螺栓的构造和计算；掌握齿板螺栓的构造和计算；梁与梁的连接、梁与柱的连接、柱脚设计。进一步地，学生的能力目标是在知识目标上的更高要求，主要包括：①具备整合思维能力，即批判性思维、创造性思维与系统性思维能力；②具备分析、推理和解决工程问题能力，即发现问题和表述问题、解决方法和建议；③具有有效交流的能力，即应用语言、书写、图表和电子方式进行工程表达和交流的能力。

（二）设计学习任务与学习活动

以木结构的连接内容为例，基于该部分内容细化学习目标设置相应的预期学习成果，见表 1。针对细化的学习目标，在教学过程中，针对其学习成果导向，设置学习任务与学习活动，即在作业、期末考试、三级项目中设置相应重点题目，观测学生对预期学习成果的变现，以评测预期学习成果在实际学习过程中的完成度。而评测过程依据评分标准进行，作业与课堂表现等相关评分标准见表 2、表 3。

表 1 “木结构连接受力分析和连接设计”的预设学习任务与实际评测结果

<table>
<tr><th colspan="2">预期学习成果</th><th colspan="2">预设学习任务</th><th rowspan="2">实际学习成果评测（%）</th></tr>
<tr><th>总体成果</th><th>细化的预期学习成果</th><th>任务</th><th>观测点</th></tr>
<tr><td rowspan="9">应用木结构连接的知识进行木结构连接的受力分析和连接设计</td><td>理解木结构对连接的要求及连接分类</td><td>三级项目</td><td>屋架节点的连接方式是否选择正确</td><td>89.3</td></tr>
<tr><td rowspan="2">理解齿接连接的特征也应用条件，能够进行齿连接的计算和构造设计</td><td>作业 1</td><td>屋架端部节点齿连接的承载力验算</td><td>83.5</td></tr>
<tr><td>期末考试</td><td>齿连接的构造要求，齿连接的螺栓作用</td><td>81.2</td></tr>
<tr><td rowspan="2">理解销接连接的形式、失效模式与基本假定，能够进行销连接的承载力计算</td><td>作业 2</td><td>销连接脆性破坏与延性破坏方式，销连接延性破坏的 6 种失效模式</td><td>84.0</td></tr>
<tr><td>期末考试</td><td>销连接的基本假定，木夹板销连接在 I、II 失效模式下的承载验算</td><td>78.4</td></tr>
<tr><td rowspan="2">理解螺栓连接与钉连接的构造要求，能够进行螺栓连接与钉连接的计算与设计</td><td>作业 3</td><td>设计满足承载力要求的螺栓连接</td><td>77.0</td></tr>
<tr><td>三级项目</td><td>木屋架节点螺栓连接计算与构造要求</td><td>89.3</td></tr>
<tr><td rowspan="2">理解齿板连接的特点与应用范围，能够进行齿板连接的承载力计算</td><td>期末考试</td><td>钉连接的构造要求，钢夹板螺栓连接承载力验算</td><td>65.1</td></tr>
<tr><td>作业 4</td><td>齿板桁架下弦杆中央节点的齿板连接承载力验算</td><td>59.3</td></tr>
</table>

表 2 作业的评分标准

完成情况	得分
严格按照作业要求并及时完成，基本概念清晰，解决问题的方案正确、合理，能提出不同的解决问题方案	80~100 分
基本按照作业要求并及时完成，基本概念基本清晰，解决问题的方案基本正确、基本合理	60~79 分
不能按照作业要求，未及时完成，基本概念不清晰，解决问题的方案基本不正确、不合理	40~59 分
不能按照作业要求，未及时完成，基本概念不清晰，不能制定正确和合理解决问题的方案	0~39 分

表 3 参与讨论及平常表现的评分标准

完成情况	得分
资料的查阅、知识熟练运用，积极参与讨论、能阐明自己的观点和想法，能与其他同学合作、交流，共同解决问题	80~100 分
基本做到资料的查阅、知识的运用，能参与讨论、能阐明自己的观点和想法，能与其他同学合作、交流，共同解决问题	60~79 分
做到一些资料的查阅和知识的运用，参与讨论一般、不能阐明自己的观点和想法，与其他同学合作、交流，共同解决问题的能力态度一般	40~59 分
不能做到资料的查阅和知识的运用，不积极参与讨论，不能与其他同学合作、交流，共同解决问题	0~39 分

(三)分析实施学习任务与学习活动

基于 OBE 的学习活动的成绩评定组成为：总评成绩=作业及平时表现×(30%)+三级项目×(10%)+期末成绩×(60%)。在“木结构”教学活动中，细化分解技术知识目标，通过作业与期中考试等部分直接考核学生对知识的掌握，通过三级项目考核学生对专业知识的应用情况。例如，针对木结构连接的内容，在作业中通过要求完成螺栓连接的特性、构造和计算，齿板连接的构造和计算，在三级项目中深度考核学生理解、掌握和应用该方面的知识解决工程问题。如表 1 所示，根据总评成绩量化方法，木结构连接部分内容的实际学习成果的考核平均分为：80.3，超过本课程总评分 72.73 分，基本达到预期学习目标。

在知识目标之上，对能力目标部分的教学内容如下：①具备整合思维能力，包括批判性思维能力和系统思维能力。细化与分解该项能力目标，通过课堂的典型反面工程案例讨论，培养学生的批判性思维能力，在三级项目中，通过预设设计任务，培养学生对工程问题的系统思维能力。该项技术目标考核的平均分为 80.9 分，学生的整合思维能力得到锻炼。②具备分析、推理和解决工程问题能力，包括发现问题和表述问题的能力，以及给出解决问题的方法和建议的能力；细化、分解该项能力目标，通过典型工程案例讨论，培养学生发现问题和表述问题的能力；通过三级项目，培养学生解决工程问题能力。特别是三级项目中，预设要求提交设计计算书，绘制图纸等学习任务，考核学生工程分析、推理和解决工程问题能力。该项技术目标考核的平均分为 80.9 分，学生分析、推理和解决工程问题的能力得到锻炼。③具有有效交流的能力，包括应用语言、书写、图表和电子方式进行工程表达和交流的能力。细化、分解该项能力目标，通过典型工程案例讨论，培养学生应用语言进行工程表达和交流的能力；通过作业，培养学生应用书写和图表的方式进行工程表达和交流的能力；通过三级项目，培养学生应用书写、图表和电子方式进行工程表达和交流的能力。该项技术目标考核的平均分为 80.6 分，表明学生在课堂案例分析中的语言表达能力较好。

三、 反思与改进

“木结构”是土木工程本科教育的专业课，近两年来，授课者实行基于 OBE 的课程构建和学生培养，所有的教学活动围绕学习目标与学习成果进行。教学中，以课堂教学为主，以适当的研讨时间培养学生认识问题和解决问题的能力，以习题练习与案例分析加深学生对木结构设计原理的理解及应用，以三级项目让学生掌握木结构设计的基本步骤和分析方法，加深学生对知识点的理解、强化学生结构分析与计算能力。且在教学过程中增加了学生撰写案例分析资料查阅和分析报告的考察环节，培养学生查阅资料、熟练运用知识，同解决问题的能力，通过课程教学提升对专业培养目标与培养成果的贡献。

根据课程教学的评估结果，针对基于 OBE 的“木结构”教学活动，拟从以下方面进行改进：①在课程讲授中，平衡原理讲授和例题讲解的时间及难度；②基于学习成果的教学已在学习成果统计方面部分实施，但对于案例分析的考核还不够健全，虽然增加了案例分析报告的环节，但对于同学回答问题的记录还不够明确，后期将进一步细化学习成果的评估，尤其是能力评估方面，力求做到知识和能力的全面测评；③学生在构件计算的基本概念方面成绩较低，归其原因，是学生对构件设计的基本内容仍不理解，没有区别分类，今后教学中准备优化课堂教学的方法，增加例题讲解，并在这一部分增加练习量；④课堂讨论的评分仍然不明确，课程的讨论环节需设置得更具体，优化流程的控制，提高讨论的效率，并且在不影响课程流畅性的基础上，体现学生讨论的成绩评估。

参考文献

[1]Spady W. Choosing outcomes of significance[J]. Educational Leadership. 1994, 51(6): 18-22.

[2]尹宁伟. 应用型本科人才培养质量观探究[J]. 现代教育科学, 2012, (4): 83-86.

[3]李志义, 朱泓, 刘志军, 等. 用成果导向教育理念引导高等教育教学改革[J]. 高等工程教育研究, 2014, (2): 29-34, 70.

[4]Basim A J, Hazim A A. Curriculum assessment as a direct tool in ABET outcomes assessment in a chemical engineering program [J]. European Journal of Engineering Education, 2010, 35(5): 489-505.

Construction and application of OBE-based teaching method and evaluation system in *Timber Structure*

Liu Wen　Meng Xinmiao　Li Jun　Huang Jiankun

(School of Soil and Water Conservation, Beijing Forestry University, Beijing　100083)

Abstract　Outcome Based Education (OBE) is a learning-achievement-oriented education idea. Globally, it is considered as the right way to achieving excellent education, and has become the mainstream concept in education reform. This project applied OBE-based teaching method in the course of *Timber Structure* by five parts: Classroom teaching, classroom performance, homework, level 3 project and term exam. Furthermore, we also constructed the evaluation system on the basis of OBE teaching method. It shows that OBE teaching method has an obvious effect according to the evaluating result on the *Timber Structure*. Then, the ways for further improvement in the teaching method were suggested after reflecting on the shortcomings of the OBE method in the teaching process.

Keywords　OBE, *Timber Structure*, teaching method, evaluation system

基于 OBE 理念的“离散数学”课程建设

洪　弋　　李冬梅　　崔晓晖

（北京林业大学信息学院，北京　100083）

摘要：基于学习产出的教育模式 OBE（Outcomes-Based Education）在我国高校教育中得到广泛的应用实践，计算思维能力是工程教育计算机专业认证的产出要求和细化标准，因此，作为计算机专业核心基础课程的“离散数学”应以计算思维能力的培养为核心。本文将基于 OBE 理念，从教学目标设计、教学过程设计、教学评价设计等方面来阐述“离散数学”课程建设中计算思维能力的培养过程，提出了“点-体-模-赛”的四层次教学过程设计方法，并取得较好的改进效果。

关键词：基于学习产出的教育模式；计算思维能力；离散数学；教学过程设计

一、引言

2016 年 6 月，我国成为《华盛顿协议》的正式成员，这不仅是提高我国工程技术人才培养质量的重要举措，也是推进工程师资格国际互认的基础和关键，还对提升我国工程技术领域的竞争力有着重大意义。随着我国工程教育体系的显著发展，毕业生在专业知识、逻辑思维、工具使用、研究能力、职业道德等方面的表现得到企业充分肯定；与此同时，工程教育如何适应工程科技飞速发展是迫切需要解决的问题。以美国、加拿大为代表提出的基于学习产出的教育模式 OBE（Outcomes-Based Education）如今已得到国际广泛认可，该模式被认为是一种教育范式的革新，在我国高校教育中得到广泛的应用实践。

长期以来，我校计算机专业在课程体系重构、培养方案和教学大纲修订、教材编著、教材建设等工作中积累了丰富的教学改革经验，对“离散数学”等核心专业课程的教学改革和实践提出新的要求和目标。“离散数学”是计算机专业、软件工程专业等信息类专业本科生必修的基础课程之一，为“数据结构”“算法设计与分析”等重要课程提供数学基础[1]，屈婉玲等针对课程的教学目标、教学内容、教学设计等提出了分层模块化的知识框架[2]；常亮等分析了计算思维培养与离散数学教学之间的内在关系和二者在实践中结合的技巧[3]；此外还有文献讨论了“离散数学”与其他核心课程的培养关联性[4-5]。

计算思维能力是具备解决工程问题能力的前提，也是工程教育计算机专业认证的产出要求和细化标准，因此，本文将基于 OBE 理念，从教学目标设计、教学过程设计、教学评价设计等方面来阐述“离散数学”课程建设中计算思维能力的培养过程。

二、基于 OBE 理念的“离散数学”教学目标设计

基于 OBE 理念的指导思想，“离散数学”这门课程设计的总原则是基于学习产出的教学

作者简介：洪　弋，北京市海淀区清华东路 35 号北京林业大学信息学院，讲师，hongyi@ bjfu. edu. cn；
李冬梅，北京市海淀区清华东路 35 号北京林业大学信息学院，副教授，lidongmei@ bjfu. edu. cn；
崔晓晖，北京市海淀区清华东路 35 号北京林业大学信息学院，讲师，cuixiaohui@ bjfu. edu. cn。

资助项目：北京林业大学本科精品课程建设项目“数据结构 A”（BJFU2018JPK011）；
北京林业大学教育教学研究教学名师项目“计算思维模式下的计算机问题求解系列课程建设与实践”（BJFU2017MS011）。

理念，即以“学生为中心、以产出为导向，反向设计和持续改进”：“以学生为中心”强调教学资源配置和安排紧密围绕培养目标和毕业要求的达成展开；“以产出为导向”强调教学设计和教学实施以学生的学习成果为导向，并评价教学的有效性；“反向设计”是从最终成果出发来设计成果导向的教学活动；“持续改进”强调了质量监控和持续改进机制的必要性和重要性，持续跟踪和完善改进，推动专业人才培养质量不断提升。

在 OBE 理念中，人才需求、专业的培养目标、毕业要求、专业的课程目标、教学过程、教学评价共六个重要因素构成了如图 1 所示的闭环图。其中，“课程目标”(图 1 中 4 号位置)的设计依据是专业的培养目标和毕业要求，因此“离散数学”课程目标设计的前提是明确计算机专业的培养目标和毕业要求。离散数学是计算机专业的核心基础课程，在计算机专业“以能力为主线”的课程体系中通常处于起始阶段，其重点培养学生的计算思维能力，以它为基础的后续课程包含了“数据结构”、“数据库原理”、“计算机网络”、“软件工程”等多门专业必修课，可见计算思维能力贯穿了计算机专业课程体系的全过程。

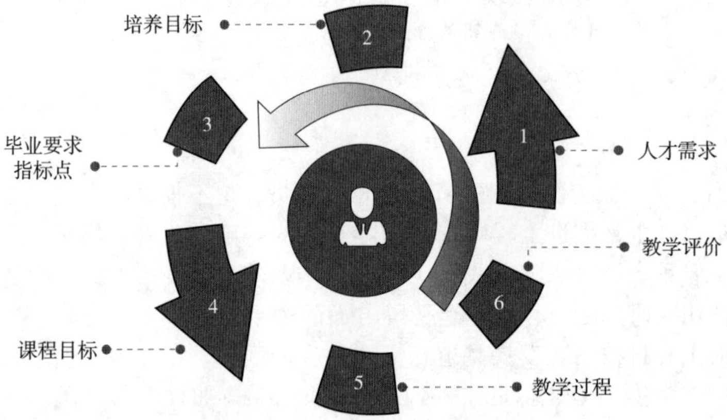

图 1　OBE 理念闭环图

在目前我校计算机专业 2019 版培养方案中，本专业的毕业要求包含了关于工程知识、问题分析、设计/开发解决方案、研究、使用现代工具等共 12 条一级指标点，其中离散数学主要支撑 2 个一级指标点：工程知识和问题分析(表 1)，具体包含了对数学和自然科学知识的掌握、计算思维能力和数据思维模式的培养、对复杂工程问题的表达和分析。

表 1　“离散数学”课程目标对计算机专业毕业要求的支撑关系

毕业要求 (一级指标)	指标点 (二级指标)	课程目标
1. 工程知识	1.1　掌握数学、自然科学知识，能够用于计算机复杂工程问题的描述与表达	课程目标(1)
	1.2　掌握计算机数据抽象与算法知识，建立抽象思维、面向对象思维、计算思维和数据思维模式，能够用于计算机复杂工程问题的建模与求解	课程目标(2)
2. 问题分析	2.2　能够运用计算机科学与技术的基本原理及数学建模方法，表达和分析复杂工程问题	课程目标(3)

为了支撑表 1 中的毕业要求二级指标点，离散数学的课程目标有三点，对应两个层面：一是知识层面，即课程目标①能够掌握数理逻辑、集合论、图论和代数系统的基本概念、证明和解决的基本分析方法；二是能力层面，课程目标②培养抽象思维能力、严格的逻辑

推理能力、缜密概括能力和数学建模能力；课程目标③具有利用计算思维和逻辑思维能力解决实际问题的工程素质和计算科学素养。

三、 基于OBE理念的“离散数学”教学过程设计

在课程目标的指导下，“离散数学”课程的教学内容主要包含四个专题，皆为理论教学；教学组织方式以抽象思维和逻辑推理能力为主；教学方法主要有启发式教学和案例教学，目的在于实现对教学内容中算法化思维的串联。如图2所示，教学进程中课程内容专题呈阶梯状层层递进，随着课程学时的累计，对学生抽象思维、逻辑推理能力的培养要求不断提高。

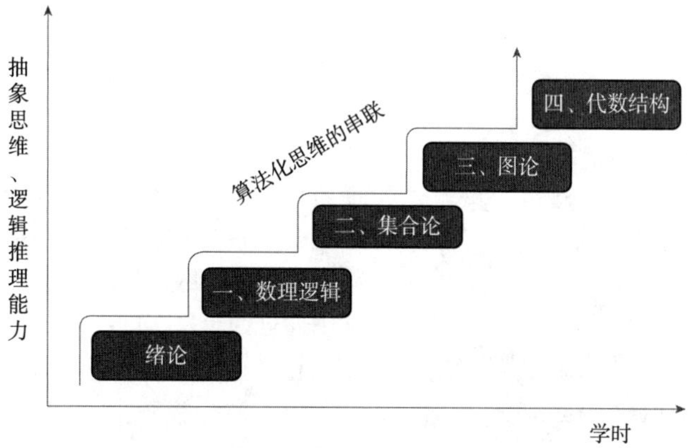

图2 “离散数学”课程教学组织方式图

(一)教学过程的设计原则

结合课程的教学内容、教学组织方式和教学方法，“离散数学”教学过程的设计原则有如下三点。

1. 以学生为中心

基于“离散数学”课程阶梯状的教学进程安排，在其中要将“以学生为中心”的思想分三阶段、由浅及深来贯穿：前期——在课程准备过程中，要进行全面的学情分析，即通过授课对象学生的选修课程掌握情况、所处年龄段的学习能力和习惯、当前的心理状态特征，充分了解学生当前的知识水平；中期——在各个专题讲授过程中，要及时通过学生的课堂互动、作业完成等反馈情况来熟悉其新知识的接受能力和掌握程度，对后续内容讲授的完善和调整起到指导作用；后期——在各个专题总结过程中，将前面各教学阶段所讲授的知识点，进行重点、难点、疑点的梳理，并为学生构建相应的知识体系，让其理解专题知识在本课程和后继课程中的作用。

2. 突出各部分算法化思维的串联

在“离散数学”教学内容展开过程中，需要突出四个专题之间算法化思维的串联，例如第一部分数理逻辑中真值表法赋值思想和第二部分集合论中幂集的求解过程本质相同；第二部分集合论中等价类的产生思想和第三部分图论中连通分支的判断过程中，等价类和连通分支有着一一对应的关系；第二部分集合论中闭包的构造思想和第三部分图论中点/边割集的区分。在各个专题的不同知识点之间都存在着这类构造思想、求解思路或判断过程的本质相同的串联，这些都能增强学生对问题判断的边界条件的理解和应用。

3. 注重与应用实践、科学研究相结合

在教学过程中要充分注重理论教学与实际应用、科研的结合，“离散数学”课程的四个专题都与计算机专业的前沿领域紧密相关，例如，第一部分数理逻辑是人工智能中知识表

示的重要基础，第四部分代数结构是信息安全中密码学的重要基础。根据与“离散数学”课程紧密联系的后续课程来看，其对与“数据结构”(图和树等)、“算法设计与分析”(组合数学和递归)、“数据库系统”(关系)、“人工智能”(数理逻辑)、“编译原理”(形式语言和自动机)等课程相关的前沿应用和科学研究也紧密相关。

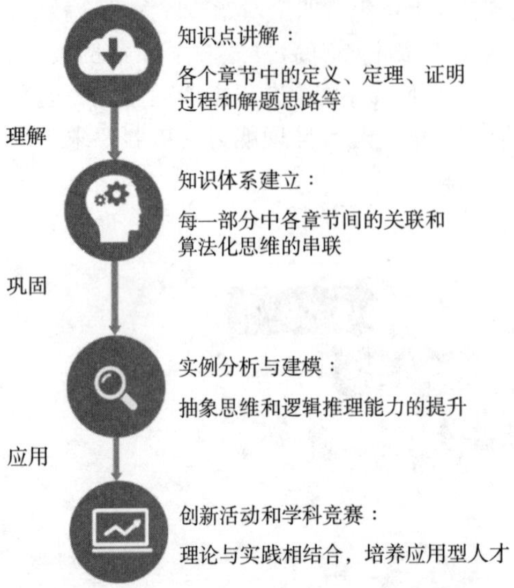

图3　“离散数学”课程教学过程示意图

(二)教学过程的四个层次

依据教学过程的设计原则，“离散数学”课程的教学过程分为“点—体—模—赛”四个层次，如图3所示，首先是知识“点”的讲解，即对各个专题中基本概念、基本理论和基本方法中的重点、难点、疑点进行分析和阐述；为了深入理解定义、定理、证明或解题思路，需要第二个层次知识“体”系的建立，在这一层实现知识点和算法化思维的串联；为了提升抽象思维和逻辑推理能力，还需要实例的分析和建“模”，即第三个层次；最后进入第四层以“赛”促学活动的展开，将理论付诸实践。这里以第二个专题集合论来详细阐述这四个层次的展开：

1. 知识点讲解

第二部分集合论专题中包含了集合、二元关系和函数三个章节，知识点中的重点是等价关系、偏序关系；难点包含了闭包、哈斯图；疑点集中在等价关系与集合划分的联系，如图4所示。

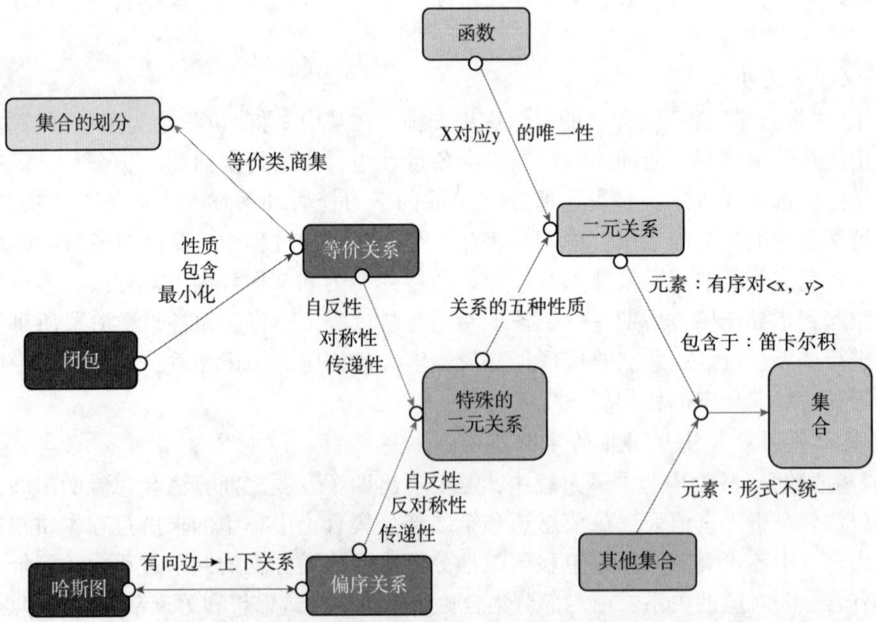

图4　集合论部分知识点思维导图

针对重点、难点和疑点主要采用启发式教学：首先是用思维导图来梳理章节知识，集合论、二元关系和函数三个章节之间是由一般到特殊的关系，即二元关系是以“有序对”为元素的一类特殊集合，而函数是满足映射条件的一类特殊的二元关系。根据二元关系所具备的不同性质，可分为等价关系和偏序关系，也正是集合论部分的重点，其讲授主要通过两种关系性质上的异同对比；等价关系和偏序关系又分别关联一个难点——闭包和哈斯图，其讲授是通过对闭包的判断条件和哈斯图中连边的过程这两者本质的共同点进行揭示；疑点部分集中在等价关系与划分是一一对应的定理，其通过实际应用的需求来清晰化。通过这样一个思维导图的过程，既建立知识点间的联系，又一一击破了重点、难点和疑点。

2. 知识体系建立

为了深入理解知识点中的重点、难点和疑点，还需要帮助学生建立相应的知识体系，即当前讲授的章节内容在本课程和后续课程中的地位和作用。如图 5 所示，在集合论之前学习完了第一个专题数理逻辑，其中建立的思想是：证明的构造思路和算法的设计思路本质一致，即为“算法设计与分析”课程打基础；而通过思维导图梳理后的集合论中三个章节的内容，其中涉及多类“数据结构”，主要对应的是集合和线性结构，而集合论之后将要学习的第三个专题图论，对应的是后两种“数据结构”——树和图，这即为“集合论”在离散数学和后续“算法设计与分析”课程和“数据结构”课程中起到的承上启下作用。

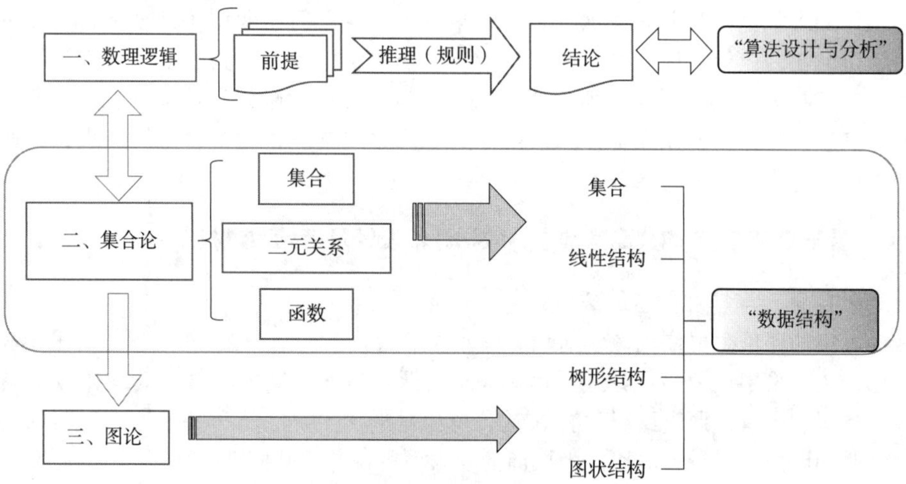

图 5　集合论部分知识体系图

3. 实例分析与建模

理解完“点”、建立了“体”后，需要检验知识获取和掌握的成果，因此要进入“模”的层次，采用案例教学法、以“多机调度问题”为例，按照解决实际问题的数学建模过程，求解步骤分四个阶段。

调度问题的示例：

有 2 台机器 $c1$、$c2$，6 项任务 $t1$、$t2$、…、$t6$，每项任务的加工时间分别为：$1(t1)=1(t3)=1(t5)=1(t6)=1$，$1(t2)=1(t4)=2$。任务之间的顺序约束是：任务 $t3$ 只有在 $t6$ 和 $t5$ 完成之后才能开始加工；任务 $t2$ 只有在 t6，t5 和 t4 都完成后才能开始加工；任务 $t1$ 只有在 $t3$ 和 $t2$ 完成之后才能开始加工。求将这 6 个任务安排在这 2 台机器上的加工调度方案，其中开始时刻记为 0，截止时间为最后停止加工机器的停机时刻。

步骤一：问题分析

- 哪项任务？
- 哪台机器？
- 哪个时刻开始？

步骤二：分析数据结构。这里就用到了知识点集合、二元关系和函数。

- 集合：任务集合 T，机器集合 M，时间点集合 N；
- 二元关系：加工顺序的偏序关系 R；

- 函数：各个任务加工的开始时刻 $\sigma(t)$：T→N。

步骤三：分析限制条件。这里运用启发式方法讲解的难点和疑点知识，偏序关系与集合的划分。

- 任务分配到机器：集合的划分 $\pi=\{T_1, T_2, \cdots, T_{|M|}\}$
- 每台机器上至多加工一项任务：$\sigma_k(t_i)\leqslant n<\sigma_k(t_i)+l(t_i)$
- 每项任务的加工必须满足偏序集中的先后顺序：$<t_i, t_j>\in R\Leftrightarrow\sigma_{k_i}(t_i)+l(t_i)\leqslant\sigma_{k_i}(t_j)$

步骤四：确定优化目标。用函数来表示优化目标

$$\begin{aligned}&\text{Min}\quad D\\&\text{where}\quad D=\max\{D_k \mid k=1, 2, \cdots, |M|\}\\&\qquad\qquad D_k=\max\{\sigma_k(t_i) \mid t_i\in T_k\}+l(t_i)\end{aligned}$$

4. 创新活动与学科竞赛

培养了学生的数学建模能力之后，进入第四个层面“赛”，主要分三方面：一是指导关于调度优化的大学生创新创业类项目，如国家级大学生创新创业训练计划项目、北京市大学生科学研究与创业行动计划项目；二是指导以算法设计和实现为主的软件设计类、程序设计类学科竞赛，如 ACM 国际大学生程序设计竞赛、中国大学生程序设计竞赛、蓝桥杯全国软件与信息技术专业人才大赛；三是指导关于优化问题应用的本科生毕业设计，通过这三方面将理论与实践有机的结合。

四、基于 OBE 理念的“离散数学”教学评价设计及持续改进机制

（一）教学环节与毕业要求的关系

教学过程的评价主要依据教学活动与毕业要求的关系，见表 2，对应毕业要求中 3 个二级指标点，主要采用三种评价方式：作业成绩、课堂情况和期末考试，其中作业成绩包含随堂练习和课后作业；课堂情况包含课堂表现和讨论，知识层面和基本能力层面的要求主要通过作业和考试来衡量；应用能力层面的要求由三种方式共同评价。

表 2　“离散数学”课程教学环节与毕业要求的对应关系

<table>
<tr><td colspan="2">课程</td><td colspan="5">离散数学</td></tr>
<tr><td rowspan="3">毕业要求（2 级指标）</td><td rowspan="2">指标点（2 级指标）</td><td>1.1</td><td>1.2</td><td>2.2</td><td rowspan="2" colspan="2">Σ</td></tr>
<tr><td>掌握数学、自然科学知识，能够用于计算机复杂工程问题的描述与表达</td><td>掌握计算机数据抽象与算法知识，建立抽象思维、面向对象思维、计算思维和数据思维模式，能够用于计算机复杂工程问题的建模与求解</td><td>能够运用计算机科学与技术的基本原理及数学建模方法，表达和分析复杂工程问题</td></tr>
<tr><td>课程对指标点的权重系数</td><td>0.2</td><td>0.2</td><td>0.25</td><td colspan="2">0.65</td></tr>
<tr><td colspan="2">教学及考核环节</td><td rowspan="2" colspan="3">教学及考核环节对指标点的权重系数（达成度）</td><td rowspan="2">权重 Σ</td><td rowspan="2">成绩</td></tr>
<tr><td>方式</td><td>权重</td></tr>
<tr><td rowspan="2">作业成绩</td><td rowspan="2">0.15</td><td>0.3</td><td>0.4</td><td>0.3</td><td rowspan="2">1</td><td rowspan="2"></td></tr>
<tr><td></td><td></td><td></td></tr>
<tr><td rowspan="2">课堂表现</td><td rowspan="2">0.15</td><td>0.4</td><td>0.3</td><td>0.3</td><td rowspan="2">1</td><td rowspan="2"></td></tr>
<tr><td></td><td></td><td></td></tr>
</table>

（续）

教学及考核环节		教学及考核环节对指标点的权重系数(达成度)			权重Σ	成绩
方式	权重					
期末考试	0.7	0.4	0.2	0.4	1	
权重Σ	1	1.1	0.9	1	3	
达成度					0.00	

（二）教学评价环节的设计与分析

课程的总评成绩由作业成绩、课堂情况和期末考试组成，其中作业成绩和课堂情况各占 15%，期末考试占 70%。各个环节对应于所支撑指标点的占比见表 2，在每学期的课程总结中对应指标点 1.1 和 1.2 的达成度结果反映了学生对于基础性知识和原理的应用、对推导演绎的掌握这两方面达成效果，其对下一轮教学中对学生抽象思维和逻辑推理方面能力的培养起到重要的指导作用；对应于指标点 2.2 的达成度结果反映了对学生复杂工程问题表示和建模能力的培养效果，以便于在下一轮教学中帮助学生巩固算法化思维和编程能力。

（三）改进措施及效果

1. 主要问题

- 课后作业存在审题不仔细、概念理解混淆、解题思路不清晰等问题；
- 部分学生具备基本的抽象思维能力，但在运用逻辑推理能力上去和方面欠缺；
- 在各部分的知识点之间本质联系挖掘不到位，在拓展问题上举一反三能力略弱。

2. 改进措施

- 引入更多与专业实际应用相关的案例，对不同的教学班实施分层教学；
- 增加引导学生自主学习的环节，布置思维导图类作业，主要通过课堂解题和每个章节的总结等方式，对学生进行引导、训练；
- 通过课后与学生的沟通和交流，以及赛前辅导，鼓励更多学生参与到算法设计类的学科竞赛中。

3. 改进效果

- 学生课后作业效果改善明显，解题步骤明确、同一题采用多种证明思路等；
- 通过教学中引入经典的教学案例，学生的问题转化和逻辑推理能力得到提高；
- 近三年参加与“离散数学”课程紧密相关的学科竞赛学生人数逐渐增多，在北京市大学生科学研究与创业行动计划项目、中国大学生程序设计竞赛、蓝桥杯全国软件与信息技术专业人才大赛等学科竞赛中取得了较好的成绩，提高了学生的计算思维能力和科技创新能力。

五、 结语

本文基于 OBE 理念，以培养计算思维能力为核心，详细阐述了“离散数学”课程建设中的教学目标设计、教学过程设计和教学评价设计，并提出了四层次的教学过程设计方法，在持续改进过程中取得了较好的效果。“离散数学”课程在建设过程中还需要不断探索和改进，今后要继续以计算思维和建模能力培养为主线，改革教学方法和教学手段，着力提高学生的工程意识、工程素质和工程实践能力，以满足工程教育专业认证对课程培养目标的要求。

参考文献

[1]耿素云，屈婉玲，张立昂．离散数学[M].5版．北京：清华大学出版社，2013.
[2]屈婉玲，王元元，傅彦等．“离散数学”课程教学实施方案[J]．中国大学教学，2011，(1)：39-41.
[3]常亮，徐周波．离散数学教学中的计算思维培养[J]．计算机教育，2011，(14)：90-93.
[4]Rosen K H. 离散数学及其应用[M]．袁崇义，屈婉玲，译．北京：机械工业出版，2002.
[5]严蔚敏，李冬梅，吴伟民．数据结构：C语言版[M]．北京：人民邮电出版社，2015.

Construction of *Discrete Mathematics* based on OBE

Hong Yi Li Dongmei Cui Xiaohui
(School of Information Science & Technology, Beijing Forestry University, Beijing 100083)

Abstract An education model based on learning output, OBE (Outcome-Based Education), has been widely applied and practiced in higher education in China. The ability of computational thinking is the output requirement and refinement standard for certification for computer science and technology of engineering education. Therefore, as a core curriculum of computer specialty, *Discrete Mathematics*, should focus on the cultivation of the ability of computational thinking. Based on OBE, this paper elaborates the training process of computational thinking ability in the construction of ‘discrete mathematics’, from four aspects of teaching objective design, teaching process design, teaching evaluation design. We propose a 4-level strategy of teaching process design, ‘Knowledge Point-Knowledge System-Problem Modeling-Academic Competition’, which obtained improvement effect.

Keywords Outcome-Based Education, ability of computational thinking, *Discrete Mathematics*, teaching process design

基于PBL的“生物工艺学”教学探索与实践

何湘伟　郑　菲　李志茹　赵国柱　张柏林

（北京林业大学生物科学与技术学院，北京　100083）

摘要：“生物工艺学”主要讲授生物制品的生产工艺流程，介绍生物制品生产过程中的原理、技术和方法，是我校生物技术专业新开的应用技术专业选修课。为了激发学生学习兴趣，加深学习印象，提高学生分析问题和解决问题的能力，笔者将PBL教学法（Problem/Project Based Learning）引入到生物工艺学教学中，对“生物工艺学”课程的理论和实验教学内容的教学方法模式进行了设计和探索。并且利用生物工艺学案例多的特点，在案例中巧妙引入思政元素，达到教书育人的教学目标。实践表明PBL教学法提高了学生学习的积极性和主动性，同时也增强了学生解决实际问题的能力，课程思政可有效引导学生树立四个自信，树立绿色科学发展观和技术强国的理念，培养学生成为社会主义的建设者和接班人。

关键词：PBL教学法；生物工艺学；层次化教学；开放式教学；课程思政；教学探索

一、引言

生物工艺学是一门集化学、生物、材料、化工、计算为一体，是解决能源危机、环境污染、资源短缺的新兴交叉学科。近年来，利用生物技术生产生物制品的产业蓬勃发展，是我国政府的优先发展战略性产业，也是21世纪最具前景的产业之一。生物制品产业的迅猛发展对生物制品的高层次人才培养提出了新的要求。目前国内外知名院校如清华大学、华东理工大学、北京化工大学、沈阳药科大学等学校的相关专业均把生物工艺学这门课程设置为专业必修课程，在同类课程中占据相当重要的地位。我们学校生物工艺学课程的建设相对较晚，直到2015年新版教学大纲改革才将其纳入到生物技术专业的应用技术专业选修模块，旨在培养生物工程领域的高级应用技术人才。

PBL教学法是目前比较受教育者推崇的一种教学方法，它既可以是Problem Based Learning，也可以是Project Based Learning的缩写，也就是一种基于问题或项目的教学方法，这两种类型的教学方法有很多共同之处，例如，以学生为中心；教师是促进者；开放性的问题或项目有多种解决办法或答案；让学生处于真实的任务中；问题和项目要能模拟专业情景；需要学生长期以小组的形式工作；鼓励学生多方寻求信息；强调真实性和基于绩效的评价等等。PBL教学方法对于培养学生学习能力和做事能力有特别重要的作用，尤其是相对开放式的探究学习中更能发挥学生的主动性，帮助他们找到自己的特点和长处。

作者简介：何湘伟，北京市海淀区清华东路35号北京林业大学生物科学与技术学院，副教授，hexiangwei@bjfu.edu.cn；
郑　菲，北京市海淀区清华东路35号北京林业大学生物科学与技术学院，讲师，zhengfei0718@sina.com；
李志茹，北京市海淀区清华东路35号北京林业大学生物科学与技术学院，高级实验师，lizhiru@bjfu.edu.cn；
赵国柱，北京市海淀区清华东路35号北京林业大学生物科学与技术学院，教授，zhaogz@bjfu.edu.cn；
张柏林，北京市海淀区清华东路35号北京林业大学生物科学与技术学院，教授，zhangbolin888@163.com。

资助项目：北京林业大学教育教学研究项目“生物工艺学”（BJFU2019KCSZ037）。

生物工艺学的传统教学过程中，教师起主导作用，由于教学内容比较抽象，“填鸭式”的教学使学生感到课程枯燥乏味，对授课内容毫无兴趣，教学质量低。为了激发学生的学习兴趣，提高学习的主动性和参与感，提高学生分析问题和解决问题的能力，笔者将 PBL 教学法引入到生物工艺学的教学中来。针对生物工艺学理论内容原理多，范围广，内容枯燥等特点，主要采用的基于问题的教学方法，引发学生思考，避免学生死记硬背；而在与理论相辅相成的实验部分，则利用淀粉酶和淀粉酶酶活的测定将生物工艺学的菌种选育、发酵条件优化、发酵过程监测和分离提纯巧妙地串联起来，形成一个综合性的大实验，通过淀粉酶的发酵生产进行项目式教学，让学生直接感受生物制品生产工艺的流程，提升对生物工艺学这门课程的兴趣。另外在教学过程中，结合生物工艺学案例多的特点，有机融入思政元素，引导学生建立技术强国的理念，培养学生勇于担当时代责任，做社会主义的建设者和接班人。下面结合生物工艺学课程的教学探索和实践谈谈我们课程建设的具体措施。

二、 基于问题教学法(PBL)的生物工艺学课程教学探索的措施

(一)学习借鉴国内外教学经验，优化教学内容，关注学科前沿

生物工艺学(Biotechnology 或 Industrial Biotechnology)是生物技术专业学生的核心课程，在课程建设期间，教学团队对清华大学、华东理工大学、北京化工大学、沈阳药科大学、荷兰代尔夫特理工大学(TU Delft)、英国曼彻斯特大学(The University of Manchester)等国内外大学同一课程的理论和实验教学内容、教学方法等进行了充分调研。2017 年，笔者在美国威斯康星大学麦迪逊分校(University of Wisconsin，Madison)访学期间，重点观摩和旁听了 Biotechnology 课程，并对该课程的教学资源，例如，英文教材、视频、图片、教学案例、试题、教学网站等进行了收集整理，并选用到具体教学中。

生物工艺学是实践性较强的课程[1]，从课程的教学安排和学时而言，对于 48 学时的课程，我们借鉴优秀教学经验，采取 24 学时理论教学(每周一次)和 24 学时实践教学的比例安排。对于理论教学内容，我们主要围绕生物制品生产过程(菌株选育→发酵→产品分离提纯)的主线，但是教学内容紧密结合学科前沿。例如，传统的菌株选育主要是诱变育种、杂交育种的内容，而目前国际上采用较多的是通过分子育种的合成生物学技术，因此我们在教学内容设置的时候就大大增加了合成生物学育种的比例。

(二)基于问题教学法(PBL)的教学探索

生物工艺学中涉及大量的基本原理及其实际中的应用，如果只是简单地罗列内容和进行叙述，学生肯定会觉得内容枯燥，学习效果差。基于问题的学习(Problem Based Learning，PBL)是一种当前国际上受到广泛关注的教学模式[2]。它以问题为载体，使学生在设问和释问的过程中萌发自主学习的动机和欲望，进而逐渐养成自主学习的习惯，并在实践中不断优化自主学习的方法，充分体现学生的主体地位。

当然在基于问题教学的过程中，不是为问题而问题，要从创造性教学培养问题意识、科学精神的宗旨出发，注意问题的层次性。不只限于“呈现问题”，更注重“发现问题”和“创造性问题”[3]。通过启发式教学，从学生已有的知识体系出发，采用多种方式，启发学生思维，调动学生的学习主动性和积极性。例如，在讲授多级错流萃取和多级逆流萃取时，让学生通过对比错流萃取和逆流萃取的未被萃取的分率ϕ与级数 n，萃取因素 E 之间的关系图，引导学生发现与前面讲述“矛盾的内容”，从而通过分组分析讨论问题，最后达到自主学习解决问题的目的，加深学生学习的印象。

(三)课程思政教学探索

生物工艺学中有大量的生物制品生产案例，这些案例就是思政教育很好的融入点。在前期的教学中，笔者一直注重学生的思想政治教育，在部分章节引入了思政教学的内容，

如在讲述合成生物学时，通过分享世界参加国际遗传工程机器设计竞赛(iGEM)的情况介绍中国在大赛中取得的傲人成绩以及目前在国际合成生物学研究中处于领先的地位，激发学生爱国情怀和文化自信，勉励学生学好技术报效祖国。

这些思政教育虽然取得了一定的效果，但是只是即兴的、零散的，没有整体设计和规划，在课程考核上也没有将思政教育列为教学目的。通过 2019 年北京林业大学课程思政教育改革项目，笔者对生物工艺学课程的思政教育进行整体设计和规划。根据每一章的教学内容，拟定了每一章思政教育的融入点和思政教学目标，并最终组成树立学生四个自信，树立绿色科学发展观和科技强国理念，将学生培养成勇担时代重任的社会主义接班人总的思政教育目标。并将思政教育列入教学大纲和教学目的，并在平时成绩中体现学生的思想政治表现。

三、 基于项目教学法(PBL)的生物工艺学实验教学探索的措施

生物工艺学实验作为生物工艺学课程的重要组成部分，是课程理论学习的实践和强有力补充，能培养学生学习能力、创新能力、实践能力、团队精神。为了能更好地激发学生的学习兴趣，提高学生分析问题和解决问题的能力，我们设计并完善了课程配套的实验内容，通过两年的教学实践，取得了良好的教学效果，积累了教学经验。

(一)优化实验内容，与理论教学相辅相成，实施层次化教学

实验教学作为理论教学的验证和补充，应该与理论教学相辅相成，形成有机整体。因此在实验内容方面需涉及生物工艺学上游的菌株选育、发酵条件优化、发酵过程监测以及生物工艺学下游产品分离纯化等各方面的内容。参照传统生物工艺学实验教材，虽然能找到对应的各基础实验内容，但是实验内容一般都比较松散[4-5]，各个实验内容之间没有相互联系，导致学生对生物工艺学实验在总体上的把握水平较差。因此我们以α-淀粉酶以及α-淀粉酶酶活的测定为纽带，设计了α-淀粉酶的发酵和提取综合性实验(图 1)，通过以α-淀粉酶的发酵生产为实例，采用项目式教学法，可学习菌株筛选、正交试验设计、酶分析方法、发酵条件优化、发酵工艺流程、发酵过程监测、发酵动力学过程，掌握固液分离、蛋白盐析、色谱分离、蛋白结晶等分离方法的原理和过程。实验内容以α-淀粉酶发酵生产为核心，学生从最初的土壤中进行产淀粉酶菌株的筛选，然后利用筛选得到的菌株进行淀粉酶发酵条件优化，并对淀粉酶发酵过程监测，最后从发酵液中将淀粉酶分离提纯，每个实验之间相互联系，承上启下，并且很好地覆盖了生物工艺学的上游工程和下游工程，从而让学生对一个生物产品的完整过程有全面的认识。

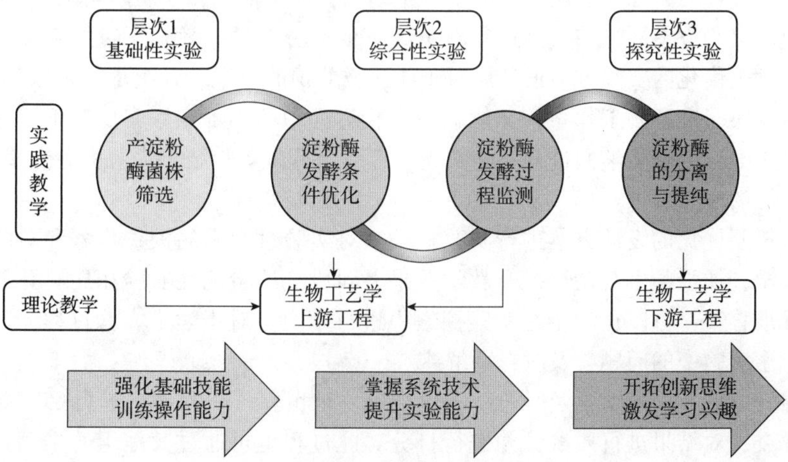

图 1 层次化实验教学内容设计

实验内容由浅入深，其中产淀粉酶菌株的筛选属于基础性实验，主要目的为强化了学生对微生物实验的基础技能，训练操作能力；发酵条件优化和发酵过程监测属于综合性实验，重在培养学生掌握系统的生物技术方法，提升实验能力；淀粉酶的分离与提纯属于第3个层次探究性实验，旨在开拓学生的创新思维，激发学生对生物工艺学这门课程的浓厚兴趣。

(二)基于项目式(PBL)的教学设计，激发学习主动性，加深学习印象

传统实验教学以验证实验为主，在实验中学生大多按照实验教材的详细步骤照方抓药，实验过程缺乏主动性，很少让学生自己去设计实验，忽视了学生的创新意识和创新能力。由于整个实验过程中学生处在一种被动的状态，大大降低了实验的教学效果。为了激发学生学习的主动性，我们采用了基于项目式(Project Based Learning)的教学设计(图2)，具体教学过程如下。

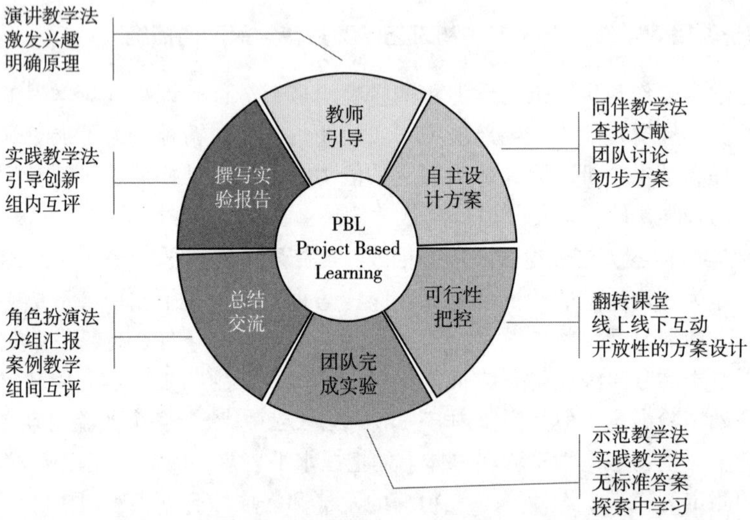

图2　基于项目式教学(PBL)过程

①首先由教师引导，激发学生学习的兴趣，并且通过教师提纲挈领，明确实验设计过程的原理和关键要素。比如在淀粉酶引入的时候，我们通过洗衣粉广告、洗衣服的注意事项等，结合日常生活激发同学们关于淀粉酶的兴趣。

②将学生进行分组，每组4~6人，通过相互分工查阅资料共同完成初步的实验方案设计。由于α-淀粉酶的发酵生产资料很多，方法各异，因此每一组都会提出开放性的实验方案设计。这个过程能充分激发同学们的学习主动性，锻炼他们相互之间团队合作的能力。

③各组的实验方案通过与教师进行线上线下的充分互动，教师通过把控关键要素和可行性，帮助学生优化的实验方案设计。对于能达成共识的方案，各组尽量采取相同的方案，这样既能减少实验准备的工作量，又能减少实验过程中的不确定因素。对于讨论后还很难达成共识的方案，鼓励同学们进行对比实验，最后让具体实验结果来对实验方案进行验证，从而加深学习的印象。

④学生按照优化的设计方案进行实验，教师对实验过程中的关键步骤和新的仪器设备进行示范教学，加强师生互动，提升教学效果。同传统的验证性实验相比，开放性的实验方案没有标准答案，可以让学生在实践探索中进行学习。对于学生实验过程，教师全程监控，对于学生实验中的问题，及时释疑解惑。

⑤实验完成后，引导学生及时总结实验结果，对实验过程和结果进行PPT汇报，其他学生扮演评委，对结果进行质疑，并进行打分。此过程也可通过其他组的案例拓展学生的知识面，做组间互评。

⑥最后是撰写实验报告，教师明确引导创新，鼓励同学采用学术期刊论文的格式撰写实验报告，为毕业设计的撰写打好基础，同时报告分为小组报告和个人报告，个人报告部分需要进行组内互评。

常规实验教学往往以教师为中心，多以课堂演示讲授为主，少采用研讨式、启发式教学。我们在教学课程中采用演讲教学法、同伴教学法、翻转课堂、示范教学法、角色扮演和实践教学法等多种教学方法结合，整个教学过程以学生为主，教师指导为辅。首先我们采用以教师为主的演讲教学法，这个过程需要明确实验的关键原理和设计要素，起着提纲挈领的作用，为后面的教学奠定基础。然后采用的是组内的同伴教学法，学生分组讨论实验方案设计，学生主要通过同伴进行学习。可行性把控阶段，教师通过建立微信群和公共邮箱随时为学生答疑，这大大延长了学生学习的时间，提高了学习的效率，采取的是翻转课堂的教学设计。实验进行过程中教师对于实验的关键步骤和重要仪器进行示范教学，并对学生的实验过程进行全程监控，由于是学生自己设计的实验方案，在实验过程中难免会碰到预料之外的情况，对于学生碰到的问题采用启发式教学，引导学生根据实验原理分析问题、通过查找资料或者具体实验设计解决问题，让学生在实验探索中进行学习，从失败中获得经验，采用的是示范教学法和实践教学法。实验结束后，进行组间结果汇报，让同学扮演评委，对汇报人的结果进行质疑和评分，采用的主要是角色扮演和组间同伴教学法。最后的实验报告撰写环节，引导学生采用期刊论文格式撰写实验报告，让学生在撰写实践中进行科研能力的培养和学习，为本科毕业设计打好良好的基础，采用的主要是实践教学法。通过多种教学方法相结合，充分调动学生的学习兴趣和积极性，锻炼了学生的表达能力，培养了学生的学习能力与团队合作精神，最后达到提高学生分析问题和解决问题能力的目标。

（三）以学生为中心的开放式教学理念，综合评价学生实验成绩

实验教学的一个主要目标就是提高学生的动手实践能力，根据学生的实验设计，本实验开放微生物教学实验室和科研实验室的所有仪器设备，包括灭菌锅、高速冷冻离心机、台式离心机、抽滤泵、旋转蒸发仪、酶标仪、紫外分光光度计、pH计、摇床、超净工作台等。对于实验自主设计中涉及但实验室没有的玻璃器皿和试剂，我们则主要通过购买的方式尽量满足学生的需求。另外实验过程中需要使用的试剂，实验准备老师只提供药品，具体的溶液都需要学生自己配制。通过充分打通教学与科研，拓展教学资源，为开放性的实验条件(图3)提供了保障[6-7]。通过对实验所涉及设备出现问题及时解决与调整，同学们也在使用过程中积累了实践经验。

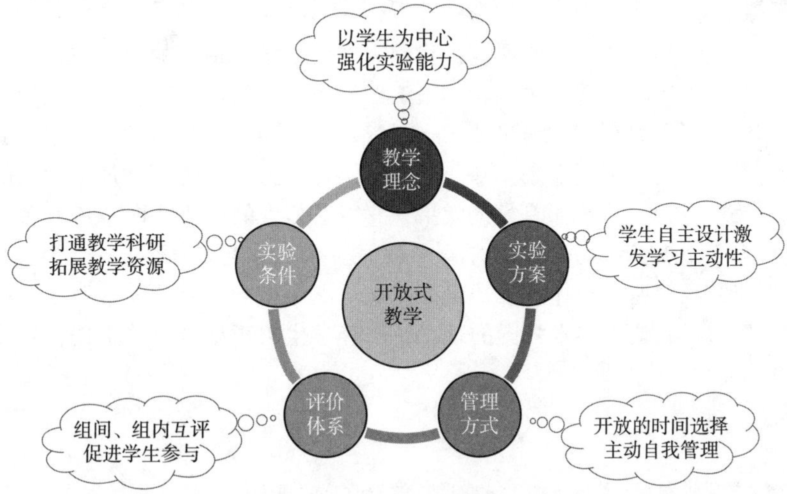

图3　开放式的实验教学理念

其次是开放的实验方案，我们只设计了层次化的教学内容，没有统一的实验方案步骤，学生需要分组查找资料，自主设计得到各组的实验方案，激发学生学习的主动性。比如淀粉酶酶活的测定是我们实验的关键内容，对于淀粉酶酶活的测定有基于反应物(淀粉)减少的碘液显色法，也有基于产物(麦芽糖)增多的 DNS 显色法。而影响酶活的因素比如pH 值、温度等也需要根据学生自己筛出来的菌进行选择设计。对于吸光度测定也可以选择紫外分光光度法或者酶标仪法测定。在保证可行性的情况下，学生可以得到开放的实验方案设计。

再次，我们有开放的管理方式，学生通过自由组合，形成 4~6 人的学习小组，每组设立一名小组长，实行组长负责制。为了提高实验设备的使用效率以及配合学生的时间安排，我们的实验室全天都对学生开放，包括晚上和周末，学生可以根据自己实验进程选择合适的时间，比如我们的发酵过程监测需要 24 小时对样品进行取样，学生都是通宵做实验，但是热情高涨。另外我们的实验采用组长负责制，组员分工，实验时间安排，实验室安全与卫生都由组长负责，此过程可培养学生的自我管理能力和团队合作精神。虽然我们的实验是开放的，但是实验室却是井然有序，学习氛围也很好。

然后我们采用开放的评价体系，学生的成绩由老师评分、组间互相评分以及组内评分 3 部分组成，以组内互评为例，1 组 5 个同学，要求学生对除自己外的 4 名同学进行打分，打分范围从 20 分到 30 分，且 4 个人的总分为 100 分。打分要求一定要有区分度，杜绝平均主义，如果出现 4 个 25 分，则打分人的分数最低。通过这种方法，可以很好地促进学生参与，同时防止有些学生在团队合作中偷懒。教师评分也有科学合理的考核评价体系，实验成绩根据实验出勤及卫生安全(占 10%)、教学互动(10%)、实验方案设计(20%)、PPT 和讲解质量(占 20%)和实验报告(占 40%)予以综合评定。同时对有创造性的改进实验、对实验进行积极探索、完善实验步骤的学生有加分鼓励。这种开放的科学的评价体系改变了只重视实验报告，轻视实验操作过程，轻视学生的创新能力和自主学习设计能力的状况，促进了学生实验的积极性，提高了实验教学的管理水平。

通过这些开放的实验条件、实验方案、管理方式和评价体系，最后达到我们“以学生为中心，强化实验能力”的开放式教学理念(图 3)，学生通过这种实验的训练，能够在步入社会后快速适应生产和指导生产，对于学生实际动手能力的培养与开发，促进学生全面提高具有十分重要的意义。

四、结语

生物工艺学是一门发展迅速的课程，我们需要紧密结合最新的研究成果，把最前沿的知识传授给学生，相应的教学方法也要不断实践和改革。我们通过在理论教学和实践教学中分别引入基于问题的教学法(Problem Based Learning)和基于项目的教学法(Project Based Learning)，再结合其他案例教学法、同伴教学法、角色扮演法等，增加了学生的互动，避免枯燥的“填鸭式”教学，取得了良好的效果，获得了师生的一致好评。其中基于 PBL 教学的实验内容获得了 2019 年北京林业大学青年教师基本功比赛实践类二等奖第一名。在传授学生知识的同时，我们通过整体巧妙地设计，在教学中增加思政的元素，在潜移默化中引导学生树立四个自信，建立技术强国的理念，培养学生勇于担当时代责任，做社会主义的建设者和接班人。

参考文献

[1]刘占英，周文学，李利军，等. 生物工艺学课程教学改革的探索与实践[J]. 微生物学通报，2011，38(10)：1572-1574.

[2]刘亭，张煜彬，薛维娜．基于 PBL 的生物技术制药实验教学改革[J]．中国继续医学教学，2019，11(28)：3-5.
[3]华子义，刘振国，朱正芳，等．生物工艺学课程的改革探索[J]．实验室研究与探索，2013，32(7)：146-148.
[4]刘宇鹏，沈永红，杨生玉．生物工艺学实验课程改革的研究与实践[J]．科技信息，2012，(29)：33.
[5]尹亮，庞启华，黄儒强，等．生物工艺学实验教学研究探索[J]．广东化工，2014，41(280)：231-232.
[6]丁莉，王锐萍，杨勇，等．“生物技术综合实验”开放性实验教学模式的探索[J]．教育现代化，2019，(72)：49-51.
[7]于威，金滟平，吴月红，等．细胞生物学实验开放式教学模式实践研究[J]．高校生物学教学研究，2018，8(2)：55-59.

Teaching exploration and practice of *Biotechnology* Based on PBL methods

He Xiangwei　Zheng Fei　Li Zhiru　Zhao Guozhu　Zhang Bolin
(College of Biological Sciences and Biotechnology, Beijing Forestry University, Beijing　100083)

Abstract　The production process of biological products and their principles, technologies, methods are the main contents in Biotechnology studies. Recent years, *Biotechnology* was a new elective course of applied technology for our university's biotechnology students. In order to stimulate students' study interest, deepen their impression of learning, and improve their ability to analyze and solve problems, PBL teaching methods were introduced into *Biotechnology* teaching, the teaching methods and models of the theoretical content and experimental content of biotechnology course were designed and explored. Due to the characteristics of many cases in biotechnology, the ideological and political elements were masterly introduced into case teaching to achieve the goal of educating students. Practice has shown that the PBL teaching method improved students' enthusiasm and initiative in learning, and also enhanced students' ability to solve practical problems. Curriculum ideology can effectively guide students to establish the concept of strengthening our country through technology, and train students to take on their responsibility of the times, and be socialist, builders and successors.

Keywords　PBL teaching method, *Biotechnology*, hierarchical teaching, open teaching, curriculum ideology, teaching exploration

基于核心竞争力提升的创新型“生物化学实验”课程体系建设

修　宇　侯佳音　史玲玲　林善枝

（北京林业大学生物科学与技术学院，北京　100083）

摘要：“生物化学实验”属于涉及面广及实践应用性强的课程，在生物学相关专业创新型人才培养中发挥重要作用。为了适应北京林业大学高素质创新型食品专业人才培养要求，以生物学实验教学中心为平台，对生物化学实验课程的教学内容、教学模式、实验管理方法以及考核体系等进行全面系统的改革实践与研究建设。经过近10年的教学改革与有效实践，建立起以学生为主体的开放式创新型实验课程教学体系，有效促进了学生综合素质和核心竞争力的培养提升，进而有助于北京林业大学一流本科建设和一流人才培养。

关键词：生物化学实验；教学体系建设；教改实践；核心竞争力；一流人才培养

我国高等教育是培养高素质专业人才的主渠道或主要阵地，而具有较强的实践应用性、综合性和创新性的实验教学是塑造提升学生综合素质的关键环节和重要实践平台[1-3]。生物化学作为生物科学领域的一门极为重要且发展最快的重要基础学科，而具有知识体系涉及广与实践应用性强的生物化学实验，已成为我国高校生物相关领域专业加强培养学生综合实验素质及创新能力的核心课程和有效途径，并在诸多相关专业人才培养建设中发挥着非常重要的作用。近年来，生物化学实验所涉及的各种原理与技术已广泛应用于现代农林业、畜牧、材料能源、轻化工、卫生环保、医药及食品等各个领域[3-5]，引起全国各大高校的极高关注。据此，如何在“生物化学实验”课程教学中有效突出学生主体能动性、强化对学生实验素质和科研创新能力及团队协助精神的有效培养，以满足我国创新型高素质专业人才培养及建设的需要，是目前我国许多高校“生物化学实验”课程教学改革与实践探索的核心问题。

一、 我校开展生物化学实验课程体系建设的重要性

2009年，在人才培养方案及教学计划重新修订的背景下，为了满足培养适应国家建设需要的高素质创新型食品专业人才要求，北京林业大学食品科学与工程专业的“生物化学实验”，从以往开设的“生物化学”课程(48学时、其中实验16学时)中剥离出来而形成一门独立课程(2.5学分、40学时)，成为该专业极为重要的必修的学科基础课，并作为“微生物学”“食品化学”“食品生物技术”“食品营养学”“功能性食品”“食品添加剂”“食品工艺学”等

作者简介：修　宇，北京市海淀区清华东路35号北京林业大学生物科学与技术学院，讲师，yuxiu@bjfu.edu.cn；
侯佳音，北京市海淀区清华东路35号北京林业大学生物科学与技术学院，实验师，houjiayin1989@163.com；
史玲玲，北京市海淀区清华东路35号北京林业大学生物科学与技术学院，高级实验师，linglingshi2005@bjfu.edu.cn；
林善枝，通讯作者，北京市海淀区清华东路35号北京林业大学生物科学与技术学院，教授，linsz2002@163.com。

基金项目：北京林业大学教育教学研究名师专项“食品专业‘生物化学实验’课程体系建设”(BJFU2018MS006)；
北京林业大学课程思政教研教改专项“生物化学B”(2019KCSZ040)。

前修课程，在食品科学专业课程体系中占有重要地位。鉴于“生物化学实验”作为新开设不久的一门必修课程，具有涉及面广与实践性及应用性强等特点，加上当时全国没有统编的食品专业相关的实验指导书，开展北京林业大学食品专业的“生物化学实验”课程教学体系建设显得格外迫切和尤为重要。为此，从2010年起，在学校有关的教育教学研究和教材建设项目的持续资助下，以校级教学名师林善枝为首的教学团队，基于高素质创新型食品专业人才培养目标，从修订完善的教学大纲和教学目标为基础入手，对北京林业大学食品专业的“生物化学实验”课程教学体系进行了一系列综合而有序的改革建设与教学实践，主要包括实验教学内容整合优化、合理新型实验教学模块研建、实验开放层次探索、教学方法及实验管理模式改革探索，以及完善修订考核体系等方面(图1)。经过近10年对“生物化学实验课程”教学体系的改革建设与教学实践及实验管理模式探索的持续强化推进，逐步建设成“以基础验证性实验为引导、综合设计性实验为主线、拓展性实验为强化”的“生物化学实验课程”的创新性教学体系，并建立起以学生为主体的“开放式互动性”实验教学及管理的新模式[3-5](图2)，有效促进学生综合素质的培养与教学质量的提升，已在高素质创新型食品人才培养中发挥非常重要的作用。现将我校食品专业创新型“生物化学实验”课程体系的建设思路及教学成果总结如下，以为相关课程教学改革实践提供借鉴。

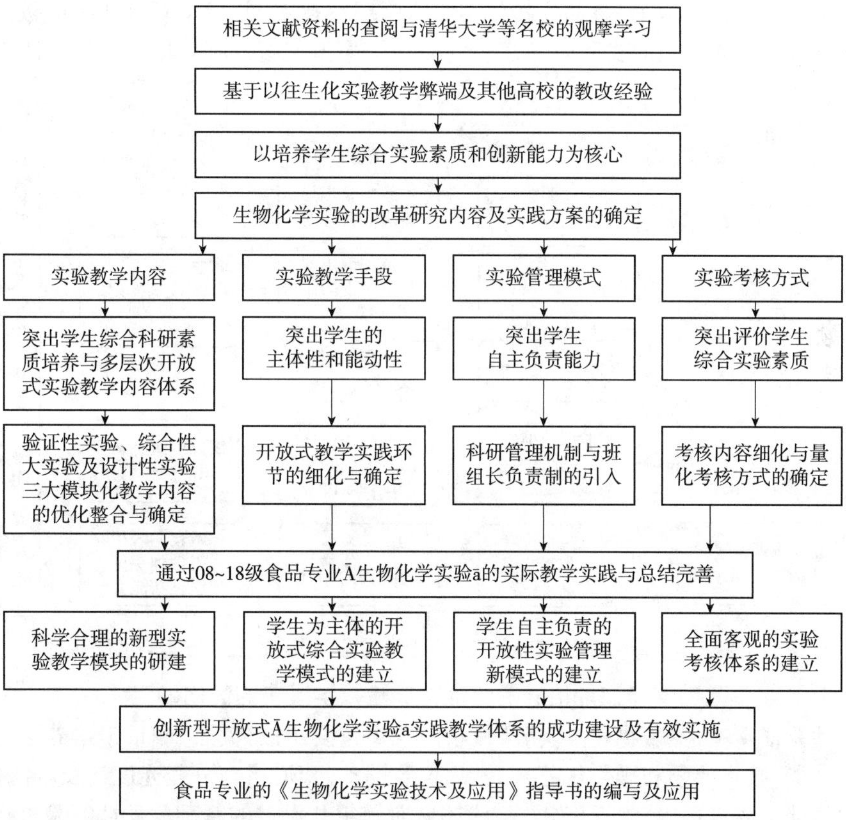

图1 基于学生核心竞争力提升的创新型“生物化学实验”课程体系的成功建设与有效实施

二、 基于核心竞争力培养的创新型综合性实验教学模块的成功构建及应用

以往北京林业大学“生物化学实验”课程多采用单个基础验证性的小实验教学模式，内容主要包括各种物质(蛋白质、还原糖、脯氨酸等)含量测定、过氧化物酶提取及活性测定、氨基酸纸层析、蛋白质沉淀反应、蛋白质两性反应及等电点测定等[4]，明显存在着以下主要问题：①教学内容单一陈旧而缺乏科学性、多偏向基础证实验、实验目的单一、仅注重

学生基本操作技能培养；②各个小实验彼此间关联性不强、且缺乏应用性及创新性；③教学方法固定单一或程序化，多采用以教师为主导的灌输式教学模式，缺乏必要的学生自主性和教学实践互动性。这种“内容单一和偏验证性”的实验教学模式无法调动学生的学习积极性，更难以实现对学生科研创新能力的有效培养。据此，针对上述问题，基于其他高校的教改成功经验，从2010年开始，我们教学团队以本校生物学实验教学中心为依托，以培养具有高素质创新型的食品专业人才为宗旨，以强化学生的综合实验素质和创新能力的培养为核心，对生物化学实验教学体系进行全面改革与教学实践探索。在项目具体实施过程中，针对以往生化实验内容单一和偏验证性的问题，我们采用“由浅入深”的实验教学内容改革理念，以“内容及目的单一基础性验证小实验的筛选→优化删减整合与教学实践→重要基础性实验模块确定→综合性大实验模块构建→创新设计性实验模块研建”的递进式方法作为实验教学内容建设的总体思想。2013年年底，初步构建了以开放性综合大实验及设计性实验为主、且与基础验证性实验有机结合的新型教学模块，并建立了以学生为主体的渐进式开放性引导型教学的新模式[3]。在随后的几年里，我们教学团队针对“生物化学实验”教学实践过程中暴露出的一些问题，进行进一步有效的整合优化与拓展创新，并于2018年建成了以“验证性实验、综合型实验和开放式设计性实验”的3个相辅相成且切合实际的创新型实验教学模块[5]，自编了“食品生物化学实验原理和技术”指导书。近几年的教学实践证明，创新型综合性连续式的实验教学模块的成功构建与实施，有效促进了教学质量的提高和学生综合实验素质及科研创新能力的培养。

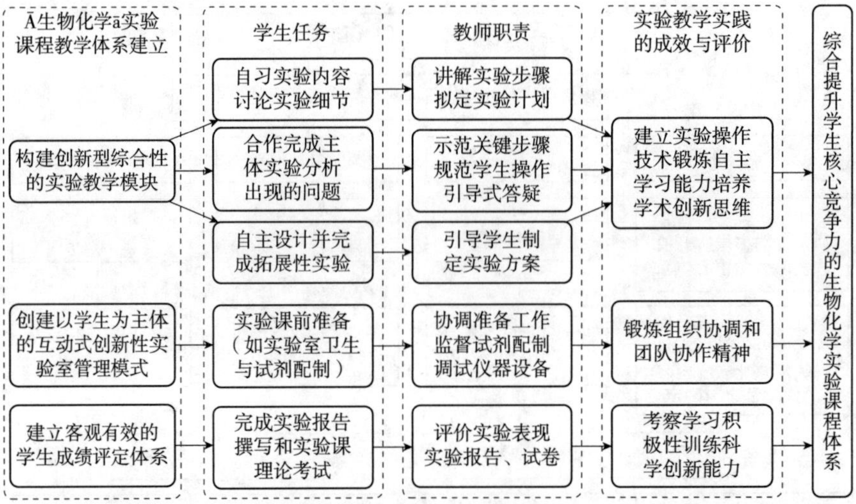

图2 基于学生综合素质培养的“生物化学实验”课程的教学方案与实践流程

（一）基于学生基础操作技能培养的验证型实验教学模块的优化确定

基础性验证实验是“生物化学实验”教学的一个重要组成部分，侧重于培养学生基本的生化实验技能(技术要领和操作规范)和常规仪器设备(离心机、分光光度计及电泳仪等)使用方法。为此，从2009下半年开始，教学团队对历年开设过的基础验证性实验进行比较分析，通过一系列不断的优化删减，精选保留了马铃薯过氧化物酶(POD)的提取与活性测定、绿豆蛋白提取及SDS-聚丙烯酰胺凝胶电泳(SDS-PAGE)测定分子质量等经典基础验证型实验，但在教学实践中仍存在着实验教学质量及学生基本实验技能训练效果不佳等问题。据此，从2012年开始，为了提升通过基础性验证实验而有效达到对学生基本实验技能培养的教学目标，从涵盖面广、操作性及针对性强等角度入手，对验证性实验教学模块进行进一步的整合优化补充与教学实践。例如，对马铃薯过氧化物酶的提取与活性测定方法等进行有效的探索优化，以达到减少验证性实验学时而不影响教学效果；另外，对前期开设的小型综合性“细胞色素 C 分离纯化”的实验内容与实验方法进行改进优化，增设了以常规盐析沉淀提取法为对照的沸石吸附提取细胞色素 C 的效果评价和纯度鉴定分析等内容，将其作为重要基础验证性实验教学内容的有效补充。近几年的教学实践表明，以“经典基础验证型实验”与小型综合性“细胞色素 C 分离纯化实验”有机结合而构建出新型验证性实验教学模块(8 学时，占总课时的 20%)，有助于强化学生对生物化学基本实验技能及方法的培养，有效调动了学生实验的兴趣和积极性，并可为后续综合设计性大实验及拓展创新性实验的顺利而有效的实施奠定重要基础。

(二)基于学生实验素质塑造的综合性大型实验模块的成功设计与构建

构建综合性大实验模块，其教学目标是突出对学生综合实验素质(实践动手能力、分析解决问题能力、科研创新能力及团队协作精神等)的全面强化和有效培养[3-9]。据此，针对食品专业特点及培养目标，选择实用性强的酶学为实验研究对象，采用“变分散单项为大型综合”的教改理念，从有效增大综合设计性实验的比例及难度入手，以多种实验技术方法有效组合为构建目标，对以往开设的一些具有代表性、关联性及系统性的实验教学内容进行了有效整合优化与教学实践探索。2014 年，我们教学团队初步建成了“以鸡蛋清为实验材料、以系统性研究溶菌酶为主题”的连续式多种实验技术组合的综合性生化大实验模块(共 20 学时，占总课时的 50%)，其教学内容包括溶菌酶的提取及分离纯化、酶蛋白浓度及酶活力测定，酶促反应动力学分析(米氏曼常数、最适温度及 pH 值、最大反应速度、抑制机理等)，以及基于 SDS-PAGE 技术的纯度鉴定及分子质量测定等内容[3]。该综合性大型实验教学模块的比例由原来的 20%提高到 50%，几乎涵盖了酶学研究的所有内容与生化实验原理及技术(细胞破碎及提取技术、离心技术、层析技术、样品纯化收集技术、分光光度分析技术、盐析技术、透析浓缩技术、标准曲线制作技术、定性定量分析技术、电泳技术及纯度鉴定技术等)，达到了学生综合实验素质有效强化及提升的教学目标。2014 年以后，针对生物化学实验课程教学实践过程中存在的问题(如实验耗时长、实验结果不理想以及综合强度不够等)，教学团队对前期所构建的综合设计性实验教学模块进行了进一步的探索优化与拓展补充，例如，阳离子交换树脂(Amberlite CG-50)和分子筛层析介质(Sephacyl S-100HR)高效快速再生方法的优化建立、酶活力测定方法的探索改进、SDS-PAGE 技术的改进(分离胶浓度改变以及快速染色及脱色方法建立等等、尤其是溶菌酶变性与复性及活性中心化学修饰等内容的增加；经过近 4 年的改革探究与创新优化，2018 年成功构建了“由鸡蛋蛋清→溶菌酶分离纯化→酶蛋白浓度及酶活力测定→纯度鉴定→酶促反应动力学系列性质分析→变性与复性及活性中心化学修饰分析”的连续性综合式高强度的大实验教学模块[5]，而且在不改变学时的情况下，实验强度比 2014 年提高了 20%，有效促进了学生综合实验素质和科学创新能力的培养与提升。

(三)基于学生自主创新能力培养的拓展设计性实验模块的有效构建

自主创新设计性实验模块是指由学生自行设计实验方案并加以实现的实验，其教学目标是突出对学生自主创新实践能力和科研探索精神以及分析解决问题能力等综合科研素质的有效塑造，更是“生物化学实验”教学目标的升华。为此，从 2012 年开始，教学团队从强化实验内容的拓展性及创新性与应用性等角度入手，以基于综合大实验纯化后的溶菌酶为切入点，以尼龙网为酶固定载体，积极引导学生在查阅相关资料文献的基础上，利用空余时间尝试性开展溶菌酶固定化及应用等自主创新设计的拓展实验研究；经过 2 年的创新探索与教学实践，2014 年建立起了“溶菌酶的固定化及应用”创新设计性实验模块[3]；随后，针对溶菌酶固定化实验过程中存在的固定化率不够理想等问题，对其固定化过程所涉及的各种步骤及方法进行探索优化与改进，例如，尼龙网的有效去污处理方法的筛选确定、尼龙网活化所需的试剂浓度及处理温度的优化建立、固定化时间适当延长等，进而在 2018 年成功构建了自主创新设计的拓展性实验模块——“溶菌酶的固定化及应用”[5]，有效促进了学生自主创新意识及创新精神和科研探究能力的培养。

综上所述，经过近10年的教学改革与有效教学实践探索，成功将教学计划40学时的“生物化学实验”课程体系设计成以开放性综合大实验及设计性实验为主、且与基础验证性实验有机结合的科学合理的创新型教学模块，具有较强的连贯性、层次性、可操作性、综合性和创新设计性等特点，而且涵盖面广以及难度大，这在国内诸多高校目前很少开设的；另外，通过实践开发出溶菌酶的变性与复性、化学修饰以及固定化等自主创新设计性实验内容，这在国内尚属首次，体现出本实验教学内容建设具有一定的深度和创新性。值得注意的是，为了更有效促进学生综合实验素质和科研创新能力的培养与提升，在未来的教学过程中应增设“DNA的提取和纯化、PCR扩增技术、核酸琼脂糖凝胶电泳”综合性实验。

三、以突出学生为主体的互动式创新性教学模式的有效建立与实践应用

针对以教师为主导的“灌输式”教学实践模式存在的缺陷，为了真正调动学生进行实验的积极主动性，以达到强化培养学生综合实验素质和科研创新能力的教学目标，教学团队从2009下半年起，开始尝试对“课前自学→上课提问→讨论互动→教师点评总结”的教学模式进行实践探索；2014年建立了以学生为主体的开放式“生物化学实验教学”模式[3]，但在具体实施过程中发现还存在着一些不足之处，如实验态度欠端正、团队协助精神不强、实验盲目操作、容易出错误、缺乏独立思考、抄袭实验报告等。为了真正突出学生的主体性和能动性、增强教学质量和学生培养效果，从2015年起，对实验教学实践实施的流程进行了进一步的细化规范，有效采用“由分组安排入手→课前自学→小组实验计划制定→实验内容讲解→实验预准备→基础性验证实验→综合性大型实验→创新设计性实验→课堂互动式讨论→实验结束时点评总结→论文式实验报告撰写”等11个阶段的渐进式实验教学流程，严格规范并细化健全实验教学实践的各个环节，鼓励引导学生积极主动参与实验全程，并要求每位学生以认真严谨的态度和积极稳健的心态对待所开设的各个实验模块，进而通过小组成员团结协作独立完成所有实验内容；对于整个实验过程中出现的各种问题(如异常实验现象和结果)，尽量让学生自己去思考解决，若实在无法解决，可采用启发或引导式协助解决。多年的实验教学实践证明，通过“学生为主、教师为辅”的创新型实验教学实践模式的有效实施，可充分发挥学生在生物化学实验教学过程中的主体地位，留给他们更多的自由度和学习探索空间，尽量营造一个充满科研兴趣与和谐友爱快乐的实验氛围，让学生对生物化学实验产生浓厚的兴趣。

四、以学生自主负责制的开放式实验室管理模式的建成与有效实行

具有涉及面广与应用性及实践性强的“生物化学实验”课程，其实验过程存在连贯性强、持续性长、实验准备复杂以及操作步骤繁杂等问题[3,5,10]。针对“生物化学实验”课程特点以及以教师为主导灌输式教学实践及实验管理模式存在的弊端，教学团队从2009年开始，尝试将类似于科研管理机制的学生自主负责的开放性实验管理新模式引入本实验课程实践教学，并以“由老师管理为主→老师辅助的半开放→以学生自主负责全开放性”渐进式的课堂教学管理模式改革实践与有效建立为目标，从注重突出学生的主体能动性和团队协助精神培养角度出发，对实验教学实践过程中的管理模式进行一系列有效的探究。例如，①在实验课准备阶段，班长负责安排同学利用课余时间完成各项准备工作，包括组织同学清扫实验室，以及实验所需的各种器皿的清洗与各种试剂的统一配制等；②在实验过程中，班委负责协调管理好全班同学，而组长负责协调管理好同组同学，实行实验试剂和仪器设备共享制度，各种器皿用完后各自负责清洗干净；③对实验时间实行集中开放式管理，每个班

实验时间安排4~5天；④各实验教学模块完成时，班委及各组组长协调负责清理实验室卫生及各种实验器皿。经过近10年的探索与教学实践，我们成功建立了“以学生为主体”的开放式“生物化学实验”教学管理模式[3,5]，有效调动了学生实验的积极主动性，促进了学生集体荣誉感和责任心及团队协助精神等综合实验素质的培养，进而达到有效提升“生物化学实验”教学效果的目的。

五、 基于学生综合素质全面培养的实验成绩评定体系的建立

建立科学合理而全面有效的实验成绩评定体系是检验教学效果和促进学生综合素质全面培养的关键环节之一。在实验考核过程中，将“生物化学实验”成绩分为2大部分考核：平时成绩(80%)和闭卷考试成绩(20%)。平时成绩主要包括实验报告(占50%)与实验过程(实验操作、动手能力、实验态度、参与程度、前期预习、团队协作情况等，占50%)；其中实验报告采用科研论文形式，重点考查实验报告的书写规范性、尤其重视实验结果的分析与讨论，进而有效地避免了以往学生注重实验结果而随意篡改实验数据现象的发生，同时坚决杜绝抄袭等不端行为。另外，实验课程理论闭卷考试成绩占20%，主要考查学生实验原理的掌握运用，以及综合解决实际问题的能力。多年的教学实践证明，通过这种全面客观的实验考核方法，使学生成绩呈现正态分布，并端正了学生实验态度，进而有利于提高学生的综合实验素质。

六、 结语

10年来的教学实践证明，开展“生物化学实验”创新型实践教学体系研究建设极为成功，在实施过程中受到学生或同行的好评，完全达到了预期的教改目标，具有很好的推广和借鉴价值；所建立的以学生为主体的开放式创新型“生物化学实验”教学模式，有效激发和增强学生的创造性思维、加深学生对所学的生物化学理论知识的理解，使学生较扎实地掌握了生物化学实验的基本原理与技术，促进学生综合素质与科研能力的全面锻炼与有效提升，为后续专业课程的学习及从事本专业及相关专业的科学研究打下坚实基础。

参考文献

[1]张俊杰，贾长虹，张会宜．生物化学实验教学模式的探索[J]．河北理工大学学报(社会科学版)，2009，9(2)：114-116.

[2]祝顺琴．“生物化学实验”教学改革与实践[J]．宁夏农林科技，2011，52(10)：106-107.

[3]林善枝，刘雪萍，朱保庆．开放式“生物化学实验”教学模式的改革实践[J]．中国林业教育，2014，32(1)：48-50.

[4]刘雪萍，史玲玲，汪晓峰．对生物学理科基地班生物化学实验课程改革的探索[J]．教育教学论坛，2012，(1)：148-149.

[5]林善枝，史玲玲，陈少良．综合设计性生物化学实验的开设与教学实践[M]．北京：中国林业出版社，2018.

[6]孟庆祥，郑江．以人为本理念下的生物化学实验课改革[J]．鞍山师范学院学报，2009，11(6)：38-40.

[7]崔喜艳，宋慧，杨美英，等．生物化学实验课程教学改革的研究与实践[J]．安徽农业科学，2012，40(3)：1716-1717.

[8]孙玉军．一个综合性生物化学实验的设计[J]．科技信息，2009，(17)：437.

[9]钟广蓉，时国庆．生物化学实验教学的实践与探索[J]．中国冶金教育，2009，(2)：47-49.

[10]张剑云，陈水红．生物化学实验教学存在的问题及优化措施[J]．现代农业科技，2011，(3)：44-45.

Construction of innovative teaching system for *Biochemistry Experiment* course based on the cultivation of core competencies

Xiu Yu Hou Jiayin Shi Lingling Lin Shanzhi

(College of Biological Sciences and Biotechnology, Beijing Forestry University, Beijing 100083)

Abstract *Biochemistry Experiment* belongs to the course with wide knowledge system and strong practical application, and has played an important role in cultivation of innovative talents for biology-related major. In order to meet the requirement of cultivating innovative talents for food specialty of Beijing Forestry University, the teaching system of biochemical experiment course was comprehensively reformed and systematically practiced from the experiment teaching content and methods as well as experimental management method and assessment system, and then performed on the Beijing College Experimental Teaching Demonstration Center. After nearly 10 years of teaching reform and effective practice, an open and innovative teaching system was constructed for biochemical experiment course with the students as the main body, which should effectively promote the cultivation of core competencies and scientific innovation ability of the students, and also contribute to build first-class undergraduate education and to train first-class personnel of Beijing Forestry University.

Keywords *Biochemistry Experiment*, teaching system construction, teaching reform and practice, core competitiveness, first-class personnel cultivation

基于混合式教学的"Java 程序设计"资源建设与实践

韩 慧 王建新 崔晓晖 李 群 于辉辉

（北京林业大学信息学院，北京 100083）

摘要：混合式教学模式将传统教学与网络教学有机结合，为了更好地推进这种模式，优质的课程资源是重中之重。以课程资源系统完整为基本要求，以提高程序设计能力为核心，从三个方面开展课程资源的建设与实践工作。首先，建设线上课程资源，打造优质视频和配套资源，开展在线课程；其次，建设线下课程资源，进行难度分级的实验教学设计，整合多样化辅助教学资源；最后，在优质课程资源的基础上，推行混合式教学模式，力求实现真正的教学相长。

关键词：Java 程序设计；课程资源；混合式教学

"Java 程序设计"课程以提高学生的程序设计能力为宗旨，从未停止过改革和探索的步伐[1-3]。教学团队一直在教学方式、考试模式等方面进行不断的探讨和实践。例如，在教学方式改革中，推行研究型课堂教学模式，培养学生的学习积极性和主动性；进行对比教学，鼓励学生从多种角度思考问题，融会贯通，加强学习效果；探讨个性化教学，根据个体差异性，以学生为中心，制订不同的教学策略和学习方案。在考试模式改革中，采用纸质考试和上机考试相结合的方式，注重过程化考核，既要考查学生对所学知识点的细致程度，又要考查学生在规定时间内的编程、调试、纠错和优化等程序设计能力。

尽管该课程前期已经做了很多实践和探索，但是，为了实现真正的教学相长，课程积极推行混合式教学模式。这种模式有机地结合了传统教学方式和网络教学方式的优势，可以让教师更直观、更方便地了解学生对教学内容的掌握情况，及时地得到学生的反馈信息；可以让学生不受时间和空间的限制，通过碎片化的时间灵活安排部分学习活动，培养了学生的自主学习能力，提高了学习效率。此外，混合式教学模式还有助于师生在课程的重点、难点和易错点等方面进行更有针对性、面对面的深层次探讨。

为了更好地开展混合式教学模式，线上课程和线下课程的资源建设尤为重要，只有建设好这个"基础设施"，混合式教学模式才能高效有序地开展和推行。针对这种情况，教学团队积极整合优化课程资源，推陈出新，取得了阶段性的成果。2019 年 1 月，"Java 程序设计"课程被确立为北京林业大学第二批在线精品课程。2019 年 5 月和 9 月，该课程在中国大学 MOOC[4] 平台分别进行了第一轮和第二轮开课，反响不错。2019 年 11 月，本课程获得"2019 年全国生态文明信息化教学成果遴选 C 级"[5]。

作者简介：韩 慧，北京市海淀区清华东路 35 号北京林业大学信息学院，讲师，hanhuie@ 126. com；
王建新，北京市海淀区清华东路 35 号北京林业大学信息学院，教授，wangjx@ bjfu. edu. cn；
崔晓晖，北京市海淀区清华东路 35 号北京林业大学信息学院，讲师，cuixiaohui@ bjfu. edu. cn；
李 群，北京市海淀区清华东路 35 号北京林业大学信息学院，讲师，liqunbj@ 163. com；
于辉辉，北京市海淀区清华东路 35 号北京林业大学信息学院，讲师，yuhh1990@ 126. com。

资助项目：北京林业大学教育教学研究项目"计算机专业'Java 程序设计'课程资源建设与实践"（BJFU2018 JY081）；
北京林业大学在线精品课程"Java 程序设计"（BJFU2019JPZXKFKC033）。

以下是“Java 程序设计”线上课程资源建设、线下课程资源建设和混合式教学模式的初步探索情况。

一、 线上课程资源建设

为了建设出更加优质的线上课程资源，“Java 程序设计”教学团队积极开展调研，针对课程在专业培养体系中的作用，认真梳理教学大纲，反复推敲各章节的理论教学内容和实际操作案例，使其简洁易懂，具有代表性，并且难度逐层推进，引领学生理解课程的精髓。

教学团队的老师们分工协作，集体研磨，精心设计了十一个章节的课程内容，其教学目标和视频数量见表 1。其中，对于视频的录制工作，教学团队和 MOOC 制作公司积极沟通，多次讨论，并且参考当今流行的 MOOC 课程的制作方式，将授课内容和对应的程序案例细化到以知识点为单位，共抽取出 106 个知识点，录制成 106 个视频。视频的总时长为 952 分钟，其中单个视频的时长都控制在 5~20 分钟以内，这样，学生可以通过碎片化的时间完成系统性的学习，有利于快速掌握所学内容，有效提高学习效率。

表 1 中国大学 MOOC 北京林业大学“Java 程序设计”课程内容简介和视频情况

章 名	教学目标	各章视频数量	
1. 绪论	掌握 Java 语言的特点；掌握常用的运行平台和基本源程序开发；熟练运用 Java APIs	10	2 个授课视频 8 个操作视频
2. Java 语言基础	掌握 Java 基本语言符号、数据类型、运算符与表达式、语句和数组	13	11 个授课视频 2 个操作视频
3. Java 面向对象特征	掌握面向对象特征、类继承机制、访问控制权限的作用、包的使用	11	5 个授课视频 6 个操作视频
4. 类的高级特性	掌握上转型、接口回调与运行时多态的关系；理解抽象类、最终类、内部类和匿名类的概念	6	2 个授课视频 4 个操作视频
5. 常用类	掌握封装类的原理、自动装箱和自动拆箱原理；理解根类的常用方法；熟练运用字符串类、Math 类和常用泛型类	10	7 个授课视频 3 个操作视频
6. 异常处理	掌握异常的定义、作用；掌握异常的声明、抛出和处理机制	4	3 个授课视频 1 个操作视频
7. 输入/输出流	了解流的概念；熟练运用文件类；掌握文件流、内存流和随机流的属性和功能	16	7 个授课视频 9 个操作视频
8. 图形用户界面	掌握 Java 图形用户界面的基本要素；掌握布局的概念；掌握事件监听机制	18	10 个授课视频 8 个操作视频
9. 多线程	理解线程的概念和作用；了解线程的生命周期；掌握线程的创建和常用方法；掌握线程同步、线程联合和守护线程	10	6 个授课视频 4 个操作视频
10. 网络程序设计	掌握 Java 的 URL 和 Socket 通信机制，以及涉及的相关类的使用	4	2 个授课视频 2 个操作视频
11. 正则表达式	了解正则表达式的概念；掌握创建和使用正则表达式的方法	4	4 个授课视频
			视频数量总计：106 个

此外，视频的类型包括授课视频和操作视频。授课视频以教师的讲解、课件展示、板书等为主要形式，适合于讲授各个知识点的基本原理；操作视频以 Java 源代码的编写、编译、运行和讲解等为主要形式，适合于讲授各个知识点的具体应用。多数章节的教学内容采用授课视频和操作视频相结合的方式，教师讲授了知识点的基本原理之后，再结合该知识点对应的实例，能够加深学生对所学内容的理解，提升学习效果。

除了录制在线教学视频，教学团队还精心设计了与之相对应的在线配套资源，具体内容见表 2。

表 2 中国大学 MOOC 北京林业大学“Java 程序设计”在线配套资源

资源名称	资源数量	类型
课件	106 个	pdf 格式
程序源代码	85 个	Java 源文件
随堂测验题	154 道	
单元测验题	195 道	客观题：单选题、多选题、填空题和判断题
慕课堂测试题	64 道	
单元作业题	11 套	主观题：程序设计题

对于教学视频，制作了相应的课件，学生可以在线观看，也可以进行下载；对于视频中涉及的程序案例，提供了对应的程序源代码，学生可以将其下载到本地机，观看视频的同时操作源代码，边学边练，有利于提高程序设计能力。

随堂测验题、单元测验题和“慕课堂”测试题以客观题为主，是教学团队根据课程的重点、难点和易错点设计出来的原创题目，有助于巩固学生对细节知识点的掌握程度。其中，对于每一小节，提供了与该节知识点相对应的随堂测验题，有助于学生随学随练；对于每一章，提供了与该章所有知识点对应的单元测验题，学生学完一章的内容后，可以通过单元测验题进行过程化考核，验证阶段性的学习效果；在“慕课堂”模块创建了与各章对应的测试题，师生在线下授课的过程中，通过手机扫描课堂二维码可以进入该模块，在规定的时间内完成测试，教师可以实时查看学生的做题进度、得分情况，以及每道题的正确率，并且根据这些数据对重点、难点和易错点进行更有针对性的讲解。

此外，对于每一章，还提供了单元作业题，题目类型为程序设计题，学生需要根据题目所给出的任务，分析问题、设计解题思路并且进行编程实现。

学习者可以在中国大学 MOOC 平台免费获取北京林业大学“Java 程序设计”在线课程[6]的教学视频和配套资源。在该课程的“讨论区”模块，教师会根据学习进度，定期发起主题讨论，学习者可以积极参与讨论；此外，学习者针对所学内容，可以在“答疑交流区”提出问题，教师或其他学习者都可以进行答疑交流。这些形式也为课程的更好发展以及教学相长提供了有利支撑。目前，该课程在中国大学 MOOC 平台进行了两轮开课。第一轮选课总人数为 9223 人，第二轮开课目前进行到第 17 教学周，选课人数为 7879 人。课程的内容得到了学习者的喜欢和认可，课程评价分数为 4. 8 分。

二、 线下课程资源建设

为了有效开展混合式教学，除了建设线上课程资源，教学团队也在积极推进和建设线下课程资源，力求线上和线下资源有效融合。

(一) 难度分级的实验教学设计

线下课程为学生制定了两套不同难度的实验方案，分别适用于学习的不同阶段。第一套实验方案适用于学生刚学完特定内容之后进行巩固练习；第二套实验方案适用于学生熟练掌握了所学内容之后进行提高练习。

第一套实验方案难度适中，针对性强。每个实验只对应一类知识点，包括：上转型与运行时多态、接口回调与运行时多态、使用字符串类进行中文分词和英文分词、使用输入/输出流对文件进行顺序和随机读写、图形用户界面的设计与实现、线程同步和线程联合的运用等。第一套实验方案可以让学生很好地掌握所学知识点的基本原理和应用方法，有效地巩固了所学知识，在一定程度上培养了学生的自信心和学习兴趣。

第二套实验方案难度逐层推进，综合性强。每次实验都是在上次实验的基础上进行知识点的累加。整套实验巧妙地将课程各章节的知识点串联在一起，学生做完整套实验之后，就会实现一个具有综合功能的实用程序，有效地提高了学生的程序设计能力。实验方案包括：实验1创建一个使用学生类的数组表示的学生信息表，可以对该表进行增、删、改、查操作，并且可以按照各门课程的成绩排序，主要练习了面向对象的基本特征；实验2继续进行修改和扩展，为学生类衍生出两个子类：本科生类和研究生类，可以分别创建本科生和研究生信息表，并对其进行增、删、改、查、按成绩排序等操作，主要练习了类的高级特性；实验3进一步优化，引入泛型类，将原来使用数组表示的学生信息表改为使用双链表泛型类或者树映射泛型类来表示；实验4增加文件读写功能，使得学生的信息可以保存在文件中，省去了每次都从键盘上输入数据的繁琐，而且，对学生信息的改变也会写入到文件中永久保存起来；实验5进行包装，增加了图形用户界面的设计与实现，可以在界面上对学生信息进行操作，更加方便和直观；实验6增加线程处理，用来解决不同任务需要线程同步或者线程联合的情况。第二套实验方案循序渐进，环环相扣，有效地培养了学生主动去探究、分析和解决实际问题的能力。

(二)多样化的辅助课程资源

多样化辅助课程资源的建设非常重要，不仅可以满足教学需要，还可以兼顾学生课外自主学习的需求，拓展学生的知识面，培养学生的自学能力，有效地提高学生对知识的巩固和灵活运用能力。目前，教学团队搜集和整理的辅助课程资源如下所示。

第一，重难点教学案例。课程中涉及的重点和难点，对于初学者或者基础较为薄弱的学生，接受起来有一定的难度。例如，创建对象时，对象及其成员变量在内存中的栈存储和堆存储方式、运行时多态的原理和作用、数据的深拷贝和浅拷贝、异常处理机制、多线程控制、接口泛型类的运用等，都是学生较难理解的内容。针对这些学习的薄弱环节，教学团队精心设计了相应的案例，尽量使其具有典型性、趣味性和实用性。目前已经设计完成的案例包括：类继承的常见错误、运行时多态、引用问题和参数传递、文件读写、线程创建与安全、权限控制、深拷贝与浅拷贝等，并且将这些案例的讲解录制成了小视频供学生反复学习。此外，对于学生学习过程中常用的程序调试、文档查阅与生成等内容，也录制了小视频。

第二，课外拓展资源。教学团队通过Java主流论坛、相关竞赛、等级考试、毕业生等资源，收集和整理了历年与Java相关的竞赛试题、等级考试题、公司或者企业的招聘试题等资源，并且按照所属知识类型分门别类地梳理和存放，可以帮助学生方便地找到对应的知识点。课程团队还搜集了以Java作为开发语言的大学生创新创业项目、课程设计和毕业设计等内容，对其进一步优化，从而扩充以案例为驱动的课程资源。

第三，配套教材建设。目前，课程的配套教材《Java程序设计实用教程(微课版)》已经与清华大学出版社签订出版合同，正在编写过程中。教材的内容除了整合线上和线下课程资源，还将增加Java的新动向、新应用、新特性以及与业界的衔接等前沿知识。此外，还会增加以实际应用为依托的教学案例，使学生具备编写综合应用程序的能力，从中找到编程的乐趣。教材的形式采用微课版，对于需要重点讲解的内容，将以二维码的形式提供给读者。

三、 混合式教学初探

结合线上和线下课程资源建设，“Java 程序设计”的教学团队在 2019-2020 学年第 1 学期开展了第一轮混合式教学的探索与实践，授课专业为信息管理与信息系统 2017 级和数字媒体技术 2017 级，共计 4 个班。本轮混合式教学的理论课和实验课都安排在计算中心的机房进行授课，有利于学生边学习边动手操作，并且，线上课程和线下课程交叉进行，具体的课程安排见表 3。

表 3 2019-2020 学年第 1 学期“Java 程序设计”混合式教学课程安排

周次	周学时	理论课(线上+线下)		实验课(线下)	
		学时	内容	学时	内容
3	2	2	第 1 章 绪论(线下)		
4	2	2	第 2 章 Java 语言基础(线上)		
5	2	2	第 3 章 Java 面向对象特征(线上)		
6	6	4	第 3 章 Java 面向对象特征(线下 2 学时) 第 4 章 类的高级特性(线上 2 学时)	2	类的声明、创建和继承
7	4	2	第 4 章 类的高级特性(线下)	2	运行时多态
8	4	4	第 5 章 常用类(线上 2 学时) 第 6 章 异常处理(线上 2 学时)		
9	6	3	第 5 章 常用类(线下 1 学时) 第 7 章 输入/输出流(线上 2 学时)	3	常用类的运用
10	4	2	第 7 章 输入/输出流(线下 2 学时)	2	文件的顺序、随机处理
11	4	4	第 8 章 图形用户界面(线上 2 学时) 第 9 章 多线程(线上 2 学时)		
12	4	1	第 8 章 图形用户界面(线下 1 学时)	3	图形用户界面的设计与实现
13	2		第 10 章 网络程序设计(线上自学) 第 11 章 正则表达式(线上自学)	2	多线程处理

除了第 1 章的教学内容，其余章节的课程安排基本都是以线上课程和线下课程相结合。具体的操作如下：首先，对于线上课程，教师事先指定每一章中学生需要自主学习的知识点，学生在规定的周次内，自行通过碎片化的时间观看教学视频，自主进行随堂测验、单元测验，单元作业等，随学随练，记录学习难点，充分做好预习工作。其次，教师可以通过 MOOC 平台实时查看学生的在线学习情况，包括视频观看时长，随堂测验、单元测验和单元作业的进度等情况，及时指导和督促预习工作。然后，对于线下课程，教师根据学生的总体预习情况，收集学习薄弱点和易错点，对其进行更有针对性的讲解，并且把问题进行引申，指导学生进行深层次的思考和讨论。最后，对于教学过程中的学习难点，教师在“慕课堂”模块的练习库中创建更有针对性、更具代表性的测试题，在线下课程的授课过程中，拿出 5~10 分钟的时间对学生进行测试，并根据测试情况面对面和学生进行讨论，提升学习效果。

多数学生对于混合式教学是支持和认可的，这种模式不再完全以教师为主导，而是需要教师和学生共同合作才能更好地完成。学生不再是被动地接受内容，而是要积极主动地进行自主学习，对学生的自觉性要求较高。否则，如果不能有效地完成预习环节，线下课程就会很难跟上学习进度。所以，教学团队还建立了课程微信群，增加了课下和学生面对面沟通与交流的机会，进行深层次的教学督促和辅导。

四、结语

课程开展全方位、多元化的资源建设与实践工作，并且积极推进混合式教学模式，力求实现真正的教学相长。今后，根据本课程在中国大学 MOOC 平台上的开展，以及在校内混合式教学模式的推进，教学团队将会积极收集各方面的反馈信息，对已有资源进行更新和补充，打造优质课程。

参考文献

[1]韩慧，李冬梅，王春玲，等.Java 程序设计的个性化教学探讨[C]//. 北京林业大学教学改革研究论文集，2017：523-526.

[2]韩慧，王春玲，李冬梅，等. 以提高程序设计能力为核心的 Java 教学探讨[C]//. 北京林业大学教学改革研究论文集，2016：577-580.

[3]韩慧，王春玲，孙俏，等.Java 程序设计教学方法与考试模式研究[J]. 计算机教育，2014，(2)：63-66.

[4]中国大学 MOOC 网：https：//www. icourse163. org/

[5]https：//edu. cfph. net/competition/activity/3/result/index？ type=0

[6]https：//www. icourse163. org/course/BJFU-1205988807(中国大学 MOOC 北京林业大学在线课程“Java 程序设计”)

Course Recourses Construction and Practice of *Java Programming* based on blended teaching

Han Hui　Wang Jianxin　Cui Xiaohui　Li Qun　Yu Huihui

(School of Information Science & Technology, Beijing Forestry University, Beijing　100083)

Abstract　Blended teaching combines traditional teaching with network teaching. In order to promote this model, high-quality course resources are very important. Taking the system integrity of course resources as the basic requirement, and focusing on improving programming capability, this paper will carry out the construction and practice of course resources from three aspects. Firstly, we should build online course resources, and create high-quality video and supporting resources, and carry out online courses; Secondly, we will construct offline curriculum resources, and carry out experimental teaching design with difficulty classification, and integrate diversified auxiliary teaching resources; Finally, based on the high-quality course resources, we carry out blended teaching. We strive to achieve true teaching and learning through rich and varied curriculum resources.

Keywords　*Java Programming*, course resources, blended teaching

新工科背景下“食品添加剂”的教改与实践

范俊峰　张柏林　杜为民

（北京林业大学生物科学与技术学院，北京　100083）

摘要：“食品添加剂”是一门具有较强实践性的应用型课程。我们基于新工科的基本理念，在教学中明确“食品添加剂”的课程定位，在复配添加剂教学中引入先进的计算机模拟技术以增加课程的实用性，采用“翻转课堂”新型教学手段改善教学效果，鼓励学生参加食品创新创意大赛以延伸强化添加剂的应用，为食品工程学科创新工程教育方式、培养创新型人才探索了新的教学模式。

关键词：食品添加剂；计算机模拟；翻转课堂

新工科（Emerging Engineering Education）是我国为应对新一轮科技革命与产业变革，立足“中国制造2025”等国家战略发展需要，在国际竞争新形势、社会产业新结构的大背景下，提出的工程类学科教育改革的新方向。新工科首先是指针对新兴产业的专业，其次是传统工科专业的升级改造，以此实现更新的理念、更好的模式、更高的教育质量[1]。2017年以来，新工科建设形成了“复旦共识”“天大行动”和“北京指南”，着力开展并推进新工科研究与实践，促进学校教育与社会教育的有机结合，全力探索领跑全球工程教育的中国模式和经验，助力高等教育强国建设，为我国的服务创新、产业升级提供驱动力[2]。食品科学与工程是农林、轻工高校传统工科专业，本文探讨其专业核心课程——“食品添加剂”教学中，顺应新工科理念的教学改革与实践。

一、 食品添加剂课程简介

食品添加剂是现代食品工业的灵魂，是现代食品生产中最富创造力的领域，食品工业的创新与发展离不开食品添加剂，没有食品添加剂就没有现代食品工业。而“食品添加剂”课程几乎涉及食品加工的所有专业，直接与食品工程、食品质量评估、食品安全性接轨，是轻工和农林高等院校食品科学与工程本科专业非常重要的基础学科。这门课从上世纪80年代开设之始，就立足应用，一方面让学生掌握各种添加剂的性质及应用，另一方面注重其正确使用及安全性。到目前为止，我国的食品添加剂已经发展出22大类2600个品种，食品添加剂课程与食品工艺学、微生物学、食品毒理学和食品营养学等专业课程均有一定相关性。因此，它的知识面宽、综合性强、内容充实、应用性强，在培养新工科人才中将起到不可或缺的重要作用。随着食品工业及食品科学技术的快速发展，许多思维、新工艺、新技术、新手段不断涌现，人们对食品的感官、营养、安全、功能特性尤其关注，对食品添加剂的发展及食品专业人才提出了更高更严格的要求；而新兴产业和新经济背景下，需要实践能力强、创新能力强、具备国际竞争力的高素质复合型新工科人才。这就要求“食品添加剂”课程从工程教育理念、教育教学质量、和人才培养模式入手，研究新的教育教学内容和方法、探索建立工科发展新范式、创新工程教育方式与手段。

作者简介：范俊峰，北京海淀区清华东路35号北京林业大学生物科学与技术学院，副教授，fanjunfeng@bjfu.edu.cn；
张柏林，北京海淀区清华东路35号北京林业大学生物科学与技术学院，教授，zhangbolin888@163.com；
杜为民，北京海淀区清华东路35号北京林业大学生物科学与技术学院，讲师，weimindu@bjfu.edu.cn。

资助项目：北京林业大学教育教学研究项目“新工科背景下食品添加剂的计算机模拟技术教学改革”。

二、新工科背景下“食品添加剂课程”教改与实践的必要性

（一）教学中引入计算机模拟技术是食品工业发展的需要

食品工业的持续增长需要“食品添加剂”课程的改革。2018年我国的食品工业总产值已经达到12万亿，行业人士提出了“12万亿后，食品工业行业的增长空间在哪里”这样的疑问。食品添加剂是食品生产中最富创造力的领域，很多专家预言，食品工业的持续增长离不开食品添加剂的创新，食品添加剂的复配是食品工业创新发展的主攻方向之一。目前，从防腐剂到抗氧化剂，到增稠剂，再到乳化剂，很多大专院校和企业采用传统的研究方法复配验证复合添加剂，往往是倾注了大量的时间和资金，但效果却差强人意，主要原因是传统食品工程院校的毕业生没有掌握智能科学与技术、先进的计算机模拟技术，只能采用耗时耗物的传统方法。从应用上来说，目前的食品添加剂课堂已经不能满足食品工业发展的要求。

目前，计算机、智能制造、云计算、人工智能、机器人等新技术已经引入传统工程专业的研究与教学，如建筑工程，材料工程等[3]，这些新技术显著提升了传统工程教育教学的效果。如果能在食品添加剂相容性、稳定性、增效性复配教学上应用计算机模拟技术，可以推进培养实践能力强、创新能力强、具备国际竞争力的高素质复合型食品工程人才。除了复配技术，防腐剂、抗氧化剂、稳定剂的作用原理讲授也可以采用可视化的智能计算机技术进行教学，这些都与新工科对知识体系的要求是一致的。总之，引入计算机模拟教学，可以解决食品产业发展面临的实际问题。

（二）教学方式改革是提高教育教学效果的需要

“食品添加剂”课程实践性强，教学主旨在于应用。但传统课程教学多采用理论到理论的单一课堂教学方式，结果是学生面对的都是一些概念和理论，认识相对抽象，缺少感官认识，应用起来难。对添加剂的认识，有不少食品专业学生甚至还停留在普通消费者的不科学的认识水平。因此传统单一课程教学方法已无法满足教学要求，也无法满足新工科提出的教育教学的新理念。

目前，“翻转课堂”作为利用网络信息技术的新的教育模式，它的教学流程渗透了“以人为本，全程参与”的教学理念，可以激发学生的学习兴趣，满足不同个体学习的需求[4]。其主要方法是教师通过网络上传给学生教学视频或资料，学生观看或进行自主学习，运用原有知识结构分析新接触到的知识并提出问题，教师就这些问题设计课堂教学内容，并在课堂上和学生进行互动，包括答疑解惑、知识的运用等，从而达到更好的教育效果。

综上所述，如果将计算机模拟技术引入“食品添加剂”教学，可以促进学生对一些抽象知识点的理解，将抽象变成可视的具体化，创造出逼真的学习情境，增进学习效率和质量，并通过改变传统教学方式使学生提高学习的兴趣，对构建完整知识体系大有益处。在此基础上，如果进行教学方法的革新，引入利用网络信息技术的“翻转课堂”“雨课堂”等新颖的教学新模式，结合添加剂应用中的实际案例进行教学，打破当前课堂教学发展的困境，以计算机模拟创造实际情境增强同学对添加剂的感性认识，引导学生的创新实践，以先进的网络信息技术与课堂相结合的教学模式激发学习兴趣，就能达到新工科所提倡的教学效果，即重实践、跨学科，把创新创业教育贯穿人才培养全过程；产学合作，把理论课程带入实践课堂；协同育人，持续改进创新人才的课程体系和教学要求。

（三）引导鼓励学生参加食品创新创意大赛是强化课堂教学效果的需要

食品添加剂品种繁多，学生想要记住非常不容易，很多在工作之后应用的过程中需要重新学习。如果有过几个典型添加剂在实践中应用的经历，就能加强对各种添加剂的认识。目前由高校或企业发起的全国性的或区域性的大学生食品创意大赛有很多，如北京林业大

学食品节，京津冀大学生食品创新创意大赛、美国大杏仁学生创新大赛、盼盼食品杯烘焙食品创意大赛、杜邦营养与健康两岸学生创新竞赛等。这些比赛一般都有很强的导向性，与食品生产实际结合紧密，是对学生综合利用食品加工和食品添加剂基础知识进行沙场点兵的较好的实战场所。如果引导组织学生参加这些创新创意大赛，无疑会推动学生主动地系统地学习添加剂的应用，对课堂学习起到延伸与强化作用。

三、"食品添加剂"课程教改的具体实践与效果

新工科背景下对大学生的创新设计能力提出了更高要求。我们以贴近应用、激发兴趣为目的，丰富完善了"食品添加剂"的课程内容，适时引入计算机模拟技术在添加剂复配中的应用讲座；同时采用"翻转课堂"这种网络教学新模式，对课程内容丰富化和立体，提高学生学习的主动性和积极性；我们也积极鼓励组织同学参加食品创新创意大赛，强化食品添加剂的系统学习和应用。经过这些改进，食品添加剂的教育教学收到了很好的效果。

（一）计算机模拟技术强化了食品添加剂课程学习的实用性

"食品添加剂"课程中，原有的防腐剂、酶制剂、抗氧化剂、增稠剂、稳定剂、乳化剂应用原理的讲授比较抽象；而凝胶食品、果汁饮料中增稠剂、稳定剂、乳化剂在生产中的选用全靠经验，没有经验只能耗用大量时间和资金进行实验，以前课堂上的讲授只能讲添加剂概念，不能跟食品加工的实际需求结合起来，距离应用还相去甚远。针对这些困扰添加剂教学实际效果的重大问题，我们经过认真筛选，从 2017 年开始就将在药理学和材料工程学先进的计算机模拟技术与筛选技术应用到食品添加剂课程的教学当中，改善教学与应该脱节的问题。具体来说，在原理的讲授中，我们利用计算机对接技术（Autodock Vina 和 Dicovery Studio 4.5 软件）形象逼真地模拟防腐剂、酶制剂与腐败和致病微生物的相互作用，以解释这些添加剂的作用原理（图 1）；我们利用功能强大的材料学软件 Material Studio 模拟

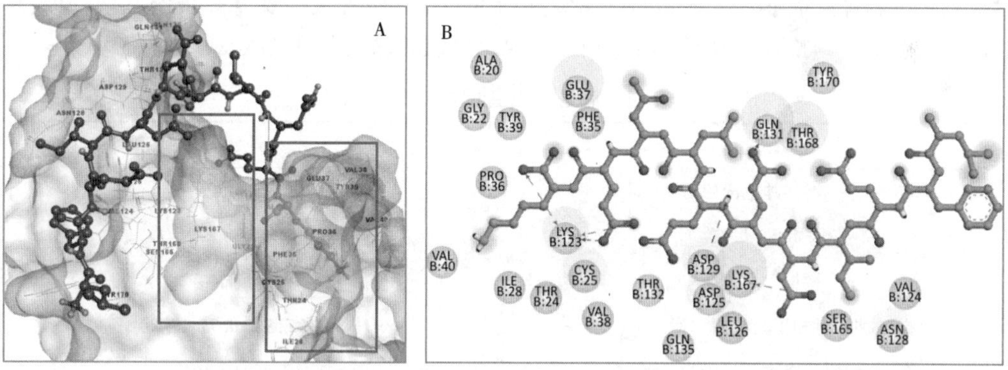

图 1　Autodock Vina 和 Dicovery Studio 4.5 模拟苯甲酸对灰曲霉的抑制作用

多酚、多糖、单硬脂酸甘油酯等增稠剂、稳定性和乳化剂与食品体系中的蛋白、淀粉以及其他食品成分的相互作用，让学生清楚地理解食品添加剂是如何起作用的这一抽象的概念（图 2）；尤其是我们利用 Material Studio 强大的演示能力，在讲解增稠剂、乳化剂与食品体系的相容性、协同性时，极大减少应用实验的成本，达到了很好的教学效果。

先进技术的引入为"食品添加剂"课程的学习以及实际应用能力注入了强大的活力。从计算机模拟在"食品添加剂"课程教学过程中的应用情况来看，教学中开展模拟技术与添加剂原理和实际应用的结合，开发计算机模拟技术的实验项目，引导学生在实际添加剂应用场景中延伸拓展计算机模拟技术，弥补了传统教学方法和模式的不足，直观、清晰、具象化的演示食品添加剂的作用原理，高度简化添加剂的相容性筛选。我们通过比较 2016—2017 年两个年度和 2018—2019 年两个年度添加剂教学效果调查，学生对防腐剂作用原理的

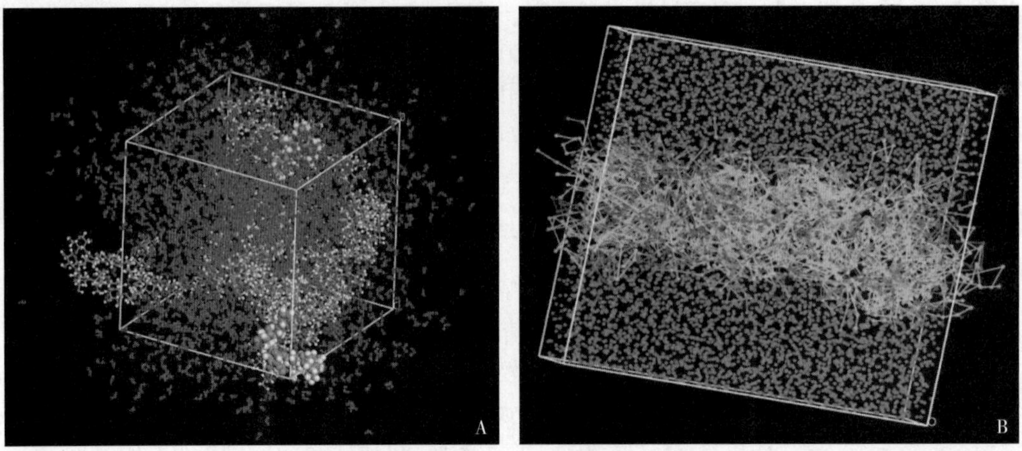

图 2 Material Studio 3.5 模拟变性淀粉稳定果肉饮料的作用(A)和在乳化剂相容性筛选中的应用(B)

回答正确率从之前的 60%提高到了现在的 90%；对于增稠剂、乳化剂在生产中相容性和筛选方法，90%以上的同学可以在实验报告中利用计算机模拟方法直观简单地解决这类问题，即先通过计算机模拟，根据模拟结果进行初步筛选，然后再进行实际验证。通过实践，证明利用计算机模拟的教学模式富于知识性，新颖性强，激发了学生的学习兴趣和创新意识，锻炼了学生将理论与实际应用相结合的能力，为工程问题的解决提供了新思路，为新工科培养创新性的工程人才创造了有利条件。

(二)翻转课堂教学模式改善了食品添加剂的教学效果

我们利用翻转课堂提高食品添加剂课程的教学效果。首先在课前准备阶段，我们明确学习目标，认真准备教学材料，将教学要求及视频、PPT 等内容发到网络平台上，让学生事先预习内容并反馈学习情况和问题，掌握学生的学习情况及对课堂知识的掌握程度；以此为基础，我们调整教学内容，搜索视频资料，以便在课堂上引导激发学生思考。

表 1 满意度调查问卷得分情况

满意度指标	得分
增强师生沟通	4. 13±0. 62
提高学习兴趣	4. 68±0. 29
增加学习效果	4. 04±0. 64
加深对知识的掌握与运用	3. 99±0. 77
提高自主学习能力	3. 82±0. 29
总分	20. 7±2. 98

在课堂上，通过有效的课堂组织实现学习模式有效翻转。我们对课前学生提出的问题归纳总结，有重点地进行答疑互动；播放准备好的引入性资料，以食品添加剂在应用中的实践为指向，有针对性地抛出课堂问题，由同学分组讨论并找出答案；根据各小组的回答情况和回答的踊跃性进行加分活跃教学气氛，重要的是我们对抛出的问题要进行补充解答和纠正，让同学对这些问题有正确的认识。课后我们就学习模式和效果认真归纳总结，并上传添加剂应用研究最新进展的资料，由同学们根据自己的兴趣阅读，进一步提高整个课程的学习效果。

我们采用翻转课堂促进了教育教学效果的提高，运用信息技术将课程内容变得更加丰富化和立体化，对于培养学生的创新精神和自主学习能力有很大帮助。我们结合问卷调查总结了翻转教学给“食品添加剂”课堂的效果，共调查同学 221 人。采用 Likert 5 级评分法[5]，分数越高满意度越高，1 分表示非常不同意，5 分表示非常同意。通过 SPSS 分析可以得出满意度调查问卷的平均得分在 20.7 左右(表 1)，说明“翻转课堂”教学方式提高了同学们对课堂的喜好和满意度。同时我们考察了翻转课堂采用前后同学们的成绩变化，采用翻转课堂后，90 分以上同学比翻转课堂前提高了 127%，80～90 分的同学也显著提高了 26%(图 3)。这些说明，翻转课堂教学模式显著改善了课程的学习效果。

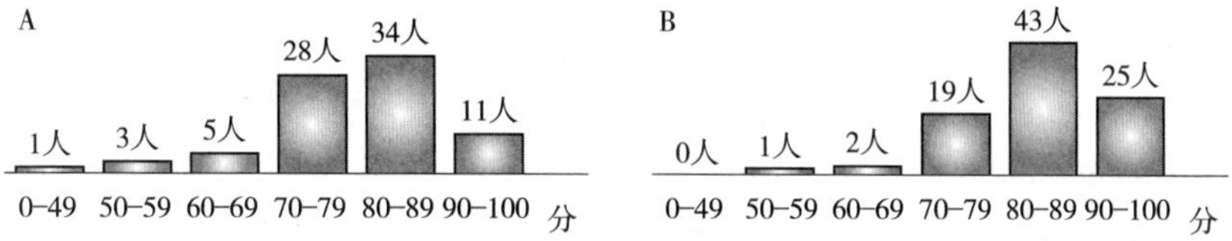

图 3　翻转课堂前(A)后(B)食品添加剂考试成绩分布的变化(教务处网站)

(三)引导学生参加食品创意大赛强化了对食品添加剂的运用能力

食品创新创意大赛可以激发学生对食品创新的兴趣，提供一个将专业知识与实践相结合的机会，帮助同学们实现从理论到实践转换的平台。我们及时发布大赛信息，组织同学参加，从创意设计、创新食品制作到场上答辩，参与指导比赛各个环节。从 2010 年至今，每年都至少有 5 组同学参加各种级别食品创意比赛，在食品创意设计中有目的地运用食品添加剂提高食品的感官质量和营养品质。2019 年参加京津冀大学生食品创新创意大赛我校食品专业共有 7 个团队参赛，最终有 3 个团队的作品进入决赛并获得奖项。参赛同学自拟题目提出详细书面计划，将食品添加剂知识用于创新，设计创意食品，经历初赛、现场答辩、作品展示、专家质疑和讨论等复试阶段的实践锻炼。2019 年食品专业全亨团队的“朔垣五福”赢得槐茂杯京津冀大学生第四届食品创新创意大赛竞赛类一等奖。其他获得作品还包括“紫菜香烤馍片”和“豆奶酪”(图 4)。我们在创新奶豆腐的设计中，筛选凝固剂以获得较好的凝胶组织，选择防腐剂以获得较长的货架期等，将食品添加剂的知识与实际相结合，以此强化同学们对食品添加剂知识的掌握和提高其运用能力。这些比赛不仅考察同学们将食品添加剂知识用于创新，也考量了学生作品的原创性、市场潜力、产品商业化可行性、产品的营养均衡、风味、外观、味道、货架生命周期潜力，以及包装设计等十多个方面，激发了同学的创新创造能力，为食品学科培养创新型人才探索了新的教学模式。

四、 结语

在新工科背景下，我们通过引入计算机模拟技术强化课程内容、采用翻转课堂教学模式改善教学效果，以及引导学生参加食品大赛三种途径改善食品添加剂课程的教学效果，提高学生的学生兴趣，为食品学科培养创新型人才探索了新的教学模式。但我们也注意到，由于学习时间有限，大部分人对课程内容是基本掌握；邀请食品行业富有经验的专家进入课堂与同学们交流，也是改善教学效果的重要途径，后续会进一步改善教学方法。

参考文献

[1]孙英浩．新工科理念基本内涵及其特征[J]．黑龙江教育，2019，(7-8)：11-15.

[2]“新工科”建设复旦共识[J]．高等工程教育研究，2017，(1)：10-11.

[3]王岚．基于分子动力学的胶粉改性沥青中胶粉与沥青相容性研究[J]．建筑材料学报，2018，21(4)：689-694.

[4]梁鹏．翻转教学模式在食品物性学课程教学过程中的实践与评价[J]．食品工业.2018，39(3)：226-229.

[5]于文浩．“翻转课堂”的学习满意度——高校课程教学行动研究[J]．开放教育研究，2015，21(3)：65-73.

Teaching reform and practice of *Food Additives* in the scenario of Emerging Engineering Education

Fan Junfeng　Zhang Bolin　Du Weimin
(College of Biological Sciences and Biotechnology, Beijing Forestry University, Beijing　100083)

Abstract　*Food Additive* is a practical course. Based on the basic idea of Emerging Engineering Education, we pinpointed the orientation of this course in teaching, introduced the advanced computational modeling technology to the course to increase the practicability, applied novel teaching technology Flipped Class to improve the teaching efficiency, and encouraged students to participate in Food Innovation and Creativity competitions to enhance and extend the ability to utilize food additives. We aim to explore a new teaching mode for food engineering discipline to innovate engineering education mode and cultivate innovative talents.

Keywords　*Food Additives*, computational modeling, Flipped Class

教育教学改革

2013

“多元统计分析”案例教学探索

赵俊光

（北京林业大学理学院，北京　100083）

摘要：多元统计分析是处理多变量数据的理论和方法，已被广泛应用于社会科学、经济学、自然科学等众多领域．本文首先对“多元统计分析”教学存在的一些困难进行了分析，然后结合案例教学法对“多元统计分析”课程的教学方法进行了探讨。

关键词：多元统计；案例教学；数据可视化

一、 研究背景

多元统计分析是统计学中内容十分丰富、应用范围极为广泛的一个分支。在自然科学和社会科学的许多学科中，常常需要分析处理含有多个变量的数据问题。要从表面上看起来杂乱无章的数据中发现和提炼出规律性的结论，必须掌握分析数据的各种方法。多元统计分析课程就是讲解能从数据中获取信息的各种统计方法，由于这些数据包含许多变量，所以这类统计方法称为多元分析。

“多元统计分析”是一门难度较大的课程，主要体现在以下几点：第一，虽然多元统计是处理数据的方法，但它不是对数据简单的“加减乘除”，而是基于统计模型对数据的深层次分析，因此学习多元统计分析的第一个难点在于理解数据背后的统计模型；第二，多元统计方法的推导用到了大量矩阵论的知识，而且数学技巧性较强，这是学生学习多元统计时最难以克服的困难；第三，多元统计教科书中讲解了数据处理的各类方法，但在实际应用中，数据处理是一个“综合难题”，如何利用学习的多种统计方法对数据进行综合处理，发掘隐藏在数据中的规律，是学习多元统计必须解决的难点。

除了学科自身的难度，常用的多元统计分析教科书的结构设置加剧了学生在学习中的困难。比如教材《多元统计分析》[1]，第一章为多元正态分布，该章讲解了多元统计方法的理论基础，讲解了多元正态分布的理论性质，讲解了威沙特分布、霍特林分布和威尔克斯分布，这些都是多元统计中难度比较大的一部分，而且在数据分析中，这些知识的应用位于数据分析的“后半程”，这导致学生在学习第一章时，一方面面临很大的理论困难，另一方面有很大的困惑，不清楚第一章的内容和数据分析有何关系。于是，很多学生在学完第一章之前已经对该课程失去了兴趣，甚至产生了畏惧心理，这非常不利于学生对后续内容的学习。

针对“多元统计分析”教学中存在的难题，授课教师必须花大量的时间精心备课，要打破教材框架的限制，选取合适的内容，以合理的顺序讲解。根据笔者多年从事“多元统计分析”教学的体会，本文将探讨案例教学法在多元统计分析中的应用，试图以此解决“多元统计分析”教学中存在的难点。

二、 从数据到统计模型

前文指出，学习多元统计分析方法的第一个难点在于理解数据背后的统计模型。在大

作者简介：赵俊光，北京市海淀区清华东路 35 号北京林业大学理学院，讲师，junguang_zhao@ 163. com。

资助项目：北京林业大学 2019 年教育教学研究项目“融合近世代数思想的高等代数教学改革”（BJFU2019JY096）。

多数多元统计分析教材中，都是直接给出了统计模型，而对如何从数据建立统计模型的过程讲解较少，笔者认为建立统计模型的过程是数据分析非常重要的一个环节，本部分将结合案例对该教学过程给出一些建议。

（一）数据的数学表示

以“对比我国河北省、江苏省、浙江省的经济发展水平”为案例展开教学。从 2017 年《中国城市统计年鉴》上选取 2016 年这三个省份的五大城市，得到表 1 中的数据。我们的目标是以人均地区生产总值、地区生产总值增长率、公共财政收入、公共财政支出、年末金融机构存款（年末金融机构人民币存款余额）、年末金融机构贷款（年末金融机构人民币贷款余额）这 6 个评价指标来衡量这些城市的经济发展水平并对三个省份的经济发展水平进行比较。

表 1　河北省、江苏省、浙江省部分城市的经济数据

省份	城市	人均地区生产总值（元）	地区生产总值增长率（%）	公共财政收入（万元）	公共财政支出（万元）	年末金融机构存款（万元）	年末金融机构贷款（万元）
河北省	石家庄市	55177	6.80	4107238	7461188	110779000	51758900
	唐山市	81239	6.80	3550699	6425412	82798680	49749952
	秦皇岛市	73755	7.00	1160083	2455712	25848868	15264501
	沧州市	47425	7.90	2203968	5048978	42987063	24747228
	廊坊市	58972	8.00	3387244	5089037	61798824	49052475
江苏省	南京市	127264	8.00	1426000	11738400	276335510	216812775
	无锡市	141258	0.00	8750000	8673600	141013973	103829309
	常州市	122721	8.50	4802900	5081100	85408245	60431550
	苏州市	145556	7.50	17300400	16171100	258642564	219244382
	镇江市	120603	9.30	2930100	3629400	47059945	34443576
浙江省	杭州市	124286	9.60	14023826	14043065	325146405	254648309
	宁波市	110656	7.10	11145409	12892601	161960114	158067586
	嘉兴市	83968	7.05	3879341	4421926	66302180	51852269
	绍兴市	96204	5.52	3903010	4560959	72633137	61111742
	舟山市	107463	11.35	1203248	2505417	18078318	14840103

理解数据在多元统计分析中的数学表示，是理解各种数据分析方法的基础。表 1 的数据，有行和列两个维度，数据有 15 行、6 列，总计 90 个数字。从行来看，每一行的 6 个数字代表了一个城市在 6 个指标上的数据；从列来看，每一列的 15 个数字代表了 15 个城市在该特定指标上的数据；这 90 个数字是 15 个城市在 6 个变量上的测量值。在多元统计中，这些数据抽象地表示为一个 15 行 6 列的矩阵 $X=(x_{ij})_{15\times6}$，称为“数据阵”。

一般地，n 个对象在 p 个指标上的测量值记为一个 $n\times p$ 的矩阵 X，X 的每一行都有 p 个数据，将第 i 行中的 p 个数据写成列向量，记为 $X^{(i)}$；X 的每一列都有 n 个数据，将第 j 列中的 n 个数据写成列向量，记为 X_j。

因此，从数学上看，数据就是一个矩阵。

（二）数据的统计模型

在前文案例中，要根据 6 个指标的情况比较河北省、江苏省、浙江省的经济发展水平。每个省份在 6 个指标上的测量值实际上是“未知的”，表 1 中数据是省内某个城市在 6 个指标上的测量值，它并不等同于对应省份在 6 个指标上的测量值。统计上的处理方案是将河北省在 6 个指标上的测量值看成 6 个随机变量，分别记为 X_1，…，X_6，比如随机变量 X_1 表示河北省的人均地区生产总值。将这 6 个随机变量写为列向量，记为 $X=(X_1, \cdots, X_6)'$，那么 6 维随机向量 X 就代表了河北省的经济发展水平。

根据多年教学经验，这里有两个难点需要深入讲解。第一，河北省的经济发展水平为什么用一个随机向量表示？这只需解释河北省的人均地区生产总值为什么是一个随机变量（X_1）。河北省有很多城市，省内不同城市的人均地区生产总值是不相同的，即使是同一个城市，在不同年份的人均地区生产总值也是不相同的，因此河北省的人均地区生产总值是一个变化的量，用随机变量研究是合适的。在此基础上，河北省内每个城市的人均地区生产总值就是随机变量 X_1 的一个测量值，即表 1 中数据部分第一列的 5 个数据 55177，81239，73755，47425，58972 就是河北省的人均地区生产总值 X_1 的 5 个测量值，它们能在一定程度上反映河北省的人均地区生产总值的水平。由此不难理解河北省的经济发展水平可以抽象为一个 6 维随机变量 X。第二个需要讲解的难点是数学符号的区分。前文中表 1 的数据表示为一个 15 行 6 列的矩阵 X，这里又用 X 表示河北省经济发展水平的 6 个指标；另一方面，前文中用 X_j 表示表 1 中数据部分的第 j 列 n 个数据得到的列向量，这里又用 X_j 表示河北省的第 j 个指标。教材中使用这些相同的符号表示不同的含义，给学生带来了极大的困惑。教材采取这样的符号有统计上的方便之处，习惯之后能够正确理解不同地方不同符号代表的含义。在课堂上，教师要对此加以强调，并采取措施帮助大家逐渐熟悉这些记号。比如用 X 表示数据阵时，可以强调“数据阵 X”，或者使用更详细的符号 $X_{n\times p}$。

以上过程完成了从数据到建模的第一步：每个省的经济发展水平是一个 6 维随机向量，表 1 中每个省内五个城市的 5 行数据就是对应随机向量的一组测量值。用随机向量 X，Y，Z 分别表示河北省、江苏省、浙江省的经济发展水平，在统计上，X，Y，Z 称为三个总体。表 1 中数据分别记为 $X^{(1)}$，…，$X^{(5)}$，$Y^{(1)}$，…，$Y^{(5)}$，$Z^{(1)}$，…，$Z^{(5)}$，它们分别称为来自总体 X，Y，Z 的样本。这就是数据的统计模型，用一句话概括就是：数据是来自总体的样本。

（三）延伸概念

河北省的经济发展水平是 6 维随机向量 X，它是未知的，为了了解 X，收集了省内五个城市的数据，由于其他城市的数据没有获得，表 1 中河北省内五个城市的数据不能完全刻画河北省的经济发展水平。此时，引入“分布”的概念是合适的，由此可以展开“多元正态分布”的讲解。

前文案例要同三个省的经济发展水平进行比较。省内各个城市的发展水平并不完全一致，具有随机性，因此以省份内所有城市的平均发展水平作为省的经济发展水平加以比较是合适的。由此可以引入随机向量的“数学期望”进行讲解。

除了了解省内各城市的平均发展水平，了解不同城市间经济发展水平的差异性大小也是有意义的，它反映一个省经济发展的平衡性，由此可以引入随机向量的“协方差矩阵”进行讲解。

以案例的形式展开教学，从数据出发建立模型，将抽象的统计概念具体化，这能让学生对多元统计的内容有更加直观的认识和理解。

三、 数据可视化

所谓数据可视化，就是将数据用图的形式展示出来。在实际数据分析中，数据可视化往往是数据分析的第一步。通过图对数据有一个初步的了解，在此基础上选择合适的数据分析方法进行深入挖掘。而传统的多元统计分析教材很少讲数据可视化，甚至不讲，这实际上不利于学生的学习。

随着计算机技术的迅速发展，数据可视化方法越来越多，而且利用软件实现数据可视化是非常容易和省时的。即使教材中没有数据可视化方法的内容，教师在授课时也要准备资料为学生讲解，这是必要的，且对学生后续的学习以及实际处理数据是非常有帮助的。

仍以前文案例展开讲解数据可视化的重要性。我们的目标之一是从这些数据中分析三个省份的经济发展水平是否一样。这里有六个指标，先从“人均地区生产总值”和“地区生产总值增长率”两个维度做一个初步分析，采取“点图”进行观察，利用R语言软件得到图1和图2的结果。从图1可以看到，三个省份在人均地区生产总值上是有差异的，其中河北省最低，江苏省最高；从点的位置还可以看到，河北省和浙江省内不同城市的人均地区生产总值差异较大，而江苏省内不同城市的人均地区生产总值差异较小，这反映了省内城市间经济发展的均衡性。我们可以对图2进行类似地分析。利用点图我们可以直观感受到数据的大小，配合标签能够看出不同省份间的基本情况。另外，还可以通过散点图观测不同指标间的关系。

应该鼓励学生使用数据可视化技术对数据做初步分析，用什么图展示数据？在这个思考过程中能够加深对数据的深层次理解。图示是用直观易懂的形式展现出数据的规律，这只是一个“定性分析”，对得到的初步结论，我们还要进行“定量分析”，这就是数据可视化之后的“统计方法”的应用。比如，从图1和图2我们看到，在人均地区生产总值上，三个省份有所差异，但在地区生产总值增长率上，三个省份差异不大，那么综合考虑6个指标，三个省份的经济发展水平有差异吗？如果有，这种差异“显著”吗？这就引导学生进一步学习对数据的定量分析方法。

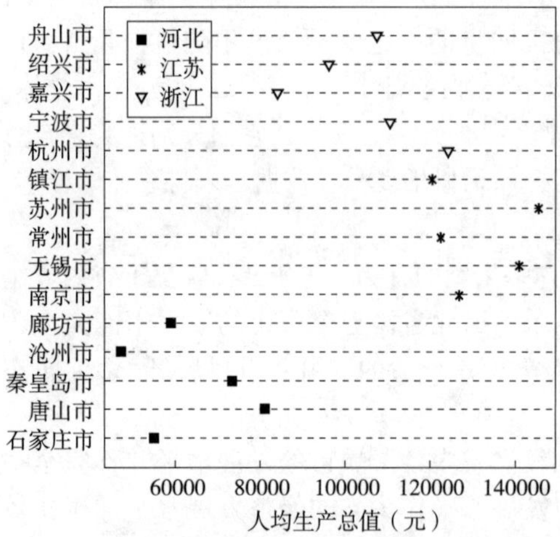

图1　人均地区生产总值

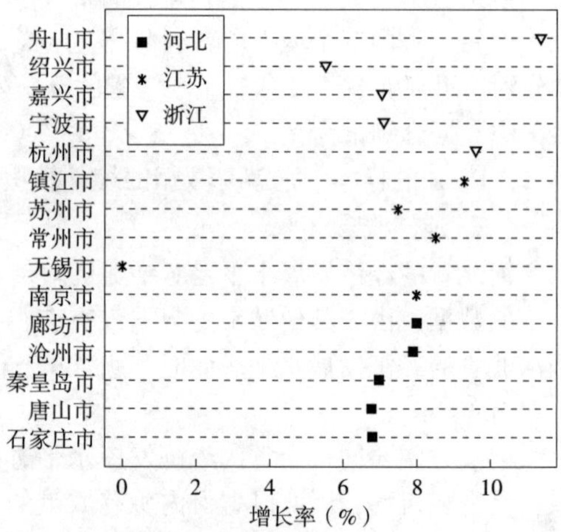

图2　地区生产总值增长率

四、数据的综合处理

教材中每一章都会讲一种数据处理方法，对应的例题也是用该章方法对数据加以分析，这给学生造成了“一组数据只能使用一种最好的数据分析方法来处理”的错觉，限制了学生对数据的思考能力。作为授课老师，在单独讲解各种多元统计方法之外，一定要安排适当的课时来展示多种统计方法处理数据的“综合艺术”，这样的训练对多元统计课程的升华是必要的。下文我们仍以前文案例讲解数据的综合处理。

处理数据的第一步，常常以数据可视化开始。我们要把数据变为图形或者图表，从图形或图表来完成对数据的初步认识。在数据可视化部分利用图1和图2对案例中数据作了初步分析，得到了定性的结论。

为了从理论上验证三个省份经济发展水平的差异性是否"显著"，要使用统计假设检验理论，建立三个总体均值相等的原假设，这就是"多总体均值比较"的统计问题，使用多元方差分析法可以解决。方差分析的理论较为复杂，尤其涉及统计量的分布时，大部分学生很难完全掌握，此时要借助统计软件解决"统计方法的计算过程"，教会学生解读统计软件的输出结果更有实际意义。

方差分析的结果显示三个省份的经济发展水平有显著差异，此时要教会学生提出进一步深入思考的问题，例如，三个省中哪个省的经济发展水平最好？这就是"多重比较"，利用多重比较方法可以对三个省份两两比较，找到发展水平最好的省份。又如，表 1 中有 6 个指标，三个省份在 6 个指标上都有显著差异吗？于是我们可以利用一元方差分析法在每个指标上对三个省份的经济发展水平进行比较，从而可以获取三个省份在经济发展水平有差异的"细节"。

在表 1 中，删去省份和城市对应的两列，只留下 90 个数据，我们能把这 15 个样本划分为三组吗？这就是"聚类分析"。利用聚类分析方法对 15 个样本聚类，观察聚类结果与原始结果是否一致；如果不一致，是什么原因造成的；学会分析潜在的原因，并设法提出改进措施，使得 15 个样本聚类后与原始结果一致。经过这个思考过程，学生能灵活地思考问题，加深理解聚类分析中选择变量的总要性。

教师可以给出三个省内其他城市在 6 个指标上的数据，但隐藏城市的名字，让学生判断一组数据来自于哪个省份，这就是"判别分析"方法的用武之地。

除了教师引导，还应该鼓励学生面对数据时自己提出问题，并思考用何种统计分析方法加以解决。

以一个案例讲解数据可视化、多元方差分析、多重比较、一元方差分析、聚类分析、判别分析，用多种数据分析方法对一个实际问题进行有层次的处理，这一教学过程是非常重要的。如果课时充足，应该设计综合性强的案例，用多种方法处理挖掘出数据中隐藏的规律，这才能体现多元统计分析这门课程的实用性。

五、 结语

针对多元统计分析教学中存在的难点，本文尝试用案例教学法让学生理解从数据到统计建模的过程，在此基础上展开随机向量、多元正态分布及其数字特征等理论讲解。利用数据可视化方法不仅可以让学生直观地感受数据，还能克服学生对数据的"陌生感"，利于进一步的深入学习。在单独讲解完每章节各种数据分析方法之后，对案例进行了有层次的综合分析，让学生学会根据数据和问题灵活选择数据处理方法。

多元统计分析中各种统计方法的理论仍然是一个不太容易解决的难题，它需要矩阵论、概率论与数理统计等较多数学基础，课堂有限的时间内很难进行详细讲解。对此部分的教学建议是讲解统计方法的思想，弱化数学推导和计算，借助统计软件完成统计方法的计算过程，对软件的输出结果进行深入分析，挖掘出隐藏在数据中的规律。

多元统计分析仍然是一门在发展中的课程，因此教师应不断学习，不断改进教学内容和方法，以实现多元统计分析课程学以致用的最终目的。

参考文献

[1]何晓群．多元统计分析[M]. 5 版．北京：中国人民大学出版社，2019.
[2]汤银才．R 语言与统计分析[M]. 北京：高等教育出版社，2008.
[3]吴喜之．统计与数学[J]. 北京统计，2003，(163)：40-41.
[4]吴喜之．统计学：从数据到结论[M]. 3 版．北京：中国统计出版社，2009.

[5]王青华．统计教学应强化实践能力的培养[J]．统计教育，2004，(1)：26-27.
[6]袁卫，刘超．统计学：思想、方法与应用[M]．北京：中国人民大学出版社，2011.

The exploration of case teaching in the course of *Multivariate Statistical Analysis*

Zhao Junguang
(College of Science, Beijing Forestry University, Beijing 100083)

Abstract *Multivariate Statistical Analysis* is concerned with data that consist of sets of measurements on a number of individuals or objects. It is widely used in social science, economics, natural science and many other fields. This paper points out some difficulties in the teaching of *Multivariate Statistical Analysis*, and then discusses the teaching method of multivariate statistical analysis with one case.

Keywords *Multivariate Statistical Analysis*, case teaching, data visualization

“设计思维与表现”课程教学改革研究

田　原　沙　榕

（北京林业大学艺术设计学院，北京　100083）

摘要：思维与方法是设计师基本素质与能力构成中的核心内容，现代高校设计教育愈加重视创新思维与方法的培养，“设计思维与表现”课程在教学实践中如何使学生尽快构建合理设计思维、掌握正确的设计方法是教学的重难点所在，课程改革提出“设计思维与表现”课程的教学目标，分析课程发展历史与现存问题，通过教学内容与评价体系方面的改革与实践研究，以期提升学生思维能力并丰富设计思维与表现课程体系。

关键词：设计思维；教学内容优化；评价体系

一、 课程目标

“设计思维与表现”是对学生的思维方式进行研究、开发和有效训练的课程设计，已成为高校设计类专业的基础主干课程。通过课题教学与训练，培养学生的设计意识与创新意识，帮助学生在对事物认识和实践中取得突破性进展的思维活动、构建合理的思维方式，提高创造性地发现问题和解决问题的能力，使其完成从基础作图到设计思想与创新性艺术意识的转变。

二、 课程发展历史及现状

日本政府自 1982 年就进行了广泛、深入、持久的全民性创造力开发和创意思维培养活动，将国民创意思维培养作为第一资源来开发，并将 4 月 18 日定为“全国发明节”，在大、中、小学中普及创造学，甚至在专科院校中设置设计思维创意相关科目并将其融入学科教学中。1987 年哈佛设计学院院长彼得·罗（Peter Rowe）在其编写的《设计思维》中首次使用了“设计思维”一词，在城市规划方面提供了实用的解决问题的依据，之后 2003 年斯坦福大学设计研究所开设设计思维的课程，利用学员分组参与的形式，尝试设计一个新的产品、服务、流程等，从而掌握设计思维的方法论和创新教育模式。德国高等教育尤为重视创新理念，特别是在技术和人文创新艺术学科相关领域，早前包豪斯院校的教育体系就倡导学生在设计中充分释放潜能与创造力，当今欧洲最负盛名的 Kassel 广告设计学院也设有相关的设计思维创意课程。创造学与艺术设计学科的结合使得德国的设计教育日臻完善，也是德国设计艺术飞速发展的原因所在[1]。

我国自改革开放以来，对西方设计院校创意思维培养的发展过程逐步了解，真正意义上的创意思维培养始于 20 世纪 90 年代末，江南大学设计学院将创意思维培养融于美学教育与技能教育之中，为国内高校设计思维培养研究做出了初步尝试。毋庸置疑，我国创新教育较国外发达国家起步较晚，但这并不是导致我国设计发展较为落后的原因，缺乏对创新思维能力的培养是其根本所在。高校现行的设计学科基础课程总体上较为注重知识与技

作者简介：田　原，北京市海淀区清华东路 35 号北京林业大学艺术设计学院，副教授，676544362@ qq. com；
沙　榕，北京市海淀区清华东路 35 号北京林业大学艺术设计学院，研究生，854298412@ qq. com。

能的灌输，往往通过被动的形式训练提高学生的视觉感受力和描绘技能，在思维的训练和观念的建立方面相对薄弱。学生面对具体问题时的关注范围以及思维方式相对狭隘，因而总是急于寻找解决方案而进行形式上的模仿和视觉元素的拼凑，注重结果而忽略过程，过分重视形式和表面效果，导致的普遍问题是设计方案经不起深入考究，从而缺乏对实际问题的思考、批判和原创精神。

三、 教学内容的优化

(一)设计思维过程强化

设计思维是分析性与创造性相结合并进行反复迭代的过程，对解决问题和解决问题的效率产生直接决定作用，是学生有效提升设计水平的重中之重。斯坦福大学 d. school 团队给出了包含五个阶段的设计思维过程模型(同理心、定义、构思、原型、测试)，结合以上五个阶段的模型强化学生的思维过程与设计程序，并贯穿课程始终。

同理心阶段，指导学生摒弃传统的以自我为中心的主观设计视角，建立以用户为中心的思维方式，理解用户是创意设计的起点，并通过社会调研、用户访谈等方法，充分理解用户及其需求。定义阶段，基于项目目标和用户的真实需求，指导学生挖掘用户需求的真实痛点，正确定义问题，发现真实问题并重新定义是设计的关键节点。构思阶段，启发学生进行发散思维式思考，引导学生在独立思考的基础上进行创新创意思考，鼓励学生输出尽可能多的创意想法，不批评否定学生的观点，最终从发散思维到收敛思维筛选出最佳解决方案。原型阶段的目的是为真正有价值的创意创造可能，不仅仅为了找到简单答案。将前期方案在最短时间内用最低的成本做出设计原型并进行展示，在这个环节中启发学生发现新问题并勤于反思，可以通过反复前几个步骤进行改善或为后期的持续改善提供信息。测试阶段鼓励学生勇于试错，指导学生通过故事板工具和角色扮演等形式邀请潜在用户协助完成产品原型的测试。测试时通过悉心观察检验设计成果与用户之间的交互情况，可通过前几个阶段的反复实践来达成设计的不断优化[2]。

(二)智力激励练习

在 1983 年，美国 BBDO 广告公司的副总经理亚历克斯·奥斯本(Alex Faickney Osborn)，发明了激发集体创造力的“智力激励法”(又称头脑风暴法)来总结广告设计中创意产生的机制，该技法的出现成为了创造技法史上的重大里程碑。智力激励法追求的是在限定的时间和空间中完成最高数量的创意目标，提倡学生自由发表意见和想法，突破常规思维，使自由意见的想法在头脑中产生创造力的风暴，并运用有限的空间条件和高目标产出定量内容，对学生思考力形成强烈的压力，迫使他们专注于规定内容的投入并完成规定数量的创意。

智力激励的思维方法在具体实施时，需要较为完整的流程，主要有准备阶段、明确问题、畅所欲言、方案确定四个阶段。准备阶段要求学生针对需解决的问题召开 6~12 人的小型会议，各抒己见，互相激励和启发，使创造性的思维产生大量的新创意[1]。明确问题阶段由教师简明扼要地明确讨论问题的核心，指导学生有针对性地进行思维的发散，不带限制条件，也不过多介绍背景资料，留给学生宽泛的思索空间进行思维发散，过程中要求学生保持绝对的独立，不互相干扰。畅谈阶段鼓励学生畅所欲言，提出思维激荡产生的创造性设想，在探讨的过程中进行方案的进一步深化和完善，一般经过畅谈取得 30~100 条以上的设想后，可以进入下一阶段。方案确定阶段的主要目标是将头脑风暴得到的设想评价筛选、形成和确立最佳的解决方案。首先确定评价的基本标准，据此选择较好的方案进行进一步的深入和完善，最终得到最佳的解决方案。智力激励的核心宗旨是最大限度地挖掘学生的思维广度，经过数次练习后学生会从中感受到压力之下的流畅思路，鼓励学生在平时的生活和工作中，经常运用此方法有目的地训练自己的创意思考能力。

(三)联想思维练习

蒂娜・齐莉格在她所著的《斯坦福大学最受欢迎的创意课》中写到:“创新的关键在于把互不相关或联系不大的旧事物结合起来,产生新的事物。”换言之,要进行创新设计,就必须学会发挥想象,对现有资源重新认识、开发。对学生进行联想思维练习,由日常生活中司空见惯的常规场景或照片,重新思考、探索其功能和意义,把思考对象加以抽象化、分解或合并,在实践中获得全新的思维产物。有助于解除对创造力的束缚,可以起到变换角度、改变思路、避免思想僵化的作用。

联想法是创新设计思维的重要方法之一,从 20 世纪 30 年代创造学诞生起,便成为了创造学重要的研究方向。联想来源于事物间某种属性的相似性,这种属性包括形式、形状、性质、材料、意义和功能等;在创新设计思维中,常使用视觉形态的某种心理感应引发对抽象属性概念的联想,联想越丰富,获得创造性的可能性越大[3]。北京林业大学艺术设计学院在研究生设计思维课程中,首先指导学生对拍摄的照片进行形态分析,诉求形态意义和理解的表现性,具体实践中采用联想法将表面差别很大但意义相似的事物加以联系,将思维从某一领域引导到另一领域,以打破事物间的界限、克服习惯性的思维模式。从形象构成上探讨构成的原理、方法和技能,进而根据已得的形态与要进行思维的对象相联系、相类比,分析其外在的形象与内在的原理的相关性,最终获得新的创新性构思(图 1)。

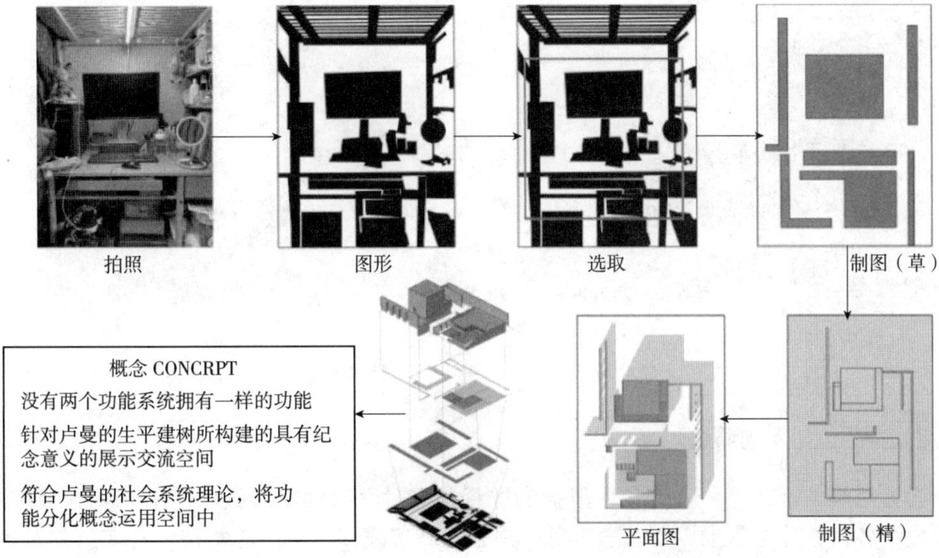

图 1 学生练习(沙榕、黄小田、林奕彤、高月绘)

(四)情景描述练习

情景描述是分析事物的场景和情感特征,并运用一定的技术手段,以可以固定的形式进行描述,由此引发创造性的思考。一幕幕的情景构成了丰富的社会内容,如果转换或调整一个角度,感受到的情景便会随之改变。社会中生动的情景是设计师受到感染、启发、获取创作灵感的宝贵素材,然而社会形态在情景反应中无法定格,同一处空间先后聚集不同的人群和主题内容,形成的氛围截然不同,要想从社会构成的每一情景中获得设计灵感的启发,最有效的办法就是描述。引导学生置身社会中丰富的情景,关注情景中的实体尺度、行为方式、认知过程、交互作用等情节和景象,在现实社会构成中学习和积累丰富的情景原理,并从中获得设计内容在其中的真实效应与实际反馈[4]。

在具体课题任务中,要求学生以亲身参与、拍摄视频的形式描述场地,基于描述中获得的认知完成一项空间设计。启发学生在描述中注重常规的行为方式和另类变化的行为方式，记录人们应用中的流程、动态链接点、停留形式和时间、关注方式、流畅程度等内容，从中获得很多思考点和内容。运用情景描述启发设计思维，并不意味着做现实情景的奴隶，或仅限于从描述中获得的现象而思考设计内容的变化，而是从描述中获得广泛的认知观念，形成对社会形态结构及情境作用下的设计基本原理的思考能力；其次是养成时刻关注周边每一情景的实态和变化的习惯，在现实条件的不断反射中思考设计，令其思维能力不断提升(图2)。

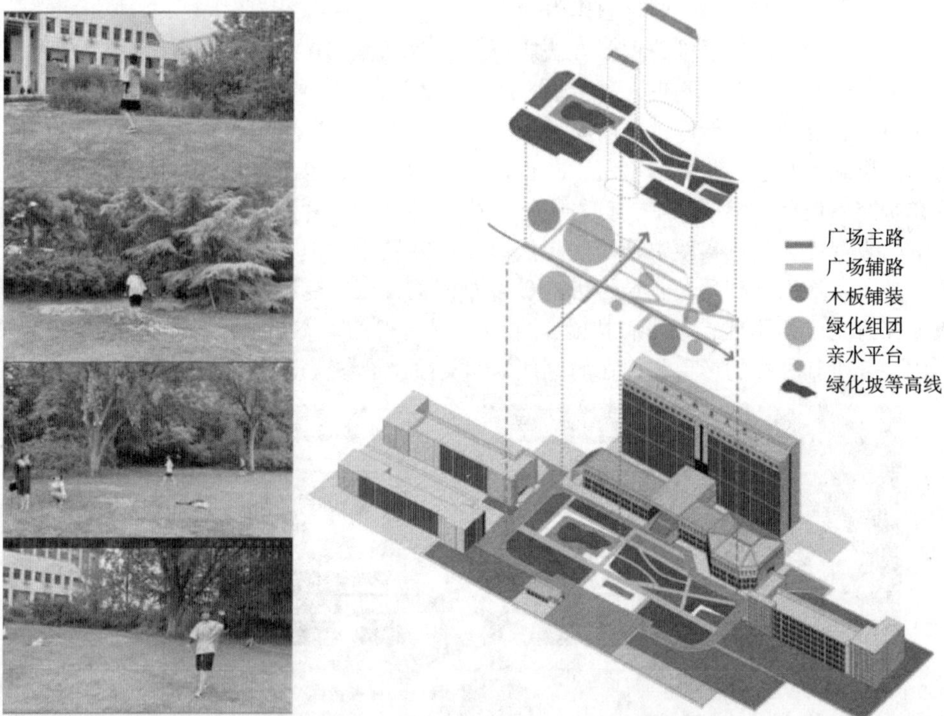

（描述场地）　　（设计实践）

图2 学生练习(沙榕、黄小田、林奕彤、高月绘)

四、 评价体系的调整

设计思维与表现是一门实践性很强的课程，在对学生学习考核中，平时实践成绩和大作业成绩各占百分之五十。要求学生每一项思维与实践练习都用心对待，扎实打好基本功。根据课程内容每周完成一个设计思维课题，学生利用已有资源进行发散设计，完成课题，通过集体沟通汇报的形式达到思维的交流与碰撞，扩展设计思维能力水平；通过课程方法论学习，将已有创意思维进行方法整理完成具体设计作品，完成一系列设计思维捕捉的全过程。对学生的实践作业考核标准包含以下几个方面：是否具有创造性思维、设计方法与思维方法是否合理使用；表现方法的准确性和整体效果展示的生动性。结合学生课堂表现与考核成绩作出终结性的评价，课程结束后将每一届学生作业作为本门课程的资料数据库进行沿袭，逐步更新改革课程实验课题，进一步收集教学改革效果各项数据，为今后设计思维与方法课程进一步的完善提供依据[5]。

五、 结语

综上所述，本着培养创新人才的理念，通过“设计思维与表现”课程教学改革实践，基于思维科学和方法论的基本理论，将课题置于应用实践过程中，对学生强化设计程序过程，进行智力激励、思维联想、情景描述等方法的思维练习，有效地提高学生的设计思维能力、激发设计意识，运用创新思维有的放矢地解决问题，运用科学方法完成实践设计方案。同时通过对课程评价及考核方式的调整，设定汇报答辩环节培养学生良好的专业创新能力。

参考文献

[1]于佳佳，富尔雅．创新设计思维[M]. 北京：清华大学出版社，2019.
[2]李彦．设计思维研究综述[J]. 机械工程学报，2017，53(15)：1-16.
[3]陈立勋，王萍．设计的智慧[M]. 北京：北京大学出版社，2017.
[4]张同，张子然．设计思维与方法[M]. 上海：上海交通大学出版社，2012.
[5]胡莹，杜星，黎颖．基于跨设计领域工作坊环境下的思维转换研究[J]. 包装工程，2016，(20)：90-94.

Research on teaching reform of *Design Thinking and Expression* course

Tian Yuan　Sha Rong
(College of Arts and Design, Beijing Forestry University, Beijing　100083)

Abstract　Thinking and method are the core of the basic quality and ability of designers. In modern college design education, more and more attention is paid to the cultivation of innovative thinking and methods. In teaching practice, how to make students construct reasonable design thinking as soon as possible and master correct design methods is the key and difficult point in teaching. This paper puts forward the teaching objectives of *Design Thinking and Performance* course, analyzes the history and existing problems of course development, and through the reform and practice of teaching content and evaluation system, hopes to improve students' thinking ability and enrich the *Design Thinking and Performance* course system.

Keywords　design thinking, teaching content optimization, evaluation system

BOPPPS 模式与雨课堂结合的教学设计研究

——以“空间信息系统基础”课程为例

苏晓慧[1]　吴丹子[2]　谢京平[3]　马晓亮[1]　孟玲燕[3]

（1. 北京林业大学信息学院，北京　100083；2. 北京林业大学园林学院，北京　100083；
3. 北京林业大学教师教学发展中心，北京　100083）

摘要：为巩固和加强“空间信息系统基础”课程的教学改革效果，充分发挥课堂教学主阵地的作用，实现有效地教与学，在翻转课堂教学模式的基础上，以 BOPPPS 为教学模型，结合雨课堂教学工具，进行了教学过程设计与实践。以“空间分析”一节为例，将 BOPPPS 模式的六项要素与美国著名教育心理学家加涅提出的九大教学事件进行对应，并构建了新模式的教学模型图，从知识先学、知识应用、知识复习三个环节和 BOPPPS 模式的六个阶段详细阐述了教学方案设计。改革后的教学模式能够很好地实践 Chickering 等提出的最佳七项实践原则，同时通过改革前、后共四个学期的对比表明，学生的学习效果有显著性提高。BOPPPS 模式与雨课堂结合的教学设计有利于提高学生的知识掌握程度和实际运用能力。

关键词：BOPPPS 模式；空间信息系统基础；教学设计；雨课堂；有效教学

一、引言

诞生于 18 世纪的“狄德罗效应”通常应用在经济学中，也称为“配套效应”，旨在表达当一件东西更新后，其他的配套设施也需要立刻跟进升级。随着信息技术的发展和新时代的到来，学生获取信息的渠道越来越丰富，教学内容和教学方法都需与信息技术的发展相配套，对教师的要求也越来越高。智能手机的普及使“00”后大学生被称为低头一族，如何选用合适的教学模式、教学方法将教学内容合理组织，实现有效的教与学是如今高等教育面临的主要问题之一。“空间信息系统基础”课程通过探索课堂教学模式的改革，取得了一些较好的反馈。

（一）“空间信息系统基础”课程的教学现状

1. 理论授课初尝翻转课堂教学模式，学生知识掌握度稍有增加

“空间信息系统基础”课程是计算机科学与技术专业三年级本科生的一门专业选修课，旨在培养学生探索精神、提高学生独立自主研究能力。课程知识点众多但其实用性很强，自 2015 年学校支持“‘翻转式’课堂教学模式在“空间信息系统基础”理论教学中的探索”教改重点研究项目之后，在 2016-2017 学年第二学期进行了翻转课堂教学模式的初次尝试，

作者简介：苏晓慧，北京市海淀区清华东路 35 号北京林业大学信息学院，讲师，suxhui@ bjfu. edu. cn；
吴丹子，北京市海淀区清华东路 35 号北京林业大学园林学院，讲师，wudanzi@ bjfu. edu. cn；
谢京平，北京市海淀区清华东路 35 号北京林业大学教师教学发展中心，副研究员，sunxhp@ bjfu. edu. cn；
马晓亮，北京市海淀区清华东路 35 号北京林业大学信息学院，助理研究员，maxl@ bjfu. edu. cn；
孟玲燕，北京市海淀区清华东路 35 号北京林业大学教师教学发展中心，助理研究员，lilian1101@ bjfu. edu. cn。

资助项目：北京林业大学教育教学改革项目“‘空间信息系统基础’翻转课堂教学设计与实践研究”（BJFU2019JY082）。

从最终的考试卷面分析来看[1]，学生对于知识的掌握程度有所增加。

2. 教学设计初探主题设计方案，师生共同参与促进了知识的内化

针对课堂知识点与实际结合紧密的突出特点、学生课后复习难以聚焦、课堂理解程度欠缺和兴趣较低等问题，主题式教学设计将课程内容根据相关性进行了主题的划分[2]，在课堂师生共同参与着重进行单个主题的重点突破，促进了知识的内化。

3. 充分发挥课堂主阵地的作用，新模式对课堂教学设计提出了更高的要求

翻转课堂教学模式更好地利用了课前课后时间，加深了理论与实际的结合度，但也给课堂设计的高效性提出了更高的要求。主题教学设计方案经过第一轮的实施，发现学生对于知识的掌握程度有所提高，但一次的试验成果无法说明教学模式的可推广性和可复制性，需要在第二轮乃至第三轮更多的教学过程中进行改善与巩固。如何依据教学模式的实施现状，改善当前的教学设计并巩固教学效果是亟待解决的问题。

（二）BOPPPS 教学模式

以建构主义和交际法为理论依据构建的 BOPPPS 模式[3]，最初主要用于教师的技能培训，大写的 6 个字母对应了课堂教学的 6 个阶段的首字母：导言（Bridge-in）、目标（Objective）、前测（Pre-assessment）、参与式学习（Participatory Learning）、后测（Post-assessment）、总结（Summary）。目前已被国内众多高校应用于工科、医学、心理、管理等课程的教学研究中[4-6]。

BOPPPS 教学模式强调有效教学，注重学生参与和反馈，形成了一个闭环教学过程模型[7]。教学过程中，教师不再唱独角戏，而是起到启发、引导的作用，学生的参与是重点。这一模式和翻转课堂的结合，可以更好地提高课堂教学效果，指导有效的课堂教学设计。

BOPPPS 模型与翻转课堂教学模式在授课理念方面完美契合，将 BOPPPS 教学模式应用于“空间信息系统基础”课堂教学，通过学生的有效参与和反馈，将每个主题的学习形成一个有效的闭环，提高学生思考能力，具有良好的教学效果。本文将 BOPPPS 模式与翻转课堂教学模式有效结合，旨在完成课堂教学环节的设计，使所讲授的内容既能提高学生的“抬头率”，更能提高学生的“点头率”。

（三）雨课堂教学工具

2016 年，学堂在线与清华大学在线教育办公室共同研发的智慧教学工具——雨课堂发布[8]。雨课堂主要采用微信和 PPT 相结合的方式上课，简单易学，容易上手。学生利用手机课后复习可以更好地将碎片化的时间进行利用，另一方面课堂手机的使用宜疏不宜堵，将手机、微信等与课堂有机地结合起来，让手机变成强有力的学习工具。雨课堂工具的幻灯片同步、不懂反馈、习题应答、课件推送、弹幕讨论、数据汇总等可以实现“课前—课堂—课后”三者的有机联系，其易用性得到了教师的一致认可[9]。

二、 基于 BOPPPS 教学模型的教学方案设计

有效地 BOPPPS 教学结构要求包含导言、目标、前测、参与式学习活动、后测和总结六项要素，缺一不可。其中，这六项要素可以是在某个知识点学习过程中的完整呈现，也可以是在整节课程的完整呈现，甚至可以是在一门课程中的完整呈现。将 BOPPPS 模式应用于“空间信息系统基础”课程时，采取了一门课程形成闭环和每次主题形成闭环相结合的方式。

（一）BOPPPS 模式在一门课程中的设计

根据课情、学情，按照由简单到复杂、由已知到未知、由抽象到具体、由普遍性到个别性的模式进行教学环节的安排。“空间信息系统基础”的知识点包含空间信息的采集、编

辑、管理、分析与输出，涉及空间信息处理的整个流程，其中课程的基础是由实际世界到空间世界的抽象(图1)。

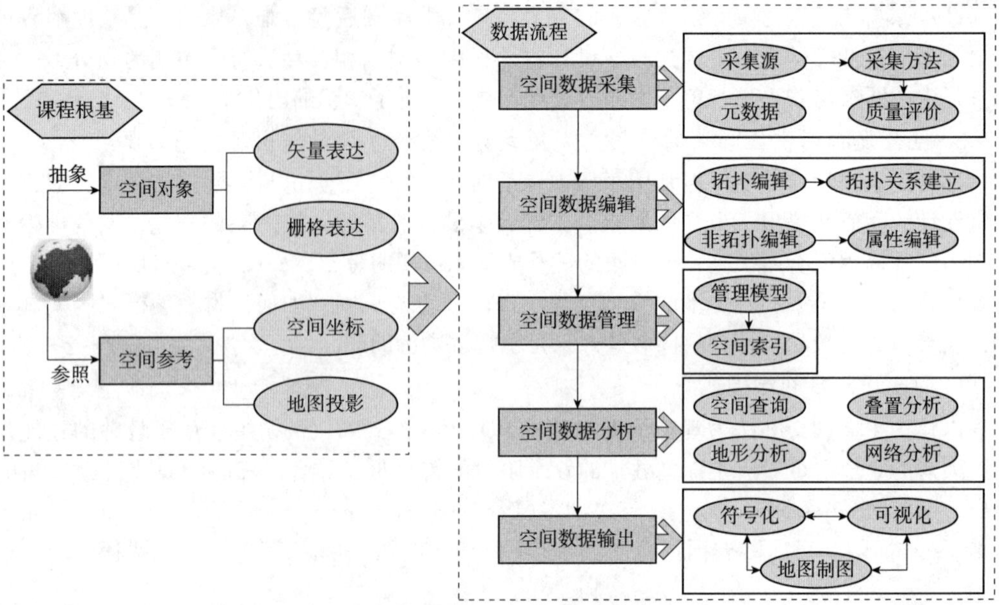

图1　“空间信息系统基础”课程知识体系

1. 导言：实际案例激起学生学习兴趣

以校园实景图片、遥感影像(鸟瞰图)和校园导航地图为例引出问题：现实世界存在的教学楼、通往食堂的道路等如何精准地表示到地图中，并辅助我们完成导航，从而激发学生的学习兴趣。

2. 目标：加强目标驱动性学习

利用“北京市火锅店分布图”“全国水果产业分析”“儿童书店选址”等案例，从知识认知、技能掌握和情感认同方面明确地将目标展示给学生，形成学生的学习动机，并由学生自由组合成任务小组，选择感兴趣的案例一起完成课程的学习。

3. 前测：知其未知，因地制宜制定计划

由学生已学知识和已有背景，引导学生进行案例的选择，检测是否具备完成所选案例任务的能力。以前测结果为依据指导学生个性化地制订任务计划。

4. 参与式学习：以小组合作的方式锻炼团队合作能力，理论联系实际增加专业认同感

随着课程知识的学习，将空间信息处理流程逐步呈现在学生面前。小组逐步完成信息采集、数据编辑、数据管理、数据分析和结果应用等流程，最后形成小组任务成果。采用小组讨论、团队合作等方式组织参与式活动，不仅可以将所学理论知识与实践应用对接，还可以加强学生小组之间的互动、学生和老师之间的互动。

5. 后测：小组分享锻炼口头表达能力，展示过程增强荣誉感

课程结束时，由小组从选题构思、合作过程、结果分析等角度进行任务作品分享展示。从理论知识掌握程度、技能技巧应用程度、团队合作锻炼程度等方面展开后测，每一位同学的得分由团队得分与个人得分共同组成。其中团队得分由小组之间互评的分数计算平均分，个人得分由组内成员互评计算平均分。

6. 总结：思维导图构建知识之间的联系，增强主观能动力

对教学过程、小组分享进行总结，逐步完成课程知识点的思维导图构建。同时，由小组任务所选的案例进行延伸，拓展到现实世界的交通、水文、地质、灾害、气象等方面的

案例，促进学生的知识迁移和主动学习能力。

(二)BOPPPS 模式在一次主题教学中的设计

教学活动是一种旨在影响学习者内部心理过程的外部刺激，因此教学程序应当与学习活动中学习者的内部心理过程相吻合[10]。美国教育心理学家加涅与布里格斯界定了教学的九大事件，与学习者进行学习、信息加工的内部过程是关联的。在一次主题教学中旨在将 BOPPPS 模型的六项要素与九大教学事件对应，达到有效教学。

BOPPPS 模式与九大教学事件在教学顺序层面呈现一致性(图 2)，前者强化了参与式学习和后测要素，这其实与其强调学生参与和反馈的理念是契合的。

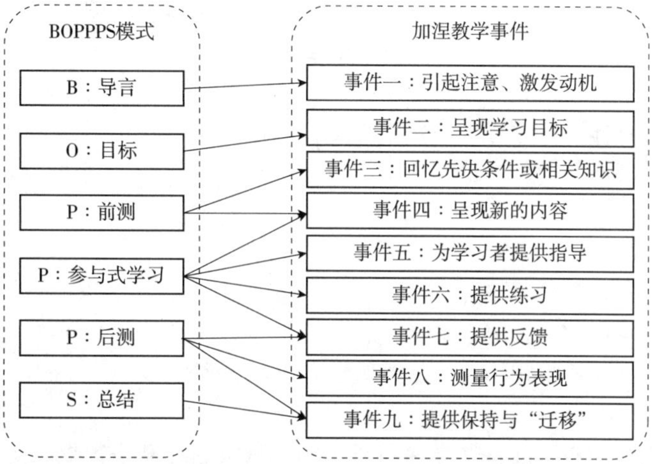

图 2 BOPPPS 模式与九大教学事件的对应关系

三、 结合 BOPPPS 和雨课堂的教学实施设计

(一)实施模式

教学内容的知识先学、知识应用、知识复习恰好对应了翻转课堂教学模式中的课前、课堂和课后环节。课堂知识应用环节是翻转式教学模式中最为关键的环节，主要通过 BOPPPS 模型将其划分为 6 个阶段实施。在课前知识学习、课堂知识应用和课后知识复习环节和课堂的导言、目标、前测、参与式学习、后测与总结阶段教师、学生都有相应的任务需要完成，而雨课堂能充分地在这 3 个环节和 6 个阶段发挥它的作用(图 3)。

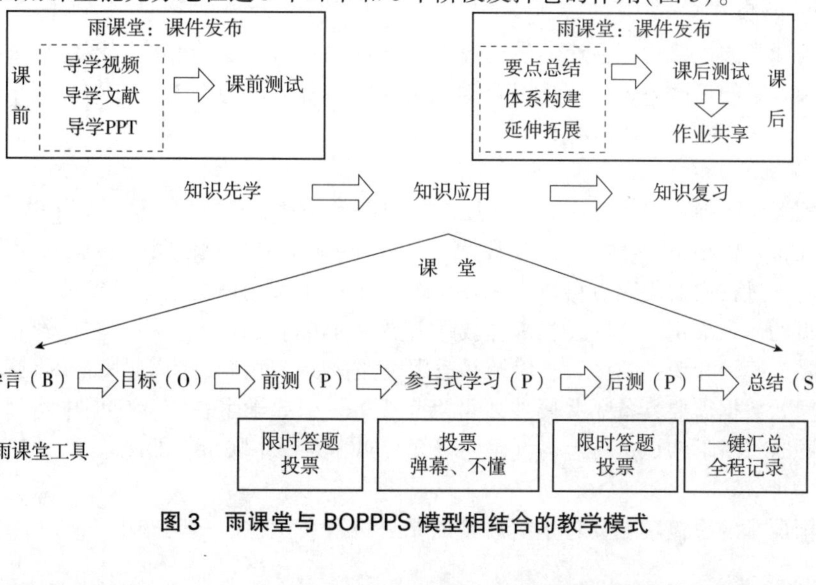

图 3 雨课堂与 BOPPPS 模型相结合的教学模式

雨课堂的课件发布功能可以在课前、课后与教师的语音同步发送给学生，课前指引学生完成预习，有效地提高自学能力；课后的要点总结和作业共享则可以形成一次主题学习的闭环，并引导进入下一内容的学习。限时答题和投票功能在前测、后测环节进行应用实现课堂限时答题，调动学习积极性；同时，正确答案的及时反馈可以促进学生学习动力，并帮助教师精准了解全班掌握情况。弹幕、投票功能可以有效避免以往课堂互动环节中参与性不太高、搭便车心理状态导致的课堂互动“静默”现象的发生，匿名式的弹幕学生更容易敞开心扉；同时，弹幕高频词语的提取功能将学生的热点快速聚焦，便于课堂进程的推进。进入课堂时间、答题正确率、弹幕次数、投稿次数、全班排名、不懂记录、每页PPT停留时长等学习过程全电子化的记录不仅是对学生个人学习情况的客观反馈，也是教师汇总、全景分析、个性化分析、总结与反思的依据。

(二)案例分析

在课堂教学的具体执行过程中，每次课堂都以雨课堂为教学工具，按照知识先学、知识应用、知识复习三环节与BOPPPS六项要素进行准备，本文以“空间分析”一节为例，进行案例分析。

1. 知识先学

利用雨课堂工具推送课前学习资料，包括矢量数据分析知识点(缓冲区、叠加分析)、栅格数据分析知识点(叠加分析)、物流仓储选址案例以及课前检测试题，旨在构建基本知识点的理论印象，并将所学知识与实际案例建立初步连接。

2. 知识应用

教师在课堂教学前需要准备课堂演示所用的矢量数据和栅格数据、实际操作案例和参与式学习时用于各小组计划制定所需的纸张、荧光笔等。在课堂教学过程中，以BOPPPS模型六项要素串联起整堂课。

(1)B：导言

图片的方式给出工厂选址图，并将工厂选址所需的条件逐一列出。以实际案例进行导入，学生接受神经冲动，激起学习兴趣；在需求列出时培养学生的问题分析能力。

(2)O：目标

以PPT的形式给出理解缓冲区分析、叠加分析的条件和结果，能够制定针对实际问题的解决方案和辨别矢量数据分析与空间数据分析的应用范围，并将制定的解决方案执行进行结果展示的目标，引发学生的选择性注意。

(3)P：前测

利用雨课堂的投票功能，让学生选择解决导言中提出问题的方法应该包括哪些？投票形式不涉及答案的正确与否，旨在调查学生对课前学习知识的掌握程度和与实际问题的结合能力。

(4)P：参与式学习

利用雨课堂的弹幕功能，引导学生以“头脑风暴”方式“说”出自己拟采用的方法，为小组合作做准备。以小组合作方式，按照“输入-处理-输出”的步骤，讨论每个所需条件的解决方案。讨论过程中的关键点可以由每小组的记录员用荧光笔记录在给定的纸张上，并最终形成小组的一致决定。这一过程中，教师需要适时进行引导，如采用叠加分析中的相交、合并、擦除、叠加和识别的区别，以及其适用条件；如厂址需要距离居民地的距离大于500米，那么原始数据需要具备哪些属性才可以完成等。引导学生在实际应用中将理论知识进行连接，同时将所学知识点中容易混淆的概念与实际问题相联系，加深印象。

(5)P：后测

利用雨课堂的投稿功能，将小组讨论的结果进行展示，同一问题由不同小组进行解答并展示，既可以营造课堂竞争的氛围，又可以锻炼学生的表达能力。在展示过程中，教师引导学生进行提问，发掘学生思考问题的出发点。将前测(P)的问题利用雨课堂的限时答题功能，由投票改为多项选择题，检测学生的掌握程度，同时以答案的正确与否来明确告知学生空间分析方法使用的条件。

(6)S：总结

以后测(P)的答题结果作为依据，从参与式学习过程中各小组的表现和小组结果的展示角度进行总结。同时，给出新的问题："完成生成某一区域各主要流域的多年平均降水量图这一任务需要哪些主要步骤"，让学生明白空间分析的应用情境不只是选址，在其他更多的方面都会使用到，加深课程知识的认同感。

3. 知识复习

利用雨课堂的课件推送功能，将本节课程的知识点进行推送，同时将本节课新学的知识点进行归类、重组，增加到本节课程之前的知识体系图中，形成新的思维导图。课后作业是完成总结中所提出的案例，并提示学生要将矢量空间分析和栅格空间分析方法综合使用。

四、 应用效果分析

教学效果的评价不仅要注重学生从课程教学中获得了多少知识、内容掌握到何种程度，在工科教育专业认证背景下，学生的团队协作能力、沟通表达能力、解决实际问题能力和主动学习意识、良好学习习惯的养成也呈现同等重要性。

(一)落实教学最佳原则的效果

美国学者 Chickering 与 Gamson[11] 提出教学过程的七项优良实践原则，是有效的"教"与"学"的本质特征之一，以七项原则来评价 BOPPPS 模式和雨课堂结合的教学效果的实现程度：

1. 落实良好的师生接触

基于雨课堂每次课前的课件推送和课后的知识总结增加了教师和学生互动的次数，导言(B)阶段以学生身边的案例给出，拉近了师生的距离，参与式学习(P)阶段老师适时给出引导，参与到学生的学习中，改善了以往教师讲授学生聆听、互动较少的模式，而总结(S)则可以从教师结合学生学习过程的总结中让学生体会到教师对每位学生的用心，从而增加课程情感的认同度。

2. 落实优良的同伴合作

参与式学习(P)阶段比以往的教学模式更能体现团队合作的魅力，整门课程教学中的小组合作共同完成一个实际案例的问题提出、方案制定、过程执行、结果展展示，不仅是对"同伴合作"的最好诠释，更能有效锻炼学生的团队合作能力、成果凝练总结与口头表达能力。

3. 落实主动学习的态度

知识先学所对应的环节是课前，学生可以根据自己的时间来安排学习，并且雨课堂的"课件发布"功能不仅可以发布知识点，也可以随之发布检测试题，学生可以自己检测学习效果，能有效提高学生的学习主动性。

4. 落实优良的即时反馈

每次主题教学即将结束时，后测(P)环节能够即时检验学生的学习效果，同时基于雨课堂工具不再需要教师课后进行学生答题情况的学习统计，而是当时即给出全班的情况，学生不仅能够获知自己的检测正确与否，还能获知自己在班级中的掌握程度所处位置如何，增加学习效果的“知情权”与“透明度”，可以督促学生进行有效的复习与总结。此外，总结(S)环节对学生的参与式学习(P)表现以及该次课程的学习进行总结，能够潜移默化培养学生养成“学习—总结”的习惯。

5. 落实优良的时间观念

前测(P)和后测(P)环节采用雨课堂工具的限时答题功能，有效促进学习过程的紧凑感，而且时间限制也能落实优良的时间观念，将课堂阶段有序串联起来。

6. 落实优良的愿景与期待

目标(O)和总结(S)在一门课程和一次课堂中均遥相呼应，在课程(堂)开始前明晰认知、情感、技能等目标，引导学生带着目标进入学习状态，从课堂“小跟班”角色转变为目标驱动学习状态，通过知识内化(前测P、参与式学习P、后测P)后不仅学生可以自己检验目标达成度，增强学习自信，更能以总结(S)进行拓展，提出更进一步的期待。

7. 落实尊重多元智能与学习方式

课堂学习与课后学习相结合，移动端碎片化学习与完整主题呈现式学习相结合，课前课后个人学习与课堂小组合作学习相结合，理论知识测试化学习与实际案例问题化学习相结合，同时基于微信和PPT的雨课堂工具正是新模式在多元智能与学习方式原则的最好实践。

(二)学生学习的效果

以2015—2016学年第二学期(传统教学模式，下文简称前)的教学效果和2016—2017学年第二学期(翻转课堂教学模式，下文简称后1)、2017—2018学年第二学期(翻转课堂教学模式改进后，下文简称后2)、2018—2019学年第二学期(BOPPPS模式与雨课堂结合，下文简称后3)的学生期末卷面最高分、最低分和平均分进行对比，分析学生的学习效果(图4)。

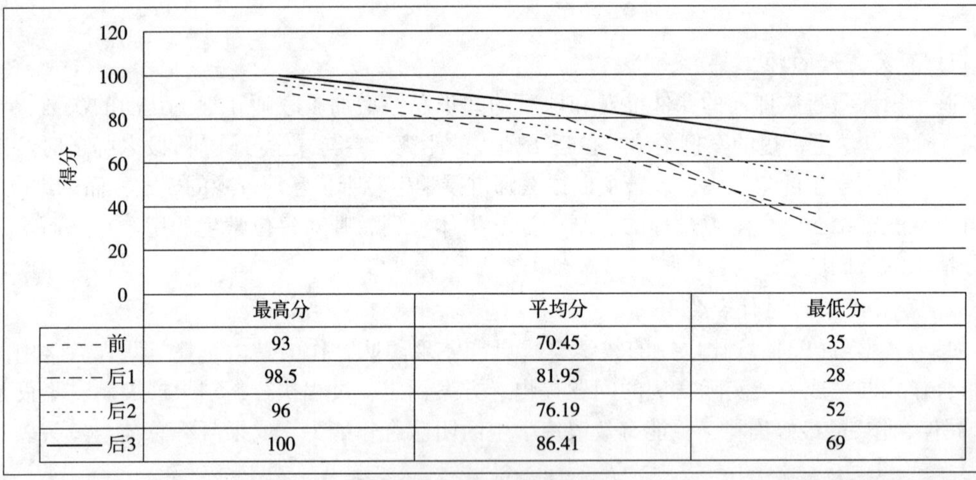

	最高分	平均分	最低分
----前	93	70.45	35
—·—·—后1	98.5	81.95	28
·······后2	96	76.19	52
——后3	100	86.41	69

图4 学生学习效果对比图

前、后1、后2和后3的课堂教学人数分别为41人、37人、37人和41人，4次的教学效果在课堂容量方面呈现基本可比性。根据主题教学设计方案的课堂教学共10次，从图4中的“三高”现象，可以得出教学改革后的三次试验最高分、最低分和平均分均比教学改革前要高。其中，翻转课堂教学模式的初次实施就获得了80分(含)以上和90分(含)以上比例分别从30.77%到75%，5.13%到25%的显著提高；之后结合过程性检验题目的合理性、知识内化环节学生的参与度、学生的反馈和教师使用体验、总结等，进行了教学方案的第一次改革，并应用于“后2”；结合雨课堂和BOPPPS模式进行了“后3”的应用，3次试验的结果表明翻转课堂教学模式在“空间信息系统基础”课程中具有较好的适用性，学生学习效果良好。

从学生成绩分布(图 5)来看，教学改革前中位数与下四分位数之间的分数密度较大，在此分数段的学生人数相对较多；而“后 1”中上四分位数和中位数之间学生人数相对较多；“后 2”呈现的分布模式和教学改革前的模式相似，但其整体位置都上升，说明分数整体提高；“后 3”的分数分布模式在四次试验中最接近正态分布，分数段也相比前三次较为聚集，通过雨课堂与 BOPPPS 模型相结合的翻转课堂教学模式能有效实现“提低拔高”全班成绩整体上升的目标。

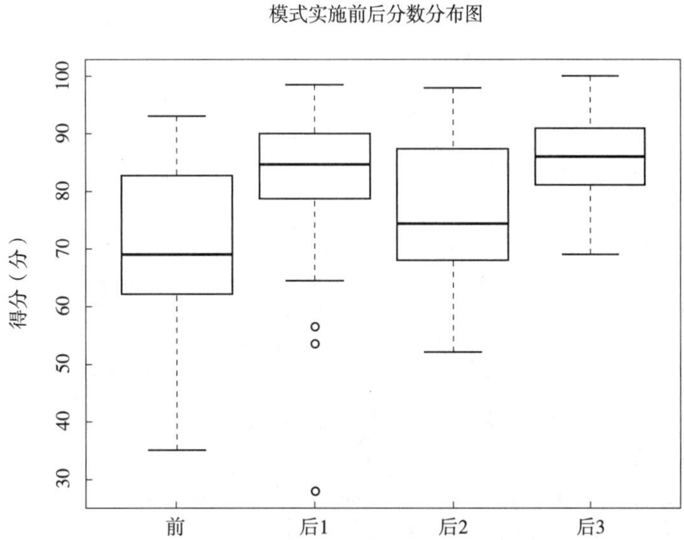

图 5　教学改革前后学生成绩分布箱线图

五、 结语

基于 BOPPPS 模型的翻转课堂教学设计，并辅以雨课堂为教学工具的实施过程对最佳七项原则进行了较好的实践，取得了学习效果的提高。BOPPPS 模型的主要理念是参与式学习和即时的反馈，参与式学习活动能够充分发挥学生的能动性，调动学习的积极性；目标环节在课堂开始清楚明晰地告知学生，帮助学生完成自我驱动学习和自我目标检测，同时，前测和后测相呼应的检测环节，可以提升学生的发现问题、动手实践能力和探索合作精神，实现由“被动式学习”向“主动式学习”发展；学生在教学过程中感受到的不仅是知识之间的联系，更能感受到知识和实际应用之间的联系，从而实现由“想学”到“爱学”的转变，同时也能实现由“学会”到“会学”的转变，培养学生的主动学习意识。

信息时代如何更好地发挥课堂教学主阵地的作用，提高学生的到座率和抬头率，对教师的教学设计提出了更高的要求。将每次教学主题按照知识先学、知识应用、知识复习三个环节以及导言、目标、前测、参与式学习、后测和总结六个阶段进行设计，对教师教学能力的提升提出了更高的要求。师生之间接触次数的增多和课堂环节的有效设计对教师提出了更高的要求，也是促进教师教学能力提升的一个重要因素。雨课堂工具的使用可以营造出课堂紧凑的节奏感，让手机变成学习的有利工具，同时其全景数据反馈功能帮助教师节约了课后统计时间，腾出了更多的时间来提升教学能力。

教学模式和模型是固定的，但如何掌握其本质，遵循模型但不固守，将其与课程进行有机结合，使模型的使用在教学过程中不突兀，实现“润物细无声”的结合，达到有效的教与学是值得每位任课教师和每位参与课程设计的教师深入探索的一个课题。

参考文献

[1]苏晓慧，刘松，李昀，马晓亮，陈俊生．“空间信息系统基础”翻转式课堂教学实践[A]//黄国华．探索 构建 创新(2017)——北京林业大学教育教学改革优秀论文选编[C]．北京：中国林业出版社．2017. 218-225.

[2]苏晓慧．“空间信息系统基础”翻转式课堂教学设计[A]//于志明．秉烛者的思考与实践(2016)——北京林业大学教学改革研究文集(下)[C]．北京：中国林业出版社，2016.

[3]Pattison P，Day R. Instruction skills workshop(ISW)handbook for participants[M]. Vancouver，the Instruction Skills Workshop International Advisory Committee，2006.

[4]夏继军．基于蓝墨云班课的BOPPPS教学模式在高职教学中的应用——以电工技术课程为例[J]．黄冈职业技术学院学报，2019，21(5)：50-52.

[5]许缦．基于蓝墨云班课的BOPPPS教学模式设计研究——以《战略管理》课程为例[J]．湖北函授大学学报，2018，31(19)：131-133.

[6]陈婧．移动学习结合BOPPPS有效教学结构在心理健康课程教学中的应用[J]．西部素质教育，2019，5(19)：94-95，103.

[7]邓婷．基于移动学习的BOPPPS翻转课堂的研究与实践[J]．教育现代化，2019，6(24)：197-200，247.

[8]学堂在线推出智慧教学工具——雨课堂[EB/OL]. http：//news. tsinghua. edu. cn/publish/thunews/9660/2016/20160617101758935397134/20160617101758935397134_. html，2016-06-17.

[9]王帅国．雨课堂：移动互联网与大数据背景下的智慧教学工具[J]．现代教育技术，2017，27(5)：26-32.

[10]Robert M G，Walter W W，Katharine C G，et al. Principles of instructional design[M]. Melbourne：Cengage Learning，2005.

[11]Chickering A W，Gamson Z F. Seven principles for good practice in undergraduate education[J]. Journal of Business & Finance Librarianship，1987，(3)：3-7.

Discussion on instructional design base on BOPPPS model and Rain Classroom: Taking *Basic Spatial Information System* course as an example

Su Xiaohui[1]　Wu Danzi[2]　Xie Jingping[3]　Ma Xiaoliang[1]　Meng lingyan[3]

(1. School of Information Science & Technology，Beijing Forestry University，Beijing　100083；
2. School of Landscape Architecture，Beijing Forestry University，Beijing　100083；
3. Center for Teaching and Learning Development，Beijing Forestry University，Beijing　100083)

Abstract　In order to consolidate and strengthen the teaching reform effect of the *Basic Spatial Information System Course*, bring the role of the main position of classroom teaching into full play, achieve effective teaching and learning, instructional design and teaching practice was carried on based BOPPPS model and rain classroom. The research gives a teaching model Which takes the“spatial analysis”as an example. Six elements of the BOPPPS mode is corresponding to nine teaching events which proposed by Gagne, one of American famous educational psychologists. The teaching scheme design is elaborated in detail from three links of knowledge first learning, knowledge application and knowledge review, and the six stages of the BOPPPS model. The new teaching mode can practice Chickering's seven best practice principles well. Through the comparison between the four terms which teaching reform before and after implementation, learning effect of students has been significantly improved. Instructional design based on BOPPPS model and Rain Classroom can improve students' knowledge mastery and ability to use them.

Keywords BOPPPS model, *Basic Spatial Information System*, instructional design, Rain Classroom, effective teaching and learning

TRIZ 理论在"汽车设计"教学中的应用

唐　亮　　苏勋文

（北京林业大学工学院，北京　100083）

摘要：根据"新工科建设"对创新型人才培养的要求，本文针对"汽车设计"课程中缺少创新思想引导，学生创新思维和能力不足等问题，将 TRIZ 理论的创新思维法——九屏幕法引入"汽车设计"教学中，并与现代教学手段相结合进行教学内容优化，重在培养学生的创新思维和创新意识，激发学生对专业课的学习兴趣，以提高学生的创新能力和解决复杂工程问题的能力。

关键词：TRIZ 理论；汽车产品设计；九屏幕法；创新人才

当前，围绕安全、节能、环保三大主题的汽车新技术的兴起，使汽车行业与当今的尖端科技紧密联系，而且车辆工程专业研究的范围也更加广泛，涉及汽车、机车车辆、拖拉机、军用车辆及工程车辆等机械新的理论、技术和方法，甚至和医学、生理学及心理学等学科进行交叉融合。因此，为适应汽车产业转型发展的需求，许多高校开展了"新工科建设"背景下车辆工程专业本科创新人才培养模式的研究，主要聚焦在专业课程体系和实践教学体系两大人才培养的关键问题，以主动适应汽车电动化、智能化、网联化和轻量化的发展。

"汽车设计"课程是车辆工程专业的必修课程之一，是一门理论性和实践性都较强的专业课，旨在使学生掌握汽车设计基本方法，提高其专业素质，以及培养学生进行系统分析的逻辑思维能力和解决实际问题的能力。

由于传授理论知识的同时，还要注重培养学生的工程意识、创新意识和综合设计能力，因此，培养学生的系统分析的逻辑思维能力，离不开优秀的创新指导方法，相对于传统的创新方法，比如试错法、头脑风暴法等，TRIZ 理论具有鲜明的特点和优势。TRIZ（Theory of Inventive Problem Solving）理论的含义为发明问题解决理论。其主要目的是研究人类进行发明创造、解决技术难题过程中所遵循的科学原理和法则，是一种建立在技术系统进化规律基础上的问题解决系统，同时也是一个创新能力培养体系理论。实践证明，运用 TRIZ 理论可大大加快人们创造发明的进程而且能得到高质量的创新产品[1]。因此，在车辆工程专业创新人才培养过程的教学中，合理利用 TRIZ 理论来分析问题和解决问题，能够促进学生对复杂问题的分析和理解，有助于提高大学生的创新意识和实践能力。

一、 TRIZ 理论解决问题的过程

如图 1 所示，TRIZ 解决发明创造问题的一般方法是：首先将要解决的特殊问题加以定义、明确；然后，根据 TRIZ 理论提供的方法，将需要解决的特殊问题转化为类似的标准问题，而针对类似的标准问题总结、归纳出类似的标准解决方法；最后依据类似的标准解决方法就可以解决用户需要解决的特殊问题[2]。

作者简介：唐　亮，北京市海淀区清华东路 35 号北京林业大学工学院，副教授，happyliang@ bjfu. edu. cn；

苏勋文，北京市海淀区清华东路 35 号北京林业大学工学院，副教授，suxunwen@ bjfu. edu. cn。

资助项目：北京林业大学教育教学改革项目"TRIZ 理论在车辆工程专业教学改革中的应用研究"（BJFU2019JY053）。

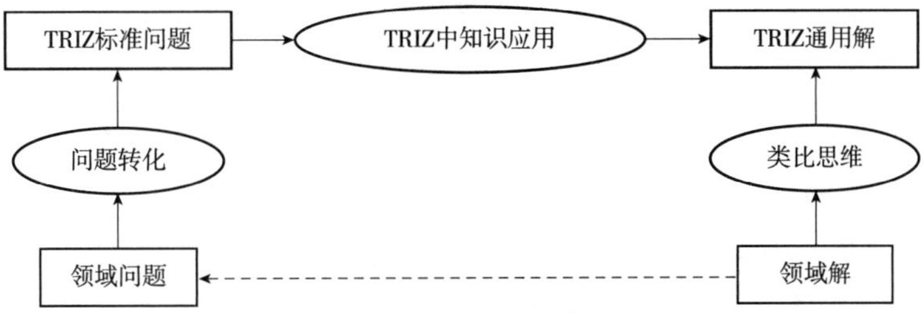

图 1　TRIZ 理论解决问题的过程

二、 课程教学中存在的主要问题

近年来，我校车辆工程专业在“汽车设计”课堂教学中存在的主要问题有：①教学内容比较陈旧。目前，许多高校使用的“汽车设计”教材的教学内容更新速度慢，系统性差，尤其是跟不上当前汽车发展的热点，比如智能网联汽车的结构、设计理论与方法，新能源汽车等，学生缺乏对新知识的及时掌握。②考核方式单一。“汽车设计”的考核方式还是采用期末考试这种传统方式，没有实现过程性考核，也没有及时跟踪学生的学习过程并对其进行评估，造成学生的学习热情不高，知识掌握不扎实，尤其影响学生汽车设计的能力培养。③教学效果不明显。课堂教学以教师讲授为主，学生参与度低，尤其缺乏研究性教学和学生的主动性学习，出现师生互动性差，课堂气氛不活跃，学生被动地接受知识，出现了学生不能有效解决汽车工程存在的问题，也不能针对用户提出的要求进行设计。

三、 系统分析的逻辑与创新思维能力的培养

(一)系统分析的逻辑思维的培养

汽车设计涉及多种专业学科的各种不同要求，要完成一个成功的设计，必须应用系统工程的观点，全面均衡地、有层次地处理各种不同要求，使设计达到经济和艺术的有机结合[3]。因此，汽车设计要求学生要有一定的系统分析能力，使学生学会分析和评价汽车及其各总成的结构与性能，增强学生的创新意识和提高其创造能力。传统的教学方法重教轻学，重理论轻实践，而将 TRIZ 理论应用于课堂的创造性教学却是教与学、传授知识和提高能力并重的一种教学方法，可以检验学生对汽车设计、汽车构造、汽车理论等知识综合掌握、灵活应用的程度和效果，也可以体现学生的设计思想、设计原则和设计方法等设计能力的培养情况。

逻辑思维的过程具有创造性，它的特点是以抽象的概念、判断和推理作为思维的基本形式，以分析、综合、比较、抽象、概括和具体化作为思维的基本过程，从而揭露事物的本质特征和规律性联系。由于“汽车设计”课程内容中有大量的图片和视频，为了让学生能更直观、更形象、更生动的理解，在课堂教学中不但要大量使用集声、像、动画和文字于一身，图文并茂的多媒体课件，还要改变以往以教师为中心的单向交流式教学法转变为交互式、形象化的教学方法，主要是激发学生系统分析的逻辑思维，增加学习兴趣，提高教学效果，也缩短了教学时间。同时采用实例及课题式教学形式将科学素质教育融入到课堂教学中，并以设计类作业促进学生自主学习的积极性。

(二)TRIZ 创新思维与系统分析能力

TRIZ 理论的主要方法中有创新思维方法与问题分析方法，其中系统分析问题的科学方法中九屏幕法应用较多。九屏幕法是系统思维的一种方法，它是把问题当成系统来研究，关注系统的整体性、层级性、目的性，同时关注系统的动态性、关联性，即各要素之间的结构。

九屏幕法是按照时间和系统层次两个维度进行思考，而且对情境进行系统地思考，不仅考虑当前，还要考虑过去和未来；不仅考虑本系统，还要考虑相关的其他系统和系统内部。

下面以 TRIZ 理论创新思维方法中的系统九屏幕法为例，介绍如何在汽车设计的教学过程中启发学生进行思维创新。

在图 2 的九屏幕法表格中，以汽车作为当前系统，所以把“汽车”放在中心，如图 3 所示。启发学生开展讨论，选择合适的交通工具作为过去与未来，如用自行车(或马车)作为过去，用无人驾驶汽车(或飞行汽车)作为未来，同时写上自行车(或马车)和无人驾驶汽车(或飞行汽车)的超系统与子系统。

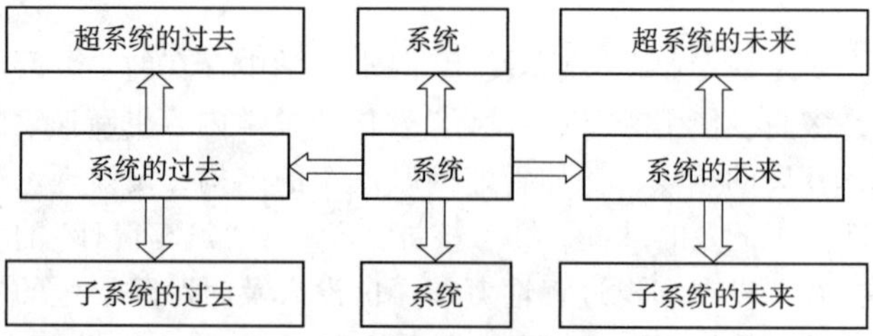

图 2　九屏幕法(纵向伸展)

由于传统的分析方法中列举出模型的已知条件，通过给定的条件层层接近结果模型。采用 TRIZ 理论的九屏幕法进行分析，对于当前系统汽车来说，它的未来、过去、子系统和超系统是无法固定的，所以可以充分发挥学生的系统性发散思维来思考当前系统另外一些相关联的信息。图 3 是一名学生描述的汽车的过去、未来，以及子系统和超系统的相关信息，我们同时在课堂上以“未来汽车”为题开展了讨论，激发学生的灵感，学生们提出各式各样的问题，勾画出多种多样未来汽车的模型，尤其是通过这种方式，学生不但对已学过的知识进行了综合应用，而且创新性地系统分析了未来汽车的发展趋势。

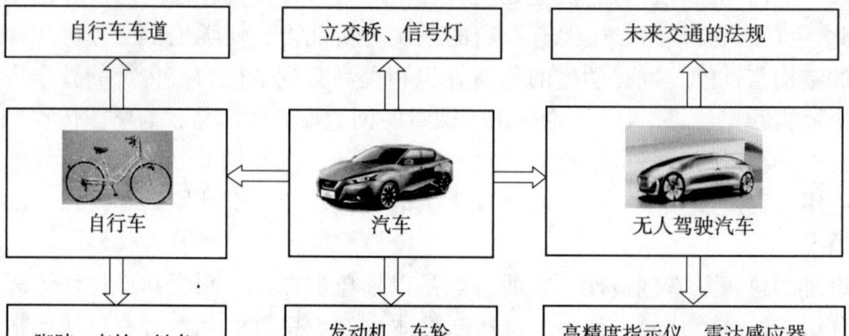

图 3　以汽车为例

通过上面的系统分析，得知九屏幕法是分析问题的导航仪，可以在分析问题之初便把握住解决问题的方向，克服了传统思维方法的惯性，解决了传统思维方式的屏障，加快了系统分析的逻辑思维进程，同时也提高了效率，为以后的创新打下坚实的基础。

四、结语

系统分析的逻辑思维能力是“汽车设计”教学中要培养的重要思维能力，必须加强和正确引导。在“汽车设计”教学中，引入 TRIZ 理论中的创新思维方法，可以使学生得到正确的创新思维训练，打破惯性思维方式；可以拓宽学生的解决问题的思路，寻找到更多的系统分析方法；突破思维定势，将发散性思维收敛，可多角度考虑问题，对问题的理解更为全面，提高效率的同时，还可进行创新。

总之，将 TRIZ 理论应用于教学过程，系统分析的思维能力训练的核心是培养学生的创新能力、创新精神，和主动学习的积极性、拓宽知识面，以及理论联系实际的学术态度。

参考文献

[1]龚益鸣，丁明芳 . TRIZ——解决创造性问题的理论[J]. 研究与发展管理，2004，(1)：40-43，48.

[2]高常青，黄克正，王国锋，等 . 由 TRIZ 理论的通用解求问题的特殊解[J]. 中国机械工程，2006，17(1)：84-88.

[3]段成龙，张萌 . 现代设计方法在汽车设计中的应用[J]. 机械制造，2004，(12)：32-34.

[4]段俊法，孙永生 . 车辆工程本科教学改革和实践[J]. 华北水利水电学院学报(社会科学版)，2010，26(3)：174-176.

[5]王丰元，邹旭东，柳江，等 . 车辆工程专业汽车设计课程教学改革及教学评价分析[J]. 大学教育，2017(10)：32-35.

[6]杨兰玉，徐学忠，李英 . 基于 TRIZ 理论背景下“机械设计”课程教学改革模式浅析[J]. 机械制造与研究，2012，41(3)：88-90.

[7]刘玺，朱茂桃，刘文光 . 面向专业认证的车辆工程专业毕业设计教学改革探索[J]. 科技创新报，2018，15(21)：211-212.

[8]于蕾艳，石永军，负平利 . 提高汽车设计能力的“汽车设计”课程教学研究[J]. 黑龙江教育(理论与实践)，2019，(3)：54-55.

Application of TRIZ theory in the teaching of *Automobile Designing*

Tang Liang　Su Xunwen

(School of Technology，Beijing Forestry University，Beijing　100083)

Abstract　According to the requirements for the cultivation of innovative talents in the New Engineering Construction, it is necessary to solve problems such as lack of innovative thought guidance in the teaching of *Automobile Designing*, and lack of innovative thinking and ability. This paper introduces the application nine screens method of TRIZ theory in the teaching of *Automobile Designing*, and modern teaching methods in optimizing the teaching contents. Application of TRIZ theory could cultivate students innovative thinking and the awareness of innovation, stimulate students interest in learning professional courses, thus to improve students innovative ability to solve complex engineering problems.

Keywords　TRIZ theory, automobile product designing, nine screens method, innovative talents

大数据背景下产教融合的教学模式探讨

——基于“商务智能与数据挖掘”课程

温继文　田登山　李　艳

（北京林业大学经济管理学院，北京　100083）

摘要：在移动计算、云计算、物联网迅速发展的背景下，大数据已经成为企业、社会和国家关注的重要战略资源。为了解决高校培养的商务智能人才与企业需求的人才之间脱节的矛盾，本文探讨了如何将商务智能人才的能力需求和商务智能教学进行整合，进行产教融合、产学合作的教学模式探索。

关键词：产教融合；商务智能；产学合作；教学模式

在移动计算、云计算、物联网迅速发展的背景下，大数据已经成为企业、社会和国家关注的重要战略资源。利用先进的商务智能和数据挖掘技术，深入分析企业业务数据，帮助企业提升决策的智能性正逐渐成为企业追逐的热点，市场对商务智能和数据挖掘的人才需求也逐渐扩大。商务智能和数据挖掘（Business Intelligence and Data Mining）等数据分析类课程已经成为高校经管学院、商学院以及信息学院的重要课程，并且成为新工科建设中的核心课程之一，在高校中越来越受到学生的欢迎和重视。

目前高校培养的商务智能人才与企业需求的人才之间存在脱节现象，高校重视理论讲解，缺乏企业实践项目的培训，造成学生眼高手低。而企业对优秀大数据人才培养的成本居高不下，培养周期长，人才供应捉襟见肘。如何把大数据行业对商务智能人才的能力需求和商务智能教学进行整合，通过产教融合、产学合作的商务智能教学模式提高高校的商务智能人才培养质量，成为时下商务智能教学的热点和难点。

2014年，教育部高等教育司为落实《国务院办公厅关于深化产教融合的若干意见》，提出深化产教融合、产学合作、协同育人，号召企业资源支持高校专业综合改革和创新创业教育，以产业和技术发展的最新需求推动高校人才培养改革，促进高校人才培养与企业发展的合作共赢。本文结合北京林业大学教育教学研究“大数据背景下产教融合的商务智能教学模式的研究”项目背景，与德昂商务智能有限公司开展了产教融合、产学合作的商务智能教学模式研究。

一、目前传统教学存在的问题

商务智能和数据挖掘课程是一门理论与实践相结合的课程，要求商务智能人才必须同时具备“业务理解能力”和“数据分析能力”，是数据分析专家与企业业务专家的融合。该行业要求分析人员能够在深入理解企业业务需求的情况下，在分析企业业务流程和企业内部与外部数据源基础上，使用商务智能和数据挖掘的方法和工具，协助企业完成数据集成、

作者简介：温继文，北京市海淀区清华东路35号北京林业大学经济管理学院，副教授，wjwlinda2013@bjfu.edu.cn；
田登山，北京市海淀区清华东路35号北京林业大学经济管理学院，副教授，tds3218@163.com；
李　艳，北京市海淀区清华东路35号北京林业大学经济管理学院，教授，liyan88@bjfu.edu.cn。

项目简介：北京林业大学教育教学研究项目“大数据背景下产教融合的商务智能教学模式的研究”。

数据转换、数据建模、数据分析、数据挖掘与数据展现的商务智能解决方案，改善企业的商务决策水平(图1)。

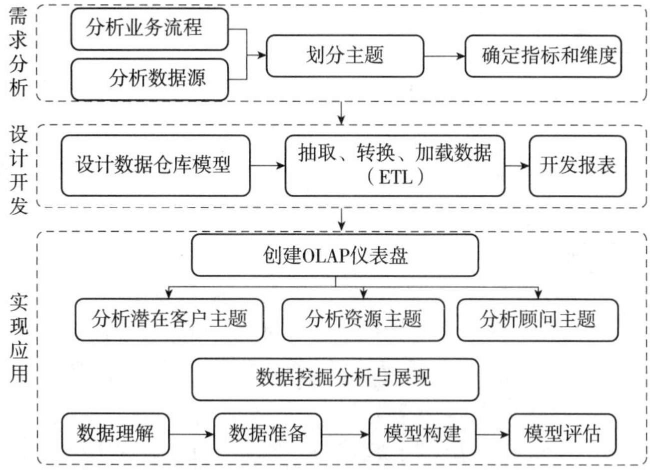

图1 商务智能与数据挖掘流程

目前，大多数高校培养的商务智能人才还难以满足企业需求，主要存在以下问题：

①目前参与商务智能与数据挖掘等大数据课程教学的教师具备一定的商务智能理论、算法和软件使用基础，但是缺乏企业实际项目的实践经历以及对企业业务流程的理解。目前高校进行大数据课程教学的老师，基本是“从学校来，到学校去”的博士毕业生，缺乏企业商务智能和大数据项目实践，对于商务智能理论与算法的理解具有一定的深度和专业度，但是往往不能结合企业业务流程进行课程教学和分析。因此培养的学生往往出现眼高手低，在实践中无从下手的局面。

②商务智能解决方案的企业具备丰富的项目实践经验和项目案例，但是这些经验和案例没有总结和提炼，形成企业实际的商务智能方法论和案例集。德昂信息技术(北京)有限公司(Data on Demand 简称德昂)成立于2009年，是一家集咨询、培训、实施服务和产品营销于一体的专业商业智能解决方案提供商和服务实施商。面向金融、能源、政府、电信、医疗、零售、传媒、教育培训、地产和制造等行业，涵盖了数据整合、数据建模、数据仓库、数据挖掘、前端展示等方面，拥有100多家客户，具有丰富的项目经验与案例。但是企业从成本角度考虑，缺乏对项目经验进行整理总结的动力。

③商务智能教材停留在对商务智能技术、工具和方法的阐述与介绍，缺乏将产业和技术的最新发展、行业对人才培养的最新要求引入教学材料，缺乏与企业业务场景接轨的教材和案例。

④实验教学资源匮乏，虽然各个高校基于自己的实验条件，安装(或购买)相应的商务智能与数据挖掘的软件平台，但是缺乏相关的实验教学资源，提升实践教学水平。

二、 产教融合的教学模式

为了解决高校培养的商务智能人才与企业需求的人才之间脱节的矛盾，把行业对商务智能人才的能力需求和商务智能教学进行整合，本项目结合“商务智能与数据挖掘”课程的开展，进行了产教融合、产学合作的教学模式探索。

(一)项目实施的背景

教育部高等教育司为落实《国务院办公厅关于深化产教融合的若干意见》，提出深化产教融合、产学合作、协同育人，号召企业资源支持高校专业综合改革和创新创业教育，以产业和技术发展的最新需求推动高校人才培养改革，促进高校人才培养与企业发展的合作共赢。德昂商务智能有限信息技术公司成立于2009年，是一家集咨询和实施服务的商业智能解决方案提供商，在金融、能源、电信、医疗、零售、教育和制造等行业拥有丰富的项目经验。我校于2014年商务智能课程已经购买德昂公司的MSTR软件平台，但是缺乏实际的实验教学资源，在商务智能实验教学中，只能采用MSTR软件的demo案例与数据进行实训，学生缺乏对企业业务场景的理解。从2010年开始，我校陆续有学生在实习中到德昂商务智能公司参与实际项目的开发，毕业后留在公司成为公司的业务骨干。

（二）项目实施的内容

1. 教学内容的更新与课程体系的完善：通过聘请德昂公司具有实际项目经验的专家进入课堂，将产业和技术的最新发展、行业对人才培养的最新要求引入教学过程，推动更新教学内容、完善课程体系，建成能够满足行业发展需要、可共享的课程和教材资源。

2. 实践教学资源的开发：基于学校实验室的硬件条件，由德昂信息技术公司提供软件平台和项目经验资料，共同建立联合实验室，共同开发基于企业完成项目的实验教学资源，提升实践教学水平。

3. 实习岗位的设立：企业根据自身条件和项目实施需要，为学生提供相应的实习岗位，高校和企业共同制定有关管理制度（包括时间、期限、地点、数量、岗位、待遇等），共同加强学生实习过程管理，不断提高实习实训效果和质量。

4. 毕业设计的完成：学生根据自己在公司的实际项目开发经验，结合商务智能理论与方法，完成毕业设计的撰写和项目经验总结。将企业的业务场景与商务智能理论和方法结合，培养具备业务理解能力和数据分析能力的商务智能人才。

三、产教融合教学模式的特色

通过将近四年与德昂商务智能公司的教学实践合作，我们形成了一个目标、两个中心、三个维度、四个平台以及五个环节的产教融合的教学模式（图2）。

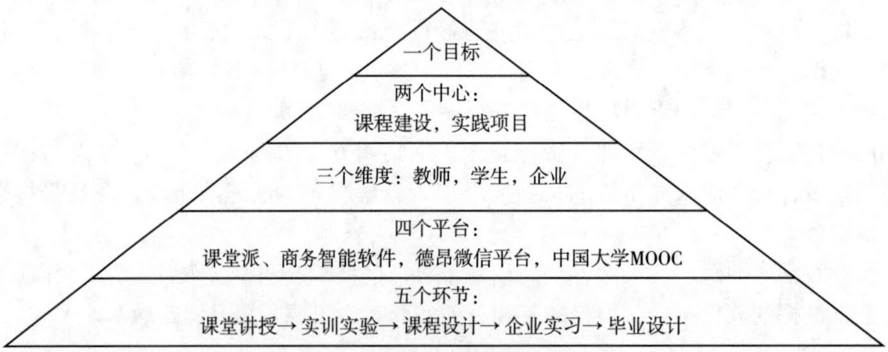

图2　产教融合的教学模式特色

一个目标：大数据背景下，学校与企业共同培养具备业务理解能力和数据分析能力的商务智能与数据挖掘人才。

两个中心：以课程建设为中心，将企业与技术发展的最新需求反映到教学内容中；以实践项目为中心，基于企业提供的软件和平台，结合企业实际项目经验和资料，共同开发实验资源。

三个维度：教师在教学过程中提升商务智能理论和方法的理解；学生结合企业实际的

业务场景对企业商务智能的流程、工具和方法的理解；企业对原有的项目资料和项目经验进行总结，形成一套商务智能实施的经验。

四个平台：依托于课堂派网络教学平台、中国大学慕课公开课、德昂微信公众平台、MSTR 软件平台进行产学课程内容的学习。

五个环节：课堂讲授→实训实验→课程设计→企业实习→毕业设计(图 3)

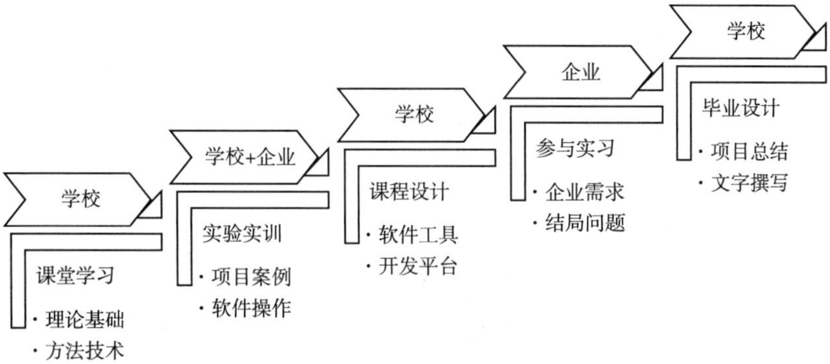

图 3　产教融合的教学模式的五个环节

四、 结语

本文总结了北京林业大学经济管理学院商务智能与数据挖掘教学组，近 8 年来与北京德昂商务智能企业进行产教融合的教学模式实践的经验与特色，主要包含在教学内容开发、实践资源的拓展、实习项目的跟进以及毕业设计的选题方面，并总结为一个目标、两个中心、三个维度、四个平台和五个环节的教学模式特色。希望未来能与更多的商务智能企业在商务智能的教学与科研活动进行合作，结合企业项目案例和项目资料，共同开发实验资源和教学资源，为商务智能人才的培养提供坚实的教学基础。

参考文献

[1]国务院．促进大数据发展行动纲要[Z].[2015-09-05].

[2]徐晨．面向信管类本科生的商务智能课程建设[J]. 计算机教育，2013，(11)：27-32.

[3]Han J W. Kamber M. Data mining：Concepts and techniques[M]. 2nd editia. Amsterdam：Morgan Kaufmann Publishers：2012.

[4]赵卫东．商务智能[M]. 五版．北京：清华大学出版社，2016.

[5]教育部高等教育司．关于落实《国务院办公厅关于深化产教融合的若干意见》[Z].[2017-12-19].

Research on the teaching mode of industry- education integration: Based on *Business Intelligence and Data Mining*

Wen Jiwen　Tian Dengshan　Li Yan

(School of Economics & Management, Beijing Forestry University, Beijing　100083)

Abstract　With the rapid development of mobile computing, cloud computing and the Internet of things, big data has become an important strategic resource for enterprises, the society and the country. In order to solve the disjointed contradiction between the business intelligence talents cultivated by universities and the talents required by enterprises, this paper discusses how to integrate the ability and demand of business intelligence talents in business intelligence teaching, and explore the teaching mode of production-teaching integration and production-learning cooperation.

Keywords production-teaching integration, business intelligence, production-learning cooperation, teaching mode

化学通识类课程中课程思政的实践探索

李　莉

（北京林业大学理学院，北京　100083）

摘要：在化学通识类课程“生活化学”中开展了课程思政的实践探索，通过精心挖掘思政元素，初步建立了培养科学精神与品德、强化环保意识、渗透生命和健康理念、强化安全操作和规范的具体教学案例，经过课堂实践和学生的反馈发现这些具体教学案例对学生的思想、价值观和学习积极性等方面都产生了不同程度的有益影响。在今后的教学中可以此次实践探索的经验为基础，进一步挖掘和调整思政元素，更好的实现“教书”和“育人”的统一结合。

关键词：课程思政；教学改革；化学通识课；生活化学；人才培养

“生活化学”是北京林业大学的一门公共选修课，是一门化学通识类课程。课程内容涉及材料、食品、日用品和医药等众多领域，涵盖日常生活的方方面面，透视科技前沿和社会热点问题。课程的宗旨是普及化学知识，让非化学专业的学生也具备一定的化学知识，提高学生的科学素养和综合认知能力，提高学生的创新潜力，有利于高端复合型人才的培养[1-3]。美国化学会前主席哈里逊说：“化学教育不应仅提供给计划成为科学家的学生，而剥夺许多人在求学时期学习富有意义的和有价值的化学经验的权利。”[4] 国内外很多高校都开展了化学素养教育，其中一个渠道就是开设化学通识类课程[5-6]。

由于“生活化学”这门课程的特点是源于生活，用于生活，既与时俱进，又贯穿古今，同时关注社会热点。因此在课程中既可以引入大量前沿知识，又可以引入大量的科技史和科学家事迹，还可以从化学专业视角对社会热点进行解读，拓展视野。这些特点都有利于在课程中以多种形式融入思政教育，从而更好地落实习近平总书记提出的“各类课程与思想政治理论课程同向同行，形成协同效应”[7]，更好地将知识、技能和价值观紧密结合，实现“三位一体”，做到立德树人。本文中笔者将根据自己的教学实践经历，对于如何在“生活化学”教学实践中进行课程思政展开讨论，并对实践经验进行总结与反思。

一、　挖掘思政元素，建立具体教学案例

在上学期“生活化学”的教学实践中，经过深入挖掘课程中的德育内涵和思政元素，精心设计思政元素与教学内容的切入点，形成了一些具体的教学案例，结合雨课堂开展了教学实践。

（一）培养科学精神和科学品德

在教学中注重把科学精神和科学品德渗透到化学教学中。在材料与化学一章中，设计具体案例如下：以石墨为原料转化为金刚石的历史，再到石墨烯的发现；不锈钢和记忆合金等新材料的诞生；纳米材料、复合材料等新材料的合成与发展现状等。

通过在案例中介绍相关的中外科技史和科学家的典型励志事迹，无论是石墨转化为金刚石的艰难探索还是不锈钢被发现前堆成小山一样的失败品，都让学生了解到在探索科学

作者简介：李　莉，北京市海淀区清华东路 35 号北京林业大学理学院，副教授，lily_chem@ bjfu. edu. cn。

资助项目：北京林业大学 2019 年院级课程思政教研专项课题“‘生活化学’课程中的思政建设”。

的路上没有捷径可走，科学探索需要锲而不舍、不畏困难、不怕失败、勇于挑战的精神和毅力，以及长期艰苦奋斗的思想准备。另外石墨烯的发现也充分说明富有好奇心和坚持不懈的重要性，好奇心是科研的第一生产力。

新时代的大学生面对的世界是一个充满未知挑战、未知变局的世界，他们必须具备面对未知挑战的自信与能力，具有探索未知的渴望和热情，才能在这个社会上存活与发展，创造属于他们的辉煌。而在授课内容中加入科学精神和科学品德的思政元素则是有意识地给学生树立学习的榜样，传播正能量，培养学生不怕挫折、愈挫愈勇的精神，从而使学生在学习、工作和生活中都敢于直面困难、迎接挑战。

（二）强化环保意识

在教学中对学生进行爱护资源、保护环境的教育是一个重要的思政元素。环境保护人人有责，而环境保护与化学不可分割，了解一定的化学知识有助于更好的保护环境。在教学过程中讲到空气中的有害物质时，设计的具体案例是关于大气污染的严重性和危害性，以近年来北京的沙尘暴、奥运蓝、雾霾、Apec蓝、阅兵蓝等学生熟悉的社会热点讲述了大气中的各类污染物的种类和来源，以及治理的方法；通过酸雨对森林、农作物、建筑及狮身人面像等古建筑的侵蚀照片讲述酸雨的主要成分及形成机理；再结合世界环保方面的重大事件如上世纪美国洛杉矶光化学烟雾事件，1952年伦敦毒雾杀人事件等重大公害实例，使学生充分认识到大气污染带来的严重危害。同时也认识到保护环境，维护生态，是社会进步的体现，也是每一个公民义不容辞的责任。

此外，大学生无论在教学实验还是在科研实验中都是实验室的主力军，因此培养和强化学生的环保意识至关重要，能自觉做到节约试剂、废液回收等举措。同时在日常生活中，学生要从自身做起，做到“勿以善小而不为，勿以恶小而为之”，做绿色消费者，主动绿色出行，拒绝一次性餐具，节水节电节约用纸等。每个人都需要以主人翁的姿态，做到保护环境，人人有责，只有全社会各行各业都充分意识到环境保护的重要性，并积极采取相应措施，才能够使我们的家园洁净、美丽，处处蓝天白云、青山碧水。

（三）渗透生命和健康理念

在当前出现的自杀、抑郁、过劳死等许多社会问题是源于对生命和健康的漠视。在教学中需要渗透生命和健康教育，提高学生的身心健康水平。生命的各项活动与化学物质、化学反应等密不可分，人的情绪好坏、健康与否亦是如此。因此引入渗透生命和健康理念的案例，从化学的视角让学生了解生命的脆弱，体会生命和健康的珍贵，提升对生命和健康的认知，增强对生命和健康的感悟，对生命和健康有尊重、敬畏、珍惜之心，并且能以学到的化学知识和技能保护生命和健康，更好地成长。

在教学中讲述生命的活动时，以多巴胺对人类的情感的作用作为案例，不仅从科学上讲解了多巴胺与爱情、快乐等情感之间的关系，给予学生正引导，同时引入了多巴胺对老年痴呆、抑郁症等当代顽疾疗效的发现以及诺贝尔奖的案例，使学生在快乐学习、理性思考的同时也认识到学科交叉和科学探索的重要性，认识到生命和情感控制的神奇之处。

在讲到毒物与化学一章时以毒品为案例，首先用雨课堂设置题目了解学生对毒品的认知情况及感受；再用近年来禁毒影视剧照、吸毒明星照片和毒瘾君照片等引入毒品的介绍，接着讲述毒品发展史和毒品的种类及性质，以及当代新型毒品的隐蔽性和多样性。使学生对毒品的产生、发展及危害有了全面了解，也启发学生思考如何约束自我，不任欲望泛滥，慧眼识别繁华世界中那炫目糖衣下掩藏着的未知危险，更加珍惜健康、珍惜生命。

（四）强化安全操作和规范意识

无论在学校的专业学习中，还是在将来的工作学习和生活中，学生都会不可避免接触到各种各样的化学品，还有许多学生要进入实验室进行实验，因此在教学中着重引入了相应的安全操作和规范意识教育案例。通过许多实验室事故的具体事例，例如，2015 年清华化学楼爆炸、2018 年北京交通大学实验室爆炸等，用事故图片引起学生的高度重视，讲解事故发生的原因，主要有对实验室设备药品的不熟悉，操作的不规范、对实验室安全防护知识的缺乏以及安全意识的薄弱等因素，以此来强化学生的安全操作和规范意识。

在授课过程中还将近年来国内外一些重大安全事故作成案例强调安全操作和规范意识的重要性。例如，2015 年天津港爆炸、2018 年巴西国家博物馆火灾，2019 年江苏省盐城市响水县陈家港化工园区天嘉宜化工厂发生的特别重大爆炸事故，2019 年法国巴黎圣母院火灾等。此外，还给出一些影视作品中的不规范操作剧照如"化学四煞"事件等，使学生进一步认识到安全操作和规范意识不止于化学化工实验室和相关企业的需要，而是各行各业的需要。无论学生的专业是什么，都需要加强安全教育与培训，使心中总有安全意识、脑中富有安全知识、手上要有防护技能。

二、 教学效果反馈分析

在上学期的教学中引入思政元素后，通过教学过程中的学生讲授环节和论文写作环节可以看到学生的部分反馈情况。共有 8 名学生参与了学生讲授环节，其中 6 名学生的选题分别是"多巴胺""新型毒品""世界八大公害""揭秘仙丹""透明木材""复合材料"，都与所设计的思政元素直接相关，论文写作环节中也有 10%左右的学生的选题与这些思政元素直接相关。学生的这些选题的内容有的没有被教师讲授，有的只是简单带过。

这些反馈结果说明"生活化学"课程思政元素的引入对学生的影响是立竿见影的。当学生制作 PPT 或写作论文时，他们会重新思考这些思政元素，加深理解，并将其与化学知识一起融入自己的认知体系中，形成自己的理解和思考；当学生走上讲台将自己的选题与其他学生分享展现自我的同时，这些思政元素也将随着他们的讲述再次对他们自己、对其他学生进行强化，这一点尤为重要。还有不少学生在完成论文后依然感到意犹未尽，会在文末附上对自己的选题以及这门课程的心得："××课程关于毒品的选题是十分必要的，十分重要的。这门课程使我们更加深入地了解化学，更加科学地去生活。'毒品'与药物滥用源于科学技术的发展。但'毒品'一开始是被用作麻醉、镇定等医疗作用的。可见，科技发展本身并没有错，滥用与误用才是毒品发展的原罪。对于化学，生活需要化学；对于毒品，一生拒绝毒品。"

通过学生的反馈可以直接看到该课程的德育实效性，充分发挥了课堂教学在育人中主渠道的作用，起到润物细无声的育人效果，距离课程思政的目标又前进了一步。在这个过程中，学生收获的不仅仅是化学知识，还有意识形态的提升以及视野的开阔和自信的塑造。同时这些视角和内容也会对教师产生触动，教学相长，共同提高。

三、 结语

综上所述，通过上学期的教学实践，发现在"生活化学"课程中进行课程思政的实践探索是非常有意义的，通过学生的反馈也可以看到这些思政元素与知识点的结合已经对学生产生了积极的影响。由此可见，思政入课堂，结合点选好了，对课程、课堂和学生都是有益的。

在今后"生活化学"课程的教学工作中，要在此初步实践探索的工作基础上，充分以社会主义核心价值观为指导，将"价值引领、能力培养、知识传授"作为育人目标，把立德树人作为教育的根本任务，将根据学生的反馈情况不断挖掘和调整思政元素，遵循教育教学规律调整结合点，丰富教学案例，更好地将思政元素融入课程，使教学内容更加贴合生活、适应时代的需要，充分发挥化学通识类课程的作用。在普及化学知识的同时，为塑造学生的人生观、价值观和世界观起到积极的作用，把“课程思政”作为一种思维方式、一种认识方法，坚持贯彻执行下去，努力为国家培养出德才兼备的人才做出自己的贡献。同时教师也要与时俱进，不断提高教育教学水平，实现教学相长，和学生一道成长为具有深厚专业知识和高超技能、高度社会责任感、崇高职业理想的社会主义核心价值观的践行者。

参考文献

[1]杨叔子．文化素质教育的再认识与再出发——纪念我国文化素质教育工作开展20周年[J]．中国高教研究，2015，(6)：7-11.

[2]杨叔子，余东升．文化素质教育与通识教育之比较[J]．中国高教研究，2007，28(6)：1-7.

[3]郑旭煦，方明建，傅敏，等．文化素质教育类课程“化学与社会”教学改革与创新[J]，2009，26(5)：148-150.

[4]张云龙，杨常玲，杨雪霞，等．高校普及化学科学素养的窗口——浅析“化学与社会文明”课程的建设[J]．纺织服装教育，2013，28(4)：298-300.

[5]沈昊宇，胡美琴，刘哲．开放办学背景下化学类通识教育对大学生创新意识与批判思维培养的探索[J]．化学教育，2014，35(6)：17-20.

[6]张亮亮．浅谈“化学与生活”通识课程在非化学专业中的教学实践[J]．广州化工，2018，46(9)：143-145.

[7]习近平在全国高校思想政治工作会议上强调：把思想政治工作贯穿教育教学全过程开创我国高等教育事业发展新局面[N]．人民日报，2016-12-9(1).

Practical exploration of the Ideological and Political Education in the general education chemistry course

Li Li

(College of Science, Beijing Forestry University, Beijing 100083)

Abstract The practical activities of ideological and political education have been carrying out in *Life Chemistry*, a general education chemistry course. Through careful excavation of ideological and political elements, the specific teaching cases, such as cultivating scientific spirit and moral character, strengthening environmental protection awareness, infiltrating life and health concepts, strengthening safe operation and standardization, were established. Through the classroom teaching and students' feedback, it was found that beneficial effects of these specific teaching cases on arousing students' ideological and political, improving students' learning enthusiasm were also discussed. The ideological and political practical teaching experience of *Life Chemistry* can be further improved and promoted in the future teaching practice in order to realize the unified combination of teaching and educating people.

Keywords curriculum ideological and political, teaching reform, general knowledge course, *Life Chemistry*, personnel training

乐“想”其中的多元交互式教学新思路

——以农林本科院校“分子生物学”为例

杨　清　曹红燕　董碧莹　孟　冬

（北京林业大学林学院，北京　100083）

摘要：随着自然科学的高速发展，分子生物学作为现代生命类研究中的基础学科，在高校众多生物领域专业中的地位日趋明显。然而目前多数农林院校对本科“分子生物学”课程的教学要求不高，从而导致教学内容与形式较为单一且学生对理论知识的掌握程度尚浅。因此将目前存在的问题总结为以下四点：该课程的教学理念陈旧，教学形式单一，教学内容的连贯性差，教学管理制度不够完善。这四点是造成学生对这门课程的重视度不足，影响学习效果的直接问题。针对这些问题，我们从教学理念，教学形式，教学内容，教学管理四个方面入手。为了改变这种现状，我们积极引导和启发学生并调动自身能动性，探索出一条学生主动乐“想”其中的多元交互式教学新思路。

关键词：创新思路；分子生物学；课程改革；多元交互式教学

一、引言

分子生物学作为生命科学研究中必备的基础工具，不仅是生物技术相关专业学生的核心课程，同时也是农学、林学、环境工程等其他众多专业必需的知识储备[1]。虽然许多院校已经开始重视这门课程的教学，但相比之下还是不乏部分农林院校在“分子生物学”的教学设置上存在一些弊端，尤其是偏向应用型的高校，它们往往更加重视组织培养或分子育种等技术，而忽略了理论知识作为构建基础的重要性。缩减课程内容，降低教学要求，减少总课程时长等因素都会直接造成学生对课程的掌握程度[2]。逐渐地，学生对于该课程的重视程度也会不断降低。这不仅不利于学生综合能力的培养，也造成了学生在研究生阶段缺乏良好的知识背景和基础，导致学生只会机械的实验操作，而不理解实验原理的情况出现[3]。针对这一现象，我们分析了农林院校本科“分子生物学课程”的在教学中存在的问题，并结合学科特点，在教学理念，内容，模式和管理等方面提出一些新的想法和思路。希望学生能够充满兴趣地投入到课程当中，并快乐地思考科学问题，再通过多元的教学方式与老师同学相互讨论。这正是我们想要营造的乐“想”其中的学习氛围。与此同时，本文所提到的一些提高效率的教学方法对其他课程教学也具有一定的参考价值。

二、农林类专业分子生物学教学存在的主要问题

纵观多个地方农林院校本科课程设置可以发现，除生物技术专业会开设“分子生物学”及与分子生物学相关的“基因工程”“酶工程”“生物信息学”等课程的辅助课程外，其余大多

作者简介：杨　清，北京市海淀区清华东路35号北京林业大学林学院，讲师，yang. qing1020@ 163. com。
曹红燕，北京市海淀区清华东路35号北京林业大学林学院，硕士生，hongyan89945@ 163. com；
董碧莹，北京市海淀区清华东路35号北京林业大学林学院，博士生，dongbiying1029@ 163. com；
孟　冬，北京市海淀区清华东路35号北京林业大学林学院，教授，mengdongjlf@ 163. com。

资助项目：北京林业大学2018年新进教师科研启动基金项目“褪黑素提高木豆CK2激酶活性缓解盐胁迫分子机制”（BLX201805）。

专业只设置了一门分子生物学的课程[4]。在学生的反馈中也发现在仅设置这一门课程的情况下，还存在着课时与内容不成正比，知识不成体系，理论难点多等问题。在教学理念上，一门课程的理念和目的会直接影响学生对该门课程的理解和重视程度，教师对课程理念的定位联系着学生对课程的认知，想要进一步培养学生的专业素质还需要提升教学理念[5]。在教学内容上，主要体现在因课时短而限制了内容的全面性，又因章节之间的间隔周期长使内容断节，不利于教与学的连贯性，而造成知识框架构建的混乱。在教学方式上，传统的教学方式主要是以老师讲，学生听的单一模式展开。然而一些专业理论知识的理解需要学生具备一定的逻辑思考能力和知识背景，传统的教学模式在大学课堂上显得略微枯燥，如此形式下学生对知识吸收效率较低[6]。在教学管理上，考评学生学习效果的标准比较粗放，若能丰富考核内容的多样化，注重学生学习的细节，将进一步完善考核体系，从而客观的评价学生的学习成果。因此，要将多元化趣味性的教学模式融入到课程中，通过这些教学策略引发学生的兴趣点，使其主动获取相关知识，并在课堂上主动分享交流，打破学生被动的学习模式。

三、“四项改变”探索教学创新思路

（一）提升教学理念，开拓学生视野

分子生物学是一门从分子水平解释生命活动本质的学科，它能够延伸到诸多领域，所以在教学中应当更加重视学科交叉和实际应用。例如，林木育种，森林保护等林学分支学科都需要利用分子生物学手段展开研究。结合分子生物学前沿知识更新快的特点，本科阶段的教学目标不仅是让学生掌握基础理论和技能，还应关注最新的研究进展，不局限于教材课本中的经典内容。以学生的角度出发，展开“老师引导，学生探索，师生共论”的互动模式，将课堂作为学生的展示平台，锻炼学生的主动性，充分激发学生的创造力。同时大学教师的角色定位不仅仅是讲授课业，还需要掌握前沿动态，引导学生多方向发展。

（二）充盈教学内容，奠定良好基础

根据前述的多方面原因，“分子生物学”课程在教学内容上的设置值得进一步探讨。想让学生形成完整的知识体系就要打破课时少的限制并让学生提高效率。因此需要讲师提炼重点，精讲难点，并适当拓展前沿。课程的讲授从培养学生自主认知与应用为出发点，将理论与实际应用相联系，鼓励学生查阅相关文献。在教学过程中引导学生自主学习，在遵循以学生为主体的教学理念下，提倡参与式教学、开放式教学。比如让学生自拟试题后交换测试，发现好的题型可以入选期末考试内容来增加学生积极性，同时出题的过程就是知识巩固的过程，一举多得。根据教材模块制定相应主题，以“提出问题，讨论问题，解决问题”的形式激发学生的求知欲，培养学生用科学的思维去自主分析和解决分子生物学相关问题。

（三）改善教学模式，激发学生主动性

“分子生物学”的教学内容只按课时设置来进行是远远不够的，因此我们可以通过改变教学形式，让学生充分利用好课后时间。通过老师的引导给学生灌输一种学习模式：学生在课外时间自主获取基础知识作为理论知识的输入阶段，课堂时间主要用于讨论与思维碰撞作为知识的内化阶段。例如，分子生物学中有许多假说和具有争议的观点，让学生对具有争议的科学问题展开辩论。例如，围绕“转基因食物是否安全？”开展辩论赛，首先学生要知道什么是转基因，那么就需要提前了解基因表达与调控模式，还要了解转基因为什么存在风险等知识背景。通过课前充分准备以应对课上讨论，这样就达到了充分发挥学生主动查阅文献的目的，同时以考核加分的形式设置奖励，充分调动学生的积

极性。除此之外，课程还可以有多种形式展开，比如通过角色扮演将基因表达过程具象化，知识竞答比赛，PPT 演讲等等。将理论知识的获取与理解分散到课后时间，从而增加上课的互动和讨论。这样不仅能使学生真正掌握知识，而且让学生有更多思考和展示平台，培养其兴趣。

(四)优化考核制度，端正学生态度

课程教学效果的评定离不开完善的考核制度。严谨的考核制度能够约束学生的行为，端正学生的学习态度，最终受益的也是学生自身。在以往的课程考核中期末考试成绩占比在 60%以上，这样容易造成学生临时抱佛脚，只在期末考前背题库，而忽视平时的学习积累。我们应该扩大考核内容的范围，增加考核形式和调整各项考核的占分比例。考核内容除了期末考试，更重要的是平时表现，期末考成绩占总成绩的比例可以缩小到 30%。丰富平时表现的考核形式能充分调动学生积极性，包括学生阶段性的自评和互评，课堂展示评分，作业完成度，考勤等。“课堂展示”可以是主动举手发言，PPT 演讲，小组赛获胜等等学生在课堂上所展示出的细节，这些都能体现出学生的认真程度。细化的考核制度能够让学生注重课程学习中的每一个细节，真正学到知识。

四、 结语

分子生物学是在分子水平上研究生命本质的科学[7]。作为一门基础理论课，它是深入研究生命科学的基石。对于科研工作者来说，无论是设计研究思路还是基础研究相关技术都离不开分子生物学作为知识背景支撑。同时对于非科研工作者来说，即使在生活中没有直接运用到相关知识，学好这课程也可以锻炼一个人的思维模式和逻辑思考能力[8]。所以我们应认识到“分子生物学”教学的重要性。现阶段关于农林院校本科“分子生物学”教学的一些问题可能一时无法直接解决，比如课时设置。由此，我们可以通过改变教学形式来提高学生的效率，让学生能够在多元化的课程教学里乐“想”其中，规划好课余时间，将课堂作为展示和讨论的平台，达到更好的教学效果。好的教学思路需要实践证明，如果可以将新颖的教学思想和多元化的教学手段有机结合，相信一定能为学生营造出充实而又有趣的学习氛围，让学生真正掌握分子生物学的基本理论。

参考文献

[1]王川，黄丹，魏丕伟，等．生物工程类专业分子生物学教学模式改革[J]．农业工程，2019，9(4)：97-99.

[2]郭慧芳，成凡，陈鹏．翻转课堂与医学分子生物学实验课教学[J]．现代医药卫生，2018，34(7)：1100-1103.

[3]程爽．地方性本科院校分子生物学课程改革与探索[J]．现代农业科技，2017，(24)：282-283.

[4]郑成超，于林，魏立正，等．中外高等农业院校生物学课程设置比较研究[J]．高等农业教育，2000，(9)：15-17.

[5]沈喜，冯虎元．分子生物学实验课程的内涵式发展策略[J]．高校生物学教学研究(电子版)，2018，8(6)：3-8.

[6]杜卫，刘桂珍，徐宏伟．生物化学与分子生物学课堂教学效果的调查[J]．青岛大学医学院学报，2006(1)：75-76.

[7]朱玉贤，李毅，郑晓峰，等．现代分子生物学(第 5 版)[J]．生命世界，2019，(7)：2.

[8]田小利．论科研在创新素质教育中的作用[J]．武警工程学院学报，2003，(3)：35-37.

Exploration on the new thinking: *Molecular Biology* teaching in agricultural and forestry undergraduate universities

Yang Qing　Hongyan Cao　Biying Dong
(College of Forestry, Beijing Forestry University, Beijing　100083)

Abstract　With the rapid development of biosciences, *Molecular Biology* as a basic subject in biological research, is playing an increasingly prominent role in many biological fields in agricultural and forestry colleges. However, the teaching requirements of the courses are not deep enough in most universities. The mastery of the theoretical knowledge of the students is still shallow, and the teaching advantages of the course are not really exerted. At present, the teaching philosophy of the course is relatively simple, the teaching form is more traditional and lacks innovation, and the teaching content is short and long-term due to the total class time. The problem can not form a system, the teaching management system is not perfect. The above problems can cause students to have insufficient understanding of the importance of this course, and affect the learning effect. In view of these problems, we explore innovative teaching ideas from four aspects of teaching philosophy, teaching content, teaching form and teaching management. We strive to guide students, inspire students, and let students truly master this course, and can be used in practice.

Keywords　new thinking, *Molecular Biology*, curriculum reform, innovative ideas

农林高等院校工科类案例教学初探

——以“单片机原理及应用”为例

赵燕东　颜小飞　胡春鹤　郭文会

（北京林业大学工学院，北京　100083）

摘要：随着智慧农林业的发展，农林类高等院校作为我国高等教育队伍中一个不可或缺的组成单元，服务于农林行业的工科类学生素质培养日益迫切，相应地提高农林工科类本科生培养质量迫在眉睫。大学本科生作为国家未来科研发展的主力军，必须把大学生专业素养的培养摆在突出位置，其重点是培养学生处理问题的能力。案例教学是一种理论与实践相结合的教学方法，能够很好地将解决问题的能力与大学生教育有机地结合起来，即达到培养学生工程素养的目的，又提高了大学生质量。本文以“地面森林管护及林火扑救指挥智能决策系统”为例，探讨案例库教学方法，并在实际的教学过程中得到很好的效果。

关键词：案例教学；大学生培养；工程素养；专业论证

一、 案例教学简介

为适应我国本科专业论证教育发展的客观需求，进一步推动本科学位培养模式改革、提高本科学位教育质量，教育部采用了多种有力措施、大力推动专业培养过程中的案例库教学。

案例是指由各种媒体组合表现的有现实指导意义和教学意义的代表性的事件或现象，属于混合型、综合型、知识内容相对完整的“模块式”教学资源。

案例库则是针对特定受众群的多个案例的集合。

案例库的建设首先要考虑课程的特色，根据不同的课程来建设，必须具有现实的教学和指导意义。案例的选取应具备以下几个特点：

①有利于提高教师素质，提高教学质量和教学水平；

②有利于增强学生学习的自主性，提高学生分析问题和解决问题的能力；

③有利于增加教师与学生之间的互动关系；

④可以丰富教学体系，全面锻炼学生的综合能力（专业能力、方法能力及社会能力）。

20 世纪初，哈佛大学创造了案例教学法[1-2]。即围绕一定培训的目的把实际中真实的情景加以典型化处理，形成供学生思考分析和决断的案例（通常为书面形式），通过独立研究和相互讨论的方式，来提高学生分析问题和解决问题的能力的一种方法。现在案例教学法已经是教育领域最有效的教学手段之一，被广泛应用于全国各个国家和地区。

案例教学是以案例为依托，以自主学习为基础，以交流为手段，以开发学生潜力、提

作者简介：赵燕东，北京市海淀区清华东路 35 号北京林业大学工学院，教授，yandongzh@ bjfu. edu. cn；
颜小飞，北京市海淀区清华东路 35 号北京林业大学工学院，副教授，yanxf@ bjfu. edu. cn；
胡春鹤，北京市海淀区清华东路 35 号北京林业大学工学院，讲师，huchunhe@ bjfu. edu. cn；
郭文会，北京市海淀区清华东路 35 号北京林业大学工学院，高级实验师，guowenhui6069@ sohu. com。

项目资助：北京林业大学本科教改项目“‘单片机原理及其应用’慕课”“‘单片机原理及其应用’精品课程项目”。

高学生运用理论解决问题的能力和促进学生综合素质提高为目的的一种理论与实践相结合的教学方法。案例教学法能够调动学生的学习主动性，学生摄取的信息量可大大增加，同时，学生的分析、表达、团队合作等能力都能得到有效锻炼和提高。案例教学的精髓不在于让学生去认同和理解某种既定的观点，更重要的是让学生用批判性的思维，拓宽思路，创造性地寻找解决问题的切入点。

二、 农林高校工科类本科案例教学的必要性

随着大国理论的产生，中央先后下达了关于“中国制造 2025”“关于加强国有林区林业机械现代化建设”及“加强生态文明建设——美丽中国”等一系列指示，同时，提出“十三五”林业机械现代化发展的任务及相关政策，给农林类工科学生培养提出了新的方向和要求，农林类工科教学应与时俱进，适应时代发展，培养出大批高层次人才，促进农林科技领域发展。

在以往的农林工科类学生培养中，主要以培养知识型人才为主[3]，从教学大纲的确定、课程设置到教学实施的全过程主要强调学生的知识结构和专业技能。应该肯定这种培养模式在相当一段时间内是符合时代要求的。依据这些方案培养了一大批知识型和技能型人才，这些人才也在我国农林行业发挥着骨干作用[4]。然而，面对新形势、新任务，其弊端逐步凸显，不能适应智慧农林时代的形势，因此，农林院校工科类本科教学改革迫在眉睫，逐步引入创新课程，案例库教学营运而生。

三、 农林高校工科类本科案例教学的组织实施

(一)案例教学组成

一个完整的教学案例主要包括以下两部分。

①案例文本：案例文本是根据授课科目理论知识点，结合农林领域科研项目来撰写。介绍案例应用背景、主要内容、科学原理、系统组成、性能分析及结论等相关案例内容，同时结合相关研究生课程要求提出思考问题。

②案例使用说明书：包括案例教学内容及用途、案例讨论准备工作、案例分析要点、课堂计划等部分。

(二)案例教学教学步骤[5-8]

①教学案例编写：任课教师根据研究生课程理论，结合科学研究项目，编写教学案例。

②预先说明：说明案例的意义、进行过程、主要内容和学习目的。

③分发案例：分发、阅读案例并解释学生不清楚之处；确定学生站在哪一立场进行分析。

④研究生自行准备：学生事先掌握的背景材料，包括理论背景、行业背景、制度背景等。

⑤小组讨论准备：小组成员通过交流与讨论，进一步思考、调整、深化案例分析。针对较难的案例，可在课下继续小组讨论，写出个人案例分析报告并到课堂上发表。

⑥集中讨论：各组代表发表本组对于案例的分析和处理意见，其他小组成员可以提问。教师组织各个小组重点讨论比较集中的问题和处理方式。

⑦讲评：教师结合案例中学到的东西进行说明案例中体现的原理及原则、教学目的、解决问题的步骤和技巧。

(三)案例教学分析要点

案例教学是自主学习与合作学习的结合，既注重提高学生自主学习的积极性，又要培养学生的合作意识。通过案例分析要解决的知识点，应包括以下几点：

①需要学生识别的关键问题；

②根据案例相关的知识点提出解决问题的可供选择方案，并评价这些方案的利弊得失；

③推荐解决问题的方案及具体措施。

(四)案例教学实例

针对农林院校科研特点撰写案例：地面森林管护及林火预警系统[9-10]。本系统通过“物联网”技术，结合卫星(北斗、铱星)通讯，自动采集环境参数、气象参数、植物生长参数及图片信息，生成各类管理报表，为防火、防盗、防虫灾、资源调查、珍贵物种保护工作提供决策支持，并针对火险等级、病虫害等级做出评判。实现如下具体功能。

①巡检功能：采用物联网技术，实现对林区管护人员严格规范化网络管理，反馈巡检过程中发现的各种事件(火灾隐患、病虫害、盗砍盗伐等)，标明事故发生处的经度、纬度、时间、图片等信息，同时考核巡检人员是否按照林业局规定的线路、时间进行巡林。并且可实现考勤记录的网络查询、远程管理等强大的功能；

②森林资源调查功能：对森林物种、地形地貌、植物生长量、野生动种类物数量等调查内容实现网络化查询，自动计算林班面积，并自动形成各类网络远程报表等功能；

③森林珍贵保护功能：对实时监测珍贵物种的生长状况，实时记录珍贵物种的经度、纬度、时间、图片等信息，形成各类网络远程报表等功能；

④林火扑救指挥决策功能：实时动态显示扑救人员的地理位置信息，估算着火面积，结合GIS系统，根据火灾现场的地形地貌、气象参数及植被情况，预估火势走向，为林区火灾扑救提供决策方案。

系统由巡检器、监控管理服务器、数据决策服务器、铱星、传感器组和系统软件组成(图1)。巡检器采集传感器组获得的数据并存储。传感器信息及对应的地理信息存于计算机软件中。护林员携带巡检器，在巡检过程中巡检器自动将巡检记录环境参数、气象参数、植物生长参数、图片信息及地理位置信息存储并通过卫星通信，传送到控制室，作出相应的决策。巡检器具有声光信号提示功能[11-13]。

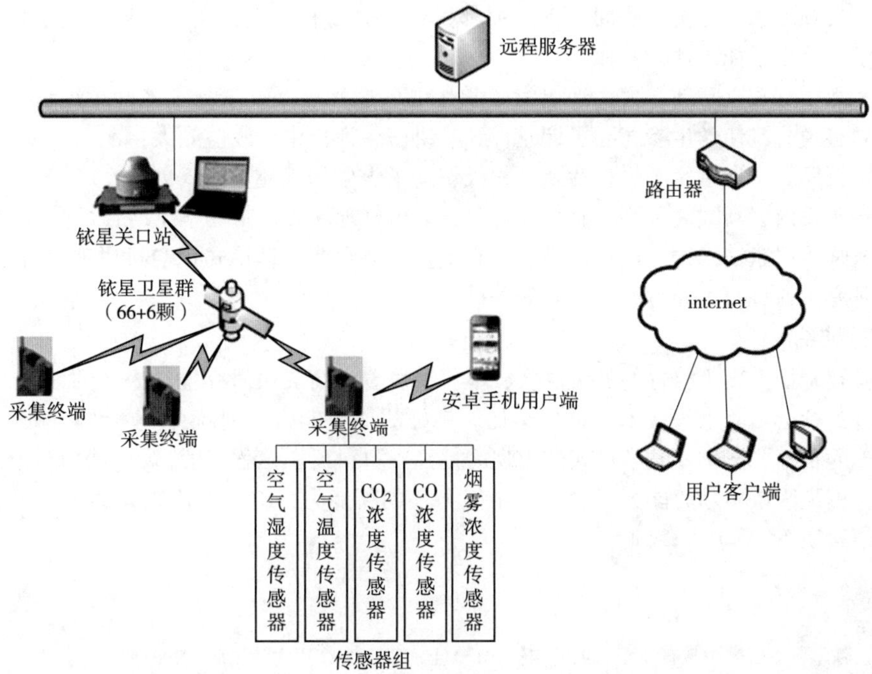

图1　系统构成示意图

四、 案例教学的实际效果

在北京林业大学工学院的自动化专业及电气工程及其自动化专业学位课“自动控制原理”中，多次采用本案例，收到较好的授课效果。

以2017年第二学期为例，授课对象为自动化16级一、二班，授课人数62人。

(一)教学开展

以内蒙古自治区呼伦贝尔市海拉尔林区的森林管护工作中应用的地面森林管护系统为背景，结合“地面森林管护及林火预警系统”案例指导书，授课前一周下发内蒙古自治区呼伦贝尔市海拉尔林区管护系统的软硬件设计方案。要求同学必须仔细阅读《地面森林管护系统设计》正文部分，并提前查阅内蒙古自治区呼伦贝尔市海拉尔林区的森林管护工作细则及要求，检索国内外发展现状，撰写不少于3000字的文献概述。要求学生针对案例中出现的知识点，复习单片机、嵌入式系统设计、PCB板设计、C语言等课程，以便后期案例讨论的顺利开展。案例授课时，在分组讨论及小组发言的基础上，教师进行案例要点分析。

①通过案例“地面森林管护系统设计”的分析与学习，重点分析森林管护的重要意义、基本手段及系统组成，并重点阐述森林管护在生态文明建设中的重要意义；

②根据案例相关知识点，针对森林防火的需求，正确评价一氧化碳浓度、二氧化碳浓度、烟雾浓度、空气温湿度等森林环境参数对林火预警的贡献度，分析各种智能算法的优缺点，为森林防火奠定基础；

③根据案例相关的知识点提出解决问题的可供选择方案，并评价这些方案的利弊得失；

④推荐解决问题的方案及具体措施。

总体授课时间分配如下：先进行分组讨论15分钟，而后进行小组发言20分钟，引导进一步讨论35分钟，然后由老师对讨论结果和案例主要知识点进行分析总结20分钟。

(二)教学效果

学生学习兴趣浓厚，思维灵活，对问题有自己见解；善于思考，勇于质疑。学生的理论学习、实践动手、分析解决问题等能力都得到了提高和加强，教学效果得到学生的一致好评，学生给出了如下评价：

①本教学方式立意新，大大地启发了学生的创造性思维。避免了老师单纯讲，学生单纯听的固有模式，使学生参与到了课堂设计、讲解、评价中，收益颇大；

②案例库教学课堂氛围轻松活跃，积极调动了学生的兴趣，方式创新；

③案例库内容新颖，独到，有行业特色，能很好地启发、带动学生结合行业背景学习；

④教师授课激情四射、热情饱满、认真负责。教师能将理论知识与科研项目有机结合，为培养研究生的科研素养打下了很好的基础。

(三)结论

本科教育作为高等教育的处级层次，不仅担负着为高层次研究输送人才的任务，同时，还担负着为社会培养工程技术人员的重任。良好的适应能力、创新意识和创新能力成为研究生培养的目标。案例库教学模式的出现为提高本科科研、工程素养(观察能力，发现问题的能力，理论联系实际的能力，逻辑思维能力，创新能力，综合运用知识的能力及良好的思想道德素质等)奠定了基础。

参考文献

[1]杨颉，陈学飞．研究生教育质量：内涵与探[M]．上海：上海交通大学出版，2007.

[2]王根顺，李立明．从案例教学看研究生教学改革方向[J]．中国电力教育，2011，(4)：38-39.

[3]向红．哈佛理念[M]．青岛：青岛出版社，2005.

[4]康宁. 走近哈佛课堂[M]. 桂林：广西师范大学出版社，2004.
[5]项贤明. 我国学位与研究生制度改革摭议[J]. 中国高教研究，2004，(4)：37-40.
[6]张建军. 当前我国研究生教育之我见[J]. 学位与研究生教育，2001，(6)：31-34.
[7]邓善熙. 对我国高校研究生教育发展的一点探讨[J]. 合肥工业大学学报(社会科学版)，2003，(6)：51-54.
[8]折延东. 知识论视野中的教学改革路向[J]. 全球教育展望，2008，(10)：21-24.
[9]吴雪琼，覃先林，李程，等. 我国林火监测体系现状分析[J]. 内蒙古林业调查设计，2010，(3)：69-72.
[10]肖化顺，刘小永，曾思齐. 欧美国家林火研究现状与展望[J]. 西北林学院学报，2012，(2)：131-136.
[11]李泉林，郭龙岩. 综述 RFID 技术及其应用领域[J]. 中国电子商情(RFID 技术与应用)，2006，(1)：51-62.
[12]张小强，杨放春. 一种基于 GPRS 技术的无线监控系统[J]. 中国数据通信，2004，(11)：92-95.
[13]刘思杨. 卫星移动通信系统发展现状及趋势[J]. 现代电信科技，2014，(7)：23-28.

Case teaching of engineering in agricultural and forestry university: Taking *Principle and Application of Single Chip Microcomputer* as an example

Zhao Yandong　Yan Xiaofei　Hu Chunhe　Guo Wenhui
(School of Technology, Beijing Forestry University, Beijing　100083)

Abstract　As an indispensable component of China's higher education team, agricultural and forestry colleges and universities have played an essential role in the development of intelligent agriculture and forestry. With the improvement of the demand for intelligent forestry, it is an urgent and arduous task to improve the cultivate quality of engineering undergraduates servicing for agriculture and forestry. In this process, in addition to the professional knowledge, the ability to deal with problems is also the focus of the application of agriculture and forestry engineering. Combining theory with practice, the case teaching method can integrate problem-solving skills into the cultivation of professional knowledge, thus enhancing students' engineering ability and improving the quality of college students. Taking the"ground forest management and forest fire command intelligent decision-making system"as an example, this article aims to explore a case teaching method that can enhance students' comprehensive ability. And through the application in practical teaching, it proves that this method has greatly improved the teaching effect.

Keywords　case-study teaching method, undergraduate education, engineering literacy, professional argumentation

运用新媒体教学模式提升大学生思政课获得感的研究

吴守蓉　何长青　程显雅

（北京林业大学马克思主义学院，北京　100083）

摘要：思政课获得感是衡量思政课工作质量的重要标准，运用新媒体教学模式这一新的教学方式有助于提高思政课获得感。本文从价值观、知识与视野、思维、素养四个方面阐释了思想政治理论课获得感的含义，并基于提高思政课获得感提出了新媒体教学模式教学设计的四个原则，即明确新媒体教学模式的必要性、了解“00后”大学生特点、合理利用新媒体各种教学功能特点、处理好教学内容和教学手段的关系，为运用新媒体教学模式提高思政课获得感提供了有益参考。

关键词：思政课获得感；新媒体教学模式；大学生；教学设计原则

2019年3月，习近平总书记主持召开学校思政课教师座谈会并发表重要讲话，深刻阐明了学校思想政治理论课（以下简称“思政课”）的重要意义。思政课担负着培养大学生世界观、人生观、价值观的重要任务，获得感是衡量思政课质量的重要标准。当代大学生已经是“00后”年轻人，他们与互联网同步成长，在新媒体、人工智能迅速发展的浪潮中，已逐步形成跨越传统信息获取的崭新方式。面对习惯运用新媒体获取知识信息和生活便利的“00后”大学生，将新媒体运用到思政课教学中，把手机从“低头工具”变为“抬头利器”，开展以数字化和网络化技术为基础的新媒体教学模式，将有助于提高大学生思政课获得感，也是新时代创新思政课教学方法的有益尝试，具有重要的现实意义。

一、大学生思政课获得感一词的来源

从语言学角度而言，获得感一词是定中词、偏正短语，可以拆分为“获得”和“感”，“获得”是这种感受的前提和必要条件，而“感”是最终的结果，是一种感觉、感受，由此获得感的本意是指人在获得某种利益、满足某种需求后从内心产生的一种心理上的满足感。

2015年习近平总书记指出把改革方案的含金量充分展示出来，让人民群众有更多获得感。自此获得感一词大热，被频繁提及。2017年教育部发布《2017年高校思政课教学质量年专项工作总体方案》，明确提出“打一场提高高校思政课质量和水平的攻坚战，切实增强大学生思想政治教育的获得感。”至此获得感一词与思想政治教育相融，并成为检验思政课教学质量的一个重要标准。

二、大学生思政课获得感的内涵界定与层次

阎国华认为思政课获得感是一个综合概念包括国家获得感、社会获得感、学校获得感、教师获得感和学生获得感[1]。黄冬霞等将思政课获得感定义为教育对象在参与思想政治教

作者简介：吴守蓉，北京市海淀区清华东路35号北京林业大学马克思主义学院，教授，wu_shourong@126.com；
何长青，北京市海淀区清华东路35号北京林业大学马克思主义学院，硕士研究生，1012767693@qq.com；
程显雅，北京市海淀区清华东路35号北京林业大学马克思主义学院，硕士研究生，cccxy1224@163.com。

资助项目：北京林业大学教育教学改革项目“新媒体教学模式提升大学生思政课获得感研究”（BJFU2019JYZD022）。

育实践活动中因实实在在地收获体验而产生的持续的正向的主观感受[2]。朱国栋认为可以将思政课获得感分为思想的获得感、情感的获得感、道德规范的获得感以及成长的获得感[3]。这些成果为我们研究获得感提供了参考，但仍有待于进一步的深入研究。

基于获得感是因“获得”而“感知”，强调获得的重要性，笔者对获得感内涵进行了更深层次的挖掘。一般课程的获得感包含价值观、知识与视野、思维、素养四个方面。思政课获得感与一般课程的获得感有所不同，是指大学生在思政课的学习后收获的主观感受，也指通过客观教学手段的实施、思政课程目标的引导与渗透、并为大学生所接纳的“入脑、入心”的感受。当前大学思政课课程是由“马克思主义基本原理概论”“毛泽东思想和中国特色社会主义理论体系概论”“中国近现代史纲要”“思想道德修养与法律基础”“形势与政策”五门组成。这些课程多是理论学习、时政追踪以及历史事件分析的形式，引导学生树立正确的价值观和为建设中国特色社会主义伟大事业而奋斗的远大理想，因而思政课获得感与其他课程最大的不同就在于有非常高的价值观层面的影响。同时，思政课涉及思想、政治、文化、社会等多方面，其丰富的理论知识和实践经验也同样使学生在知识、思维、素养三方面有所获得。思政课获得感的四个方面各自所处的地位有所不同。其中，价值观是最核心、最关键的，是获得感最根本的层面，而知识和思维属于同一层面，是获得感支撑层面，素养是目的层面，培养出合格的社会主义接班人。四个方面相互融合，相辅相成，共同构建思政课获得感。

（一）价值观的影响与形成

大学生是中国特色社会主义建设的生力军，肩负实现中华民族伟大复兴的历史重任。习近平总书记曾指出：“青年的价值取向决定了未来整个社会的价值取向，而青年又处在价值观形成和确立的时期，抓好这一时期的价值观养成十分重要。”这一方面说明大学生具有极强的可塑性，另一方面也表明大学时期也是生理和心理急剧变化的时期，是其世界观形成的关键时期，而思政课核心任务是要培养大学生树立正确的世界观、人生观、价值观。因此，思政课在大学生价值观的形成中起着举足轻重的作用，要肩负起对大学生价值观培养这一重任，就要让学生在价值观层面有获得感，扣好人生第一颗扣子。思政课最核心的内容便是用马列主义、毛泽东思想和中国特色社会主义理论教育学生，培育学生的爱国主义、民族精神和时代精神，将学生培养成有理想、有本领、有担当的社会主义接班人。

（二）知识的获取与视野的拓展

知识获取是思政课获得感的基础，即要让学生在知识层面有收获，并得到求知欲的满足。大学思政课涉及哲学、政治学、经济学、社会学、法学等众多学科，在授课期间往往能对交叉学科的知识进行拓展，能够有效地满足大学生对不同领域知识的获取，同时也能够使大学生更加深刻地了解认识到中国特色社会主义建设的理论与实践。

学生在获取知识的同时也能拓宽自己的视野。大学思政课涵盖的不仅仅是本国的政治、经济、文化生活，也囊括了国外经济、政治发展的方方面面；不仅是涉及社会层面的生活实践，同时也包含国家层面的顶层设计和大政方针，这些都将有助于拓宽学生视野和眼界。

（三）逻辑思维的优化

小学阶段注重的是让学生感性地认识世界万物，停留在对事物表面的认知，是单纯的知识灌输；而中学阶段便是开始深入到事物理性的认识，开始教授学生从科学层面看待事物，分析事物；大学教育更多是让学生从原有的思维定式中跳脱出来思考事物，而思政课的学习更是注重提高学生的思辨能力，向学生传递并培养新的逻辑思维方式，例如辩证思维、历史思维、法治思维、底线思维等，从而优化提升学生的思维能力，取得更好的发展。

(四)人文素养与精神境界的提升

人文素养是指将所学到的人文知识内化为自身的人文精神，表现为人生态度、道德修养、审美情趣以及心理素质。随着人文素养的提升会让大学生对于生活更加充满激情，对未来怀有更多希望，在思政课程中所教授的道德法律、所激发的爱国热情、所弘扬的社会主义核心价值观都在潜移默化中提升了大学生的人文素养，丰富了大学生的精神境界。

三、 基于提升思政课获得感的新媒体教学模式设计原则

新媒体教学模式是建立在互联网信息技术基础上的新型教学模式。借助新媒体所具有的及时性、交互性、海量性、共享性，以及个性化与社群化等特征，教师在教学中采用新媒体手段，可以丰富教学内容、提升教学质量。基于上述对获得感内涵四个方面的剖析，在实施新媒体教学模式时要注重从这四个方面为大学生提供思想上、精神上、知识上、思维上的丰富营养。

新媒体教学模式的种类比较多样，如雨课堂、慕课、微课、翻转课堂等[4]。本文主要以当前教师们普遍使用的雨课堂(雨课堂是一款由清华大学研发的用于高等教育领域的教学工具)为例，探讨如何运用新媒体教学模式促进提高大学生思政课获得感的教学设计原则。通过对使用雨课堂教学的教师和学生进行访谈，大部分师生持赞同态度，认为“可以提高学生学习的兴趣和注意力”；也有部分师生持保留意见，认为“课堂上学生可以更方便玩手机了，使用雨课堂反而打断了课堂教学节奏”等。由此可见，新媒体教学模式可以说是一把“双刃剑”，只有正确认识受教育者、新媒体教学的特点与获得感之间的关系，处理好教学手段与教学内容的关系，并合理使用新媒体的多种功能，才能破解这一难题。本文基于提升思政课获得感提出新媒体教学模式设计的四个原则。

(一)认识新媒体教学模式的必要性及其在思政课教学中的积极作用

2017 年 3 月教育部部长陈宝生在回应教育相关热点问题时，指出目前高校思想政治教育中存在着亲和力不够、针对性不强等问题，其原因在于思政课的“配方”比较陈旧、“工艺”比较粗糙、“包装”不够时尚。这说明当前思政课教学除了存在内容的时代性不足以外，还存在着教学模式和教学语言的新颖性不足。因而可知，思政课教学改革创新只有顺应时代，积极主动与新媒体新技术相结合，才能把习近平总书记所提出的思想政治工作因事而化、因时而进、因势而新落到实处。

随着信息技术的快速发展，互联网和大数据技术的普及，网络与人们的生活越来越息息相关，成为人们生活、学习、工作的重要手段。新媒体教学模式以“互联网+教育”为核心，深度融合信息技术与教育教学，提倡“网络+课堂”的混合式教学模式，这种教学模式能够充分发挥新媒体所具有的即时性、全面性、共享性、互动性。这样一来，不仅能使教学内容更丰，质量更优；而且能够加强学生与老师之间的互动，提高学生参与课堂的积极性，最终达到提升获得感的目的，也有助于推进教育现代化。

(二)充分了解受教育者“00 后”的特点，通过雨课堂建立学生与课堂教学的新关联

通过分析 2018 年中国青年报与腾讯 QQ 联合发布的《“00 后”画像报告》不难发现，“00 后”相较于其他年龄段的群体表现出更高的自主性。究其原因，首先，互联网已经成为人们日常生活的一部分，“00 后”相较于其他群体对于互联网的依赖性更强、掌握能力更高，对于网络信息的筛选、获取更有自己的主张。其次，近年来社会上产生了种类繁多的补习班等教辅机构，满足了家长重视孩子兴趣培养和才艺挖掘的需求，同时也一定程度上强化了学生的选择意识。最后，“00 后”的父母往往有着较为良好的教育背景，因而他们在子女的教育问题上更加理性，不再是以往的“棍棒教育”，而是更加遵循子女的意愿。

因此，有着更高自主性的“00 后”在课堂学习中更加强调自身学习的主体性和参与性，

也更加追求教学的公平性。新媒体教学模式特别是以雨课堂为代表的这种混合式的教学模式，在整个教学过程中都十分注重学生学习的自主性和主体性。由于雨课堂采用的是无差别化的教学，其具有的互动功能能够为所有学生提供平等的机遇参与课堂教学。此外，雨课堂后台大数据记录了学生在课堂是否积极参与讨论，回答问题等学习表现，为评判学生的平时成绩提供了科学依据，这些都能满足“00 后”这个群体对于公平性的追求。总之，通过雨课堂这个新媒体教学模式，能够将学生与课堂教学有机联系起来，使“00 后”从被动学习转化为主动学习，有助于达到提升获得感的目的。

（三）合理运用雨课堂的各种功能和特点，提高学生的参与感和趣味性

工欲善其事必先利其器。思政课教师想要提高教学的实效性，提升教育的获得感就要顺应信息化的时代潮流，改进教学模式，丰富教学内容，利用好现有的新媒体教学手段，提升课堂的参与感和趣味性。雨课堂包括手机端、桌面电脑端和远程服务器三个部分。其中，手机端和桌面电脑端直接服务于师生教学，远程服务器则用于支撑系统的运行和教学大数据的采集、存储、分析和决策。雨课堂的软件界面全部基于 PPT 和微信，较好地契合了教师的使用需要[5]。雨课堂的功能包括课前预习、考勤、课中随堂测验及课后反馈。实际操作中我们可以发现学生对于雨课堂能够保持较高的兴趣：第一，雨课堂随机点名回答问题，在一定程度上能够督促学生进行学习；第二，雨课堂弹幕功能能够有效调动学生参与课堂的积极性，使“低头族”转变为“抬头族”，增强他们对于课堂的兴趣；第三雨课堂将课件即时发送给学生，学生对理解不充分的内容可以进行标注与反馈，老师便能更有针对性的进行讲解，形成良性的互动。这些都能将学生从学习客体转化为学习主体，能够切实提高学生的参与感和趣味性。

（四）正确认识教学内容与教学手段二者关系，新媒体教学模式必须依托于优质教学内容

教师通过有目的、有计划、有步骤的教学过程将教学内容讲授给学生，教学内容是教学的重心，多元化的教学手段只是辅助教学的工具，以确保能够更有效地将内容传授给学生。教学内容起着基础性的作用，任何好的教学手段都离不开好的教学内容的支撑。教学内容与教学手段的完美结合才能取得最佳的教学效果。因此，发挥新媒体教学模式的优势从而提高思政课获得感，必须以设计合理、逻辑清晰、重点突出、思想性趣味性兼具等特点的优质教学内容为基础。新媒体教学模式如果没有优质教学内容为依托，必将流于表面形式而显得“华而不实”，不可持久，这也是新媒体教学模式在一定程度上不被接受的原因之一。“教学内容为王、教学手段为辅”同样适用于新媒体教学模式，我们既要认识到新媒体教学模式在思政课教学中的积极作用，又要避免“唯技术论”。

遵循上述设计原则在 2019 年秋季学期概论课上实施雨课堂教学，期末对 182 名学生进行了问卷调查。其中 51%的学生认为雨课堂教学有助于提升思政课获得感；在余下 49%持相反观点的学生中，高达 92%的学生否定雨课堂最主要的原因是网络设施不健全削弱了雨课堂效果，另有 8%的学生认为雨课堂只是考勤工具。显而易见，在保证新媒体教学所必需的网络设施的基础上，通过对教学内容的精心准备，尊重学生的主体性，展开新媒体教学模式有助于提升大学生思政课获得感。

本文从四个不同方面探究了大学生思政课获得感的内涵，并基于提高大学生思政课获得感提出了新媒体教学设计的四个原则，为探究提高思政课获得感奠定了基础。可以预言，随着科技的发展新媒体教学模式将会越来越受到重视，运用新媒体教学模式提高大学生思政课获得感必将发挥更大的作用。

参考文献

[1]阎国华．高校思想政治理论课获得感的内在要素与形成机制[J]．思想理论教育，2018，(1)：66-71.
[2]黄冬霞，吴满意．思想政治教育获得感：内涵、构成和形成机理[J]．思想教育研究，2017，(6)：28-32.

[3]朱国栋．论新时代高校思想政治理论课的获得感[J]．湖北社会科学，2018，(9)：161-166.
[4]吴守蓉．新媒体教学模式在思政课中的应用研究——基于SWOT分析[A]//于志明．秉烛者的思考与实践——北京林业大学教学改革研究论文集[C]．北京：中国林业教育出版社，2017.
[5]王帅国．雨课堂：移动互联网与大数据背景下的智慧教学工具[J]．现代教育技术，2017，27(5)：26-32.

Research on using new media teaching model to improve college students' sense of ideological and political lessons

Wu Shourong He Changqing Cheng Xianya
(School of Marxism, Beijing Forestry University, Beijing 100083)

Abstract The sense of gain in ideological and political lessons is an important criterion for measuring the quality of work in ideological and political lessons. The use of a new teaching method of new media teaching mode helps to improve the sense of political and ideological lessons. This article explains the meaning of ideological and political theory's sense of acquisition from four aspects of values, knowledge and vision, thinking, and accomplishment. Based on improving the sense of ideological and political lesson, it proposes four principles of teaching design of the new media teaching model, namely, the definition of new media The necessity of teaching mode, understanding of the characteristics of"post-00 "college students, rational use of various teaching features of new media, handling the relationship between teaching content and teaching methods, and providing a useful reference for using the new media teaching mode to improve the sense of ideological and political lessons.

Keywords sense of gain in ideological and political lessons, new media teaching mode, college students, teaching design principles

林业行业院校车辆工程专业新能源汽车实验室建设的几点思考

王　典

（北京林业大学工学院，北京　100083）

摘要：针对目前新能源汽车学科发展现状，本文阐述了林业院校建设车辆工程新能源汽车实验室的必要性，提出了一种新能源汽车实验室关于实验课程建设，基础设施建设，实验系统建设等方面的建设方案，并根据以往经验，针对校企合作，制度管理，人才培养等方面提出了几点意见。

关键词：新能源汽车，林学，车辆工程，实验室建设

新能源汽车是指采用新型动力系统，完全或主要依靠新型能源驱动的汽车，目前市场主要包括纯电动汽车、插电式混合动力汽车及燃料电池汽车。《国务院关于印发节能与新能源汽车产业发展规划(2012 — 2020 年)的通知》中指出：以国家有关专项工程为依托，在节能与新能源汽车关键核心技术领域，培养一批国际知名的领军人才[1]。加强电化学、新材料、汽车电子、车辆工程、机电一体化等相关学科建设，培养技术研究、产品开发、经营管理、知识产权和技术应用等人才。此外，目前新能源汽车市场上优秀人才稀缺，整体市场发展缓慢，高校教学资源优势还未完全在新能源汽车领域释放出来，在新能源汽车专业设置和科研人才培养方面还远远落后于市场需求。在国家政策导向以及人才市场现状的背景下，各界对各大院校车辆工程专业新能源汽车相关教学以及新能源汽车基础设施建设有着较高的要求。由于车辆工程教学实验的复杂性，在教学，实验中涉及车辆结构，电子技术，计算机控制技术等各学科内容，因此建立一个服务于多学科的，面向新能源汽车教学，实验，测试的新能源汽车实验室是十分重要的。此外，林业院校车辆工程对于新能源车辆实验室的建设，更应该结合特长，发挥林业院校对新能源技术的深入研究以及涉林学科的优势，带动新能源汽车实验室的建设与发展。本文将针对车辆工程新能源汽车实验室建设的各个方面进行探讨并提出自己的看法。

一、 林业行业院校车辆工程专业新能源汽车实验室建设的必要性

实验室是各专业教学不可缺少的一部分，也是培养具有创新精神和实践能力的高素质人才的重要条件之一。建立新能源汽车实验室对于促进林业院校学科交叉融合，协调发展以及车辆工程发展，以及新能源汽车行业人才建设都有着重大的意义与作用。

(一)培养新能源汽车人才的迫切需要

教育部、人力资源和社会保障部、工业和信息化部联合印发的《制造业人才发展规划指南》指出，当前我国制造业十大重点领域对人才需求量较大，预计到 2020 年，节能与新能源汽车人才总量将达 85 万人，缺口 68 万人，同时国内新能源汽车人才大多来源于国内从事相关研发的汽车企业，其中高校对于新能源汽车行业输送的中高端人才仍然数量较少。加强行业中高端人群的培养能力是离不开对于高水平的专业实验室的建设的。

作者简介：王　典，北京市海淀区清华东路 35 号北京林业大学工学院，副教授，wangdian@ bjfu. edu. cn。

（二）增强车辆工程学科特色的需要

目前，我国已经将新能源汽车列入“十三五”国家战略性新兴产业发展规划中的重点发展领域。各级地方政府对于新能源汽车行业也进行了大力投入，但是由于各个院校车辆工程专业对于新能源汽车的实验教学建设仍稍显落后，其中包括专业实验室基础设施薄弱，配套设施不足，实验教学体系落后等问题。通过建设新能源汽车实验室，就能够为车辆工程提供学科专业特色的优化，输出更多更优质的新能源汽车领域人才，提高专业在行业内的影响力。

（三）促进林业院校学科交叉融合的需要

随着高等林业教育的发展，各林业高校形成了以林学为主，理工科渗透的林业学科体系。然而目前林学领域的传统学科比重较大，交叉学科比重较小，林学领域中林学和理工科的学科交叉融合仍然不够紧密。为了充分的发挥林业院校林学学科的优势，满足生态环境建设，林业科技发展等要求，可以利用新能源汽车行业的多学科交叉融合的特点，将优势学科的研究融入新能源汽车产业的发展建设中。建设新能源汽车实验室，可以为各学科提供一个交叉、渗透、综合的平台，使林业工程等优势学科助力新能源汽车学科，发挥出专业融合应有的“功能放大”的作用。

二、 新能源汽车实验室建设方案

（一）新能源实验室教学需求与教学实训模块

新能源实验室的建设需因地制宜，突出重点。实验室的建设以教学和科研为目的，但实验安全教学也是非常重要的一部分。为了培养学生的自学习能力，需要将三维软件与教学实训设备配套使用，三维软件能够指导学生进行新能源汽车的三电系统、机械系统的检测以及拆装学习，同时实训基地需要满足新能源汽车消防教学、强电救援、急救教学需求。为了全面了解新能源汽车原理及构造，实训基地需满足汽车构造教学、电控系统、电池系统、电机系统及控制策略的教学需求，实现新能源汽车的拆装和检测。

故新能源实验室分为以下教学实训模块：新能源汽车安全急救教学演练模块、新能源汽车构造学习模块、新能源汽车电控、电机、电池原理、控制策略学习模块、新能源汽车拆装学习实训模块以及新能源汽车检测学习实训模块。

（二）新能源汽车实验室基础设施建设

实验室的基础设施是完成实验教学以及科学研究的最基本要素，其中包括实验所需的仪器设备，实验场所和安全保证的设置，通过改善实验基础设施[2]，对基础设施进行日常的维护和替换可以有效地提高实验教学的质量，也可以保障实验室安全，防止实验事故的发生。以下为新能源汽车实验室应具备的基础设施。

为了安全实施教学实验，电工电气作业安全宣教挂画为学生提供基础安全意识。高压环境应急处理工具、心肺复苏急救模型及床垫、急救箱及急救附件在危险时给予学生必要的应急处理。

配备纯电动汽车高压部件解剖展示台，通过利用高压器件展示台，可以使零基础学员快速掌握电动汽车与传统汽车器件的区别，通过课程学习和高压器件认知相结合，认识电动汽车的器件和工作原理等相关知识，培养学生识别高压危险区域，并培养安全规范操作的习惯和能力。高压安全操作教学实训系统实训台采用新能源纯电动汽车高压系统实物为基础，可真实展示纯电动汽车高压系统的组成结构和工作过程；锂电池教学实验台架由电动汽车锂电池结构原理教学台+锂电池教学检测分析台组成，全面展示锂电池的内部结构，把锂电池进行解剖，配有电池内容原理结构图。新能源解剖车采用北汽 EC180，5 门 5 座三厢车，带有 ABS \ SRS \ CAN 线系统，车辆要求有合法来源，各系统工作正常，能正常行驶。具体清单见表 1。

表 1　实验室基础设施建设的主要设备清单

设备类别	设备清单
实验安全教学物料及装备	电工电气作业安全宣教挂画、高压环境应急处理工具、心肺复苏急救模型及床垫等
实验设施	纯电动汽车高压部件解剖展示台、电机解剖教学台架、锂电池教学实验台架、新能源解剖车、实训车
硬件设备	电脑、电脑桌椅、驱动电机拆装托举架等
其他	防静电手套、绝缘电胶带、绝缘防护服等

（三）新能源汽车实验室课程设计

实验室教学是高校日常教学的重点，由于新能源车辆教学实验对象的复杂化以及在教学、实验、测试中涉及新能源电池部分、供电系统、驱动系统、控制系统、总线等多学科内容，新能源车辆教学实验的多学科交叉性和复杂性使得实验室课程教学的设计更加的重要。为了更好地提高学生将理论与实践相结合的能力、提供实验室利用率、突出新能源汽车实验室的教学特色并提高新能源汽车学科的教学质量，需要设计一套流程切实可行，符合"逐步深入，层层递进"的教育规律[3]，内容体现专业特色，兼备代表性和实用性，能够提升学生动手实践能力的实验室课程。只有这样的课程才能体现实验室教学的作用和价值，才能使学生充分了解新能源汽车。

根据目前车辆工程的课程设计，部分新能源专业的课程设计，本文设计了一套新能源汽车实验室的实验课程，通过课堂教学与实验室中多媒体教学与拆装实验相结合的方式，能使学生充分了解新能源汽车，把抽象复杂的内容通过新颖的形式进行展现的同时，提高了学生的理解也增强了学生的学习兴趣。课程设计如下：

①为了充分了解新能源汽车，首先需开展"新能源汽车基础"课程，使学生了解新能源汽车的市场现状、核心技术、政策法规与发展，对汽车基本结构和控制原理有基础把握，为后续课程教学和理论实验打下基础。

②通过"新能源汽车高压安全操作及设备"课程内容，在培养学生实践技能的同时，使学生在高压防护设备认知、高压安全管理、新能源汽车高压操作指南、新能源汽车常用检测设备、高压触电应急处理方面有较好的应变能力与解决方法。

③"新能源汽车电池与电机技术"课程将重点讲解新能源汽车动力电池系统的冷却系统以及维护与保养，介绍 BNS 电池管理系统、新能源汽车驱动系统、新能源汽车驱动管理系统、新能源汽车常见故障解读，通过拆装教学，使学生能够充分理解系统的结构和各种工况下的运作原理。

④"新能源汽车电气及维护保养"课程充分介绍了新能源汽车供电系统、新能源汽车充电系统、新能源汽车舒适系统、新能源汽车典型维护保养等内容。将传统教学中不易展现的环节，通过形象的动画以及结构原理图的展示再配以相应的解说，使学生能力充分理解各种控制器、传感器以及充电机，系统的结构和各种工况下的运作原理。

在实验教学过程中，每门课都应根据逐步深入的原则，将模块细致的区分开，层层递进，严格规划教学模块的顺序，以"新能源汽车高压安全操作及设备"课程为例，具体教学方案见表 2。

表2 《新能源汽车高压安全操作及设备》具体教学方案

模块(项目)名称	单元(教学任务)名称
高压防护设备认知	高压防护设备概述 高压防护设备的使用
高压安全管理	车间高压安全管理 作业高压安全管理
新能源汽车高压操作指南	新能源汽车维修开关概述 新能源高压切断操作步骤 新能源汽车保养操作流程
新能源汽车常用检测设备	新能源汽车常用检测设备概述 新能源汽车检测设备的使用
高压触电应急处理	安全电压基本知识普及 高压触电应急处理操作流程

(四)新能源汽车实验室实验系统建设

引入先进的现代化教学手段是实验室建设重要的一环，其中各类计算机辅助实验系统的应用日益广泛，这类实验系统除了拥有丰富的图形显示，还具有强大的计算功能，能够给学生提供逼真的新能源汽车模拟并且让学生在系统上简单并且方便地实现与新能源汽车各组件的智能交互[4]。使用模拟实验系统，不仅可以提高实验室的科研能力，还能够对不同层次，不同年级的学生提出不同的实验要求。因此计算机实验系统能够在提高新能源汽车实验课程水平发挥重要的作用。针对新能源汽车，市面上已经有多套成熟的模拟实验系统，具体介绍如下。

新能源汽车电机驱动控制逐渐被大家所重视，通过对该平台的学习，学生能够了解新能源汽车电机驱动控制系统的组成结构，掌握新能源汽车三相交流异步电动机动力控制系统原理，并具备一定的系统开发、故障诊断能力。该系统可用来测试汽车控制系统及驱动系统，各传感器的数据采集，汽车故障自诊断，汽车安全性控制等，给学生在"汽车动力电控系统""汽车单片机与网络通信技术"重要课程学习上打下基础。

新能源汽车电池管理(BMS)实验系统作为新能源教学课题中一个重要且不可或缺课程，通过该实验实训系统可在介入专业课程时承接"新能源汽车动力电池技术""动力电池与驱动电机""汽车单片机与网络通信技术"等重要专业课程，为学生学习提供强有力的辅助和引导。该系统可测试电池温度及加热控制，电池管理系统，碰撞保护，电池组故障诊断等。

新能源汽车仪表管理系统实验系统是根据实车的仪表管理系统研发而成，汇集了ABS制动防抱死、EPS电动助力转向、IEC智能电器控制、MCU电机控制器、BMS电池管理系统的状态信息。学生通过在新能源汽车仪表管理系统上的学习及实践操作，使学生具备新能源仪表管理系统的认识、诊断、调试以及程序修改和开发能力。

新能源汽车电控实验开发系统采用专用的单片机芯片和与汽车电脑类似的电路结构，通过配套外部电路模块和系统控制软件，组成各系统控制器的仿真开发教学系统，可实现主要数据采集和控制功能，并提供原理仿真教学手段。电路板上提供主要信号的采集点或检测点，ECU接口组件上配备检测端子，可以方便地取得信号用于仪器检测，清晰完整地演示了ECU软、硬件设计方法，采集结构及原理，以便结合相关实用性的教学内容。

DEWESoft 一体化数据移动采集平台是由 DEWESoft 公司研发的，集成了数据采集，分析，信号模拟，存储，展示等功能为一体的软件平台。通过 DEWESoft 平台，学生可以进行车辆动力学测试，汽车制动测试，车辆部件测试等车辆工程测试，并且学习对采集数据进行分析，加深对新能源汽车专业知识的理解。

图 1　DEWESoft 集成方案数据采集图

三、 新能源汽车实验室建设的思考

在实验室建设完成后，新实验室会面临各类问题，根据过去实验室建设的经验，提出几点思考。

（一）加强校企合作，促进产学研深度融合

新能源汽车实验室应当立足于国家战略，服务于新能源汽车学科的建设以及新能源产业发展，为建设新能源汽车产业提供创新动力、技术支撑，并培养行业内高端人才。因此实验室应当发挥学科创新性强的优势，促进产学研结合以及行业协同创新，与企业联合合作，实现校企共赢。

（二）健全规章制度，完善管理体制

作为新型学科的教学实验室，首先要明确实验室的管理体系，确保实验室能够正常运行，并且能够专注于科研和教学工作中。此外，原有的车辆工程实验室的规章制度有可能并不适用与新能源汽车实验室，因此需要管理人员在实践后，结合原有的制度基础，以及实践结果，制定行之有效的规章制度，明确各岗位职能以及实验守则以及教学守则，使实验室的运转走向正规化，科学化。

（三）加强团队建设，重视人才培养

实验室的水平，不只在于实验室基础设施的建设，更取决于实验室师资水平，实验技术团队的水平，因此实验室建设应该把实验室团队建设放在首位。要有针对性的选拔与培养新能源汽车学科的相关人才，为实验室的可持续发展打下基础。

此外，还要注重实验室的教育功能，通过精心设计的实验课程，培养学生的实践能力，并通过校企合作，使学生了解学科前沿动态，并获得解决实际问题的能力，为新能源汽车行业输出更多的中高端技术人才[5]。

参考文献

[1]国务院．国务院关于印发节能与新能源汽车产业发展规划(2012 — 2020 年)的通知[Z].[2012-06-28].

[2]李轶芳．论地方行业高校特色优势学科实验室建设[J]．包装学报，2010，(2)：89-91.

[3]张天柱，许佳明，黄晓巍．关于高校实验室教学管理的几点思考[J]．中国继续医学教育，2017，(9)：38-39.

[4]郑杰欣．高校实验室建设与创新人才培养研究[J]．长江丛刊，2018，(7).

[5]陈婧．浅谈高校电子实验室几点建设意见[J]．科技风，2019，(7).

Some thoughts on the construction of new- energy vehicle laboratory of Vehicle Engineering major in forestry colleges

Wang Dian

(School of Technology, Beijing Forestry University, Beijing 100083)

Abstract In view of the current development of new-energy vehicle discipline, this paper expounds the necessity of building a new-energy vehicle laboratory for vehicle engineering in forestry colleges, and proposes a new-energy vehicle laboratory construction plan on experimental course construction, infrastructure construction, experimental system construction, and made a few comments about school-enterprise cooperation, system management, and personnel training based on past experience.

Keywords new-energy vehicle, forestry, Vehicle Engineering, laboratory construction

林产化工专业本科生导师制的调查分析

——以北京林业大学为例

王璐莹　雷建都　何　静　马明国

（北京林业大学材料与科学技术学院，北京　100083）

摘要：实施本科生导师制是完善人才培养体系、提高人才培养质量的重要举措之一。本文以北京林业大学林产化工专业为例，对实施本科生导师制的各年级本科生进行匿名问卷调查，从而对导师制的必要性、师生交流、导师制的优点和导师的作用等方面对林产化工专业本科生导师制的实施现状进行分析研究。调查结果表明，有必要对林产化工专业本科生实施导师制培养，导师可对本科生的学习和生活发挥积极作用。基于导师制的实施现状和成效分析，笔者建议进一步强化导师职能、优化师生选择模式、建立导师评价体系，以在林产化工专业人才培养过程中充分发挥本科生导师制的优势和作用。

关键词：林产化工；本科生；导师制；调查；分析

北京林业大学以全面提高人才培养能力为核心点，积极构建高水平的本科人才培养体系，坚持把本科教育放在人才培养的重要首位。近年来，北京林业大学林产化工专业根据人才培养的特点和需求持续推进教育教学改革研究工作，已在人才培养和专业建设方面取得了一定的成效，作为我国高等农林院校的特色专业之一，北京林业大学林产化工专业于2019年专业获批国家级一流本科专业建设点。为构建全员、全过程、全方位"三全育人"的本科人才培养模式，北京林业大学林产化工专业于2017年提出对本科生实施导师制培养，以促进学生全面发展。

本科生导师制起源于14世纪英国牛津大学，此后英美多所高校在本科生培养中相继试行导师制并获得了明显的成效[1-2]。本科生导师制是对高校日常教学及人才培养的补充和强化，通常是由一位专业教师担任一名或多名本科生的指导教师，结合学生个性和专业特点引导学生全面成长成才。本科生导师制即满足"以本为本"的教育理念，又符合个性化人才培养的需求，是加强师生交流、促进教学相长的有效举措。2004年，教育部《关于进一步加强高等学校本科教学工作的若干意见》中提及"深化教学改革，优化人才培养过程"，其中明确指出"有条件的高校要积极推行导师制，努力为学生全面发展提供优质和个性化的服务"[3]。

北京林业大学林产化工专业"梁希"班自成立起便施行本科生导师制，导师可重点关注学生个体、实施因材施教，从而有效调动学生的积极性、挖掘学生自身的潜能、培养学生的综合素养[4]。"梁希"班本科生可在低年级时进入导师团队参与科研项目，学生普遍反映

作者简介：王璐莹，北京海淀清华东路35号林业大学材料科学与技术学院，副教授，wangly@ bjfu. edu. cn；
雷建都，北京海淀清华东路35号林业大学材料科学与技术学院，教授，ljd2012@ bjfu. edu. cn；
何　静，北京海淀清华东路35号林业大学材料科学与技术学院，教授，hejing2008@ sina. com；
马明国，北京海淀清华东路35号林业大学材料科学与技术学院，教授，mg_ma@ bjfu. edu. cn。

资助项目：北京林业大学教育教学研究项目"林产化工专业本科生导师制的探索与实践"（BJFU2018JY064）；
北京林业大学教育教学研究重点项目"基于'新工科'背景的林产化工专业本科人才培养模式探索"（BJFU2019JYZD013）；
北京林业大学教育教学研究名师专项项目"林化专业'天然产物结构分析技术'课程建设的探索与实践"（BJFU2018MS003）。

通过导师制参与的科研训练可提高知识运用能力、实践能力和创新能力[5]。“梁希”班导师制的成功开展为林产化工专业实施本科生导师制提供了发展方向和目标。

一、 林产化工专业本科生导师制实施的背景

北京林业大学林产化工专业每年招生 1 班、人数为 26~30 人，专业现有教师 22 人，师生比接近 1∶1，这为实施导师制提供了先决条件。专业拥有教学经验丰富的师资力量，包括教龄达 30 年以上教师 2 人、北京市青年教师教学基本功比赛获奖者 2 人、校级教学名师奖获奖者 1 人、校级青年教师教学基本功比赛获奖者多人。专业依托于“林木生物质化学”北京市重点实验室和“林木生物质材料与能源”教育部工程研究中心，拥有教学/科研实验室、公共分析平台，以及校外产学研或实习基地。多名专业教师具备国家青年千人计划、北京市科技新星、教育部新世纪优秀人才等称号，专业教师现已承担国家级和省部级以上科研项目百余项。因此，林产化工专业雄厚的师资力量和优质的教学/科研平台可为实施本科生导师制提供良好的基础。

笔者对未实施导师制的北京林业大学林产化工专业 2018 届毕业生(林化 141 班)进行了毕业调查，该班学生共 21 人完成问卷调查，其中涉及本科生导师制可行性的调查结果如图 1 所示。针对“1. 林化专业实施本科生导师制是否必要”的问题，42. 9%的学生认为非常必要，52. 4%的学生认为一般必要，仅有 4. 7%的学生认为没有必要。针对“2. 本科生导师制对专业学习阶段是否有帮助”的问题，61. 9%的学生认为非常有帮助，28. 6%的学生认为一般有帮助，仅有 9. 5%的学生认为没有帮助。针对“3. 本科生导师制优点是什么”的问题，71. 4%的学生认为是参与导师的科研团队/项目，19. 1%的学生认为是增进师生交流，9. 5%的学生认为是结识高年级本科生或研究生。针对“4. 导师最需发挥哪发面作用”的问题，57. 1%的学生认为是提高综合素质，33. 3%的学生认为是指导毕业规划，仅有 9. 5%的学生认为是解答学业问题。调查结果说明，毕业生普遍认为有必要对林产化工专业本科生实施导师制培养，且认为导师制对其学习生活有辅助作用和正面影响。

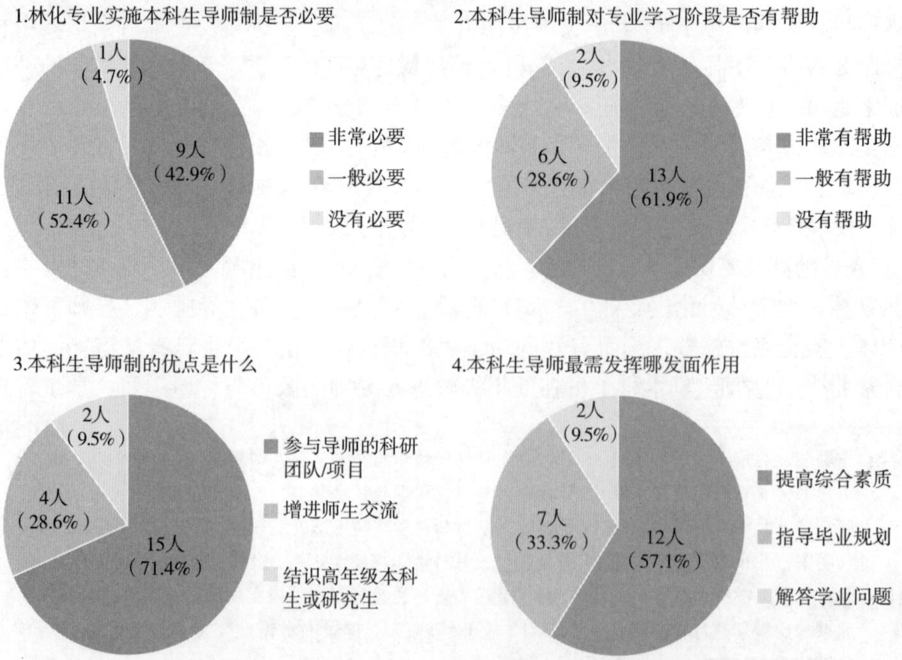

图 1　林产化工专业 2018 届毕业生的本科生导师制可行性调查结果

二、 林产化工专业本科生导师制的现状调查

结合专业优势和学生需求，北京林业大学林产化工专业于 2017 年起开始对各年级本科生实施导师制培养。2019 年 6 月，笔者分别对参与导师制培养的大二至大四学生以匿名方式进行问卷调查，共发放调查问卷 82 份，包括林化 151 班(大四、28 人)、林化 161 班(大三、27 人)和林化 171 班(大二、27 人)。调查问卷涉及导师制必要性、师生交流、导师制的优点和导师的作用等问题共 10 道客观题，以及 1 道主观题，可体现并分析本科生导师制的现状以及学生的需求和建议。

客观题中第 1~8 题(单选题)的调查结果统计见表 1。针对“1. 林化专业实施本科生导师制是否必要”的问题，71.9%的学生认为非常有必要，25.6%的学生认为一般有必要；针对“2. 选导师前是否关注专业教师”的问题，58.5%的学生选择十分关注，23.2%的学生选择比较关注，18.3%的学生则不太关注。这两个问题的调查结果表明多数学生有开展导师制以及接触专业教师的需求，且低年级学生较高年级学生对导师制的需求更强且更关注专业教师的信息。

针对导师制实施过程的师生交流，问卷包括“3. 与导师的沟通频率”“4. 与导师每次交流的平均时间”“5. 与导师沟通的内容”和“6. 与导师的关系”四道题目。表 1 中第 3~6 题的结果显示：60%以上的学生每月与自己的导师进行交流；70%以上的学生单次交流平均时间低于 30 分钟；交流内容主要为科研实验进展以及人生规划。在日常交流中 15.9%的学生认为与导师的关系较为亲密，51.2%的学生认为与导师的关系较为融洽，其他学生则认为关系一般甚至比较疏远。这表明实行导师制可有效加强专业师生的交流，但目前交流内容仍多局限于科研实验方面的沟通。

上述调查结果也吻合“7. 导师制的优点”这一题目的调查结果，41.4%的学生表示有利于增进师生交流，48.8%的学生表示可参与导师科研项目。对于“8. 导师最需发挥哪发面作用”的问题，高年级学生认为首要作用是指导毕业规划，其次是提高综合能力以及解答学业问题；低年级学生则认为提高综合能力与指导毕业规划同等重要。这表明实施导师制对本科生人才培养具备优点，但学生在不同阶段对导师的指导需求不同。

表 1 林产化工专业本科生导师制学生问卷调查(单选题)结果统计

题目(单选题)	选项	大四(人)	大三(人)	大二(人)	总计(%)
1. 本科生导师制是否必要	非常有必要	18	18	23	71.9
	一般有必要	8	9	4	25.6
	没有必要	2	0	0	2.5
2. 选导师前是否关注专业教师	十分关注	14	15	19	58.5
	比较关注	8	6	5	23.2
	不太关注	6	6	3	18.3
3. 与导师的交流频率	每周	5	8	8	25.6
	每月	6	12	11	35.4
	每学期	15	7	7	35.4
	几乎不沟通	2	0	1	3.7
4. 与导师每次交流的平均时间	0~15 分钟	13	5	8	31.7
	15~30 分钟	9	13	12	41.5
	30~60 分钟	4	6	5	18.3
	一个小时以上	2	3	2	8.5

（续）

题目(单选题)	选项	大四(人)	大三(人)	大二(人)	总计(%)
5. 与导师交流的内容	课程学习	4	6	6	19.5
	科研实验进展	16	13	12	50.0
	人生规划	8	7	7	26.8
	其他方面	0	1	2	3.7
6. 与导师的关系	较为亲密	3	6	4	15.9
	较为融洽	15	13	14	51.2
	一般	7	6	6	23.2
	有些疏远	3	2	3	9.8
7. 导师制的优点	增进师生交流	14	9	11	41.4
	参与导师科研项目	12	15	13	48.8
	可以结识高年级生	2	3	3	9.8
8. 导师最需发挥哪发面作用	解答学业问题	4	6	8	22.0
	指导毕业规划	16	11	9	43.9
	提高综合能力	8	10	10	34.1

客观题中第9、10题(多选)的调查结果统计如图2所示。对于“9. 导师对专业学习的影响(多选)”这一问题，排在前三位的依次是深入了解专业、培养专业兴趣和扩大知识面；

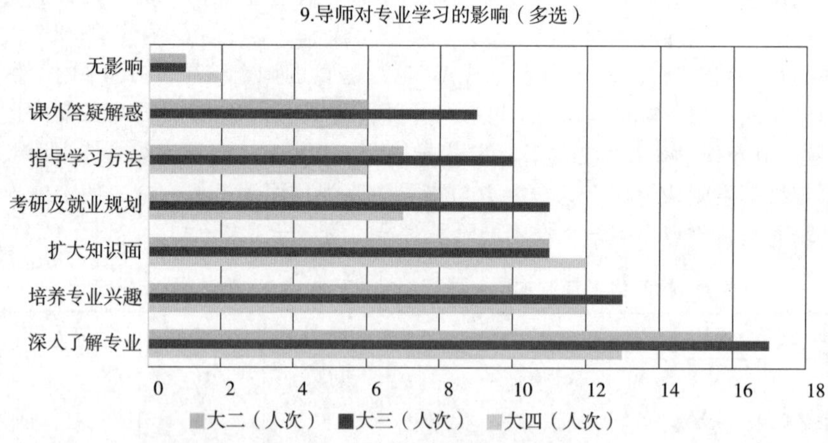

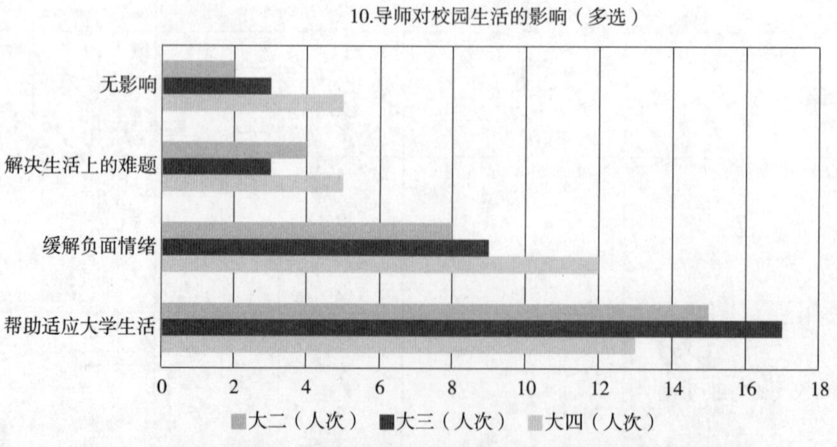

图2　林产化工专业本科生导师制学生问卷调查(多选题)结果统计

对于“10. 导师对校园生活的影响(多选)”这一问题，排在前三位的依次是帮助适应大学生活、缓解负面情绪和解决生活上的难题；但也有少数同学表示导师在专业学习和校园生活方面均没有影响。调查结果表明，专业导师可对本科生在学业和生活中产生积极的影响，特别是有利于学生深入了解专业以及适应大学生活，还可在一定程度上缓解高年级毕业班学生的负面情绪。

对于主观题“11. 导师制的看法或建议”，调查结果主要包括：①当下导师制太形式、缺乏具体操作性；②对于想换专业或跨专业考研的同学意义不大；③缺少深入交流，没能充分发挥导师的作用。此外，调查结果也包括学生提出的一些改进建议，例如，选择导师前希望有更多机会多了解专业老师、每月/每周定期与导师交流、导师长期在国外访学时安排第二导师、同一个导师的不同年级学生可以多交流。其中，有学生指出：“我是一个有着自己的规划的学生，所以能在导师制的制度下收获很多，因为我知道我需要什么，所以我认为学生本人提高人生规划意识是一种能立竿见影的解决导师制成效不足的方法。”可见，只有师生共同努力，本科生导师制才能对人才培养发挥最大的作用。

三、 林产化工专业本科生导师制的初步成效与思考

通过两年的实践，北京林业大学林产化工专业的本科生导师制已发挥出一定成效：①在林业工程类学生分专业过程中起到积极作用，林产化工专业导师制成为专业咨询的热点问题之一，近三年第一志愿报名人数均高于录取人数；②导师鼓励学生参与科研团队及科研项目，近三年大学生创新创业训练项目获资助数量有所提升，具体包括 1 项国家级项目/年、2 项北京市级项目/年、3~4 项校级项目/年；③毕业班读研率显著提升，2015 级(林化 151)毕业生中 14 人在国内读研、2 人在国外读研，其中 8 人考入本校读研，读研人数及比例均优于上一级毕业生。结合此次问卷调查结果和现阶段成效，笔者认为下一步导师制可适当采取以下对策建议。

①强化导师在不同阶段的职能。本科生从大二到大四在不同阶段有不同的培养需求和自身特点，需明确导师对不同年级学生的培养重点，以更好的实现全面育人。对于大二学生，应重点激发学生的专业学习兴趣、明确学习目标，树立正确的人生观、价值观和世界观；对于大三和大四学生，则应重点培养学生的创新思维能力、科研实践能力和综合专业素养；进入毕业阶段，导师还需正面引导形成积极的心态以面对考研、就业的焦虑情绪。

②优化师生双向选择模式。大二第一学期可设置为开放期，即该阶段无需选择导师，学生可通过专业课学习、班级座谈、一对一交流等方式全面了解专业教师。开放期进行充分的师生交流后，再由双向选择确定“导师—学生”组合，有利于加强后续导师制实施过程中教师和学生的积极性。另一方面，还可针对部分学生开展“导师团”培养模式，结合教师研究方向，多名导师组建“导师团”，相应的学生分在同一“导师团”组内，以组为单位进行导师制培养。

③建立导师制的评价体系。导师评价是本科生导师制工作的重要环节，可为有效实施导师制提供保障[6]。因此，应加强院系管理以便在导师制实施过程形成评价体系，包括学生评价和导师自评，可从师生交流、学业引导、科研素养、心理成长等多方面展开评价；定期由学生对导师进行评价并向导师反馈评价结果。此外，对于评价较优的导师应给予一定的激励，以表扬优秀导师的工作并激励其他导师积极投入到导师制中。

四、 结语

林产化工专业实施本科生导师制，旨在建立课堂教学以外的师生互动育人方式，发挥教师在全面育人方面的作用，从而促进本科生成长成才。导师制是林产化工专业教育教学

研究的一种创新探索，调查结果显示大部分学生对导师制有所期待并对现阶段导师制的实施予以认可，未来还需在实践中不断追踪调研、不断完善导师制的人才培养模式。进一步推进林产化工专业导师制有利于形成多层次、多类型、多样化的专业教育模式，进而使林产化工专业人才培养得到良性发展，对林产化工专业本科生人才培养具有重要意义。

参考文献

[1]刘国福，杨俊．英国兰卡斯特大学本科导师制特点及启示[J]．高等教育研究学报，2011，34(1)：63-65.

[2]曾艳玲，曾晓峰，张琳．本科生导师制实施现状调查与对策研究[J]．长江大学学报(自科版)，2018，15(18)：79-81，85.

[3]中华人民共和国教育部．关于进一步加强高等学校本科教学工作的若干意见[J]．中国大学教学，2005，(2)：4-5.

[4]张文博，张佳慧．林业工程学科本科生导师制的探索——以北京林业大学林业工程专业"梁希"班为例[J]．中国林业教育，2016，34(1)：8-10.

[5]宋先亮．指导林产化工学科大学生科技创新训练的实践与体会[J]．中国现代教育装备，2009，(15)：124-127.

[6]周继彪，董升，马端，等．新工科建设背景下本科生导师制实施效果分析[J]．宁波工程学院学报，2018，30(4)：94-99.

Survey and analysis of the undergraduate tutorial system for the major of Chemical Processing Engineering of Forest Products: Take Beijing Forestry University for example

Wang Luying　Lei Jiandu　He Jing　MaMingguo

(College of Materials Science and Technology, Beijing Forestry University, Beijing　100083)

Abstract　The implement of undergraduate tutorial system is one of important measures for improving the system of personnel training and the quality of personnel training. Taking Beijing Forestry University for example in this article, the implement status of undergraduate tutorial system was investigated through an anonymous survey for the undergraduates majoring Chemical Processing Engineering of Forest Products. The contents of the survey include the necessity of the tutorial system, the communication between tutors and students, the advantages and influences of the tutorial system, and so on. The survey findings indicate that it is necessary to implement the tutorial system for the undergraduates majoring Chemical Processing Engineering of Forest Products and the tutorial system can effectively have positive influences on students. Based on the implement status and achievement analysis, it is suggested to further strengthen the tutors' functions, to optimize the selecting model between tutors and students, and to construct the evaluation system for tutors, in order to ensure the undergraduate tutorial system playing strengths and influences on the personnel training for the major of Chemical Processing Engineering of Forest Products.

Keywords　Chemical Processing Engineering of Forest Products, undergraduates, tutorial system, survey, analysis

林科类专业“资源环境经济学”教学改革初探

赖宗锐　张宇清　丁国栋　高广磊　冯　薇

（北京林业大学水土保持学院，北京　100083）

摘要：我国生态文明建设的深入实施与林业体制改革的加速推进，对林科类专业“资源环境经济学”课程建设提出了新的要求，亟待加快课程教学改革。本研究在深入分析资源环境经济学发展历程的基础上，对林科类专业开设“资源环境经济学”课程的必要性及意义进行了充分论证。针对林科类专业“资源环境经济学”课程教学过程中存在的学生经济学基础薄弱与学习兴趣淡薄、缺乏适合林科类专业的教材和参考书、教师团队建设滞后以及基础科学研究与课堂教学衔接不足等问题，本研究结合林科类专业的办学特色与人才培养要求，分别从教学大纲改革、课程教材选择、教学手段创新与教师队伍建设等方面提出了具体的对策建议。在此基础上，本研究对课程教学改革的初步成效进行了分析，认为“资源环境经济学”课程改革大幅提升了学生的学习兴趣，课程教学质量显著提升，同时初步形成了一套具有林科专业特色的“资源环境经济学”教学体系，对于提升林科类专业本科生教学质量具有重要的支撑作用。

关键词：资源环境经济学；课程建设；林科专业教学；人才培养

党的十九大报告强调，“建设生态文明是中华民族永续发展的千年大计，必须树立和践行绿水青山就是金山银山的理念，坚持节约资源和保护环境的基本国策，像对待生命一样对待生态环境，统筹山水林田湖草系统治理”，随着我国全面深化改革进程的推进与国家管理机构的重要调整，生态文明建设提高到前所未有的高度，林业生态建设作为国家生态文明建设的重要组成部分，将在深入落实生态文明战略的进程中发挥越来越重要的作用[1]，同时我国林业体制改革进程加速推进，这都要求林科类专业需要不断加强对生态文明建设的战略地位观、绿色发展观和民本价值观等内涵的教育[2]。资源环境经济学作为林科类专业的必修课程，以探讨生态保护与经济发展的关系为切入点，通过运用经济学的原理和方法重点解决自然资源与生态环境的有效保护与永续利用问题，目前我国已有100多所高校开设了资源与环境经济学相关课程[3]。在生态文明建设与林业体制改革加速推进的背景下，资源环境经济学课程如何在保护森林生态系统的基础上，实现林业的最大社会、生态和经济效益，是未来林业可持续发展的关键。因此，林科类专业迫切需要搭建具有林业特色的资源环境经济学课程教学体系，以提高专业办学质量与水平。

一、 资源环境经济学的发展历程及开设的必要性

资源环境经济学是一门用经济学的方法来“考量”资源学和环境学的交叉学科[4]，能够

作者简介：赖宗锐，北京市海淀区清华东路35号水土保持学院，讲师，laizongrui@ bjfu. edu. cn；
丁国栋，北京市海淀区清华东路35号水土保持学院，教授，dch1999@ 263. net；
高广磊，北京市海淀区清华东路35号水土保持学院，副教授，gaoguanglei@ bjfu. edu. cn；
冯　薇，北京市海淀区清华东路35号水土保持学院，讲师，weifeng@ bjfu. edu. cn。

资助项目：北京林业大学在线开放课程建设项目“‘中国沙漠化及其防治’精品视频开放课”；
北京林业大学在线开放课程建设项目“卓越农林人才教育培养计划改革试点项目”。

引导学生认识资源和环境的价值，并合理地利用自然给人带来的利益。资源环境经济学的理论源于上世纪初，意大利的帕累托探讨了资源配置的伦理问题，提出了著名的“帕累托最优”理论[4]。随着环境和资源开发过程中外部性理论的提出，为资源环境经济学的建立和发展奠定了理论基础[3]。20世纪中叶，随着人类不断大肆攫取自然资源的同时，各种环境问题相继涌现，不同的学科都从各自学科的角度，探明这一问题的发生根源，寻求解决这一问题的方法，不管是化学、生物学和物理学等自然科学，还是工程技术学科，均在解决环境问题和人类需求的矛盾中取得了重大的进展。同时，经济学家对这一问题进行了深入的思考，企图探讨环境开发和资源利用与人类需求和经济发展的相互关系、环境资源问题的经济学根源以及解决这些问题的经济学途径是什么等问题。随着可持续发展的提出，经济学家相继出版了大量专著，例如，《增加的极限》《环境、自然资源与开发：经济评价指南》和《环境与自然资源经济学》等，成为了该领域经典的理论和方法。一些权威期刊杂志 *Journal of Environmental Economics and Management*、*Resource and Energy Economics* 和 *Environment and Development Economics* 等也相继创立建刊，这标志着资源与环境经济学理论的日趋成熟[5]。1997年，我国在理论经济学一级学科下设立了“人口、资源与环境经济学”二级学科，资源环境经济学进入了快速发展的轨道[2]。2000年以来，随着生态文明战略的加速推进，资源环境经济学获得了快速发展，环境价值核算、环境政策经济分析和环境金融等研究领域的拓展与深入丰富了资源环境经济学的研究范畴[3]，诸多高校也都开设了资源与环境经济学相关的课程。

林科类专业的主要培养目标是培养森林保护、森林经营与管理、生态环境建设等方面的专业技术人才。资源环境经济学作为林科类专业的核心课程之一，重点培养学生学会利用经济学的理论和方法解决森林保护与利用以及经营与管理等方面知识与能力。我国在上世纪末，实施了“三北”防护林工程、长江中上游防护林工程和全国治沙绿化工程等生态建设工程，同时开展了退耕还林还草工程，后期的管理和经营亟须大量的专业技术人才，林业的可持续经营、森林资源的直接利用和配置及其生态服务功能评价等都离不开经济学的理论和手段。在生态工程建设前期主要目标是恢复和保护生态，怎样开发利用这些生态建设带来的直接经济效益，并没有现存的答案，资源环境经济学这一学科也正是在全人类集体重视生态环境的背景下应运而生，其核心思想就是怎样处理好保护生态和利用生态的关系。因此，林科类专业院校非常有必要开设资源环境经济学。

二、 林科类专业学生“资源环境经济学”课程教学面临的问题

(一)学生经济学基础薄弱，学习兴趣淡薄

“资源环境经济学”是一门综合性专业课程，结合了“经济学”“生态学”“环境科学”“政治学”等多门学科知识，学生除了需要掌握宏观经济学和微观经济学等基本原理外，还需要具备产业组织理论、计量经济学、发展经济学、公共财政、劳动经济学等重要知识。由于林科类专业学生主要学习的是涉林涉农和环境方面的专业课程，对经济学知识要求相对较低，同时由于林科类专业招收的大部分是理科生，高中阶段经济学底子较薄，因此造成学生经济意识淡薄和经济学理论基础相对薄弱的现象，具体表现为在“资源环境经济学”课程教学中，首先学生表现为对经济学知识学习缺乏兴趣，其次学生对经济学基本理论和知识的学习和理解存在一定的困难，将经济学理论手段运用于实际问题的分析能力也较弱。林科类专业学生经济学基础薄弱、学习兴趣淡薄的原因主要有两点，其一，经济学大多是抽象的概念和原理，非经济学专业学生，学习较为困难；其二，大多数学生认为只需要掌握植物学、树木学和生物学等林学相关的基础学科知识即可，学习经济学对未来工作帮助不大。因此，在未来的教学实践中，需强化“宏观经济学”“微观经济学”等前置课程，特别是

经济学基本原理和知识的教学工作。同时，可以通过观看视频、扩展阅读、案例分析等多种途径，帮助学生理解相关知识，提高教学效率，增强教学效果。

（二）缺乏适合林科类专业的教材和参考书，教学大纲不规范

尽管全国开设资源环境经济学课程的高校非常多，国内外出版的教材也较多，但并没有统一教材和教学大纲可以直接借鉴和使用。经济学学生在学习该课程时，已储备大量经济学知识，只需关注怎么将经济学方法运用到资源和环境配置中，但是，其林学知识却又薄弱，在运用经济学方法解决生态问题时并不够系统和全面。而对于林科类专业学生，经济学基础薄弱，在教师授课过程中，可参考的教学大纲不统一，学校和专业之间差别较大。配套教材和参考书，侧重点不一，章节衔接不紧密，系统性也较差。以北京林业大学为例，在开设“资源环境经济学”初期，一直参考由蒂坦伯格和刘易斯编著的《环境与自然资源经济学》一书的重要章节，内容较散，不够系统。林科类专业的教学大纲，应更多加入经济学基本原理和知识的章节，将森林资源、水资源、土地资源和气候变化等经济分析作为重点章节，有针对性地进行教学大纲完善，建成一套具有林科特色的“资源环境经济学”的教学大纲体系。

（三）教师队伍知识体系有待完善

林科类专业资源环境经济学课程教师多为林学专业或资源与环境相关专业出身，对经济学了解并不深入，讲授经济学课程大多“半路出家”，任课老师几乎都没有经济学教学经验，经济学知识基础相对薄弱。对经济学精通的老师，又对林业专业知识和资源环境理论不够了解，不能将经济学有机地嵌入到对林科类专业学生讲授中，很少有老师具有这两个学科的教学经验。同时，在经济学学习过程中，需要记住大量抽象的概念，因此在资源环境经济学教学方式多是讲授，缺乏生动的演示和师生互动，课堂教学枯燥乏味。加之，资源环境经济学并不是林科类专业的主要课程，多设置为选修课，课时较少，讲授完经济学理论知识，课程进程已过半，很难对经济学与林学进行全面融会贯通。“重理论、轻实践”的教学方式，使得学生理论联系实践的能力并未显著提高。

（四）基础科学研究薄弱，交叉融合不够

林学与经济学过去都在自己的“轨道”上飞速发展，有交叉却融合不够。资源环境经济学是一门设计环林学、经济学等多学科的交叉学科，尽管林学和经济学在各自领域的基础研究已相当雄厚，但由于资源环境经济学学科成立时间较短，交叉领域仍略显薄弱，缺乏一批前沿性和创新性研究成果。目前资源环境经济学学科上没有形成一套完整的理论体系，比如在森林的价值评估、林业生态的保护与利用等领域，仍处于探索阶段。这也导致课程教学内容偏于古板陈旧，缺乏前沿性、创新性和交叉性的重大研究成果介绍，课程对学生的吸引力不足。

三、 林科类专业“资源环境经济学”教学改革内容

（一）引导学生加强经济学知识的学习，培养林业经济意识

随着信息化时代的到来，林学院校高校教师除了应注重将专业基础知识传授给学生外，更应该注重引导学生主动地学习其他专业的知识和工具来解决本专业出现的新课题和新问题。资源环境经济学强调运用经济学的原理和方法来解决资源环境保护和利用的问题，是一门伴随实践而发展起来的新兴学科[4]。随着林业生态建设工程中诸多问题不断涌出，也需要林业专业人才运用经济学的手段来解决。要取得良好的教学效果，必须引导学生学习经济学，营造学习经济学的氛围，塑造浓厚的学习兴趣。首先，让学生充分了解课程的总体安排，介绍课程教学目标、授课计划和考核方式等，使学生明确学习方向。其次，以社会热点问题为切入点，通过经典资源环境相关的经济学案例教学，提高学生的学习经济学的兴趣，培养学生主动学习和思考问题的能力。

（二）制定具备林科类特色的教学大纲，选定适合的专业教材

教材是教师教学和学生学习参考的最重要的材料，其质量的好坏直接关乎专业培养目标的达成。资源环境经济学相关教材较多，要选择一本适合林科类的教材比较困难，可以选择多本教材和参考书，提炼总结出一套突出林业特色的教学大纲。鉴于学生经济学基础薄弱，可以在教学前期增加经济学理论章节，着重介绍经济学十大原理、供给与需求、市场效率和外部性和税收等。引导学生对经济学进行自发性地学习，激发学习兴趣，在理解原理的基础上，重点展开后续环境价值评价、生态系统服务评价和森林资源配置方式等章节的介绍。各章节之间即系统连贯，又相对独立，有条件的学校可以根据自身特点，结合最新林业相关研究成果，将林业生态建设与经济学有机结合，编撰自己的教材，这样更适合本专业学生学习。

（三）完善课程教学团队建设，创新多样性的教学手段

“单打独斗”和“填鸭式”的教学模式已不适合当下林科类专业学生对知识的无限需求，教育信息化和人工智能的发展也导致高校教学应由“教为中心”向“学位中心”，林学院校教师应主动学习新的教学方式，比如雨课堂、慕课学等。资源环境经济学是一门多学科交叉融合的课程，因此，亟须建立一支具备环境学、资源学、林学和经济学背景的课程教学队伍，不断拓展和更新专业知识，改善知识构架，实现林学与经济学的交叉融合。团队成员各司其职又互为借鉴，如经济背景老师可以主要传授经济基础章节，林学背景老师则在引导一系列环境和资源问题后，启发学生用经济学手段解析和解答这些问题。制定规范和详细的团队运作制度，在课程进行中，定期召开碰头会，讨论前期教学出现的问题和接下来的教学内容。同时在教学方式上要结合资源环境经济学课程特点选取案例教学、雨课堂、慕课等教学手段，提高课堂教学效果，培养学生的创新思维。

（四）加强基础科学研究，促进学科交叉渗透

高校师资水平高低不仅取决于教学水平，还需要具备较高的研究水平，高等院校教师肩负教人和育人的重要职责。高水平的课堂教学需要高质量的基础研究成果作为支撑。为了打造一流的教学体系，就需要加强课程基础科学研究领域，以此来增加林学和经济学的学科间相互融合。作为林学专业教师，在今后科研工作中，应该吸纳更多经济学的知识和理念，运用到林业的可持续管理和经营中，为生态文明建设服务。同时要不断拓宽和深化林业教育体系，激发学生用其他学科的技术和方法来解决林业经营和管理过程中出现的各种问题，培养适合当前林业发展的高层次专业技术人员。

四、 林科类专业“资源环境经济学”教学改革的成效

资源环境经济学作为一门介于林学与经济学之间的交叉学科，同时又是一门实践性较强的学科，在生态文明上升为国家战略的大背景下，资源环境经济学引起了各大高校的普遍重视，林科类专业将其确定为专业核心课程进行建设。针对林科类专业资源环境经济学课程建设中存在的突出问题，本研究从教学方式改革、课程教材选择、教师队伍建设与教学内容创新等方面进行了大概的改革与探索，在学生的学习热情和课程建设方面取得了明显的成效。

（一）大幅提升了学生学习兴趣，课程教学质量显著提升

通过由浅入深的经济知识的引导，循序渐进地介绍资源环境问题，并结合生动灵活的案例分析，学生基本掌握了经济学的十大基本原理、外部性和市场效率等经济学基本知识，能熟练运用成本效益分析和产权理论等对资源环境的诸多问题和案例进行分析，激发了学生学习经济学的浓厚兴趣，学生选课率提高了近50%，选修人数由课程开设之初的30人提高到2017—2018学年的42人、2018—2019学年的50人。在多学科交融融合的创新思维培

养方面，同学们也取得了巨大的进步，能够用所学知识对资源环境问题进行系统的分析与评价。课程教学评价也由最初的80多分提高到90分以上，课程教学效果获得较大提高。

(二)初步形成了一套具有林科专业特色的资源环境经济学教学体系

资源环境经济学是一门新兴学科，处于“百家齐放”和“百家争鸣”的阶段，相关参考教材层出不穷。经过教学团队的教材遴选、教学大纲的修订、教学手段的推陈出新，逐步形成了一套以精品教材为基础、以山水林田湖草的经济学剖析为重点、以案例教学、雨课堂等新型教学方式为手段，以基础科学研究为支撑，具有林科专业特色的资源环境经济学教学体系。据统计，北京林业大学选修“资源环境经济学”的学生绝大部分(比例为90%)满意教学改革内容设置和教学手段。同时，在教学过程中，也加强教学反馈，优化教学环节，实现了教学与学习的互促互进。

总之，对于林科类专业学生而言，资源环境经济学课程还是一门较新的课程，也是新形势下的林科专业技术人才知识体系的重要环节，因此，资源环境经济学课程的教学改革仍任重而道远，需要不断提升教学质量，建设成为具有林业院校特色的资源环境经济学课程体系。

参考文献

[1]张莹莹．生态文明下林业生态建设的问题与对策[J]，绿化建设，2018，(4)：231-232.

[2]刘希刚．习近平生态文明思想整体性探析[J]，学术论坛，2018，(4)：73-80.

[3]马中，石磊．环境与资源经济学的发展与学科建设[J]，中国大学教学，2018，(6)：30-33，9.

[4]李文慧，余光辉，李振国．“资源与环境经济学”实践教学浅析[J]，新课程研究，2017，(6)：60-61.

[5]李咪．资源环境经济学的国内研究现状综述[J]，中国环境管理干部学院学报，2017，27(3)：13-16，29.

A preliminary study on the teaching reform of *Resource and Environmental Economics* in forestry

Lai Zongrui　Zhang Yuqing　Ding Guodong　Feng Wei　Gao Guanglei

(School of Soil and Water Conservation, Beijing Forestry University, Beijing　100083)

Abstract　Under the background of ecological civilization construction, forestry is the public services which involves national ecological security and important resource construction industry, and is the biggest barrier to maintain ecological balance. *Resource and Environmental Economics* will play an important role in forestry ecological construction in the future; however, the syllabus and textbooks of this course are not uniform. Although some classic textbooks can be used for reference, they are not suitable for students majoring in forestry. This paper analyzes the development of the discipline of *Resource and Environmental Economics* and the characteristics of students in the specialty of forestry, and provide some suggestions on the syllabus, teaching materials, teaching methods, and the level of teachers. This paper will improve the teaching system for specialty of forestry, enhance students' awareness of economics in forestry ecological construction, and be helpful to use economic means to solve practical professional problems.

Keywords　*Resource and Environmental Economics*, course construction, forestry teaching, talent training

线上线下混合式教学改革模式探索

——以“地质地貌学”课程为例

程一本　王云琦

（北京林业大学水土保持学院，北京　100083）

摘要：线上线下混合式教学指的是在线慕课和传统教学的优势结合，慕课（Massive Open Online Courses，MOOC）指的是大规模开放性在线课程。作为一种当今世界新兴发展的课程教学模式，利用其“在线、共享、开放、互动”的独有优势，吸引了越来越多高校学生及兴趣学习者参与学习。慕课的结构基于知识点的逻辑性和多样性原则，吸引学习者通过这种在线学习的模式，让更多的人享受世界上一流大学提供的免费、优质的教学资源，实现全球教学资源的共享，促进了教育公平发展。中国的慕课教学模式在发展的初级阶段存在一定程度的不足和争议，如松散的教学结构使得参与者以不同的时间段和基础知识水平参与慕课；又如选择人数较多但是中途主动被动放弃学习或者完成率低，教师在教学过程中没有充分互动，无法及时补充、更新知识点，没有教学目标分析、缺乏有效的课程质量评价及指标体系，学习效果与教学质量难以控制。本研究利用线上线下混合式改革和小型私化慕课这两种形式，发掘更好的慕课实施方案，启发如何高效、科学的实现慕课改革，保障教学效果和教学质量。

关键词：地质地貌学；混合改革；教学效果；改革措施；评价设计

一、 线上线下混合式教学模式特征

混合式教学指的是在线教学和传统教学的优势结合起来的一种“线上”+“线下”的教学。通过两种教学组织形式的有机结合，可以把学习者的学习由浅到深地引向深度学习。在线学习作为一种获取知识和能力的新方式而受到广大学习爱好者关注，将一次性的传统课堂教学记录下来重复利用，极大地减轻了讲师的授课负担，扩大了教育受众。有人描述慕课是对传统教育的威胁和机遇，也有人认为慕课无法替代传统的课堂教育模式[1]。慕课最早出现与2012年，美国斯坦福大学、麻省理工大学、哈佛大学分别创建了三个在线教育平台：Udacityy、Coursera和Ed[2]。截止2013年已经吸引了一千万人注册并上课[3]。全球性的教育资源不均是慕课产生的根本原因，慕课的急速传播给高等教育带来了改革的动力和挑战，同时也带来反对的声音，电子化在线教育无法监督学生，无法保护教师的知识产权，无法促进学生和教师的沟通[4]。

（一）线上教学的角色

在线教育的特色在于开放的教学资源、大规模的参与者、低阈值的特性。将高质量的教学资源共享给所有需求者是不可避免的教育趋势[5]。参与者根据自身的专业知识需求在海量的教学资源中选择慕课作为一种学习方式并从中获益，并且获得广泛的灵活的学习空间，机动的学习时间以及与知名教师在线交流互动的机会[6]。慕课并不是简单地将教材和教学水平放在网络上，教师在讲课的过程中对教学内容部分把控[7]。慕课的教学内容包括：

作者简介：程一本，北京市海淀区清华东路35号北京林业大学水土保持学院，讲师，chengyiben@bjfu.edu.cn；

王云琦，北京市海淀区清华东路35号北京林业大学水土保持学院，教授，wangyunqi@bjfu.edu.cn。

资助项目：北京林业大学教育教学改革项目“地质地貌学线上线下混合教学模式研究”（BJFU2019JY026）。

教学视频、在线讲义和练习题，还包括教师与慕课参与者的活动，问题讨论，单元测验和考试，以及颁发考试合格证书。通过这些教学活动，教师极大的参与了在线教学的过程把控[8]。

（二）线上教学的优势

慕课最大的优势正与其名所描述的“大规模开放性在线课程”，它还具备一些传统教学所不能涉及的地方。在制作慕课内容时，专业的视频制作开发团队与专业的教学团队共同参与，提高了教学视频的质量和内容丰富度，教学场所不再是传统的教室，教学活动也变得多样化。以“地质地貌学”为例，教学场景变成了野外样地和岩石产出地，通过AI技术可以实现虚拟户外实习，教学过程也变得更加生动有趣，教学场景十分逼真，慕课学习者能够在室内接触要原本需要跋山涉水才能观看到的原位地貌场景和地质构造。

在“地质地貌学”慕课的设计环节，所有知识点被分割并重新组合成10到15分钟的单元知识点，视频制作团队与教学团队共同制作短视频，教师通过设计好的路线还原探索知识的过程和学习方法，慕课参与者通过生动的教学设计分阶段、互动式学习，并可以重复观看教学视频以及与教师活动，彻底消化他们需要学习的知识点。

在慕课学习环节，参与者可以根据自己的学习进度个性化设置学习计划。通过自我管理和自我监督，逐步掌握知识点。将慕课和线下课堂教育相结合，并使用翻转课堂的技术将学习过程分为两个阶段：首先通过参与者观看慕课视频、重放、暂停和重复的功能实现深度学习，再通过在线留言实现与教师的活动，进一步答疑解惑，掌握知识点。这种学习模式不但传承了传统的教学风格，实现了课堂上常见的教师、学习者互动，也实现了教学资源的再生利用。学生不再是被动的接受者，教师也不是传统意义上的一次性教学资源提供者，实现了教学资源的最大化利用。

（三）线上教学遇到的问题

到目前为止，还没有任何机构，包括中国或国外大学承认慕课提供的学分、学位授予以及承认慕课教程，慕课成为教学过程中的一个辅助环节，这种学分认证的困难给慕课的未来发展带来困扰[9]。慕课的特点是大规模开放性的在线学习，与传统教学相比，师生比例严重失调，这给教学质量评估带来麻烦。教师缺乏了解参与者的学习态度以及接受程度。讲师在不了解学生质量及接受程度的条件下无法为学生提供与之水平相匹配的教材和参考资料，同样在教学视频中讲师无法提供多样化的教学方法，虽然在慕课平台上提供了大量练习题和讨论区，但是师生比例失调使得讲师评判的难度增大，有限的指导学习机会限制了慕课质量的发展。

与传统的教学模式相比，在线慕课的自由性更强，慕课参与者可以自由选择学习或不学习。教学活动失去强制性[10]。如图1所示，“地质地貌学”慕课多轮教学课程中的一段，从2019年1月学期开始到2019年4月课程结束，选课人数一直在增加，虽然后期选课人数在增加，但是由于课程练习以及讨论部分开放时间有限，后期选课参与者无法参与已经结束的测验部分。“地质地貌学”一个学期的参与者在开始阶段多达2088人，但是没有讲师的监督，全程参与学习人数只有53人，合格23人，优秀7人。根据多学期的统计数据显示，只有5%的学习者坚持完成了整个课程的学习，减员慕课人数达到95%。慕课遇到的问题逐渐显现出来，慕课只能反映一种积极、开放的学习文化，但是绝大部分参与者都没有积极的学习习惯和自制力，由于缺乏监督，参与者的学习程度以及学习质量均无法把控，慕课教育的有效性已经失去。

尽管慕课对于所有愿意学习的人开放文化知识，但是参与者和讲师之间缺少传统课堂教学的互动以及人文关怀。传统的教学模式注重个性化的教育和教与学之间的人文关怀，上海纽约大学的研究表明，传统的课堂教学活动包括学习环境、小组活动、团队协同活动、

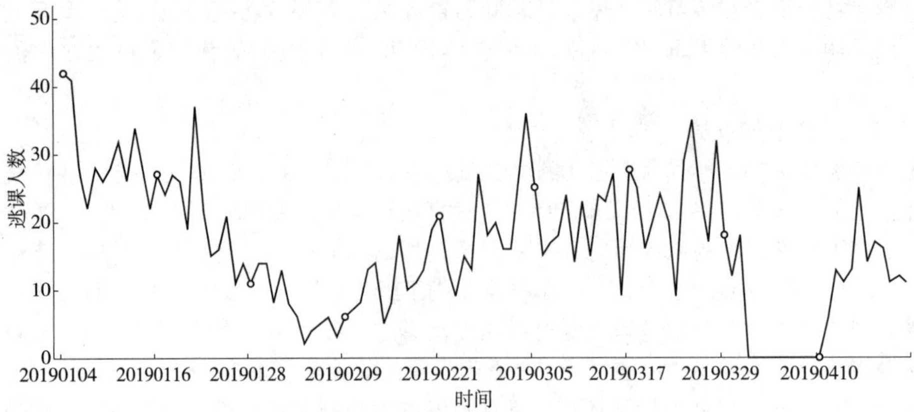

图 1　2019 年 1 月学期“地质地貌学”选课人数统计

团队集体观察以及团队活动实践[11]。这些活动促进了讲师和学生的面对面交流，学生之间的团队活动，有利于培养学生的团队合作精神以及语言沟通技巧。这些开放式的教学行为极大地促进了学生的文化视野、科学视野，锻炼了学生的好奇心以及批判思维。但慕课教学活动则不注重学生的全面发展，这些有悖于教学法则[12]。

(四)线上线下混合教学的目标

开展线上线下混合教学的最终目的不是去终结使用慕课平台，不是去建设数字化的教学资源，也不是去开展花样翻新的教学活动，而是要提升教学成果，提升学生使用各种平台后达到更佳的学习深度。如果我们承认学习方法是一门科学的话，就应该可以认同在学习方面是有相对简洁的路径可走的，应该有相对稳定的规律的。我们不要被所谓的学科不同、教无定法等表面现象所迷惑。在获取学习方法上对学习内容的贡献作用是确定的，不像我们所想象的那样千变万化，而不同类型的学习是存在科学规律的，对这些类型内容的教学也是存在规律的，同样不像我们所想象的那样“教无定法”，所谓的“教无定法”只是表面形式上的问题，各种教学法在基本的逻辑上是非常确定的。我们必须根据实际情况进行最优化的处理，因为我们可能不一定具备开展最佳教学所需要的前提条件。我们应该努力依据学习和教学的规律去实现提升学生学习深度的目标，线上线下混合式教学改革就是利用了慕课的优势和传统课堂的优势，提升教学成果和学生获取知识的方法和深度。

二、 线上线下教学实现路径探索

在线学习和传统教学的基本规律中如下四点规律尤为关键。第一，学习是学习者主动参与的过程；第二，学习是循序渐进的经验积累过程；第三，不同类型的学习其过程和条件是不同的；第四，对于学习而言，教学就是学习的外部条件，有效的教学一定是依据学习的规律对学习者给予及时、准确的外部支持的活动。

现阶段慕课网站平台都是免费开放式，课程视频和课件均为免费提供，但是课程视频作品来自于讲师和慕课制作团队的辛劳付出。慕课团队制作好的视频发布到专用网站上，网站维护费用同样不菲。如果要保证教学质量，就必须及时收集慕课参与者的提议并及时发布修改后的慕课视频。现阶段的慕课都无法为视频制作和网站运行提供资金，如何获得相应的资金维护网站和优化教学视频，实现慕课的可持续发展。在后期的发展中，是直接学习国外网站的做法收取课程认证费用还是在选课阶段收取学费？还是由相应机构提供资金支持？这些都是慕课发展需要解决的问题。

如果不能解决慕课的课程学分认证过程，则不能大规模的推广慕课。在慕课网站平台上，讲师和参与者没有面对面教学活动的机会，没有现场教学交流和测验。在这种教学条件下，如何保证学分的健康获取尤为困难。现阶段大部分慕课参与者仅仅是对所选课程感到有兴趣，如果将慕课设置为学分获取的一种方式，则会加大学习者的功利主义精神，造成大量慕课参与者由兴趣学习转换为功利学习，特别是在现阶段慕课没有完善的平台评估机制和监督机制。一个完整的教学过程应该是封闭的，即包括完整的课程设计、教学设计以及教学评估。慕课网站能够为慕课参与者提供课程设计以及教学设计，但是缺乏有效的、受监督的教学评估，在这种条件下强行推动慕课学分的获取有可能导致参与者学习和考试作弊。现阶段慕课课堂的改革方式主要有两种模式：翻转课堂和小型私化慕课。

（一）翻转课堂式改革

翻转课堂式教学模式是指学生在课前或课外观看教师的视频讲解，自主学习，教师不再占用课堂时间来讲授知识，课堂变成了老师学生之间和学生与学生之间互动的场所，包括答疑解惑、合作探究、完成学业等，从而达到更好的教育效果。教育部教学信息化中心2011—2020发展规划中指出“信息技术的发展对教育的发展有革命性影响”，慕课作为一种新的信息技术，它的出现给传统的教学活动带来了巨大的影响，虽然现阶段慕课不能完全取代传统的课堂教学，但是慕课借助网络的力量极大地扩大了讲师的影响力，部分课堂风格幽默，教学能力强的讲师甚至成为“网红”，将教学资源发挥到更大的社会群体中，传授给更多的学习参与者。宽松自愿的教学形式导致了慕课无法快速地进入授予学分的阶段，但是借助翻转课堂的教学模式，高质量的慕课作为传统教学活动的补充快速进入课堂。学习者通过线下在线学习，掌握了课堂即将讲授的知识，激发学生深入思考问题，使得专注于“教学”的教室变成为专注于“学习”的课堂。教学的内容和形式都可以交互。也可以理解为在课前学生学习理论知识，课上讨论学习成果并与讲师交换学习心得，拓展自己的视野。单向传授知识分享学习成果的传统课堂变成师生之间以及学生之间的互动。

（二）小型私化慕课

小型私化慕课指的是讲师有正对性的制作符合自己教学风格和参与者水平的慕课视频，让选定的参与者线下课程前观看，甚至要求参与者必须彼此交流并提供预习的纸质材料。在课堂上，慕课参与者被分为几个小团体，每个学生在接收到讲师的提问时直接“头脑风暴”讲出自己的想法。群组则对每个人的想法进行深入的讨论并形成团队共识，从而锻炼学生的自主性和协同工作能力。

在小型私化教学模式下，教学资源从传统的教师导学变成了慕课平台提供的视频内容导学，讲师由课堂教学的主导者变成团队讨论的引导者和团队共识的评判者，讲师充分利用自己的眼界和学识为学生提供指导。小型私化慕课增加了讲师课慕课参与者之间的互动，以便讲师可以了解更多的学习者个性化信息。学习者可以深入的提前学习，利用在线课堂预习各种专业知识并参与专业讨论，利用讲师的专业知识拓展自己的视野，同时做好充分准备在线下课堂开展更深入的问题探讨。这种新型的混合教学模式提供了一种新的知识传播方式和学习模式，让慕课参与者充分享受讲师提供的逻辑知识结合和高素质的专业知识，同时让参与者在正式的教学环境下讨论知识掌握并使用知识。

三、 线上线下混合式教学实践探索

“地质地貌学”慕客团队由视频录制人员、授课讲师以及课程维护人员组成，每周释放一个小时时长的慕课视频，慕课参与者根据自己的时间安排学习进度。通过慕课网站平台，慕课参与者可以在线讨论、作业、评估、考试。课程的最终成绩由四个部分组成：观看视频、章节作业、在线限时测试、讨论问答。如果慕课参与者高于60分则获得课程学分及证书，如果有缺席观看视频或者忘记参加结束考试则不能获得相应的学分和证书。2018年12月和2019年5月分别开展了两次教学活动，分别为线上教学和线上线下混合式教学，对比开放式慕课以及私化团队慕课的两次统计数据可以发现(图2)。

如图2所示，2018年12月为未改革前“地质地貌学”慕课选课情况，2019年5月为线上线下混合改革慕课选课情况。其中2018年12月学期选课总人数2086人，退选1807人，有效慕课参与人数为279人，其中完整参加慕课听课并完成作业、考试、讨论部分，获得优秀证书人数为7人。可以看出中途退选或者不能完整参加慕课学习的人数占到总人数的87%，优秀证书获得者占总人数的0.33%；2019年5月学期选课总人数为1340人，退选1100人，有效慕课参与人数240人，占总人数的比例为18%，优秀证书获得者占总人数的2.98%。可以看出，经过线上线下混合改革后，优秀慕课参与者占总人数的比例明显上升，从2018学年的0.33%上升到2019学年的2.98%。线上线下混合式教学模式在传统教学的基础上引入了课前自主导学的过程，让学习者提前通过专业的讲解了解学习即将开展的教学内容，让线下课堂变成具备基础知识的专业讨论场所，提高了学习效果，加深了学习层次，改革效果明显。

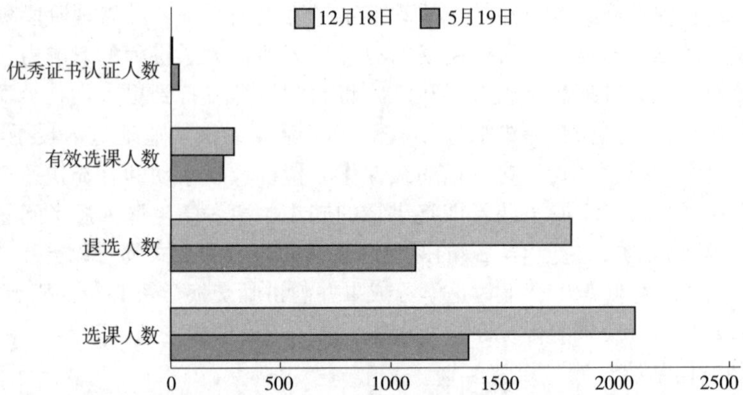

图2 2018年12月与2019年5月两学期选课情况对比

四、结语

教学模式改革势在必行，线上线下混合教学改革的目的在于结合线上自由的氛围、便利的慕课学习时间、浩瀚的知识量和线下讲师主导的全面课堂监控和教育质量监督机制，实现了学本教学。将在线平台上的慕课和传统课堂教育方式结合，从此知识的传授过程不再限于课堂之内，学习参与者有了更多的学习方式和接受过程，讲师减少了课堂导学，有了更多的时间回答学生深入思考后提出的问题并做精准分析，将有限的课堂教育时间集中到双方的交流上，打破了传统教学讲师为主的模式。由于学生的基础知识水平不同，参与资格不一，他们接受知识所需的时间是不一样的，线上线下混合改革这给了学生更多的自由学习时间，针对自己的薄弱点补缺补差，他们的学习将更加有效。对于具有学习能力强的学生，他们可以自由选择进度并可以更好地安排自己的学习时间，实现深度学习和超前学习。在未来，如果实现了慕课的学分认证，学有余力者能提前完成了所有必需的学分，实现更早毕业或者更深入的研究科学问题。在特殊情况下，他们也可以申请临时停学，以慕课的形式在任意地点分阶段完成学业，建立灵活的教育体系，最终实现慕课混合改革学分制，将慕课教学形式提升到更高层次。

参考文献

[1]吴维仲，关晓辉，曲朝阳，“慕课”浪潮引发的高校教学改革思考[D]. 东北师大学报(哲学社会科学版)，2015，(02)：190-194.

[2]Pappano L. The Year of the MOOC[N]. The New York Times，2012，2(12).

[3]Breslow L, et al. Studying learning in the worldwide classroom research into edX's first MOOC[J]. Research & Practice in Assessment, 2013, (8): 13-25.
[4]任友群."慕课"下的高校人才培养改革[J]. 中国高等教育, 2014, (7): 26-30.
[5]霍红, 刘妍. 慕课背景下高职英语教学改革初探[J]. 职业技术教育, 2014, (8): 43-45.
[6]Guo P J. Kim J, Rubin R. How video production affects student engagement: An empirical study of MOOC videos. in Proceedings of the first ACM conference on Learning@ scale conference. 2014. ACM.
[7]Mackness J, Mak S, Williams R. The ideals and reality of participating in a MOOC. in Proceedings of the 7th international conference on networked learning 2010. 2010. University of Lancaster.
[8]顾钰民. 高校思想政治理论课改革"慕课热"以后的"冷思考"[J]. 思想理论教育导刊, 2016, (1): 115-117.
[9]Reich J. Rebooting MOOC research. Science[J]. 2015, 347(6217): 34-35.
[10]Guàrdia L, Maina M, Sangrà A. MOOC design principles: A pedagogical approach from the learner's perspective [J]. Elearning Papers, 2013, (33): 1-6.
[11]Rivard R. Measuring the MOOC dropout rate. Inside Higher Ed[J]. 2013, (8): 2013.
[12]Yu C J. Challenges and changes of MOOC to traditional classroom teaching mode[J]. Canadian Social Science, 2015, (11): 135.

Exploring the mode of online and offline hybrid teaching reform: Taking the course of *Geology and Geomorphology* as an example

Cheng Yiben Wang Yunqi
(School of Soil and Water Conservation, Beijing Forestry University, Beijing 100083)

Abstract Hybrid teaching refers to the combination of online MOOC and traditional teaching. MOOC refer to large-scale open online courses. As a kind of curriculum teaching mode for China's emerging development, MOOC's unique advantages of"online, sharing, openness and interaction"have greatly attracted more and more college students and interested learners. Through this online learning model, all learners can let more people enjoy the free and high-quality teaching resources provided by the world's top universities, realize the sharing of global teaching resources, and promote the fair development of education. There are a certain degree of deficiencies and controversies in the initial stage of development, such as the selection of a large number of people but the passive abandonment of learning or low completion rate in the middle, the teaching mode and method are single, there is no stratification or systematic analysis of teaching objectives, lack of effective The quality evaluation and index system, learning effect and teaching quality are difficult to control, and there are relatively few Q&A and after-school exchanges. How to effectively and scientifically realize the online and offline mixed reforms to ensure the teaching effect and teaching quality is an urgent problem to be solved in the current teaching methods of the MOOC.

Keywords *Geological and Geomorphology*, mixed reform, teaching effect, reform measures, evaluation design

面向工程教育认证的“计算机导论”教学改革探索

卢 昊 苏晓慧 李冬梅

（北京林业大学信息学院，北京 100083）

摘要：工程教育专业认证主要倡导三个核心理念：以学生为中心、以产出为导向和持续改进。在专业认证的背景下，针对当前计算机技术的深度普及、大学生计算机基础知识的习得显著向“小初高”阶段前移的现状，以计算机类基础课“计算机导论”为例针对性地探索了教学改革。以改革前后的2017、2018级学生和2019级学生为调研对象，利用多维度的评价手段分析了教学效果的变化，发现新的教学大纲和方案有效提升了学生的获得感，可在较大程度地调整后仍然高质量实现专业认证所预期的教学产出。

关键词：工程教育专业认证；教学改革；计算机导论；基础课

一、 改革背景和目标

（一）工程教育专业认证的出发点和要求

2018年，教育部《计算机类专业教学质量国家标准》指出，计算学科已经成为基础技术学科，计算已成为第三大科学研究范型，计算思维已成为现代人类重要思维方式之一[1]。为了提高工程教育质量，从2006年开始，在包括计算机类在内的一些专业开始试点工程教育专业认证。2016年，我国正式加入《华盛顿协议》组织，标志着我国工程教育质量认证体系实现了国际实质等效，工程专业质量标准达到国际认可，成为我国高等教育的一项重大突破[2]。专业认证倡导以学生为中心、产出导向（Outcome Based Education，OBE）和持续改进（Continue Quality Improvement，CQI）三大理念，对于课程改革提出了详细的要求和指导，需明确课程学习对于毕业能力的支撑，设计教学过程的各个环节，改革教学方法和考核方式，最终达成课程的教学目标和能力培养目标。对于教学大纲，不能仅强调知识点的完整性，还要明确以什么样的知识为载体，让学生掌握哪些思想和方法，培养出什么样的能力，并且目标要与毕业要求直接关联[3]。

（二）计算机类专业基础课的定位特点

专业认证要求本科教育需培养学生解决复杂工程问题（Complex Problems）的能力。但是，真正能显式地、直接面向学生解决复杂工程问题能力的，往往是本科阶段大二年级开始到大四年级的若干核心专业课程，还包括高年级开设的与行业具体需求相结合的专业课程。因此，如“计算机导论”“计算机科学概论”“大学计算机基础”等基础课程有其极为特殊的地位：它们既不能在计算机类学生入学之初就让学生深刻掌握解决复杂问题的思维和实践能力，但又是不可或缺的重要基础，没有这些课程，后续课程难以无缝衔接过渡。

作者简介：卢 昊，北京市海淀区清华东路35号北京林业大学信息学院，讲师，luhao@ bjfu. edu. cn；
苏晓慧，北京市海淀区清华东路35号北京林业大学信息学院，讲师，suxhui@ bjfu. edu. cn；
李冬梅，北京市海淀区清华东路35号北京林业大学信息学院，副教授，lidongmei@ bjfu. edu. cn。

资助项目：北京林业大学教育教学改革项目“‘空间信息系统基础’翻转课堂教学设计与实践研究”（BJFU2019JY082）。

此外，专业认证标准对培养方案学分配比提出了明确的要求：数学、自然科学的教学内容，不能低于总学分的15%，工程实践与毕业设计不能低于总学分的20%[1]。这就要求工程学科提高数理基础课程的比重，加强实践和毕业设计的培养力度。对于专业课而言，要求工程与专业基础、专业类课程不能低于总学分的30%。事实上，随着新技术的不断涌现，呈现出课程与行业需求深度结合的发展趋势。例如，北京林业大学计算机科学技术专业就在培养方案中开设了“新一代信息技术模块”“林业信息处理模块”等课程单元。这一系列改革措施，客观上使得基础类课程的“活动空间”受到较大的影响，相关学科不得不做出一些调整以积极适应。

(三)互联网时代“00后”学生特点

2018年是“00后”大规模进入大学的分界线，这一代学生具备前所未有的信息技术和互联网成长环境。为收集本研究的相关数据，针对我校计算机类2017、2018和2019级学生进行了问卷调研，共获得有效结果234份，其中2017级49份，2018级62份，2019级123份。受访对象中，43.2%的学生在进入大学以前“会使用常见的办公软件(文档、PPT、图片、视频、音乐编辑等)”，14.1%的学生“学习过一些不常用的计算机专业技能”，10.7%的学生“学习过计算机编程和开发”。63.2%的学生在小学阶段“第一次接触使用计算机”，还有25.6%则在小学以前。40.2%和48.7%的学生分别在小学和初中阶段“第一次接触使用智能手机”。事实上，我们发现仅仅在两年左右的时间里，数据分布也出现了微妙的变化。将2017级和2018级数据合并，与2019级进行动态比较，变化趋势如图1所示。可以看出，两个“第一次”的时间总体上都有前移趋势，而智能手机的情况则尤为显著，超过一半的学生在小学阶段就已经开始使用。

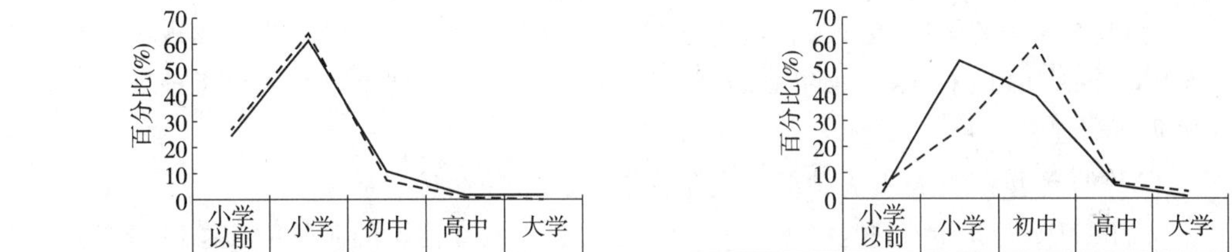

	小学以前	小学	初中	高中	大学
—— 2017、2018级	24.32%	61.26%	10.81%	1.80%	1.80%
- - - 2019级	26.83%	65.04%	7.32%	0.81%	0%

(a) 第一次使用计算机的时间

	小学以前	小学	初中	高中	大学
—— 2017、2018级	5.41%	26.13%	59.46%	6.31%	2.70%
- - - 2019级	2.44%	52.82%	39.02%	0.81%	0.81%

(b) 第一次使用智能手机的时间

图1　2017、2018级数据与2019级动态变化

另一方面，IT相关行业持续高涨的薪资待遇、供需两旺的就业市场，也对年轻一代产生了巨大吸引。许多学生在高考之前就以计算机专业作为首选志愿。信息学院从2015年开始进行计算机类专业大类招生，根据招生与就业处的统计数据，计算机类作为第一专业录取的志愿率持续大幅度高于全校平均水平，并从2017年开始稳定高于85%(表1)。图2表示了2017~2019级学生“对计算机类专业的喜欢程度”的变化，发现表示“非常喜欢”的学生比例在两年间增加了1.2倍。

表1　我校计算机类第一专业录取志愿率

专业	2014年	2015年	2016年	2017年	2018年	排名
计算机类	—	46.6%	66.0%	86.5%	85.8%	4
全校平均	42.8%	49.5%	50.8%	56.5%	59.8%	—

可见，学生对计算机专业既有学习基础，又有学习热情，在这种形势下，如何合理地进行教学改革，既能使学生不觉得“这些我早就知道了”“学得毫无意义”，又能恰如其分地起到基础课程的入门、引导的作用，自然而然地成为一个亟待探索的课题。

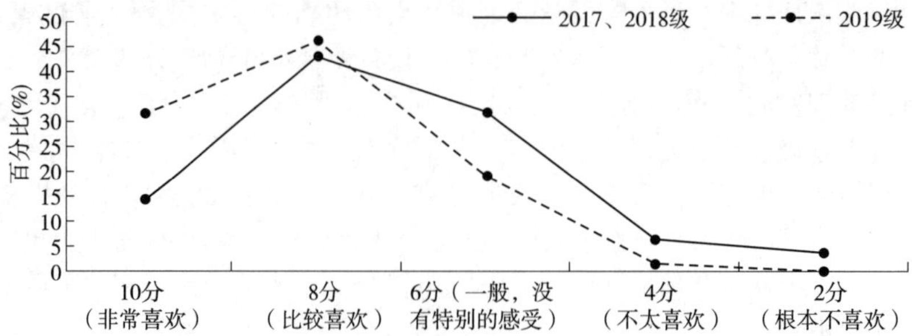

图 2　计算机类学生的专业喜好程度变化

(四)教学改革的目标

根据我校计算机类培养方案，“计算机导论”是计算机类的第一门计算机基础课，定位于计算机类专业的学科基础课和学科全景“鸟瞰图”。从2015级开始，计算机导论沿用2014年修订的教学大纲。随着工程教育专业认证工作的推进以及上述几个因素的驱动，我们针对性地进行了2019版计算机导论教学大纲的修订，并提出了此次课程教学改革的三个基本原则：

1. 教学内容和考核方式更新要以学生为中心

一方面，要充分考虑当前学生的特点因材施教，教学内容上不能固守于老教材，老讲稿，应安排与计算机领域前沿发展动态相契合的教学内容，以满足学生对新知识的需要。对旧的知识框架和体系进行不设上限的增删调整。另一方面，基于工程教育专业认证的理念，需强化专业办学以学生为中心的基本思想，改变原来课程导向的做法，从强调“教了什么”、强调对学生的知识“输入”，转向强调学生“得到了什么”、学生身上体现出来什么样“产出”，即从CBE(Course Based Education)转向OBE[3]，这就要求教师对考核方式和理念进行重新构建。

2. 作为计算机类专业基础课的定位要以产出为导向进行明确

我们认为，产出导向理念并不是一概而论的，不同专业课的教师应在总体培养方案和毕业要求的框架下，结合自身课程进行自适应的解读，忌生搬硬套。计算机导论作为专业先导课，不可能使学生一步到位地习得多种具体技能，故不能盲目地将其产出的落脚点和其他专业核心课程并列。因此，我们将产出落实到两个基本点：一是“计算思维的启蒙”，应引导学生注重计算机思维的训练，为培养“解决复杂工程问题”能力打下基础。二是着重提升学生的专业认可度和专业自信，最大限度地使学生拥有学习获得感。如果达成了这两点基本目标，那么这门课在学生身上的产出也就得到了充分体现，计算机导论也就完成了它的使命。

3. 在大纲实施和具体教学活动中贯彻持续改进的理念

目前，工程学科的培养方案改革面临很多新的挑战和机遇，《计算机类专业教学质量国家标准》和工程教育专业认证对于各专业点都是很好的改革契机，但也对专业教学提出了具体的新要求。计算机学科发展日新月异，但专业课教学大纲不可能过于频繁地修订，试图通过一次修订解决大部分问题也是不切实际的期望，这就要求在实施过程中始终密切关注学生、教师、教学效果等多方面因素，基于正负反馈灵活地进行持续性改进，以期获得长足发展。

二、 基于专业认证背景的计算机导论教学改革方案

2019版计算机导论教学改革主要从教学目标、教学内容和考核方式几个方面展开。

(一)教学大纲建立课程目标对毕业要求的支撑关系

作为改革前大纲，2014 版计算机导论教学大纲并不明确课程目标对毕业目标的支撑关系，2019 版教学大纲根据专业认证的要求实现了这一工作。具体地，我们将课程目标凝练为三个方面。

①掌握计算机中数的表示与存储、计算机硬件、操作系统、数据库、数据结构、算法、计算机网络、软件开发等计算机科学与技术的基本理论概念，深刻理解计算机基础知识间的联系，能够正确认识计算机发展和信息化对社会的影响。

②能够明确认识中国计算机技术发展当今所处的国际地位、发展定位，具备从计算机专业人员角度看待中国计算机发展所面临的挑战和机遇的能力。

③了解计算机类专业和信息管理与信息系统专业涵盖的主要内容和学科的发展方向，计算机应用的主要技术领域；能够具有明确的职业发展和自我提升的目标；能够基于计算机的发展和知识间的联系，增强自主学习和终身学习的意识。

这几大课程目标并非无的放矢，而是针对性地根据工程教育专业认证要求下的毕业要求指标点分解设计的，分别从工程与社会、职业规范和终身学习三个角度来进行设计。其中，目标①体现技术性要求，而目标②和③体现非技术性要求，符合前文所阐述的计算机导论基础性先导课程的定位。

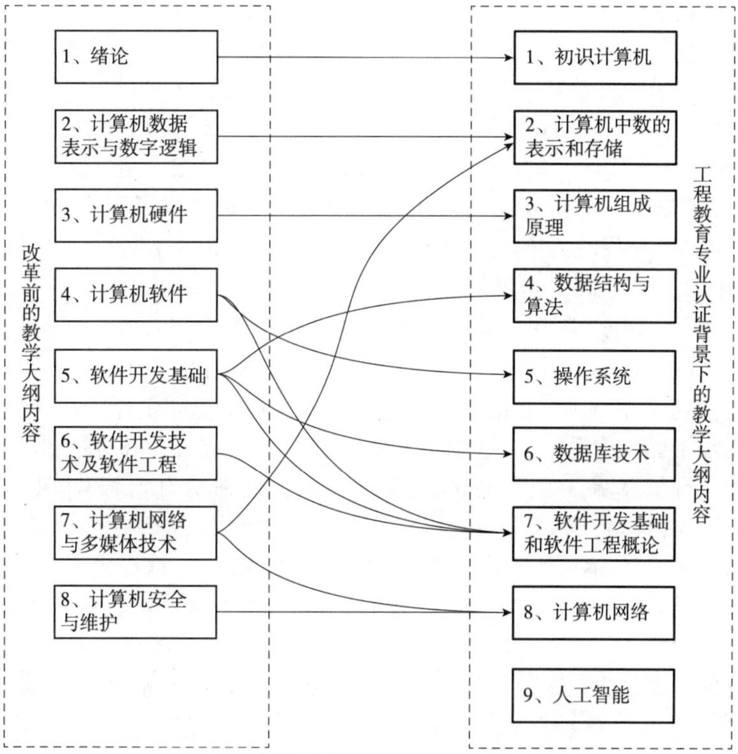

图 3　计算机导论大纲修订的新旧内容映射关系

(二)综合多方面因素进行教学内容的增删调整

在教学内容的安排上，充分考虑了当前学生的计算机能力基础、先导课程的产出落脚点和目前技术发展前沿动态等多方面因素。图 3 展示了新旧教学大纲在内容章节上的映射关系。这种映射关系背后体现的几个基本考虑是。

1. 最大可能地剔除学生已掌握内容、更新知识的呈现方式

如前文所论述，当前学生普遍具备基本的计算机常识和技能，加上专业基础课在课时

分配上面临着客观压力，但教学内容和质量上不允许出现“缩水”。这就要求我们最大可能地删除不再适合放入课程的内容以及不合时宜的知识呈现方式。例如，原有的“7、计算机网络与多媒体技术”一章涵盖了两部分相关性较低的内容，新大纲进行了拆分(图3)，并将学生相当熟悉的“多媒体技术”进行了删减，仅将图像、音视频等一部分数学相关的背景知识移入了“2、计算机中数的表示和存储”作为一个知识点。旧大纲“1、绪论”对应的实验内容为“学习 Windows 的基本操作，接触各种通用应用程序(Office)及文字输入方法”，考虑到这些内容学生普遍已经掌握，对实验学时也进行了删减，计算机导论从旧大纲规定的40个学时压缩到新大纲规定的24个学时。在知识呈现方式上，去掉了涉及大段文字表述的内容，加强分析推理训练，以避免学生掉入靠“死记硬背”考高分的误区，更多地体现计算机思维的启蒙。

2. *鲜明地突出计算机导论对后续专业核心课程的支撑*

在旧大纲中，章节的设计对不同课程知识内容进行了一定程度上的糅合分类，可能使学生在学习过程中产生诸如“我到底在学什么”的困惑。新大纲在设计时充分考虑培养方案，将各章内容与后续课程进行对应。从图3可以看到，在章节标题上充分体现了对应专业课的名称，例如，“计算机组成原理”“数据结构”“操作系统”“数据库技术”等标题均取自相应专业核心课，这样可以使学生很明晰地建立起初步的知识架构。另一方面，在内容分配上充分提炼了核心课程的重点，同时避免了过于枯燥艰深的细节，兼顾了大一学生的学习获得感。例如，旧大纲在“5、软件开发基础”中对数据结构与算法要求掌握“计算算法：数值计算与非数值计算，计算表达式；求解方程，排序与查找，数据压缩与解压；密码技术”，但事实上，这一阶段的学生学习“计算表达式；求解方程”“数据压缩与解压；密码技术”等内容存在较大的困难，不仅起不到支撑作用，反而易使之产生挫败感和畏惧感，降低学习获得感，故在新大纲中修订为“能够描述冒泡排序、选择排序和插入排序的基本过程，掌握顺序查找和二分查找的流程及其特点”，既体现了基本的计算思维，又保证了大部分学生能在缺少编程能力的基础上掌握。

3. *充分体现中国和世界在计算机前沿技术的最新发展*

现代计算机技术客观上诞生、发展于欧洲、美国等地区，计算机科学领域的导论、概论教材普遍受到国外经典书籍的影响，将计算机发展史等同于计算机在国外的发展史，将技术前沿局限于国际前沿[4-5]。考虑到近20年间，我国在计算机领域取得了巨大发展，尤其在互联网、智能终端、通信、人工智能等领域推进到了国际前沿阵地，向学生展示国内研究进展，加深民族认同感、树立文化自信也是此次大纲调整的一个重要考虑。因此，新大纲加入了大量的中国元素。例如，“5、操作系统”一章提出了“了解我国在操作系统领域的发展现状”的要求；“9、人工智能”要求学生“能够正确认识我国人工智能领域的发展现状及趋势”。同时，新大纲及时加入了目前研究的前沿热点领域，例如，人工智能作为独立的一章出现(图3)，内容上深入浅出地进行了前沿技术的简介，在知识结构上更加合理。

(三)OBE 理念驱动的考核方式调整

传统的考试考核方式往往包括大量“概念、填空、单选、多选、判断对错、简述、简答”等客观性题型，不能对接 OBE 理念强调的解决问题的能力[2]。旧大纲规定“期末考试形式采用闭卷笔试，考试题型分为：填空、简答、判断、简单设计题”。新的考核方式弱化了名词解释、选择、简答等类型，避免大一学生形成计算机考试“靠死记硬背”的误解。加强了综合应用题型，重点考查学生是否掌握了相应的计算、思维分析能力，前后分值比例变化如图4所示。实施中，平时成绩往往由考勤、作业、实验等构成，考虑到大一学生往往需经历对计算机专业的适应过程，新大纲设计了一种梯度式累加的考核方式，去掉了“考

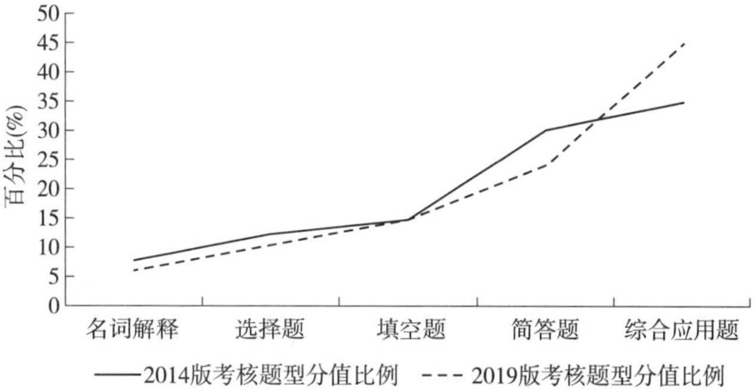

图 4 考试题型分值比例的变化

勤”等教学内容无关指标，代之以学生课堂表现。增加了期中测验（占 20%）用于分摊平时成绩（占 40%）的比重，以达到梯度递进的效果。

三、 教学改革效果评价分析

为评价此次计算机导论教学大纲修订和教学方案改革的效果，利用学生调研数据、考试成绩数据等进行了多角度多因素的综合评判，发现教学效果在多个方面比较符合改革预期。

（一）新大纲教学内容深度和广度适中

我们设计了与课程内容难度（深度）、多少（广度）相关的问题。调查结果发现，新大纲虽然在内容上发生了较大的调整，在实施过程中学时发生了一定的压缩，但学生的主观评价指标基本保持稳定，且体现出相当的正态性，分布峰值均处于 6 分（刚刚好）的位置，如图 5 所示。这说明，在学生计算机基础普遍提高的前提下，通过设计良好的大纲知识结构和有效的教学实施，可以在更短的学时内完成既定目标，避免学生出现不适应，符合我们对基础课学时调整的预期。

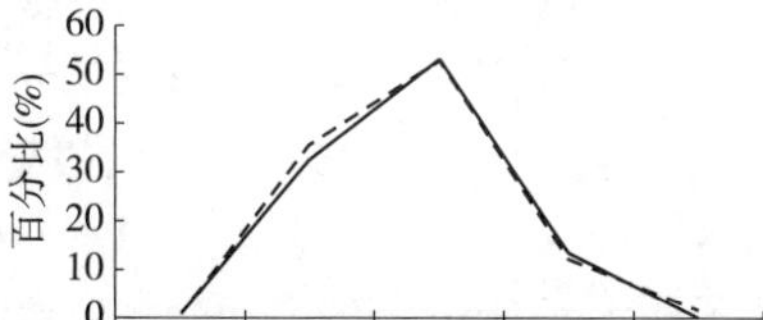

	10分（非常难）	8分（比较难）	6分（一般刚刚好）	4分（比较容易）	2分（非常容易）
—— 2017、2018级	0.90%	35.43%	53.15%	13.51%	0%
- - - 2019级	0.81%	32.52%	52.85%	12.20%	1.63%

（a）学生对课程内容难度评价

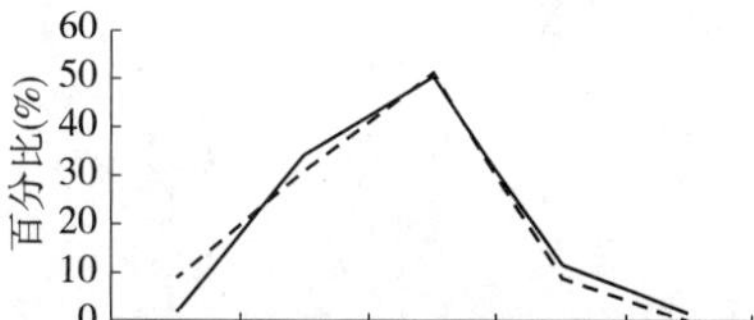

	10分（非常难）	8分（比较难）	6分（一般刚刚好）	4分（比较容易）	2分（非常容易）
—— 2017、2018级	8.94	34.23%	50.45%	11.71%	1.80%
- - - 2019级	2.44%	30.89%	51.22%	8.94%	0%

（b）学生对课程内容多少评价

图 5 学生对新旧大纲内容难度和多少的评价

（二）新方案显著提升了学生专业认可度和学习获得感

提升学生的专业认可度、专业自信和课程学习的获得感是我们设定的课程产出之一，对计算机专业总体培养方案的产出具有“润物细无声”的意义。我们从“对专业课的贡献度”“建议学弟学妹学好”和“总体获得感”三方面进行统计，发现新的教学方案实施下的数据得到了明显优化，分别如图 6 和图 7 所示。从图 6a 可以看出，2019 级有约 32%的学生认为计算机导论对后续课程贡献度“非常大”，约 45%的学生则认为“比较大”，二者占到总体的 77%。而使用 2014 级大纲的学生这个总体比例仅为 40%，认为贡献度“非常大”的学生仅占约 6%。是否推荐一门课，反映了学生对这门课的认可度，对计算机导论的认可度，从某种程度上反映了对这个专业的认可度。从图 6b 数据可以发现，2019 级学生约有 62%愿意向学弟学妹“极力建议”学好计算机导论，而在以前的学生中，这个比例仅为 30%。

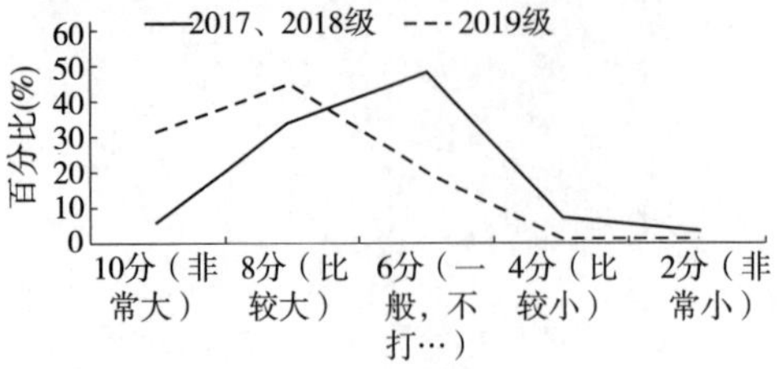

（a）学生对课程贡献度的评价

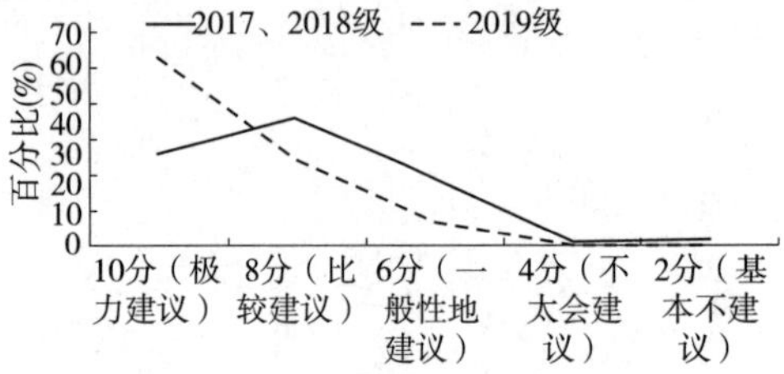

（b）学生对课程是否值得推荐的评价

图6　学生对新旧大纲下课程贡献度和推荐度评价

图7反映了学生对计算机导论的学习获得感评价。可看出，新方案下学生的获得感发生了显著提高，几乎没有低于5分的评价。对这一项的打分，2019级学生给出了8.76的平均分，而2017、2018级学生则只有7.3分。可以说明，新的方案在更少的学时里保证了课程内容教学不打折扣地实施，并保证了学生的学习的获得感最大化。

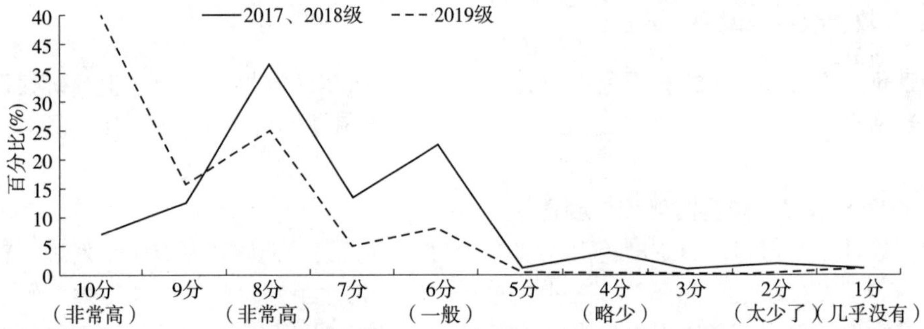

图7　学生对新旧大纲下教学内容学习获得感评价

（三）梯度式考核强化了学生适应性和学习效果

为了检验新增的期中测验对总体考核方式的贡献，分析了2019级138名学生的期中测验成绩和期末考试成绩，散点分布如图8所示。其中，期中测验成绩算术平均分为66.3分，期末考试平均分提高至79.7分，这一提升在散点图上体现得很明显，即大部分学生均处于1∶1标准线以上，反映了新大纲所设计的“平时测验旨在对学生的平时学习起到督促作用，在课程进行到一半以后进行。平时测验题型与期末考试的题型类似……”比较好地收达到了成效。一方面有效强化了学生对大学考核方式的适应性，另一方面也极大地提升了课程后半段的学习效果。20%的期中测验考核比例降低了学生由于适应障碍而造成期末考试受挫的可能性，保证了大学学习和考核适应过程平缓过渡，这在很大程度上支撑了先导课程的关键产出。

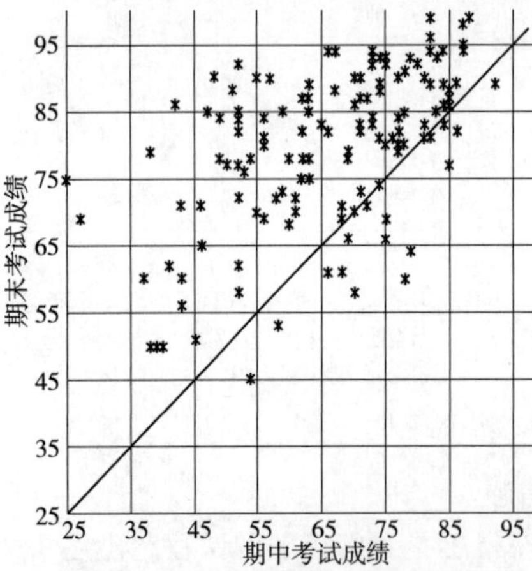

图8　2019级学生期中测验和期末考试成绩分布情况

四、结语

工程教育专业认证目前已成为我国工程专业提升教育质量的一大机遇，在这一背景下，如何解决现有本科教学中存在的不符合专业认证理念的问题，将成为教学大纲修订和教学改革中的一个重要探索方向。计算机类作为最早开展专业认证的大类专业，在具体课程的改革上，要求教师改变面向课程的教学理念，转向面向学生和产出的教学理念，需进一步深度结合学生特点、课程定位、课程特点进行具体、深入的实践，将 OBE 理念具体化。我们以计算机导论为例，对计算机类专业基础课程进行了教学改革，结合当前“00 后”学生的特点，提出了一套完整的教学大纲修订方案，进行了教学实践。通过多个维度对教学效果进行了评价，说明了这套方案是切实可行、成效显著的，可以为其他计算机类基础课程的改革提供参考。在后续教学过程中，需继续践行持续改进的理念，保证新方案长期持续地发挥它在本科工程教育中的作用，助力我们为学生上好计算机专业的“第一堂课”。

参考文献

[1]教育部．计算机类专业教学质量国家标准[S]. 2018.

[2]蒋宗礼．本科工程教育：聚焦学生解决复杂工程问题能力的培养[J]．中国大学教学，2016，(11)：27-30.

[3]蒋宗礼，姜守旭．发挥本科教学质量国家标准对新工科建设的推动作用[J]．中国大学教学，2018.

[4]蒋宗礼．工程专业认证引导高校工程教育改革之路[J]．工业和信息化教育，2014，(1)：1-5.

[5]贝赫鲁兹・佛罗赞著，计算机科学导论．[M]. 3 版．北京机械工业出版社，2015.

[6]Brookshear J G，Brylow D. 计算机科学概论．[M]. 12 版．北京人民邮电出版社，2017.

Engineering education accreditation oriented teaching reform exploration of the *Introduction to Computer*

Lu Hao　Su Xiaohui　Li Dongmei

(School of Information Science & Technology，Beijing Forestry University，Beijing　100083)

Abstract　Engineering education accreditation promotes three major ideas, namely students - oriented, Outcome Based Education and Continue Quality Improvement. In this background, we explored the teaching reform of the *Introduction of Computer* as an elementary course in the computer major with the fact that the computer technology is deeply popularized and that the young students have acquired much knowledge before entering the university. We took first grade students from the year of 2017 to 2019 as investigated objects and evaluated the change of teaching effectiveness at multiple dimensions. It is found that the new syllabus and teaching practice increased the sense of gain of learning among students, and that they could implement high quality teaching outcomes for the engineering education accreditation after substantial adjustments.

Keywords　engineering education accreditation, teaching reform, *Introduction to Computer*, elementary course

核心力量训练在一年级教学改革中的应用研究

陈　东

（北京林业大学体育教学部，北京　100083）

摘要： 为了切实提高学生身体素质水平，本文以我校4个一年级女生乒乓球班为研究对象，采用文献法、教学实验法和数理统计法，把核心力量训练应用于体育教学。实验结果表明，核心力量训练可以有效提高一年级学生的核心肌群力量，主要表现为学生背部后伸竖脊肌等背部肌群和左右回旋45度的腰部核心力量得到非常显著提高，在前屈、左右侧屈等肌群最大力矩上也增长显著。同时核心力量训练可以提高学生的下肢弹跳力和腰腹肌力量水平，促使其形成良好的内部体育动机，从而转化为学生参加体育锻炼的内趋力。

关键词： 核心力量；一年级；女大学生；身体素质；体育动机

大学生的体质健康状况关系着我国国民健康水平，关系到国家的兴衰。然而目前学生在体育锻炼中方法、手段比较传统单一，尤其对身体素质训练力度不够，因此体育教学中力量素质练习必须创新、完善其训练手段，促使其训练的多元化、科学化。我校从2017级新生开始，大一体育课实行基础专项课。其中身体素质教学的内容和学时数占总学时的50%，内容包括动态热身、心肺耐力练习方法与手段、力量和力量耐力练习方法与手段以及跑、跳、投的技术动作和练习手段、灵敏性练习方法与手段、自我防护方法与练习手段。为了探索力量改革的练习手段和负荷安排，本文尝试在大一学生中进行核心力量身体素质改革实验，用核心力量训练来提升学生的力量素质，以此来丰富学生力量训练手段的理论研究，为教学改革提供参考和依据。

一、 研究对象

本文以我校2017级学生为研究对象，随机抽取6个一年级女生乒乓球教学班进行教学实验，其身体素质、体重和体重统计学差异不显著(表1)。实验前，对所有研究对象进行身体素质指标测试。表2结果显示，与对照组比较，实验组实验前50米、800米和实心球等一般身体素质不存在显著性差异；可以视为同一整体，满足同质实验要求。其中2个班为实验组，人数为64人，2个班为对照组，人数为66人。

表1　研究对象基本情况统计

组别	年龄	身高(cm)	体重(kg)
实验组	18.34±0.45	166±10.21	59.2±5.22
对照组	18.28±0.35	167±9.82	59.6±6.14
T检验	0.4734	0.7651	0.5365
P	>0.5	>0.2	>0.5

作者简介：陈　东，北京林业大学体育教学部，教授，chendong200888@sina.com。

资助项目：北京林业大学2017年教育教学研究重点项目“雾霾环境下北京林业大学体育理论课程体系研究”(BJFU2017JYZD016)

表 2 实验前实验组和对照组学生基本身体水平差异性检验

指标	实验组(N=64)	对照组(N=66)	T 检验	P
50 米(s)	9.25±1.21	9.18±1.76	1.3122	0.5
女 800 米(s)	246.9±11.4	244.2±14.5	1.1108	0.5
实心球(m)	6.19±2.19	6.11±1.21	1.4321	0.2

二、 研究方法

(一)文献资料法

通过对中国知网、中国期刊全文数据库进行检索，以核心力量训练、大学生体质和身体素质测试等为关键词，查阅相关的文献 90 余篇，收集相关资料，为本文研究提供理论支持。

(二)专家访谈法

利用外出比赛机会对北京体育大学、北京师范大学、清华大学、北京大学等从事体质研究的专家进行走访面谈，了解兄弟院校开展一年级教学现状，探讨提高大一新生体质健康水平的有效途径，为本研究顺利进行创造条件。

(三)核心力量训练干预实验

实验目的：通过实验进行验证选取核心力量训练手段等相关指标，提高学生的体质健康水平。

1. 实验时间与地点

实验时间为 2017 年 9 月到 2017 年 12 月，共 15 周，每次课 90 分钟。

实验地点为我校田径场。

2. 实验变量的设计

根据专家访谈结果，通过查阅核心力量训练的相关文献，结合我校学生体质健康水平，筛选出 8 种针对一年级学生核心力量训练的内容和方法，其中采用静力性训练和动力性两类训练方法。不同阶段训练手段和训练负荷见表 3、表 4。

表 3 第 1~7 周第一阶段实验组核心力量训练手段和训练负荷安排

训练手段	训练方案
平板撑上推	每组保持 15~20 秒，每次训练 3~4 组，组间间歇不超过 30 秒
仰卧屈膝提髋	每组进行 10~15 次，组间间歇不超过 30 秒
侧卧提臀	单侧做 20 次，然后换另外一侧；两侧各做 20 次为一组，每次训练 2~3 组，组间间歇 2 分钟
俄罗斯回转	左右侧各 20 次，每次训练 2~3 组，组间间歇 2 分钟

表 4 第 8~14 周第二阶段实验组核心力量训练手段和训练负荷安排

训练手段	训练方案
自行车卷腹	每组 20 次，每次训练 2~3 组，组间间歇不超过 30 秒
单手单膝两点支撑	保持 20~25 秒。两侧各 20~25 秒为一组，共做 2~3 组，组间间隔 2 分钟
仰卧瑞士球转体	两侧各 15 次一组，每次训练 2~3 组，组间间隔 2 分钟
平衡垫跪姿后抛实心球	20 次一组，每次训练 2~3 组，组间间隔 2 分钟

对照组采用传统力量训练方法，主要练习手段包括：蛙跳、跳台阶、立卧撑。为了控制实验条件，实验组和对照组在专项教学内容与学时上与实验组完全一致。测试指标如下：

1. 躯干力量测试

本文采用人体肌肉核心力量评估测试系统，在测试前首先由测试老师指导动作，要求学生动作到位，用力方式正确。测试时根据学生的身高调整座椅高度，按照指令，尽最大用力推动阻力杆保持3秒钟用力，测试老师读取数值并登记。每个动作各进行2次，取最好成绩。

2. 身体素质测试

根据一年级第一学期教学大纲规定，本文采用50米跑，800米跑和实心球等三项指标来检验学生的基本素质情况。

(四)大学生锻炼动机水平测量

为了研究参与体育学习和体育锻炼活动的内部心理动因，本文选用《身体活动动机测量》(MPAM-R)量表考察大学生体育锻炼的内部动机，其中包括乐趣动机、能力、外貌、健康和社交动机。量表采用Likert 5级评价，所有题目从“完全没有”到“动机非常强烈”。

(五)数理统计法

所有实验数据结果表示为平均数±标准差用Excel和SPSS 17.1统计软件对所取得的实验数据进行统计分析，通过数据前后的变化来检验核心力量训练对提升大学生的身体素质带来的影响。

(六)逻辑分析法

运用逻辑学方法，对获得的资料和数据进行整理、归纳、综合比较，找出数据之间的相关特征和联系，为本文研究的科学性和可靠性提供保障。

三、 研究结果与分析

在体育教学中通过施加科学的训练手段，使学生转变传统力量训练观念，将核心力量训练运用到日常锻炼中来，实现体育教学改革的目标。核心力量训练突出了提高力量的传递、协调组合和控制肌肉的能力，表现为全身肌肉多维度同时发力。核心肌群往往是深层次小肌肉群，可以起到运动中稳定关节和控制重心的作用。

(一)实验后实验组和对照组学生核心力量测试指标变化比较与分析

为了比较不同训练手段对学生核心肌群的影响，我们对实验后实验组和对照组学生的核心肌群最大力矩值进行比较分析，表5统计结果表明，实验组学生在背部后伸竖脊肌等背部肌群和左右回旋45°的腰部核心力量测试出的最大力矩在0.01水平上非常显著优于对照组学生，在前屈、左右侧屈等肌群最大力矩上呈现显著差异，这说明传统力量训练注重人体四肢肌肉和人体爆发力的提升，而核心力量增加了力量训练的难度，增加了肢体的不稳定因素，人体的神经系统加强了深层肌肉的募集和兴奋能力，提高了肌肉间的协调和平衡能力，大大增强了力量训练效果。

表5　实验后实验组和对照组学生核心肌群最大力矩值(Nm)比较分析

测试指标	实验组(N=64)	对照组(N=66)	P(组间)
前屈	191.76±16.33	182.32±17.19	0.038*
后伸	379.41±54.28	331.26±57.17	0.012**
左侧屈	236.25±18.17	222.39±15.23	0.022*

（续）

测试指标	实验组（$N=64$）	对照组（$N=66$）	P（组间）
右侧屈	251.66±19.16	227.24±17.33	0.041*
左回旋	184.52±18.13	170.28±17.41	0.018**
右回旋	198.27±24.32	172.91±19.26	0.011**

（二）学生身体素质指标的对比

在教学实验结束后，为了确保测试的准确性与可靠性，分别对两组学生进行身体素质的测试，两组学生的身体测试必须在同一测试组的测试下进行，包括立定跳远、800/1000米跑、实心球。

身体素质测试的具体数据详见表6。从对学生的体能对比测试中，我们可以看到，核心力量训练对于提高学生体能素质方面明显优于传统教学法，实验组的实心球、立定跳远等成绩都存在显著性差异，均优于对照组，通过分析原因，核心力量训练改善了学生的身体状态，提高学生各器官系统的全面发展以及力量、速度、协调等体能素质。同时核心力量训练提高了学生练习的积极性，学生在练习的过程中，更加积极地投入到课堂教学中，练习的强度和密度更大。

表6　实验组与对照组身体素质指标比较

指标	实验组（$N=64$）	对照组（$N=66$）	P
立定跳远（m）	1.76±0.16	1.56±0.28	<0.01
实心球（m）	6.34±2.79	6.12±2.34	<0.01
800米（s）	246.9±11.4	244.2±14.5	>0.1

（三）核心力量练习对一年级学生内部体育动机的影响分析

体育动机可以直接推动学生体育学习，对掌握体育知识与技能，积极参加锻炼，内部动机是指个体参与锻炼是为了满足自身对体育运动带来的各种刺激所引起的需要，是激发、维持学生从事体育运动的内部动力或心理动因，是体育锻炼行为的直接原因。学生锻炼的内在动机越高，其体育锻炼行为越持久。

由表7可知，实验组学生的健康动机、乐趣动机、能力动机和社交动机与体育锻炼行为之间均差异显著，说明随着核心力量训练的开展，学生在健康动机、乐趣动机、能力动机和社交动机形成了良好的认知，从而转化为学生参加体育锻炼的内趋力，他们往往主动参与体育锻炼，同时在练习的过程中培养了自信，体验到健身运动的乐趣。学生不但提高体育锻炼的能力，而且提高了健身热情，促使其养成良好的健身生活方式。

表7　核心力量练习对大学生内部体育动机的影响

类别	健康动机	乐趣动机	能力动机	社交动机	外貌动机
实验组	18.42±2.51	23.45±3.18	22.59±4.92	15.93±2.17	17.72±3.09
对照组	17.51±2.19	22.11±3.65	21.15±3.71	14.11±2.78	17.16±4.22
P	<0.01	<0.01	<0.01	<0.01	>0.05

四、结语

核心力量训练可以提高一年级学生的核心肌群力量，主要表现为可以非常显著提高学生背部后伸竖脊肌等背部肌群和左右回旋45°的腰部核心力量，在前屈、左右侧屈等肌群最大力矩上呈现显著差异。核心力量训练可以提高一年级学生的下肢弹跳力和腰腹肌力量水平。核心力量训练可以促进一年级学生形成良好的内部体育动机，学生在体育动机上形成良好的认知，从而转化为学生参加体育锻炼的内趋力。由于是随机抽样，本次的实验对象是一年级乒乓球班女生。建议高校体育教育工作者在教学实践中对更多项目和研究对象进行核心力量训练论证，进一步完善其教学体系和实施步骤。建议在新一轮教学改革中核心力量练习和传统力量练习要很好地结合起来。

参考文献

[1]尹小俭，季浏，等．中国大学生体质健康变化趋势的研究[J]．北京体育大学学报，2012，(9)：80-84.

[2]韩春远．核心力量训练与测评方法研究[J]．运动训练学，2014，1(1)：78-81.

[3]高国军．大学生体质现状及发展对策研究[J]．运动科学，2015，(4)：42-43.

[4]张清华．核心力量训练对高一女生体质影响的实验研究[D]．苏州：苏州大学，2016.

[5]李洋．核心力量训练对提高体教专业学生100米专项运动能力的研究[D]．武汉：武汉体育学院，2016.

[6]黄家善．核心力量训练在公安专业学生体能训练中的实验研究[J]．中国学校体育(高等教育)，2017，4(6)：44-48.

[7]林春华．核心力量训练在青少年田径训练中的应用分析[J]．当代体育科技，2018，8(3)：38-39.

[8]成庆栋，王锋，庞杜海．核心力量训练对男性大学生健康体适能的影响[J]．体育科学研究，2018，22(2)：77-79.

[9]张玉兰．核心力量训练在学校体育中的应用[J]．田径，2018，(5)：10-11.

Research on the application of core strength training in the first grade teaching reform

Chen Dong

(Physical Education Department, Beijing Forestry University, Beijing 100083)

Abstract In order to improve the students' physical quality, this paper takes four first grade girls' classes in our school as the research object, and applies the core strength training to the physical education teaching by the methods of literature, teaching experiment and mathematical statistics. The experimental results show that the core strength training can effectively improve the strength of the core muscle groups of the first grade students, which mainly shows that the core strength of the back muscle groups such as the back extensor and erector spine muscles and the waist core strength of the left and right 45 degrees of rotation have been significantly improved, and the maximum torque of the muscle groups such as the forward and left and right side flexors has also increased significantly. At the same time, the core strength training can improve the students' jumping ability of lower limbs and the strength level of psoas and abdominal muscles, and promote them to form a good internal sports motivation, which can be transformed into the internal force for students to participate in physical exercises.

Keywords core strength, first grade, female college students, physical fitness, sports motivation

高等农林院校“植物学”教学法探索与思考

高述民　胡青　高宏波　刘平丽　刘小敏　程瑾

（北京林业大学生物科学与技术学院，北京　100083）

摘要：“植物学”是全国高等农林院校重要的专业基础课之一，在提高学生的专业知识、动手能力、科研能力及创新精神等方面具有重要的作用。针对“植物学”课程教学中存在的学生反映掌握难度大；部分内容需及时更新，教法单一；植物学理论和实验课时量较少等问题，本文探索了五种有效的教学方式。首先，利用多媒体互动式合班教学，提高教学效率；其次，教学内容与时俱进，通过与生产生活实践相结合能让教学内容活起来；第三，实验教学前组织实验课程兴趣小组，激发他们对植物学学习的兴趣；第四，实验中注重学生动手操作环节的训练和创新能力培养；第五，搭建植物认知平台，提高植物认知效率。教师要有扎实的基础科研能力及产出以便提升植物学教学水平，积累丰富的生产实践经验以促进理论联系实际的教学活动，把植物学知识讲活、讲透。秉持以学生为主体进行多媒体互动以及虚拟仿真教学，是实现现代植物学厚基础强实践教学目标的重要途径。

关键词：植物学；互动式；兴趣；厚基础；强实践；创新能力

建立文明社会的斗争不仅发生在战场上，也发生在讨论会、课堂、实验室、图书馆里。建设文明社会最关键的，是把青年培养成为能造福世界的人——他们不仅需要创造富庶的物质世界，更需要成为精神世界的楷模，需要通过教育让他们达到至真至善的境界[1]。

“植物学”是全国高等农林院校重要的专业基础课之一，通常面向生物科学、生物技术、农学、园艺、林学、园林、植保、环境、环境工程、草坪、草业、环规及水保等专业开设。是后继学习植物生理、生化、遗传、细胞生物学、分子生物学及专业课的重要基础，为从事以上各专业生产和科研提供植物学基础知识[2-5]。针对“植物学”课程教学中存在的学生反映掌握难度大；部分内容需及时更新，教学法单一；“植物学”理论和实验课时量少等问题，本文探索了几种有效的教学方式。“植物学”课程一直以来是安排在一学年完成的，第一学期主要是形态解剖部分，包括植物细胞和组织结构、植物营养器官和生殖器官形态解剖学以及植物大类群、裸子植物分类；第二学期主要是被子植物分类部分以及植物野外实习。目前，高校课程改革中为了拓宽学生知识面而适当地压缩了部分课程课时，如“植物学”课时普遍减少 1/5 左右。另外，针对 2000 后的大一学生，如何利用现代化的教学设备，并不断地进行教学方法改革，以宽厚基础、增强实践、差异教育、融通国际的理念培养学生成为每一位植物学任课教师的首要任务，其方法值得探索。近 20 年的“植物学”教学实践表明，现代新农科与传统农业植物学教学相长、理论与实践相长、教与学相长，不断交流

作者简介：高述民，北京市海淀区清华东路 35 号北京林业大学生物科学与技术学院，副教授，gsm689@sohu.com；
胡　青，北京市海淀区清华东路 35 号北京林业大学生物科学与技术学院，高级实验师，benrong@bjfu.edu.cn；
高宏波，北京市海淀区清华东路 35 号北京林业大学生物科学与技术学院，教授，gaohongbo@bjfu.edu.cn；
刘平丽，北京市海淀区清华东路 35 号北京林业大学生物科学与技术学院，副教授，liupl-pretty@163.com；
刘小敏，北京市海淀区清华东路 35 号北京林业大学生物科学与技术学院，讲师，liuxiaomin04@163.com；
程　瑾，北京市海淀区清华东路 35 号北京林业大学生物科学与技术学院，副教授，chengjin9912@163.com。

资助项目：北京林业大学 2013 年度教学改革研究项目“植物学合班互动及分段教学模式探索”（BJFU2013JG011）；
国家自然科学基金面上项目“IAA 和蔗糖参与调控文冠果不同位置雌蕊选择性发育的机理研究”（31870573）。

与学习，能够做好现代植物学教学工作。

一、“植物学”理论与实验课程特点

以往“植物学”形态部分的理论(32学时)与实验(24学时)比例4∶3，改成理论(16学时)与实验(32学时)的比例为1∶2；分类部分由以往的理论(24学时)与实验(16学时)比例3∶2，改成理论(16学时)与实验(16学时)的比例为1∶1，明显加大了实验课程的教学力度，从时间上保证了学生有充足的机会参与实验课的动手操作环节，这与中国农业大学等国内其他高等院校不同。实践证明，北京林业大学培养的本科生动手能力普遍比较强，毕业后适应工作环境的能力也比较强。

“植物学”教学多是采取教师讲、学生听的方式，学生按照教师的讲解完成实验报告。整个实验过程学生只是被动地接受，按部就班地完成实验内容，并没有真正地思考，甚至许多实验没做之前就已经从实验指导书上知道了实验结果[6-8]。这种教学方式影响了学生上实验课的积极性，也无法培养学生的动手能力和创新能力。为适应新时代发展，“植物学”教学迫切需要改革。

二、 理论与实验课教学法改革

理论课以每个学生清楚听到教师讲解为原则，班级数及人数不宜过多。采用多媒体设备，给学生展示生动、鲜亮的教学课件。理论教学中注意结合生产实际，注重举实践中的实例，学生喜欢听，可以变枯燥的理论知识为身边有趣的真实感受，寓教于乐，效果很好。比如涉及茎分枝类型内容，举大家熟悉的杨树、番茄、辣椒植物分枝习性，举苹果修剪法的实例，将课堂教学内容推向高潮。再比如幼苗出土类型，与生产播种育苗覆土实践相结合，使得内容便于理解和记忆。课堂教学中还会有1~2次利用5分钟时间进行测验，起到了在教学期间及时检查、督促学生学习并调整教学进度、方法的作用。在实验课教学方面，主要开展了以下几方面工作。

(一)利用多媒体互动式合班教学，提高教学效率

根据教学内容、教学对象等特点使用了“双主”互动式教学模式。“双主”互动式教学模式就是在课堂教学过程中，以教师和学生为主体，以学生发展为中心，师生共同参与教学活动，实现课堂教学效率的最大化。课堂互动教学是激发学生主动学习的重要途径之一。采取提问、讨论、反串教学等教学法，让学生来讲。通过参与教学环节，让他们有一定压力，变压力为主动学习，提高他们的参与度及学习的自觉性。互动合班教学模式激发了学生自主学习的潜能；增加了课堂学习的乐趣。在“植物学”课程教学中，任课教师很少采用互动式教学模式，曾有报道教师在“药用植物学”课程教学中采用互动式教学模式提高了教学质量和教学效果[9]。而有关互动合班教学模式的研究报道较少。在“思想政治理论”[10]“大学英语”[11]等课程的互动合班教学模式中，教师认为该模式有利于激发学生学习的积极性和主动性，有利于建立和谐的师生关系，有利于提高合班授课的效果。因此，有必要发挥互动教学的优势。

笔者将2个标准班(60~64人)合在一起，采用Motic Digi lab II-S软件网络版数码显微镜进行实验互动教学，能够时刻观察和掌握64名学生的作业情况并记录下来，效率很高。经过6年多的实践教学证明，其教学质量与传统的单班(30~32人)教学相比并无显著差异(表1)。互动合班教学模式具有以下优点。

(1)互动合班教学激发了学生自主学习的潜能

通过互动教学，为学生创设情景、营造宽松和谐的课堂氛围，让学生领悟教学的深刻内涵，快乐学习，促成生生互动和师生互动，实践心灵交融。因此，学生的主体性即主动

性、自主性、独立性就得以充分的发展。把学术功底、教学技巧和生生与师生互动三者结合起来，努力使心灵交融成为教学互动的钥匙。

(2)互动合班教学增进了学生的参与度

通过兴趣调查和课堂信息即时反馈结果得知，采取互动合班教学的学生求知欲被显著激发，与单班互动教学的效果没有明显的差异，但优于单班非互动教学。说明互动教学在增进学生参与度方面不会因为人数加倍而明显影响到教学效果。很多学生都感觉到，通过实验自己发自内心的认识到提高动手能力的重要性，认为自己受到了前所未有的锻炼、学到了知识、找到了不足、受到了锻炼。由于实验过程中自己的参与程度与动手能力与实验表现的好坏有直接关系，所以极大地提高了学生参与实验的积极性，提高了学生动手动脑的积极性，同时显著地提高了实验的效率，达到了培养学生创新精神和实践能力的目的。

(3)互动合班教学增加了课堂的乐趣

即时监测与信息随堂交流，提高了教师辅导实验操作的效率，减轻了教师的负担，可以实现同时与多人近距离教学的目的。多媒体数码互动教学系统能有效地提高了学生学习的主观能动性和综合分析能力，加强了显微镜视野下的师生间对话，活跃了课堂气氛，最大化地达到教学资源共享的目的，同时优化了教学环境，扩大了授课内容范围。学生们普遍反映能够与教师讲解的内容保持同步，遇到问题时能够同步排除或解决，课堂教学效果良好，提高了学生们的学习兴趣。

表 1　2017—2018 级学生在不同教学模式下取得的实验考核成绩的情况

教学模式	人数	不及格	及格	良好	优秀	班级平均分
常规单班	176	12(6.81)a	86(48.86)a	59(33.52)a	19(10.80)a	77
互动单班	181	4(2.21)b	55(30.39)b	77(42.54)b	45(24.86)b	82
互动合班	168	4(2.38)b	57(33.93)b	68(40.48)b	39(23.21)b	80

注：括号中数字代表该类考生占考生总数的百分比。a、b 分别表示试验样本中有 2 个差异性显著的群体，如单独出现则表示该样本为其中的某一群体；如同时出现，则表示该样本中存在 2 个群体，且与其他样本间差异不显著，可视为同一样本。

在不影响教学质量的前提下，节省 1/3~1/2 的教学时间，使承担繁重科研和推广任务的教师从繁重的教学工作中解放出来一部分宝贵时间。目前，合班教学法已在全校开设植物学实验课程的 1/3 班级中进行了推广应用[12]。然而，互动合班教学模式也存在一定的缺陷，并不能解决所有的问题。如，教师对学生的实际操作过程不能详细观察，不知道具体细节，只知道结果。因此，需要教师不时地在学生面前走动，以解决学生们在具体操作中遇到的问题。在具体实践过程中，笔者是让一名助教研究生和我一起参与课堂辅导来解决此问题的。

将互动合班教学方法引入到“植物学”实验教学中，给学生创造了一个宽松、专业、愉悦、高效的学习氛围，增加了学生学习的主动性，活跃了课堂气氛，开发了学生的潜能，同时使学生的被动学习走向积极参与、自主探索的自主学习。这有助于提高“植物学”实验的教学质量和教学效果，培养具备实践能力、创新能力、学习能力、合作能力的综合型人才。

(二)教学内容与时俱进，通过与生产生活实际相结合能让教学内容活起来

与时俱进，增加相关新内容。如每年一度的诺贝尔奖及国家科技特等奖，相关的实例很有力度。例如，获诺贝尔奖的屠呦呦的青蒿素研究工作，在植物分类学菊科植物用途介绍中就是很好的例子。激发同学们了解我国中草药博大精深的渊源历史及对人类文明的贡献，增强爱国主义情怀及为我国农业科学事业奋斗的自信心和决心。

教学方法上多与生产实践、实际生活相结合。植物学形态解剖部分中根、茎、叶、花果实种子内容比较固定，结合实际生活常识提问芹菜、大葱、大蒜、生姜、胡萝卜和马铃薯我们各吃食什么部位？一般大部分同学不清楚芹菜吃的叶柄，通过和学生一起寻找标准答案，让他们认识到植物器官看似简单，但真正认识不那么简单。树立对待任何事情都要认真和有追根溯源的严谨态度。再譬如，讲分枝习性，结合辣椒和茄子，讲假二叉分枝习性，其中谈到茄子和辣椒的门茄(椒)、对茄(椒)、四母斗、八面风、满天星的园艺蔬菜学术语，提出 2^{n-1} 果实产出规律，既扩充了书本中没有的知识面，又让同学们扎实地理解了假二叉分枝属于结果丰产性分枝类型。讲单干分枝时，通过口诀普及苹果修剪法则，加深同学们对单干分枝树形的理解。例如，主干七十利耕，三主三十临近，一米八十留四主，五十封顶对生。大枝亮堂堂，小枝闹嚷嚷。源于实践生活的例子，能让呆板的植物学概念活起来，增强同学们的兴趣与理解力。

(三)实验教学前组织实验课程兴趣小组，激发他们对植物学学习的兴趣

组织课程实验兴趣小组，可促进学生思考问题，锻炼他们的动手能力，激发他们对专业的兴趣。提前让学生主动思考问题，设计实验并动手操作，增强他们的动手意识。通过成功与失败的经历，最终增加求知欲望。经过 10 余年的实践证明，非常适合于对大学一年级学生进行引导及适应性教育，值得应用。

(四)实验中增强学生动手操作环节的训练和创新能力

在细胞有丝分裂相观察中，让学生自己动手购买、种植大蒜，自备根尖材料，通过压片观察有丝分裂相并指认时期，结果普遍优于传统的洋葱根尖材料(图 1)。在花粉的形态结构教学中，让同学们亲自动手对花粉的萌发过程进行追踪观察。类似系统实验激发了学生自己动手提高实验质量的极大兴趣，增强了自信心。再譬如，在植物老茎的结构观察中通过滑走切片操作自制临时装片，并指认形成层等重要结构，不仅增高了学生动手能力和创新能力，还巩固了所学理论基础知识，为今后开展相关科研工作打下了良好的操作技术基础。

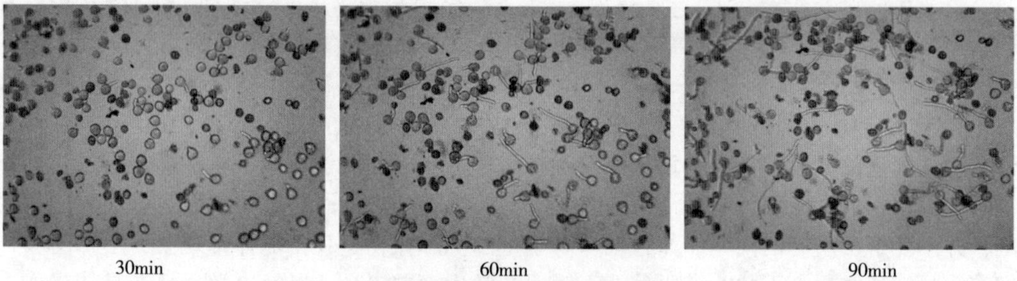

图 1 学生连续拍摄花粉萌发情况

(五)搭建植物认知平台，提高植物认知效率

利用周边及校园丰富的植物、标本库，搭建植物认知平台。实习选好种类较多及分布较广的有代表性的场地开展。笔者选择在北京百花山、妙峰山、北京植物园及北京林业大学校园植物，编好小组(5~6 人/小组)，明确标本采集、干标本压制及植物认知考核要求。注重认知过程中植物特征特性的归纳与总结，示范标本压制，以小组为单位做好内业中标本的性状复核与查验工作，去伪存真，写好采集植物名录，加强植物认知及小组、个人认知植物考核环节，使教学更加形象生动，增强学生兴趣和主动性，增强综合能力素质。

三、 以学生为主体的教学体系是提高教学质量的核心

从心理学角度及教学实践活动均证实，以学生为主导的教学法是提高教学质量的关键，体系和谐则效率高。

(一)教师要自强不息，勇于实践

教师是植物学教学活动的组织者、引领者。常言道：为师者，给人一碗水，自己需得有一桶水。一个国家基础研究实力强，则有发展后劲。教师首先要具备扎实的基础科研能力。一名基础科研能力强的教师，了解学科前沿动态，有训练有素的科研逻辑思维，有较强的获取新知识和攻关能力，在对待知识的求知态度、责任心、思维思考方法、团队合作及持之以恒的敬业精神方面具备为人师表、率先垂范、言传身教的有利条件。比如笔者承担国家自然科学基金生长素和蔗糖参与文冠果不同位置雌蕊发育机理研究，在植物学教学中将花的结构、位置及激素等对花性别分化影响用最精炼的例子和最短时间把问题讲清，扩充了学生的知识面及视野。

积极参加科技推广及生产实践活动，有助于教师从实践活动中获取真知，相关例子用于课堂教学，能起到非常好的效果。常言道：实践出真知，巧从实践中来。实践是检验真理的唯一标准。源于生活的知识最具有生命力！比如，讲解种子出土类型，有关子叶出土型对覆土要求很严，是科研和农业生产中培育壮苗的关键点，而壮苗直接关系到产量，有“苗好三成收”之说。一个在书本上容易被忽视的知识点，通过实践讲出其重要性。此乃实践是知识活的灵魂。

(二)经常鼓励学生

经常鼓励表扬学生，是提高学生自信心的根本，更是激发学生自主学习的动力及树立责任心之源。学生得到认可，会更加自觉刻苦认真。增强责任心，有助于完成植物学的学习。

(三)经常交流与互动

及时交流与互动，可在第一时间发现学生的疑惑并针对问题及时给予辅导，而不是简单地说教。

(四)明确教学目标并鼓励学生自主完成任务，充分发挥他们的潜能

明确教学目标并鼓励学生自主完成任务，充分发挥他们的潜能，增加求知欲望，变被动学习为主动学习，变倾听者为积极发言者，变思维僵化为开拓进取。

(五)人工智能和大数据融入人才培养知识体系

人工智能和大数据在农林领域中的应用、未来智慧农业新业态等前沿内容，需融入现有人才培养知识体系中来[13]。新农科建设必须师资先行。新农科建设必须在人才培养上下工夫，既要打牢基础理论，掌握农林学科核心知识，注重培养学生的生产技能，同时传授给他们生态文明观和现代经营管理理念，还要培养学生的家国情怀，心系“三农”，以适应经济社会发展需求，增强人才培养与未来农业发展的契合度。

多媒体互动教学效果较好，若将虚拟仿真用于植物学实验和理论教学中，对实现人工智能和大数据融入现有人才培养知识体系非常重要。

“有灵魂的教育”包括：大学对于学术和国家的责任感；体现整体性的通识课程；恪守教书育人的本分；独立于社会流行观念的判断力；强调教育过程和方法甚于教育内容；对学生严爱相济、情理相融等。在涉农专业设置上找突破，主动对接农业农村发展新要求，优化调整学科专业结构，培育新兴、新生农科专业，服务引领新产业新业态发展的当下，习近平总书记对涉农高校办学方向提出要求，对广大师生予以勉励和期望。中国现代化离不开农业农村现代化，农业农村现代化关键在科技、在人才。我国高等农林教育大有可为。以立德树人为根本，以强农兴农为己任，拿出更多科技成果，培养更多新型人才，为推进农业农村现代化、促进山水林田湖草系统治理，为打赢脱贫攻坚战、推进乡村全面振兴不断作出新的更大的贡献。中华人民共和国成立70多年来，全国涉农高校牢记办学使命，精心培育英才，加强科研创新，为“三农”事业发展作出了积极贡献。课程改革成为大学教育

体现学术发展和社会需要的良机。

总之，理论与实践、基础与拓展乃至被动与主动学习的统一都需要构建良好的以学生为主体的教学体系，从而实现教与学相长。适当增加实验课比例、增加学生动手操作环节、理论与实践密切结合、以学生为主体进行教学，是实现植物学厚基础重实践教学培养目标的重要方法。

参考文献

[1]哈瑞·刘易斯．失去灵魂的卓越(节选 A. Lawrence Lowell，1916 年给耶鲁新生的讲话)[M]．上海：华东师范大学出版社，2006.

[2]李国树，徐成东，王波．创建植物学实验绿色教学的途径与方法[J]．实验室研究与探索，2013，32(1)：77-79.

[3]师学珍，王静．“植物学”实验课教学改革的探索与实践[J]．实验科学与技术，2013，11(3)：92-93，167.

[4]张宪省、贺学礼．植物学[M]．北京：中国农业出版社，2003.

[5]马炜梁、王幼芳、李宏庆．植物学[M]．北京：高等教育出版社，2006.

[6]李孙文，赵昶灵，刘勇．农业院校植物学实验教学改革的思考与实践[J]．云南农业大学学报，2008，2(4)：69-74.

[7]陆嘉惠，阎平，马淼．高校植物学实验教学改革与创新人才培养的探讨[J]．生物学杂志，2009，26(5)：89-91.

[8]张秀玲，李妍，郑世英．植物学实验教学改革的探索与实践[J]．实验室研究与探索，2012，31(12)：156-158，170.

[9]高伟，琪庆，王秀娟．互动教学方法在“药用植物学”教学中的应用初探[J]．首都医科大学学报(社会科学版)，2012，(增刊)：113-115.

[10]夏兰芬．思想政治理论课合班教学“双主”互动教学模式探索与实践[J]．鄂州大学学报，2009，16(4)：75-77.

[11]赵琳．英语合班互动式教学策略[J]．辽宁省交通高等专科学校学报，2007，9(4)：77-78.

[12]高述民，胡青，范莉娟，等．“植物学”实验课互动合班教学模式的探索[J]．中国林业教育，2014，32(5)：58-60.

[13]陈鹏．光明日报[N]，2019-9-16(10).

Exploration and reflection on *Botany* teaching method in agricultural and forestry colleges

Gao Shumin Hu Qing Gao Hongbo Liu Pingli Liu Xiaomin Cheng Jin

(College of Biological Sciences and Biotechnology, Beijing Forestry University, Beijing 100083)

Abstract *Botany* is one of the most important professional basic courses in agriculture and forestry colleges, and it helps improving students' professional knowledge, hands - on ability, scientific research ability and innovative spirit and other aspects of important role. However, some shortcomings in the teaching botany courses are present till now, such as some contents of botany is difficult to understand; and some contents should be updated in time, monotony of teaching method; the class hours of theoretical and the experimental botany are decrease due to increasing independent courses in university etc., In order to solve these problems, we explores five effective teaching methods in this paper. Firstly, we improve teaching efficiency by the use of multimedia interactive class teaching in the combined class; Secondly, the teaching content keeps pace with the times, through the combination of production and life practice can always make the teaching content live; Thirdly, before the experiment teaching, we organize the interest group of experiment course to arouse their interest in botany learning and major; Fourth, strengthen the training and innovation of students' hands-on operation in the experiment course; Fifth, build plant cognitive platform to improve plant cognitive efficiency. Teachers should have solid basic scientific research ability and output in order to improve the teaching level of botany, accumulate rich production practice experience in order to enhance teaching activities combining theory with practice, and explain the knowledge of botany vividly and thoroughly. Taking students as the main body of teaching and carrying out multimedia interaction and virtual simulation teaching is an important way to realize the teaching goal of modern botany with thick foundation and strong practice interaction.

Keywords *Botany*, interactive, interest, thick foundation, strong practice, the innovation ability

案例教学在“遥感数字图像处理”课程改革中的应用

曾　怡　王诗玥

（北京林业大学信息学院，北京　100083）

摘要：通过对课程进行案例式教学的方法改革，以扎实课程基本方法、基本理论，提升算法应用能力为基础，可以帮助学生加深理论知识的理解，提高学习兴趣、加强科研能力以及综合运用所学知识解决问题的基本能力。我校“遥感数字图像处理”课程以案例式教学改革为导向，同时结合遥感图像处理领域的案例库建设情况以及多元化图像处理的规范实例，通过对该课程教学案例的探究、分析与总结，拓展和创新课程教学的新方法，提升课程教学质量，优化教学体系，达到人才培养目标，使学生能够更好地完成从理论到实践、从实践到应用的转化过程，为学生进一步发展奠定基础。

关键词：案例式教学法；案例库建设；教学改革；遥感数字图像处理

案例式教学的方法最早由哈佛大学的情景案例教学课提出并应用到课堂中，之后便迅速成为最有效的、促进隐性知识与显性知识不断转化的教学方法，通过具体的案例情景，将隐性的知识外显，或将显性的知识内化。同时，在培养学生的积极性、掌握理论知识及算法应用，提升自我思考和解决问题的能力等方面具有明显的优势。以案例式教学方法为导向的课程改革，已成为“遥感数字图像处理”课程培养更多优秀人才，优化教学体系、提升教学质量的可行性教学方法。

一、 案例库建设的意义与必要性

在传统的教学课堂中添加案例教学环节，避免了因传统教学方式的固化、枯燥、抽象难懂导致教学内容的形式化，重复性高，学生难于吸收知识甚至应用到实际问题中用理论、算法解决问题的现象出现。通过学生对于案例问题的研究探讨，互相之间进行沟通建立在对方的思考角度上进行分析，大大加强了学生对于专业论述的理解，提升学生对于各知识点思考的主动性，启发学生针对抽象的理论知识的具象化，拓宽了理论指导的实际应用范围。对于案例库建设的研究，是对基于案例库的课堂教学改革不可或缺的先决条件，通过不断总结、归纳、分析相关理论的教学案例，以构建一个与时俱进、贯穿课程体系的、合理的遥感数字图像处理案例库。

案例教学不仅是一种理论与实际相结合的教学方法，更是一种启发式教学理念和工具，主要强调实战、互动、参与等[1]。在教学过程中穿插案例的优点在于能帮助学生更深入理解专业理论知识、将理论知识运用到实际生活中并能处理实际问题，解决理论知识和应用实践脱节的问题。研究和推广案例教学的方法对于进一步优化课程教学方法、完善课程教学体系具有重要意义[2]。

（一）有利于扩展教学内容

将案例库的各项案例填充到教学课堂中，对应于各章节、模块教授的知识点进行理论

作者简介：曾　怡，北京市海淀区清华东路35号北京林业大学信息学院，副教授，zengyi@ bjfu. edu. cn。

资助项目：北京林业大学2019年教育教学研究项目“案例库引导下的‘摇感数字图像处理’课程改革”（BJFU2019JY076）。

知识与实践应用相结合的教学方法，为教师更好的、更合理的组织遥感数字图像处理课堂教学内容提供了较大的帮助。案例库的课程案例符合当今时代的前沿动态成果，使得学生能够在第一时间了解该领域解决实际问题过程的复杂性以及分析探讨最新科技给遥感领域带来的帮助与思考。通过案例扩展教学内容，学生对比传统实践教学环节上机实验按实验手册上的步骤一步步完成并提交实验报告，理论知识的运用没有得到有效的体现，这种实践式教学方式通过案例讲解更加生动、形象、明确的提升思考指向性，思维创新性。一方面让学生了解当前课程理论知识的应用方向的广泛性，另一方面有利于学生加强理论知识向应用实践的转型[3]。

（二）增强课堂质量，提升教学效果

案例库的案例都是基于当前最新前沿科技成果及研究方向。将与课程内容相关的案例引入教学环节，通过案例营造解决实际问题的环境，以培养学生独立思考、解决问题的能力。学生在案例问题解决过程中是主体，这非常有利于充分发挥学生的主观能动性，提高学生的自主学习能力，同时可以培养学生解决实际问题的正确思维方法[4]。一方面，案例引入通过老师讲解，学生之间探讨交流，拓宽学生对于知识的认知领域，带动课堂气氛，提升教学质量，帮助加深学生对于专业知识的理解，进一步提升了老师课堂的教学效果，另一方面通过对前沿科技的掌握对于学生之后的就业发展以及社会发展需要提供了不可或缺的铺垫，也帮助广大学生通过课程学习获得人生的发展动力。

（三）有利于优化教学体系，增强实用性

传统教学方式多拘泥于课本理论知识，更多的是名词解释、公式讲解、原理概述，而“遥感数字图像处理”课程是我校信息专业的核心课程，起点高，理论知识较抽象难于理解，多项公式结构复杂多样，如果仅仅以文字叙述、公式展开讲解的方式教授课程知识，对于多数学生来讲都是难以接受的，并且不会利用讲过的知识点、算法公式去解决实际问题。而此次教学改革，在案例库的引导下，将实际问题贯穿引入到老师讲解每个知识点与算法公式之间，通过老师的引导以及案例的辅助理解，不断激发学生思考问题的能力，提供了更易于学生理解的方式方法，提升了课堂氛围，调动了学生学习的兴趣与积极性。在课堂引用完案例后，再通过实验课的实操练习，增强了学生处理实际问题的综合应用能力，一方面突出了该专业课程的实践性特点，另一方面提升了课程知识、算法在实际生活中的应用性特点[5]。

二、 教学案例的多元化设计与应用

案例式教学要注意教学过程中方法的灵活性，一方面将案例作为先导内容，依据课程的难易度，将课程内容进行分层式规划整理，循序渐进，引导学生深入理解知识点以及该知识点运用到实际生活中去解决问题的思路方法；另一方面讲案例作为知识点的补充内容，在课堂上提供案例内容讨论时间，加深学生对于知识点的思考探究，将课堂环境带入到案例情景中，既可以将教学内容设置的更丰富，又可以引导学生在互动过程中积极探究案例应用的专业知识和算法应用，有利于实现教学改革的既定目标。

此次进行案例教学式的改革课程——遥感数字图像处理作为遥感科学的核心技术之一，是开展各类遥感分析和应用的前提[6]。同时是对遥感图像进行恢复和增强效果，以及从遥感图像中进行信息提取的遥感技术的重要步骤之一。如今的“遥感数字图像处理”课程已是专业综合性的、与测绘科学、空间科学或地理信息系统 GIS 等学科相互交叉的新兴科学领域。随着智能化、信息化、科技先进化时代的到来，因计算机技术的不断发展，现在已经步入到智能化的数字信息时代，计算机处理技术也被越来越广泛的应用到遥感图像处理中，我国从航天测量至地下勘探测绘、从海洋环境检测到森林资源管理、从智能生活方式到社会进程管理的各个领域全方位推动并取得实质性突破。遥感数字图像处理方法也逐渐成为

主流的图像处理方法。

此次教学改革将以数字图像处理案例库为教学基础，打破传统教学方式，对各领域先进技术进行研讨分析，以理论知识为基础，案例探究为辅助，通过学生对算法、模型的应用，分析并解决实际问题，培养学生的学习兴趣及综合应用知识能力，优化教学结构，推进课程教学改革，进一步提升教学质量。

我校"遥感数字图像处理"课程分别从遥感数字图像基本概念、发展及与其他学科之间的关系，遥感数字图像处理相关数学基础、几何校正原理和方法、辐射失真原理和校正方法、遥感数字图像增强原理及方法(辐射增强、空间增强、频率与增强、彩色增强、图像运算、多光谱增强)、遥感数字图像分类原理及方法、遥感数字图像分析方法以及遥感数字图像处理软件应用的介绍共八个专题进行系统讲解，而案例库的设计也遵循对于知识掌握循序渐进的方法进行架构搭建，具体分为：基础算法类案例、应用算法类案例，实验与实践类案例以及综合行业应用类案例，案例库设计架构如图 1 所示。

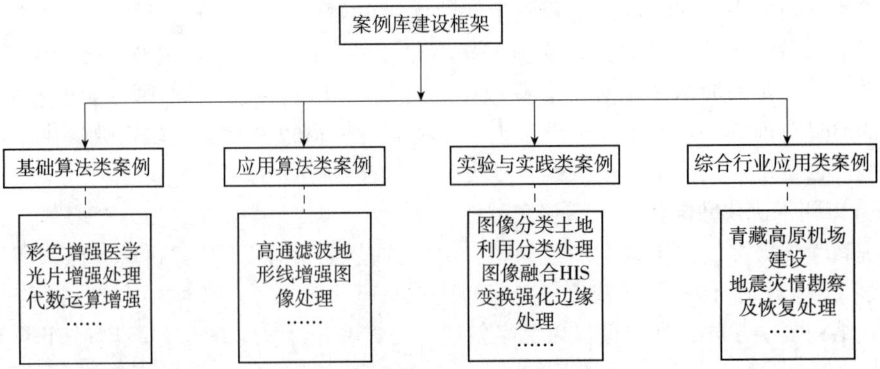

图 1　案例库建设框架及案例设计

(一)基础算法类案例

对于伪彩色增强的方法来说，人为增加颜色，提升鲜明的对比度，将最不容易区分的细微差别放大，便于人眼观察，此方法之于医学领域有着极大的帮助。科学技术的进步有效推动了医疗技术的发展，相对于传统阅片技术，在电子信息技术发展背景下，许多新型、高效的阅片技术被研发推广开来。能够及时、准确的发现患者病灶。但是由于技术与人视力限制，在各种 X 片中很难将所有病灶检出。对此采用电脑软件进行增强，能够有效提升诊断效率与病灶检出率[7]。

而针对 DR 图像中对比度低、重叠度高，所以仅凭人眼识别不能看出细微的差别，甚至许多潜在病症都难以判断出。因此，现采用 MATLAB 软件对 DR 图像进行伪彩色增强处理后，使用伪彩色增强前后检出率及阅片时间统计对比具体效果见表 1。

表 1　使用伪彩色增强前后检出率及阅片时间统计对比

图像类型	CT 确定数	检出数	未检出娄	检出率	平均用时(s)	总用时(s)
传统 X 片	138	87	51	63. 04	67. 35±22. 58	6432. 64
增强后伪彩色片	138	112	26	81. 16	59. 67±32. 56	5728. 32

通过在医学上使用遥感图像处理技术，一方面能够提高医生对图像上病症的分辨能力，用伪彩色增强技术将患者病症部位及健康部位清晰分别出来，另一方面进而提升患者病灶的检出率，降低阅片时间。这在很大幅度上提升了当前医疗水平，保证了患者的病情的及时诊断以及精准治疗。

（二）应用算法类案例

高通滤波是图像中的边缘或线条与图像频谱中的高频成分相对应采用高通滤波器让高频顺利通过，使图像的边缘或线条变得清楚，最终实现图像的锐化。这在对于地形、地势等方面的探究更有利于区分不同地形、地势，以便于进行研究。

目前已有很多算法可以自动提取 DEM 影像中的线状特征，其中最常见的是地性线和河流的线性提取，由此提高水文地质资料的提取效率。但由于地形资料的复杂性和不确定性，尚未有适应所有环境的完美算法，并且许多算法的复杂度很大，而对于 DEM 影像单位一般是米，但可用灰度级只有 256 位，因为许多地方若有相近的数值则用相同颜色表示，导致视觉差别效果不明显。用有限的灰度级数准确描述 DEM 影像的地形线就要用到高通滤波的方法，最终得到低频背景的影像变化[8]。结果如图 2 所示。

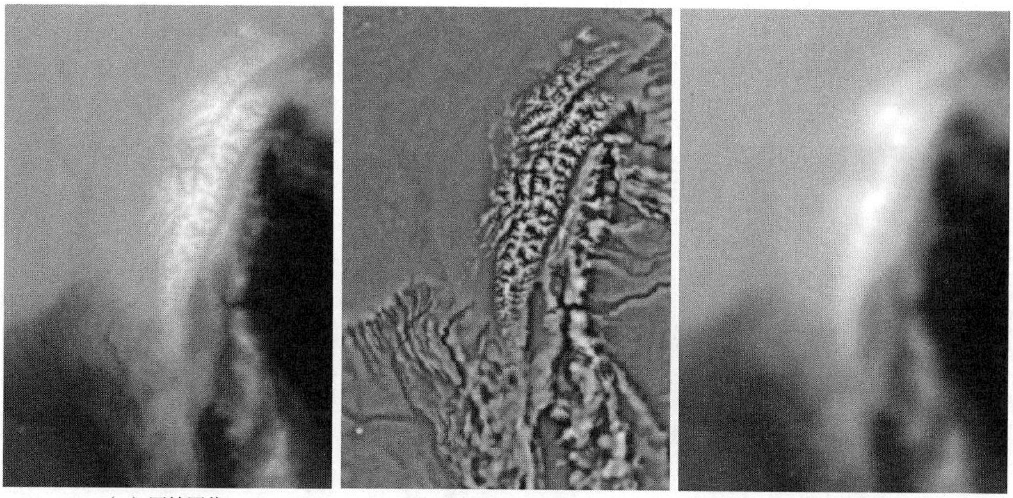

（a）原始图像　（b）高通滤波结果　（c）低通滤波结果

图 2　图像频率域增强前后对比结果图

通过对地形线与河流线运用高通滤波算法我们可以得到更加清晰的影像结果，边缘更加锐化，对于河流走向，地形分布走势的分析都更加精准，这更加有利于地质学家探测矿石、土地地质变化检测以及环境监控的有效进行。

通过基础算法类案例以及应用算法类案例的应用，让学生对于专业基础算法的相关知识有了更进一步的思考与认识，也在用实际案例逐渐打开学生的传统思维方式，拓展视野，激发学生的创新思维能力。

（三）实验与实践类案例

1. 图像分类实验案例

图像分类分为监督分类和非监督分类两种。遥感数字影像计算机分类的依据是像素具有的多光谱特征，并没有利用到地物空间关系等方面的信息，均具有一定局限性，所以可以通过两者叠加分析对图形进行分类，提升图像分类精度，减少监督分类及非监督分类的影响。此方法对于林业资源探究领域有一定的帮助作用。

首先对图像进行前期预处理，运用 Erdas Imagine 软件的模块完成几何校正以及影像拼接，利用研究地区的遥感数据和专题数据，运用软件 Erdas Imagine 8.5，基于对遥感影像的预处理及其与专题数据的叠加分析，先运用 Lso-Data 算法进行非监督分类再从遥感影像中选取能代表不用土地利用类型的区域作为训练区进行监督分类土地评价，以最后及两者通过 Overlay 模块叠加处理的方法，最终完成土地利用类型的分类[9]（表 2）。具体结果如图 3 所示。

表 2　三种分类方式土地利用类型分类统计结果

分类	非监督分类		监督分类		叠加分类	
	面积(km²)	所占比例(%)	面积(km²)	所占比例(%)	面积(km²)	所占比例(%)
林地	3 137. 18	10. 07	3 196. 19	10. 26	3 148. 92	10. 11
水浇地	5380. 26	17. 27	4191. 01	13. 45	4624. 95	14. 85
灌丛	8919. 12	28. 63	5877. 32	18. 87	7359. 65	23. 63
草丛	5336. 25	17. 13	7023. 96	22. 55	6069. 30	19. 48
旱地	5393. 87	17. 32	7444. 58	23. 90	6436. 70	20. 66
居民地	1915. 24	6. 15	2839. 96	9. 12	2782. 49	8. 93
水体	554. 68	1. 78	311. 49	1. 00	342. 46	1. 10
裸地	514. 15	1. 65	266. 24	0. 85	386. 27	1. 24
合计	31150. 74	100	31150. 74	100	31150. 74	100

（a）非监督分类　　（b）监督分类　　（c）叠加分类

图 3　非监督分类、监督分类、叠加分类结果图

监督和非监督分类是基于像素的。图形它的创建是正方形像素，每个像素都有一个类。但是基于对象的图像分类将像素分为具有代表性的形状和大小，经过多分辨率分割通过像素分组产生均匀的图像对象。它同时生成图像中具有不同比例的对象。它们代表图像中的各个特征，这些对象更有意义。图像分类是将土地覆盖类别分配给像素的过程，将图像中的各元素对象区别开来，森林、城市、农业及更多类别，更加方便对于研究人员的探测分析，更精准有效的区别各个类别的分布状况，提升研究效率。

2. 图像融合实验案例

图像融合就是将同一区域内把那些在空间和时间上冗余或互补的多源数据，按照一定的规则进行运算处理，获得比任何一种数据更精确、更丰富的信息，生成一幅具有新的空间、波谱、时间特征的合成图像。经过融合之后，图像空间分辨率有所提升，目标特征更明显，分类精度更细化。下面的图 4 和图 5 就是关于彩色空间变换 HIS 的融合方法，此融合方法通过对全色波段的北京市区域图像与 HIS 变换图像提取的 I 分层通过直方图匹配，用全色影像替代多光谱影像的 I 分量进行 HSI 反变换，最后结果如图 6 所示。

图像融合还在资源环境普查中有所应用。对于资源环境普查，在过去，资源的现状调查主要靠工作人员到野外一点一点进行实地考察和绘图，同时工作量难以预估，往往需要好几年甚至是更长的时间，而且有时等调查结束之后，可能一些地方的资源利用方式已经发生了很大的变化，所以靠这种方法不能真实地反映资源实时情况。如今遥感技术的出现，让资源普查工作更加精准、高效、便捷。不仅可以全面系统地提供资源状况，而且还能对信息进行及时更新。

图 4 北京地区资源一号卫星影像(左)和北京地区 SPOT 卫星 PAN 影像(右)

图 5 基于彩色空间变换 HSI 的融合方法结果图

图 6 南京市 ETM+与 SPOT 融合影像

从遥感影像图像的显示来看，清晰地反映出南京市城市布局及其周边的环境状况，新老城区划分、绿植覆盖面积、水域分布、建筑物位置等信息清晰可辨，对于南京市资源情况的动态实时掌握更加清晰准确。

(四)综合行业应用类案例

1. 青藏高原机场建设

在青藏高原西部，海拔高于 4500m 处交通不便，为完成青藏高原机场建设工程，通过陆地卫星 ETM 图像以及快鸟图像，应用遥感图像处理技术制作该地区的高精度正射影像地图和不同分辨率的遥感图像三维可视化与影响动态系列图以及地质解译图并综合场区的区域地质情况分析，完成研究区四个拟建场区的工程地质解译及其综合条件评价。遥感图像信息提取结果，结合场区的工程地质条件、水文地质条件、交通位置和潜在威胁性等影像机场建设的自然和人文因素，对四个场址进行综合对比表明，最终确定现机场索麦场址为理想场址。事实表明，在机场工程建设中引用遥感图像处理技术，为机场勘察及其工程建设提供了新的技术思路，为进一步机场规划设计提供准确的科学依据。

2. 灾区数据获取并分析

2008 年的汶川地震、2013 年的青海玉树地震、2014 年的新疆地震、2019 日本福岛地震等灾害发生后，由于地形、气象等环境因素影像，很难及时获取灾区数据，此时，多种传感器的优势就有很大程度的体现，获取灾区各种类型的数据，主要包括光学与 SAR 卫星遥感影像、光学与 SAR 航空遥感影像两大类。

在数据获取方面，无人机遥感系统的出现具有快速、精准、经济等优势，相对常规数据获取方式、无人机遥感的使用不但能完成传统人员驾驶的飞行任务，还能在一些困难地形、恶劣环境等特殊环境下执行飞行任务，极大地提升了灾区信息获取的及时性、精准性，为之后的营救任务及灾后重建的任务提供了很有力的保证

3. 高山雪域地质探测作业

在高山雪域开展地质探测找寻矿工作业时，积雪是工作进程中的主要障碍。户外作业时间短，山体地形复杂，交通极其不便，采用常规的地质填图方法难以在限定时间内完成地质制图的工作。为使得尽可能压抑积雪的干扰，使用现有的数据资源来填制不同的岩性，将利用积雪对不同 TM 波段图像中地形响应的漫反射统计分析特点，采取波段比值+加彩色合成图像求反处理的方法，提取目标岩石的光谱和纹理特征信息达到区分岩类的目的。通过对高山积雪图像信息的处理，不仅可以有效地增强高山积雪覆盖区不同岩性的纹理信息还可以为找矿和科学研究提供更多的可开发和利用的数据资源[10]。通过以上实验与实践类案例以及综合行业应用类案例的应用列举，一方面可以让学生意识到遥感技术应用领域的广泛与普适，提升学生对于遥感技术的探知兴趣，另一方面通过综合性、实验性的案例引导，加强了学生的思维能力、丰富了学生的眼界、开发了学生的灵活创新能力，对于课堂学习的效果有了进一步的显著提升，达到案例教学改革的时间目标。

三、 案例式教学的课程实践效果

案例库的建设出发点是为了学生能够更好的、更深入的理解专业知识，激发学生的学习兴趣，能够投入更多的精力，加强动手实践能力以及主动思考问题。以最新的应用成果为案例指导，将理论知识与实践紧密结合，老师借助案例教学的方法逐步引导学生在实践中发现问题、解决问题、反馈总结自己的思考，以掌握理论知识架构，转为自己的认知观点。

而案例库也因此首先要保证各案例的时效性，结合当今社会发展动态，搜寻最新各领域科技研究成果及新算法的诞生，不断灌输学生新思想，新想法，提升学生的创造力及思考能力，为其今后的发展奠定良好的基础；其次保证各案例的真实性，我们要从实际出发，保证各案例的真实性，让学生更真实地体会到解决实际问题从抛出问题，到分析问题，到假设猜想，再到实践检验，最后得出结论全过程。最后保证案例的综合性，比如在一个案例中让学生从图像获取，图像校正，图像增强，图像分类再到图像融合实践遥感数字图像处理的全过程，不限具体实现方法，比如实现一个林场级森林资源管理系统，其中因森林具有地域性广、层次性强、类型多、动态变化快等特点，应用遥感技术及地理信息系统技术，结合地面实地调查，对信息量大、内容复杂、数据形式多的森林资源进行管理及其动态变化监测。用 ETM+影像数据全色波段进行几何纠正，通过 Brovey 变换进行图像融合，之后采取非监督分类形成初始模板，之后实行监督分类得到高分辨率、有丰富光谱信息的融合影像。在 ArcGIS 中以一定比例尺作为地图，将融合影响叠加，地物归类，进行矢量化操作，对耕地、林地等重要信息进行提取。再以森林资源调查为根本分为不同类小班处理，进行数据再提取[11]。以此提升知识运用的灵活性，学生处理问题的综合能力。

（一）改善当前课程培养方案，注重实践培养

实践教学是提升学生对遥感数字图像处理课程兴趣以及了解应用程度的最佳方法。适当增加某个知识点所对应的案例，增加学生的积极性，强化实验实践教学环节，以专题案例的形式替代传统的操作实验。教师拟定多个研究课题并提供研究素材，像现在前沿的深

度学习方向、由3s向5s转变的技术一体化方向、未来空间遥感技术的支撑——高光谱分辨率方向等都可以成为学生实验学习的最佳导向，教师也根据学生的能力不同、知识掌握程度的不同，制定个性化实验内容，充分利用案例库的案例进行探究、思考，逐步提升学生对遥感图像处理课程的思维专注性与活跃性，定期开设专题讲座和科研指导，开阔视野。

（二）增添实践应用软件平台，加强前沿技术的渗透

不同的软件平台的使用会让学生产生新鲜感，以及主动去钻研如何使用软件来实现研究结果的思考，以此激发学生更多的学习兴趣与动手创新能力。软件的产生及更新也会随着当前科学技术的发展进程而在同时进行着，更便捷、更智能、更精准的技术也辅助学生对于遥感领域的认知的深化。遥感图像处理软件ENVI是以IDL语言开发的遥感软件。ENVI将图像处理功能分为交互式功能和通用功能。交互式功能主要是灵活的显示控制与分析功能。通用功能则包括其他图像处理功能。同时IDL与C语言相比，在科学计算及可视化方面具有很大的优越性，同时ENVI提供了强大的二次开发功能。用户自己新的算法和思想可以在很短的时间内实现。在“遥感数字图像处理”课程的授课过程中，通过引入IDL图像教学软件，使得教学内容由平面到立体，由抽象到具体，极大增强了课堂教学的直观性、交互性，同时也调动了学生的学习主动性，也同时在多方面增加了学生对于案例处理方法的丰富性、多元化，拓宽学生视野，提升解决问题的能力[12]。

（三）优化提升理论课程教学方式，丰富授课方法。

突破传统理论授课方法，加强调动学生学习的积极性、增强课堂学习气氛，适当增添学生自我讨论环节，组成兴趣小组，针对某一研究案例进行讨论发言，并鼓励其他学生对发言同学的理解提出质疑，最后各组进行论点总结，可以以汇报的方式进行知识资源的共享，以此加强学生自我思考能力、学生之间的合作能力，针对课堂中难以理解的知识点，增加案例辅助理解分析，使得理论具象化。

四、 结语

案例库教学的改革方向为课程结构的进一步完善以及学生对于专业知识的接纳度都有了很大的提升，此方法可以让学生对于已教授的知识做到举一反三，灵活应用，课堂气氛，学生专注度都有了很大的提升，学生不仅积极主动思考问题，还可以通过学生之间的交流、反复讨论达到共同提高、互相学习的目的。案例式教学的方法丰富了教学手段，更加注重得出结论的思考过程，培养学生对于案例中问题性质的界定、获取重要信息的能力以及缜密分析问题并探究创新的科研能力。老师是传播者、引导者，而学生不仅是发起者也是受益者。通过案例教学的进一步探索发展，学生主动思考问题，探究案例研究方法及原理，提升综合思维能力，运用所学知识，与同学、老师共讨论、探究，灵活解决实际问题，加强学生的团结协作能力，开阔思维，注重方法，为学生的进一步深造及就业奠定基础。

参考文献

[1]孙建春，曹献龙，于桂宝，等．学位研究生案例库建设[J]．中国冶金教育，2019，(5)：21-22，25.

[2]李富贵．论教学方法的创新意义：案例教学价值分析[J]．价值工程，2012，(24)：266-267.

[3]吕承文，丁远．案例教学再思考：内涵、设计及实践[J]．扬州大学学报(高教研究版)，2017，(2)：85-89.

[4]陈家焱，洪涛，周娟，等．以案例库建设为载体的运筹学课程教学改革[J]．大学教育，2019，(8)：31-33.

[5]李斯志，王少飞，徐凡洁．财经类MBA院校案例研发队伍建设研究[J]．上海管理科学，2015，(5)：104-108.

[6]袁媛，李文梅，陈一祥，等．面向创新人才培养的“遥感图像处理”课程教学改革初探[J]．教育现代化，

2019，(53)：64-66.

[7]王宪凯．伪彩色图像增强技术在DR胸片影像诊断应用研究[J]．影响研究与医学应用，2019，(1)：241-242.

[8]赵迪，陈哲夫，莫操湖，等．一种基于空间滤波方法的地性线特征智能提取方法探究[J]．科技与创新，2019，(11)：72-73.

[9]秦安臣，赵雄伟，孙秋华，等．叠加分类及其在冀太行山区土地利用类型遥感解译中的应用[J]．浙江农林大学学报，2007，(8)：681-685.

[10]马建文，朱章森，杨武年，等．遥感数字图像处理在高山积雪覆盖地区增强成矿岩石的纹理信息[J]．成都理工学院学报，1998，(25)：17-21.

[11]魏海林．应用遥感影像与WebGIS建立林场级森林资源管理信息系统[J]．湖南农业大学学报(自然科学版)，2013，(S1)：144-147，151.

[12]曾怡，栾佳萍．IDL在“遥感数字图像处理”课程中的实践教学应用[A]．//于志明．秉烛者的思考与实践：北京林业大学教学改革研究文集[C]．北京：中国林业出版社，2016：392-399.

Application of case teaching in the course reform of *Remote Sensing Digital Image Processing*

Zeng Yi　Wang Shiyue

(School of Information Science & Technology, Beijing Forestry University, Beijing　100083)

Abstract Through the reform of the case teaching method of the course, based on the solid curriculum basic method, the basic theory and the improvement of the algorithm application ability, it can help students deepen the understanding of theoretical knowledge, improve their interests in learning, strengthen the ability of scientific research and the basic ability of comprehensively applying the knowledge they have learned to solve problems. The course of *Remote Sensing Digital Image Processing* is guided by case teaching reform. At the same time, combined with the construction of case based in the field of *Remote Sensing Image Processing* and the standard examples of diversified image processing, through exploring, analyzing and summarizing the teaching cases of this course, expanding and innovating the new teaching methods of the course, improving the teaching quality of the course, optimizing the teaching system and achieving the goal of personnel training, so that students can better complete the transformation process from theory to practice, from practice to application, and lay the foundation for the further development of students.

Keywords case teaching method, case base construction, teaching reform, *Remote Sensing Digital Image Processing*

案例教学法在“生物化学 A”教学改革中的应用

杨海灵　薛　华　汪晓峰

（北京林业大学生物科学与技术学院，北京　100083）

摘要：“生物化学 A”是生物学相关专业重要的基础课程之一，教学内容繁杂，理论深奥。本课程授课对象为大二生物学专业本科生，以学生高中生物学与大一“有机化学”的知识背景为切入点，利用多个活泼生动的教学案例向学生传授生物化学的教学难点和重点，是本次教学改革的主要内容。为了突出教学重点，联系“生命现象”，所选教学案例涉及疾病的生物化学基础、疾病治疗的生物化学依据、人类生活中的生物化学、生物化学研究方法、生物化学研究历史以及生物化学发展前沿等数个方面。本次教改实现了最大程度的科教融合，力求培养本科生的知识水平和科研素养。

关键词：生物化学；生命现象；科教融合；案例法

生物化学定义为生物化学是运用化学原理和方法，研究生物体的物质组成和遵循化学规律所发生的一系列化学变化，进而深入揭示生命现象本质的一门科学，有生命的化学之称。在生物专业的本科生培养计划中，生物化学、细胞生物学、遗传学、分子生物学是必选的专业基础课。其中生物化学一般安排在大学二年级，学生有效的知识背景是理学院的有机化学。在专业培养道路上，生物化学起着“抛砖引玉”让学生“开门见山”的作用。那么，从有机化学到生物化学，生命现象的案例就必不可少。如何在形形色色的“生命现象”中选择典型的案例，如何在“生物化学”的知识框架内举一反三、深入浅出的解释“生命现象”就成为本次教学内容改革的缘起。

生物化学是一门既基础又前沿的科学，蛋白质和酶作为生命活动的主要执行者，其结构与功能的关系从理论研究到应用研究都在不断推陈出新，研究技术的进步辅以现代分子生物学技术，科学家不但在逐渐揭开某些疾病的生物化学基础，也在为肿瘤治疗提供多种有效药物。唯物主义告诉我们，即使精神类疾病也有其生化基础，调节情绪的某些激素在人体内浓度异常或者受体灵敏度降低都会造成精神类疾病的发生发展。作为林业大学的本科生，林木遗传育种方面所涉及的分子改良、杂交育种、转基因技术等都有发挥重大功能的编码基因和蛋白质参与。选择合适的案例，糅合糖类、脂质、蛋白质、酶学、核酸等生物大分子的结构与功能，以及激素、维生素、抗生素等生物活性小分子的调节作用，在 40 学时的“生物化学 A”上册教学活动中，穿插讲述数十个案例，每个案例 5~10 分钟，这是本次教学内容改革的规划，案例内容见表 1。

作者简介：杨海灵，北京市海淀区清华东路 35 号北京林业大学生物与科学技术学院，教授，yhailing77@ 163. com；
薛　华，北京市海淀区清华东路 35 号北京林业大学生物与科学技术学院，副教授，xuehuasnowsnow@ 163. com；
汪晓峰，北京市海淀区清华东路 35 号北京林业大学生物与科学技术学院，教授，wxf801@ sina. com。

资助项目：北京林业大学本科精品课程建设项目“生物化学 A”（BJFU2018JPK008）。

表1 经典“生物化学”相关案例在教学章节的分布与相应的教学重点、难点

具体案例	章节与学时	教学重点与难点	案例分类
磷脂与降压药	绪言(2学时)	在微极性水环境中两性分子的特点和作用	人类生活中的生物化学
血型物质与疾病易感性	第一章：糖类(2学时)	细胞间的分子识别	疾病的生物化学基础
透明质酸与医学美容		在微极性水环境中极性带电荷大分子的持水保湿作用	人类生活中的生物化学
糖蛋白与糖生物学		糖生物学的研究内容	生物化学研究前沿
脂蛋白与脂肪代谢疾病	第二章：脂质(2学时)	脂蛋白的分类与功能	疾病的生物化学基础
不饱和脂肪酸与营养学		脂肪酸饱和度和熔点的关系	人类生活中的生物化学
褐色脂肪组织、瘦素与人类体重进化		脂肪组织的类型和生理作用	人类生活中的生物化学
蛋白质与分子病	第三章：蛋白质(12学时)	蛋白质结构与功能的关系	疾病的生物化学基础
蛋白质三维结构技术发展		利用PDB数据库学习蛋白质高级结构	生物化学研究方法
酶与先天代谢紊乱	第四章：酶学(16学时)	生物体内的化学反应都是酶分子催化的	疾病的生物化学基础
酶活力追踪与王晓东院士		体外研究酶蛋白功能的生物化学方法	生物化学研究方法
激酶之王Tony Hunter		酶蛋白磷酸化可逆共价修饰	生物化学发展历史
酶活力测定与计算		体外研究酶蛋白催化能力的生物化学方法	生物化学研究方法
酶促动力学表观一级速率常数与表观二级速率常数		体外获得酶蛋白催化能力的数据如何反应体内酶蛋白催化能力的依据	生物化学研究方法
专一不可逆抑制剂青霉素简史		专一不可逆抑制剂的作用方式	生物化学发展历史
竞争性抑制剂与肿瘤化疗药物		竞争性抑制剂的作用方式	疾病治疗的生物化学依据
酶活性中心研究技术发展		酶活性中心的构成和鉴定	生物化学研究方法
酪氨酸受体激酶与肿瘤靶向药物		酶蛋白磷酸化可逆共价修饰和细胞癌化机制	疾病治疗的生物化学依据
转基因动植物与基因治疗	第五章：核酸(2学时)	基因技术在动植物、人类中的发展利用	生物化学发展前沿
刑事鉴识专家李昌钰		基因技术在动植物、人类中的发展利用	人类生活中的生物化学
DNA二级结构与罗莎林德·富兰克林		DNA双螺旋结构揭示的科学历程	生物化学发展历史
糖类脂质维生素分子与护肤品成分	第六章：维生素(2学时)	维生素C和维生素E的抗氧化作用	人类生活中的生物化学

（续）

具体案例	章节与学时	教学重点与难点	案例分类
胰岛素、葡萄糖转运载体与糖尿病	第七章：激素（2 学时）	胰岛素降糖的生理生化机制	疾病的生物化学基础
激素脱敏性与激素治疗		激素与受体选择性的相互作用	疾病治疗的生物化学依据
褪黑素与脑白金		褪黑素的发现、开发利用	人类生活中的生物化学
5-羟色胺与抑郁症		精神类疾病的生化基础	疾病治疗的生物化学依据

“生物化学 A”上册重点讲述四种生物大分子的结构与功能。为了突出教学重点，联系“生命现象”，疾病的生物化学基础、疾病治疗的生物化学依据、人类生活中的生物化学、生物化学研究方法、生物化学研究历史以及生物化学发展前沿等数个方面。这些案例的讲解是串联在各个相关章节中。为了加强教学相长师生互动，一方面“有例可援”要求同学们集思广益采用综述的形式讲述“生命现象”，主要集中在分子病、先天代谢紊乱、转基因植物等三方面，另一方面也鼓励同学们以小组形式制作 10 页左右的 PPT，详细介绍“生物化学 A”上册相关知识点的深入拓展。PPT 的制作使得同学们锻炼了文献搜索的能力，加强了同学们植物学、动物学、普通生物学、生物化学、分子生物学等各个学科纵横捭阖融会贯通的能力，这是双一流学科建设的要求[1]。这是本次教学内容改革的目标。

一、“生物化学 A”教学现况分析与存在问题

（一）“生物化学 A”教学对象的培养计划

“生物化学 A”上册（15013921）教学内容如蛋白质、酶学、核酸等大分子结构、功能的学习与之后学生进行细胞生物学、分子生物学、遗传学等专业课的继续学习息息相关。本科生在酶学与蛋白质中所学习到的生物化学研究方法如三维结构探测、生物化学研究技术如酶蛋白活性中心鉴定、尤其是酶蛋白体外活性测定、动力学常数计算等知识在大学生科研创新训练中发挥着重要的作用。本课程教学改革的目标是引发学生学习的兴趣，使得学生了解基因工程、蛋白质工程、分子改良等前沿技术的生物化学基础，培养学生的科研素养。

（二）混合式教学模式在“生物化学 A”教学中的应用情况

2009 年伊始，针对本科生生源地差异，为了解学生知识背景以及学习意愿，在开学第一课进行问卷调查。“生物化学 A”教学模式必须为这些学生实事求是“量身定做”，片面追求全面化的 MOOC 慕课或者翻转课堂效果可能适得其反[2]。“互联网+”时代的到来，学生接受信息的渠道更加多元，学生将来面对的挑战更加深刻，“生物化学 A”教学团队因地制宜，针对具体的教学内容设置了“情境教学法”“案例教学法”“重点讲述教学法”；为保持线上沟通流畅，设置了微信教学平台，以“@生化老师本堂课学习难题如下请解答”的模式及时解决学生预习复习过程中遇到的难题。教学模式的多元化保障学生学习认知、记忆和运用[3]。

（三）“生物化学 A”教学中存在的问题

大二的学生需要严格的管理，通过收发随堂作业可以了解学生的出勤率。但如果学生被迫应付教师来上课，课堂上看手机、看笔记本、睡觉、发呆等现象就相当严重。如何做到深入浅出来教学，一方面吸引学生兴趣，另一方面增加师生互动是本课程教学中亟须解决的问题。通过多年的摸索实践，确立穿插案例式教学方法为主要教学方法，案例内容见表 1。配备了蓝牙麦克以后，教师可以随意在教室走动，生动活泼的案例的讲解就仿佛投入平静湖面的石子可以引发学生紧张激动的情绪，提高学生学习的效率。

二、 穿插式案例教学方法的应用

(一)创设情境，进行案例式教学

诸多研究者将情境教学引入生物化学课堂中，并取得了较好的教学效果[4]。所谓情境教学法指教师在教学过程中有目的地创设出带有相应的情感色彩生动、灵活且具体的场景，通过外显的教学活动形式，营造一种富有吸引力的学习氛围，唤醒学生一定的情感共鸣，进而帮助学生去学习掌握课程知识，有效发展学生心理机能的教学方法[5]。

创设问题情境，激发学生求知欲。在第二章脂质教学中，设置案例“褐色脂肪组织、瘦素与人类体重进化”。这些问题与当下比较流行的“减肥”相挂钩，也是很多大学生较关注的话题，自然会大大激发学生学习知识的兴趣，将学生被动学变为主动学，对提高课堂效果起了极大促进作用。在日常生活中往往可以通过手机、电视和广播等途径关注到一些热点话题，其中部分话题与生物化学理论原理相挂钩，可以利用这些热点话题形成的社会意识，创设新闻情境，进而提高生物化学课堂教学效果。在第5章核酸教学中，设置案例“转基因动植物与基因治疗”，其中介绍了南方科技大学贺建奎生基因编辑免疫艾滋病的婴儿这一事件的始末，强调了科研伦理、技术误差在科研实践过程中的不可或缺性。核酸部分削弱DNA、RNA结构与功能的部分，增加转基因植物介绍，向学生介绍转基因植物安全性评估的指标。基因工程、转基因植物是当前解决人口粮食问题，提高人类生存品质不可缺少的研究领域。虽则新闻媒体有反对的声音不断出现，有各种似是而非的新闻实例间或出现，但是对于转基因植物的学习必须持之以恒的进行下去。这章内容的学习有助于了解基因产物改良植物生长性状，提高植物产品品质的分子机理，正确评估转基因植物的风险评估。

(二)删减教材内容，增加案例教学方法的强度

为了提高学生的学习兴趣，吸引学生积极思考，活跃课堂气氛，生物化学教学中还经常将授课内容及要点和某些广为人知的电影或者电视中的片段进行有机地整合。在第5章核酸教学中，设置案例“刑事鉴识专家李昌钰”，介绍了李昌钰卓越的刑事鉴识专家能力。在一个犯罪现场调查中，针对常见的亲子鉴定这一刑侦技术，让学生去关注视频中的一些基本环节，包括生物样本的采集、基因组DNA的提取、PCR技术的原理、PCR产物的序列测定、所使用的仪器等等，生动地展现出来，由此再延伸到样品污染的后果、亲子鉴定结果的可靠性、序列测定方法以及仪器的发展等等。

酶学部分削弱酶作用机制部分，增加2学时的酶活测定与计算的内容，以及联动学生的大学生科研训练，着重学习酶促动力学测定与计算米氏酶动力学常数的内容。在第4章酶学教学中，设置案例“酶活力测定与计算”“酶促动力学表观一级速率常数与表观二级速率常数”“酶活力追踪与王晓东院士”等三个案例，用时长，重点突出，学生受益匪浅。酶学的基础理论是与学生科研实践联系最紧密的部分，为了增强学生进行酶蛋白分离纯化、活性追踪、性质表征等试验技能的理解，教研室同仁将研究生论文工作中酶学相关实验数据的测定、记录、处理以及结果与讨论部分整理归纳出来，这些接地气的工作在课堂上和学生一一分析，对学生申请或者进行大学生科研训练有极大的帮助。这个教学内容的改革一直以来深受学生的欢迎，学生在读研读博以后在这方面取得成果遇到问题仍然会向本科时代的教师汇报，代表了学生对教师的信任和爱戴。

(三)“互联网+”时代，案例教学方法视频化、 现代化

为了让学生更容易理解所授课程的教学内容，我们有目的地精心挑选数个国内外优秀视频在课间5分钟进行播放，不仅活跃了气氛，更是调动了学生的学习积极性。推荐学生课外阅读《科学中国人》《环球科学》《科学世界》等科普杂志，遇到合适的专题会有扫描文件上传给学生共享生物学领域的最新进展。

生物化学领域的许多重大发现，比如蛋白质的分子结构、核酸的分子结构、呼吸链与氧化磷酸化、糖酵解和柠檬酸循环、第二信使等，都曾得到学术界的公认，获得过诺贝尔生理学或医学奖、化学奖。诺贝尔奖官网对各奖项及其发现提供了权威的信息资料[6]。在第一章糖类教学中，设置案例“糖蛋白与糖生物学”；在第 4 章酶学教学中，设置案例“酶活力追踪与王晓东”“激酶之王 Tony Hunter”。这使得学生了解到高深的科研工作也来自生物化学的基础研究。

(四)选择合适教学内容，尝试“翻转课堂”形式的案例教学方法

翻转课堂(Flipped Classroom)是将学习的决定权从教师转移给学生，在这种教学模式下，课堂内的宝贵时间，学生能够更专注于主动的基于项目的学习，从而获得更深层次的理解。“生物化学 A”上册重点内容是生物大分子结构与功能的关系。对于蛋白质和酶来讲，蛋白质的一级结构影响高级结构，而高级结构最终决定蛋白质的功能。针对这一教学难点与重点，设置案例“蛋白质与分子病”“酶与先天代谢紊乱”。目前已经发现了数百万种蛋白质，这些蛋白质一级序列相似的，三级结构一定相似，而三级结构相似的其一级结构不一定相似。蛋白质一级结构的改变某些时候会造成生物体的病变，这就是分子病或者先天代谢疾病；而科学家进行体外定向进化改变某些蛋白酶的催化特征，这就是蛋白质工程。在给同学们讲解了蛋白质和酶学大量的知识基础上，针对“生物酶工程”或“蛋白质工程”的学习，我们采取了翻转课堂教学。学生分组选定“靶蛋白”进行文献阅读制作初级 PPT20 个；“初级 PPT”上传到微信平台，大家审阅投票选出“高级 PPT”5 个；“高级 PPT”制作者们和老师利用课余时间共聚一堂优化润色 PPT 的内容，保障 100 多位同学的视听享受并学有所得。

这种翻转课堂教学带来的直接结果一方面是加强了学生对某一经典理论知识的深层次的理解，另一方面，学生的 PPT 制作和语言组织表达能力也得到了很好的锻炼。其中，不少同学在这个过程中也产生了科研兴趣点，为申报学校的科研创新计划或选择毕业论文课题做了铺垫。教学相长，授课教师在翻转课堂环节中除了给学生把关，补充学生所讲内容的不足，也同时学到了很多新知识。

三、 引入本科生助教，引进生物化学过程考试改革

学生成绩的评定在人才培养体系中具有不可或缺的重要位置，同时也是检验教与学两个方面成效的重要手段。为了使学生成绩的评定更加合理性，从而推进学生学习的积极性，我们不再把卷面成绩作为考核的唯一指标，而是加入了更多能反映学生自主学习和学习成效的考核形式。个人综述、小组 PPT 和课后的作业累计成绩占生物化学理论课程总分数的 25%，而期末考试的卷面成绩只占总成绩的 75%。进一步的“生物化学 A”过程考试改革需要主讲教师的任劳任怨以及助教的外力支持。

四、 总结与展望

穿插式案例教学方法在案例的选择上既体现人类生活中的生物化学如案例“糖类脂质维生素与护肤品成分”“褪黑素与脑白金”“不饱和脂肪酸与营养学”，又展示了常见疾病的生物化学基础如案例“胰岛素、葡萄糖转运载体与糖尿病”“脂蛋白与脂肪代谢疾病”“血型物质与疾病”，这些极大的引发了学生的学习兴趣。表现之一就是 2017 级、2018 级本科生“生物化学 A”出勤率基本在 90%以上，教学督导后台查看课堂实况，表扬该课堂上学生很少出现低头玩手机的情况，学生的教学参与度是很高的。穿插式案例教学方法达到了最初的教学目标，一方面强有力的保障了课堂上的学习气氛，另一方面是最大程度的实施了科教融合。案例“竞争性抑制剂与肿瘤化疗药物”“酪氨酸受体激酶与肿瘤靶向药物”“蛋白质

三维结构技术发展”“酶活性中心研究技术发展”等教学内容广受学生好评，甚至影响到了学生考研、保研的选择方向。

但是在多年授课过程中，我们也碰到了很多高校共性的问题[7]。诸如：现在的很多学生家境比较好，缺乏努力奋斗的动力；学生面临的网络诱惑太多，导致上课出勤率低；上课时，部分学生经常手机不离手；大学生课堂配合度低，等等。课程改革与建设是一项长期的、艰巨的任务，作为生物化学的授课老师，我们仍需不断研究、改进、完善，群策群力，更好地服务于学生，在“双一流”背景下，更好地打造出北京林业大学生物化学精品课程。

参考文献

[1]程洁，周丛照．从 THE 排名透视中国高校“双一流”建设思路[J]．高等教育研究学报，2017，40(2)：15-20.

[2]国家中长期教育改革和发展规划纲要工作小组办公室．国家中长期教育改革和发展规划纲要(2010—2020 年)[OL].(2017-07-29)[2018-01-03].

[3]安德森．学习、教学和评估的分类学：布鲁姆教育目标分类学修订版[M]．北京：外语教学与研究出版社，2009.

[4]姚裕群，甘建华，赵时梅．医学生物化学的情境式教学设计与应用———以广西科技大学为例[J]．玉林师范学院学报，2015，36(5)：48-50.

[5]唐正正．情境教学在外贸教学中的应用[J]．经济与社会发展研究，2014，(9)：167.

[6]第 39 次《中国互联网络发展状况统计报告》发布[J]．中国广播，2017，(2)：35.

[7]楼吉林，胡建华．基于微学习的《数据结构》教学改革与研究[J]．中国信息技术教育，2015，(6)：77-79.

Applicationof case teaching method in *Biochemistry A* teaching reform

Yang Hailing　Xue Hua　Wang Xiaofeng

(College of Biological Sciences and Biotechnology，Beijing Forestry University，Beijing　100083)

Abstract　Biochemistry A is one of the important basic courses for biology-related majors, with complicated teaching content and profound theory. This course is targeted at undergraduate students majoring in biology in the second year. With the knowledge background of high school biology and freshman organic chemistry as the entry point, multiple lively teaching cases are used to teach students the difficulty and focus of biochemistry, which is the main content of this teaching reform. In order to highlight the focus of teaching and connect with the phenomena of life, the selected teaching case involves the biochemical basis of disease, the biochemical basis of disease treatment, biochemistry in human life, biochemical research methods, the history of biochemical research, and the leading edge of biochemical development and so on. This education reform has realized the greatest degree of integration of science and education, and strives to cultivate the knowledge level and scientific research literacy of undergraduates.

Keywords　Biochemistry, life phenomenon, integration of science and education, case method

案例教学法的课堂应用及前景

刘　猛

（北京林业大学人文社会科学学院，北京　100083）

摘要：案例教学法产生于美国，是法学院的一种有效教学方式，在课堂上运用现实中法院的判例进行教学，引导学生思考讨论相关问题，将课堂所学理论知识与案件所代表的实践操作结合起来，以理论指导实践，用实践检验理论。在现实应用中，案例教学法可以有效地提升学习效率，刺激自主创新能力，促进了教学相长。但是，案例教学法不是万能的，其在本科生教学课堂上的应用具有一定的限度，它只能是建立在传统讲授的基础之上。

关键词：案例教学法；兰达尔；教学相长；批判性思维

本科教育是一所大学的重心所在，如何把知识有效地传授给本科生，使其成为全面掌握专业知识的有用人才，是一项十分重要的课题，值得深入研究和探索。

在法学专业的本科教学中，主要以教师讲授的传统授课方式为主，这对于本科生特别是刚进入大学的新生来说，是必不可少的。但是，传统的讲授方法也存有一定的缺点：首先，这种填鸭式的教学方式，缺乏灵活性、创新性，不利于学生迅速高效的掌握知识；其次，对于法学这门与现实紧密相关的学科来说，仅仅依靠传统的讲授方式，对于学生掌握专业知识是不够的，也难以实现理论与实践的充分融合。因此需要有其他的教学方法配合使用，才能更好地促进课堂效果，实现培养卓越法律人才的教学目标。其他的教学方法中，案例教学法是一种优异的教学方法。

一、　案例教学法的历史及发展

案例教学法（Case Method），脱胎于古希腊的苏格拉底教学法，19 世纪 70 年代由哈佛大学法学院院长兰达尔（Christopher Clumbers Langdell）引入课堂教学中的。兰达尔主张，法学教育不应局限于培训法律技巧，而应该上升到法学理论培养的高度，或者说法律科学的高度。他以案例为教学形式，引导学生独立思考，培养学生分析问题和解决问题的能力。在哈佛法学院实行案例教学法之后，美国其他法学院也逐渐将教学方式从传统讲授为主转变到案例教学法为主，兰达尔的改革影响了美国法学院的整体教学风貌[1]。

兰达尔创立的案例教学法，是与英美普通法的司法制度和运行体系紧密相关的。普通法制度下，法院判例在司法实践中占据极为重要的地位；运用案例教学法，将法院判例引入法学院课堂，通过对法院判例的研究，分析该判例中涉及的法律条文及运用的法律解释方法，掌握判例中蕴含法律原则[2]。

在其他众多的教学方法里，案例教学法可以说是法学的特色。与其他学科不同，这里所说的“案例”，并非“文案”或“事例”，而是真实鲜活的司法“案件”。具体而言，案例教学是一个双向互动的过程，采取教师与学生、学生与学生之间问答、对话、辩论的方式，以案例为讨论的基础，督促学生思考相关问题，提炼案件事实和法律原则，将所学的法律理论和理念放在案例中进行检验。

作者简介：刘　猛，北京市海淀区清华东路 35 号北京林业大学人文社会科学学院，讲师，liumeng@ bjfu. edu. cn。

案例教学法在20世纪80年代之后引入中国，被应用于法学的教学和实验之中。

二、 案例教学法在法学本科生课堂中的应用

案例教学法主要分为三个环节，即有效“讲授”、有效提问、有效倾听并即时反馈[3]。在这个层层递进的过程中，达到课堂教学的目的。

(一) 案例教学法的积极效应

将案例教学法应用于本科生课堂，具有积极地效果。

1. 促进学生积极思考，将课堂讲授阶段的单纯听讲转化为就相关问题进行积极思考

在本科生课堂上，绝大多数的学生主要以听讲为主，既不存在课前预习，也不存在课堂思考，他们几乎是以囫囵吞枣的方式将教师所讲授的知识继受下来，这样子的学习效果可想而知，几乎是事倍功半的。从学科属性方面来说，法学兼具理论与实践，兼具逻辑与经验，单纯听讲的学习方式远远不能满足专业学习要求。案例教学法的引入，在教师的引导和反复纠问中，促进了学生的自主思考，激发了课堂学习氛围，在鲜活的现实案例中验证所学理论知识，有助于学生对所学专业知识进行深入理解和巩固。

2. 提升学生自主创新能力，训练批判性思维

在将案例教学运用于本科生课堂的过程中，能够大大刺激学生思考，并促使他们以多元化的视角提出问题，进而自行模拟设计新的制度路径。这一过程，训练了学生的批判性思维能力，引导他们去发现问题、提出问题，并设计出模型解决问题。这种训练，无论是对于学习其他课程，还是对于未来的职业化工作，都是效果显著的。

3. 提升学生的实践能力，培养理论和实践结合的复合型人才

法学是一门理论学科，也是一门实践学科，实践在其内容上所占的比重非常大。如美国著名的大法官霍姆斯所说，“法学的生命不在于逻辑，而在于经验”，维持法学生生不息的资源中，实践所占分量尤重。因此，法学的学习离不开实践，但是对于法科学生特别是大一法科学生来说，理论学习尚未成熟，贸然参加实践，并不能有效地面对实践中的问题，也不能有效的回应实践中的问题。案例教学提供了一个学生在课堂中参与实践的机会，学生可以就现实中真实存在的案例进行思考，深入到案件情境之中，站在中立裁判者的角度，对该案件中的事实问题和法律问题进行分析，得出自己的结论。

案例教学课堂虽然不如模拟法庭隆重有效，但也具有模拟法庭所没有的灵活性，可以多次运用。经此一途，学生的实践能力会有很大提升，对于在现实案件中如何找到可适用的法律，如何进行法律解释，如何撰写判决书等步骤都有了一个大致明晰的了解。也便是在这样的一点一滴中，法学的职业素养逐步地培养起来，学生逐渐成长为理论与实践相结合的复合型人才。

4. 反向刺激教师思考，实现教学相长

在案例教学过程中，学生往往会在自己思考的基础上提出许多问题，这些问题对于授课教师来说，有些是预测到的，也有些是事先无法预测到的，这就反向刺激了授课教师的思维，迫使其对于学生当堂提出的新问题进行思考，并迅速作出反应，或者结合当堂所讲知识给予解释，或者引入新的知识给予解释，总之需要授课教师给出有效的回应。

如《礼记·学记》所言：“学然后知不足，教然后知困。知不足，然后能自反也；知困，然后能自强也。故曰：教学相长也。”在案例教学法的过程中，不仅仅是授课教师向学生发问，促使其思维转动进行思索，学生也在向教师发问，迫使教师对于无法预见的问题给出有效回应，因此案例教学是一种双向的刺激机制，形成的是一种教学相长的良性循环。

（二）宪法学课程中案例教学法的具体应用

笔者在讲授“宪法学”课程的时候，穿插运用了案例教学法。在讲授完基本的理论知识之后，通过引入经典案例的方式，引导学生就所学内容进行思考，然后就该案例所涉及的宪法条文、原则和理念进行充分讨论。在讨论过程中，笔者通过反复辨问的方式，一步一步引导学生将所学课堂专业知识与案例结合起来，用案例检验知识，用知识升华案例，达到活学活用、尽快掌握专业知识的目的。

在“宪法学”的教学中，笔者相继讲授了“马伯里诉麦迪逊案”“孙志刚案”“延安黄蝶案”“罗伊诉韦德案”“米兰达诉亚利桑那州案”“齐玉苓案”“马卡洛诉马里兰州案”等中外宪法史上的经典案例，与所学的违宪审查理论、基本权利保障理论、宪法功能与目标、联邦与地方分权理论等知识要点联系起来。因为这些案例都是宪法学上的重要案例，蕴含了丰富的学理，所以在课堂上往往会用相当长的时间进行讨论，有的案例会讨论一小节（45 分钟）甚至更长的时间。在案例研讨过程中，学生反响热烈，积极主动参与案件的讨论，并能较好的运用所学知识对案件进行学理分析，课堂效果非常不错。下面以“米兰达诉亚利桑那州案”为例，展示案例教学法的过程：

“米兰达诉亚利桑那州案”是 1963 年发生在美国的案件，也是著名的“米兰达警告”的渊源。在讲授完宪法解释理论之后，引入“米兰达诉亚利桑那州案”，展示宪法的功能和宪法解释的面向。首先介绍基本的案情。1963 年 3 月，在美国亚利桑那州凤凰城，米兰达深夜绑架并强暴一名女子，几天后被警察抓获，经过 2 小时的审讯，米兰达供认不讳，并在供认书上签了字。以米兰达的供词为证据，亚利桑那州将其起诉，主审法官指定莫尔律师为其辩护。莫尔认为，按照美国宪法第六修正案的规定，警方应为其提供律师，但警方却在律师没在场的情况下进行了审讯，因此，米兰达的供词属于被迫自证其罪，违法美国宪法第五修正案，供词无效。在地方法院，米兰达败诉被判刑。他上诉到美国联邦最高法院，1966 年，联邦最高法院以 5∶4 裁决地方法院的审判无效，发回重审。最高法院认为，宪法第五修正案规定的公民权利（不得自证其罪）不仅适用于正式法庭审判，同样适用于法庭以外的任何程序和场合。

介绍完案情后，请学生思考，运用所学宪法学知识，对米兰达案进行评析。思考过后，学生相继发言。他们以中立裁判者的身份，对该案中最高法院法官运用的宪法解释方法、宪法解释的目标进行了阐述，并不时有互相辩驳的状况出现。在学生阐述的过程中，笔者针对阐述中的漏洞，采取相应的纠问，引导学生就尚未思考到的情况进行考虑。

学生在阐述中考虑了课堂所讲述的理论问题，对如何规范公权力的运行，如何保障公民的基本权利，如何解释宪法以更好的实现宪法的目标进行了充分的讨论；不仅如此，学生还就米兰达案，结合中国的立法和司法现实讨论了案件中所涉及的相关问题。课堂氛围非常热烈，与单纯讲授听讲时的肃静课堂状态形成鲜明对比。在学生课堂讨论结束后，笔者针对学生之间的讨论与辩难进行点评分析，并讲授自己对于该案件相关问题的分析，最后做出总结结论，供学生参考。

案例教学法的应用，将课堂变成了活生生的实践基地。普通讲授模式下，往往先讲授理论，然后讲述该理论在实践中的应用；案例教学模式下，先讲授案例，让学生身临其境，引导学生结合课程展开思考，引出理论，导向实践，反哺案例，形成案例—理论—实践之间的互动，达到较好的学习效果（图 1）。虽然其规模和效应与模拟法庭和法院实践无法相比，但在有限的条件下，案例教学不失为提升课堂效果的有力工具（图 2）。

图 1

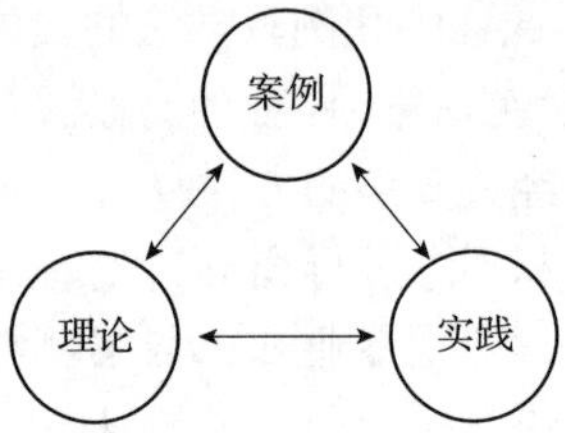

图 2

三、 本科生课堂应用案例教学法的不足

虽然案例教学法具有很多的优点，但是它也有不足之处。这主要表现在以下方面：

第一，案例教学法的基础是较为充分的掌握专业知识，只有在此基础之上，才能更加有效的通过对案例的研究，将所学的知识进行应用，以达到更加牢固掌握所学知识的目标。也就是说，案例教学法的应用还是要建立在传统讲授的基础之上，在专业知识讲授结束后，通过现实案例来检验、巩固所学的理论知识，以达到理论和实践的结合。没有这个基础，单单进行案例的讲授，无异于搭建空中楼阁，难以使学生获得系统性的知识。

此外，案例教学法对于授课教师也是一种挑战，需要课前准备大量的与该案例相关的材料，并进行充分的解读分析，提炼理论要点；还要应对学生临时提出的疑问，思考并迅速给出答案。因此，无论是学生还是授课教师，案例教学法都是一种难度较强的训练，需要具备较高的素养。

第二，所谓的“案例教学法”，在英美语境下主要指的是“判例”，也就是法院对于案件所写包括判决理由和附带意见在内的具有拘束力的判决书。严格来说，“案例教学法”与“判例教学法”存在一些差异。在奉行“遵循先例”(stare decisis)原则下，判例具有影响后来任何同类案件判决结果的重要意义。因此，在英美语境下，案例教学法具有其独特的理论支撑[4]。对于属于大陆法系模式的中国来说，并不存在“遵循先例”的制度，判例在实践中并没有英美实践中那么大的作用。因此，不能完全照搬英美法学的案例教学法，在课堂讲授中需要重视案例的意义，但也还是要注意立法的作用。

第三，本科生不同于研究生，其对于知识的掌握还没有达到研究水准，在相当大的程度上还主要依赖教师的课堂讲授，自己查找文献阅读相关材料仅仅起到预习课堂讲授内容和课后补充课堂所学知识的作用，所以，对于知识要求较高的案例教学法而言，难以在本科生课堂中作为主要的授课方式使用。

第四，因为法学专业学生人数较多，往往采用大班授课，达到五十人以上甚至到近百人的课堂规模；在如此规模的课堂上实行案例教学法，问答的覆盖面往往较低，参与其中的学生人数相对而言还是少数，大多数学生保持倾听的姿态，至于是否认真思考相关问题都不确定。这也是案例教学法所较难克服的固有缺陷。所以，并非所有的学生都能充分的参与讨论，并非所有的学生都能将理论与实践融合并就案件提出疑问，长此以往便容易形成“强者愈强，弱者愈弱”的马太效应，不利于一部分学生的素质提高。

四、 结语

综上所述，案例教学法是法学院的一种有效教学方式，在课堂上运用现实中法院的判例进行教学，引导学生思考讨论相关问题，将课堂所学理论知识与案件所代表的实践操作结合起来，以理论指导实践，用实践检验理论，实现二者的完美结合。

事实证明，在课堂教学中运用案例教学法是成功的，提升了学生的学习效率，刺激了学生的自主创新能力，促进了教学相长，活跃了课堂氛围，收到了良好的效果。但是，也应该看到，案例教学法不是万能的，其在本科生教学课堂上的应用具有一定的限度[5]。囿于本科生课堂的性质和中国的法律制度体系，案例教学不能替代传统教授的教学方法，不能反客为主，它只能是建立在传统讲授的基础之上，如此，方能收到事半功倍的效果。

参考文献

[1]李立丰．美国法学教育中苏格拉底教学法的变迁与反思[J]．江汉学术，2018，(5)：47-48.
[2]罗翔．从苏格拉底“问答法”走向建构主义“案例教学法”——案例教学法的理论分析与模式探寻[J]．文史博览(理论)，2010，(7)：69.
[3]祁建平．论法学创新素质教育中的苏格拉底教学法[J]．四川教育学院学报，2006，(1)：60.
[4]李龙博．兰代尔判例教学法及其法律观[J]．法学教育研究，2014，(11)：239-246.
[5]万猛、李晓辉．问解案例教学法[J]．中国大学教学，2014，(3)：76.

Case Method: Classroom application and its prospect

Liu Meng
(School of Humanities and Social Sciences, Beijing Forestry University, Beijing　100083)

Abstract　Case Method, which originated in the United States, is an effective teaching method in law schools. It uses real court cases to teach in class, guides students to think and discuss relevant issues, combines the theoretical knowledge learned in class with the practical operation represented by the case, guides practice with theory, and tests theory with practice. In practical application, case method can effectively improve learning efficiency, stimulate the ability of independent innovation, and promote the mutual development of teaching. However, the case method is not omnipotent, its application in undergraduate teaching class has certain limitations, it can only be based on the traditional teaching.

Keywords　Case Method, Langdell, teaching and learning improvement, critical thinking

课程思政视角下食品专业课程教学改革的探讨

张　瑜　王丰俊　张柏林

（北京林业大学生物科学与技术学院，北京　100083）

摘要：随着社会和人民对食品的要求越来越高，为促进食品行业的蓬勃发展，应全面提升食品专业学生的综合素质。食品专业课程是培养食品人才的主渠道，目前侧重专业知识的传授。在食品专业课程开展过程中，加入思政教育元素是提升学生思想道德修养和引领正确价值的有效途径。本文从教学目标的改革、教学内容的整合和扩展、教学模式的转变及教学效果评价的创新四个方面展开，初步探讨将课程思政融入食品专业课程教学中的途径。

关键词：课程思政；食品专业课程；教学改革

国以民为本，民以食为天。进入21世纪以来，食品产业已成为我国三大支柱产业，在发展国家经济、保障人民健康和改善生活水平方面发挥重要的作用。与此同时，消费者对食品供给、营养、健康、安全和味道等方方面面的关注度与要求不断提升。习近平总书记提出人民对美好生活的向往就是我们的奋斗目标，而对于食品行业，就是要满足消费者对食品的味蕾向往、安全向往以及健康向往。行业的发展离不开人才的培养，食品专业人才是推动食品工业发展的核心力量。面对着社会和人民对食品的高期待与严要求，作为食品专业教师，要思考我们究竟要“培养什么样的人才”和“怎样培养人才”，才能不断满足社会的发展和人民的需要。

多年来，高校专业教育与思想政治教育存在“两层皮”现象，未能达到传授知识与价值引领相统一[1]。2016年12月，习近平总书记在全国高校思想政治工作会议上指出，要坚持把立德树人作为中心环节，把思想政治工作贯穿教育教学全过程，实现全程育人、全方位育人，努力开创我国高等教育新局面。习总书记强调，要用好课堂教学这个主渠道，提升思想政治教育亲和力和针对性，满足学生成长发展需求和期待，使各类课程与思想政治理论课同向同行，形成协同效应[2]。在此号召下，“课程思政”的理念正逐步渗入到高等教育课堂中去。课堂教学过程本身就是育人最主要的场所，也是教书育人最重要的途径。将思政元素融入专业课程中，从育人的本质要求出发，将知识传授与价值引领相结合，在价值传播中凝聚知识底蕴，在知识传播中强化价值引领，是解决思想政治教育与专业教育“两张皮”的良好方式[3]。如何在食品专业课程中融入课程思政元素，实现知识传播与价值引领协同发展，需要教师不断地尝试与探索。本文从教学目标、教学内容、教学模式及教学效果

作者简介：张　瑜，北京市海淀区清华东路35号北京林业大学生物科学与技术学院，讲师，15261597598@163. com；

王丰俊，北京市海淀区清华东路35号北京林业大学生物科学与技术学院，教授，wangfengjun@bjfu. edu. cn；

张柏林，北京市海淀区清华东路35号北京林业大学生物科学与技术学院，教授，zhangbolin888@163. com。

资助项目：北京林业大学本科精品课程项目“食品工程原理”（BJFU2018JPK004）。

评价四个方面，对课程思政视角下食品专业课程的改革提出一些想法和思路(图1)。

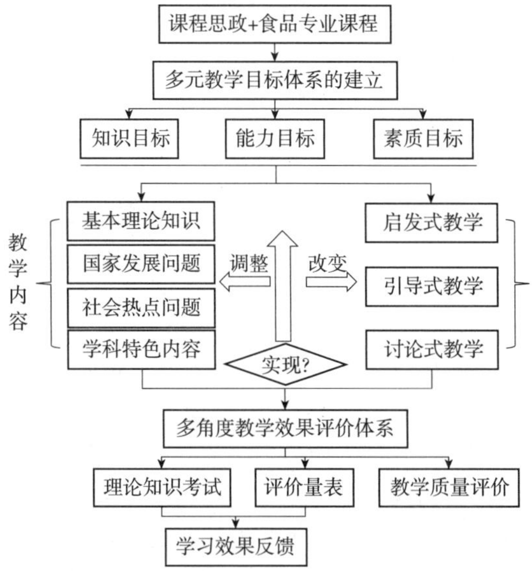

图1 课程思政视角下食品专业课程改革思路

一、 教学目标的改革——多元教学目标体系的建立

食品专业以“食品化学”“食品生物化学”“食品营养学”“食品工艺学”“食品质量与安全”“食品机械与设备”“食品分析与检测”等课程为核心，以理论教学和实践教学为基础，为满足现代食品工业发展需要和适应国家经济建设，培养学生掌握食品加工与储藏、食品质量安全与营养评价、食品机械与设备、食品包装、食品物流营销等相关现代食品科学相关基础理论、基本知识和应用技能。专业课程教学是人才培养的关键环节，是人才培养的主渠道、主战场，不能仅仅以传授专业知识为目的，更应以提升学生的综合素质为目标。针对目前课程教学特色不显著、教学手段单一、理论知识与实际应用脱离、思政元素匮乏的现象，笔者认为可以在食品专业课程建设中应用OBE教学理念(Outcomes Based Education)，以学生为中心，以目标为导向，构建以知识目标、能力目标和素质目标组成的多元教学目标体系。知识目标是为了帮助学生系统掌握食品科学的基础理论、专业知识及基本技能，培养功底扎实的食品人才。能力目标是为了提高学生的学习能力、实践能力、创新能力和团队协作能力等，培养专业的食品人才。素质目标是为了激发学生的爱国热情，建立学生的社会责任感、使命感，培养学生科学精神和人文情怀，培养敢担当有作为的人才。以专业知识及技能为载体，通过课程思政手段，树立正确的世界观、人生观和价值观，培养学生团队协作能力、职业素养及职业道德，培养学生对食品学科的认同感，促进学生身心健康发展。通过专业知识体系教育与思想政治教育体系的有机结合，实现全方位育人的目标。

二、 教学内容的整合及拓展

为了实现多元教学目标，需对现有的食品专业课程内容进行整合及拓展。目前，在理论教学课程中，为实现知识目标已设计了丰富的教学内容；在实践教学内容中，亦对能力目标的实现进行了部署。而对于实现素质目标，原有的课程中零散地分布着课程思政的元素，而在课程思政的视角下，教师应深挖课程思政元素，在理论教学和实践教学中进一步强化，有计划地将课程思政元素系统地融入专业课堂中，全面提升食品人才的培养质量。针对林业院校食品学科地特点，笔者认为可以从以下两方面开展。

构建具有林业特色的食品专业课程，培养学生的学科认同感和爱林情怀。目前，笔者所在学校北京林业大学已形成了以森林生物资源利用、农产品加工及贮藏、天然产物提取及木本油料为研究方向的特色发展模式，但是本科生培养体系中却缺乏单独的林业特色食品课程。结合研究方向的特色，开发具有林业元素的食品课程。前期可通过在现有专业课程内容中增加体现森林食用资源及森林食品加工利用的模块来提升学科特色，如在"食品工艺学"课程中加入森林食品加工内容。逐步形成与学科研究方向结合、与学校发展方向结合、与国家重大需求结合的独立森林食品特色课程，组织编写适合林业院校食品专业的特色教材。

将国家发展的问题引入课程教学内容中，引发学生思考，激发他们学习的斗志和报效祖国的情怀。如在"食品营养学"的授课过程中，融入健康中国2030发展战略，强化食物营养健康的重要性，启发学生对于如何从食品营养角度提高全民健康发展的思考。在"食品化学"课程脂质化学部分，补充木本油料对于国家发展的重要性，以及为维护国家粮油安全，国务院对加快木本油料产业发展的意见等内容。行业的发展为解决国家的需要而服务，在专业课程中引入与国家发展相关的内容，为学生指出行业发展的方向，增加了学生对建设祖国的责任感以及对专业的认同感。尤其作为林业院校的食品学子，发展林业特色食品不仅是为了自身的职业发展，更是肩负着为祖国提供健康食品资源的责任。通过这种教学内容的拓展，引发学生对国家需求、社会需要和行业发展的关注，以便培养学生的社会责任感和树立正确的择业观。

三、 教学策略的转变

将思政元素融入专业课程中，切忌采用"心灵鸡汤"式灌输和"布道式"地讲述方法。在专业课程中，理论知识讲解过程中兼容社会问题、生活问题、热点问题，灵活地应用启发式教学、引导式教学和讨论式教学等方法，着力将教书育人的内涵落实于课堂教学的主课堂中去。例如，在"食品质量与安全"课程中，通过加入食品安全热点讨论和案例分析增加学生的主导性与参与度。课前让学生分成5人小组，根据自己的兴趣选取代表性的食品安全案例进行课前讨论，并制作分享PPT。在课堂教学中，每节课程安排10分钟进行案例分享，让学生主导课堂，还原食品安全事件，剖析事件的起因，查找解决方法。从专业知识的角度分析事件，并思考作为食品工作者应具备哪些职业素养。分享完成后，学生自由讨论，然后对分享者进行提问，在提问与回答过程中加深对事件的理解并吸纳不同观点。之后，教师要给予正确的引导和总结，一方面帮助学生理清事件始末，尤其对于一些由于媒体夸大报道而产生误解的报道，给予科学的解释；另一方面，要点评学生在学习过程中的表现，修正其中错误的观点。除此之外，教师要引导学生进行深度思考，尤其对于食品工作者应如何坚守职业素养的思考。有别于传统灌输式的教学方法，讨论式、引导式的教学方法更利用启发学生的思考，培养学生主动学习的能力，引导学生将所学理论知识应用于实际问题的分析解决中，利于加深学生对于知识点的理解。同时通过PPT展示的方式也能提高学生的表达能力和展现力，对培养学生职业素养也有具有促进作用。整个教学过程中，辅以对职业道德思考的启发，更有助于促进实现多元化的教学目标的实现。

四、 教学效果评价方式的创新

在目前的专业课教学中，考试是考察教学效果的主要方式。考试虽然具有一定的客观性和公正性，但不能全面地评价学生对知识掌握、实践能力和解决实际问题能力的提高[4]。单一的考试方式更不能实现多元化教学目标下学习效果的评价。将课程思政融入专业教学中，需提出新的学习效果评价方式以检验学习效果是否达到教学目标。因此，需建立多角度的学习效果评价体系。

与教学目标相对应，课程的考核应分对理论知识考核和能力素质考核。理论知识的考核是为了检验是否实现知识目标，可采用传统考试的途径，但需对考试内容加以创新，具体可分为对知识点记忆、知识点理解和知识点应用三个层次，此部分考核占课程考核的50%。对能力目标和素质目标的评价，与学生的培养模式相统一，评价方式上仍由学生占主导地位，结合自我评价和同学间评价，辅以教师评价，建立以评价量表的方式进行评分。以上述“食品质量与安全”课程为例，这门课程的评价量表可以分为四个方面，自我评价、同组评价、同学评价及教师评价。自我评价从知识点的掌握、任务的完成程度和课程反思方面自行评价。同组评价是合作学习团队伙伴间的相互评分，主要对任务的参与度、贡献度和配合度打分。课堂展现的效果是学习团队共同努力的结果，团队成员间相互见证了彼此在任务完成过程中的表现，更具评分的话语权，因此将此部分交由学习团队相互评分。教师在过程中需制定好公平公证的评分规则，避免同学间因个人恩怨以及相互包庇等行为造成的分数两极分化严重或分数均一化现象。这种评分方式在学习过程中可激发学生对课程参与的热情，同时起到相互监督和促进的作用。全班评价是为了评估学习团队的学习效果和展示效果，根据教师设计的评分标准进行，主要从分享内容、PPT 制作、展示效果、创新性等几个方面评分，评分细则见表 1。通过同学互评的方式，建立一种竞争机制，更有利于激发学习热情。为了评分的公正，自我评价成绩占评价量表评价的 10%、同组评价占 45%、同班评价占 35%、教师评价占 10%。

表 1　评分表示例

评分标准	分享内容(45%)	PPT 制作 (20%)	展示效果 (25%)	创新性 (10%)
评分细则	选题科学性、内容完整、逻辑清晰	制作精美、思路清晰	语言流畅、表达清晰、仪表仪态、应答能力	讲授方式或选题存在创新点，是否引发思考
1 ……				

在完成学生学习效果的评价后，教师应对照学生评分情况考察课程设置的多元化教学目标是否实现，即经过本门课程的学习后，学生是否在知识层面、能力层面和素质层面取得进步，达到预设的效果。同时教师应及时给予学生学习反馈。目前授课过程中，课程结束后教师仅为学生提供考试成绩，学生并不能清楚地认识到自身学习的问题所在，这对学生知识的掌握及自我提升十分不利。课程结束后，教师应根据评价结果，给予学生公正的评价及学习建议，让学生有的放矢地查找自己在学习过程中的问题并做出及时的修正。

同时，教师也应设置课程教学质量评价调查问卷，及时收集学生对课程的反馈意见。课程教学质量评价主要分为教学组织、教学效果、学习收获和课程建议四个部分。教学组织主要针对教学内容安排的合理性、丰富度及讲授方法接受度方面进行评价。教学效果评价主要针对学生在课程结束后是否收获了所需的知识、是否激发了自己的学习兴趣。学习收获评价主要针对通过这门课的学习是否提高了某方面能力、是否引发了学生对学科、行业或国家发展等方面的思考。课程建议主要是收集学生对课程的改进意见。通过几个方面的评价，教师可以从学生的视角了解自己的教学设计是否达到了预设的教学目标，及时查缺补漏，这对于推动课程的建设具有重要的重要。

通过设置多角度的学习效果评价(对学生的评价)和学生教师间的相互反馈，教师可以了解是否在教学过程中达到了将思政元素完美融入课堂的效果。通过学生的成长可以验证是否将显性课堂与隐性课堂相结合，达到了专业课程设置的多元教学目标，以便及时调整课程内容和教学策略，更好地推动课程思政下食品专业课的改革。

五、 结语

新时代课程思政视角下，食品专业课程教学内容与形式的改革任重而道远。教师需在加强自身思想道德建设的前提下，教学过程中应不断保持学习的热情和反思修正的决心，结合学科研究特色，充分发掘专业课程中“隐形”的思政元素，把思想政治工作贯穿于教学全过程中，做到全程育人。应建立多元教学目标，提升课程的说服力与感染力，使每一门食品专业课程成为真正意义上的金课。应建立多角度的学习效果评价体系，让学生在修完食品专业课程后，可以在政治站位、道德修为、理论知识及实践能力等层面上获得全方位提高，达到“三全育人”的要求。

参考文献

[1]高德毅，宗爱东．从思政课程到课程思政：从战略高度构建高校思想政治教育课程体系[J]．中国高等教育，2017，(1)：43-46.

[2]习近平在全国高校思想政治工作会议上强调：把思想政治工作贯穿教育教学全过程开创我国高等教育事业发展新局面[N]．人民日报，2016-12-09.

[3]郑钟琴．“课程思政”与专业教育创新融合模式探索——以财务管理专业为研究视角[J]．企业科技与发展，2019，(3)：80-81

[4]任淑萍，王宁，秦治刚，等．考核内容和考试方法改革对学生学习效果的影响[J]．吉林省经济管理干部学院学报，2015，(2)：104-105.

Exploration of teaching reform in food specialized courses under the view of Ideological and Political Education

Zhang Yu　Wang Fengjun　Zhang Bolin

(College of Biological Sciences and Biotechnology, Beijing Forestry University, Beijing　10083)

Abstract　With the increasing demand for food from society and people, the overall quality of students should be comprehensively improved in order to promote the vigorous development of food industry. The food specialized courses are the main pathways for student cultivation, mainly focusing on professional knowledge instruction. Therefore, during food specialized courses, Ideological and Political Theories teaching in AU Course is an effective way to improve students' ideological and moral cultivation. In this paper, we put forward some methods from four aspects, including the reform of teaching objectives, the integration and expansion of teaching contents, the transformation of teaching mode and the innovation of the teaching evaluation. It hopes to explore a better way to integrate ideological and political education into food specialized courses.

Keywords　Ideological and Political Education, food specialized courses, teaching reform

基于“互联网+教育”理念的慕课“材料与家具”建设及应用

张求慧　李　黎　张　帆　程旭锋　杨国超

（北京林业大学材料科学与技术学院，北京　100083）

摘要：大数据时代背景下，“互联网+教育”的现代化教学理念为信息化教学的实施提供了新的机遇，也为高等院校的课堂教学模式改革提供了新的途径。本文以中国大学 MOOC“材料与家具”的课程建设、上线运营、应用实践为例，从利用互联网教学的新思维出发，对课程教学的内容和形式均进行了教学改革的探索和实践，收到了满意的效果，也提出了进一步的教改建议。

关键词：互联网+教育；信息化教学；材料与家具；慕课；翻转课堂

时代在飞速发展，科技在不断进步，方兴未艾的互联网技术在倒逼高等教育教学的改革。迅猛而至的互联网时代，为现代化教学管理的实施创造了新的生机，也为高等教育教学的课程教学改革提供了新的机遇和挑战。近年，教育部等相关部门出台了一系列政策文件，提出要办好网络教育，促进在线教育健康发展，积极推进“互联网+教育”发展，加快教育现代化和教育强国建设[1]。大学课程是高校人才培养体系中的最基本结构单元，也是不同学科在专业建设中的核心要素，直接影响着学生的学习质量和教师的教学效果，是人才培养质量的最重要环节。教育部高等教育司司长吴岩指出：课程是教育的最微观问题，但解决的是教育最根本问题，而课程又是中国大学带有普遍性的短板、瓶颈和关键问题。如何建设精品在线开放课程，怎样建设金课、淘汰水课，业内有识之士就此方面进行了有成效的探索和实践[2-4]。但由于课程的定位不同、性质不同、教学内容不同，要求达到的教学目标也不同，所以导致教改的方式和效果也会存在差异。

对家具材料类课程而言，同样面临如何推进其在线教育积极发展的问题。家具是现代生活中人人都在使用的必需品，材料是家具的物质基础，所以家具材料类课程是与实践联系非常紧密的课程，是具有“普世性”和“亲民性”的。怎样将现今发达的网络技术和信息化成果应用于此类课程的教学改革，将现代信息技术与高校课堂教学有机融合，并以“互联网+教育”为主要抓手，丰富课程资源，拓宽学习路径，提高教学质量，并最终达到提升人才培养质量的目的，仍然值得进一步的深入研究探讨和实践笃行。

一、家具材料类课程教学存在的问题

（一）课程教学未体现信息化教学的特点和优势

家具材料涉及的范围十分广泛，所以家具材料类课程的教学内容通常也很饱满。如果

作者简介：张求慧，北京市海淀区清华东路 35 号北京林业大学材料科学与技术学院，教授，qhzh66@ 163. com；
李　黎，北京市海淀区清华东路 35 号北京林业大学材料科学与技术学院，教授，lili_email@ 263. net；
张　帆，北京市海淀区清华东路 35 号北京林业大学材料科学与技术学院，教授，zhangfan1976@ 163. com；
程旭锋，北京市海淀区清华东路 35 号北京林业大学艺术设计学院，教授，cxf005@ bjfu. edu. cn；
杨国超，北京市海淀区清华东路 35 号北京林业大学材料科学与技术学院，博士研究生，1006649108 @ qq. com。

资助项目：北京市共建项目——精品在线开放课程建设“材料与家居”（2019GJ2XKFK005）。

按照传统课堂授课的方式安排教学，经常会出现知识点讲授不全面不充分不深入的问题，也难以实现培养学生创新思维能力的教学目标。另一方面，对大学专业基础课而言，通常在课堂讲授结束后。

是要求学生自己去复习巩固所学知识的，而学生学习的具体效果怎样，教师是无法及时知道结果的，一般需要采用作业、测验或考试环节，才可以获知结果，这就有一个时间滞后的问题，也就是说，所谓大数据时代的信息化教学特点没能充分体现出来。

（二）传统教学模式已不能适应“互联网+教育”的时代发展要求

传统教学模式是以“教师教”为主的，教师是教学活动的中心，是课堂的主角，是知识的传授者，学生只是作为受体在讲台下被动地接受知识。而现代社会，信息化技术已经渗透到包括教育领域在内的社会各个方面，“互联网+教育”是互联网科技与教育领域相结合的一种新的教育形式。有学者对教育管理变革、信息化教学、翻转课堂教学模式进行了一系列有学术价值的研究，也得到了一些阶段性成果[5-8]，具有积极的借鉴参考参考。就家具材料类课程而言，在实现信息化技术与课堂教学的有机融合、实施翻转课堂教学模式等方面，还有很大的改革空间。

二、慕课“材料与家具”的课程建设与上线运营

慕课(MOOC)是一种在线课程开放模式，属于“互联网+教育”的产物，慕课现已成为高等教育改革发展的重要阵地和焦点领域[9-10]。以慕课建设和应用为主要抓手，可以推进和领跑我国高校的信息技术与教育教学的深度融合。

（一）慕课“材料与家具”的课程建设

慕课“材料与家具”的课程定位是：面向“零基础”的非木材科学与工程专业的本科在校大学生的公选课、大学相关专业(如家具设计与工程、家居产品设计等)本科专业学生的选修课、社会学习者的通识课。

1. 确定课程教学的总体目标和具体目标

(1)总体目标

积极推进大数据时代“互联网+教育”的发展，以“揭材料之谜、品家具之韵”为突破口，提升人才培养质量，并为社会学习者提供优质的数字学习资源。课程建设中特别需要注重运用信息技术成果，实现多媒体呈现、多资源聚合、多技术应用，打造具有创新性、先进性和引领示范性的一流在线开放精品课程。

(2)具体目标

具体目标包括以下五个方面。

①在综合素质层面：面向所有学生，通过材料理论知识和应用实践的系统的个体自主学习，开阔学生的视野，激发他们探究材料世界奥秘的求知欲，培养学生终身学习的意识。通过学生之间的讨论学习，提升学生互相帮助、促进提升、集体进步的团队协作能力和解决实际问题的能力。

②在知识拓展层面：掌握各种家具材料的性能特点及应用状况；了解常用材料的相关标准(特别是国家强制标准)，具有对常见家具材料进行品质评定的能力。

③在能力培养层面：针对不同学习能力水平的学生，设定不同层面的培养要求。按照合格人才100%、优秀人才30%、卓越人才5%的比例，分别提出不同的具体要求。对所有学生的基本要求是，通过课程学习，能够运用课堂所学和课后所思，提高对材料的综合认知能力和解决一般实际问题的能力；对学有余力的优秀人才的要求是，具有分析问题产生根源、并能够最终提出合理解决方案的能力；对具有潜能的卓越人才的要求是，能敏感发现及时看到行业发展现状中的不足和问题，具有开发新型家具材料的创新能力。

④在情感认知层面：采用问题导入→启发思考→共同分析→构建知识的教学方法，采用BOPPPS六元素教学模式，充分运用现代信息技术手段，增加教育资源有效供给，创新教育组织形态，丰富现代学习方式，使他们有更积极阳光的人生态度和专业实力去迎接未来的挑战。

⑤在课程思政层面：以专业课知识讲授为载体，以立德育人为根本，充分挖掘蕴含在专业知识中的德育元素，实现专业课与思想政治教育的有机融合，帮助学生树立社会主义新时代的核心价值观，实现显性教育与隐性教育的有机结合。如在讲授红木家具材料的同时，也需要使学生了解，具有中国特色的红木家具在世界家具发展史上所具有的里程碑式的重要意义，弘扬和传承中华民族传统文化是每一个炎黄子孙义不容辞的责任。

2. 课程设计思路

课程团队认为，遵循教育发展规律，充分运用现代信息技术手段，提供在线教育服务，创新教育组织形态，丰富现代学习方式，有利于提升高校人才培养的质量，并同时可以向大众普及科学知识。对现有的北京林业大学国家级重点学科木材科学与工程的本科专业主干核心课程“家具材料学”的教学内容进行优化重组和知识点碎片化，以“培养能适应大数据时代发展潮流、满足行业发展需求的创新型工科人才、提升社会大众对家具材料知识的认知水平”为宗旨，精心打造好在线开放课程“材料与家具”，可以激发调动互联网环境下，在校大学生和社会学习者的学习热情和智慧潜能，培养学生终身学习的良好习惯，提高创新型人才培养的水平。

3. 课程设置依据、教学主体内容及课程成绩评定

(1)课程设置依据

慕课“材料与家具”虽然脱胎于大学本科课程“家具材料学”，但前者的学习内容绝不应是后者内容的简单视频再现和“照本宣科”，而应该是针对课程定位和学习目标，进行内容重组。需要考虑的两个原则是：第一要注意将学术性和科普性相结合，所谓学术性是对应于大学在校生的公选课和专业选修课，所谓科普性是对应于社会学习者的通识课；第二是要注意基础理论知识讲授的系统性与材料应用的实践性相结合，应适当加入现场教学环节，并在授课过程中，采用大量的图片、实物、案例、标准、视频资料等数字信息，帮助学生全方位地系统掌握家具材料的理论知识和应用实践，教学元素的丰富性也有助于学生获得理想的学习效果，提升学生了解材料、诠释材料、驾驭材料的能力。

(2)教学主体内容

课程团队认为，慕课“材料与家具”作为一门高校的在线开放课程，教学内容的基础理论体系模块应该涵盖常用的家具材料，所以，该课程的教材选用了以课程团队教师为主编写的普通高等教育“十三五”规划教材《家具材料学》(第2版)。该教材内容新近性强(中国林业出版社2018年5月出版)，而且是“纸电结合”教材，书中嵌入了41个含有相关标准、经典案例、世界著名家具品牌官网等数字化资源，方便学生拓展学习。

以上述教材为理论依托，慕课“材料与家具”将目前常用的家具材料如木材、人造板、竹材藤材、金属、塑料、玻璃等纳入到主体教学内容体系中，以体现基础教学内容的系统性和完整性，并注重材料应用的实践性。考虑到某些材料及家具配件的特殊重要性及行业实际需求，将红木以及板式家具的五金配件也作为在线开放课程“材料与家具”的教学内容，嵌入到相应的学习单元中(图1)。

学习的本质是指行为或以某种形式采取行动的能力的持久改变，这种变化来自实践或其他形式的经验[11]。为提高学生理论联系实际、学以致用的能力，课程团队在学习内容中，力图使课程元素更加丰富，加入了板式家具先进企业负责人访谈、红木博物馆现场教学、板式家具专卖店现场教学、家具五金配件生产线参观等与行业实际联系非常紧密的教

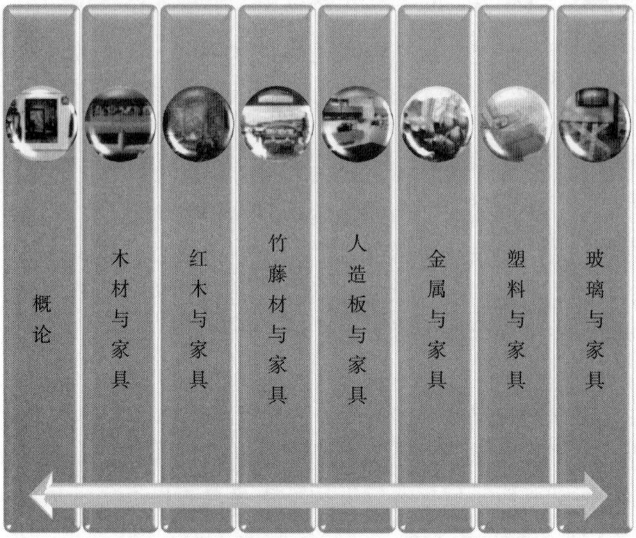

图 1 慕课“材料与家具”的课程内容框架

学环节，帮助学生了解家具材料行业发展的具体现状和趋势。这些伴随理论知识讲授过程嵌入的“实践类教学”环节，对学生提高“材料与家具”的学习效果具有非常积极的实际意义。结果证明，与实际相结合的“接地气”式教学方式，是新时代学生喜爱的学习形式，从课程评价的结果上，不少同学认为这是一种非常好的学习方式(图 2)。

图 2 慕课“材料与家具”中的企业访谈和家具博物馆参观视频截屏

另外，慕课“材料与家具”为了体现课程内容的新近性，在采用新版的纸电结合教材《家具材料学》(第 2 版)的基础上，又补充了 28 个与教学内容相关的二维码(如家具应用历史的视频、红木标准等)，这不但方便学生进行拓展学习，也使教学内容在与时俱进和课程思政两个层面上的内涵和外延都有了更多的延伸。如：在讲授第一章“概述”第一讲的内容时(同步文档局部页面如图 3 所示)，不但介绍了交椅的用材，也提到了交椅的文化，原本仅供皇帝使用的交椅，现在依然被用来指代官场上的座次地位和尊卑；而穿插在课件中的由中央电视台拍摄的《家具里的中国》中的精彩片段(扫描二维码可见视频内容)，阐释了中国人历来重视家具所用木材的历史渊源，这实际上也体现了中国家具文化的某种价值取向。影视资料与家具材料课程的紧密结合，既符合了当下社会发展和学习者的需求，又可以提升教学的时代感与普适性，产生了很好的视觉效果和潜在的后续影响力。

(3)课程成绩评定

考试对教学活动的主体及行为具有很强的导向作用，考试成绩不仅是评价教师教学效果的依据，更是反映学生学习成绩的重要环节。慕课学习更应注意强调对学习过程的评价，采用更灵活和丰富的考试形式，以成绩构成多元化来体现课业学习的最终效果和合理性。

为了保证学习效果，慕课“材料与家具”注重授课视频和巩固练习相结合，每一讲的课

图3　慕课“材料与家具”第一章第一讲同步文档某页面截图

程讲授后都会有随堂测试，以便巩固加深学生对当堂所学知识的印象，每一章的课程讲授结束后，都会有单元测试和单元作业，课程最后还有期末考试环节。另外，伴随课程的进行，对应于不同的学习内容，设置了几十道讨论话题的帖子，让学生在自主学习过程中，不但能自己积极思考问题，而且能有机会分享他人的学习体会和思路，引导学生互相学习，共同提高学习质量。

慕课“材料与家具”的课程学习总成绩评分比例为：讨论课的参与程度占总成绩的10%，单元测验成绩占总成绩的30%，单元作业占总成绩的30%，期末考试成绩占总成绩30%。(单元作业是主观题由老师判分，单元测验和期末考试是客观题由系统判分，讨论课的参与程度由学生在课程讨论区的发言活跃程度决定，由系统判分)。

(二)慕课“材料与家具”的上线运营

慕课“材料与家具”现已在中国目前最大的在线教育平台——爱课程网“中国大学MOOC”成功上线运营，第一轮上线时间为2019年5月10日至2019年7月20日，课程共计83个授课视频、时长1059分钟、非视频资源73个。丰富的教学内容和课程元素，不但服务了在校大学生，也惠及了社会学习者。课程选课人数在材料类课程中名列前茅，课程评价也很高(4.9分)。

特别值得一提的是，慕课在教学内容的完整性、资源丰富性、师生互动性、传播力影响力(在校大学生与社会学习者共享)等方面与普通的课堂教学相比是具有明显优势的。就“材料与家具”这门完全线上课程而言，由于把基础教学内容、讨论环节、测试和考试体系一并放在同一个时间维度上推送给学生，所以借助中国大学MOOC平台的软件功能，课程教学团队的老师得以在课程管理后台上，及时看到学生的学习情况，也非常方便与学生进行互动交流，因为教师能够及时解决学生在学习时遇到的问题，使学习者的学习效率和质量都有所提高。而教师经常对学生在讨论课上的精彩发言点赞，也极大地鼓舞和激励了学生的学习热情和自信心，有利于他们进一步更好更深入地学习后续的课程内容。让课程团队老师惊喜的是，借助互联网的传播力量，本课程首轮上线就取得了较好的效果。从参与学习的学生学历水平和年轮层次上看，既有年轻的在校大学生，也有不少是家具行业年富力强的中年从业人员，更有大量的家具消费者。通过观看慕课，这些学习者普遍认为，自己的家具材料知识水平提升了，对家具材料行业的整体现状及发展趋势了解的更充分了。

慕课“材料与家具”第二轮上线时间为2019年9月9日至2019年12月31日，在第一轮内容的基础上，课程团队又补充了多个非视频资源，并建立了与课程教学内容进度相匹配

图 4　公众号“材料与家具”部分推文首页的截屏

的微信公众号“材料与家具”，不定期推出与家具材料行业发展联系紧密相关的推文，现已推出 14 期部分推文的首页截屏如图 4 所示，进一步延伸了课程学习内容。

另外，因为本学期北林教务处将慕课“材料与家具”列为全校的线上公选课，加上笔者对材料学院木工专业(家居设计与制造方向)的专业核心课程“家具材料学”实施了混合式教学方式，有本校大学在校生的积极参与，所以在慕课讨论区，学生的发言活跃度和发帖质量都有较大幅度的提高，并且学生的考试完成度、单元作业完成质量、整体的课程成绩都有明显提升。课程团队将学生在讨论区的精彩发言内容梳理成文，以公众号“材料与家具”的“元旦特辑”推文进行发布，不但表彰了努力学习、积极思考的学生，对其他参加学习的也起到很好的提示作用。

三、 基于慕课“材料与家具”的翻转课堂教学模式实践

翻转课堂教学模式被认为是 21 世纪学习的革命[12]，这种学习方式是指学生先自行完成知识的学习，而课堂则变成老师学生之间和学生与学生之间互动的场所，包括教师的答疑解惑、学生互相分享对知识理解和运用等，显然，这是一种以“学生学”为主要教学活动的学习模式，课堂和老师的角色发生了变化，老师更多的责任是去理解学生的问题，引导学生去运用所学知识去分析问题、解决问题，这样可以达到更好的教育效果。

众所周知，完全的线上课程慕课(MOOC)在教育效率上功能强大，但弃课率高、完成度低。而小规模限制性开放课程(SPOC)在因材施教、学生同构、身份验证、出勤率一致度、全程关照等方面有自身的诸多优势，将 MOOC 与 SPOC 两者共同使用，让其优势互补，可以实现高校的精准教学。

有了 MOOC“材料与家具”作为依托，翻转课堂教学模式的实施具有了可行性，因此，笔者在本学期对材料学院木材科学与工程专业的本科核心课程“家具材料学”进行了混合式教学的探索实践。该课程为木工专业(家具设计与工程方向)大三学生的必修课，共计 40 学时，按照线上 12 学时、线下 28 学时分配(3∶7)比例设置，学生可以先通过自学完成“材料与家具”的线上学习，不再仅仅是单纯被动地依赖授课老师在课堂上传授知识，这样可以在促进学生专业知识积累的同时，也有助于他们的思维方法训练和自学能力的提高。应该指出的是，这种预先学习与以往的课前预习是不同的，因为有些慕课学习内容老师在课堂上是不讲的，老师只会着重介绍关键问题和难点问题。线下学习包括老师课堂讲授以及学生的 5 人小组为单位的课堂讨论分享。老师讲授的内容是在基础理论知识体系层面上的进一步深化和提升。学生的小组讨论分享非常重要，一方面在查找资料的过程中本身就是与行业接触的实践活动；另一方面在组织具体发言内容时，小组同学在团队协作、沟通能力方

面也可以得到更好的训练。在课程成绩考核的分配上，单纯线上学习的成绩占 30%(由中国大学 MOOC 平台上的系统给分)，线下学习的成绩占 70%(其中：期末考试成绩占 50%；课堂讨论分享成绩占 20%)。

从目前北京林业大学综合教学管理系统上的教学实时评价结果可以看出，效果令人满意(学生参评率 98.5%)，如图 5 所示。有大于 90%的学生表示，“这门课程激发了我学习相关知识的兴趣和热情”，学生对课程评价给出“非常满意”的留言上写到“上课有趣、混合式教学有趣”“线上线下结合授学，很有特色”“结合慕课教学很机智”等等，这让任课教师感到欣慰，也更坚定了进一步努力探索信息化教学的勇气和信心。

图 5　“家具材料学”课程教学评价的截屏

本学期的“家具材料学”课程已结束，任课教师在期末考试时对学生进行了问卷调查，结果也很理想，某些选项结果具体如图 6 所示。同学们表示对混合式课程教学模式认可，非常满意率和满意率 97%、基本满意率 3.3%，有 97%的同学表示自己在专业知识积累、思维方法训练、自学能力提高和团队协作能力提升方面收获很大或较大，这个结果是令人欣喜的，也进一步印证了现今大数据背景下的“互联网+教育”的信息化教学是顺应时代要求的、有发展前景的。

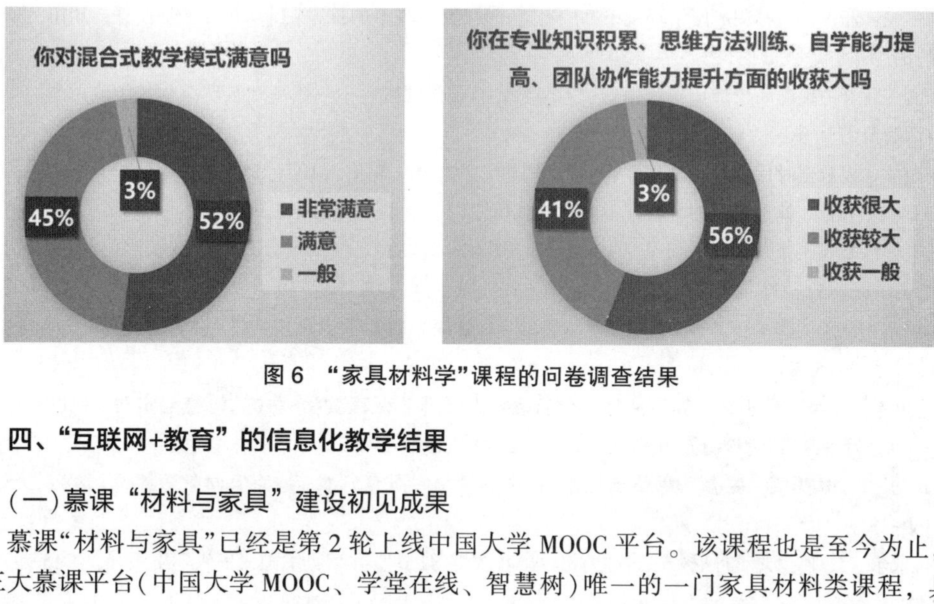

图 6　“家具材料学”课程的问卷调查结果

四、“互联网+教育”的信息化教学结果

(一)慕课“材料与家具”建设初见成果

慕课“材料与家具”已经是第 2 轮上线中国大学 MOOC 平台。该课程也是至今为止，国内三大慕课平台(中国大学 MOOC、学堂在线、智慧树)唯一的一门家具材料类课程，具有

创新性和引领示范性。课程团队在运用数字化信息技术、体现大数据时代的教学特点、有效达成教学目标方面进行了卓有成效的工作。该课程在2019年11月进行的第二届“全国生态文明信息化教学成果遴选工作”中，被认定为A级成果奖。

(二)以慕课“材料与家具”为依托的翻转教学模式效果令人满意

慕课“材料与家具”的建设和上线运营不但可以使非本专业的在校大学生和社会学习者受益，也有利于提升本专业学生的本科课程“家具材料学”的信息化教学水平。翻转教学方法的实施是建立优质的数字教学资源基础上的，在线上线下相互融合的混合式教学模式下，传统教学模式下的以教师为教学活动主体的现象得到扭转，学生自主学习成为教育的主体，这不但有利于大数据时代网络背景下高校创新型人才培养质量的提高，也对培养学生终身学习的意识和习惯打下了良好的基础。

五、 结语

高等院校课程教学的格局不应仅仅停留在知识传递、能力提升的层面，还应该向思维拓展(思考总结、发现潜在问题，提出创新性的解决方案)和价值升华(对社会价值和个人价值的追求)的方向挺进。唯此，才能在“互联网+教育”的时代背景下，在高校创新型人才培养道路上，获得突破性的成果。课程团队将进一步对慕课“材料与家具”的教学内容进行完善，精雕细琢，力图打造出能够与时俱进的、能够满足时代发展需求的高品质线上课程。

参考文献

[1]教育部．教育部等十一部门关于促进在线教育健康发展的指导意见[EB/OL]．[2019-09-25]，http：//www.moe.gov.cn/srcsite/A03/moe_1892/moe_630/201909/t20190930_401825.html？from=singlemessage & isappinstalled=0.

[2]黄国华．打造金课成就卓越(北京林业大学教育教学改革优秀论文选编)[M]．北京：中国林业出版社，2018.

[3]吴岩．建好用好学好国家精品在线开放课程努力写好高等教育的“奋进之笔”[J]．中国大学教学，2018，(1)：7-9.

[4]马尔妮，商俊博，林剑．网络环境下“木材学”课程教学改革的探索[J]．中国林业教育，2018，36(4)：67-69.

[5]张大良．着力推动高校加快现代信息技术与教育教学深度融合——在基础教学课程教学改革研讨会上的讲话摘要[J]．中国大学教学，2016，(7)：6-11.

[6]周湘林．大数据时代的教育管理变革[J]．中国教育学刊，2014，(10)：25-30.

[7]冯菲，于青青．基于慕课的翻转课堂教学模式研究[J]．中国大学教学，2019(6)：44-51.

[8]张策，徐晓飞，张龙，等．利用MOOC优势重塑教学实现线上线下混合式教学新模式[J]．中国大学教学，2018，(5)：37-41.

[9]李勇军，刘舸，李子丹，等．基于“学堂在线”开放课程的大学生自主式学习模式构建[J]．大学教育，2019，(5)：5-7.

[10]赵洱岽，姜昊，马小颖，等．从理念到行动：在线开放课程教学模式的构建与实践——以中国大学MOOC“管理沟通”为例[J]．中国大学教学，2017，(3)：63-66.

[11]魏戈．人如何学习——解读恩格斯托姆的《拓展性学习研究》[J]．北京大学教育评论，2017，15(3)：169-181.

[12]拉塞尔·L.阿克夫、丹尼尔·格林博格．翻转式学习[M]．北京：中国人民大学出版社，2015.

Construction and application of MOOC *Materials and Furniture* based on the concept of Internet+Education

Zhang Qiuhui　Li Li　Zhang Fan　Cheng Xvfeng　Yang Guochao
(College of Materials Science and Technology, Beijing Forestry University, Beijing　100083)

Abstract　Under the background of big data era, the modern teaching concept of Internet+Education has provided a new opportunities for the implementation of e-teaching, and has also provided new challenges for the classroom teaching mode in universities from tradition to change. Taking the course construction, on-line operation and application practice of MOOC *Materials and Furniture* in China University as an example, starting from the new thinking of using internet teaching, this paper explores and practices the teaching reform of the content and form of the course teaching, and obtains satisfactory results, and puts forward further suggestions for the teaching reform.

Keywords　Internet+Education, e-teaching, *Materials and Furniture*, MOOC, Flipped Classroom

基于Bloom目标三维度的“家具设计研讨”教学研究与应用

柯 清 张 帆 常 乐 宋莎莎 张宗玲

(北京林业大学材料科学与技术学院，北京 100083)

摘要：本研究分析了“家具设计研讨”教学课程现状与存在的问题。通过引入Bloom目标三维度的教学理念，利用目标三维度的Bloom目标分类法，分析“家具设计研讨”教学三维度学习目标、条件和衡量标准，提出融合Boppps教学结构、翻转课堂雨课堂平台技术、自主探讨学习法及“以赛促评”的反馈考核等多种“家具设计研讨”教学对策，开展应用与实践。本研究为实现家具行业高层次、复合型、多样化的高素质创新型人才培养目标提供了创新的思路与参考。

关键词：目标三维度；Bloom目标分类；设计研讨；Boppps教学

有效的学习目标的确定成为选择教学法、教学素材，组织教学活动，应用教学技能的基础，为建立和评估学生学习状况提供了标准，更好协助学生聚焦课堂目标，明确学习预期，检视学习完成度，开展自我评价。新课程改革提出了国家课程标准应“体现国家对不同阶段的学生在知识与技能、过程与方法、情感态度与价值观等方面的基本要求”[1]，这成为了“三维目标”的直接来源，也是实现学生从“学会”到“会学”，最终实现“乐学”的转变。

一、 家具设计研讨教学目标与现状分析

(一)教学内容与基本目标

“家具设计研讨”教学环节隶属于家具设计专业必修课程“家具造型与结构设计”，主要通过分析不同类型的家具产品在材料、结构、工艺、功能、风格、造型中的案例，启发学生开展新中式为主题的家具结构原创设计，并通过多层次的设计实践、实验环节，锻炼学生设计表达与设计评价的能力，针对性解决设计实践过程中产生的问题，开展团队式的设计创新。培养学生传承与创新中国传统文化，建立文化自信，弘扬工匠精神，成为高层次、复合型、多样化的高素质创新型人才。

(二)课程教学现状与问题分析

“家具设计研讨”教学采用理论串讲加案例分析的传统授课模式，以完成主题设计作为

作者简介：柯 清，北京市海淀区清华东路35号北京林业大学材料科学与技术学院，讲师，kq1113@bjfu.edu.cn；
张 帆，北京市海淀区清华东路35号北京林业大学材料科学与技术学院，教授，1885019@qq.com；
常 乐，北京市海淀区清华东路35号北京林业大学材料科学与技术学院，讲师，26660740@qq.com；
宋莎莎，北京市海淀区清华东路35号北京林业大学材料科学与技术学院，讲师，198051027@qq.com；
张宗玲，北京市海淀区清华东路35号北京林业大学材料科学与技术学院，讲师，clxyzzl@bjfu.edu.cn。

资助项目：北京林业大学教育教学研究项目重点项目“新工科背景下家具设计与工程专业建设与创新人才培养研究”(BJFU2019JYZD011)；
北京林业大学教育教学研究项目“基于多元智能理论的人体工程学教学改革与实践研究”(BJFU2019JY067)。

课程最终目标。理论教学手法单一，缺乏对学生学习风格与认知规律的分析，实践教学与理论教学脱节。由于学生很难将知识记忆转化为实践能力，因此在实践环节教师需要不断复习理论知识，教学效率低下。从教评反馈来看，学生对本课程环节的目标理解与达成具有两极分化的现象。课程总目标围绕学科建设的质量工程，而不是针对学生能力期待和社会需求，更加缺乏价值观教育，课程思政的有效融合性不足。

二、 Bloom 目标三维度理论的概念与内涵

(一) Bloom 目标三维度的定义

Bloom 三维目标指的是学习目标的三个方面：认知、技能、情意。认知是指知识的理解与掌握，理论、概念、因素、条件，初步形成某些基本性技能，主要是结果导向性目标。技能指的是在教师指导下，学生经历学习的过程，体会并掌握学习的方法，强调如何指导学生学会学习，选择适合于自己的学习方式，形成自主学习和主动发展的良好习惯和能力品质，实现学习活动过程的最优化，又称程序性目标。情意是人对亲身经历过事实过程的心理体验和认识，包括道德感、理智感、美感，及由此产生的态度如严肃认真、客观公正、实事求是、坚持真理等，并在此基础上产生一定的价值取向和价值判断，又称之为体验性目标[2]。

日本学者在对于目标三维度理论理解的基础上提出了目标三维度冰山理论模型(图 1)：知识与技能、理解与记忆是露于水面的冰山一角，是显性学力，思考力和问题解决力、兴趣与意欲、体验与实感是隐藏于水面下的隐性学力，支撑着冰山上方的显性学力[3]。这就告诉人们暴露在水面以上的部分其实是极少数的部分，而大部分的冰体是隐藏在水面以下的部分。学生深层次学习的核心目标动力来源于自我价值的实现。

(二) Bloom 目标三维度的相互关系

基于 Bloom 目标三维度彼此之间绝非孤立、线性的关系，而是相辅相成、相互依存、相互促进的一个有机联系的结构整体[4](图 2)。三维目标是一个多元、分层、互动的教学目标，三维目标不是三种目标，也不是三种类型，它是同一问题的三个方面。知识的学习不可能是没有方法的参与，更离不开情感的体验。三维目标在课程设计中也应考虑有效的整合与灵活应用。

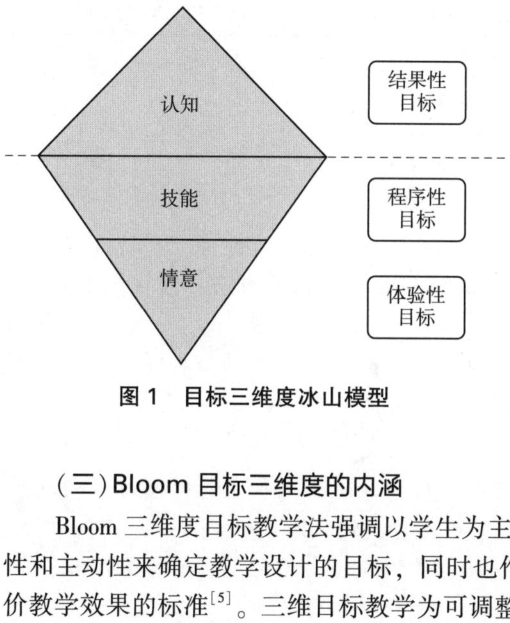

图 1　目标三维度冰山模型

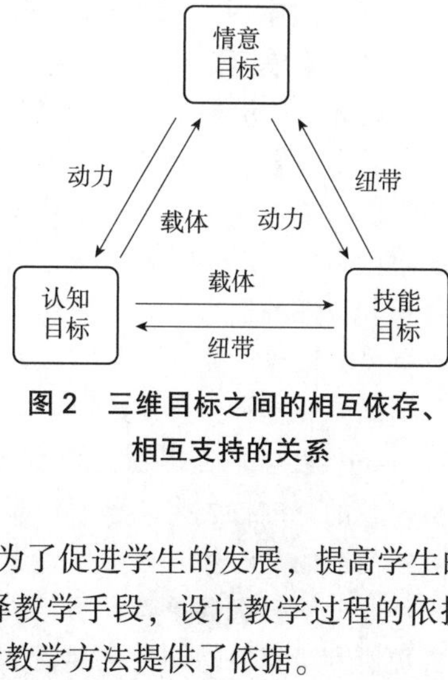

图 2　三维目标之间的相互依存、相互支持的关系

(三) Bloom 目标三维度的内涵

Bloom 三维度目标教学法强调以学生为主体，是为了促进学生的发展，提高学生的积极性和主动性来确定教学设计的目标，同时也作为选择教学手段，设计教学过程的依据和评价教学效果的标准[5]。三维目标教学为可调整的灵活教学方法提供了依据。

三、 家具设计研讨教学的三维目标分析

(一)基于 Bloom 的教学目标分析与设计

Bloom 理论根据三维目标又细分出不同级别的学习项目。在撰写学习目标、设计教学内容和评估设计之前，充分考虑到本课程开设在大三下学年，属于高年级专业应用型课程，因此将学生学习的层次确定为进阶、合格。基于 Bloom 教学目标分析理论对家具设计研讨教学目标开展分析与课程设计(表 1)。

认知维度：学生能够运用木材学、木制品加工工艺学的基本理论知识，总结归纳中国传统家具椅凳类、桌案类、柜类家具中最常见的板件部件实木框架嵌板式结构的美学艺术、结构特性、制作工艺与文化内涵等各方面的设计特点。

技能维度：熟练利用现代木工工具在安全规范的要求下，加工制作现代实木框架式家具结构部件。能够设计现代实木框架结构，并分析现代结构的组成和零部件加工工艺。思考总结结构创新设计的原则和方法，并能理论联系实际，开展设计表达与设计创新实践。

情意维度：本课程的情意目标分为两个层级。初级层次是内化专业知识获取信息层级，通过专业知识内化与制作实物、设计方案的展示与心得分享，提升学生专业认可度和自信心，更好明确职业定位和规划。高级层级上升到人生识别价值和信仰意义的层面，希望学生在了解传统家具文化、现代工艺技术的基础上，建立文化自信，传承新工匠精神。

表 1 基于 Bloom 理论的教学目标分析与课程内容安排

目标三维度	Bloom 目标分类	学习阶段	行为动词	教学目标设计
认知维度	理解、运用	理解	运用	运用木材及加工的基本理论知识
	评估、分析	熟练	总结	总结传统家具结构设计特点
技能维度	理解动作，描述行为	理解	制作	木工工具操作，现代结构制作
	认识操作所需事务	熟练	设计、总结	总结原则方法、工艺及结构设计
情意维度	内化、收到信息	理解	展示、分享	展示设计作品、分享设计心得
	识别价值、意义	熟练	建立、传承	建立文化自信、传承工匠精神

(二)不同维度学习需求的分析

认知维度：简单记忆传统家具结构设计的特点，无法使学生举一反三并产生灵感开展创新设计。因此需要引导学生开展对比记忆，理论分析，加强知识内化。并通过课堂的测试环节去对教学效果进行评估。

技能维度：学生在开展结构创新设计与表达过程，整体目标综合性强，不易拆解具体可执行的阶段目标。学生希望综合运用各种思维训练和动手实践的方法，强化知识记忆，并产生具有差异性的创新行为。

情意维度：通过专业知识学习，和专业技能训练，掌握职业基本素养和能力，提升专业自信，清晰职业选择与规划的方向目标，并更好理解如何结合专业服务社会，实现价值。

(三)不同维度学习目标衡量的标准

目标衡量的标准首先是科学、可量化，能够易于评价，可根据个人差异进行机动性调整，并具备反馈的及时性。目标从三维向多维性有机融合转化，即能被整合，又能被拆分，还能被重组。分解目标只是教学目标设计的第一步，关键是把分解后的目标整合起来，整合的目标更有利于目标的结构化和整体化。

四、 基于 Bloom 目标三维度家具设计研讨教学方法与对策

（一）利用 Boppps 教学结构动态响应三维度教学目标的优化

以 Bloom 三维度目标为基础，利用 Boppps 教学结构，设计教学环节，提高学生注意力，将课堂教学转变为课堂学习。学生们通过多种形式的参与式教学方法如测试、探讨、练习、演示等方式理解并牢记所学概念，逐渐形成新信息与观点的统一，在不断练习和点滴探索中积累经验，形成观点、信仰和态度。由于 Boppps 教学结构重视利用前后测试和参与式教学，实现课堂有效互动，辨别学生兴趣、差距与个性，随时可以根据反馈信息调整课程深度与步调，对三维度目标进行优化与调整。

（二）融入雨课堂平台翻转课堂教学技术

Bloom 教学目标分类是一个从低级到高级的思维过程，符合人类的认知规律。传统设计研讨教学模式采用强化较低阶的“记忆”与“理解”，而难度较高的设计发散、设计表达与实践环节却留在课后，由学生独力完成，技能与情意等高阶层目标很难达成。翻转课堂后，学生通过雨课堂自主预习相关内容，形成初步认知明确学习目标，进入课堂后由教师引导学生进行理论知识的检查、测试及实践环节的应用、分析、讨论与评价。学生的参与感强，也改变了认知内容即时性的问题，通过有弹性、可选择、个性化的推送方式，实现以学生为中心的差异化教育。师生间的互动学习，即是强化技能与认知的有机结合，也为灵活调整教学目标提供依据。

（三）利用自主研究性学习整合三维度目标

本课程改革需要留足学生课下时间，开展自主探索性的学习和实践，发现设计的需求，解决实际的问题。是“以知识教育为依托，以能力培养为目的”，在教学过程中实现学习、研究、实践的有机结合，引导学生积极参与，充分发挥学生在学习过程中的主动性，并能够创造性地运用知识和能力，自主地发现问题、研究问题和解决问题，从而使学生在研讨中积累知识、培养能力和锻炼思维，养成科学研究的精神和态度，形成自我与社会价值判断与审美力。

（四）以赛促评，实现三维度目标评价及反馈

创新课程评估反馈与考核的方式，将家具设计比赛的项目融入课堂主题项目训练和课程考核评价，通过比赛分析、项目训练、比赛参与、展览分享、展会评价等环节，使评价既能关注最终结果，又能关注过程和情感态度价值观。认知层面通过以赛促学的方式，实现专业知识的积累与初步设计技能的掌握。通过设计比赛后期的草图绘制、模型制作、方案展览，实现学生技能层级的目标，最后通过展会宣传、媒体互动的方式提升学生的专业认可度和自信心，以加深对设计专业的理解，认识设计能够改变并创造美好生活，实现中国梦的远大目标，最后实现情意层级目标的达成。

五、 基于 Bloom 目标三维度的家具设计研讨教学实践与反馈

（一）基于 Bloom 目标三维度的家具设计研讨教学实践

1. 基于目标三维度的 Boppps 教学结构设计

通过 Boppps 教学结构开展中国传统实木框架式家具结构——木框嵌板结构的理论讲解与参与式教学实践。围绕认知阶段的核心目标（图 3），将通过主题引入、目标展示、课程前测、分析讨论、课程后测、总结归纳等七个环节开展课程设计，引导学生能够充分利用实物教具分析传统实木框架嵌板结构的名称与特点，运用木材学的基本原理解释传统家具结构设计的精巧。课程前测与后测呼应，采用答题与连线接合家具结构实物拆装的

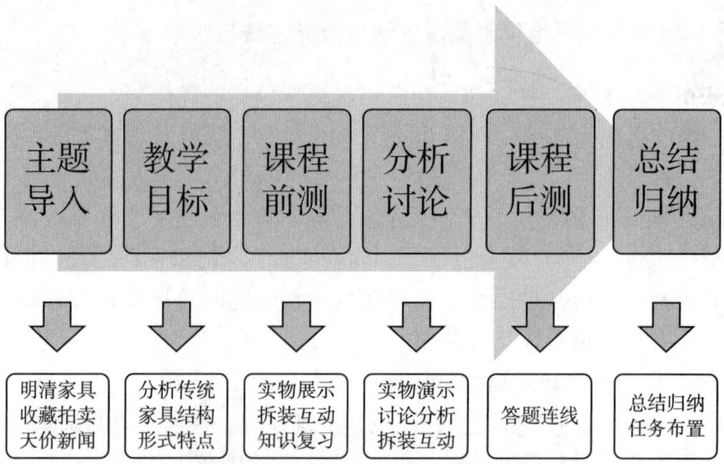

图3 Boppps 教学结构模型(认知目标维度)

方式，促进学生开展自我经验的积累与反思。最后总结归纳传统实木框架式家具结构的特点及原因，并引导学生思考其文化内涵和反映出的新工匠精神，实现情意阶段教学目标达成。

2. 面向目标三维度翻转课堂下雨课堂平台的应用实践

通过雨课堂技术课前实践教学预习，学习实验室的使用规章制度及设备操作规范，同时可以保证课程中实时获得实验设备操作规范视频，做到在实际操作环节更加高效、准确，取得良好学习反馈效果。分组讨论加工工艺流程和注意事项，并绘制包含设备的工艺流程图及产品零件图。小组展示图纸及工艺的方案，实验老师通过雨课堂公布标准制作流程，对比讨论分析，展示分析结果，老师总结工艺流程及工艺要点。

实验老师先演示实验设备的使用，每组分配一名同学现场学习操作一台设备，老师演示结束后，分组操作设备，进行现代木框嵌板结构的制作。指导学生制作现代实木嵌板结构，制作过程中，引导学生记忆重点步骤及分析加工工艺，确保加工质量。制作完成现代实木嵌板结构后，分小组展示，并分享制作感言与体会，教师做点评总结。课后发布测试习题，并收集学生反馈信息了解学生掌握情况。

3. 基于目标三维度的家具结构对比案例分析与思维发散训练

分小组(两人一组)讨论传统实木嵌板结构与现代实木嵌板式结构上的异同点。讨论首先是每人独立思考2分钟后，然后互相交流5分钟；交流完后重新分组，采用四人一组每组开展头脑风暴式思维训练，分析异同点及背后的原因，不可以重复。最后，每组派一名代表总结本组同学的观点和意见。老师将同学们的观点汇总，并在黑板的不同区域用不同颜色的粉笔进行标识。红色表示改进的优点，蓝色表示改进的缺点，绿色表示中性词汇，并给予总结。老师圈出红色占比最高的因素布置下一阶段的创新设计方案。一对一小组讨论，给予学生独立思考的时间，并通过充分交流，完成知识记忆和重组的认知训练。通过对比案例分析把需要学生学习掌握的教学重点中国传统实木框架式板件结构“木框嵌板结构”与现代实木框架式板件结构，两个相似的案例进行对比分析，找出其中差别，从而使学生对知识点有更深的理解并牢固掌握。帮助学生完成对于结构创新设计原则与方法的提炼与总结。

4. 新中式家具结构创新设计自主研究性探讨与实践

通过研究型主题化的结构创新设计训练，帮助学生将结构创新设计的原则与方法转化成结构创新设计表达与实践的具体执行力。

①教师布置主题设计主题及方向，并对该方向进行启发式探讨(认知目标)；

②学生分成三组抽签，并针对主题进行小组内思维导图的头脑训练及讨论，老师总结点评(技能目标)；

③学生针对确定的方向开展问题清单的罗列，并针对每一类问题绘制形象化的故事版；小组内开展草图的正向评价，并筛选出最终方案(认知、技能目标)；

④大组汇报方案，全班讨论，教师点评、总结(技能、情意目标)；

⑤小组修改方案，并制定材料清单、零部件图及工艺流程图(认知、技能目标)；

⑥在教师指导下安全规范的加工制作新型结构模型(技能目标)；

⑧各小组模型方案展示。教师对学生方案汇报进行点评指导(技能、情意目标)。

(二)三维度目标评价与教学效果反馈

本课程围绕 Bloom 目标三维度的达成，采取课后问卷调查及课程作业参展相结合的方式对教学效果进行评估与反馈。调查问卷包含五个方面：①对三维目标教学法的总体评价；②教学目标的完成情况；③学习兴趣的提高情况；④自主学习能力的培养情况；⑤学生对三维目标教学法的适应情况。每个问题的答案除得定三个等级选项：是、不肯定、否，还设定了评价理由。由被调查的同学以不记名的方式现场填写调查问卷。问卷调查结果共发放调查问卷 30 份，回收有效问卷 29 份。结果显示大部分学生接受三维目标教学模式，认为三维目标教学有助于提高学习兴趣、提高自主学习能力，大部分学生适应这种学习模式，在学习时能够主动利用文献检索、图书馆资料等学习条件，并且认为该教学法能够促进同学之间的交流、提高设计表达能力和沟通能力，有少部分学生由于自身学习风格的差异性，对三维目标教学法还需要一个适应过程，总体满意率(选择非否选项占比)相较于传统教学反馈满意率均有所提高。

表 2　目标三维度教学反馈问卷评价表

序号	反馈内容	评价维度(份数)			课程改革满意率	传统教学满意率
		是	不肯定	否		
①	三维目标教学法总体评价	20	6	3	89.65%	68.79%
②	教学目标完成情况	23	4	2	93.10%	79.31%
③	学习兴趣的提高情况	25	4	0	100.00%	86.2%
④	自主学习能力的培养情况	21	5	3	89.66%	72.41%
⑤	学生对三维目标教学法的适应情况	19	5	5	82.76%	65.51%

由于问卷反馈评价具有主观性和局限性。本课程最大特色是引入“以赛促评”的方式，将情意目标教学环节延伸到教学评价阶段，对课程教学效果进行评价与反馈。课程结束后，课程设计成果受邀参加 2019 年上海虹桥国际家具展会的“意思”设计展墙美术馆家具设计比赛，经过墙美术馆组委会专业评审，我校家具设计与制造专业家具 11 位同学的原创作品入围设计展，入选设计作品数量位列该家具设计比赛(院校组)团队第一名。教学反馈的环节也挪到上海展设计展现场。学生有机会向观众、媒体介绍自己的设计作品，接受社会广泛意见和建议。课程学习的最终目的不是简单成绩导向，而是转化成展览展会分享、交流与设计宣传。“以赛促评”的教学反馈方式即是对课堂内容和教学目标的检测与反馈，又是联动了课堂之外的情意目标的达成，树立学生专业自信，提升了北林设计专业的影响力。

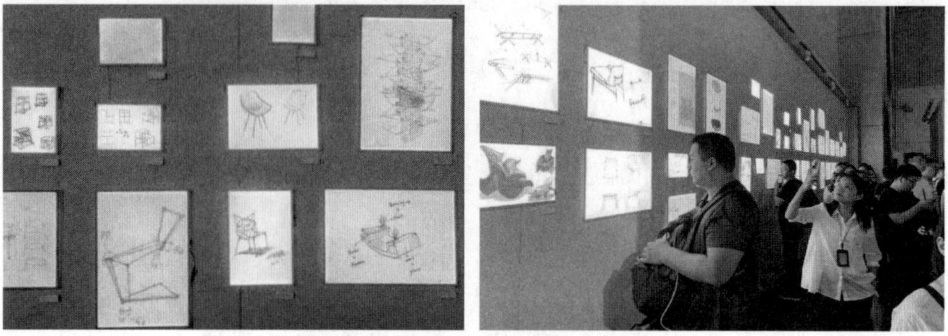

图4　学生参展作品与现场观众评图互动

六、结语

基于Bloom目标三维度的“家具设计研讨”教学是以“过程与方法、情感态度和价值观”的三维度目标培养为基础，通过Bloom目标分类与分析，明确课程设计内容，以设计知识教育与设计实践能力为依托，以教师的演示示范、互动分析与点评为引导，通过将教学过程中学习、研究、实践、分享的课程环节有机结合，主动营造出轻松、开放、智享的课堂教学活动情境和氛围，引导学生积极参与互动，充分发挥学生在学习过程中的主动性，通过“以赛促评”的方式创新教学效果反馈，关注学生的情感体验和价值观培养，从而使学生积累知识、培养能力和锻炼思维，最终成为“高层次、复合型、多样化”高素质创新型人才。

参考文献

[1]段红丽.“三维目标”：内涵、争论焦点及教学转化——基于文献综述的视角[J].当代教育科学，2017，(8)：38-42.

[2]乌焕焕，和学新.新课程目标的问题检视与改进[J].教育科学研究，2011，(1)：5-9.

[3]蔡文艺，王小平.促进学生学习和发展的课堂评价——课堂评价国际研讨会综述[J].教育测量与评价(理论版)，2012，(1)：36-40.

[4]袁江涛.关注人的整体性发展——高中新课程教学中整合“三维课程目标”研究的实践与思考[J].文教资料，2010，(22)：150-152.

[5]徐炳文，杨育标.目标教学法：课堂教学模式探讨[J].职业教育研究，2006，(8)：113-115.

Research and application of *Furniture Design Seminar* teaching based on Bloom three dimensional goal

Ke Qing　Zhang Fan　Chang Le　Song Shasha　Zhang Zongling

(College of Materials Science and Technology, Beijing Forestry University, Beijing　100083)

Abstract　This study analyzes the present situation and the existing problems of *Furniture Design Seminar*. By introducing the concept of Bloom three dimension teaching goal, using target Bloom of three dimension classification to analyze three dimensional teaching goal, teaching target and measuring standard of *Furniture Design Seminar*, this article proposes a variety of teaching countermeasures, such as the integration of Boppps teaching structure, Flipped Classroom based on the Rain Classroom platform technology, independent exploration of learning method and competition to promote evaluation feedback assessment, to carry out the application and practice. This study provides innovative ideas and references for realizing the goal of cultivating high-level, compound and diversified high-quality innovative talents in the furniture industry.

Keywords three dimensional teaching goal, Bloom target classification, design seminar, Boppps teaching

基于 OBE 的“操作系统”教学改革实践

孟 伟 李巨虎 马晓亮 张海燕

（北京林业大学信息学院，北京 100083）

摘要：“操作系统”是计算机专业的核心课程，基于 OBE 的教育理念，本文分析了目前课程教学中存在的问题，提出基于 OBE 的教学改革实践，介绍了课程大纲修订和课程资源建设的成果。并结合课程特点，从教学内容、教学方法、教学手段等方面提出了改革措施。教改实践取得了很好的效果，激发了学生的学习兴趣，也提高了教学质量。

关键词：OBE；操作系统；教学改革；资源建设

Spady 等人提出基于成果导向的教育理念（Outcomes-Based Education，OBE），并在美国和澳大利亚的基础教育改革中应用[1]。作为一种先进的教育理念，OBE 目前已被世界各地的高等教育尤其是工程教育领域广泛接受[2]。我国在 2016 年正式成为《华盛顿协议》的成员国，该协议是使用 OBE 理念获得本科工程学位的国际互认协议，这也标志着我国工程教育正式与国际一流标准接轨。OBE 教育理念强调三点：①教学要以成果为导向；②以学生为本；③持续改进。即：OBE 教育理念强调学生的学习成果，以学生通过学习能够获得和掌握技能作为教学活动的基本目标，以学生的学习结果为驱动力，进而反向设计教学活动和评价标准[3]。

为适应 OBE 理念并满足工程教育认证标准，很多高校积极开展课程的理论教学改革，大部分是改革课堂教学方法，对于促进学生理解计算机思维并提升解决复杂工程问题的能力，成效非常有限，因此，基于 OBE 理念的课程教学改革的重点在于引入先进的教学手段，借助丰富多样的课堂形式重构教学环节，加强教学过程的引导。

操作系统是计算机系统中最核心的软件，计算机系统的指挥和管理中心，是计算机系统的灵魂。“操作系统原理”是计算机科学与技术专业的主干课程，同时也是非计算机专业软件技术基础课程的重要内容之一。传统的操作系统教材大多是以抽象的原理叙述为主，理论往往与实际应用融通不够，使得学生学完操作系统课程后，无法把所学知识与目前常用操作系统联系起来，更无从实现操作系统的功能了。在普通高校中，普遍反映计算机操作系统课程难学也难教，枯燥而繁杂的理论，往往又不能真正应用于操作系统的现实中，纯粹是各种原理和算法的罗列，教与学两方面都觉乏味。

如何用通俗易懂的教学方法传授课程的知识点，对任课教师来说具有挑战，如何将更多的新理念新技术应用到“操作系统”课程的教学中，需要我们不断尝试和探索。“操作系统”教学改革应立足于课程教学改革及专业发展的实际需求，面向教学质量的全面提高及面向高水平专业人才综合素质的培养目标，通过新技术新方法不断充实和完善操作系统的教

作者简介：孟 伟，北京市海淀区清华东路 35 号北京林业大学信息学院，副教授，mnancy@ bjfu. edu. cn；
李巨虎，北京市海淀区清华东路 35 号北京林业大学信息学院，副教授，ljuhu78@ 163. com；
马晓亮，北京市海淀区清华东路 35 号北京林业大学信息学院，助理研究员，maxl@ bjfu. edu. cn；
张海燕，北京市海淀区清华东路 35 号北京林业大学信息学院，副教授，zhyzml@ bjfu. edu. cn。

资助项目：北京林业大学教育教学研究一般项目“操作系统课程资源建设”（BJFU2018JY085）。

学体系。通过该课程的教改，要让学生更直观地掌握操作系统的基本理论知识，还要培养学生在系统软件开发方面的分析、设计与编程能力，进而增强教学效果，提高教学质量，全面贯彻课程的教学大纲和基本要求。

一、 目前“操作系统”教学存在的问题

针对北京林业大学的“操作系统”的课程设置，结合其他高校的教学模式和教学内容进行分析，可以看出，目前操作系统的教学存在以下几点不足。

(一)课程内容抽象

尽管现代操作系统的发展日新月异，但高校中使用的相关教材的内容比较固定，课程涉及到许多概念与算法，理论性较强，知识更新相对速度较慢。这些理论知识都是介绍操作系统本身的原理，与现代操作系统的发展缺乏实际的联系，造成学生对该门课程理解的抽象化。知识点零散杂乱，学生学了后面的内容，无法和前面的知识建立有效的关联，不能在整体上把握“操作系统”的课程内容。

(二)传统教学模式存在不足

目前，“操作系统”的教学基本上都采取课堂教学，大多采用多媒体课件授课[4]，长期以来都是以教师为主体，学生被动学习。在整个教学过程中，学生被动地接受理论知识，对于像线程等一些抽象的概念和一些复杂的算法，学生看不见摸不着，这些使得学生的学习兴趣降低[5]，学习效果一般。学生只是记住了相关的概念，却不了解真正的内涵。

(三)实验环节与理论内容脱节

“操作系统”是门实践性较强的课程，通过实验，让学生了解操作系统原理的实现。但是，目前很多高校由于设备条件局限，不设实验学时，或者实验课程进行验证性的实验，这对学生有效地了解操作系统的原理帮助不大。

(四)相关课程内容简单重复

操作系统在整个计算机系统中处于承上启下的作用，这便决定了操作系统课程与其他专业课程之间的紧密联系及彼此间教学内容的重叠性。在操作系统中包含的很多经典算法在其他的课程中也会涉及，不同课程会从不同层面进行解释说明，例如，在第 2 学期的计算机组成原理中会讲到操作系统存储管理方式，而在第 4 学期的操作系统课程中也会涉及这部分内容。如果教师在讲授知识点时没有侧重，就会使很多内容重复，导致学生失去深入学习的兴趣。

二、 基于 OBE 的操作系统课程大纲修订

结合专业认证，根据课程的具体知识结构及其与先后修课程知识体系的关联，并在深刻理解专业培养目标和毕业要求的基础上，修订基于 OBE 的课程教学大纲，对于教师理解和贯彻 OBE 核心内涵起到了积极的推进作用。

(一)课程目标对毕业要求的支撑

“操作系统”课程要求学生在掌握理论基本内容的基础上，具有面向实际问题进行分析和程序实现的能力，同时具有综合的计算机专业素质和一定的解决复杂工程问题的能力。基于该能力培养要求，项目组将课程目标归纳为以下几点。

课程目标 1：使学生掌握操作系统的基本理论、基本技术和基本方法；并将其运用到并发、同步和调度等复杂工程问题的适当表述之中，抽象、归纳复杂工程问题。

该课程目标主要支撑毕业要求“工程知识”：掌握计算机基础理论，能够用于对计算机

应用系统设计方案和模型的推理和验证。

课程目标 2：使学生掌握操作系统各模块的实现机制及策略，在解决复杂问题时能够有针对性地选择不同的方法进行分析，给出较好的解决方案。

该课程目标主要支撑毕业要求"问题分析"：能够通过文献综述和分析，研究获得解决复杂工程问题的多种可行方案。

课程目标 3：使学生了解操作系统发展的状况和趋势，理解上层软件的各种运行状态和设计模式培养学生系统分析与实践能力，满足学生从事系统级软件设计、开发与应用工作的能力需求。

该课程目标主要支撑毕业要求"工程与社会"：认识并了解计算机及相关领域的技术标准体系、知识产权和法律法规，能够正确认识复杂工程问题对社会、法律和文化的影响。

(二)调整和细化考核评分标准

为了更好地贯彻 OBE 理念，将教学评价聚焦在学习成果上，利用多元化的评价标准来评估课程目标，我们调整和细化了课程考核标准。课程成绩由平时考核(30%)和期末考试(70%)组成，而平时考核包含了课堂情况及作业成绩、实验成绩两部分，其标准分别见表 1 和表 2。课程评价体系的完善有利于在教学过程中发现问题并作出及时的调整，也可以对学生的学习效果进行更为客观的评价。

表 1 课堂情况及作业成绩评分标准

评分标准	10 分	7 分	5 分	3 分
课堂出勤(权重 0.2)	全勤	90%出勤	80%出勤	80%以下出勤
课堂表现(权重 0.2)	回答问题和讨论积极	回答问题和讨论良好	回答问题和讨论一般	回答问题和讨论次数较少
平时作业(权重 0.6)	正确率高	正确率较高	正确率良好	正确率一般

表 2 实验成绩评分标准

评分标准	20 分	15 分	10 分
实验代码(权重 0.2)	实验代码结构优美，命名规范，注释完整。	实验代码结构较为完整，命名比较规矩，有一定的注释。	实验代码结构较差，命名随意，没有注释。
实验结果(权重 0.6)	实验结果正确，能够用所学知识分析实验结果，做到了理论和实践的结合。	实验结果有一定的瑕疵，在指正后能够修改实验结果，能够用理论知识简单分析。	实验结果不正确，在多次指正后能够修改正确，对实验结果基本能够分析。
实验报告(权重 0.2)	实验报告思路清晰，能够准确流畅描述实验过程。	实验报告能够准确描述实验过程，但缺乏条理	实验报告表述逻辑性差，缺乏条理

三、 操作系统课程资源建设

要丰富学生的课题教学内容，首先要做的就是教学资源建设，将抽象的概念形象化，将知识图谱引入课程建设中是项目组进行资源建设的基本思想。为此，项目组主要做了以下几个方面的工作。

（一）构建课程的知识图谱库

知识图谱又称为科学知识图谱，是谷歌公司在2012年提出的，在图书情报界称为知识域可视化或知识领域映射地图，是显示知识发展进程与结构关系的一系列各种不同的图形。知识图谱是通过将应用数学、图形学、信息可视化技术、信息科学等学科的理论与方法与计量学引文分析、共现分析、自然语言理解等方法结合，并利用可视化的图进行直观地展示学科的层次结构、发展过程、发展方向、最新研究成果及整体知识架构，以此达到多学科融合目的的现代搜索方法[6]。

建立知识图谱，首先针对主要的知识模块，对知识点进行分类归纳，然后寻找教学过程中的重要实体，最后通过图谱的形式构建各个概念理论间的联系，把课程的知识点贯穿在一起，本文使用D3. js来实现知识图谱的可视化。

以课程第三章进程机制与并发程序设计为例[7]，本章内容和设计到的概念较多，学生往往离散地记住几个概念和重要的算法，无法将内容串联成整体，本章的主要知识点可以归纳见表3。

而图谱是动态变化的，各节点可以拖动，还可以通过不同色彩来标记实体间的关系，进程管理的知识图谱如图1所示。学生很快可以将进程状态转换、进程调度、进程通信、死锁这几个重要内容关联在一起，就可以形成对于进程管理的整体的架构。

结合课程内容，我们针对课程的每一章分别构建了知识图谱，知识图谱库的构建可以帮助学生更好地理解课程内容，使得前后部分内容的学习达到融会贯通的效果。在课程实践中，学生对知识图谱很感兴趣，认可度很高，对课堂教学效果起到了很好的促进作用。

表3　第三章知识点归纳表

<table>
<tr><th>章节</th><th>一级知识点</th><th>二级知识点</th><th>三级知识点</th></tr>
<tr><td rowspan="5">进程机制与并发程序设计</td><td>基本概念</td><td>进程、线程、进程控制块</td><td>进程与程序区别</td></tr>
<tr><td>进程状态转换</td><td>进程状态转换图
进程控制
原语</td><td>状态划分、转换条件

特性、6个基本原语</td></tr>
<tr><td>进程调度</td><td>调度层次、调度时机
调度算法</td><td>
5个基本调度算法</td></tr>
<tr><td>进程通信</td><td>临界资源
同步和互斥
管程</td><td>锁机制、PV操作</td></tr>
<tr><td>死锁</td><td>概念
原因
必要条件
避免死锁
预防死锁
解决死锁</td><td>

4个必要条件
资源的静态分配和有序分配
银行家算法
剥夺资源、撤销进程</td></tr>
</table>

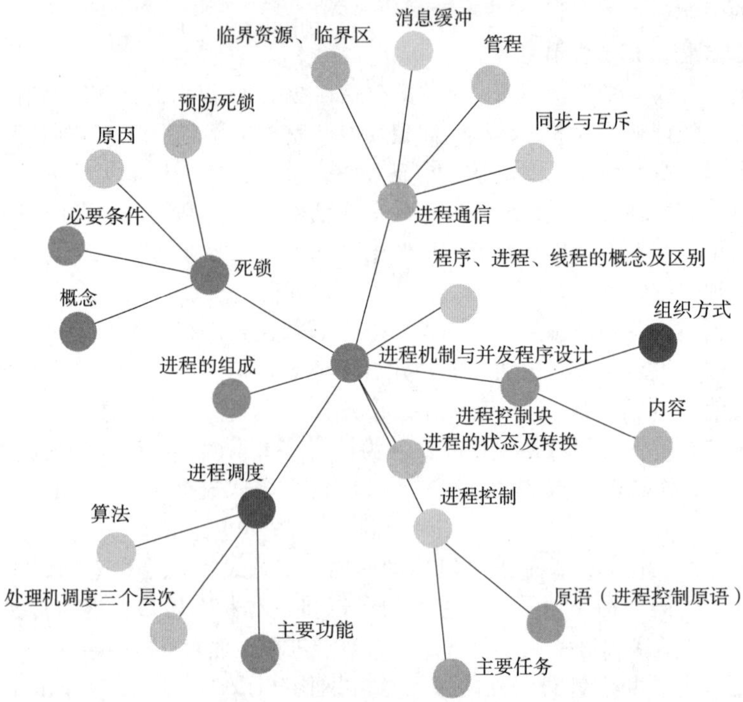

图 1 进程管理的知识图谱

(二)开发典型算法的演示程序

为了体现 OBE“实现学生特定学习产出的教育过程”教育模式的特点，结合课程内容的需求，针对操作系统中涉及的典型算法让部分学生利用 C#语言开发了相应的演示程序，典型的算法包括进程调度、作业调度、存储管理算法等，其中银行家算法和进程调度算法演示程序如图 2 和图 3 所示。这样即可以加深学生对算法的理解，提高了学生的工程实践能力，又方便灵活运用。通过对系统的不断改进，课件中枯燥的文字变成了可以操作的可视化的程序，学生可以直观、形象地理解理论知识，更加激发学生的学习兴趣。

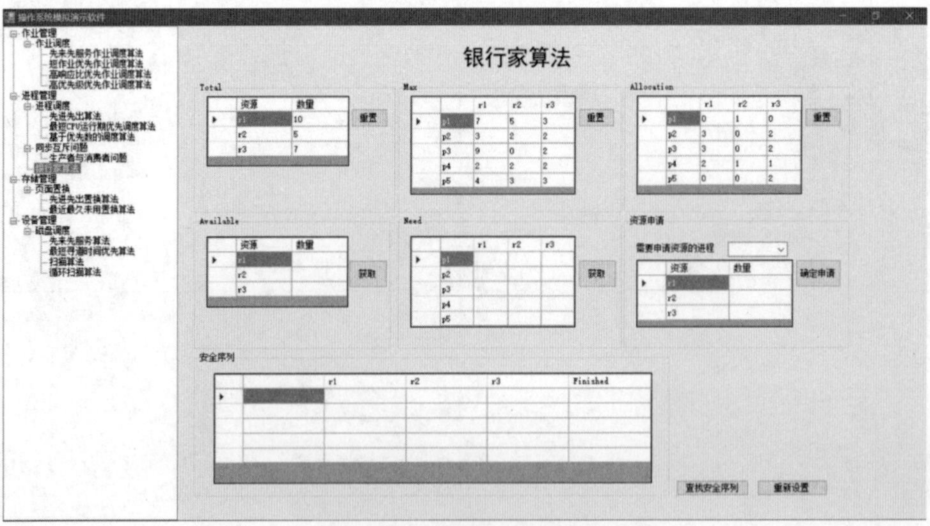

图 2 银行家算法演示程序

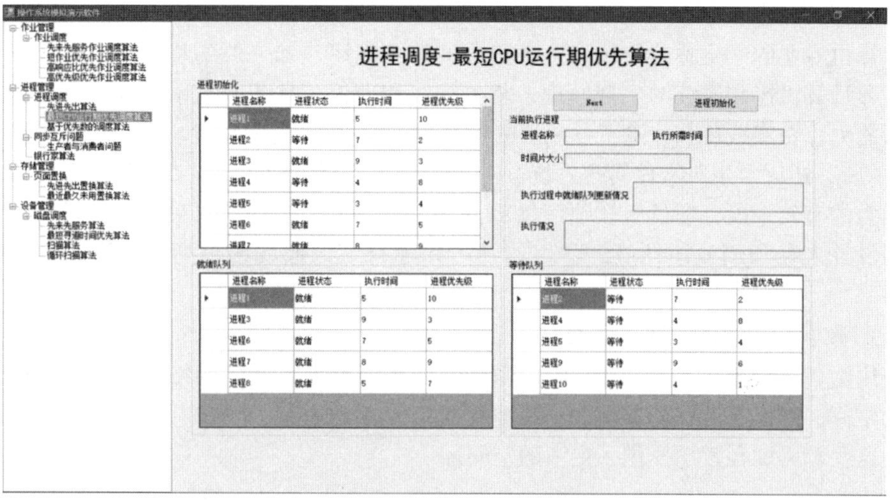

图 3　进程调度算法演示程序

(三)搜集单元模块核心代码

在现代计算机系统中，软件开发尤其是嵌入式开发占据了很大的比重，这需要与操作系统内核做深层的交互，不仅要对操作系统的原理有充分的了解，更要加强动手能力的培养，理论联系实际，使学生的专业基础知识更加牢固，才能有效地进行软件开发。项目组教师搜集了精简的操作系统内核代码、驱动程序代码等，提供给学生在课下阅读，并在课堂上加以内容上的引导，加深他们对于工程实践的理解和掌握，这对学生进行实验和课程设计起到了补充和促进的作用。

四、 操作系统课程的教学改革措施

OBE 理念要求教师的教学设计和教学实施是以学生获得学习成果为目标，结合十几年的课程教学经验，笔者认为，教学应以学生为本，进一步改善教学的效果，提高学生的学习兴趣，必须对目前的教学内容、教学方法等进行改革。

(一)合理地筛选和安排教材内容

针对本校操作系统课程的学时和前修课程开设的情况，选择合适的教材，整合优化相关课程中操作系统研究的相关内容，使之做到前后内容的连贯性和延续性，避免教学内容的简单重复。例如，在前修课中已学过的存储管理问题，在操作系统中采用以练代学的方式，通过课堂练习和实验的形式加深学生对该部分内容的理解。精选小的操作系统的源码，指导学生阅读或扩充相应的功能，延展课本的教学内容。

(二)改变传统的授课方式

课堂教学以基础理论、工作原理和相关算法为主，理解操作系统的内涵，使学生具备扎实的理论基础，为今后参与系统软件分析和开发打好基础。在教学方法上，重启发、重引导、重实践，让学生成为课堂的主体。对于相对抽象的概念，除了从概念上给出相应的定义，教师还启发学生联系生活中的实例。例如，进程通信中的同步互斥关系，学生就联系到下棋、打电话、抢凳子等的实例。在教师的引导下，使学生识别或总结操作系统各章节知识内在关系，自主扩充各章节知识图谱，实现对知识点的总体把握、关联记忆和有序排列，从而实现从领域知识到学生个体知识的迁移，形成学生知识体系的建构。借助算法演示系统，学生从枯燥的算法推导转换成可以实际操作的程序过程，更加吸引学生，教师也鼓励学生进一步完善演示系统，从而在这个过程中提高学生的动手能力。

（三）实践环节的加强

计算机专业的学生不应仅仅是一个普通的计算机用户和一般的程序员，而应该系统深入地学习计算机操作系统的实现原理、相关算法和理论，具备开发系统级程序的能力和系统分析能力。在实践环节，除了各模块的综合性实验(包括进程调度、存储管理、进程的同步互斥等)，还让学生对文件管理系统、shell 命令等进行编程实现。参与项目和竞赛是提高实践能力的有效手段，项目组教师带领部分学生参与大学生创新项目和实际科研项目，参加编程设计大赛和创业团队赛，学生的学习兴趣有了大幅度的提高，也认识到课程的重要性。

（四）教学从“课上”到“网上”

利用微信、邮箱等手段，项目组教师把教学从课堂上扩展到网络上，微信群拉近了师生间的距离，加强了彼此的交流，也提供了更多互动的手段，资源共享、在线辅导、问题交流，这些都为课程教学提供了更大的空间。

五、 教学评价分析

为了进一步验证所提出方法的实践效果，针对 2018、2019 学年的教学评价反馈数据进行了分析，每年选择了两个班作为分析样本，对“操作系统 A”课程的总体评价、教学态度、互动情况、课堂管理、教学内容、课程及学习体验、课程及学习体验、课后辅导等八个指标进行分析，对课程设计的总体评价、教学组织、教学讲解、课堂安全、教学内容、学习体验 1、学习体验 2 等七个指标进行分析，得到图 4 的四张柱状图。

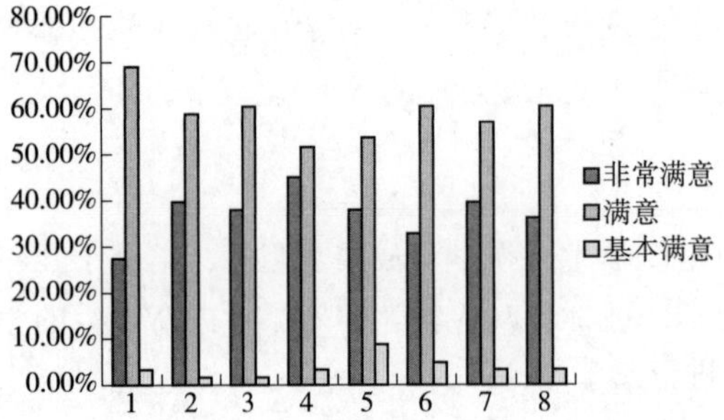

（a）2018学年”操作系统A”评价结果

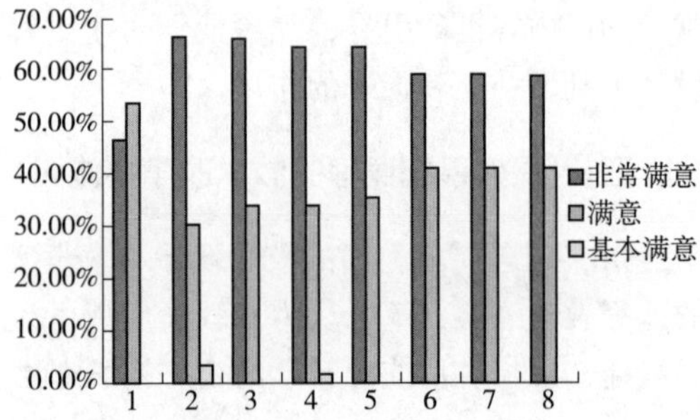

（b）2019学年”操作系统A”评价结果

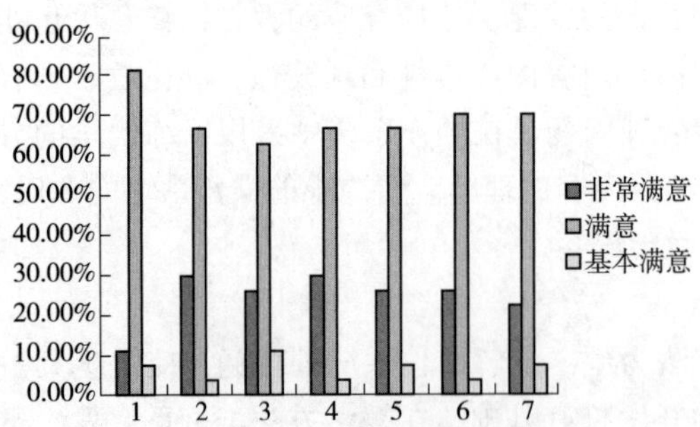

（c）2018学年课程设计评价结果

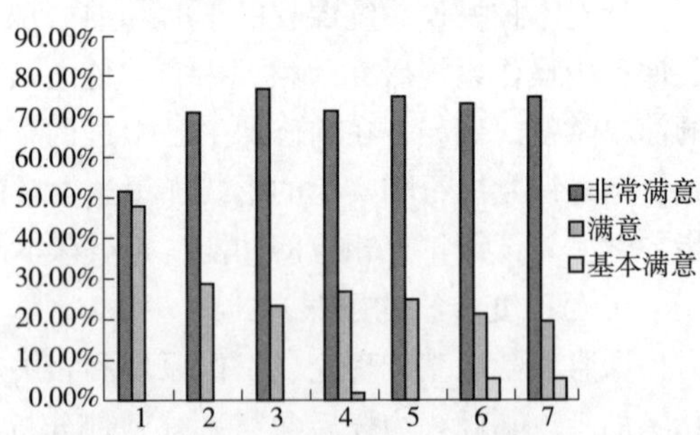

（d）2019学年课程设计评价结果

图 4 教学评价结果分析

从图中的数据比较可以看出，2019 学年学生的满意程度大大提高，操作系统 A“非常满意”的比例从 37.07%提高到了 60.49%，课程设计“非常满意”的比例从 24.34%提高到了 70.66%，数据表明，教学改革的各项措施取得了很好的效果，学生无论对理论教学和实践教学都比较认可。通过对于学生“学习本门课程的投入程度”的调查结果进行分析，对操作系统 A“非常投入”的同学的比例从 31.43%提高到了 53.57%，对课程设计“非常投入”的同学的比例也从 46.67%提高到了 57.14%，这说明课程的改革也提高了学生自身的学习动力和学习热情，数据分析证明了基于 OBE 教育理念的“操作系统”教学改革的有效性和实用性。

以学生为本，持续推进，“操作系统”课程的教学改革取得了一定的成效，今后将提升学生的工程实践能力作为重点，通过学生的学习效果来促进教学质量和教学水平的提高，更加有效地激发学生的学习兴趣，提高学生的专业水平。

参考文献

[1]杨毅刚，孟斌，王伟楠．基于 OBE 模式的技术创新能力培养[J]．高等工程教育研究，2015，(6)：24-30.

[2]蔡烁，王威，王新，等．成果导向的信息类专业电路系列课程改革研究[J]．计算机时代，2017，(10)：79-82.

[3]顾佩华，胡文龙，林鹏，等．基于“学习产出”(OBE)的工程教育模式——汕头大学的实践与探索[J]．高等工程教育研究，2014，(1)：27-37.

[4]程红霞，张玉．操作系统教学改革探索[J]．科技创新导报，2015，(23)：183-184.

[5]王梅．操作系统教学改革探析[J]．教育教学论坛，2015，(10)：245-246.

[6]刘峤，李杨，段宏，等．知识图谱构建技术综述[J]．计算机研究与发展，2016，(3)：582-600.

[7]任爱华．操作系统教程[M]．北京：清华大学出版社，2015.

Teaching reform of *Operating System* based on OBE

Meng Wei　Li Juhu Ma Xiaoliang　Zhang Haiyan

(School of Information Science & Technology, Beijing Forestry University, Beijing　100083)

Abstract　*Operating System* is the core course of computer major. Based on the education concept of OBE, the problems existing in the current course teaching are analyzed and the teaching reform practice based on OBE is put forward in this paper, which also introduces the results of course outline revision and course resource construction. Combined with the characteristics of the course, the reform measures are put forward from the aspects of teaching content, teaching methods and teaching means. Good results has been achieved through teaching reform practice, students' interest in learning is stimulated, and the quality of teaching is improved.

Keywords　OBE, *Operating System*, teaching reform, resource construction

基于学科前沿的“病毒学”双语教学改革探索

——以北京林业大学为例

金　一　国　辉　何晓青　张柏林

（北京林业大学生物科学与技术学院，北京　100083）

摘要：“病毒学”课程是北京林业大学生物科学专业的重要专业选修课。病毒学研究发展迅速，新理论新技术不断提出，在近几年的教学实践中笔者坚持摸索调整，推进教学改革。课程内容以最新外文教材和学术文献为基础，实时更新，紧跟学科前沿；改进专题式教学，结合智慧教学工具提升课堂趣味性，加强师生互动，激发学习兴趣；与多学科交叉融合，加入综合大实验培养学生的科研能力。通过上述教学改革，生动丰富的课程内容广受学生好评，大量师生互动有效保障了教学质量，同时也提高教师的知识水平和教学能力。

关键词：病毒学；学科前沿；教学改革；雨课堂

病毒学是以地球上最微小的非细胞生物病毒为研究对象的学科。作为地球生物圈中的一大类生物，人类对病毒的认识和研究虽然已经历了一个世纪，但真正被发现的病毒还只是冰山一角。目前病毒学是生命科学领域中发展最为迅速的学科之一，新理论的提出与旧理论的推翻不断重复，刷新人们对生命本质和特征的认识。病毒与人类的关系也十分密切，大部分传染病都是由病毒引起，例如艾滋病、流行性感冒、狂犬病、病毒性肝炎等，甚至某些人类肿瘤也由病毒导致。

目前，“病毒学”课程是我校生物科学专业的一门专业选修课，开课时间为第三学年，课程内容涉及病毒的结构、分类、遗传进化、检测等各个方面，以及病毒与其他生物和环境的相互关系等。对于本科三年级的学生，本课程是专业知识的进一步细化与提升。很多研究生专业与生物医学或微生物相关的毕业生反馈，“病毒学”是他们研究生学习的重要基础之一。通过前期的专题式教学改革探索[1]，“病毒学”课程在过去几年教学中取得了较好的效果，深受同学欢迎。课程不仅介绍病毒学基础，还结合分子生物学知识讲解了病毒侵染和复制的机理与过程，并列举大量与人类健康和社会经济发展紧密相关的病毒病防治案例，提升学生的学习兴趣。“病毒学”知识点更新频繁，如何使课程教学紧跟学科的迅速发展是我们进一步教学改革的重点和难点。为此，只有推进双语教学，选用最新外文教材并将前沿文献的最新研究成果带进课堂才能适应新时期的教学需求。

作者信息：金　一，北京市海淀区清华东路 35 号北京林业大学生物科学与技术学院，副教授，yijin@bjfu.edu.cn；
国　辉，北京市海淀区清华东路 35 号北京林业大学生物科学与技术学院，讲师，guohuiya@126.com；
何晓青，北京市海淀区清华东路 35 号北京林业大学生物科学与技术学院，副教授，lenahe@bjfu.edu.cn；
张柏林，北京市海淀区清华东路 35 号北京林业大学生物科学与技术学院，教授，Zhangbolin888@163.com。

资助项目：北京林业大学教育教学研究项目“‘病毒学’双语教学改革探索”（BJFU2019JY047）。

一、 根据学科前沿发展调整课程内容

(一)选择外文教材，推进双语教学

病毒学研究发展迅速，单一教材很难系统准确的追赶上知识点的更新。如何将这门课讲“准确”，教材的选择成为了重点和难点。我国面向本科生教学的病毒学教材较少，更新缓慢，某些教材即使是最新版也存在很多十几年前的“过时”知识点。目前学生的学习环境高度信息化，大三学生已养成查询研究进展的良好学习习惯，在这样的背景下如果课程还使用陈旧的中文教材，不仅无法满足学生的学习需求，更影响教学质量，甚至误导学生。为此笔者在近几年的教学中更倾向于使用外文教材的最新版本，例如，*Brock Biology of Microorganisms*(第 15 版，2017)，*Principles of Molecular Virology*(第 6 版，2016)，《Principles of Virology》(第 4 版，2015)等。通过不断调整更新授课章节(表 1)，制作英文课件，讲授采用中英文同时进行。在课件制作中尽可能多使用图片，而不是纯文字的“板书”，让学生在课堂上必须认真听讲才能掌握重要内容，避免出现拷贝课件后就不认真听课的问题。同时还推荐中文教材《分子病毒学》(第 3 版，2016)，帮助阅读英文资料困难的同学更好地理解和掌握。上述教材内容丰富，但部分知识点较深，准备课程内容时需要精挑细选，深入浅出，在有限的学时内让学生对病毒学领域有一个全面的了解。

表 1　课程内容安排

章节	教学内容
Chapter 1	What is a virus
Chapter 2	Structure，genomes and genetics
Chapter 3	The infectious cycle：attachment to assembly
Chapter 4	Infection basics and viral virulence
Chapter 5	Intrinsic and innate defenses
Chapter 6	Adaptive immunity
Chapter 7	Virus detection techniques

即使选择最新版本的外文教材依然会存在知识点不准确的问题，例如病毒分类发展至今还不够完善，不同的病毒最高分类单元有可能不同。一本经典教科书中对病毒分类会介绍：病毒的最高分类单元为科，只有少数病毒被纳入 3 个目中。但是，2018 年国际病毒分类委员会公布的最新分类列表中包括有 1 个门 Negarnaviricota(其下有 6 个纲，10 个目，89 个科)，4 个目和 46 个科[2]。也就是说，大量病毒已经有了门、纲、目这样更高的分类单元，同时部分病毒仍然只能分类到科。如果授课教师不及时更新课件，依然向学生介绍“病毒只有 3 个目，大部分病毒的分类只能到科”是多么的不负责任。学生如果自行查找到了国际病毒分类委员更新的分类目录，又会对老师产生怎样的质疑？为了确保重要知识点的准确，教师需要坚持查阅教科书以外的资料，及时更新授课内容，保证教学质量。

(二)引入前沿文献，实时更新课件

微生物领域最受欢迎的精品教材 *Brock Biology of Microorganisms* 大概 2~3 年更新一次，将在 2020 年推出第 16 版。这样的更新速度是其他教材望尘莫及的，但依然存在与前沿脱节的问题。2~3 年的周期加上每版收录的内容会滞后几年，其中的知识点很可能会滞后 5 年以上，类似上文提到的病毒分类错误一定会出现。要想追踪学科发展前沿，将优秀国际期刊的最新报道纳入课程教学十分必要。

以病毒 RNA 的先天免疫识别这一知识点为例，如果是一本陈旧的教材会这样描述：病毒 RNA 被 PKR 和 TLR3 所识别，而更新过的教材则会介绍：病毒 RNA 由 TLR3 和 RIG-I 所识别。为什么会有这样的差异？这些理论又是如何提出，经过哪些修改？从期刊文献中寻找答案无疑是最佳方案。大概在 20 世纪 90 年代全世界科学家都认为 PKR 负责病毒 RNA 的识别，几乎所有的相关文献都在研究 PKR。2001 年之后，TLR3 的结构和功能被解析，科学家发现识别病毒 RNA 的主要受体应当是 TLR3，PKR 几乎不参与这一过程[3-4]。2005 年前后，RLR 家族受体逐渐受到重视，之后大量研究表明 RIG-I 受体在病毒的先天免疫识别中也非常重要，TLR3 和 RIG-I 对免疫系统的影响被认为代表了两个不同的途径——促炎与抗病毒，病毒 RNA 的模式识别中谁才是第一主角仍在争论中。目前的主流研究认为病毒感染中，抗病毒反应主要由 RLR 家族的 RIG-I，MDA5 和 LGP2 受体介导(图 1)[4]。设想一下，如果使用一本陈旧的病毒学经典教材，书中还在介绍 PKR 为病毒模式识别受体，那会是怎样的教学效果？在病毒学领域，一个理论体系在 10 年，甚至 5 年内发生巨大变化是很常见的，课程教学只有跟踪前沿文献才有可能把最新最准确的知识传授给学生。笔者在过去几年的教学中坚持实时更新课件，调整授课内容。目前课件中有超过 30%内容是来自于学术论文和 WHO 公布的信息，而非教科书。在今后双语教学改革中更计划提高这一比例，将有 40%以上的内容来自于期刊文献，确保课程紧跟学科前沿。

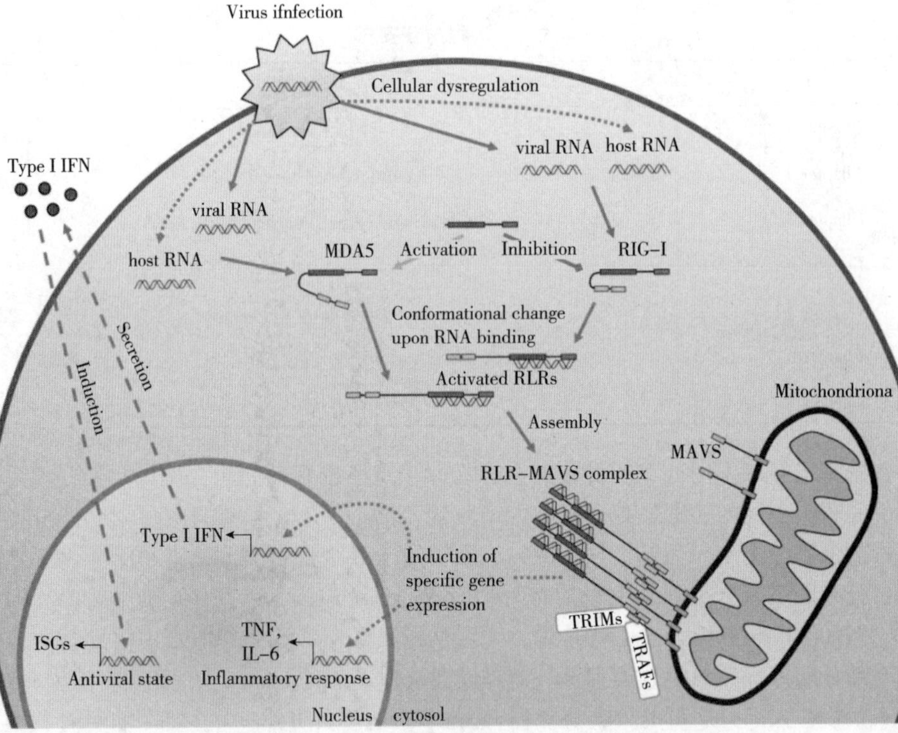

图 1 RIG-I-Like(RLR)受体信号通路及先天免疫激活[4]

二、提高课堂趣味性，加强师生互动

(一)以点带面，从特定案例学习一般规律

现在的网络资讯非常发达，有学习意愿的同学可以很容易在网络上或书本中迅速获取知识，到课堂听课就一定比自学效率更高么？如果授课老师只是照本宣科，把讲课变成“读书”，那课程多半会无聊乏味，甚至浪费学生的时间。在教学过程中，笔者时常思考如何提高学生的听课积极性，如何让课程更有吸引力。除了课堂氛围带来的学习效率提高，听课

相对于自学的另一大优势在于教师的归纳总结和深入浅出。教师在备课过程中可能查阅十小时文献资料，归纳整理后在课堂上只用半小时就能全部教给学生。老师将最深奥的前沿进展吃透，深入浅出，让学生能马上听懂掌握。对学生而言，这样的时间花的值，这样的课不听可惜。

新时代的大学生见多识广，让他们喜欢上一门课必须在内容安排上下足功夫。病毒学与现实生活密切相关，只要稍微关注新闻就能发现身边大量突发事件都离不开病毒，比如非洲猪瘟导致肉价上涨，不合格疫苗曝光，每年的流行性感冒等等。利用这一优势，笔者在近年的教学改革中调整大量知识点，从特定案例开篇，以点带面，进一步引出一般规律。用最贴近生活的实例牢牢吸引住学生，再结合具体案例逐步讲解相对枯燥的理论。具体案例和小故事为一堂课搭建框架，再填入对应的基础知识点，提高课堂趣味性。例如在讲解逆转录病毒的复制循环时，首先为学生介绍 2019 年 3 月的爆炸性新闻：全球第二例艾滋病治愈病例[5]。这样的故事既有趣，又囊括了大量知识点，知识点之间密切联系逻辑性强。艾滋病为什么会治愈——因为患者移植了 CCR5 基因突变骨髓；为什么是 CCR5 突变——因为 HIV 感染同时需要 CD4 和 CCR5 受体；为什么不能是 CD4 突变——因为 CD4 分子在获得性免疫系统中具有重要功能，突变后会影响免疫系统；CCR5 突变后一定能免疫 HIV 病毒么——不一定，因为还存在不依赖 CCR5 受体的毒株。这一系列问与答能够把病毒的吸附入侵，细胞表面受体，逆转录病毒的遗传变异等基础知识点逐步展开，甚至还为 $CD4^{+}T$ 细胞在获得性免疫系统中的作用埋下伏笔。一个精彩的故事具有无穷的吸引力，而在故事中蕴含的基础知识更容易让学生掌握和牢记。

（二）鼓励学生点课，活用智慧教学工具

本课程前期的教学改革中开展了专题式教学，取得良好效果，目前又进一步发展为“点课”模式。学生可以选择感兴趣的病毒或事件作为专题，学生点什么老师讲什么，或者师生合作共同介绍一个小的专题。这样的教学方式既加强师生互动，又可以提高学生的学习兴趣。例如，2013—2015 年春季开课学期正赶上 H7N9 大量暴发，每年都有学生要求介绍 H7N9 病毒。针对这一特殊的禽流感病毒，学生们往往带着各种疑问，例如鸡肉能不能吃，家里老人养鸽子是否安全，H7N9 和 H1N1 有什么关系等等。通过 H7N9 专题的介绍，不仅让学生们正确认识禽流感病毒，还可以将病毒基因组重排，流感病毒分型及传播规律，病毒感染与炎症反应等知识点有机的融入。满足学生点课要求的同时也将必讲的知识点介绍了。部分同学在点课时有较高积极性，希望以小组为单位和老师共同做专题报告。这样的专题一般由 10 分钟左右的学生报告和 20 分钟左右的老师报告组成。同学开头，老师收尾，补充并细化基础知识点。如噬毒体(virophage)，即感染病毒的病毒这一专题就是由 16 级同学提出，并认真准备了 10 分钟左右的课件进行介绍(图 2)。随后笔者又结合其他类型的巨病毒和噬毒体报道进行补充，并拓展到缺损病毒和干扰颗粒等基础知识点。每年课程专题的数量内容完全由学生决定，提前选好专题内容后教师将基础知识点合理的融入到每个专题中，最大限度满足学生学习兴趣的同时又不影响授课内容和进度。

课程中调动气氛加强师生互动还可以借助雨课堂等教学工具。随着高校课程的数字化信息化发展，以“雨课堂”为代表的多种智慧教学工具受到师生的广泛好评，在课内课外均能加强师生互动[6]。现代高等教育鼓励师生加强交流合作，及时反馈互动，激发学生主动学习的兴趣。通过雨课堂管理教学材料，将课前—课上—课后紧密联系。学生在课前通过手机端预习课件；课上随时通过“不懂”按键实时反馈过难的教学内容，还可以通过弹幕向老师提问或回答问题；课后在软件中完成并提交作业。在教学实践中，笔者发现弹幕功能最能够调动课堂气氛。受中国含蓄内敛传统文化的影响，很多大学生既不好意思提问也不勇于回答问题，课堂提问后时常出现一片寂静的尴尬场面。而利用雨课堂等软件，让学生

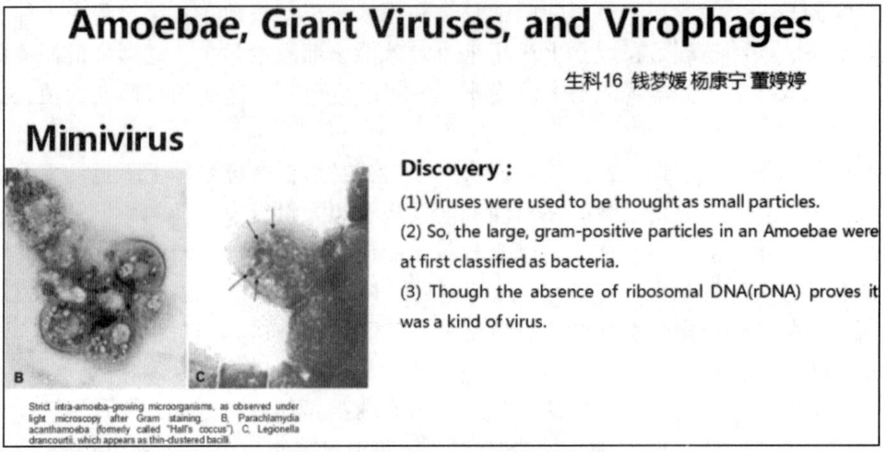

图2 学生自选专题报告之一

通过匿名弹幕提问和回答问题显著地改善了这一问题。教师提问后甚至会出现弹幕刷屏的现象，从无人回答变成十几人抢答。讲课过程中也时常有同学发送弹幕"太快听不懂""再讲一遍""这里生化课学过"等信息。通过弹幕的实时反馈，教师可以随时调整课程内容，难了就讲慢一点，学过的就快速复习。弹幕互动增加了课堂的趣味性和时尚感，同时也增进师生感情，提升教学质量。

三、 多学科交叉融合，调整实验课内容

本课程主要面向我校生物科学专业本科三年级，学生已完成微生物学、生物化学和分子生物学等课程学习，有较好基础。病毒作为微生物的一大类群，与其他相关学科高度交叉融合，病毒学课程的实验部分完全可以选择一个较高的起点，综合多学科知识，既能够带领同学复习已学过的重要内容，又能提升学生多学科多维度的综合实验技能。过去的实验课程以简单的基础病毒学实验为主，包括病毒培养、效价检测、病变组织观察等。在教学改革过程中笔者计划将相对系统完整的噬菌体综合实验加入课程，包括样品采集、宿主菌分离纯化、病毒分离纯化及扩繁、病毒理化性质测定、病毒的基因组提取及分子鉴定等。整个实验可以选择污水为研究对象，分离鉴定其中的大肠杆菌及大肠杆菌噬菌体。噬菌体对人和植物无感染活性，在常规微生物实验室即可开展，安全性较高。宿主菌分离属于微生物学经典实验，核酸提取及PCR分子鉴定又分别属于生物化学和分子生物学实验，噬菌体综合实验将这些内容有机地整合，完整反映病毒学科研工作中的研究思路和流程(图3)。学生既能够复习细菌的分离纯化、基因组提取、PCR引物设计、凝胶电泳等实验操作，又可以学习噬菌斑分离纯化、噬菌体的扩大培养、噬菌体分子鉴定等新的实验内容。通过多学科交叉融合，改革后的实验内容更符合大三学生的知识水平，满足学生对综合型实验课程的需求。

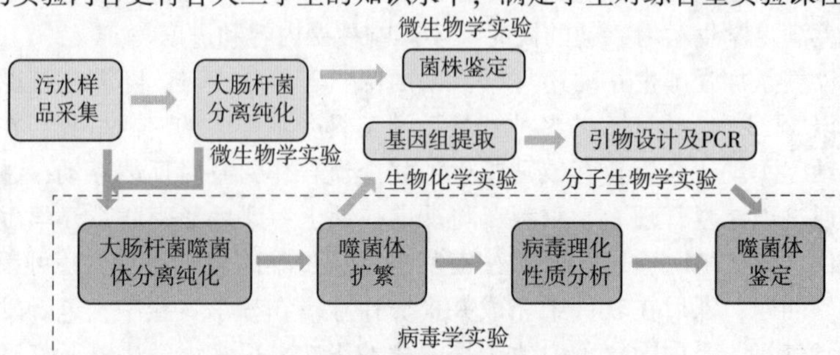

图3 噬菌体综合实验流程

四、 结语

通过上述教学改革，病毒学课程内容实时更新，追踪学术前沿的同时也关注热点新闻事件。课程选用的外文教材和学术论文更提高了学生专业英语水平，为研究生阶段的学习奠定基础。“点课”式教学和噬菌体综合实验促进师生互动，激发学习积极性，受到广泛好评。病毒学的发展日新月异，我们必须不断学习，在实践中推进教学改革，才能适应新时期人才培养的需求。

参考文献

[1]赵国柱，金一，李志茹，等．生物类专业“病毒学”课程教学改革探索——以北京林业大学为例[J]．中国林业教育，2017，(S1)：68-71.

[2]International Committee on Taxonomy of Viruses[EB/OL]. https：//talk. ictvonline. org/taxonomy/.

[3]Alexopoulou L，Thomas V，Schnare M，et al. Hyporesponsiveness to vaccination with Borrelia burgdorferi OspA in humans and in TLR1-and TLR2-deficient mice[J]. Nature Medicine，2002，(8)：878-884.

[4]Streicher F，Jouvenet N. Stimulation of innate immunity by host and viral RNAs[J]. Trends in Immunology，2019，40(12)：1134-1148.

[5]Gupta R K，Abdul-Jawad S，McCoy L E，et al. HIV-1 remission following CCR5Δ32/Δ32 haematopoietic stem-cell transplantation[J]. Nature，2019，(568)：244-248.

[6]王帅国．雨课堂：移动互联网与大数据背景下的智慧教学工具[J]．现代教育技术，2017，(5)：27-33.

Bilingual teaching reform of *Virology* based on the research front: Taking Beijing Forestry University as an example

Jin Yi　Guo Hui　He Xiaoqing　Zhang Bolin

(College of Biological Sciences and Biotechnology，Beijing Forestry University，Beijing　100083)

Abstract　*Virology* course is an important elective course for biological science in Beijing Forestry University. With the rapid development of virology research, new theories and technologies are emerging continuously. The author attempted to adjust and promote the teaching reform based on the years of teaching practice, including real-time updating teaching content by the latest textbook and cutting-edge studies; improving the thematic teaching, combined with the intelligent teaching tools to enhance students´ interest and strengthen the interaction between teachers and students; establishing the interdisciplinary experimental course to cultivate students' comprehensive ability. Through these reforms, this course has been well received by students. The teacher-student interactions not only improved the teaching quality, but also elevated teacher' s expertise and teaching ability.

Keywords　*Virology*, research front, teaching reform, Rain Classroom

基于课程思政改革的“水资源计算与管理”课程重塑策略与教学实践

陈立欣　张志强

（北京林业大学水土保持学院，北京　100083）

摘要：本文基于课程思政改革理论，探讨了“水资源计算与管理”课程思政的实践途径，结合思政经典与时政要闻案例对课程开展授课内容、授课形式、创新能力培养及课程考核与评价方面进行课程重塑。根据课程及学生特点，借鉴“对分课堂”新型授课模式提升授课效果，在课程教学中结合社会现象以及对基本理论和计算方法的哲学思考，使学生在接受专业知识的同时思想道德素质得到全面的提高，为水土保持与荒漠化防治专业课程思政的教学和实践提供有益的参考。

关键词：课程思政；水资源计算与管理；教学实践；教学改革

自全国高校思想政治工作会议召开以来，广大高校课程教改开启了新的纪元。习近平总书记在会上提出了关于高校育人的重要论述，将“立德树人”上升到教育中心环节，更进一步提出“把思想政治工作贯穿教育教学全过程，实现全程育人、全方位育人，努力开创我国高等教育事业发展新局面”。这一论述表明仅仅依靠现有的独立思政课程已经不能够完全满足高校立德树人的发展需求，更需要将思政教育融入基础课程、专业课程内核之中，从多方面多角度联系与诠释思政教育，通过将其贯穿教育教学全过程，达到全程育人、全方位育人的目标。2018 年，教育部发布“新时代高教 40 条”中明确指出，思想政治教育要贯穿高水平本科教育。

高校人才培养不仅要以培养学生具备新时代专业能力作为目标，更要将学生培养成社会主义建设者和接班人作为根本任务，谨记九个“坚持”，落实六个“下功夫”，时刻将思想政治工作视作学校各项工作生命线紧抓。在当前不断变化的国际国内环境下，新生代学生不断经历着各类思想观念交锋和多元思潮文化的碰撞，这既给高等教育带来了发展机遇，也提出了巨大挑战。尤其是在意识形态上，学生的思想是可变和可塑的，这就特别需要教师在课堂教学中，不仅要注重学生知识和能力的培养，更要做好学生思想引领和价值观的塑造工作[1]。把“两个大计”转化为教育优先的实际行动，为学生讲好“人生第一课”，课程思政改革刻不容缓。

要将立德树人全方位贯彻到高校课堂教学过程中，就要重视思想政治理论课对其他学科和课程的引领作用[2]。高等教育是分专业的，专业是建立在学科分类和课程开设的基础上的，如何打破长期以来思想政治教育与专业教育间泾渭分明的“零交流”状态，找到课程间的融合途径，就成为亟须解决的问题。我们需要使“思政”服从和服务于学科的发展和专业的培养目标，发挥各学科的精神塑造和价值观教育职能，这样才能推动德育与专业教育协同前进、相得益彰，培养学生兼具个人“小德”和国家社会“大德”，确保高校立德树人根本目标的实现。

作者简介：陈立欣，北京市海淀区清华东路 35 号北京林业大学水土保持学院，副教授，myclover17@ 126. com；

张志强，通讯作者，北京市海淀区清华东路 35 号北京林业大学水土保持学院，教授，zhqzhang@ bjfu. edu. cn。

资助项目：北京林业大学教育改革项目“水资源计算与管理课程思政教研教改专项课题”（BJFU2019JY027）。

一、 基于“水资源管理与计算”课程思政意义与培养目标

生态文明是实现人与自然和谐发展的必然要求，生态文明建设是关系中华民族永续发展的根本大计。党的十八大以来，党中央、国务院出台了一系列重大决策部署以大力推进生态文明建设，生态文明建设被放在了发展的突出地位，融入国家建设的各方面及全过程。党的十九大报告中，习近平总书记提出了“人与自然是生命共同体，人类必须尊重自然、顺应自然、保护自然”。绿色发展、解决突出环境问题，加强生态保护力度及改革生态环境监管体制等建设目标被列入到国家层面的发展计划中。农林院校作为生态文明建设人才与技术的重要孕育和产出单位，在促进国家生态文明建设过程中的意义不言而喻，而其开设的相关专业课程则是支撑国家生态文明建设的重要基础单元。“水资源计算与管理”课程是诸多农林院校核心专业开设的重要专业课程之一，也是助力生态文明建设可持续发展的基础专业课程之一。课程内容全面包含水资源概念、特点、形成分布及开发利用，系统学习和掌握水文统计、水资源区划、水资源量的计算、水资源质量的评价、可供水量的计算与需水量的预测，水资源供需平衡、水资源规划与配置和管理等方面的基本理论和方法。课程旨在引导学生建立坚实的“人与自然是生命共同体”概念，全方位地把握“社会主义生态文明观”，培养学生对水资源基础知识方面具有全面的认识，能够在相关领域的学习、科研以及实际运用中具备全局性、科学性、系统性的知识储备，对水资源计算与管理问题具有独立明确的实操水平。

二、 课程思政教改思路与教学实践策略

为了将思政教育与专业课程知识有机结合，并保持课程具备的高度专业性、实操性与时代性，本课程以党的十九大中提出的生态文明建设的“千年大计”要求为导向，以学生成长成才为基本出发点，基于课程教学内容实际，结合马克思主义哲学思想，辩证剖析知识点，融入优秀思想政治建设实例，将思政教育与科学知识有机结合，深挖专业课程育人元素，推动“思政课程”向“课程思政”的转变。提升与完善学生对党的十九大报告中“加快生态文明体制改革，建设美丽中国”要求的理论基础与实操技能，夯实学生“社会主义生态文明观”，推动学生在科研实践中形成思考人与自然和谐发展的现代化建设新格局思维框架，实现课程“价值塑造、能力培养、知识传授”三位一体的课程目标[3-4]。

本课程思政教改所考虑的问题有三个：①如何找好思想政治教育知识与课程知识的融合点，即如何选好二者能互相包含与诠释的领域与角度，让两者的结合不突兀，不生硬，不过分解读，同时贯穿教学全程；②选用什么样的教学方法和载体途径，紧跟时代需求，突出课程的闪光点。让创新教学模式更加吸引学生，并且让学生学有所成，学有所获；③如何让课程知识与思政理论的教学成效更可观察、可评估。同时搭配怎样的反馈机制，使教学模式逐步适合学生，适合时代。因此，在教改实践中，从课程内容组织阶段、课程教授阶段，到课后反馈阶段与课程考核部分，全程均需要考虑课程思政教改措施的融入。

（一）课程内容组织阶段

1. 以思政理念贯穿课程框架，以思政知识诠释课程内容

课程内容的组织是整个课程的核心，要想实现课程思政理念的全覆盖，课程框架的搭建需要思政哲学的合理诠释。课程结构的搭建要拥有专业内容本身的结构与逻辑关系，也要从自然辩证法以及马克思主义哲学理论中提取经典理论来支撑课程结构的搭建。将两者结合考虑，既以专业课程为主，也搭配思政知识进行逻辑串联。从自然辩证法的观点协助构建学生的世界观、人生观以及价值观，从而促进学生以辩证的思维方式来认识世界、改造世界[5]。

例如地球水文循环的大循环与小循环，这是整体与部分的关系，整体拥有部分，部分

构成整体；不同地区有相对稳定的年均降水输入量，而同一地区不同年份的降水差异又可能较大，这可以用事物的普遍性与特殊性来解释，事物某些特性具有普遍性，而事物之间又各具特殊性；由必然性与偶然性来解释降雨导致的河流水位上涨，而又不一定导致洪涝灾害的现象；或是由一夜之间太湖变“绿”的结果，究其来源，明其过程，搞清楚变“绿”的原因是水体的富营养化，从而明白原因和结果的逻辑关系。教育过程中不仅教育学生计算与管理基础知识，更要求学生在过程中掌握以动态的、对立统一的透过现象看本质的能力，掌握马克思主义的真理观和价值观，树立“实践是检验真理的唯一标准”的科学思想，做一个真正具有独立的科学思维能力的人，授人以鱼且授人以渔。

2. 将国家建设与课程内容结合，让学生带着“自豪感”学习

课程思政要坚持贴近学生、贴近生活、贴近实际的原则，从大学生的成长生理心理规律、院校特点和专业实际出发，紧密结合国计民生，落小落细落实，通过专业课知识为抽象的思政理论建立具体情景。使课程思政内容与实际产生紧密联系，而且是要与国家建设与发展具备高度联系的[6]。从课程的实际作用出发，阐明课程应用在国家建设中的角色与效能，让学生清楚地意识到自己通过对课程的学习能够真正成为“有理想有本领有担当”的进步青年。课程学习的目标不是仅停留在通过考试这一“小目标”，更是要将自己武装成能够为国家建设奉献力量的新时代青年的“大目标”。让学生从根本上意识到能够“学有所为，学有所用”，调动学生对课程的积极性[7]，提升学生专业自豪感，点燃学生的爱国奋斗精神。

例如，本课程从水是自然界生命体最重要的资源之一讲起，水资源的循环带动着整个生物圈的生命循环、物质循环与化学循环。同时也要让学生了解我国水资源的短缺性、污染问题以及水生态严重退化等现状，要想把生态文明建设基础打好，就要把水资源的保护及合理利用当做先行问题、重点问题和基础领域来看。让学生从课程伊始便意识到生态文明建设的重要性，进而才能使其更好理解为什么水生态文明建设为何如此重要，同时提升课程在学生心目中的重要性。而课程所涉及的水资源计算与管理基本原理与基本方法，正是能够协助国家生态文明建设的重要知识，提升学生学习的使命感。

3. 课程案例选择参考时事背景、结合时代楷模事迹

为了使教学更加生动，更具时代背景，并以实例支撑，同时达到课程思政的目标，教学实践中的课程案例非常重要。既要考虑案例的教育意义，也要考虑案例的现实的实用程度[9-10]。基于现实生活的案例分析，拥有较强的案例影响力，让学生更易接受，也更感兴趣。选择需考虑以思政时事作为背景，并结合生态文明建设时代楷模案例，从案例中选择符合课程教学的角度进行分析，深入剖析案例；可以在案例基础上适当加入延伸设定，逐步推进教学，加深学生的理解与记忆。将课堂延伸到教室外，鼓励学生参加精品讲座，生态文明建设方面的宣讲等，对近期水资源问题或水生态文明建设进展进行了解。

除专业教学之外，亦可弘扬“时代楷模”精神，加深学生对生态文明建设的认识，拓宽对绿色发展的了解。例如，“时代楷模”——武威市八步沙林场“六老汉”治沙造林事迹，治理了一片沙，激励了几代人。风沙肆虐，沙进人退的状况让当地人民的生活、各个产业的发展都受到了严重的阻碍。六位年过半百的老汉，面对漫天的黄沙，主动挑战大自然的威胁。课程可基于此案例分析当地降水、地下水以及地表水资源等水分输入及供给情况，结合当地蒸发条件与植物耗水等水分输出条件，考虑土壤保水能力，计算年需耗水量，并根据水源情况，进行水资源调配设计与水资源供需平衡分析。对生态绿化耗水的过程进行深入的讲解，进而影响学生对生态文明建设基础工作的实践的认识。除正面案例外，课程还应选取当下生态文明建设中所暴露出的问题来进行针对性的分析与探讨。如近年来过度的地表水拦蓄利用与地下水开采，导致北京地区地下水水位骤降，影响了北京的水生态安全。

其中各水文水利单元对地下水资源的损耗及补给是影响水资源变化的重要因素。对现实案例的分析，能够使学生对问题有更具正确性及客观性的认识，树立职业发展楷模培养学生良好的职业素质的同时，也能对学生未来的职业观进行辅导，早期促进学生建立牢固的生态文明建设观，对学生的职业发展及人生奋斗都有积极的意义。

（二）教学方法与教学途径革新

课程革新是一个探索的过程，要想形成相对完善的课程体系，还需要在不断的授课尝试中发现最有效的教学方法。首先，采用对分课堂的模式对授课模式进行革新。对分课堂是将课堂教学进行实践划分，一半作为教师授课环节，一半作为学生讨论环节的新型教学模式[8]。由于传统教学模式的影响，学生习惯被动接受，大多数学生没有主动思考的意识。因此，在初步探索阶段，为保持教学效果，仍以教师授课为主，学生讨论为辅，让学生逐渐适应对课程内容进行思考和提出问题。对分课堂的教学方式是对现有教学模式的革新与延伸，通过将原本的课堂教学精华去粗取精，将前半部分的授课时间进行高效授课。在学生吸收了本节课的学习内容后，将课堂时间交由学生开展主题讨论，过程中保持教师与学生的互动，解答学生的问题并监督讨论情况。除固定小组讨论外，还可根据不对学生针对本节课程学习的问题对学生进行分组，主动讨论解决问题，教师起指导作用。另外，对分课堂还可进行除小组讨论外的其余互动项目，如：“山水林田湖草”水资源角色扮演，让大家以主人翁的身份去思考每个水文单元的集水耗水，提升学习的主动性，使教学更加灵活。因此，对分课堂的核心是通过讨论环节增加师生的交流互动，提高学生知识内化程度，并将学生在教学过程中各知识点的掌握程度及时反馈给教师。对分课堂的模式让学生不把主要问题留在课下，尽可能确保学生搞清楚知识主干，并且留给学生充足的时间，在老师的指导下实践进行尝试，主动解决问题。每节课结束前 10 分钟，教师可再次掌控课堂主控权，对学生们的主要讨论且重要的问题进行综合答疑，并且对本节课思政内容及知识主干进行再次梳理，来帮助学生们的理解与记忆，提高授课效率。

（三）课程反馈与考核部分

根据教育部关于清理“五唯”的各项要求，回归教育的本质和初心，为推进课程思政营造良好的制度环境。就课程思政评价的本身而言，需要将学生的认知、情感、价值观等内容纳入其中，体现评价的人文性、多元性。因此，目前本课程对思政内容的课程反馈和考核主要集中在日常教学过程中的过程评价和动态评价，以课下作业结合课堂提问和讨论，对每节课的内容掌握程度、框架理解程度、课程疑问与对蕴含思政背景内容的创新课堂活动的接受度进行了解，从而逐渐完善课堂教学方法体系。例如：设置主题讨论环节，以水生态建设时事或重大问题作为背景进行案例分析，根据学生对课程知识点与相关思政内容的联系，对主动思考给予鼓励，作为平日成绩中的组成部分。相比之下，课程考试并不涉及对思政内容的检验，这种显性的思政化考核倾向违背了“课程思政”的初衷和目标，也很难测评学生的情感、态度与价值观。

三、 结语

本着让学生学到能够解决实际问题的专业知识，更要将学生培育成符合现代化发展要求的新型人才的目标，“水资源计算与管理”课程在课程内容组织、教学方法与途径和课程考核方面，融入思政内容，发挥专业课堂思政功能。通过实践深刻认识到“思政”与“课程”的关系，应当是“如春在花、如盐化水”地有机融合、相互促进。要做到以合理的教学设计以确保专业知识的完整教授之余，并以思政内容作为思想提升的辅助引导，把思政德育的价值观应自然渗入课程方方面面，实现润物无声的效果。

参考文献

[1]张志昊，周花，张英干．思行善政、教书育人——通识教育课在新工科建设中的教改研究与创新实践[J]．当代教育实践与教学研究，2019，(8)：243-244.

[2]蔡济众，梁照文．聚焦立德树人根本任务，推进“房屋建筑学”课程思政改革[J]．科教导刊(下旬)，2019，(9)：71-72.

[3]李从玉，潘旺旺．水生态文明建设的江苏经验——“2019全国生态文明建设典型经验”课题调研[J]．人民论坛，2019，(S1)：102-105.

[4]廖益强，卢泽湘，张慧，等．“对分课堂”教学模式在《化工原理》课程教学中的应用研究[J]．教育教学论坛，2019，(37)：197-198.

[5]王智慧．论新时代高校思政课程标准的研制[J]．现代商贸工业，2019，40(32)：128-130.

[6]马玉青．如何在高校数学课堂上实施“课程思政”[J]．现代农村科技，2019，(10)：92.

[7]兰雅梅，王世明，宋秋红，等．高校《工程流体力学》课程思政初探[J]．教育教学论坛，2019，(39)：46-47.

[8]莫彦芝．分析对分课堂在沙盘游戏教学中的应用[J]．智库时代，2019，(43)：245-246.

[9]王双．“课程思政”与大学英语结合的教学途径探讨——以湖北文理学院理工学院为例[J]．智库时代，2019，(43)：183-184.

[10]杨瑞英，齐琼．土木工程施工“课程思政”教学改革与实践探索[J]．南方农机，2019，50(19)：192.

Reform strategies and practices on Ideologicd and Political Education in *Water Resources Calculation and Management* classes

Chen Lixin Zhang Zhiqiang

(School of Soil and Water Conservation, Beijing Forestry University, Beijing 100083)

Abstract Based on the Ideologicd and Political Theories teaching in all courses, this article explores the practical ways of embedding ideological and political education in the course of *Water Resources Computing and Management*. It combines the ideological and political classics with the cases of current political affairs to develop the content, the teaching forms, the cultivation of innovative ability, and the assessment and evaluation of the curriculum. According to the characteristics of the curriculum and students, the new“bisection class”teaching mode is used to improve the teaching effect. The combination of social phenomena and philosophical thinking on basic theory and calculation methods in the course teaching enables students to comprehensively improve their ideological and moral qualities while receiving professional knowledge. and dynamically evaluate the classroom effect to assist the curriculum innovation. The practices provide a useful reference for embedding philosophy and values in the teaching practice for students in the specialty of water and soil conservation.

Keywords Ideological and Political Education, *Water Resources Calculation and Management*, teaching practices, teaching reform

基于课程思政的"生物质清洁分离及绿色转化技术"研究案例教学实践初探

文甲龙　孙少妮　王西鸾　曹学飞　薛智敏

（北京林业大学材料科学与技术学院，北京　100083）

摘要："生物质清洁分离及绿色转化技术"是林产化学专业的专业选修课。笔者近年来一直从事生物质清洁分离及绿色转化技术方面的教学和科研工作，通过两年的实践和教学，逐渐探索出一条以"研究案例"为核心内容的课程教学体系。然而，在案例教学的实践中，笔者也发现了单独的研究案例教学要是缺乏价值取向和核心精神的传递，就会导致学生对于该研究领域的兴趣、专注力和科研精神逐渐减弱。课程思政作为新的教学理念和教学方式，是实现全面育人的现实需要。因此，本学期伊始，就对之前的"研究案例教学"进行了适当的调整和改进，给学生们传递知识点和最新研究进展的同时，这门课中合理地融入了课程思政的诸多元素，笔者期望基于课程思政的研究案例在激发学生学习兴趣和培养综合能力的同时传递科学精神、严谨治学精神、工匠精神、环境保护意识，促进学生综合素质的发展。

关键词：生物质分离；绿色转化技术；研究案例；课程思政；全面育人

一、前言

课程思政作为新的教学理念和教学方式，是实现全面育人的现实需要。坚持正确的学术导向，把科学精神和价值塑造有机结合，营造全员育人、全方位育人、全过程育人的机制和氛围也是高校对于专业课的全面要求[1]。"生物质清洁分离及绿色转化技术"是林产化工专业重要的专业选修课，本课程主要任务是以生物质分离及转化为核心，以生物质深度利用和综合利用为目标，重点阐明生物质化学组分分离、生物质定向化学转化、生物质组分转化为高值化材料、生物质功能产品制备四个方面的内容。通过让学生掌握生物质分离及转化利用的基本理论、基本知识及基本技术，培养学生对生物质资源利用的认识，掌握生物质化学品及生物质材料的相关概念，为综合开发农林木质纤维资源并实现生物质的高值化利用服务。笔者在近两年的教学实践中逐渐意识到单独的研究案例如果缺乏价值导向和核心精神的传递，就会造成学生对于该研究领域的兴趣、专注力和科研精神逐渐减弱，最终导致本门课程应有的效果大打折扣。结合该课程大纲中知识点的讲授和笔者的科研经历，使学生对这一领域的研究现状和技术水平有一个较为全面的认识和理解。笔者这两年在案例教学中也融入了"课程思政"的相关的元素，期望让这门专业课更有体现科学精神，

作者简介：文甲龙，北京市海淀区清华东路 35 号北京林业大学材料学院，副教授，wenjialonghello@126.com；
孙少妮，北京市海淀区清华东路 35 号北京林业大学材料学院，讲师，sunshaoni@bjfu.edu.cn；
王西鸾，北京市海淀区清华东路 35 号北京林业大学材料学院，副教授，wangxiluan@bjfu.edu.cn；
曹学飞，北京市海淀区清华东路 35 号北京林业大学材料学院，讲师，caoxuefei@bjfu.edu.cn；
薛智敏，北京市海淀区清华东路 35 号北京林业大学材料学院，副教授，zmxue@bjfu.edu.cn。

资助项目：北京林业大学教育教学研究项目"基于角色互换的'生物质清洁分离及绿色转化技术'课程教学改革与实践"（BJFU2019JY069）；
北京林业大学教育教学研究项目"基于'对分课堂'的'木质素及其利用'教学模式研究"（BJFU2019JY071）。

更有哲学思辨意境，也让这些研究案例在激发学生学习兴趣和培养综合动手能力的同时传递科学精神、严谨治学精神、工匠精神、环境保护意识，同时也能激起学生对于这门课中所讲授知识的探索热情，培育学生分析问题和解决问题的能力。

二、 基于“课程思政”的研究案例教学概念提出

案例教学是指为了达到一定的教学目的，围绕选定的一个或多个问题，以事实为素材而编写成的对某一实际情境的客观描述和研讨，是以案例为媒介引导学生进行学习的一种教学方法[2]。由此可见，案例教学是在教学目标的指引下，遵循教学大纲要求，通过特定的素材、媒介、材料等案例，引述事实，包含了教师和学生的互动行为，通过课堂讨论、师生互动等方式，达成教学目标的过程[3]。研究案例教学能够吸引学生主动参与到课程学习过程中，取得一定的教学成效，然而在实践中仍然存在一些问题值得我们重视，如案例教学主要针对学术知识本身，对于家国情怀和人文精神的培养略有欠缺。因此，在这种背景下，形式多样，积极向上的课程思政元素的有机引入既丰富了思政教育的内涵，又拓展了思政教育的外延，同时给专业课教师职业发展带来机遇和挑战，提出更高要求和目标，积极探索专业课教师职业发展的创新之路，最终有利于提高专业课及其教师的育人功能和效果，培养兴农爱农人才。

根据授课教师前期的授课经验和同学们的反馈，发现本门课程还存在一些问题，比如学生对于该门课程的知识点和内容的掌握呈现不同程度的差异，学生对于这门课的知识点与目前相关研究领域和产业现状的关系还不是特别清楚。由于选择该门课的学生处于大三第一学期，目前已经学习了植物纤维化学等基础化学课程，因此从理论上来讲，对于这门课是可以较好地被学生理解的。然而，由于该门课设计到的内容和知识点较多，要是仅仅讲授案例，而没有讲好案例背后的故事和故事传递的文化等各方面要素，学生们的兴趣和专业情怀也不能被更好地点燃。作为林产化工专业的本科生，认识目前的“生物质清洁分离及绿色转化技术”的基本原理和应用对于全面理解当前生物质基础研究和应用研究水平非常有必要，这将为学生科学和技术思维的培养和专业技能的提升奠定基础。由于笔者一直从事生物质组分分离，结构表征，化学改性和绿色转化技术方面的研究工作。在这种背景下，笔者就开始着手对该门课进行内容和教学方式的改革，即采用基于课程思政的“研究案例”实践进行授课。笔者通过在课堂上引导学生围绕某一个“科研问题”展开研究学习，首先提出问题，先给学生抛出几个问题，让他们思考，然后在讲授这些案例的过程中抽丝剥茧，层层深入，从这些案例解决方案的提出到解决，展示出这些例子中所蕴涵的知识点，培养学生的创新能力，提升学生的综合素质。此外，在讲授过程中进行科学、方法和技术的横向和纵向对比，放眼全球和全国的技术和方法对比，让学生了解我们国家这个领域的研究现状和在全球范围内的地位，从科学和技术研究的进步和演变让学生感受到科技的力量，感受我们国家该领域的技术发展以及我们老师做的事情对于技术发展进步的促进作用，最后再回到知识点，这样就可以让学生意识到技术的产生其实是由基本原理知识点，实验数据和知识点，优化实验，工程化放大实验，参数优化等一系列的要素所构成的，而我们这门课的一个作用就是搭建基本知识点和方法技术的桥梁，而在搭建桥梁时又要体现科学家的严谨治学和工程师的匠心精神，提升他们的文化自信，增强民族自信，从而更好地为“中国梦”服务。因此，根据选择案例“由近及远”的原则，选择自己课题组在科学研究过程中对“生物质清洁分离及绿色转化技术”所起到的重大作用、指导科研进程的实例进行讲解，同时扩展到国内和国际范围内的相关研究，然后再对这些案例中所涉及的知识点进行回顾总结和梳理，同时让学生参考并研读在这个科学研究过程中所发表的论文，让学生意识到科学研究对于“生物质清洁分离及绿色转化技术”指导和推动作用，深刻理解所学基础知识，

促进学生学习“生物质清洁分离及绿色转化技术”的能动性。

三、 基于课程思政的“生物质清洁分离及绿色转化技术”研究案例教学

（一）确定授课方式

生物质清洁分离及绿色转化技术是一门专业选修课，其课时为32学时，为了在“生物质清洁分离及绿色转化技术”课程中引入基于课程思政的“研究案例”实践，笔者在文献调研的基础上，将“生物质清洁分离及绿色转化技术”课程中拟进行基于课程思政的案例教学内容分成如下几个知识模块和主题：原本木质素分离方法和木质素结构分析方法，生物质预处理技术研究进展，基于生物质炼制的生物质组分分离，绿色溶剂和生物质绿色转化技术，木质素化学和材料转化等。主要的教学形式还是教师集中讲授的方式，教师在介绍“生物质清洁分离及绿色转化技术”课程相关知识前，首先会讲清楚这个主题在我们的这门课程中的作用和意义，然后抛出这个主题中研究方面目前存在的问题，通过给学生介绍该案例的过程让学生亲自跟随我们当初研究方案的思路，逐步引导学生进入研究的核心问题，比如在具体研究过程中，遇到了什么问题，学术界和工业界一般会采用什么样的技术进行解决，再通过讲授全球具有代表性的方案。最后摆出来具体的“中国故事”和“中国方案”来感染学生的自豪感和自信心。讲解完毕后，教师鼓励大家发表意见，鼓励他们提出另外的方案，积极引导学生去参与讨论，最终，授课教师对这些方案进行客观的点评。点评完毕进入到这个课程的最后一个环节，带领学生一起梳理与该主题有关的知识点和技术方法，同时带领学生重新解读所给的案例，加深学生对“生物质清洁分离及绿色转化技术”相关知识点的认识和理解。

（二）基于课程思政的“生物质清洁分离及绿色转化技术”案例教学实践设计

研究案例教学法的核心是研究型案例，能否高效地开展研究案例教学关键在于案例的合理设计和选择性[3]。同时，自然地加入思政元素，如爱岗敬业，严谨治学，科学思维，人生理想，个人价值，家国情怀，绿色环保发展理念等诸多要素。鉴于案例在案例教学法中的关键性，笔者在设计案例时遵循如下以下几条原则：①研究案例尽量包括该主题的相关知识点；②具有学术性和应用性；③具有时代性，贴近学生兴趣点等[4]。其中，上述7~8个主题模块每个主题穿插讲授2~3个案例，例如笔者在讲解“原本木质素分离方法和木质素结构分析方法”这一章节时，从目前木质纤维研究领域的热门话题“基因调控技术在能源植物培育中的应用”引出了“为什么要通过基因技术去调控获得更容易转化的生物质”“基因技术能够改变植物的哪些化学结构，改变的化学结构又如何影响后续的加工利用”“如何研究原本木质素的结构”等问题。笔者将其中的知识点梳理出来，例如，什么是原本木质素、原本木质素制备方法进展、原本木质素结构研究方法，研究原本木质素结构对于后续生物质组分分离和转化的意义。设立这些目标后，笔者开始讲授本主题中的相关内容和知识点，讲解完本章相关的知识点之后，重新又回到这个问题进行启发式的讲解。因为教师本人的研究方向和这个案例内容完全一致，也在该领域做了较多的工作，因此讲授这部分内容很有故事感，同学们能够很好地跟上笔者的思路，同时笔者也很自然地将上述诸多的思政元素融入其中。同学们通过笔者的讲授也感受到了一种内在的自信，无形中影响了他们的意识和行为，使得他们不再盲目崇拜权威，要更加尊重科学事实本身。此外，从国家提出的生态文明建设国家战略的意义展开讲授，逐步引出我们在发展过程中需要倡导绿色可持续发展，那么，实现绿色可持续的特征是什么？第一是解决每年大量的农林废弃物资源堆放和排放的问题；第二是保证这些资源转化过程绿色高效可持续；第三是处理过程结束不产生新的污染，尽可能做到零排放和零污染这个原则。要实现这些目标，就需要开发生物质清洁分离及绿色转化技术，那么现有的预处理技术是不是能够实现这些目标？设立这些目

标后，笔者开始讲授教材的相关内容和知识点，讲授过程中通过自然地引入各种思政元素，例如，绿色转化，人和自然和谐共生，社会责任，技术为民，环境保护等。讲解完本章相关的知识点之后，重新又回到这个问题进行启发式的讲解。通过知识点的讲解和有效引导，能够充分地调动学生的积极性和兴趣点。

(1)研究案例 1：原本木质素分离新方法和结构解析

该研究案例涉及原本木质素分离方法的创新和木质素结构分析方法的综合应用。笔者在讲授该节课之前，考虑到选课学生已经在大二学习过林产化学与加工工程专业基础课“植物纤维化学”，就提出了一个问题，“目前有森林培育专家培育了一种基因调控的木材，预期该基因的下调可以改变木质素的含量和结构，那么，如何才能知道该种基因调控已经达到了预期的效果？如何才能得到一种能够分离该木材中所有木质素的方法？如何才能更好地解析该种木材中木质素的成分和精细结构？”笔者让学生们先根据自己的知识积累先讨论 2 分钟，然后让同学们对上述设问作答，答案五花八门。基于学生们的这些答案，笔者对学生讲，“同学们，你们说的只是上述问题片面的答案，这些问题关乎我们今天所学习的重点内容，那就是原本木质素的分离和结构解析，学完这个专题，你们就能够解决上述我提出的问题了。另外，也会对目前这个小领域的研究进展有一个客观而系统的认识。最后，通过笔者在这方面的大量研究案例，给大家呈现如何基于文献基础，获得一个研究思路，从而执行再到成功的历程”。笔者抛出的这些问题引起了学生的很大兴趣，首先学生想知道答案和解决方案；其次是他们想知道笔者当初的想法和研究思路，更想了解一篇论文如何从文献调研，思路设计，实验执行再到论文撰写再到修改发表的全过程。笔者从木质素的生物合成开始讲起，阐述了木质素的基本单元(对羟基苯基单元 H，愈创木基单元 G，紫丁香基单元 S)和各种连接键(β-O-4，β-β，β-5，β-1 等)的生物合成及其在木材化学研究中的重要性，由此讲到木质素原始结构研究的两个重要研究方面：原本木质素的分离方法学和木质素结构解析。讲授这个案例之前，笔者概述了木质素的结构研究史，笔者通过讲授这 100 多年的木质素研究历史使得同学们对这个方向的认识更加清晰，同时主要讲授了 60 多年间(1956—2019 年)原本木质素方法不断改进的历史，并阐明了原本木质素的分离方法概述及其原理。更为重要的是，以笔者在这领域的几篇代表作(DEL 和 SREL，见表 1)作为研究案例[5-7]，讲授了如下的知识点。

①原本木质素的分离方法及其原理：通过这些方法的概述说明了笔者当初的思路产生的过程，让学生觉得木质素分离方法学的每一次改进和进步都是基于基本的原理和知识点。

②木质素的结构分析方法：关于分析方法的进步，笔者又讲授了仪器分析方法不断进步的历史，让学生们意识到分析方法都是不完美的并且一直完善的，并且随着仪器的进步，木质素分析方法的改进也是必然。

③木质素中结构单元(S/G/H 或者 S/G 比例)和连接键的定量研究：这些信息是木质素结构中的特征结构特点，基于这些定量的信息，我们可以构建出木质素大致的结构特征，甚至木质素可能的结构模型，这些信息的获得和分析让学生们觉得教科书上经典的木质素结构是如何产生和解析出来的，对于他们知识体系的构建很有帮助，总之，这些知识点的构建让他们懂得了知其然，更要知所以然的重要性，培养了严谨钻研的科学精神。

④定量核磁分析技术(定量的碳谱、定量二维碳氢相关谱和定量磷谱)在木质素结构表征中的实际应用：这些应用能够获得更多的木质素结构信息。

总之，该研究案例贯穿了原本木质素的分离方法和结构研究的绝大部分知识点，让学生既学习了目前最为代表性的几种原本木质素分离方法及其原理，又理解了上述研究内容的必要性和意义；既学习了木质素结构的传统研究内容，又理解和掌握了现代波谱技术在

表 1 原本木质素分离方法概述

方法	分离原理	优点	缺点	适用范围
MWL（Bjorkman，1954）	相似相溶原理	含糖量低，溶解度好	得率较低（代表性不足），分子量低，纯化步骤繁琐	可以用来了解新原料的木质素结构特性
CEL（Chang et al，1975）	相似相溶原理	得率较高	含糖量高，步骤繁琐，耗时长	和 MWI 类似，但是其代表性更强
EMAL（Argyropoulos，2003）	酸辅助弱键断裂，相似相溶原理	得率高，溶解度高	低分子量糖含量多，影响后续结构分析；高温弱酸会造成木质素中少量弱键的断裂	了解新原料的木质素结构特性；适合分析制浆中的残留木质素结构
SREL（Wen and Sun，2015）	碱预先润胀，显著提高酶解，留下木质素	得率超高，操作简单，耗时少	定量碳谱浓度低；纤维素酶的去除问题	适合于针叶材和部分阔叶材（不含有酰化单元）
DEL（Chen and Wen，2017）	两次球磨+两次酶解，充分移除碳水化合物，留下残渣原本木质素	得率超高，操作简单，耗时少	纤维素酶的信号与 H 型 2，6 位置有点重合，因此，最后纯化时要注意去除纤维素酶	适合任何原料木质素适合于分析基因改变和预处理前后木质素结构变化规律

木质素结构分析方面的研究进展。同时，该案例中所蕴涵的善于钻研的科学调研精神，敢于挑战经典和超越文献的敬业精神以及站在学科前沿探索精神是学生们值得学习的精神。

（2）研究案例 2：生物质组分绿色高效解离方法

该案例主要针对竹材（典型的竹材毛竹为原料）生物质进行全组分清洁高效分离和转化[8]，主要涉及如下的知识点。

①各种生物质预处理的优缺点和机理：通过目前预处理的研究进展让学生们了解到各种预处理开发的过程和出现的背景，这些预处理适用的范围和各自的优缺点，使学生们知其然，更知所以然，培养他们的严谨治学精神。

②绿色环保预处理（水热预处理）体系下的半纤维素的提取和转化分离：首先阐明水热预处理的优势和目前基础研究和工业化利用水平，让学生认识到这种预处理具有较好的工业化应用潜力，可以作为半纤维素及其低聚物的一种有效分离手段。

③不同脱木素体系下木质素的高效脱除：研究了同一原料在不同的脱木素体系下的处理效果，优化出一种比较有潜力的脱木素处理方式，这里涉及条件优化，引导同学们要综合考虑，从成本，环保性，后续处理等各方面要进行考虑确定优化条件。

④预处理前后原料的成分（纤维素，半纤维素和木质素）分析：这个分析是生物质预处理及其酶解糖化效率评价的至关重要的数据，告知同学们一定要严谨仔细，多次重复，误差范围要低于一定值（3%以下）。

⑤原料预处理前后的酶解糖化效率评价：这个数据和④是直接关联的，其本身要用到仪器分析（离子色谱）的手段进行测定，在测定时要严谨测定数据（标准样品回收率等，仪器测定的准确性）。

⑥分离木质素的成分和结构解析：这部分内容和案例 1 中的相关内容一致，值得注意的是，这部分内容会用到定量核磁共振技术，因此样品制备和积分计算一定要考虑其重现

性，准确性等。

实际上来讲，该研究案例是基于水热处理耦合后续不同脱木素处理对竹材进行综合处理，主要将竹材组分高效分离为半纤维素(含低聚糖)，高纯木质素和富含纤维素的残渣。脱木素过中所得的高纯木质素经过详细的结构分析后，确定官能团数量和结构信息，可以根据不同木质素的结构特点制备不同类型的木质素材料和化学品；经过水热处理耦合脱木素处理所得最后的残渣(粗纤维素)可以通过纤维素酶解糖化或者酸处理方法制备葡萄糖用来发酵燃料乙醇和纳米纤维素等产品。上述步骤中均有一定的技术和测定方法，对于学生在科学研究方面的初探研究打下了较好的基础。总之，该研究案例的设置是放在本课程的综合案例分析阶段，这样就可以对所有知识点进行系统整体分析。此外，该案例中所有知识点也贯穿了木质纤维生物质的分级分离和转化利用专题的相关知识点(图 1)。

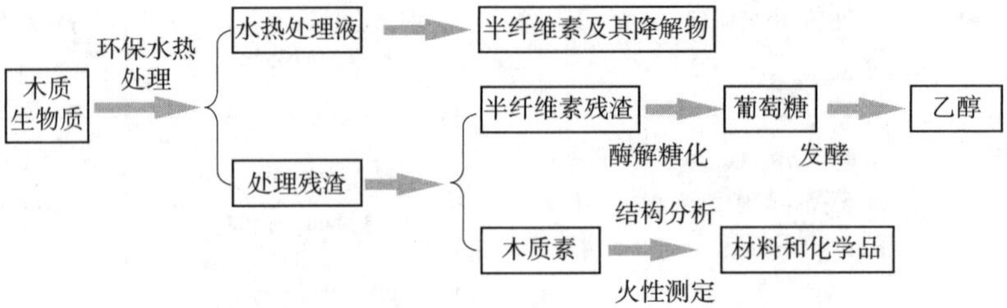

图 1　典型的木质纤维原料的组分分离技术

四、 基于课程思政理念的“案例教学法”改革与实践的效果初探

改革效果评价是课程教学改革与实践中的一个不可或缺的重要环节[9-10]。通过同学们课后的反馈和教学评价，笔者发现基于课程思政的研究型案例教学法不仅改善了学生的学习兴趣，探索精神，研究精神和好奇心，而且也提高了教师的业务水平和综合素质。

(一)对学生的影响

在专业课程思政教学改革与实践中，学生根据教师指定的英文文献，需要在课后去抽时间读英文文献，围绕给定文献中的案例进行思考、分析、讨论、预习文献中所包含的知识点。上课通过教师的专业引导，通过实际的研究案例，学生体验到了探究知识的乐趣，同时通过聆听老师讲授的案例和人物，“中国方案”和“中国故事”受到了科学精神和家国情怀的感染和熏陶。同时，同学们对于某些内容虽然存在一些理解上面的问题，但是通过教师带有感染力的研究案例详述后，能够抓住重点，感觉到学习的具体知识点能够应用在不同的场合下，这对于发散他们的思维极有裨益。

(二)对教师的影响

笔者根据授课过程中的亲身体会发现，基于课程思政的研究案例教学法也给教师的教学提出了更高的要求，对教师本身也是一种挑战，教师需要根据具体课程的教学目标、内容以及进度设计研究案例，并明确每个案例的具体实施时间和实施方式。同时，课程思政建设实践证明，高校专业课程的育人功能得到更充分的体现，每一位专业教师的育人责任变得更加明确，能够将正确的价值观和积极向上的正能量融入到课程的讲授中，可以说，基于课程思政的“研究案例”教学改革不仅改变了专业课“只育才不育德”的尴尬局面，而且提高了教师的育德意识和能力，从而使育人从专人转向人人，有效地践行了高校立德树人的目标。

总之，基于课程思政的案例教学与传统的教学(知识点的讲授)相比，能极大地挖掘学生的自学和课题研究能力，激发学生的学习兴趣，使学生对于知识点能够以整体的思维进行理解。同时，课程讲授过程中所体现科学思维、科学精神、敬业精神、环境保护和技术为民精神及家国精神的培养也是该门课程的重点。以课程思政为翼，以案例教学为特色，让同学们在“生物质清洁分离及绿色转化技术”课程中既学习到原理方法技术，又感受到技术背后的科学精神，严谨治学精神、增强环境保护意识，也能激起学生对于这门课中所讲授知识的探索热情，从而使学生在实际科研问题的环境中主动掌握知识并灵活应用知识，达到知识的学以致用。

参考文献

[1]董凤．“课程思政”背景下高校专业课教师职业发展路径探析[J]．宿州教育学院学报，2019，22(2)：45-47.

[2]李陈，曲大维，孟卫军．案例教学法在专业课“课程思政”中的应用[J]．宁波教育学院学报，2019，21(4)：1-4.

[3]李学峰，赵艳茹．案例法在物理化学教学中的应用[J]．大学化学，2012，27(5)：14-16.

[4]许丹．案例教学法中的学生行为[J]．江西财经大学学报，2008，(6)：113-117.

[5]Jia L W，Shao L S，Tong Q Y，et al. Structural elucidation of whole lignin from Eucalyptus based on preswelling and enzymatic hydrolysis[J]. Green Chemistry，2015，17(3)：1589.

[6]Chen T Y，Wang B，Wu Y Y，et al. Structural variations of lignin macromolecule from different growthyears of Triploid of *Populus tomentosa* Carr[J]. International Journal of Biological Macromolecules，2017，(101)：747-757.

[7]Wang H M，Wang B，Wen J L，et al. Structural characteristics of lignin macromolecules from different *Eucalyptus* species[J]. ACS Sustainable Chemistry & Engineering，2017，(5)：11618-11627.

[8]Wen J L，Sun S N，Yuan T Q，et al. Fractionation of bamboo culms by autohydrolysis，organosolv delignification and extended delignification：Understanding the fundamental chemistry of the lignin during the integrated process [J]. Bioresource Technology，2013，(150)：278-286.

[9]薛智敏，马明国，李明飞．案例教学法在“绿色化学”课程教学中的实践[J]．中国林业教育，2016，(4)：41-43.

[10]汪茗，章尧，凌烈锋，等．案例教学法在医学院校“生物化学”教学中的应用[J]．生物学杂志，2012，(2)：103-105.

Preliminary study on teaching practice of *Clean Fractionation and Green Conversion Technology of Biomass* based on Ideological and Political Theories

Wen Jia Long　Sun Shao Ni　Wang Xi Luan　Cao Xue Fei　Xue Zhi Min

(College of Materials Science and Technology，Beijing Forestry University，Beijing　100083)

Abstract　*Clean Fractionation and Green Conversion Technology of Biomass* is a specialized elective course for forestry chemistry. In recent years, the authors have been engaged in the research work related to clean fractionation and green conversion technology of biomass. Through two years of practice and teaching, the authors have gradually explored the curriculum teaching system with “research case”as the core content. However, in the practice of case teaching, the authors also have found that the lack of value orientation and the transfer of core spirit in individual case teaching would lead to the gradual weakening of students′ interest, concentration and research spirit in the research field. As a new teaching concept and teaching method, curriculum ideology and politics is a realistic need to realize fully educating people. Therefore, at the beginning of this semester, the previous"Research Case Teaching Method"has been adjusted and improved. In addition to the pass on the knowledge and the latest research to students, this course reasonably blended in many elements"curriculum ideology and politics". The authors hope that the case study based on Ideological and Political Theories can stimulate students' interest in learning and cultivate their comprehensive practical ability, and meanwhile pass on the spirit of science, rigorous scholarship, craftsman spirit and environmental protection awareness, so as to promote the development of students' comprehensive quality.

Keywords biomass fractionation, green conversion technology, research case teaching method, Ideological and Political Theories, fully educating people

基于智能芯片的“数字通信”实验改革

——以北京林业大学为例

段瑞枫　高　宝　杨　猛

（北京林业大学信息学院，北京　100083）

摘要：“数字通信课程”是北京林业大学物联网与网络工程专业本科生专业选修课，针对本课程理论知识晦涩难懂、学生前序课程学习不充分等问题，重点分析了这两个专业的学生对编程课程训练充分以及人才市场对硬件开发人员的需求十分旺盛的特点，提出了基于智能芯片的数字通信实验课程改革方法。该方法探索了引导学生设计实验并在智能 FPGA 平台上完成部分模块乃至完整通信系统开发的实验改革。课程改革效果显示学生的学习兴趣显著提升，学习效果显著改善。

关键词：数字通信；硬件编程；FPGA；实验设计；分组讨论

“数字通信”是通信类和计算机类专业的一门基础课程，北京林业大学网络工程与物联网专业的“数字通信”课程为拓展学生的知识面，构建完整的知识结构体系而开设的，最终帮助学生达到就业水平，有着极为重要的地位和举足轻重的作用。一方面，网络工程与物联网专业的专业类课程以计算机编程、计算机网络基础以及应用技术为主，这些课程的数据传输只涉及数据链路层以上；数字通信课程偏重于物理层传输技术，充分弥补学生对于物理层数据传输方式不了解的不足。“数字通信”的特点是既具有较强的理论深度又具有较强的工程性[1]，教学过程中不可避免地要遇到一些复杂深奥的理论推导，以及一些工程上的常识概念和近似处理。就全国高校教学来看，数字通信都是一门相对较难的课程。另一方面，教育部于 2018 年 8 月 27 日印发《关于狠抓新时代全国高等学校本科教育工作会议精神落实的通知》[2]强调：要加强课堂教学管理，加强学习过程管理，坚决取消“清考”制度，淘汰“水课”、打造“金课”，对大学生从严要求。课程本身的高难度与对学生的严格要求的矛盾使得传统的填鸭式理论教学并不能激发学生学习主动性，教学效果差。应对这种困境实验课是一种非常有效的补充手段。

网络工程和物联网专业本身也是偏重于工程应用，因此抓好实验课对于改善数字通信教学效果至关重要。已有学者对网络工程和物联网专业的数字通信课程建设以及授课方式进行了探讨，提出重视实验课的教学理念[1,3-4]。目前大部分数字通信实验课都是基于实验箱的观察验证性实验，学生在做实验时只是被动地连线和测试，只看现象而不去深入思考背后的原理，无法发挥实验课该有的作用。本文将以北京林业大学为例，结合网络工程与物联网专业学生特点和人才市场需求，探索数字通信实验课程的改革，达到激发受学生兴

作者简介：段瑞枫，北京市海淀区清华东路 35 号北京林业大学信息学院，讲师，drffighting2008@ 163. com；
高　宝，北京市海淀区清华东路 35 号北京林业大学信息学院，副教授，gaobao68@ 126. com；
杨　猛，北京市海淀区清华东路 35 号北京林业大学信息学院，副教授，yangmeng@ bjfu. edu. cn。

资助项目：北京林业大学教育教学研究一般项目“以‘实验设计与智能芯片编程’为引导的‘数字通信’课程改革探索”（BJFU2019JY077）；
北京林业大学课程思政教研教改专项课题项目“数字通信”（2019KCSZ079）。

趣进而改善课程教学效果的目的。

一、 北京林业大学“数字通信”课程教学过程中所面临的问题

“数字通信”课程在北京林业大学信息学院已开展了3轮教学，目前面临的主要问题有三点。

（一）缺少部分前序课程

“数字通信”是一门综合性很强的课程，它是以“电路分析”“高频电路”“数字电路”“信号与系统”等基础课以及“高等数学”“复变函数”“概率论”等数学课程为基础，具有很强的理论深度和工程应用特点。北京林业大学网络工程与物联网专业的学生之前并没有学习过“电路分析”“高频电路”“信号与系统和复变函数”这几门课程，这些前期基础课程的缺失导致学生在学数字通信课程时更加困难，因此课堂积极性不高，极容易出现厌学情绪。如何在有限学时内有选择地补充部分基础知识点以及合理安排数字通信课程的教学内容和实验内容非常具有挑战性。

（二）实验课程操作简单，重在验证，缺乏创新能力训练

“数字通信”是一门实践性很强的课程，很多理论知识的掌握不仅要靠课堂讲解和课后推理学习，更需要通过做实验来深入理解和体会。比如，抽样定理的掌握，如果学生能在实验设备上亲自体验不同的采样率下恢复出的自身语音信号的差异，他们便很容易理解奈奎斯特采样定理。与单纯地推导公式相比，能达到更好的教学效果。而北京林业大学的“数字通信”实验课程学时较少，内容深度不够，且实验内容之间缺乏逻辑性。每个实验均为一个通信系统子模块，学生即使全部做完依然不能建立起完整的通信系统概念。且大部分实验都是原理验证性的，主要借助于实验箱，实验操作多为导线连接，实验结果呈现方式单一，无法调动学生的学习兴趣。更没有充分挖掘网络工程专业学生在编程方面的特长。

（三）与思想政治教育和社会需求结合不紧密

习近平总书记2016年在在全国高校思想政治工作会议上提出“挖掘其他课程和教学方式中蕴含的思想政治教育资源，实现全员全程全方位育人”[5]。目前“数字通信”课程的教学中，并没有挖掘太多思想政治教育的融合点。另外，也没有面向社会需求去调整教学与实验重点，学生的学习和社会需求脱节，他们无法意识到“数字通信”课程的重要性，无法产生浓厚的学习兴趣。

众所周知，2018—2019年，美国对中兴和华为的制裁，刺痛了中兴和华为，也刺痛了每个中国人，没有“中国芯”，我国的核心企业会被别人轻易锁喉。本课程改革将以美国对中兴华为制裁事件作为思想政治教育的切入点，以发展中国的芯片制造业为契机，激发学生创新强国的信念和学习智能芯片开发的热情。通过华为麒麟芯片的成功案例，鼓励学生勇于创新，乐于投身到基础产业中。网络工程和物联网专业的学生前期已学习过“Verilog程序设计”课程，具备了一定的智能芯片（FPGA芯片）开发（硬件编程）技能。因此数字通信的实验课将基于智能FPGA平台开展，共包含5个实验，涵盖了数字通信的核心内容。

综上，本文将针对北京林业大学网络工程以及物联网专业的培养目标和数字通信课程特点，提出以智能芯片“硬件编程”为特色的实验课程改革，充分利用学生在编程方面的优势，在实验设计中建立完整的数字通信系统，让枯燥深奥的理论知识变得生动具体。在实验内容的驱动下，使学生强化智能芯片开发技能，深刻理解数字通信的原理和关键技术，提高其创新能力和创新意识。

二、“数字通信”课程实验改革实践

本文对“数字通信”课程的实验内容和教学形式进行了一系列改革，探索以实验设计与

硬件编程为特色的教学实践方法。

（一）明确教学内容

因为非通信专业学生并没有学习前序的信号与系统等课程，因此课程内容衔接上存在一定难度，在讲课之初，要将该课程经常用到的傅里叶变换以及卷积运算花1~2个学时讲清楚。本门课程的参考教材是樊昌信等编著的《通信原理第7版》[6]和普罗科斯编著的《数字通信》（第5版）[7]。整个数字通信框图如图1所示，含信源编解码、信道编解码、码型变换，滤波以及调制解调模块。目前共48学时，要讲清楚全部模块不可行，因此需要重点突出。

结合网络工程与物联网专业特点，本课程在介绍数字通信总体结构的基础上将重点讲解信源编码中的脉冲编码调制（PCM），信道编码中的汉明码和循环码，码型变换中的HDB3编码，高斯信道模型、基带传输的无码间串扰条件、2ASK/2FSK/2PSK的调制解调。其余内容如最佳接收机、同步等则鼓励学生自主学习，因为所涉及的基本的原理和概念已经在重点内容中涵盖。结合学生编程基础扎实的特点，将原理性内容转化为他们擅长的硬件编程与测试验证，在编程中既掌握了知识点，又增强了芯片开发技能。根据改革需求，将理论课和实验课学时分别调整为34和14。

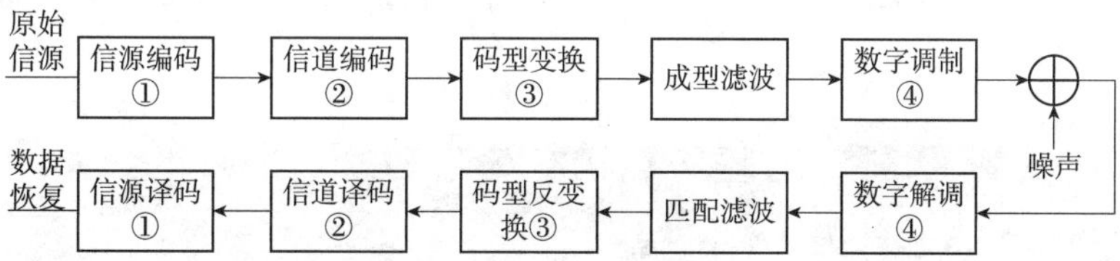

图1　数字通信框图

（二）实验设计与硬件编程教学方法探索

根据确定的教学内容，实验设计应尽量覆盖全部内容，并且要注意各部分内容之间的联系，让学生在实验过程中能够融会贯通，建立本门课程一个完整性的体系。

1. 实验改革主体思路

传统的数字通信实验课程部分，其教具是一个功能固化的通信实验箱，包含了大部分的教学内容，学生只需要根据实验步骤会连线，会看实验结果就可以，而且实验内容彼此独立，学生学到的内容也是支离破碎的。本论文的实验改革，旨在挖掘学生的自主学习能力，将实验教具升级为可二次开发的智能可编程逻辑器件，即现场可编程逻辑阵列（Field Programmable Gata Array，FPGA），让学生在充分理解实验原理的基础上，在应用自己所学的Verilog课程内容，将数字通信课程的部分实验自己编程，从简单的基带处理开始，将信源扰码与解扰加入，并将信源的误码率测试加入，避免了购置误码仪的开销，也激发学生的学习兴趣。在完成简单实验的基础上，再让学生开发信道编解码实验，将信源输入变为每个同学自己的语音输入，增强实验的趣味性。最后要求学生设计一个完备的通信系统实验，能包括数字通信课堂教学几乎全部的内容，并且可以闭环测试系统性能。

2. 实验平台介绍

本门课程的实验平台由数字通信实验箱、通用数字传输终端FPGA平台、电源和示波器组成，实验平台组成如图2所示。实验箱是由一些灵活可重配置的模块和底板组成，大部分功能模块均支持二次开发，并且可与主机通过串口通信。所含的功能模块有时钟和基带信号产生模块、PCM/PAM/增量调制模块，信号复用模块，含复接、时分复用、码分复用、频分复用、同步技术等功能模块、汉明码/循环码/交织码编译码及传输模块、AMI/HDB3码编译码模块、调制解调模块，含FSK/PSK/ASK功能模块、噪声模块、数字频率合成模块。实验箱功能模块中，含FPGA平台标识的均可支持二次开发，即学生可编写硬件程序(Verilog、VHDL)实现相应的功能。示波器为泰克公司的 MDO3052，支持双通道 500MHz 的信号观测，并有简单频谱仪功能。

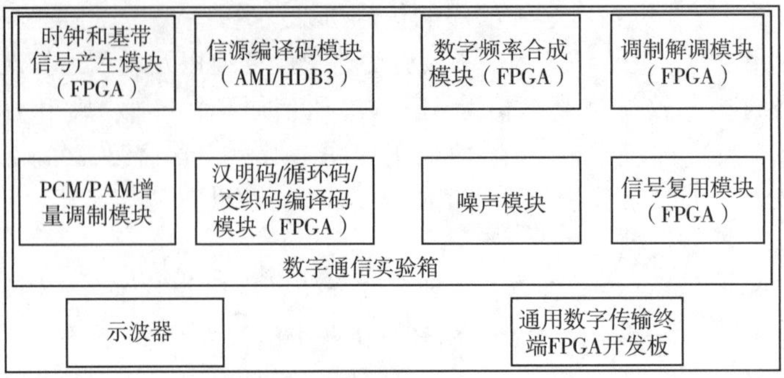

图 2 数字通信实验平台

通用数字传输终端 FPGA 开发板(图 3)是本实验室自行研发的 Xilinx FPGA 开发板，含模数(A/D)、数模(D/A)转换芯片，DSP 芯片，以及 Xilinx 公司 Virtex-5 系列的 FPGA。该 FPGA 含丰富的逻辑运算资源和片内存储资源，可通过硬件代码编程实现基带数据加解扰和组帧、数字调制与解调、信道编解码。开发板上的 PCI 接口还可以用于与 PC 机进行数据及指令的交互。

图 3 通用数字传输终端 FPGA 开发板

3. 实验设计

表 1 给出了本门课程实验改革后的实验内容及要求，共包含 5 个实验。

表 1 实验内容简介

	实验内容	实验要求
实验 1	PCM 编译码原理验证(2 学时)	对 2kHz 的正弦波和人类语音信号分别进行不同速率的采样，并完成 PCM 编码
实验 2	AMI 码与 HDB3 码的编译码实现(2 学时)	在 FPGA 芯片上实现 AMI 码与 HDB3 码的编译码，并分别输入 4 连 0 以上的已知序列和伪随机码进行编译码测试
实验 3	汉明码/循环码的编译码实现与纠错能力验证(2 学时)	在 FPGA 芯片上实现(7，4)汉明码与循环码的编译码，并随机改错码组中的 1~2 个比特，验证其纠检错能力

（续）

	实验内容	实验要求
实验 4	调制解调实现与性能测试(3 学时)	先在 MATLAB 软件然后在 FPGA 硬件平台上完成 2ASK \ 2FSK \ 2PSK (2DPSK)的调制和解调过程，并测试不同信噪比条件下各解调方式的误码率性能
实验 5	数字通信系统设计实验(5 学时)	先在 MATLAB 软件然后在 FPGA 平台上设计一个完整的数字通信系统，含基带码流生成与加扰、信源编译码、信道编译码、调制解调和噪声模块，测试不同 SNR 下系统的误码率性能

其中，前 4 个实验分别对应了图 1 中的①、②、③、④模块，是基础实验，加强学生对数字通信系统各子模块基本原理的理解。第 5 个实验则是设计实验，要求学生综合应用之前所学的关键模块，完成整个数字通信系统的设计。如此安排，循序渐进，使学生从简单到复杂逐渐掌握数字通信系统的基本原理和关键技术。

实验 1 的目的是理解采样定理的涵义，掌握 PCM 编译码原理。其实验方法是通过改变模拟信号的频率或抽样信号的频率，分别观察满足抽样定理与不满足抽样定理时，发端信号能否重建。该实验的特色是模拟信号输入可以是学生自己的语音信号，增强了趣味性。

实验 2 的目的是掌握 AMI/HDB3 码编译码规则和实现方法，强化学生的 FPGA 编程能力。其实验方法是在 FPGA 平台上，用 Verilog 语言编程产生含 4 连 0 以上的码流，编程实现 AMI 与 HDB3 编码译码，借助逻辑分析仪观察编译码后的波形，并分析是否与理论结果一致。实验 3 的目的是掌握(7，4)汉明码与循环码的编译码原理，验证验证汉明码与循环码的纠检错能力。其实验方法是在 FPGA 平台上，采用 Verilog 语言编程实现基带码流的产生(7，4)汉明码编译码模块，以及(2，1，7)卷积码编译码模块，级联成基带完整通信系统，调试两种信道编译码模块，使得无传输差错下，译码成功。然后主动引入 1~2 比特错误，再次测试信道译码的纠检错能力。实验 4 的目的是掌握 2ASK/2FSK/2PSK/2DPSK 调制方式的发送端与接收端的实现方式，并了解不同 SNR 条件下各调制方式的误码率性能。其实验方法是：首先在 MATLAB 仿真软件上依次实现 2ASK 的包络检波、相干解调、2FSK 的包络检波、相干解调、2PSK 的相干解调、2DPSK 的差分相干解调和相干解调的完整收发端程序，绘制调制信号波形、功率谱密度曲线，以及接收端各关键点波形，对比同一种调制方式其不同解调方法的差异，在理想的载波同步条件下测试以上 7 种通信系统的误码率性能。然后在 FPGA 平台上实现所有调制解调方式，为简化分析与实现，设置收发端载波同步，发送端已调制数据加噪后直接存入到接收端，作为 AD 采样后数据来使用。用逻辑分析仪观察每种调制解调系统已调信号波形，接收端各关键点波形，并观察在接收端倒 π 时，2PSK 与 2DPSK 系统的差异。调整噪声功率值，统计收发端恢复码流的误比特率，并与 MATLAB 的测试结果做比较。

改革后以上 3 个实验都要求学生在 FPGA 平台上实现完整实验流程，学生必须深入理解知识点原理才能将其转化为硬件代码，与以往的连线观测实验有显著不同。程序调试过程既是深入掌握通信原理的过程，也是增强芯片开发能力的过程，每一次实验的完成都是理论和硬件编程技能的双重提升。在此过程中，学生的学习兴趣和自信心也显著增强了。

实验 5 目的是掌握完整数字通信系统设计方法，并学会测试系统性能，深入理解数字通信系统各模块的功能。其详细实验流程设计如下。

①在 MATLAB 仿真软件上搭建一个完整的数字通信系统，含信源生成，(7，4)汉明码编译码，基带码型变换与反变换，2DPSK 调制与相干解调，成型滤波与匹配滤波、信道传

输等模块，根据图1所示的数字通信原理图连接各模块。先在SNR为20dB时，完成整个通信系统的调试，直到接收端恢复的码流与发送端生成的码流完全一致。然后使SNR从5dB~15dB变化，分别测试信道编码使能和不使能情况下各SNR值对应的误码率。信源速率是32kbps，载波频率是640KHz，采样速率是2.048M。

②在通用数字传输终端FPGA开发板上，完成步骤1)中所述的完整通信系统设计，并进行性能测试，在发送端，通过DA转换为模拟信号，然后经过SMA接头连接到接收端并进行AD采样，然后对数字信号进行后续处理。信道传输的噪声是用FPGA编程产生的噪声模块来实现，功率大小可编程控制。由于硬件系统传输时延以及滤波时延的影响，收发端载波不能严格同步，因此FPGA搭建的系统，必须包含载波同步模块，该实验采用科斯塔斯环完成载波同步。

③在SNR为20dB时，首先采用示波器观察接收信号的眼图，据此来判断系统是否有码间串扰，以及信噪比大小。

④用逻辑分析仪辅助调试，直到接收端恢复的码流与发送端生成的码流一致。

⑤调整SNR从5~15dB，分别统计信道编译码使能和不使能情况下各SNR值所对应的误码率。

该综合实验对学生要求较高，是以往通信实验课中并没有的。该实验可以帮助学生建立完整的数字通信系统的概念，使学生将之前所学的各子模块能有机地串联起来。完整系统的实现并不容易，实验过程中会遇到很多问题，解决问题的过程可以使学生深入理解抽象的数字通信理论的本质，并转化为搭建实际通信系统的能力。

4. *实验教学实施方法*

考虑到学时限制，而每次实验课内容多，且FPGA开发板数目约为学生人数的1/4，因此实验课教学时，将学生划分为若干组。组内成员合作完成每次实验课内容，但是实验报告是每人各写一份。为避免学生组间成绩差异太大。由教师按照学生成绩由高到低排序，等间隔采样的方式确定每个小组的4名同学名单。实验教学流程如图4所示。

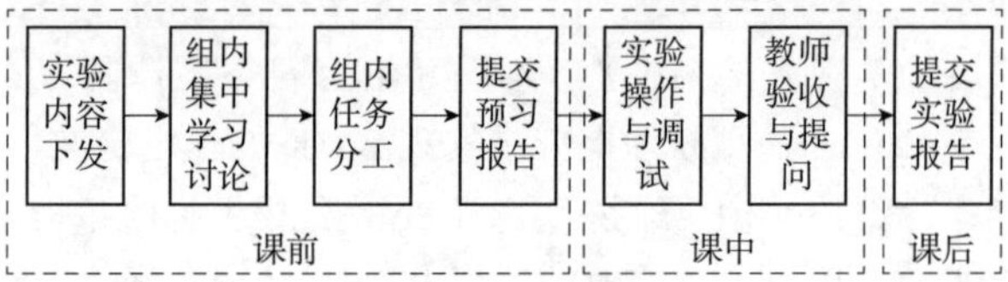

图4　实验教学流程

每次实验课前，小组同学需要先集中学习本次实验内容，并对难点和重点进行讨论，然后进行任务分工，撰写预习报告，可以是PPT或Word形式。在预习报告中，需要包含实验原理、实验详细步骤，调试方法，组内成员任务分工明细表。实验过程中，每名同学先完成自己的任务模块，然后与组内同学一起联合调试。教师验收时，将随机抽查一名同学来讲清楚实验中某个部分或全部的操作步骤，以及实验原理，并提问1~2个重点与难点问题。

例如，在做实验4(2ASK/2FSK/2PSK/2DPSK调制解调)时，每名同学独立完成一种调制方式的完整发送与接收过程，但是，每名同学又需要将其他的三种调制解调方式完全学会，因为教师在验收时，会随机地抽查一名同学，让其讲清楚某种调制方式的实验过程及实验原理。实验课成绩计算中，将充分考虑每名同学的工作量、各环节中的表现和整个小组的完成效果，给出相对公平的成绩。实验5是综合性实验，所需的前期准备也比较多，因此，每组学生被要求做一次PPT汇报实验原理、详细的实验步骤、组内成员任务分工以及通信系统功能性能验证方案。为提高教学效果，该部分放到理论教学的课堂中完成，由各小组学生上台讲解。其他组可以提问或质疑实验过程或验证方法的不合理之处。

本文探索的实验教学方式促使学生把一个大的设计实验拆分成若干个模块，并把每个模块的原理以及实验步骤理解得非常清晰，有利于学生顺利地完成实验，掌握知识点。随机抽查某位学生来做实验讲解的方法迫使学生既了解自己做的模块，又必须要了解组内其他同学的模块，避免了学生知识点和能力的盲区，在有限时间内，掌握了更多的知识和技能。同组学生不同分的评价体系也会使得学生更加积极主动地学习和承担任务，并且容易形成一种既合作又竞争的关系，培养了学生的团队协作能力与独立学习能力。

三、 课程改革取得的初步成效

在2018—2019学年，笔者对“数字通信”实验课程进行了以“硬件编程”为特色的改革探索。学生对本门课程的满意度不断提高，越来越多的学生对“数字通信”课程表现出浓厚的学习兴趣。为验证改革效果，笔者分别对改革前北京林业大学信息学院网络工程16级，物联网15级学生（共29人）和改革后网络工程17级学生以及物联网16级学生（共44人）进行了问卷调查。包含的问题有：你对本门课程的学习兴趣如何？每周课后，你花了多长时间继续学习本门课程？问卷共发出73份，收回有效问卷73份。图5和图6给出了相应的调查结果。

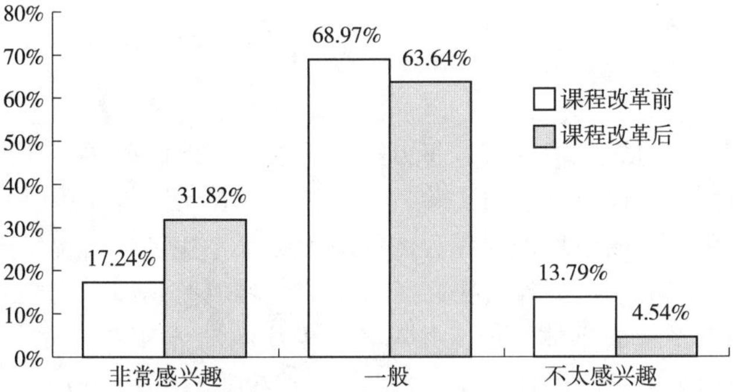

图5 数字通信课程学习兴趣统计结果

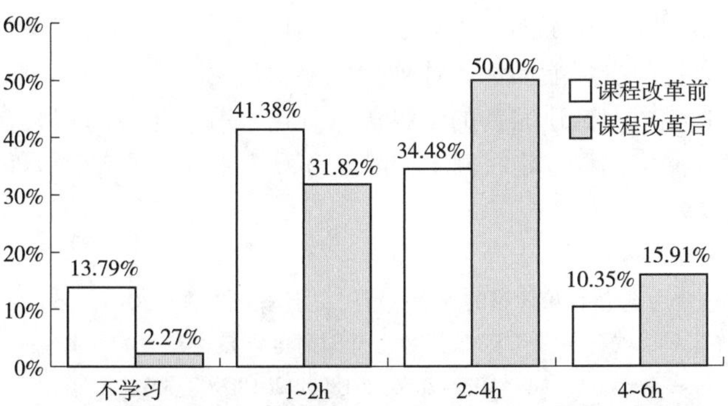

图6 每周课后继续学习数字通信课程的时间统计结果

从图5可以看出，课程改革极大地调动了学生的学习兴趣，对课程非常感兴趣的学生比例提高了14%，对本课程不感兴趣的学生比例仅为改革前的1/4。

从图6可以看出，课程改革实施以后，学生在课后愿意花更多的时间去继续学习本门课程，学生的学习热情被很好地激发出来。特别是实验课程的改革，使得学生愿意也必须花更多的时间在课后查阅资料，设计实验以及阅读最新文献。同样，课程改革的良好效果也体现在学生成绩上，图7给出了学生的期末考试成绩对比。改革前后的试卷均由笔者出题，难度相当。由图7可看出，学生的成绩也有了明显提升。

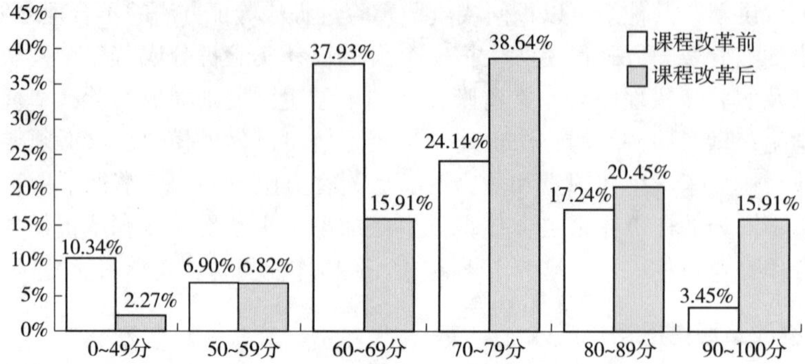

图 7　课程改革前后学生期末成绩对比

此外，经过硬件编程实践，学生不仅加深和巩固了课堂知识，也掌握了扎实的硬件FPGA开发技能，提高了自己独立思考、动手和创新的能力。课程结束后，学生也积极参加了教师的课题研究。并成功申请了2项与数字通信和FPGA开发的大学生创新创业项目，也参加了互联网+通信类比赛。课程的改革成功地吸引了更多的学生从事智能芯片开发与物联网通信的研究，扩宽了学生就业渠道和继续深造的研究方向。教师在授课过程中，将本学科及相关学科的最新研究成果引入到教学中，也提升了自己的教学科研实力，为日后的教学科研工作奠定了基础。

四、结语

本文提出的“数字通信”实验课程改革方案分析了目前课程教学存在的问题以及人才市场需求，探索了以硬件编程为特色的实验教学方法，并在实际授课中进行了实施验证。调查问卷结果以及学生考试成绩均表明课程的改革增强了学生的FPGA编程实践能力、激发了学生对数字通信课程的学习兴趣，提高了学生的学习成绩。综合实验的设计与实现使得学生建立了数字通信系统的整体结构，并对各个模块的功能和实现方法有了深入的了解。本门课程因为可以引入大量的仿真工具，非常适合在线学习，为响应教育部《关于加强高等学校在线开放课程应用与管理的意见》[8]，后续的课程改革将探索线上线下混合教学。

本文的改革探索旨在服务于网络工程、物联网以及其他非通信专业的学生，充分调动学生学习本课程的兴趣与主观能动性，让他们能够更容易地掌握通信领域的一门基础学科和技术，锻炼其综合能力，构建完备的学科体系。这一改革不仅可以提高数字通信的教学效果，而且对于培养网络工程、物联网工程的复合型人才也是具有建设性意义的。

参考文献

[1]胡丹．网络工程专业数字通信概论课程的教学探讨[J]．计算机教育，2016，(5)：94-96.

[2]中华人民共和国教育部．教育部关于狠抓新时代全国高等学校本科教育工作会议精神落实的通知[R/OL]. http：//www. moe. gov. cn/srcsite/A08/s7056/201809/t20180903_347079. html.

[3]毛羽刚，曹介南，徐明．网络工程专业通信类课程设置[J]．计算机教育，2010，(23)：119-121.

[4]钱丽萍，黄亮，陈庆章．物联网工程专业通信原理课程教学改革探究[J]．计算机教育，2016，(3)：103-105.

[5]于向东．围绕立德树人根本任务，探索思政课程与课程思政有机结合[EB/OL]．[2019-03-27]. http：//www. moe. gov. cn/jyb_xwfb/xw_zt/moe_357/jyzt_2019n/2019_zt3/zt1903_jd/201903/t20190327_375691. html.

[6]樊昌信，曹丽娜．通信原理[M]. 7版，北京：国防工业出版社，2012.

[7]普罗科斯．数字通信[M]. 5版，北京：电子工业出版社，2011.

[8]中华人民共和国教育部、教育部关于加强高等学校在线开放课程建设应用与管理的意见[R/OL]. http：//old. moe. gov. cn/publicfiles/business/htmlfiles/moe/s7056/201504/186490. html.

Reform of *Digital Communication* experiment course based on intelligent chip: Take Beijing Forestry University for example

Duan Ruifeng Gao Bao Yang Meng

(School of Information Science and Technology, Beijing Forestry University, Beijing 100083)

Abstract *Digital Communication* course is an optional course for undergraduates majoring in Internet of Things and Network Engineering at Beijing Forestry University. For the obscure theoretical knowledge of this course, the inadequate study of students′ preface courses, etc. We analyze students' characteristic of these two majors. They have accepted the adequate training of programming courses and demand of the talent market for hardware developers is also strong. Then the reform of *Digital Communication* experimental courses based on intelligent chip is proposed. It explores the experimental reformof guiding students to design experiments, and completing the development of partial modules and even complete communication systems on the FPGA platform. The effect of curriculum reform shows that students' learning interest has improved significantly, and also the learning effect has greatly improved.

Keywords *Digital Communication*, hardware programming, FPGA, experimental design, group discussion

基于概念图法的“细胞生物学”教学方法初探

杜　亮

（北京林业大学生物科学与技术学院，北京　100083）

摘要：“细胞生物学”是本科生物学教学的主要基础课程之一，在教学过程中面临知识体量大、知识覆盖面广、知识内容更新快的问题。学习在传统学习过程中，容易造成记忆压力和理解压力，甚至由于跟不上课程节奏而失去学习兴趣。因此，如何优化教学策略，使得学生既能掌握知识，又能保持住学习兴趣，成为突破“细胞生物学”教学效果提升瓶颈的重要问题。概念图法教学立足于概念图工具，以概念学习为引导，进行教学内容编排和知识学习。笔者通过在“细胞生物学”教学中使用概念图工具和方法，对概念图法在课程教学中应用进行了初步探索。笔者发现，概念图法教学有助于增强知识学习过程的系统性和激发学生的自主学习兴趣，有利于培养培养学生的创新能力，符合新时代国家培养农林业人才要求。

关键词：细胞生物学；概念图；概念学习；系统性；学习兴趣

概念图(concept map)是在20世纪60年代由美国康奈大学教育系的诺瓦克教授根据奥苏贝尔的认知同化学习理论提出的，概念图是一种用节点代表概念，连线表示概念间关系，是一种知识组织和表征的可视化工具[1-2]。奥苏贝尔的学习理论认为，知识的构建是通过已有的概念对事物的观察和认识开始的，学习就是建立一个概念网络并不断地向网络增添新内容的过程。为了使学习有意义，学习者个体必须把新知识和学过的概念联系起来[3]。目前，概念图逐渐被运用到了课程教学中，对教学方法改革和提高教学效果起到了良好的推动作用[2-4]。

细胞生物学(Cell Biology)是在显微、亚显微和分子水平三个层次上，研究细胞的结构、功能和各种生命规律的一门科学。在我国基础学科发展规划中，细胞生物学与分子生物学、神经生物学和生态学并列为生命科学的四大基础学科。因此，做好“细胞生物学”本科课程的教学，提高学生的学习效果，对筑牢生命科学类专业学生的专业基础具有非常重要的意义[5]。概览本学科发展现状和规律，不难发现细胞生物学是当前生命科学中发展最快的领域之一。伴随着快速发展，细胞生物学学科内容不可避免地与分子生物学、发育生物学、神经生物学等学科深度渗透交融，研究重点已经由传统的研究细胞基本生命活动现象转向细胞重大生命活动及其分子机制的探索。细胞生物学学科的这些特点为细胞生物学课程教学带来了巨大的挑战：一方面，教师需要利用有限的课堂时间来尽可能多地引导学生学习体量庞大的知识内容；另一方面，在教授好基础和传统的细胞生物学知识同时，又必须尽量引导学生涉猎细胞生物学发展的最新内容，以便构筑完备的知识体系。由此可见，细胞生物学本科教学迫切需要改进传统的教学方法，提升学习效果。

笔者认为，细胞生物学知识体量大、发展快的特点，使得“细胞生物学”的知识网络的

作者简介：杜　亮，北京市海淀区清华东路35号北京林业大学生物科学与技术学院，讲师，duliang@bjfu.edu.cn。
资助项目：北京林业大学精品课程建设项目“细胞生物学”(BJFU2018JPK007)

构建呈现复杂性、开放性和动态的特点，十分适合用概念图来进行知识体系和结构的构建，并通过不断补充知识网络内容，最终完成专业课程的系统性学习。在本文中，笔者对概念图法教学在细胞生物学课程的运用进行了初步探索。

一、 概念图在课程内容编排中的作用

教师备课是课程教学的第一步，也是做好课程教学根本性基础。笔者认为，作为备课的主要工作，课程内容的合理编排对于学生的学习效果提升非常大，也是教师对知识的自我学习、升华的过程。概念图法可以有效地构建起知识网络，并分清课程内容的重点和难点，对课程内容编排有较好的作用。

（一）基于教材，超越教材：知识框架的重塑和建立

由于细胞生物学学科的快速发展，知识体量在不断增大，细胞生物学的课程编排和备课是具有相当大的难度。另一方面，由于分不清知识脉络和重点，学生拿到教材面对学习内容时也有些迷茫。现在，本校细胞生物学教材用的是翟中和先生等编著的《细胞生物学》（第4版），本版教材共分为十七章，但笔者认为内容编排的逻辑性和合理性尚待提高。比如，在介绍完细胞基本结构中的质膜（第四章）、叶绿体和线粒体（第六章）、内膜系统（第七章）之后，第九章是“细胞信号转导”，显得十分的突兀，缺乏与前面章节的联系，也无法承接后面的章节（细胞骨架）；再比如，细胞基本结构的“细胞核”和“核糖体”等部分又安排在后面的章节，不利于形成系统的结构内容学习。基于这些考虑，笔者通过概念图重新构建了基于本教材的知识框架，并且与原教材内容保持对应关系（图1）。在这个知识框架中，知识内容被分为四个模块，包括：

模块一：初识细胞——重点解决细胞是什么、细胞生物学是什么的问题。在此模块中，还要提出细胞生物学研究的意义、尚未解决的问题等，激发学生的学习和探索欲望。

模块二：结构与功能——系统介绍细胞基本结构，并基于结构的基本功能功能。这部分内容实际上是整个教材的主体，存在体量大、信息庞杂、记忆难度大等的问题。从结构认识功能，符合学习的认知规律，让学习者通过概念图在结构和功能之间建立起紧密联系。

模块三：生命的历程——包括细胞增殖、分化和最后的死亡，并衍生出增殖调控、分化潜能、干细胞、胚胎发育知识。这部分是基于模块二内容的知识水平提升，教学过程中要注意联系，适当拓展，激发学习兴趣。

模块四：细胞信息学——即细胞信息的传递，包括细胞内信息传递、细胞间信息传递、细胞与环境间信息传递。这个模块是前面模块内容的另一个知识层次提升，由于涉及大量的分子机制，是整个课程中最难掌握和理解的部分。教学过程中要注意节奏，留给学生思考和消化的时间；同时要注意和学生前期所学习的分子生物学、遗传学等知识联系起来。

通过这样的内容结构重构，实现了非常清晰的学习脉络，便于教师组织编排知识和备课，更有利于学生系统地把握整个学科的知识范畴。其中，模块一是课程学习的“引子”，其主要目的是在于帮助学生建立细胞生物学课程概念、熟悉细胞生物学的特点和意义，并且对学科的发展趋势有一定认识，树立正确的学习观；模块二是主体内容，结构和基本功能学习是基础，这个部分内容有的在高中阶段已经学习过，要注意区别和提升；模块三和四是基于模块二的知识层次的升华，知识的广度和学习的难度体现比较集中。由此可见，通过概念图法编排内容，实现了知识体系的模块化，能较清楚地安排学习难点和重点，做到有的放矢，提高课程的整体学习效果。

（二）以此及彼，由点及面：概念学习理论引导内容学习

细胞生物学内容繁多，并且包含着最新的进展，如何区分知识的重点和难点、如何分清基础内容和拓展内容、如何把握必须掌握和发散性知识，都成为教学前课程内容编排的

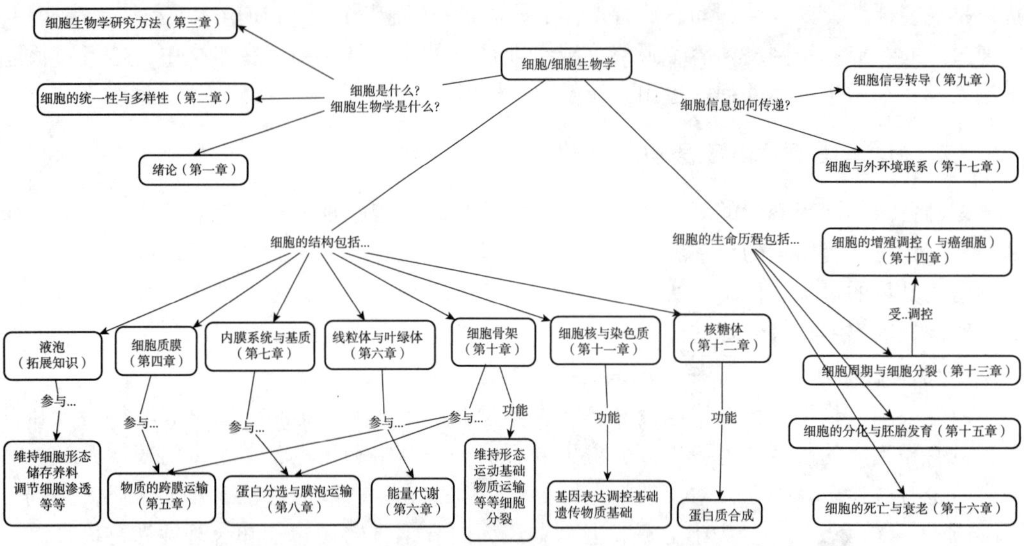

图 1　"细胞生物学"本科课程知识框架概念图

挑战。笔者认为，概念图能够较好地应对这些问题，这基于概念图的是源于概念学习理论，以已知的概念为基础学习新的概念，并在两者之间建立联系。以第六章叶绿体内容为例：叶绿体与光合作用是非常典型的传统知识概念，学生在中学阶段就已经接触叶绿体的知识；与此同时，叶绿体与光合作用又是被持续深入研究一个细胞器，新老知识交错，内容复杂。笔者通过概念图(图 2)，先从光合作用的基本特点入手(点)，通过启发式提问回顾已经学习过的知识，重点展开新知识的学习，并联系到拓展内容，最终建立起知识网络(面)。在构建概念图的过程中，清晰地标注出哪些内容是基础(必须掌握)，哪些内容是发散性内容(拓展学习)。

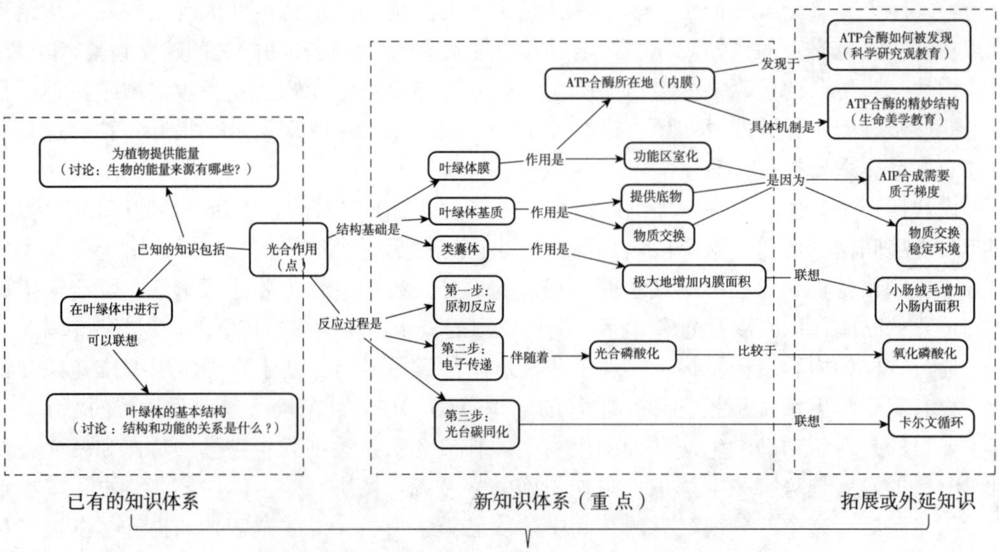

图 2　概念图引导光合作用(知识点)内容学习

通过这样的内容编排，新旧知识之间的联系被建立起来，也可以比较容易区分必须掌握的新知识和拓展的知识，整个体系的构建过程中保持一定的发散性，也有利于激发学生的学习和探索的欲望。与此同时，这样的编排还带来一个好处，那就是适用于不同学习层次或者目的学生，比如，学些成绩期待一般的学生容易抓住重点，主要学习重点内容；而对于学习成绩期待高或学习兴趣高的学生，可以基于重点内容的知识框架，继续学习拓展知识点。

二、 概念图在教学过程的运用

教学过程主要包括课堂教学和课外教学(复习)，两者相互联系，彼此影响。因此，在教学过程中要同时注意这个环节学习效果的提高。笔者也在教学过程中，探索使用概念图方法开展教学工作，也得到较好的效果。

(一)围绕着概念图进行课堂讲授

围绕概念图开展教学，要求备课阶段完成对内容的重新编排，这是概念图教学开展的基础。同时在课程开始阶段，展示给学生概念图，引导学生认识知识脉络；在课程进行中，围绕着概念图中的知识结构进行授课；最后，以概念图结尾，总结当次课程(或章节)的学习内容。

以教材第九章《细胞信号转导》为例，这是本门课程最为繁琐的学习内容，知识体量大并且零散。通过概念图可以比较好的展示出知识结构和层次(图3)，并引导学生思考和深层次的自主学习。可能受到概念图模式的启发，笔者发现，在课堂上学生的思想变得更为发散，喜欢思考和提问。比如，在概念图中，细胞通讯的分类最后指向之一是“内分泌”，有些学生马上会联想起身边的例子，会提出“生长素如何传递和发挥作用”之类的问题。这样的提问是激发学生兴趣的契机，教师可以紧紧抓住，做适当的拓展，达到既引导了学生学习、又活跃了课堂气氛的目的。在课程教学过程中，课堂不再是单纯的教师“讲”，而变成了学生主动“问”和“学”的活跃场所。

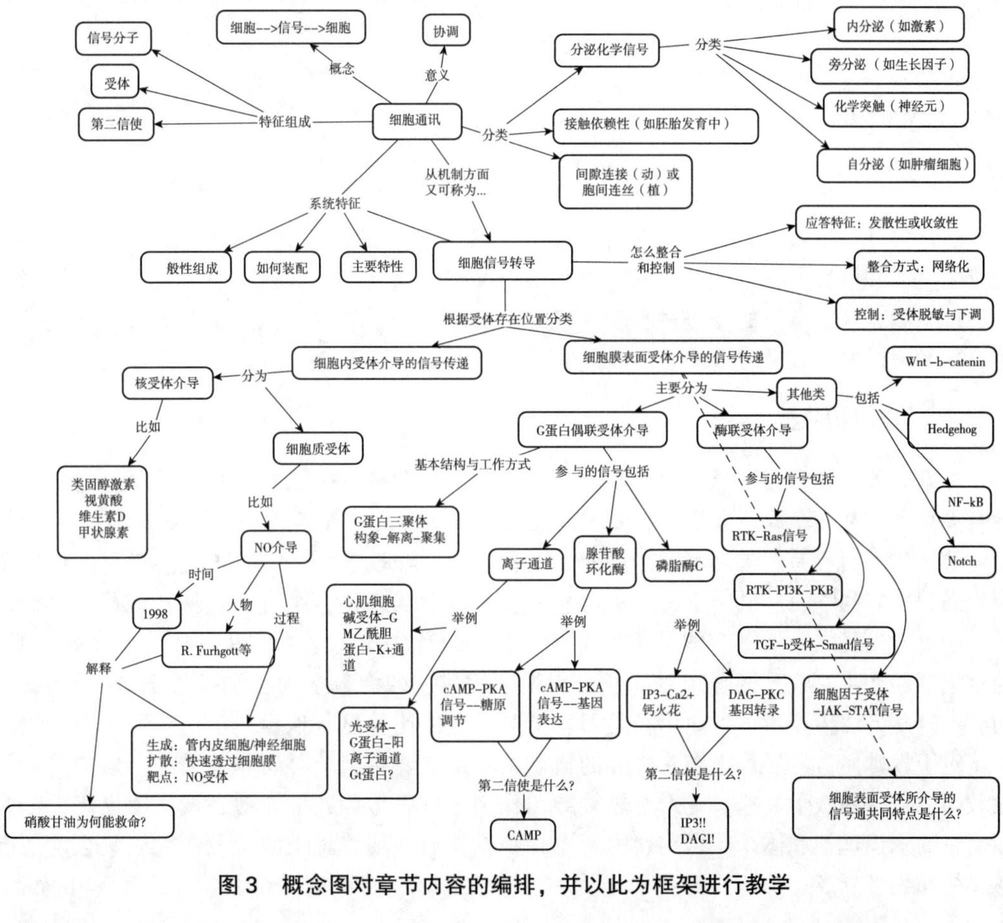

图3　概念图对章节内容的编排，并以此为框架进行教学

(二)围绕概念图安排复习

学生对课程内容的复习，是一个重要的知识消化和再学习的自主过程，其执行力度和质量的好坏，在一定程度对学习效果产生重要影响。笔者尝试用概念图的方法指导学生进行课程内容的学习。

首先，教师布置的课外作业之一就是在课后，将本堂课的内容用概念图展示出来，不设置标准答案，鼓励学生根据自己的理解和想象进行概念图的构建；然后，在下一次上课时，教师会随机抽取若干学生进行复习效果的检测，要求是让学生用概念图展示只是复习的结果。为了便于比较，在一个班级教学中设置了一个对照组(表1)。以笔者设计的一次试验为例：笔者在给本校生物16专业授课时，随机将学生分成两组。课堂教学时是相同的，但其中一组要求用概念图完成课外复习(共10人)，另外一组对课外复习只做普通要求(共11人，提供给课后复习题或教材上的章节思考题)。结果见表1，在出勤率和期末总评成绩平均分方面两组没有差别，但是在作业完成的积极性和提问主动性方面，两个组出现明显的差别。

表1 用概念图法安排复习时学生的部分表现统计

统计项目	实验组(用概念图复习)	对照组(不用概念图复习)
作业完成情况 (以是否按时提交作业为准，共计12次作业)	96.6%	80.7%(比较明显出现拖延或不交作业情况)
提问情况(包括课堂和课外提问次数)	8.4次提问/每次课	2.7次提问/每次课(提问主动性明显偏低)
出勤率(不请假或无正当理由缺课记为缺勤，正常请假缺课不算)	97.5%	96.2%(没有显著差别)
学期期末总评成绩平均分	85.4	85.2(没有显著差别)

通过这样的复习安排，笔者发现，虽然在最后考评得分方面，两组并没有显著差别，但是学生的积极性得到很大的提高，更加愿意交流。这是一个非常有意义的发现。笔者认为，概念图方法在课后的复习过程中，概念图可能增加了学习的乐趣，同时可能激发了学生自主学习的愿望和复习效率。

三、 反思和总结

在新时代，教育教学模式改革成为迫切需要。习近平总书记对教育的重要论述和全国教育大会精神为教学改革提供了重要方向。各种教学模式和教学方法如“翻转课堂”“慕课”学习等，如雨后春笋，层出不穷。然而，不管是哪一种教学方法，教学的终极目的依然是课程知识内容的学习。概念学习是奥苏贝尔提出的著名理论，符合人类认知规律，是知识学习的重要途径之一。概念图基于概念学习，是一种将概念学习方法具体化的良好工具。通过笔者的初步实践，概念图对学科知识框架编排、课堂教学内容编排等都有良好效果。同时，将此方法传授给学生使用在复习环节时，也能比较显著地提升学生获取知识的主动性。对于教师而言，尽管制作一张好的概念图，是需要相当的时间和精力的，但却总能激发教师的备课和教学灵感。有别于思维导图作为一种思考问题的方法，概念图更侧重于构建完整的知识框架和体系。当构建完一个知识框架时，随着思维的发散，往往又会发现有意义的知识外延。这个过程本身可作为一个自主学习、自我升华的过程。对于学生而言，笔者发现，概念图的使用让学生在求学方面变得更为主动、思维更加活跃。活跃并且强烈的思维的背后是强大的兴趣和欲望，而这个正是学生在获取知识、构建属于自己的知识框架时最为需要的。

当然，笔者在概念图法实践中也发现本方法对教学效果的提升不明显。通过以一个班级教学的实践，可以看到概念图法的学习对最后的考核成绩没有显著提升作用。这个原因之一可能是概念图法需要比较长的时间的磨合，才能发挥出在成绩考核方面的显著优势。这个时间对于教学者和学习者都同样重要，因为笔者作为教学者和学生都是长期习惯于传统的教学和学习模式中，方式的改变并能运用好都需要时间。另一个原因可能是在本次实践中，概念图教学方法和考核方式没有实现过程一体化。学生通过概念图法学习，往往思维更为活跃，学习的主动性也较强。但是，目前的考核方式会掩盖这种优势，学生知识体系的发散性、拓展性在现有的考核方式下得不到体现。概念图法可能更多是给人以学习的乐趣、丰富的想象，而无法很好的匹配传统考试时约定俗成的答案。因此，在未来的考核方式中，配备与概念图教学方法一致的考试方法，实现概念图教学和考核方式的一体化，才可能充分发挥概念图法教学的优势。

虽然概念图法教学实践暴露出一些问题，尽管如此，笔者在实践中也发现概念图法对知识框架的建立和知识的内化有良好的促进作用，对学习者的兴趣是有显著提升作用。笔者相信，基于概念图法的教学方法，将为新时代教学改革提供有益参考。

补充说明

感谢本校教学促进中心资助参加了 2017 年 9 月 20 日在北京师范大学举办的“第七届国际概念图大会”，正是这次大会经历，让笔者接触并学习概念图。

本文中用到的概念图工具为 Cmap Tools(https：//cmap. ihmc. us/)。

参考文献

[1]Amadieu F，van Gog T，Paas F，ee al. Effectsof prior knowledge and concept-map structure on disorientation，cognitive load，and learning[J]. Learning and Instruction，2009，19(5)：376-386.

[2]Chen，J.，and Zhang，Y. Research on the application of concept map in professional knowledge structure of post-oriented students[J]. 2019，(345)：171-174.

[3]Nesbit，J. C.，& Adesope，O. O. Learning with concept and knowledge maps：A meta-analysis[J]. Review of Educational Research. 2006，76(3)：413-448

[4]Whitelock-Wainwright A，Laan N，Wen D，et al. Exploring student information problem solving behaviour using fine-grained concept map and search tool data[J]. Comput. Educ. 2020，(145)：103731.

[5]翟中和，王喜忠，丁明孝. 细胞生物学[M]. 4 版. 北京：高等教育出版社，2011.

A preliminary study on the teaching method of *Cell Biology* based on concept map

Du Liang

(College of Biological Sciences and Biotechnology，Beijing Forestry University，Beijing 100083)

Abstract *Cell Biology* is one of the main basic courses in undergraduate biology teaching, which is confronted with the problems of large knowledge volume，wide knowledge coverage, and fast updating of knowledge content. Learning in the traditional learning process, easy to cause memory pressure and understanding pressure, and even lost interest in learning because of not keeping up with the pace of the course. Therefore, how to optimize teaching strategies so that students can not only master knowledge, but also keep learning interest has become an important problem to break through the bottleneck of improving the teaching effect of *Cell Biology*. Concept map teaching is based on the concept map tools, guided by concept learning, to arrange teaching content and knowledge learning. By using the concept map tools and methods in the teaching of *Cell Diology*, the author explores the application of the concept map method in the course teaching. The author found that the concept map teaching is conducive to enhancing the systematic process of knowledge learning and stimulating students' interest in independent learning, which is beneficial to cultivating students' innovation ability and meeting the requirements of cultivating agricultural and forestry talents in the new era.

Keywords *Cell biology*, concept map, concept learning, systemic, interest in learning

基于微课的翻转课堂教学模式在我校排球教学中的应用研究

满昌慧

（北京林业大学体育教学部，北京　100083）

摘要：为了探索翻转课堂教学模式在我校排球选项课中的应用效果，本文采用文献资料法、问卷调查法、教学实验法、数理统计法等研究方法，随机选取我校 4 个女生专项班学生为实验对象，研究结果表明，翻转课堂教学模式教学效果优于传统教学模式，不但可以促进学生提高腿部力量和速度素质，提高排球技术水平，而且可以更加有效地促进学生形成积极的体育锻炼态度，促进其学习自主性提高。建议微课使用要充分考虑学生的学习进度和技术掌握程度，突出重难点，以便发挥出最佳教学效果。

关键词：翻转课堂；排球选项课；专项素质；体育锻炼态度；自主学习

在“互联网+教育”环境下，教师的角色由知识的传授者变成学生学习兴趣的激发者、学习过程的引导者，学生由被动的知识接收者变成自主学习、因材施教的主动知识构建者。翻转课堂的研究最早开始于美国，其教学方式是先学后教、以学定教，是让学生在课前自主学习知识，课上通过师生、生生之间的交流合作学习，对知识重难点进行点拨、答疑解惑，最终促进学生知识内化。翻转课堂以微课、慕课等多媒体为技术手段来辅助课堂教学。笔者通过查阅文献发现，翻转课堂在高等院校体育教育领域实证研究较少。因此，本文将基于微课的翻转课堂教学模式应用于我校排球教学中，探索学校体育教学方法改革新思路。

一、 研究对象

本文以翻转课堂教学在我校排球选项课中的应用为研究对象。实验对象为我校 2018 级排球专项班学生，在 2018—2019 学年第二学期随机选取 2 个女生班为实验组，人数为 64 人；2 个女生班为对照组，人数为 62 人。

二、 研究方法

(一) 文献资料法

根据本研究需要，利用我校图书馆网站查阅中国知网、万方数据等网站中与本研究相关的论文文献，并在学校图书馆中翻阅相关的图书、报刊等资料，为研究提供充分的理论依据。

(二) 问卷调查法

本文围绕研究内容和目的，选用大学生体育自主学习量表、大学生体育锻炼态度对参与实验学生进行调查。

其中大学生体育自主学习量表选取吴本连博士编制的大学生体育自主学习量表，此量表包含 36 个条目，主要围绕四个维度进行设计，分别是学习动机、学习过程、学习结果、学习环境，采用 5 级计分法，其中学习动机包括主动意识、学习兴趣、自我效能感，

作者简介：满昌慧，北京林业大学体育教学部，副教授，mchh@ bjfu. edu. cn。

资助项目：北京林业大学教改课题“基于微课的排球翻转课堂教学模式实验研究”（BJFU2019JY117）。

学习过程包括克服身心障碍、学习过程的自我监控，学习结果包括自我检查、自我评价，学习环境包括物质环境和社会环境。学生自主性学习水平分数的高低代表学生体育自主学习能力的强弱。此量表克伦巴赫系数为 0.892，重测信度为 0.913，表明信度和效度极高。

大学生体育锻炼态度量表选用由毛荣建针对青少年学生编制的《锻炼态度量表》，此量表主要包含 70 个条目，分别为行为态度、目标态度、行为认知、行为习惯、行为意向、情感体验、行为控制、主观标准等，同样采用 5 级计分法，以比较不同教学模式对排球班学生体育锻炼态度带来的影响。

本文量表在实验前、后对所有参与实验的学生发放，回收率为 100%。

(三)教学实验法

实验条件控制：为了实现同等条件，实验组和对照组在任课教师、学生人数、教学内容、教学时数和场地器材上均保持一致。

实验时间：2019 年 3 月—2019 年 6 月，共 16 周，32 个学时。

教学设计：实验组采用翻转课堂教学模式，对照组采用传统教学方式，均完成教学计划。

微课准备：课前制作与教学内容相关的微视频，主要借鉴网络现有资源，以国内外优秀排球教练和我校排球教师的教学视频为素材，制作出本次实验所需要的微视频。微视频要突出技术示范重、难点，要求配有语音和文字，让学生明确动作技术的要领，结尾留有思考问题。

学生课前自主学习：每周周末教师将视频上传到班级微信群，学生根据自己的时间进行自主学习，针对自己疑惑的动作细节反复观看微视频，相关疑问由教师群内进行解答，以帮助学生形成正确的技术认知。

课中学习：根据学生的素质和技术水平将学生分成若干小组，主要围绕促进学生知识点掌握为目标进行施教，课上教师对教学内容进行细化讲解，学生通过合作学习来促进动作技能的掌握，教师进行个别辅导，同时对学生课下自主学习结果及时进行教学反馈，客观评价分析学生的自主性学习实效。

测试指标：实验前后分别对实验组学生和对照组学生进行测验。实验前测试学生身体素质、体育锻炼态度，实验后测试学生身体素质、基本技术、体育锻炼态度、自主性学习能力等。身体素质测试指标包括 800 米、立定跳远、50 米、原地羽毛球掷远。其中原地羽毛球掷远要求学生站在排球场地为 9 米的端线处，两脚自然开立，手持球托与羽毛球的连接处，用力摆臂，尽力将羽毛球向前掷出，丈量羽毛球着地和起点的垂直距离，每人可以掷两次，记取最好成绩。排球基本技术测试指标主要包括正面双手垫球、正面双手传球。体育锻炼态度、自主性学习能力采用量表评价。

5 实验注意事项：

针对本学期排球教学知识点和教学活动环节，微课制作要教学目标明确，针对性强，易于被学生接受，时间控制在 5~10 分钟。在学期第一次课前教师要让学生明确课前学习教学视频的重要性，学期中要充分了解学生在线学习的情况，及时解决学生在课前自主学习视频中的疑问，通过教学引导对学生自主学习的效果进行反馈，增设适当的奖励机制，提高学生自主学习的兴趣。

(四)数理统计法

对实验前后的相关数据进行归纳、整理，运用 Excel 和 SPSS 17.0 对数据进行统计学检验和分析。

三、 研究结果与分析

(一)实验前对实验组和对照组学生初始体能指标和体育锻炼态度测试与统计学检验

为了检验实验组和对照组学生的初始水平是否符合教学实验的统计学分组要求，本文在在教学实验前一周对实验组和对照组学生的 4 项体能指标和体育锻炼态度进行测试。表 1、表 2 检验结果表明实验组和对照组学生在实验前灵敏、速度和力量等基本身体素质水平和体育锻炼态度无显著性差异，符合实验分组要求。

表 1 实验前实验组和对照组四项体能指标差异性检验

组别	立定跳远(cm)		800 米(s)		50 米(s)		原地羽毛球掷远(m)	
	X	S	X	S	X	S	X	S
实验组	182	11.3	225	16.1	9.06	1.32	6.32	0.76
对照组	179	10.2	226	15.2	9.03	1.21	6.41	0.62
T 检验	1.1256		−0.3321		0.4204		−0.475	
P 值	>0.10		>0.20		>0.20		>0.20	

表 2 实验前实验组和对照组学生体育锻炼态度不同维度指标检验

不同维度	实验组	对照组	T 检验	*P* 值
行为态度	22.9±2.57	21.6±3.12	1.2254	>0.10
目标态度	33.1±2.21	34.3±1.87	−0.9783	>0.10
行为认知	16.9±2.84	17.2±2.76	−0.4482	>0.20
行为习惯	26.4±1.78	25.8±2.59	0.5364	>0.20
行为意向	26.2±4.15	26.8±4.02	−0.5678	>0.20
情感体验	32.4±3.09	31.6±2.65	0.84329	>0.10
行为控制	22.9±6.28	23.4±4.19	−0.6809	>0.20
主观判断	19.3±0.94	19.7±0.87	−0.3219	>0.20

(二)实验前后实验组和对照组专项素质指标对比分析

对实验组和对照组实验前后专项素质指标进行配对样本 T 检验，表 3 和表 4 结果表明，经过实验，实验组学生在立定跳远、50 米和原地羽毛球掷远等 3 项指标呈现出统计学显著差异，对照组学生在实验后立定跳远和 50 米指标两项指标中出现增长，这说明翻转课堂教学模式和传统教学模式都能提高学生的身体素质水平。值得重视的是，经过基本技术学习之后实验组学生羽毛球掷远成绩有很大提高，说明实验组学生自主掌握了正确的挥臂方法，加快了挥臂速度，致使该项成绩明显提高，统计学检验在 0.05 水平上出现显著差异。然而两组学生通过教学实验后耐力跑成绩均差异不显著，可能与排球项目对学生耐力素质的发展不足有关，需要在排球教学中增加耐力素质练习比例。

表 3 实验前后实验组不同体能指标的进步情况比较

组别	立定跳远(cm)		800 米(s)		50 米(s)		原地羽毛球掷远(m)	
	X	S	X	S	X	S	X	S
实验组	182	11.3	225	16.1	9.06	1.32	6.32	0.76
对照组	189	9.4	220	14.1	8.21	1.09	7.35	0.61

（续）

组别	立定跳远(cm)		800米(s)		50米(s)		原地羽毛球掷远(m)	
	X	S	X	S	X	S	X	S
T检验	-2.7843		1.4451		2.4095		-2.0752	
*P*值	<0.05		>0.20		<0.02		<0.05	

表4 实验前后对照组不同体能指标的进步情况比较

组别	立定跳远(cm)		800米(s)		50米(s)		原地羽毛球掷远(m)	
	X	S	X	S	X	S	X	S
实验前	179	10.2	226	15.2	9.03	1.21	6.41	0.62
实验后	184	10.6	221	14.7	8.46	1.18	6.96	0.63
T检验	-2.1156		-1.7289		2.4514		-1.3741	
*P*值	<0.05		>0.10		<0.02		>0.20	

对实验后实验组和对照组学生四项体能指标进行统计学比较，表5结果表明实验组在立定跳远和50米两项指标上提高更为显著，这种现象说明翻转课堂教学模式更利于促进学生腿部力量和速度素质的提高，说明翻转课堂教学模式突出了学生的主体地位，在教学过程中，微课能够吸引学生的注意力，引起学生探究的兴趣，能够提高学生的练习积极性，不但可以显著增强学生的腿部爆发力，而且提高了学生的绝对速度水平。

表5 实验前后实验组和对照组不同体能指标统计学检验

组别	立定跳远(cm)		800米(s)		50米(s)		原地羽毛球掷远(m)	
	X	S	X	S	X	S	X	S
实验组	189	9.4	220	14.1	8.21	1.09	7.35	0.61
对照组	184	10.6	221	14.7	8.46	1.18	6.96	0.63
T检验	2.0123		-0.4783		-2.0332		-1.0876	
*P*值	<0.05		>0.50		<0.05		>0.10	

（三）实验后实验组和对照组学生基本技术指标差异性检验

表6 实验后实验组和对照组基本技术指标差异性检验

指标	实验组	对照组	T检验	*P*值
垫球(技评)	85.45±7.51	78.43±6.34	3.0626	$P<0.01$
传球(技评)	79.14±6.32	73.32±5.06	2.1073	$P<0.05$

实验后对实验组和对照组学生技术水平进行差异性检验，结果见表6，垫球技术评定成绩呈现出非常显著的统计学差异($P<0.01$)，传球技术评定成绩呈现出显著统计学差异($P<0.05$)，说明与对照组比较，实验组在实施翻转课堂教学模式后垫球和传球技术提高幅度较大。

究其原因，在翻转课堂教学模式中，学生自己选择合适的时间，提前学习教学内容，根据自己接受新知识的程度，反复观看、学习技术动作。视频具有调节播放进度功能，以及长久储存于网络学习平台的优势，可以使学生免于一次性统一被动地接受新知识，有助于充分发挥学生的主动性。在练习的过程中实验组学生准确把握身体姿势、脚步移动取位、击球部位精准，从而提高完整动作的协调性。通过分组合作，学生之间相互交流，取长补短，学生体会到合作探究学习的乐趣，学生练习的积极性、主动性增强，对技术动作要领掌握更加准确。因此翻转课堂教学效果优于传统教学。

（四）实验组与对照组学生体育锻炼态度测试差异性检验

为了分析学生体育锻炼态度变化，在实验结束时，对实验组和对照组学生体育锻炼态度进行了第二次测试。表 7 研究结果表明实验后实验组和对照组学生目标态度指标 P 值小于 0.01，说明差异性非常显著。行为态度、行为认知、行为意向、情感体验等 4 项指标在 0.05 水平上呈现显著差异，说明翻转课堂下的教学比传统教学更加有效的改善学生的体育锻炼态度。翻转课堂教学模式使实验组学生对自己参与技术学习过程持肯定评价，对体育身心健康发展的作用有积极性认知，学生普遍能概括地总结出锻炼效果，在练习过程中有积极向上的情感体验，愿意制定体育锻炼计划，达成运动目标，进而促进学生运动习惯养成。

然而，我们还应该看到，两组学生在行为习惯、行为控制和主观标准等测试指标中统计学检验差异不显著，说明学生的行为习惯、行为控制能力不是一朝一夕完成的，高校体育教学应该围绕大学阶段制定合理的目标和措施，来实现学生终身体育意识培养和体育能力构建。

表 7　实验后实验组和对照组体育锻炼态度不同维度指标检验

不同维度	实验组	对照组	T 检验	P 值
行为态度	31.3±4.21	28.5±4.29	2.3092	<0.05
目标态度	43.8±2.17	40.2±2.79	3.3371	<0.01
行为认知	23.6±2.18	20.1±2.54	2.1321	<0.05
行为习惯	34.9±3.52	33.8±3.27	1.5268	>0.20
行为意向	32.4±3.11	29.5±2.52	2.1679	<0.05
情感体验	35.6±2.14	33.1±2.15	2.0789	<0.05
行为控制	24.8±2.16	24.3±2.54	0.3325	>0.50
主观判断	22.6±2.17	21.2±2.52	0.5489	>0.50

（五）翻转课堂教学模式对学生自主学习能力影响分析

表 8　实验后实验组和对照组自主学习能力差异性检验

不同维度	实验组	对照组	T 检验	P 值
学习动机	34.75±6.21	30.85±7.42	2.2541	<0.05
学习过程	38.51±6.42	32.35±6.11	4.1975	<0.001
学习结果	34.37±5.25	28.90±5.73	2.1433	<0.05
学习环境	25.74±2.18	22.80±3.57	1.9982	<0.05

从表 8 实验结果看出，实验后实验组和对照组学生学习动机的主动意识、学习兴趣和自我效能感指标测试的 P 值均小于 0.05，表明该项指标差异性显著，说明翻转课堂给了学

生更多自主学习的时间和空间，学生对排球技术有了更深层次的理解和认识，体育学习的主动意识增强，学习兴趣逐步提高。

其次实验后实验组和对照组克服身心障碍和学习过程的自我监控指标测试的 P 值小于 0.001，说明翻转课堂下的排球课学习过程对学生产生非常积极地影响，通过同伴交流、师生交流，学生在体育学习中克服身心障碍和学习过程的自我监控能力有较大程度提高。

第三实验后实验组和对照组学生自我评价和自我总结指标测试的 P 值均小于 0.05，说明翻转课堂教学模式可以引导学生对排球技术教学形成正确的认知，学生主动练习的意识增强，对自己的练习情况做出客观评价，实现自我管理、自我修正、自我约束。

第四实验后实验组和对照组物质环境和社会环境指标测试的 P 值均小于 0.05，表示差异性显著，这说明实验组学生普遍喜欢翻转课堂微课环境，认为网络大大拓宽了自主学习空间，借助网络平台，使教学更加直观化和可重复化，同伴合作学习沟通流畅，不但可以提高学习兴趣，而且可以提高教学的有效性。

四、 结语

翻转课堂教学模式教学效果优于传统教学模式，可以促进学生提高腿部力量和速度素质，提高学生排球技术水平。翻转课堂下的教学比传统教学更加有效地促进学生培养积极的体育锻炼态度，学生在目标态度、行为态度、行为认知、行为意向、情感体验等 5 项指标上呈现非常显著或显著差异，说明实验组学生学习主体意识增强，对体育学习行为有正确认知，对学习效果能做出客观评价。翻转课堂教学模式使学生学习自主性明显提高，学生在学习动机、学习过程、学习结果、学习环境等指标中明显优于传统教学模式。微课制作要求教师具有运用多媒体软件的能力，建议微课设计要突出重难点，教学目标要明确，要充分考虑学生的学习进度和技术掌握程度，发挥最佳教学效果。翻转课堂教学要循序渐进，逐步提高课前自学要求，可以适当采用奖惩措施，提高监管能力。本研究仅将翻转课堂教学模式应用于一学期排球基本技术教学中，研究时间较短，对于长期使用翻转课堂教学模式尚需在实践中进一步摸索规律。

主要参考文献

[1]毛荣建．青少年学生锻炼态度——行为九因素模型的建立及检验[D]．北京：北京体育大学，2003.

[2]吴本连．自主学习方式影响大学生体育学习效果的实验研究[D]．上海：华东师范大学，2010.

[3]周建克．翻转课堂在提高学生体育课兴趣作用的研究[J]．运动，2014，(23)：95，105.

[4]郑国彪．基于微视频资源的翻转课堂教学模式在体育教学中的应用研究[J]．学校体育学，2015，(5)：67-68.

[5]黄钲尹．如何在大学体育教学中应用翻转课堂研究[J]．体育世界(学术版)，2017，(8)：150-151.

[6]解美玲．普通高校健美操翻转课堂教学模式的应用研究[D]．沈阳：沈阳体育学院，2017.

[7]王军军．翻转课堂在广州体育学院排球普修课基本技术教学中的实验研究[D]．广州：广州体育学院，2018.

[8]宋子玉，熊德．高校体育翻转课堂的教学设计[J]．体育科技文献通报，2018，26(12)：22-24.

[9]李建军．翻转课堂引入体育教学的价值及实施策略研究[J]．当代体育科技，2018，8(29)：130，132.

[10]郭健标．翻转课堂教学模式在普通高校公共篮球课教学中的实证研究[D]．长春：吉林体育学院，2019.

[11]王国亮．翻转课堂引入高校公共体育教学的实证研究[J]．西安体育学院学报，2019，36(1)：110-116.

[12] Knewstubn B. The Learning-teaching nexus：Modelling the learning-teaching relationship in higher education [J]. Studies in Higher Education，2016，41(3)：525-540.

A study on the Flipped Classroom teaching model in volleyball teaching in Beijing Foresty University

Man Changhui

(Rhigsical Education Department, Beijing Forestry University, Beijing 100083)

Abstract In order to explore the application effect of the Flipped Classroom teaching model in the Optional Volleyball Course in our school, this paper adopts the research methods of Literature, Questionnaire Survey, teaching experiment, mathematical statistics, etc. The results show that the teaching effect of the teaching mode of turning over class is better than that of the traditional teaching mode, which can not only promote the students to improve the quality of leg strength and speed, but also improve the quality of leg strength and speed To improve the students´volleyball skill level can effectively promote the students to form a positive attitude to physical exercise and improve their learning autonomy. It is suggested that the use of micro-class should take full account of the students´learning progress and technical mastery, and highlight the important and difficult points so as to give full play to the best teaching effect.

Keywords Flipped Classroom, volleyball optional course; special quality, physical training attitude, independent learning

新工科背景下"数据采集"教学改革

——以北京林业大学为例

李巨虎　马晓亮　张海燕

（北京林业大学信息学院，北京　100083）

摘要：围绕着新工科建设的背景与内涵，针对"数据采集"课程知识体系陈旧、课堂教学方式单一、实践教学环节匮乏、课程考核不全面等问题，结合物联网技术快速发展的趋势，从课堂讲授的整理优化，实践教学的多元化、考核方式的改进和改革效果等三个方面提出了课程教学的改革方案。"数据采集"课程教学改革结合了物联网发展的实际需求，取得了以下良好效果：一是引入了项目导向的课堂讲授方式，引导学生学以致用；二是引入申报大学生创新计划、选择与课程相关的毕业设计和参加老师科研项目等多元化的实践教学；三是建立全面的课程考核与评价体系。通过"数据采集"的课程教学改革，激发了学生的学习兴趣，增强学生对专业知识的理解，提高了解决实际问题的综合能力。

关键词：新工科；数据采集；教学改革

一、 新工科背景与物联网专业

开展新工科建设是教育部学习贯彻习近平新时代中国特色社会主义思想和党的十九大精神，是创新人才培养机制攻坚战的重要措施。2017 年 2 月 18 日，教育部在复旦大学召开了高等工程教育发展战略研讨会，讨论了新工科的内涵特征，新工科建设的路径选择，会议上达成了 10 项共识，称为"复旦共识"，同年 4 月份又在天津大学召开了新工科建设研讨会，为新工科建设的前景达成了共识，计划从 2017 年到 2020 年，探索新工科建设的模式，能够适应新技术经济的发展。到 2030 年，形成新的工程教育体系，能够完全支持国家创新发展。到 2050 年，形成全球领先的中国工程教育模式，成为世界工程创新中心和人才高地，这是第二个新工科建设的标志，称为"天大行动"[1]。因此新工科已经成为我国工程教育改革的新思路、新方向。

物联网专业是 2010 年建立的新专业，可以说物联网专业是在我国创新发展中诞生的。9 年多过去了，物联网专业在师资队伍、教材编写、实践平台，学科竞赛、校企合作等方面，都取得了很大的进步。但是按照新工科的思路，物联网专业的课程建设还有很大的不足，普遍情况是培养目标太宽泛，课程设置陈旧，培养的毕业生和实际企业需求匹配度过低等[2]。这样企业就面临着物联网人才紧缺的问题，按照新工科的思路建设好物联网专业，大力推进物联网专业的课程体系建设[3]，对物联网专业重点课程进行全方位的建设与改革，是刻不容缓的事情。

作者简介：李巨虎，北京市海淀区清华东路 35 号北京林业大学信息学院，副教授，lijuhu@ bjfu. edu. cn；
马晓亮，北京市海淀区清华东路 35 号北京林业大学信息学院，助理研究员，maxl@ bjfu. edu. cn；
张海燕，北京市海淀区清华东路 35 号北京林业大学信息学院，副教授，zhyzml@ bjfu. edu. cn。

资助项目：北京林业大学教育教学研究重点项目"'数据获取与处理'课程教学方法研究与实践"（BJFU2018JY091）。

二、“数据采集” 教学改革的必要性

(一)课程内容与教学目标

“数据采集”[4-5]是一门重要的专业核心课，一般是安排在本科的第四学期。主要讲授设计开发数据采集的硬件系统所需要知识，使学生掌握和理解集成电路的基础知识，能够利用集成电路搭建出解决实际问题的应用系统，是一门实践性非常强的课程。首先要求学生对模拟电路和数字电路知识有着深入理解，在此基础之上培养学生学习集成电路的原理，封装，应用等知识，能够用集成电路搭建实际硬件系统，进一步培养学生的工程实践能力，并且能够解决实际问题并设计出相应的硬件系统。该课程主要内容见表 1。主要包括三部分，第一部分讲授模拟信号的数字化过程，即采样、量化和编码。在数学上严格证明了：只要符合采样定理，可以从数字信号无失真的恢复出原来信号。这一部分的学习偏重数学推导，对各种过程给出详细的推导证明。第二部分主要讲授电路，包括多路开关，测量放大器，模数转换和数模转换。这部分学习的思路是类似的，都是先学习电路模块的工作原理，然后理解电路参数，熟悉集成电路芯片。最后学习集成电路芯片的应用，是该课程的主体内容，通过这部分的学习，让学生具有使用芯片搭建数据采集系统的能力。和先修的电路课程结合紧密，但有又很大不同，先修课程主要是工作原理和分立元件，但是实际设计时候，使用集成电路，所以这就是该课程的主要目的。第三部分内容是数据的预处理，对数据进行除噪，滤波，标度变换，提取二次特征，偏向软件设计，和前面的学习思路不一样。

表 1 “数据采集”课程教学内容和要求

序号	教学内容	教学目的
第一部分	模拟信号的数字化	掌握采样定理，理解数字化过程，采样、量化和编码，学习思路偏重数学推导
第二部分	多路开关	掌握多路开关的电路原理，电路参数，集成电路芯片，芯片应用
	测量放大器	掌握放大器的工作原理，集成电路芯片，芯片应用
	模数转换模块	掌握模数转换模块的工作原理，具体芯片，芯片应用所需要知识
	数模转换模块	掌握数模转换模块的工作原理，具体芯片，芯片应用所需要知识
第三部分	采集数据的预处理	对采集到的数据进行滤波，除噪声，标度变换，基本特征提取等

(二)教学改革的必要性和紧迫性

“数据采集”是一门承前启后的课程，选修课程为“数字电路”“模拟电路”和“C 程序设计”，后续课程是“嵌入式设计”和“传感器技术”。学生经过先修课程学习，有了数字电路和模拟电路知识，对基本单元电路有了深入理解，但是距离设计开发的硬件系统还是差得很远，因为设计硬件系统都使用集成电路，所以需要“数据采集”课程，对相应的集成电路进行掌握，以便搭建实际硬件系统。有了数据采集知识后，再去学习后续课程“嵌入式设计”“传感器技术”和“无线网络”，增强硬件知识和软件知识，进而理解和设计复杂数据采集系统。“数据采集”课程在课程体系中的地位如图 1 所示。从中可以看出，保证“数据采集”课程的教学质量和学校效果，对提高物联网专业的人才质量，对物联网专业的新工科认证具有重要的推动作用。

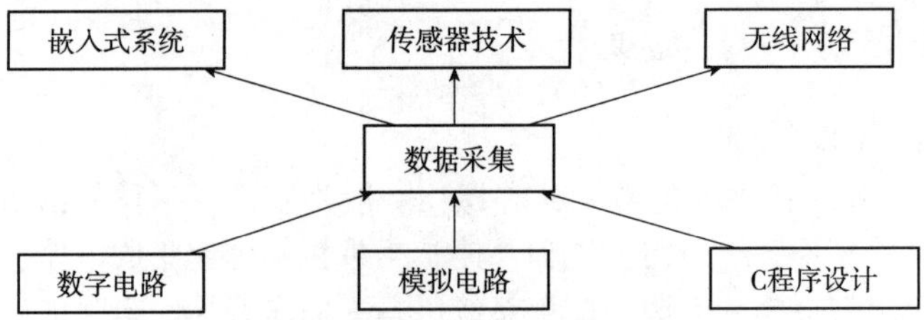

图1　“数据采集”课程在课程体系中的地位

但是目前“数据采集”教学使用的教学模式，与新工科专业认证的需求还有很大的差距。首先是实践性课程讲授的学术化。实践性课程的出发点是实际的应用场景，离开具体需求去讲授“数据采集”课程，使得学生无法理解很多参数来历，进而对整个硬件系统的性能和指标无法理解，对培养解决实际问题的能力就无从谈起了。其次是对各个模块进行割裂化讲授。没有从系统层面出发讲授，任何硬件系统是一个有机整体，从数据输入、多路选择、放大、模数转换、输入到CPU，经历多个模块，每个模块缺一不可，每个模块接收上一模块的数据，对数据做处理，把处理后数据以合适方式输出到下一模块，每个模块的参数都要和其他模块一致，否则该模块会成为整个系统短板，导致整个系统性能的下降。因此割裂化的讲授，使学生形不成系统观念，对每个模块的前因后果产生怀疑，进而影响整个知识体系的理解。最后是实践环节匮乏。实践性强的课程，实践教学的重要性超过了课堂教学，只有通过实践教学，才能形成理论联系实际，实际反馈理论完整环节。通过实践教学，修正学生在课堂教学中理解偏差，提高学生的工程应用能力。但是现状是除了课内实验，缺乏多渠道的实践环节。

教育部的“复旦共识”，探讨了新工科的内涵特征、并明确指出新工科建设和发展以新经济、新产业为背景。高校要树立工程教育的新理念，新结构，新模式，打造工科教育的新质量，完善工程教育的新体系[6]。为“数据采集”课程提供了明确的改革方向，建设目标和评价标准。

三、“数据采集”教学改革的方式

（一）教学内容的改革

“数据采集”课程知识点比较多，不仅有采样定理理论知识，还有芯片的认识和应用，数据采集系统的工程应用问题，讲授比较困难，学生理解费劲[7]。“数据采集”传统的教学方式，是以知识点为主的讲授方式，该方式知识架构逻辑性强，对理论性强的课程效果较好，但是对实践性强的课程效果不好。因为实践性强的课程出发点是应用场景，很多概念是从实际应用中提出的，比较零碎，逻辑性较差。因此笔者在教学过程中采用项目导向法。该教学方法是学生通过老师帮助完成一个工程实际项目而进行的教学活动，在项目完成的过程中，包含了知识点的讲授，给学生的具体课程任务和分工，还有根据课程任务进行的参数计算和电路搭建，比较深入的设计和实现模块，这是在知识体系上的能力提升。该方法强调工程应用场景，理论联系实际，在实践中充分应用所学理论知识，用理论指导实践，用实践反馈理论，这是符合新工科的基本理念的。

项目选取比较关键，要充分考虑理论和实践的紧密结合，要具有理论问题，还要能解决实际问题，而且有趣味性，不能难度太大，不利于培养学生解决问题的信心。例如精讲了传感器模块和模拟输入模块之后，给出了项目开发(图2)。录音系统的设计与实现是常见项目，主要任务是采集音频数据，通过麦克风传感器把声音信号转换成电压信号，然后通过多路开关输入到放大器把信号放大到0~3.3V，然后通过无源滤波器滤除干扰，通过模数转换模块转为数字音频数据，最后把数字音频通过CPU存储到RAM中，然后可以通过播放系统进行声音还原和播放。整个项目趣味性强，容易实现，可演示性强。在项目开发过程中，用到了“数据采集”课程中很多知识点，这些知识点在前期花了很少时间进行了精讲，每个学生的理解程度是不同的，需要具体实践环节进行加深和修正。在项目完成过程中，学生从每个知识点出发，深入理解课程任务，进行每个模块的选型和设计，然后根据自己的选型和设计，计算具体电路参数，修正电路，进行仿真，看是否能够满足实际需求。最后购买元器件搭建实际电路，完成真实系统，进行演示评比。经过这个项目训练，使得学生深刻理解知识点，理解参数的物理意义，能够计算参数，解决实际问题，体会到了学以致用的快乐。除了该项目之外，笔者还设计了几个项目，之一是模拟电压量的采集和显示，把模拟电压通过模数转换为数字量，然后在 PC 端串口进行显示，让学生理解模数转换器的型号、参数和使用；另外一个是室内温湿度的采集显示，让学生掌握温湿度传感器的参数和 CPU 端采集程序的写法。经过项目实践，学生对讲授知识点和实际操作建立了联系，加深了理解。对各个知识点进行加强和深化。实践证明和学生反馈，该方法有助于教学质量的提高，培养学生的工程实践能力，为设计硬件系统打下坚实基础。

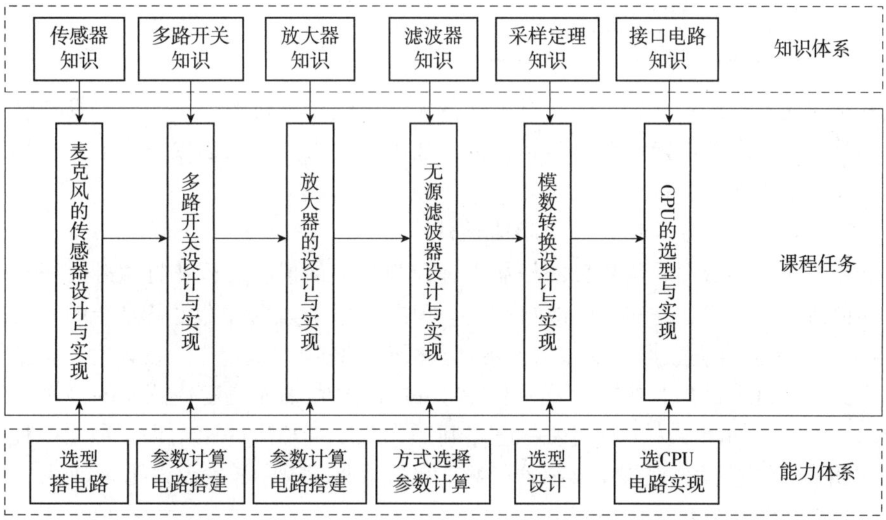

图 2　基于录音系统设计实现的知识体系、课程任务和能力体系的关系

(二)实践教学的改革

课程教学以项目为导向，锻炼学生的实践能力，但是课程教学毕竟时间短，学生众多，一般选择较易实现的项目，普通学生得到了锻炼，但是学有余力的学生感觉吃不饱，因此要多渠道的增加实践机会。

1、组织学生申报大学生创新项目

笔者从 2013 年开始讲授“数据采集”课程，另外从 13 年至今共指导了 10 项大学生创新项目，其中两项为优秀，7 项为良好，1 项在研。有些项目是学生自拟题目，让我担任指导老师，大部分是关于设计数据采集系统，完成硬件设计的。从中可以看出学生对数据采集的知识很感兴趣，另外对自己掌握的数据采集知识有有信心(表 2)。

表 2　与“数据采集”课程相关的大创题目

序号	大创题目	任务描述	与本课程的关系
1	通用信号调理器	研究开发能够接多种类型的传感器的模拟接口和数字接口	涉及传感器，多路开关、放大器等知识
2	节水智能浇花器	利用土壤中传感器测量土壤湿度，根据湿度不同，自动浇水或者管阀	涉及传感器，CPU，电磁阀，软件编程知识

（续）

序号	大创题目	任务描述	与本课程的关系
3	智能室内环境检测仪	根据手机上的数据显示随时了解屋内甲醛，CO的含量，温度，湿度，适用于装修领域	涉及各种气体传感器的原理，单片机，软件编程知识
4	基于51单片机的人流量检测探测装置	使用对射式红外传感器和距离传感器判断人数和进出方向，使用单片机进行数据接收、处理和发送到显示屏	涉及红外传感器原理，单片机，软件编程知识
5	物联网中采集节点电源模块的研究开发	涉及高效率能量转化的太阳能电池系统，为数据采集节点供电	涉及太阳能电池板，电源转换模块，电池知识
6	智能花盆	用传感器来实时监控周围环境并通过单片机对数据进行处理，实现对花盆内部有关花卉生长信息的监控	涉及土壤温湿度传感器，视频传感器，单片机，软件编程等知识

这些项目是数据采集课程延伸，通过这些大学生创新项目的锻炼，学生发现学习的知识是远远不够的，理解的知识部分是错误的，技术技能需要在大创项目中锻炼，然后再回到课本理解。表中所列项目都已顺利结项。

2、引导学生选择与课程有关的毕业设计

笔者都要出一些数据采集相关的毕业设计，为学生从事相关行业打基础。毕业设计难度比上面两种增了不少，是知识的综合应用。现在数据采集系统都配备复杂的CPU，上面运行Linux，不但要掌握数据采集知识，还要掌握操作系统知识。毕业设计时，包括软件和硬件两个方面实现。例如其中一个题目：基于Linux的九轴加速度传感器的测量系统的实现，要求学生实现加速度传感器的硬件电路和操作系统端相应的驱动程序和应用程序的开发。就用到的“数据采集”课程中传感器、数字接口、驱动程序开发等方面的知识。

3、鼓励学生参加教师科研项目

笔者讲授该课程已有六轮，理论知识很清楚，但是对工程理解还不是很深刻。直到参加“信号采集系统设计与实现”的科研项目，才感受都学以致用的重要性，项目刚开始时，设计的单元电路可以工作，但实际效果和理想值差距很大，经过反复思考和调试，达到了满意效果。该项目鼓励学生参与，刚开始学生没有信心，无从下手，经过学习和研讨，能够实现简单模块，慢慢对整个系统有了很好理解认识。学生通过科研项目锻炼，实践能力和解决工程问题能力有了很大提高。另外一个项目“无线数据采集平台设计与实现”，学生参与多。整个暑假，几个学生和笔者一起，完成了整个项目，学生反馈情况是收获颇多。

（三）考核方式的改革

给本科生和研究生同时讲授这门课程，考核的方式不同[8]。本科生考核方式，平时成绩30%，期末成绩70%。期末试卷上，做了两个改革。一是实验题目的比重大，给出工程问题，让学生解决，画出硬件电路图和软件伪代码。从而杜绝学生背诵知识点，食古不化等弊端，真正理解知识点，做到学以致用；二是设计开放性题目，写出最难掌握知识点，并说明理由。根据学生反馈进行下年的讲授方式和实验内容改革。研究生考核方式更加自由，大作业方式实现。去年考核题目：设计数据采集系统，至少包括传感器，放大器，采样保持器，模数转换器，CPU等。要求为：①给出明确物理背景，针对何种物理量采集；②给出硬件连接图。电路器件选型，考虑因素，电路器件详细参数。选用电路器件理由。列出电路器件的数据手册；③画出采集该数据的软件框图，写出软件代码；④对采集数据标尺变换，根据传感器数据手册，写出标尺变换代码。大作业能力要求和评分标准如图3所示，从图中可以看出，根据完成程度不同，等级不同。大作业开放性较好，每个等级里都有很大创新空间，学生可以选择不同的传感器，不同的软件仿真，不同的算法。另外从多个角度对大作业完成评价，最后加权给出成绩。能够及时的反馈出学生对知识点的理解程度，解决问题的能力和实践水平的欠缺，为持续的教学改革提供了方向。

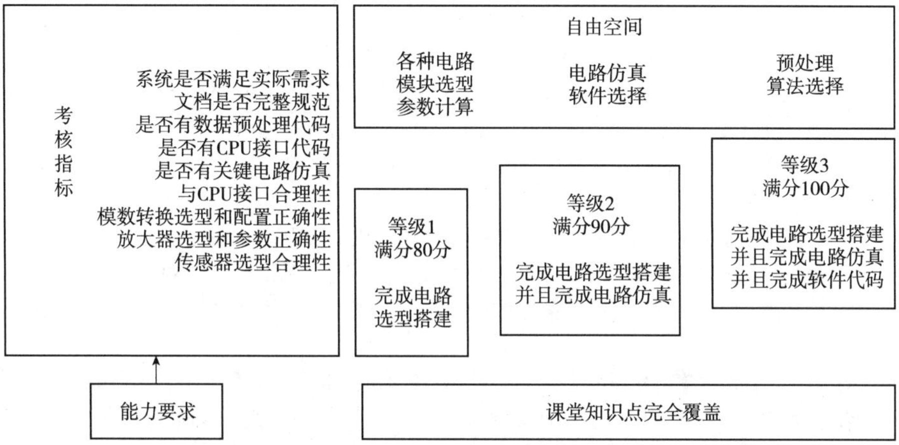

图3 大作业要求和评分标准

四、“数据采集”教学改革的效果

（一）提高了教学效果

笔者对近六年的学生做了开放式问卷调查，题目为：说出“数据采集”中最难内容，并说明理由。把统计结果分成了前两年和后四年两部分，结果见表3。从表中可看出，刚开始两年中，没有实行项目导向的实践教学，学生普遍对放大器、模数转换这些较难模块理解不好，第6项“缺乏对实际系统的理解，缺乏理论联系实际”所占比例高达35%，经过教学改革实施，从后四年统计比例来看，对放大器和模数转换模块的理解困难逐步下降，尤其第6项下降的很明显，从第7项可以看出学生还是想进一步加强项目练习，增强实践能力。另外第4项前后比较来看，变化不是特别大，这也很好理解，因为对电路图的认识，不是一门课程，一段时间能够解决的，需要长期、大量练习，所以比例变化不大。从连续几年的教学评价成绩来看，分数也是呈逐年上升的趋势。最重要的是，学生学习“数据采集”课程的积极性明显提高，课堂讨论气氛热烈，教学效果和知识讲授都得到了很好的保证。

表3 “数据采集”教学改革的问卷反馈

序号	难点内容	前两年比例	后四年比例
1	对放大器模块感觉难，不容易理解	10%	6%
2	对模数转换模块感觉难，不容易理解	12%	7%
3	对标度变换感觉难，不容易理解	7%	3%
4	对实验部分感觉比较难，和课程联系不上	23%	6%
5	对电路图认识不足，感觉困难	15%	14%
6	缺乏对实际系统的理解，缺乏理论联系实际	35%	8%
7	感觉不是特别难，需要项目，进一步加强	6%	49%
8	其他	5%	7%

（二）实践能力增强

通过课程实践，大创项目和参加老师的科研项目，学生的实践动手能力增强了，直接结果就是毕业设计选题时，很多学生选择数据采集相关的论文题目，而且都完成得不错；毕业工作选择时，很多学生也选择数据采集相关的研究开发工作。说明“数据采集”的教学改革，有着较好的效果。

参考文献

[1]. 桂小林，王东 . 基于新工科理念的物联网工程专业建设[J]，中国大学教育，2018，(7)：25-30.

[2]. 黄东军 . 新工科语境下物联网专业课程设置研究[J]. 计算机教育，2018，(3)：68-72.

[3]. 李晓娓，胡慧之 . 新工科时期的物联网应用工程专业课程体系研究[J]. 电脑知识，2019，(30)：119-121.

[4]. 马明建 . 数据采集处理技术(上册)[M]. 西安：西安交通大学出版社，2011.

[5]. 李念强，魏长智 . 数据采集技术与系统设计[M]. 北京：机械工业出版社，2009.

[6]. 谭艳萍，陈显祥 . 新工科背景下的物联网工程专业建设问题及对策探究[J]. 计算机教育，2019，(2)：74-77.

[7]. 刘艳，于效宇 . 数据采集与处理教学模式研究[J]. 中国电力教育，2010，(31)：61-62.

[8]. 吴建军，李智慧 . 浅谈物联网专业硬件课程体系与学生能力培养[J]. 课程教育研究，2017，(12)：157-158.

Teaching reform of *Data Acquisition* course motivated by Emerging Engineering Education

(Li Juhu　Ma Xiaoliang　Zhang Haiyan)

(School of Information Science & Technology, Beijing Forestry University, Beijing　100083)

Abstract　Considering the objectives and requirements of the Emering Engineering Education, this paper aims at the problems of obsolete curriculum knowledge system, single classroom teaching mode, lack of practical teaching links and incomplete curriculum assessment, and combining with the trend of rapid development of Internet of Things technology, this paper discusses optimization of classroom teaching, the diversification of practical teaching and assessment methods. three aspects, such as improvement and reform effect, have put forward the reform plan of curriculum teaching. The teaching reform of the course *Data Acquisition* combines the actual needs of the development of the Internet of Things and achieves the following good results: first, the introduction of classroom teaching methods to solve practical application problems and guide students to apply what they have learned; second, declaration of innovative plans for college students, selection of graduation designs related to courses and participation in teachers' scientific research projects. The third is to establish a comprehensive curriculum assessment and evaluation system. Through the teaching reform of *Data Acquisition* course, students' interest in learning is stimulated, their understanding of professional knowledge is enhanced, and their comprehensive ability to solve practical problems is improved.

Keywords　Emerging Engineering Education, *Data Acquisition*, teaching reform

新文科背景下中国文化与笔译课程的改革路径

张　琰　　南宫梅芳

（北京林业大学外语学院，北京　100083）

摘要：在新文科理念的引导下，我们应该重新思考原有教学大纲的利弊，符合新时代培养需求，取消不必要的课程，增设利于新时代英语专业本科生的课程，形成一套适应时代需求的新的教学培养体系。本文着重探讨北京林业大学英语本科专业在新文科建设背景下中国文化与笔译课程的改革路径。改革需要进行教学大纲的调整，包括英语专业的具体课程设置及教学内容的变化，同时教学方法和教学形式也要讲究创新，以培养出真正可以为中国文化外传及中外文化交流做出贡献的专业扎实且具备综合素质的人才。

关键词：新文科；英语专业；笔译课程；中国文化课程；课程改革

在新文科理念的引导下，我们应该重新思考原有教学大纲的利弊，符合新时代培养需求，取消不必要的课程，增设利于新时代英语专业本科生的课程，形成一套适应时代需求的新的教学培养体系。本文着重探讨北京林业大学英语本科专业在新文科建设背景下中国文化与笔译课程的改革路径。改革需要进行教学大纲的调整，包括英语专业的具体课程设置及教学内容的变化，同时教学方法和教学形式也要讲究创新，以培养出真正可以为中国文化外传及中外文化交流做出贡献的专业扎实且具备综合素质的人才。

一、 新文科，新理念

2019 年 3 月，教育部高等教育司司长吴岩在第四届全国高等学校外语教育改革与发展高端论坛上发表了题为“识变、应变、求变——新使命、大格局、新文科、大外语”的讲话。讲话的核心是“变”，并为外语类教学改革进提出了具体要求和明确指导。基于吴司长的讲话要求和启发，我们应该重新思考我校英语专业本科生的培养计划。

文科教育的新定位是为人文社会科学研究、公共文化服务、社会治理实践等培养具有创新创业能力、跨界整合能力的高素质人才是新文科的使命。在新文科理念的引导下，我们应该重新思考过去教学大纲的利弊，符合新时代培养需求，进行英语本科专业的教学计划及培养方案改革[5]。具体操作方式为取消不必要的课程，增设利于新时代英语专业本科生的课程，形成一套适应时代需求的新的教学培养体系。本文将着重探讨英语本科专业在新文科建设背景下中国文化与笔译课程的改革路径。

作者简介：张　琰，北京市海淀区清华东路 35 号北京林业大学外语学院，讲师，yanzhang1230@ 126. com；
南宫梅芳，北京市海淀区清华东路 35 号北京林业大学外语学院，教授，mf_nangong@ 163. com。

资助项目：北京林业大学教育教学研究重点项目“新形势下英语专业培养方案的重构与建设”（BJFU2019JYZD016）；
北京市优秀人才培养资助青年骨干个人项目“北京市旅游景点英译规范的研究”（2017000020124G149）。

二、新思路,"新"设置

(一)2019年教学大纲的相关变化概述

在我院2019年新的教学大纲中，将笔译类课程与中国文化类课程纳入同一体系，以传播中国文化为己任，建设"中国文化英语说"课程体系。具体而言，除保留原有的《中国现当代文化(英语)》和《中国古代文化(英语)》外，在高年级开设《文化翻译》《文学翻译》等课程，一方面加强学生对中国文化的了解，提高中英文表达的精准度；另一方面，利用翻译和对比研究，帮助学生更深入地理解中西文化，加强文化自信。新大纲将原有的大二、大三两学年的英汉—汉英笔译课程合并为一年，另外加设专业必修课文化翻译及专业选修课文学翻译、非文学翻译，同时保留原有专业选修课科技英语阅读与翻译。

(二)新的课程设置

1. 文化翻译课程

文化翻译是2019年新教学大纲中的新课程，为英语专业第5学期开设的必修课。学生通过学习本大纲规定的内容，了解、掌握汉语与英语两种语言及文化差异，体会文化的可译性和不可译性，学习翻译与跨文化交际策略，鉴赏、学习并掌握中国传统文化的翻译及当代社会的中国文化外译规则。同时，通过学习本课，学生还可理解并掌握英语社会与物质文化的汉译及英语文化习俗的汉译。本门课程对"中国文化走出去"及英汉文化交流的人才培养具有重要作用。该课程有配套实习，实习实践的目的是使学生能够进一步理论联系实际，掌握课堂讲授的内容，提高从事笔译工作的实践能力。学生通过学习本大纲规定的内容，了解和掌握文化翻译的基本技巧和基本方法，具备从事英语—汉语之间有关文化主题内容笔头互译的能力。

实际上，新增的文化翻译课程与原有并保留的中国文化(英语)课程是相互补充的关系，二者相辅相成，侧重有所不同。该课程也会涉及中国文化的内容，侧重在翻译，另外也会有英语文化相关的翻译内容。中国传统文化的英译教学内容主要包括中国传统文化主题翻译、传统民俗文化的翻译及传统茶饮文化的翻译，通过精讲太极拳、印章、文房四宝、中国民俗、茶饮文化等材料深刻理解这些材料翻译的特点和要求，其中民俗文化及茶饮文化的材料主要选自《红楼梦》等经典译本。中国当代文化的英译的教学内容包括语言文字主题，如方言、流行词汇等主题，也包括教育主题，关键词包括"孔子学院""科教兴国""留守儿童"等，另外还会涉及热点问题，例如对外交流主题、新兴生活方式主题等。同时，该课程还会讲授英语文化的汉译，包括社会与物质文化及文化习俗的汉译，教学内容包括英汉社会文化与翻译，如数字、颜色，同时会讲解英汉服饰文化与翻译、饮食文化与翻译及居住文化与翻译。英语文化习俗的翻译主要指英语及汉语习语、谚语中的文化因素比较及翻译、英语中特色动植物名称的文化喻义与汉译。

2. 其他课程设置

与此同时，我校英语专业本科生培养方案的第7学期会增设英语专业选修课文学翻译。学生在该课程中，学习、鉴赏中英文经典文学作品名家翻译，例如，英语名著《双城记》《大卫·科波菲尔》《了不起的盖茨比》等，中文名著《红楼梦》《论语》等，通过多译本的比较、对比学习了解和掌握文学翻译的方法，体验文学翻译的魅力，同时探讨佳译、漏译、错译。同时，通过学习本门课程，学生还得以学习英文畅销小说如《哈利·波特》的翻译及中国古诗词翻译的方法与相关理论，例如，诗歌翻译理论三美论、译诗六论等。非文学翻译课程指的是文学体裁之外的其他体裁类型的翻译。文学翻译与非文学翻译作为翻译必修课的补充，学生可以根据兴趣自行选择。

三、 新时代，新方法

(一)教学形式的创新

1. 文化类课程新活动

在对课程设置进行重新思考与设置的基础上，具体的教学内容及课上、课下的形式活动也需要我们多思考、多反思、多创新。以中国文化(英语)课程为例，来我校教学的第一年，笔者每次课上会留出五至十分钟时间给学生，让学生分组做介绍课外的文化相关热点话题。这项活动相对比较传统，效果也不错，但是笔者认为没有达到最佳效果，一是或许由于各门课都有类似活动，学生似乎重视程度不够；二是从教学效果来讲，未能锻炼到学生的综合能力。综合能力不仅包括语言能力，还涉及表达、展示、与人合作、心态、姿态等各方面的能力。经过思考设计，笔者从第二年教授中国文化课程开始，改变了学生展示部分的形式和内容：取消热点介绍展示部分，开展深受学生欢迎，且取得很好教学及学习效果的课堂活动——才艺展示(Talent Show)。同时，才艺展示的时间并非分散在每次课上，而是集中在一次课中。

这个活动是笔者一手设计的创新型的教学活动，笔者前期在北京语言大学教授非英语专业的听力课上也连续开展过几年，获得很好的教学效果，学生们也十分积极，且学生能力有很大提升。到了北林，由于课程目标有相似性，笔者想到可以将这一特色教学活动迁移到林大英语专业的课堂上，但由于学生群体不同、课程不同，无论是从不同专业的角度还是程度，侧重不同，需要达到的效果不同。因此，教学活动在具体设计上，要有不同的具体方式；针对具体的学生群体，在形式上既有保留，又有改变。

“中国文化”课程的教授语言是英语，第一学期的内容是中国现当代文化，第二学期是中国古代文化。本课程的目的是让学生通过学习课程，学生以中国文化为内容依托，训练听、说、读、写、译多项技能，对未来向英语世界描述中国文化打好基础。才艺展示的准备和展示过程恰好可以同时锻炼学生听、说、读、写、译的综合能力，它的具体形式是在学期中后期将一次完整课程的时间集中留给学生，学生2~5人自由组合，每组确定一个关于中国文化的主题，选择一种表现形式，组内分工合作，需要的准备工作包括定题、找材料、翻译、排练等，课堂展示时需要互相打分，同时教师也要打分并又英语点评。第一学期我们的课程内容是用英语讲授中国现当代文化，所以就让学生从中国现当代文化内容的范围选取，教师给学生四种具体形式以供选择：演讲、新闻播报、诗歌、脱口秀，每组同学在四种形式中任选一种(如果觉得一种单一，也可以选择两种或多种形式灵活组合)。这个活动要与学生强调，注重锻炼考察语言质量，同时兼顾合作、肢体语言及表演，另外组内表演时学生要注重语言分配比重，即每个学生的时间分配尽量平均，但不应刻板，希望达到既自然、又流畅的合作效果。第二学期的学习内容是用英语学习中国古代文化，学生们有了第一学期的学习及展示基础，另外考虑到内容的变化，在这学期，教师鼓励同学们加入新的形式，比如戏剧或其他任何适合在课上展示的正向的形式。

在这一课堂活动中，教师是主导，学生是主体。设计理念来自教师，具体展示内容由学生自己确定，希望同学们可以找到自己最感兴趣、也最能发挥特长的内容和形式。课代表做导演，各组之间可以“客串”，同时需要两位主持人全英文主持。教师需要合理设计细致的评分表，让学生按照各项当场评分，同时教师也要按照评分表给自己组别以外的各组打分，最终分数一半来自教师，一半来自学生。让学生打分的目的是使得评分更为合理且公平，这次展示的总分也会作为学生平时成绩的一部分。另外，教师在展示过程中需要认真记录每组学生的语言及整体表现情况，最后10至15分钟进行当场有针对性的英文指导和点评，以帮助学生进一步提高。这项活动在考核的同时不失观赏性，学生们很有兴致，也为他们走上更大的舞台出一份力。很多同学表示，通过这次训练，不仅加深了对中国文化的理解，同时也提高了英语能力，更在过程中发现了同班同学和自己身上的潜力，而且还加深了友谊。这项活动已经在林大英语系的中国文化课程上先后进行了三个学期，可以锻炼学生的综合能力，也达到了很好的教学效果，为教学目标做贡献，学生们十分喜欢。

2. *笔译类课程新方法*

实际上，并非只有中国文化课可以有教学方面的创新，类似教学活动在笔译的相关课程也可以开展，需要设计适合课程性质和学生群体的活动。笔者也已在笔译课程开展过学生合作翻译及其展示的内容。笔者所教授的大二年级的英汉—汉英笔译课程入围北京林业大学2019“好评课堂”，目前正在认证过程中。合作翻译展示的教学活动安排在大二年级笔译课的第二学期，具体开展时间为大二学年第二学期的中后期，这个时间既可以让学生充分利用所学，又可以让学生有余地在之后的学习过程中，通过老师在学生展示中发现的问题及不足，给予改正和进一步的学习。

此活动需要教师提供一篇非特定文本类型的文章，根据文章顺序将其分为4个部分。学生可以自由组合，3~5人一组，每个班共8组，组内同学分工合作。文章的每一部分同时有两个组在做，这样分配的好处一是可以产生不同的译本成果、相互学习，二是可以激励同学们更加认真准备、形成竞争关系。同学们利用所学的技巧，形成自己的译本，并与参考译文进行比较分析，最终集中在一次课上合作展示。教师同样要设计针对这门课程的分项评分表，课上教师、学生同时打分。教师也同样需要认真记录，并当场点评给予指导意见。

这项活动不仅是笔译课平时表现的一部分，同时也是第二学期笔译课实习的重要组成，同学们需要准备的内容包括：翻译成果(每人主要负责一句，集体修改完善形成最终版本)；翻译技巧使用及分析；组内翻译成果与参考译文对比及原因分析；组内分歧及改正过程以及结合全文的翻译修改方式及想法共5点。这五方面的内容在之前一个半学期的笔译课教学内容中都已经教授并多次练习过，本次展示是将五个方面综合在一起，利用新的材料，希望同学们可以活学活用，合理分工合作，达到综合训练的目的，实现笔译专业性扎实、笔译能力充分提高的教学效果。这样的训练不仅可以让学生充分地学以致用，理解、消化课上所学，进一步真切地感受合作翻译，同时能够训练思辨精神。思辨精神则集中体现在学生形成自己的独有译本以及译本比较两方面上。另外，准备及展示的过程也同样是同学之间互相学习、老师给予针对性指导的过程。过程中，有推翻、有妥协，有说服、有坚持，有理有据才能为人所信服，有的地方可以统一，有的地方或许保留两三种可能，总之都是很必要的学习过程。译本比较对学生日后的论文写作也有一定的帮助。

(二)教学内容的调整

翻译课是一门理论加实践类的课程，有专门的实习部分，我们应该更加重视实习部分的教学。学生明白、掌握翻译技巧固然重要，但如果不能转为自身的一种技能，就没能达到这门课的教学目标。我们应该指导学生在实践中进一步深入地理解理论、概念或技巧。翻译的实习部分远不止一次大作业的布置及反馈，还应渗透到每次课堂当中，包括课上适当的练习、讨论以及每次课后作业。学生练习固然重要，作为教师更应该帮助学生有效提升实习能力，具体方式包括在每一次练习或讨论都给予学生反馈，且这种反馈要有班级共性，也要有个体针对性。教师应该针对学生每次课上、课下的练习成果以及在课上所作互动中体现出的优缺点进行个性化指导，同时以班级或年级为单位发现学生译文中具有普遍性的问题。这样的方式既可以达到个性化指导的目的，又有助于学生翻译水平的整体提高。通过这些训练，同学们可以真正系统地掌握翻译的专业技巧，近几年国家翻译资格证考试的通过率也有所提高。

参考文献

[1]樊丽明，杨灿明．马骁，等．新文科建设的内涵与发展路径(笔谈)[J]．中国高教研究，2019，(10)：10-13.
[2]何玉红．新文科背景下如何讲好中国“历史故事”[J]．西北师大学报(社会科学版)，2019，(5)：22-25.
[3]杨慧、宣麒麟．新文科的概念与外语教师的转型[J]．汉字文化，2019，(19)：58-59.
[4]张俊宗．新文科：四个维度的解读[J]．西北师大学报(社会科学版)，2019，(5)：13-17.
[5]周毅，李卓卓．新文科建设的理路与设计[J]．中国大学教育，2019，(5)：52-59.

Reform of English Translation and Chinese Culture courses under the background of New Liberal Arts

Zhang Yan　Nangong Meifang
(School of Foreign Languages, Beijing Forestry University, Beijing　100083)

Abstract　Underthe guidance of the concept of"New Liberal Arts", it is necessary to rethink the disadvantages of the old syllabus. To meet the demands of the new era, some of the courses are to be cancelled while other new ones are added in the new undergraduate program. This paper mainly focuses on the reform route of English major undergraduate program of Beijing Forestry University. Changes are not limited only in syllabus, but also teaching methods and devices, so that more all-round developing students, rich in professional knowledge, with solid foundation and practical ability, can make contributions to both the development of Chinese culture to the rest of the world and Chinese-English cultural exchanges.

Keywords　New Liberal Arts, english major, curriculum of translation, curriculum of Chinse Culture in English, curriculum reform

融合范畴论思想的代数类课程教学改革

——以线性映射维数公式为例

赵明慧

（北京林业大学理学院，北京　100083）

摘要：代数学是基础数学的三大分支之一，“高等代数”和“近世代数”是数学与应用数学专业的两门代数类课程。这两门课程内容相通，但学习方法相异，这使得学生学习效果较差。本文将从数学基础的方面分析这一现象产生的原因，并结合教学经验提出一种融合范畴论思想的代数类课程教学改革方案。最后本文将以线性映射维数公式的讲授为例详细介绍这一方案。

关键词：教学改革；高等代数；近世代数；范畴论；维数公式

一、 研究背景

（一）“高等代数”与“近世代数”的课程特点

代数学是基础数学的三大分支之一，数学与应用数学专业本科阶段会学习两门代数类课程，分别为“高等代数”与“近世代数”。这两门课程对学生后续课程的学习以及数学思维的培养有重要的意义[1-2]。

“高等代数”教学包含两部分，第一学期讲授行列式、矩阵和向量空间，并以此为工具研究线性方程组；第二学期讲授线性空间与线性映射。“近世代数”主要讲授抽象的代数结构（即一个集合以及该集合上满足特定关系的运算）。

对比可以发现上述两门代数类课程学习内容相通。首先“高等代数”学习向量空间，这是一类特殊的线性空间；然后学习抽象的线性空间，这是一类特殊的代数结构；最后“近世代数”讲授一般的代数结构以及其他代数结构的例子。

但这两门课程的学习方法差别巨大。“高等代数”第一学期讲授内容均为具体的可计算的，第二学期讲授内容虽然定义抽象，但可以证明取定基后有限维线性空间一定同构于向量空间，线性变换可以利用矩阵表示，所以这些内容同样是具体的可计算的。“近世代数”主要学习抽象的代数结构，这些代数结构没有具体的模型，不可计算，只能通过逻辑推理来抽象地证明结论。

（二）代数类课程教学中存在的问题

两门代数类课程学习方法的区别造成了代数类课程教学中的以下问题。

首先，在“高等代数”的讲授中，过分强调概念的易理解性和可计算性，这使得学生无法理解数学概念的本质。以行列式为例，根据教材，行列式是一种运算法则，运算结果为一个数，这样学习的后果是学生可以熟练计算行列式，但不理解学习行列式的意义。

其次，矩阵和向量空间的大量计算严重限制了学生的思维。在第二学期学习线性空间和线性映射时很难抽象的思考问题，总是局限性的把线性空间转化为向量空间，把线性映

作者简介：赵明慧，北京市海淀区清华东路 35 号北京林业大学理学院，副教授，zhaomh@ bjfu. edu. cn。

资助项目：北京林业大学教育教学研究项目“融合近世代数思想的高等代数教学改革”（BJFU2019JY096）。

射转化为矩阵来做计算，这不利于学生从更高的层面理解问题。

最重要的是，按照“高等代数”中养成的学习习惯去学习“近世代数”，学生很难发现“近世代数”与“高等代数”的内在联系。这使得学生要重新适应“近世代数”的学习方式与思维习惯，造成学生“近世代数”学习效果较差。

很多教师都注意到这些问题并给出解决方案[3-4]。本文希望结合教学经验从数学基础的方面分析这些问题产生的原因，并讨论可行的代数类课程教学改革方案。

二、 代数类课程教学改革方案

(一)数学基础的两个层次

研究数学是什么，数学的基础是什么，数学是否和谐等一些数学上的根本问题的学科被称为数学基础[5]。

集合论是数学基础中的重要研究内容，它对数学概念的统一解释奠定了它在数学基础研究中的核心地位[5]。数学专业学习中碰到的数学对象均为集合，例如，几何学中研究的曲线曲面是集合；代数学中研究的线性空间、群、环、域也都是集合；线性空间上的线性映射、群之间的群同态也构成集合。在集合论的框架下数学研究的重心是数学对象[5]。

范畴论则是抽象的研究数学结构以及结构之间关系的一种数学理论。该理论对数学结构的阐释使得它也成为数学基础的重要研究内容[5-6]。具体来说一个范畴包括两个部分：对象和态射。比如研究对象为线性空间，就可以考虑以下范畴，该范畴的对象类为所有的线性空间，态射类为线性映射。在范畴论的框架下，数学研究的重心是数学对象之间的关系，也就是态射[5]。

(二)代数类课程的学习方式

“高等代数”的学习是基于集合论的学习方式。“高等代数”中最重要的研究对象是线性空间与线性映射，取定基后，有限维线性空间同构于向量空间，线性变换可以利用矩阵表示，他们都是具体的可计算的对象。

虽然线性空间和线性映射构成一个范畴，但由于具体性和可计算性，线性空间的研究中并不需要过多的借助态射，例如，商空间、空间直和的定义都是直接的。所以线性空间的学习是基于集合论的。

而“近世代数”的学习是基于范畴论的学习方式。“近世代数”的研究对象是抽象的代数结构，例如，群、环、域等。以群为例，根据定义，一个集合和该集合上一个结合的运算，如果满足单位元和逆元的存在性就称为一个群。

虽然我们知道群的定义，但我们并不能写出所有的群。所以通过具体计算研究群是无效的方法。这时可以考虑所有群或者某一类群构成的范畴，然后整体研究这个范畴。以张量积为例，线性空间由于基的存在性，故可以直接定义张量积。对 Abel 群而言，由于结构并不清楚，所以直接定义是不合适的，这时就可以在范畴论框架下利用泛性质定义张量积。这种定义方式在不清楚具体结构的情况下对张量积的研究具有重要意义。

“高等代数”和“近世代数”学习依赖的数学基础的不同造成了代数类课程教学中出现的各种问题。

(三)教学改革方案

在大学本科低年级直接利用范畴论的观点去讲授“高等代数”是不现实的。清华大学曾在部分院系做过尝试，该校教师在“线性代数”课程中首先讲授线性空间和线性变换，然后再讲授向量空间和矩阵，结果发现部分学生无法正常理解教学内容。中国科学院大学也曾做过类似尝试，该校代数类课程合二为一，选用席南华院士自编教材[7]，由席南华院士讲授该课程，教学效果良好。但该校学生生源具有特殊性，与我校有较大差别。

经过教学中的多次尝试和对比，改革后的教学方案如下。

首先，我们会依旧按照传统的“高等代数”教材[8]来讲授课程的主体内容，并把这些内容作为课程的基本要求。然后我们会在适当的位置加入范畴论思想的介绍，并利用范畴论思想给出某些概念新的引入方式和某定理新的证明。

然后，我们会为部分学有余力的同学推荐范畴论和“近世代数”教材作为课外学习资料，在学生有意愿的情况下，我们也会组织研讨班来让学生亲自讲授这些内容。

最后，在“近世代数”的学习中，我们会首先复习“高等代数”中的相关内容，这时会采用范畴论的讲授方式。利用复习的过程自然引出“近世代数”相关概念的学习。这样既可以自然引出“近世代数”的概念和性质，也加深了学生对“高等代数”概念的理解。

（四）教学改革效果

该教学改革取得了以下两方面的效果。

首先，该方式使得“近世代数”学习效果有了极大提升。学生总体反映该授课方式的学习效果非常好，在范畴论的观点下对“高等代数”知识进行回忆使得“近世代数”的概念引入非常自然，掌握难度降低。与此同时在“近世代数”的学习中，大部分学生对“高等代数”的理解也会进一步加深。这对学生后续课程的学习和准备研究生入学考试有较大的帮助。

其次，这种讲授方式以及研讨班的组织方式激发了部分学生学习数学的热情和兴趣，在提高学习效果的同时，也帮助学生在数学学习的道路上继续前行。以2014、2015级学生组织的研讨班为例，该研讨班参加成员中有四人分别被免试推荐到清华大学、北京大学、南开大学和同济大学，攻读数学硕士或者博士学位，另有一人前往荷兰莱顿大学攻读数学硕士学位，该同学毕业论文同时获得北京市优秀毕业论文。

三、 具体应用——线性映射维数公式

本部分中我们将以线性映射维数公式的讲解来详细说明教学改革的方法以及意义。

（一）线性映射维数公式的描述

线性空间和线性映射是“高等代数”中的核心内容，线性变换的维数公式是研究线性映射的重要工具。首先我们给出这一公式的具体描述[8]。

令 φ 为实数域上线性空间 V 到 W 的线性映射；令

$$\mathrm{Ker}\varphi=\{v\in V \mid \varphi(v)=0\}$$

这是线性空间 V 的一个子空间；令

$$\mathrm{Im}\varphi=\{w\in W \mid w=\varphi(v),\ v\in V\}$$

这是线性空间 W 的一个子空间。这时

$$\dim\mathrm{Im}\varphi+\dim\mathrm{Ker}\varphi=\dim V$$

在“高等代数”中该公式可以通过找合适的基的方法来证明，这是一种基于集合论的证明方式，该证明过程严重依赖线性空间的结构，同时不能反映该公式的本质。

（二）基于范畴论的线性映射维数公式的证明

下面我们给出维数公式的范畴论观点下的证明。

在“高等代数”中商空间也是重要的内容。任意给定实数域上线性空间 V 和它的子空间 W，可以定义商空间 V/W，这时存在自然映射

$$\pi:\ V\to V/W$$

这是一个满射，并且 $\mathrm{Ker}\pi=W$。

商空间具有很好的泛性质。任意给定线性映射 $\theta:\ V\to U$，如果 $\theta|_W=0$，那么存在映射

$$\bar{\theta}:\ V/W\to U$$

满足$\overline{\theta}\cdot\pi=\theta$。这表明在满足条件$\theta|_W=0$的映射中，到商空间的自然映射具有特殊的地位，任何满足该条件的映射都会通过自然映射分解。同时也可以证明该性质是商空间的定义性质，即如果线性映射θ：$V\to U$满足该性质，那么空间U就同构于商空间。

在范畴论的观点下，对象本身不再重要，数学研究的重心变为数学对象之间的关系，也就是态射。注意到商空间的泛性质不涉及到线性空间的具体结构，只涉及到线性空间之间是否存在映射。所以可以利用该性质给出一般范畴中商对象的定义。

利用商空间的泛性质可以重新证明维数公式。

令φ为实数域上线性空间V到W的线性映射，这时显然$\varphi|_{\mathrm{K}}\mathrm{er}\varphi=0$，所以由商空间的泛性质存在映射。

$$\overline{\varphi}：V/\mathrm{Ker}\varphi\to U$$

不难验证，这是一个单射，所以自然存在线性空间同构。

$$\overline{\varphi}：V/\mathrm{Ker}\varphi\to \mathrm{Im}\varphi$$

该结论称为线性映射基本定理。

商空间的维数有如下公式：

$$\dim V/W=\dim V-\dim W$$

利用这一公式以及线性映射基本定理可以得到线性映射的维数公式

$$\dim\mathrm{Im}\varphi+\dim\mathrm{Ker}\varphi=\dim V$$

这一证明过程中除最后一步外并不涉及到线性空间的结构，所以该证明是基于范畴论的证明，该证明过程在一般的满足特定条件的范畴中均可行。

(三)群同态阶数公式的证明

在“近世代数”的学习中，群论是最重要的学习内容。在群论中，群同态基本定理是学习的重点。下面我们给出群同态基本定理的简单证明[9]。

令φ为群G到H的群同态，这时显然$\varphi|_{\mathrm{Ker}\varphi}=\mathrm{e}$，所以由商群的泛性质存在映射

$$\overline{\varphi}：G/\mathrm{Ker}\varphi\to H$$

不难验证，这是一个单射，所以自然存在群同构

$$\overline{\varphi}：G/\mathrm{Ker}\varphi\to \mathrm{Im}\varphi$$

该结论称为群同态基本定理。

如果群G为有限群，那么商群的阶数有如下公式：

$$|G/H|=\frac{|G|}{|H|}$$

利用这一公式以及群同态基本定理可以得到群同态的阶数公式：

$$|\mathrm{Im}\varphi|\cdot|\mathrm{Ker}\varphi|=|G|$$

观察可以发现，该证明和基于范畴论的线性映射维数公式的证明完全相同。如果“高等代数”的学习中完全利用线性空间的结构，通过找合适的基的方法来证明线性映射维数公式的话，我们就不能发现这一结论和群同态基本定理的关系。反之，如果利用范畴论的观点学习维数公式的话，我们会发现维数公式和群同态基本定理就是同一事实在不同范畴中的体现，它们的描述和证明方法都是相同的。

(四)教学流程

在教学中我们尝试结合集合论和范畴论的观点统一处理“高等代数”和“近世代数”的教学。以线性映射维数公式为例，我们的授课过程如下。

首先在“高等代数”的教学中，我们会按照本节第一小节中介绍的传统教材的方式来讲授维数公式，并把这一部分内容作为教学的基本要求。然后我们在讲授商空间时会按照本节第二小节中的方法讲授商空间的泛性质，并利用泛性质给出线性映射基本定理和基于范

畴论的线性映射维数公式的证明。

在“近世代数”的学习中，我们首先会复习“高等代数”中的线性变换维数公式，这时我们会采用范畴论的讲授方式，也就是说在范畴论的观点下重新理解该公式。然后我们把这一内容作为引例，引出本节第三小节中提到的群同态基本定理的学习。这样既可以自然的讲授群中的相关概念和性质，也加深了学生对“高等代数”的理解。

四、结语

经过课堂的多次实践以及学生的反馈，我们发现融合范畴论思想的代数类课程教学改革对学生代数类课程学习效果的提升有极大的帮助。同时该授课方式也能激发学生的学习兴趣和能动性，对实现教学目的也有非常大的帮助。在后续的教学实践中，我们会根据授课情况进一步调整教学方法，以便达到更好的教学效果。

参考文献

[1]杨存洁．在高等代数数学中转变学生思维方式，提高学生思维能力[J]．数学通报，1999，(6)：43-44.

[2]郁金祥，刘锦萍．高等代数与解析几何的教学实践与认识[J]．高等理科教育，2006，(3)：12-14.

[3]吕家凤．关于高等代数课程教学改革的几点建议[J]．教育教学论坛，2012，(14)：241-242.

[4]李浏兰，周立君，欧阳梦倩，等．高等代数在抽象代数教学中的应用[J]．湖南师范大学自然科学学报，2015，38(3)：91-94.

[5]孔祥雯，郭贵春．范畴论对集合论的超越——“数学基础”研究的比较分析[J]．山西大学学报(哲学社会科学版)，2018，41(2)：45-50.

[6]刘杰，孔祥雯．作为数学基础的范畴论[J]．科学技术哲学研究，2014，31(4)：7-12.

[7]席南华．基础代数：第1卷[M]．修订版，北京：科学出版社，2016.

[8]北京大学数学系前代数小组．高等代数[M].2版．北京：高等教育出版社，2019.

[9]姚慕生．抽象代数学[M].2版．上海：复旦大学出版社，2005.

Teaching reform of courses in algebra integrating the ideas of category theory: Take dimension formula of linear map for example

Zhao Minghui

(College of Science, Beijing Forestry University, Beijing 100083)

Abstract Algebra is one of the three major branches of pure mathematics. *Advanced algebra* and *Modern Algebra* are two courses in algebra for the students majored in mathematics and applied mathematics. The content of the two courses are the same, but the learning methods are different, which makes the students′ learning effect worse. This article will analyze the cause of this phenomenon from the aspect of mathematical foundation, and propose a teaching reform plan of courses in algebra that integrates the ideas of category theory in combination with teaching experience. At the end of this article, we will take the teaching of dimension formula of linear map as an example to introduce this scheme in detail.

Keywords teaching reform, advanced algebra, modern algebra, category theory, dimension formula